피터 럭크만의 주석서

창세기 I

피터 럭크만 지음

편 집 부 옮김

말씀보존학회

The Bible Believer's Commentary Series

THE BOOK OF GENESIS

By

Peter S. Ruckman, Ph.D.

Bible Baptist Bookstore

Pensacola, Florida

1996 / Korean by Word of God Preservation Society

Seoul, Korea

피터 럭크만의 주석서

창세기 I

이 책을 내면서

피터 럭크만 박사는 미국 플로리다주 펜사콜라시에 있는 성경침례교회의 목사이며 미국 펜사콜라성경신학원(Pensacola Bible Institute)의 설립자이다. 그의 사역의 내용과 방향은 〈20세기 순회설교자의 회고록〉이라는 책으로 우리나라 독자들에게 이미 알려졌다고 믿는다. 피터 럭크만 박사는 2,000년 신약 교회사에서 유일하게 반카톨릭 교회사를 정확하게 썼으며 필사본 증거와 원문 비평학 분야에서도 그 누구에게 권좌를 내어 준 적이 없다. 또 그는 1611년 〈킹제임스성경〉이 얼마만큼 정확한 하나님의 말씀인가를 답변해 줄 수 있는 세계에서 유일한 인물이기도 하다. 긴 설명이 필요 없이 그분의 150여 권의 저작들이 이러한 사실들을 뒷받침해 주고 있다. 특히 그의 성경주석서들은 존 칼빈 이래 저명하다고 알려진 성경주석가 500여 명이 쓴 주석서들을 일일이 점검하여 그들이 범한 성경적 오류들을 밝혀 주고 있는 데 그 가치가 있다고 믿어진다.

나는 그의 책들로 공부하면서 만일 피터 럭크만 박사를 하나님께서 쓰시지 않았다면 이 교계는 어떻게 되었을까 하고 자문하곤 한다. 그는 성경의 절대 권위와 절대 진리를 성경으로 뒷받침해 준 탁월한 성경 교사이다. 만일 그가 없었더라면 기독교계는 상대적 진리만으로 누가 옳게 행하는지도 모르며 서로 잘났다고 자랑하고 있었을 것이기 때문이다.

창세기 주석서는 성경의 기초이기 때문에 그의 주석서 중에서 제일 먼저 나왔어야 했으나 〈한글킹제임스성경〉의 출간에 따른 분주함과 시급한 교리 서적들의 출간 때문에 조급하게 생각하면서도 이제야 나오게 되었다. 먼저 출간된 그의 요한계시록 주석서로 많은 사람들이 기준 신학을 정립하고 성경의 진수를 터득하게 되었다고 감사의 인사를 전해오고 있다.

주옥같은 피터 럭크만의 주석서들로 공부할 때 〈한글킹제임스성경〉의 번역의 정확도도 아울러 점검할 수 있는 좋은 계기가 될 것이다. 본 창세기 주석으로 지금까지 혼미하게 지나쳐 왔던 많은 부분이 바로 잡아질 것이며 독자 여러분 안에 내주하시는 진리의 영께서 이것이 바른 지식이라고 일깨워 주실 것이라고 확신한다.

많은 사람들이 좋은 책을 찾을 수 있는 눈이 없어서 시간과 노력을 허비하며 산다. 이제 좋은 책을 찾은 사람은 복 있는 사람인 것을 알게 될 것이다. 좋은 책을 찾았다고 판단이 되면 이 책의 지식을 흡수하는 데 기존 지식이 방해 요소가 되어서는 안 될 것이다. 이전의 지식이 방해가 되는 지식이라고 판단되면 과감히 버려야 올바른 지식으로 물갈이를 쉬이 할 수 있을 것이다. 그 다음에 습득한 지식을 혼자만 지니지 말고 다른 사람들을 가르쳐 주는 데도 인색하지 말아야 할 것이다(딤후 2:2).

이 주석서로 공부하게 될 때에 저자와 역자와 출판사에게 또 한 번 감사하게 될 것임을 확신한다.

1995. 9. 30.
말씀보존학회 대표
이 송 오 목사

서 문

〈피터 럭크만의 주석서 창세기〉는 다른 주석서에서와 마찬가지로 성경 말씀을 주석하는 것을 목적으로 한다. 성경을 비판하거나, 수정하거나, 판단하는 일들은 다른 주석가들에게 맡기고 우리는 성경이 무엇을 말씀하고 계신가에 주목할 것이다.

〈킹제임스성경, 1611〉은 종교 개혁 원문에서 나온 성경으로, 옳지 않다고 입증되기까지는 올바른 것으로 간주되며 우리는 이 성경의 본문을 사용할 것이다. 본 주석의 필자는 20년 동안이나 네슬판 헬라어 신약성서의 비평 장치를 충분히 검토했고 구약의 키텔의 비평 장치(J.C. Hinrichs, Lipsiae, 1913)도 검토하였으며 A.T. 로버트슨, 라흐만(Lachmann), 그리스바흐, 및 웨스트코트와 홀트가 소위 "70인역"(즉 오리겐, 마르키온, 발렌티누스 및 유세비우스에 의해 구성된 바티칸사본)으로 알려진 필사본을 과대평가하기 위해 만들어낸 잘못된 이론들도 충분히 검토했다. 미국의 법체계에 따르면 "어떠한 사람은 유죄로 증명될 때까지는 무죄"이다. 그럼에도 불구하고 〈킹제임스성경〉을 대적하는 자들(근본주의자들을 포함해서)은 〈킹제임스성경〉에 오류가 있다는 사실을 증명하려는 자유주의자와 카톨릭 학자들의 형편없는 이론들에 동조하고 뜻을 함께하고 있다. 이들이 주장하는 1,500여 개의 "오류의 가능성들"을 구약성경에서 자세히 확인해 본 필자는 〈킹제임스성경, 1611〉의 비평가들 중 80%는 자신들이 말하고 있는 바가 무엇인지조차 모르고 있으며 나머지 20%는 학문적 입장과 견해에 노예가 되었다는 결론을 내릴 수밖에 없었다.

짧은 지면으로 카일, 스타크, 델리치, 랑게, 숄트만, 게제니우스, 에발트, 히치히, 칼빈, 타이너, 라시, 머피, 로젠뮬러, 반스, 그로티우스, 하퍼니크, 슐츠 및 수십 명의 〈킹제임스성경〉 본문에 반대하는 자들이 저질러 놓은 비평들에 대해 자세히 논의하지는 못하겠다.

〈킹제임스성경, 1611〉을 거부하고 로마의 라틴 전통을 따르는 자들은 (혹은 북아프리카의 알렉산드리아 전통) 영어 본문에 대해 올바른 주석을 할 능력이 없다. 따라서 이들은 고려의 대상이 되지 못한다. 다만 지나치게 사적인 해석을 하는 경우는 그것을 가끔씩 지적하고 넘어가는 정도로만 다루도록 하겠다.

〈킹제임스성경, 1611〉의 거부는 17,18,19세기에 걸쳐 소위 "이성의 시대"(즉 계시의 거부), "계몽 시대"(즉 말씀이 빛임을 거부), "고등비평"(즉 인간이 하나님의 오류를 바로잡겠다는 오만) 등을 내세우며 자행되었다. 일반적으로 알려져 있고 학자들에게는 전통이 되다시피 한 것과는 반대로 이 시기의 대다수의 주석가들은 (전부는 아닐지라도) 로마 카톨릭의 사적인 해석에 기울었다. 비록 많은 주석가들이 니케아 신경에 표현되어 있는 "근본적 사항들"에 충실하긴 하지만(이들은 자신들의 책에서 이 사실을 강조한다.) 거의 대부분의 사람들은 성경에 대해 경외심을 갖고 있지 않으며 성경의 예언을 전혀 이해하지 못하고 있는 동시에 배교한 알렉산드리아 학파들이 사용한 로마 카톨릭 본문으로 종교 개혁 본문(〈킹제임스성경〉)을 대체시키는 데 있어 막무가내이다. 이 카톨릭 본문은 영어 개역본(RV, 1884), 미국표준역본(ASV, 1901), 개역표준역본(RSV, 1952)에 사용된 본문이다.

본 주석 시리즈는 〈킹제임스성경, 1611〉이 결정적으로 오류가 있다고 입증될 때까지는 하나님의 말씀이라는 전제하에 쓰여졌다. 이 〈표준원문, Textus Receptus〉은 구약의 정경에서 외경을 삭제한 것으로 하나님께서 보존하시고 축복하셨고 "필라델피아" 교회 시대에 사용하신 그 성경이다. 고포스, 스터드, 리빙스턴, 카트라이트, 선데이, 무디, 에드워드, 존스, 토레이, 부스 장군, 피니, 테일러, 브레이너드, 웨슬리, 휫필드, 루터, 틴데일, 및 기타 하나님의 일꾼들의 사역은 바로 이 성경을 손에 들고 이루어진 것이다. 이 성경을 사용한 사람들은 A.D. 180년부터 1995년에 이르기까지 끊이지 않고 이어졌다. 이 성경의 대적자인 히스키안 및 서방 계열 본문은 500년 동안도 지속되지 못하고 띄엄띄엄 사용되었고 서로 간에 일치하지 않는 부분이 너무 심해 〈킹제임스성경, 1611〉의 헬라어 본문이 1500년 동안에 걸쳐 보이는 상이한 부분들보다 300년 동안에 걸쳐 만들어진 상이한 부분들이 훨씬 더 많다.

우리는 창세기에서 〈킹제임스성경〉의 풍성한 진리들을 공부할 것이다. 이 진리는 위클리프, 틴데일, 퓨리탄의 제네바성경, 히브리어 맛소라 원문, 앤트워프와 콤플루텐시안 폴리글롯(1517), 및 〈킹제임스성경, 1611〉을 통해 보존되어 우리에게 전수된 것이다. 역사적 사실과 상식에 입각해서 우리는 히브리어 원문은 유대지방에서(A.D. 70년 이전), 그리고 아라비아에서(A.D. 70년 이후 아브라함의 후손 이스마엘족에 의해, 창 14,15장, 갈 4장 참조) 가장 충실히 보존되었다고 믿는다. 이슬람교도들이 스페인을 정복한 이후 이 원문은 모세 벤 나흐만 같은 성경을 믿는 유대인들에 의해 충실히 보존되어 왔다. 신약성경의 필사본이 보존되어 온 올바른 경로는 이탈리아와는 상관이 없다. 시리아의 비잔틴 계열 필사본들은 안티옥과 콘스탄티노플에서 그리스와 발칸반도로 갔고 결국 독일과 영국으로 건너갔다. 독일과 영국이 이들 원문의 종착역이라는 사실(로마가 아니고)은 원문 비평학에 있어 매우 중요하다. 오늘날 학자들은 가장 "권위 있는" 신약 원문들이 북아프리카로부터 로마를 통해 전수되었다는 허황된 이론을 믿고 있기 때문이다(이 허왕된 환상은 밥 존스 대학과 테네시 템플 그리고 추기경 대학 및 시카고 대학교의 헬라어 교수들이 유포시킨 것이다).

따라서 우리는 〈킹제임스성경, 1611〉의 비평가들을 다룰 때 〈킹제임스성경〉의 본문이 오늘날 "주석가들"이 사용하는 "성서번역본들"보다 그 출처에 있어 훨씬 더 권위 있고 훨씬 더 역사적 진실성이 있다는 사실을 염두에 두어야 한다. 히브리적(동양) 진리를 찾는데 있어 올바른 원천은 당연히 유대인이어야 한다. 하나님의 계시가 보존되는 것은 항상 이 원칙에 입각해서 이루어진다. 이는 구원이 유대인에게서 나오기 때문이다(요 4:22). 따라서 올바른 히브리어 원문은 북아프리카로부터 로마를 통해 영국으로 갈 리가 없다(로마인들은 유대인들의 메시아를 십자가에 처형한 사람들이다). 창세기로부터 말라키에 이르는 히브리어 원문은 레위인들의 손에서 보존되며(말 2:7), 유대인들이 메시아를 거부하자 이 원문은 아브라함의 아들인 이스마엘에 의해("이삭"이신 그분이 거부되었기 때문이다. 갈 4장 참조) 유럽으로 가게 된다. 따라서 히브리어 성경은 스페인과 지브롤터해협을 통해 모슬렘과 유대인들에 의해 유럽으로 전수된다. 그 중 가장 최고의 형태로 보존된 것이 히메네스 추기경(1522)이 편수한 콤플루텐시안 폴리글롯이다. 올바른 히브리어 원문은 어거스틴으로부터 로마를 거쳐 유럽으로 오지 않았다. 자유주의자들과 카톨릭 학자들은 "모든 권위 있는 원문들"이 이탈리아로부터 유럽으로 왔다는 사실을 믿게 하기 위해 하나의 이론을 발명해 냈다. 그들의 목적은 바티칸에 있는 종교 지도자들의 "명성"을 두둔하기 위함이었다. 그러나 역사는 그와는 전혀 다른 사실을 우리에게 보여 준다. 이들 종교지도자들은 헬라어와 히브리어에 관한 학문이 발전되지 못하도록(500-1546) 온갖 일들을 자행했고 그러는 동안 히브리어와 헬라어 학자들은 이탈리아를 피해 스페인과 발칸반도로 이주했다. 로마에서 열린 트렌트공회(1546)에서는 단 한 명의 뛰어난 히브리어, 헬라어 학자도 참석하지 않았다.

따라서 우리는 창세기를 주석하는 데 있어 히브리 표준원문(the Hebrew Text of the Receptus)을 사용할 것이다. 옛 유대 해석자들(the Karaites)이 믿었던 것처럼, 우리는 소위 "LXX"(70인역)으로 불리는 것이나, 콥틱, 온켈로스의 타르굼, 레닌그라드사본(위조된 첨가 부분이 많이 들어 있음), 미슈나, 미드라시, 탈무드, 혹은 "티쿠네 소페림", 혹은 "이투레 소페림", 필로, 요세푸스, 게마라, 카발라, 타나임, 혹은 아모라임 등에 눈을 돌리지 않고 히브리 본문에 충실할 것이다. 성경대로 믿는 사람은 구약성경의 원천에 있어서도 그가 신약에 있어 인터프리터즈성경 혹은 버코프에 관해 갖고 있는 관심을 보일 필요가 있는 것이다. 우리는 "성경이 무엇이라고 말씀하시더냐?"라는 원칙에 입각해 성경을 대한다. 우리는 다른 사람이 말하는 바나, 가르치는 바나, 생각하는 바에 전혀 관심이 없다.

창세기의 역사성과 저자에 관해서는 이곳에서 자세히 언급할 수는 없다. 이 문제와 관련된 그라프-벨하우젠 이론 등을 자세히 다룬 존 피터 랑게(John Peter Lange)의 주석을 가지고 논쟁할 필요 없이 차라리 해리 리머(Harry Rimmer)나 로버트 딕 윌슨(Robert Dick Wilson)이 쓴 책 두 권이면 이 문제를 해결하는 데 충분하다고 생각된다. 율리우스 베버(Julius Bewer)는 "성경의 첫 다섯 권에 등장하는 날짜와 숫자는 전부 신뢰할 수 없다."라고 주장했다(그의 책 〈Literature of the Old Testament〉 참조). 하지만 그와 개역표준역본(RSV)을 번역해 낸 그의 동료들은 이 사실을 입증하지 못했으므로 우리는 "교회협의회 지도자들이 쓴 책에 나와 있는 정보를 전부 신뢰할 수 없다."라고 성경대로 믿는 사람들의 입장을 밝혀 둔다. (우리나라에서도 장신대의 나채운 교수가 〈목회와 신학〉 94년 9월호에서 성경에는 역사와 과학적 사실에 있어 오류가 있다고 말했다. 한국의 성경대로 믿는 그리스도인들도 이 말은 전혀 신뢰성이 없음을 밝혀 둔다.)

월터 러셀 보위(Walter Russell Bowie)라는 개역표준역본(RSV) 번역자는 "아브라함의 이야기는 고대로부터 내려온 것으로 어디까지가 사실이고 어디까지가 전설인지 아무도 딱 잡아 말할 수 없다."라고 말했다. 그러나 우리 주 예수 그리스도께서는 요한복음 8:33-58에서 아브라함의 이야기가 어느 정도 믿을 수 있는지를 보여 주셨고 바울 역시 한 장(로마서 4장) 전체를 이 문제에 할애하였으므로 우리 성경대로 믿는 사람들(Bible Believers)도 보위(Bowie)와 그의 동료들에게 이렇게 답변하고자 한다. "개역표준성경(RSV)은 고대 카톨릭 전통에서 내려온 것으로 어디까지가 성경이고 어디까지가 그리스신화인지 아무도 딱 잡아 말할 수 없다"(눅 2장, 요 9장, 눅 18장 등에는 필로와 오리겐에서 유래한 영지주의적 누룩이 들어 있는 것이 사실이다 : 〈개역한글판성경〉도 마찬가지다).

원문 비평학과 필사본 증거에 있어서, 우리는 경건주의자 미카엘리스(1668)에게 관심을 갖고 있다. 에비온 학파의 심마쿠스와 테오도티안(200)은 우리의 관심을 끌지 못한다. 우리는 칼레와 티베리아 학파(그들의 맛소라 체계와 더불어)에게 관심을 갖고 있다. 우리는 벤 납탈리는 배제한다. 우리는 바이어와 델리치(1869)가 아닌 모쉐 벤 아세르의 사상에 주의를 기울일 것이다. 우리는 또한 야곱 벤 하임의 본문(1524, 봄베르크)을 신뢰할 만한 자료로 받아들인다.

요약하자면, 우리는 성경의 첫 번째 책 창세기는 모세가 성령의 영감하에(벧후 1:20,21, 요 5:36-42; 1:45) 기록하였음을 믿는다. 이 책은 "창세기"(Genesis)로 불리는데 그것은 하늘과 땅, 인간, 죄, 구원, 인종들의 시작을 보여 주고 있기 때문이다. 예수 그리스도 자신이 이 책(막 13:19)과 그 안에 들어 있는 인물들(아브라함, 이삭, 야곱, 노아, 롯, 아담)의 삶의 역사성을 인정하심으로써 고등비평에 크게 기여하셨다. 이

주석은 〈킹제임스성경, 1611〉을 사용하였다(이 책에서는 이 역본의 번역본인 〈한글킹제임스성경〉을 사용하였다). 이 성경은 예수 그리스도의 신성과 성경의 무오성을 존중하고 있다. 미국표준역본(ASV)은 스카랴 12:10, 요한복음 9:35-38, 이사야 7:14에 대한 각주와 누가복음 2:33, 디모데후서 3:16, 미카 5:2, 이사야 52:15 본문과 전체 혹은 부분이 삭제된 여러 구절들(마 1:25; 6:33; 9:13; 8:29; 12:35; 13:51; 16:3,20; 18:11, 요일 4:19; 5:7, 유 1:25, 계 1:8,9,11; 2:13; 5:14; 6:1; 11:17; 12:12,17; 14:5; 16:7; 20:9, 행 2:30; 7:30,37; 8:37; 9:5,6; 10:6; 16:31; 17:26; 20:25,32; 23:9 및 그 밖의 수십 구절)로 인해 거부되었다.

창세기는 시작의 책이다. 다른 주석서들의 학자들은 이렇게 기도할 것이다. "주여, 우리에게 원어를 해독할 수 있는 능력과 학문을 주셔서 우리의 지성을 보이게 하소서." 그러나 우리는 그렇게 기도하지 않는다. 우리의 기도는 이러하다. "주여, 말씀하소서. 주의 종이 듣겠나이다! 주여, 우리의 눈을 여소서. 주의 법의 기이한 것들을 바라보겠나이다!"

개 요

창세기는 모세가 썼으며 일반적으로 "모세의 첫 번째 책"이라고 불린다. 창세기는 50장에 1,533절로 구성되어 있으며, 총 38,262단어(〈킹제임스성경, 1611〉)로 이뤄져 있다. 이 책은 히브리 정경과 영어 정경의 첫 번째 책이다. "창세기"(Genesis)란 말은 "세대"(generation), "유전자"(gene) 혹은 "아이를 낳다"(generate)와 같은 어원에서 나온 말이며 그것은 이 책이 "시작의 책"임을 보여 준다. 이 책은 하늘들, 땅, 인간, 죄, 구속, 인종들, 언약들의 기원을 보여 준다. 이 책의 주요 인물들은 아담과 이브, 카인과 아벨, 에녹, 노아, 롯과 아브라함, 이삭과 이스마엘, 에서와 야곱, 요셉과 유다이다. 이 책에 나오는 예수 그리스도의 예표(유형)는 아담, 아벨, 어린 양, 이삭, 방주, 유다, 실로, 그리고 요셉이다. 적그리스도의 예표(유형)로는 카인, 함, 님롯, 라반, 이스마엘, 에서, 및 파라오가 등장한다. 신구약에 나오는 모든 주요 교리는 창세기의 처음 12장에서 전부 발견되며 이 책은 요한계시록의 부록이라고도 할 수 있다. 요한계시록은 다시 창세기로 이어져 성경은 고갈될 수 없는 풍요함에 있어 시작도 끝도 없는 무한한 순환이 계속된다.

차 례

이 책에 인용된 성경 구절은 〈한글킹제임스성경〉입니다.

창세기 1장

1:1 태초에 하나님**께서 하늘과 땅을 창조하셨느니라.**

In the beginning God created the heaven and the earth.

성경(〈킹제임스성경, 1611〉)이 시작되는 첫 문장에서부터 우리는 성경이야말로 인류 역사에서 기록된 책 중에서 그 어떤 책과도 다른 가장 독특한 책임을 엿볼 수 있다. 영어 단어로는 10개로 되어 있는 첫 문장이 히브리어 성경에는 일곱 단어로 되어 있다. 이 우연의 일치 같은 사실은 성경에 나타난 숫자를 연구해 본 사람에게는 중요한 의미를 갖는다. 왜냐하면 일곱이라는 수는 "완전" 혹은 "온전함"을 나타내는 수로 이스라엘에게(창 2:1 주석 참조) 주어진 표적이요, 이방인들을 나타내는 수는 10으로 되어 있기 때문이다(창 10:10 주석 참조).

러시아 학자인 파닌(Panin)의 연구에 의하면 히브리어 본문은 독특한 면을 훨씬 많이 갖고 있는데 지면상 여기서 다 열거할 수는 없다. 시편 12:6에 따르면 히브리어 성경은 "일곱 번 단련"되었으며, 하나님께서 히브리인들에게 그들 민족의 절기로서 "일곱"을 지키라고 하셨음과 (레 23,25장 참조), 히브리어 성경의 창세기 1:1 말씀인 "베레쉬트 바라 엘로힘 에트 하샤마임 베에트 하아레츠"가 일곱 단어, 스물여덟 철자 (4×7), 문장의 주어 부분이 열네 철자(2×7), 그리고 술부 부분이 열네 철자(2×7)인 동시에 "하나님"이 문장의 세 번째 단어인 사실에 주목할 필요가 있다.

그러나 이러한 놀라운 사실들은 이제 겨우 시작에 불과하다. 신학자들은 창세기 1:1을 연구할 때 성령님께서 성경의 제일 첫 번째 구절에서 인류가 내세우는 6대 철학과 종교를 분쇄해 버리심을 보고 경악하게 된다.

1. 하나님께서 창조하셨느니라.

이 말씀은 무신론을 배격한다. 왜냐하면 첫 구절이 하나님께서 존재하고 계심을 선언하고 있기 때문이다.

2. 하나님께서 창조하셨느니라.

하나님이 단수로 되어 있음에 주목하라. 신들(gods)은 우주를 창조하지 않았다(시 82:6, 고후 4:4). 이로써 바빌론의 조물주인 데미우르고스(Demiurge)를 비롯한 시바(Siva), 크리슈나(Krishna), 팔리(Pali) 및 수천이나 되는 인도의 신적 존재들은 입을 다물게 된다. (이처럼 성경은 에큐메니칼주의자들에게 쓴맛을 안겨 주고 있다.)

3. 하나님께서 **창조**하셨느니라.

만약 하나님께서 "창조"를 하셨다면 그리고 예수님께서도 이에 동의하셨다면(막 13:19) 다윈은 미국의 고등학교 교사 중 80%를 미혹해 버린 셈이다. 이 경우 유신론적 진화론도 대안이 될 수 없는데 이는 성경이 하나님께서 "창조"하셨다고 했지 "진화"시켰다고 말하고 있지 않기 때문이다. 마가복음 13:19에 따르면 예수님께서는 "창조론자"이셨고 모세도 이 신학 이론에 "아멘"하고 있음을 신명기 4:32에서 볼 수 있다. 만약 예수님께서 산상설교에서 모세를 "교정"하셨다면, (자유주의자들은 예수님께서 그렇게 하셨다고 믿는다.) 어찌하여 예수님께서는 진화와 창조에 관한 모세의 잘못된 견해를 교정하지 않으셨겠는가?

4. 하나님께서 **하늘**을 창조하셨느니라.

이 구절은 통합(Unity), 유니테리언주의(Unitarianism), 브라만주의(Brahamism), 크리스천 사이언스(Christian Science) 등을 분명하게 거부한다. 이 구절에 따르면 하나님께서는 그의 창조로부터 분리되어 계시기 때문이다. 이로써 "하나님은 물질과 하나이다."라고 가르치는 모든 "범신론"은 무너져 버린다. 우주는 하나님이 아니다. 하나님은 "하늘"이 아니다. 따라서 "하나님의 나라"(Kingdom of God)는 "천국"(Kingdom of Heaven)이 아니다. 왜냐하면 하나님은 영이시나(요 4:24) "하늘들"은 문자적이고 물리적이며 눈에 보이는 우주의 구성 요소이기 때문이다(〈하나님의 나라와 천국, *The Kingdom of God vs. The Kingdom of Heaven,* 피터 럭크만 저, Pensacola Bible Bookstore〉 참조). 하늘이라고 하는 것은 성경에 의하면 땅과 구름들 사이의 공간(행 1:8-12, 욥

35:5), 대기권과 태양계 사이의 공간(창 1:1), 그리고 은하계와 하나님 자신의 임재 사이의 공간으로 되어 있다(계 4:1-6 주석 참조). 이 방향은 정북으로 "알파 드라코니스"(Alpha Draconis) 별 위쪽이다(시 75:6,7; 48:2, 사 14:12-14, 욥 26:7; 37:22). 이는 케이프케네디 우주센터에서 가르치고 있는 우주론을 앞지르는 것이며, 이를 위해 히브리어("샤마임") 혹은 헬라어("우라노스")에 대한 이해는 전혀 필요치 않으며 오직 성경으로 충분하다.

5. 태초에 하나님께서 창조하셨느니라.

이 구절은 모든 학파를 총 망라한 희랍 철학자들을 공격하는데 그것은 모든 희랍 철학자들이 물질의 영원성을 믿고 있기 때문이다. 하늘들은 "태초"에 존재하고 있지 않았다. [굿스피드(Goodspeed)가 번역한 부패한 번역본을 참조하라.] "태초"에는 하나님만 계셨다(요 1:1과 요일 1:1을 보면 성령님의 주석을 알 수 있다).

6. 태초에 하나님께서 창조하셨느니라.

이 말씀은 눈에 보이는 이 우주라는 요소와 시간이라는 요소 안으로 초자연적 능력이 개입되었음을 명백히 보여 주고 있다. 이 구절은 키르케고르의 "실존주의"를 공격하고 있으며 칼빈의 "숙명론"에도 타격을 가하고 있다. 하나님께서는 그의 창조에 적극적 관심을 갖고 계시며 그의 피조물들의 활동에 자신이 개입하신다(시편 148편 참조). 인간은 앞을 보지 못하고 비틀거리며 미지의 미래를 향해 영광스러운 순례를 할 수밖에 없다는 실존주의 교리는 창세기 1:1에서 무너져 버린다.

이와 같이 성경은 20세기 주요 철학 및 종교 사상들을 한꺼번에 쓸어 버리는 여섯 가지 부분을 갖춘 "증오 문학" - 증오 문학(hate literature)이란 성경이 사람들, 특히 지성인과 학자들의 죄들을 지적하고 그들의 오류를 끄집어내기 때문에 "미움"의 대상이 된다는 뜻에서 저자가 선정한 용어임 - 의 모습으로 출발하고 있다. 이 사실이야말로 성경이 왜 모든 공격의 대상이 되어 왔는가를 잘 설명해 주며, 동시에 부정적인 견해로 인간에게 공격을 가하는 성경의 가장 두드러진 특징을 보여 주고 있다. 성경이 인간을 반대하기에 인간은 성경을 반대하는 것이다.

성경의 첫 번째 구절에서 우리는 과학의 모든 요소가 10단어로 요약되어 있음을 발견할 수 있다.

(1) 시간 - 『**태초에**』

(2) 공간 - 『**하늘**』

(3) 운동 - 『**창조하셨느니라.**』

(4) 물질 - 『**땅을**』

(5) 에너지 - 『하나님**께서**』

다윗은 사무엘하 16:10-12에서 하나님께서 그가 잘못됐다고 선언하신 그 말씀을 받아들이고 『**주의 말씀은 처음부터 참되며**』(시 119:160)라고 했다. 옳은 말씀이다.

성경을 여는 첫 구절에 관해 마지막으로 언급하고 싶은 것은 성경에는 창조의 시기가 주어져 있지 않다는 사실이다. 비록 재창조가 2절부터 20절까지 묘사되어 있으나 창세기 1:1의 사건이 언제 있었는지에 대해서는 언급되어 있지 않다. 대부분의 대학교수와 고등학교 교사들이 창조 연대에 관해 매우 무지하다는 사실을 감안할 때 이 사실은 꼭 짚고 넘어가야 할 것 같다. 그들은 성경이 지구의 나이를 6,000년으로 가르친다고 생각한다. [이것은 어셔(Ussher) 대주교의 연대 측정에 따른 것이다.] 그러나 이것은 성경을 거부하는 사람들의 전형적인 모습이다(사실 성경을 비판하는 사람들은 확실한 사실에 근거하여 그들의 비판을 전개하는 법이 거의 없다). 하나님께서 일곱 저녁과 아침 동안 땅을 재창조하시기 전 지구의 나이는 4백만 년이나 되었을지도 모른다. 본문을 잘 읽어 보면 내 말이 아인슈타인(Einstein), 다윈(Darwin), 헉슬리(Huxley), 밀리칸(Millikan) 혹은 버나드 램(Bernard Ramm) 등의 피상적인 추측보다 훨씬 더 "과학적"일 것이다.

1:2 땅은 형체가 없고 공허하며 어두움이 깊음의 표면에 있으며 하나님의 영은 **물들의 표면에서 거니시더라.**

히브리어 "토후 바보후"는 이미 큰 재앙이 한 번 있었고 그런 후의 상태가 창세기 1:2의 상태임을 암시한다. 이 사실은 이제껏 그 어떤 주석가들도 만족스럽게 설명하지 못한 신비스러운 요소가 이 서술 속에 들어 있음을 보여 준다. 이 절의 일반적인 해석은 이 구절을 밀턴의 실락원에 나오는 사탄의 타락(그는 그의 천사들과 하늘에서 쫓겨남)으로 보는 것이다. 그러나 밀턴은 사탄의 축출을 과거로 보고 있는 반면 그가 그것을 증명하기 위해 사용하고 있는 요한계시록 12:4-8은 분명히 미래적 사건이다. 또 이 교리를 가르치기 위해 예레미야 4:23, 이사야 14:17을 들어 설명하기를 이 세상에는 "아담 이전"의 인종들이 한때 거주하였는데 예레미야 4:23과 이사야 14:17에 나오는 "성읍들", "새들", "왕들", "사람들"은 그들과 관련된 것이며 이 종족은 엄청난 빙하기 혹은 외계로부터 기상 재앙 혹은 만년설이나 그 밖의 사탄의 타락과 관련된 큰 재앙으로 인해 멸망당했다고 한다. 비록 이와 관련된 성경 구절들이 없는 것은 아니지만 이러한 주장을 펴기에는 어려움이 있다.

1. 지금의 인간 모습을 지닌 인간은 성경에서 볼 때 재창조(창 1:27; 2:17 참조) 이후까지는 나타나지 않는다.

2. 최초의 도시는 살인자에 의해서 세워진다(창 4:17).

3. 어떤 동물도 창세기 1:20까지는 성경에 등장하지 않는다.

4. 예레미야 4:23, 이사야 14:17은 분명히 요한계시록 12:3-10과 마찬가지로 대환란 시기를 언급하고 있으므로 아직 일어나지 않은 미래적 사건이다.

이러한 상황에서는 말씀을 공부하는 학생은 성경이 기록된 그대로 그리고 자신이 발견한 그대로 하나님의 말씀을 믿어야만 한다. 왜냐하면 창세기 1:2을 이해할 수 있는 열쇠가 〈킹제임스성경〉의 풍요로움 가운데 발견되기 때문이다. 이 진리는 믿지 않는 자에게는 은밀히 감추어져 있다(고전 1장과 2장 참조). 성경을 성경으로 비교해 보면 성령님께서는 다음의 진리들을 계시해 주심을 알 수 있다.

1. 비록 아담과 이브의 창조 이전에는 사람이 존재하고 있지 않았으

나 인간과 유사한 무엇이 존재했음에 틀림없다. 왜냐하면 "하나님의 아들들"이 아담 이전에 존재했던 땅과 관련되어 언급되고 있기 때문이다(욥 38:1-8).

2. 이 "하나님의 아들들"은 창세기 6:1-6에 나타난다(해당 부분의 주석 참조).

3. 이 "하나님의 아들들"은 다른 모든 천사들과 마찬가지로 날개가 없는 젊은 남자로 나타나며, 이들은 땅에 내려올 때 "신들"(gods)로 여겨진다(행 14:11).

4. 이 "신들"은 구약 성경에서 끊임없이 경고하고 있는 바로 그들이며, 사탄의 능력은 모든 근본주의, 카톨릭, 자유주의 및 신정통주의 주석가들이 요한복음 10:34의 "신들"을 "유대의 재판관"으로 오해하도록 함으로써 입증되고 있다.

5. 이 "신들"은 존 글렌(John Glenn), 스콧 카펜터(Scott Carpenter), 앤더스(Anders), 보먼(Borman) 및 폰 브라운(Von Braun)과 같은 우주인과 과학자들에 의해 이들이 이 지구상에 세 번째로 모습을 드러낼 때 "외계인"으로 오해될 것이다(누가복음 17:26-30 참조).

6. 이 "신들"은 아담 이전에 이 땅에 있었다. 이들은 남자의 모습으로 이 땅에 왔었고 창세기 1:3 이전에 "이 세상 신"의 휘하에 있었다(시 82:6; 86:8; 82:1; 97:7; 96:5; 97:9 참조). 이들은 B.C. 3000년에서 B.C. 2340년 사이에 이 지상에서 했던 그 일을 지금으로부터 서기 2000년 사이에 다시 할 것이다. (믿든지 믿지 않든 간에 일어날 것이므로 이 일을 놓고 내기할 필요는 없다. 이미 내가 내기를 건 셈이다.)

7. 신화[히슬롭(Hislop)이 쓴 〈두 개의 바빌론, *The Two Babylons*〉

이라는 결정적인 책을 보라.]에서는 바로 이들이 소크라테스(Socrates, B.C. 469), 호메로스(호머, Homer, B.C. 100), 오비디우스(오비드, Ovid, B.C. 43), 베르길리우스(버질, Virgil, B.C. 70), 호라티우스(호러스, Horace, B.C. 65), 헤로도토스(Herodotos, B.C. 484), 그리고 소포클레스(Sophocles, B.C. 496) 등이 언급했던 "신들"이다.

『**어두움이 깊음의 표면에 있으며**』(2절). 이 구절을 대할 때 우리는 코페르니쿠스(Copernicus, 1473-1543)나 라플라스(Laplace 1749-1827) 등의 과학자들을 찾을 것이 아니라 성경을 성경으로 비교해 보아야만 한다. 여기서 말하고 있는 깊음(deep)은 지중해나 대서양의 표면이 전혀 아니다. 이것이 무엇이든 간에 이 "깊음"은 우리의 태양계보다도 더 큰 지역이며, 적어도 태평양보다 30억 배나 더 큰 물 덩이를 포함하고 있다. 이 "깊음"(deep)의 "표면"(face)은 절대 영도로 얼어 있어 분자의 활동이 정지되어 있다(창 1:7의 주석 참조).

요한은 이것을 "유리 바다"(계 4:6) 혹은 "불로 뒤섞인 유리 바다"로(계 15:2) 묘사하고 있다. 요한은 저 하늘 높은 곳의 영광으로 끌려 올라가서 그곳의 모습을 묘사했기 때문에 이 요한계시록의 묘사는 그 어느 시대의 과학 정보보다 훨씬 더 높은 수준인 것이다. 욥은 이 심연의 표면이 북쪽이라고 말하고 있다(욥 37:18-22, 시 75:6; 48:2, 히 12:22 등 참조).

이 『**깊음**』(deep)은 우주 자체를 담고 있는 용기인 것이다. 이 "깊음"의 꼭대기는 오리온성좌의 베이 성운(Bay Nebula) 저 너머 적어도 1억 마일에 걸쳐 펼쳐져 있다.

『하나님**의 영은 물들의 표면에서 거니시더라**』(2절). 이 심연에 물이 발견되고 있음은 우리의 주목을 끌기에 충분하다. 베드로후서 3:4-7은 틀림없이 창세기 1:2의 이 부분에 대한 언급이며, 특히 베드로후서 3:4은 20세기의 진화론자들 즉 현재의 하늘들과 땅은 창세기 1:1의 하늘과 땅과는 다르다는 사실을 믿지 않는 사람들을 지칭하고 있는 것이다. 성경에는 세 쌍의 "하늘과 땅"을 언급하고 있다.

(1) 하늘과 땅 (창 1:1)

(2) 현재의 하늘들과 땅 (창 1:4-20)

(3) 하늘들과 땅 (벧후 3:13, 계 21-22장)

이처럼 성경에서 언급된 하늘들과 땅은 성경을 거부하는 "과학자"들이 생각하는 그러한 모습과는 전혀 상관이 없다. 이들은 "옛 히브리인"들의 하늘들과 땅에 대한 개념이 "그 등 위에 활을 얹고 있는 거대한 거북이로 그 위에 별들이 있는 모습"이라고 사람들을 현혹하지만 "옛 히브리인"들은 전혀 그런 개념을 갖고 있지 않았다. 성경(창 1:1-3)에 묘사된 하늘과 땅은 1980년 현재 그 어떤 우주인의 생각보다 훨씬 앞서 있다. 이 묘사(창 1장)는 원래의 하늘과 지금의 지구와는 다른 위치에 있었던 원래의 땅을 묘사한 것이다. 원래의 지구는 적어도 별자리에 관한 한 현재와는 다른 위치였다. 원래의 지구는 하나님으로부터 떨어져 나와 물의 심연 속으로 가라앉아 버렸고 이 심연의 "표면을 어두움이 덮고 있었다." 원래의 정확한 위치와 천문학적 치수는 계시되어 있지 않으며, 현재 태양계에 있는 이 지구가 하나님으로부터 얼마만큼이나 떠내려 왔는가에 대한 암시는 없지만 그 어떤 "우주의 폭발"이 하늘에 계신 위엄 있는 그분의 임재로부터 인간의 주거지인 땅을 충분히 멀리 떨어지게 할 만큼 위력적이었음이 틀림없다(히 8:1, 엡 2:20-22).

1:3 하나님**께서 말씀하시기를 "빛이 있으라." 하시니, 빛이 있더라.**

이 구절에서 우리는 하나님께는 어떤 사물을 "말씀"하시는 것과 그 사물이 "만들어지는" 것과 같다는 사실에 놀라게 된다. 반대로 하나님께서 말씀하시지 않으면 아무것도 생겨나지 않는다는 것은 사실이다(히 1:3; 11:3).

『**빛이 있으라.**』(3절)에서 빛은 "햇빛"이 아니다. 시편 74:16에서 이 빛은 "햇빛" 저 너머에 있는 그 무엇이다. 이것은 "하나님 자신의 빛"이다. 이 빛은 "태양의 흑점"이나 광구(光球), 코로나(진주빛 회색층) 등과 같은 불순물을 전혀 포함하고 있지 않다. 하나님께서는 이 진리를 거듭나지 않은 죄인들의 마음에 심어 주시기 위해 하늘에 그 증인으로 그의 인(도장)을 치셨다(시 19:1-4). 천문학자들이 빛나지 않는 베이 성운을 북쪽으로 조사해 본 결과 하늘에 커다란 구멍으로 된 틈이 있고 이 틈을 통해 너무도 밝은 빛이 들어와 우리의 태양 같은 별은 커튼에 붙은 파리똥 정도로 비춰진다는 사실을 발견해 냈다(비록 마셜제도의 비키니 환초에서의 핵 실험 폭발이 2마일 이상 떨어져 등을 돌리고 있는 사람을 실명케 할 정도로 강렬한 빛을 발생한다고 하지만 창세기 1:3,4에 나오는 "빛"은 인간이 만들어낸 섬광을 그저 타르 통이 폭발하는 정도로 보이게 할 따름이다).

1:4 하나님**께서 그 빛을 보시니, 그것이 좋았더라.** 하나님**께서 그 빛을 어두움에서 나누시더라.**

『**보시니, 그것이 좋았더라.**』(4절)는 표현은 8절을 제외한 모든 창조 행위에 해당된다. 8절에서는 창공이 창조되는데, 이 표현이 빠진 것은 불길한 그 무엇을 예감케 한다. 믿는 자들은 이 표현이 빠진 이유를 찾아내는 데 있어 실패해서는 안 될 것이다.

『하나님**께서... 나누시더라**』(4절). 이 표현은 하나님의 성품에 관해 중요한 암시를 던져 준다. 하나님은 나누는 분이시며, 합치시는 경우는 거의 드물다. 우리는 하나님께서 아담과 이브를 합치시고(창 2:24), 성도들을 자신에게 연합시켜 "한 몸"으로 만드시고(엡 2,3장), 성도들끼리 서로 연합하도록 하심을 성경에서 볼 수 있다(고전 1:10). 그러나 성경은 신구약 전체에서 하나님께서는 "분리의 하나님"이시지 통합의 하나님이 아니심을 명백히 계시한다(신명기 32:7,8, 레위기 11장, 창세기 11장, 고린도후서 6:14-17장, 마태복음 13:40,41을 주의 깊게 공부하라). 이 계시는 "이원론", "절대주의", 혹은 "교조적 진리"라는 표현 등으로 경멸되어 왔으나 하나님의 명백한 계시의 특징임에는 논란의 여지가 없다. 창조주께서는 "현대적 사고"의 경향을 뒤엎어 버리시는 일에 특별한 관심을 갖고 계신 것 같다.

1:5 하나님**께서 그 빛을 낮이라 부르시고 어두움을 밤이라 부르시니라.**

저녁과 아침이 되니 첫째 날이더라.

『낮』(Day)이란 단어가 〈킹제임스성경, 1611〉에는 대문자(〈한글킹제임스성경〉에는 고딕)로 되어 있음에 유의하라. 이것은 이 날(혹은 낮 : "Day")이 단순히 24시간의 기간을 뜻하는 것 이상임을 암시하고 있다. 저녁과 아침으로 이루어지는 것은 소문자 날(day)로 되어 있다. 따라서 한 날("Day")은 성경에서 단지 24시간이라는 기간을 언급하고 있을 뿐만 아니라, 1,000년을 가리킬 수도 있다(벧후 3:8). 스티어(Stier), 하르낙(Harnack), 홀만(Hollman), 홀츠만(Holtzman), 네안더(Neander), 올하우젠(Olhausen), 슐라이어마허(Schleiermacher), 테오도렛(Thedoret), 벵겔(Bengel), 그리고 라이트풋(Lightfoot) 등과 같은 자유주의 신학자들이 이 1,000년의 기간을 "정해지지 않은 기간"이라고 혼동하지 않도록 하기 위해 성령께서는 "천 년"이라는 단어를 요한계시록 20:1-7에서 여섯 번이나 기록하심으로써 위에 언급된 성경 주석가들로 그 기간은 1,000년을 뜻하는 것임을 깨닫도록 하셨다(그러나 그들은 여전히 이 사실을 놓치고 있다).

"낮"(Day)은 하나님께서 누군가를 다루시는 한 경륜(dispensation)의 기간을 뜻할 수 있다(히 3:15, 고후 6:2).

"낮"(Day)은 또한 심판의 때를 지칭하기 위해 사용된다(벧후 3:7, 눅 19:42-44).

쉽게 말해서 성령께서는 "낮"(Day)이란 단어를 자신에게 필요한 방식대로 적절히 사용하신다. 사람들도 일상생활에서 이 단어를 여러 가지 다양한 방식으로 사용하고 있는 것으로 보아 언어학자들이 하나님께서 자신의 방식대로 이 단어를 사용하고 계신 것을 금할 수 있다는 발상은 당치도 않은 일이다.

『**저녁과 아침**』(5절), 이 표현은 히브리식 시간 계산 개념을 보여 주는 독특한 표현이다. 즉 아침 6시부터 다음날 아침 6시까지가 아닌 저녁 6시부터 다음날 저녁 6시까지이다. 이것은 우리가 그리스도의 죽으심, 장사, 그리고 부활의 문제를 다룰 때에 매우 유익한 도움을 준다.

1:6 ○ 하나님**께서 말씀하시기를 "물들 가운데 창공이 있으라. 창공으로 물들에서 물들을 나누게 하라." 하시니라.**
7 하나님**께서 창공을 만드시고 창공 위에 있는 물들에서 창공 아래 있는 물들을 나누시니 그대로 되니라.**

하나님의 재창조 중 첫 세 번의 행위에 있어(창 1:4,7,10) 하나님께서는 아무것도 섞지 않으심을 유심히 관찰하라. 하나님께서는 나누시는 분이다(눅 12:51, 요 7:43).

『**창공이 있으라**』(6절). 창공은 영어 단어의 "firm"이 갖고 있는 고유한 뜻과 더불어 생각해 볼 때 "두드려서 만들어진 공간"(a beaten expanse – 히브리어로는 "라키아")이다. 그러나 창공 위에 물들이 있음에 주목하라.

노벨(knobel), 카일(Keil), 게제니우스(Gesenius) 및 대다수의 주석가들은 바로 이곳에서 성경의 진리를 영원히 포기해 버린다. 그들이 히브리어 성경의 10절도 채 주석하지 못한 상태에서, 그들의 히브리어 학문은 그들로 하여금 진리의 추구자로서, 신뢰할 만한 권위자로 자처하던 그 위치에서 물러나게 하는 꼴이 되고 만다. 왜냐하면 대다수의 히브리어 주석가들에 따르면 "옛 히브리인"들은 우주가 "지구를 둘러싸고 있는 거대한 물 위에 고정된 아치형의 금속 천장으로 '기둥' 역할을 하는 높은 산들에 의해 지탱되도록 되어 있다."고 추정했다. 현대의 보수주의자와 근본주의자들(물론 여기에는 스코필드성경 편집위원도 포함된다), 그리고 카톨릭 학자들은 성경의 기록이 조롱의 대상이 되지 않도록 하기 위해 과학(딤전 6:20)에 사죄하고 나서는 성령께서는 과학적인 용어를 모르시기 때문에 우주의 모습을 묘사하실 때 "시적 묘사에 의한 비유적 심상(imagery)"를 사용하셨다고 주장하고 있다. 스코필드 역시 "하늘들 위에 있는 물"이 "수증기"(즉 구름)라는 이론에 머리 숙여 절하고 말았다. 동시에 이단들, 믿는 자들, 불신자들, 유대인, 카톨릭, 프로테스탄트, 무신론자, 근본주의자, 그리고 보수주의자에 이르는 모든 사람들이 이 이론 앞에 백기를 들고서는 성경을 수정하기 위해 과학과 철학의 원조를 청하고 있다. 가장 위대했던 성경학자들도 성경이 시작되고 8절도 못되어 마귀의 관점에 동의하고 만다.

소위 "근대 과학의 발견들"의 관점에서 보아 이 성경 구절의 주석이 불가능함을 인식한 주석가들은 성경을 스스로 방어토록 내팽개쳐 버린다. 이렇게 해서 〈킹제임스성경, 1611〉은 스스로 해석하게 되는 것이다.

1. 수증기는 결코 "하늘들 위의 물"이 아니다(시 148:4 참조).

2. "하늘들 위의 물"은 하늘(단수) 위에 있는 것이 아니라 하늘들(복

수) 위에 있다(창 2:1, 시 148:4에 나타난 복수 형태를 주목하라).

3. 물 가운데 나타난 창공은 해, 달, 그리고 별들을 포함하고 있다. 그런데 어떻게 이 창공이 대양과 구름 사이의 공간이 될 수 있겠는가?(창 1:14-19)

4. 하나님의 보좌는 "깊음의 표면" 위에 있고(욥 26:7-13; 38:30) 이 깊음의 꼭대기는 얼어 있다(창 1:2의 참고구절을 보라). 만약 물이 하늘들 위에 있다면, 이것은 하나님의 보좌 위에 있다는 말인가? 만약 세 하늘이 존재한다면(창 1:1 주석 참조), 하늘들은 적어도 처음 두 하늘을 언급하는 것임에 틀림없다.

이 증거를 거부한다는 것은 그리스도의 몸에 속한 학자들이 친과학 노선(pro-scientific position)을 택하여 빠져나갈 구멍도 없는 함정에 빠지는 것과 같다. 하나님께서 주신 책의 첫 장에서 계시의 열쇠를 감추어 버리신 주께서는 보수주의자이건 자유주의자이건 더 이상 현대의 "학자들"에게는 아무것도 계시하지 않으신다. 이 두 학파는 오류 없는 하나님의 말씀 대신 "과학"의 편을 들었고 이들은 하나님께서 디모데전서 6:20에서 과학에 대해 경고하고 계심을 분명히 알면서도 그렇게 했던 것이다. (여러분은 소위 새로운 성경들이 이 구절을 변개시킴으로써 그들이 "공범"임을 슬며시 가리고 있음을 주의하라.)

이렇게 해서 〈킹제임스성경〉은 스스로를 해석하기 시작한다. 이 성경은 최고 수준이라는 200명의 주석가와, 500명의 히브리어 학자, 추기경학교, 2,000명이 넘는 대학 교수, 그리고 3세기에 걸쳐 설교한 4만 명이나 되는 모든 이들을 이 구절의 해석에서 거부해 버린다. 이 모든 이들은 "과학자"들이 던지는 조롱의 화살을 두려워한 나머지 그 누구도 기록된 그대로의 말씀을 그대로 받아들일 믿음도, 용기도 없었던 것이다. 본 주석은 "성경대로 믿는 사람들의 주석"이므로 우리는 성령님께서 찾아내신 것들을 먼저 살펴보고 소위 "과학"이라고 불리는 것의 이론적 추측을 살펴보고자 한다. 과학이 하나님의 말씀에 일치하면 우리는 과학의 발설을 용납하려니와 그렇지 않은 경우 우리는 과학이 창세기 1장을 다루면서 던진 똑같은 경멸로 과학을 대할 것이다.

1. 사탄은 물 안에 있다(욥 41:31,32).

2. 이 물은 "바다"이다(욥 41:31).

3. 그리스도는 이 "바다"를 통해 재림하신다(합 3:8-10, 삼하 22:8-17).

4. 이 "바다"는 하늘과 땅이 폭발한 후 사라진다(계 20:11; 21:1,2).

5. 예수께서는 이 물을 통과해서 지상에 내려오신다(마 12:40, 욘 2장).

6. 이것은 침례인 요한의 사역을 상징하고 있다(마 3장).

7. 그리스도인은 휴거 시 이 물을 통과하여 위로 올라간다.

8. 이것은 출애굽기에서 홍해 "바다"를 통해 예표되었다(출 12-15장).

9. 이 바다는 무색이었다가 지금은 붉은색이다(히 8:2,5; 9:7-10,12, 20-22,24).

10. 이 바다는 우주적인 영원한 피 흘림을 포함하고 있는 거래를 통해 지금 염색되어 있다(행 20:28, 히 9:14).

11. 하나님으로부터 이 바다로 인해 분리됨으로써 예표상 모든 죄인들은 "하나님의 진노 아래" 놓여 있는 것이다(렘 5:22, 시 88:7; 18:16; 66:12; 69:14; 124:4).

12. 붉게 물들어 있는 이 바다는 "하나님의 진노를 받으신" 대속주를 받

아들이는 죄인들로 하여금 그 대속주의 몸과 살이 되도록 해준다(엡 5장).

13. 이 바다는 과거에 두 번 열렸으며 앞으로 두 번 열릴 것이다.

14. 이 열림은 모세, 여호수아, 엘리야, 그리고 엘리사가 강과 바다를 건넌 것으로 예표되어 있다(출 14장, 수 2-4장, 왕하 2장).

15. 이 물 아래에 있는 인간들은 "물고기"로 비유된다(전 9:12, 합 1:14).

16. 따라서 사역에 부르심을 받은 처음 네 제자는 직업 어부들이다(마 4:19, 막 1:17).

17. 이 계시된 진리를 거절한 사람들이 이 진리를 깨닫도록 바울은 기도하고 있다. [엡 3:18,19 – 한 가지 주의할 것은 에베소서 3:18,19은 A.D. 450년 크리소스톰(Chrysostom) 이래로 설교되어 왔듯이 "그리스도의 사랑"을 이해하는 것과는 전혀 관계가 없음을 유의하라. 이 구절은 우주의 깊이와 넓이를 이해하라는 말이지 그리스도의 사랑의 깊이와 넓이를 깨달으란 뜻이 아니다. 로마서 8:39 참조]

18. 이 진리는 자신들도 모르는 사이에 여러 사람들에 의해 찬송가에 보존되어 있다. "빗장을 통과해서", "요단강의 폭풍 부는 강둑에 나는 서 있네", "나는 홀로 요단강 건너지 않으리", "너 대양의 물결이여 메아리치라", "우리가 저 아름다운 바닷가에서 노래하리라", "접근하는 물결이 출렁일 동안", "인생의 폭풍우 치는 바다 건너 나를 이끄소서", "죽음을 가져오는 질병의 홍수 속에서"(이 찬송의 경우 마틴 루터는 시편 29:10과 24:2을 잘못 해석하였기 때문에 그대로 받아들여서는 안 될 것이다.) "나를 둘러싸고 있는 알 수 없는 파도가 나를 뒤덮네", "나는 더 이상 넓은 바다를 항해하지 않으리" 등.

19. 약 3,000년의 간격을 두고 지구는 두 번에 걸쳐 실제로 물에 잠

졌는데(창 1:2; 7:1-15 참조), 이로써 태양계가 지리학적으로 태평양과 대서양을 합친 것보다 최소한 1,000억 배가 넘는 물 아래 놓여 있다는 과학적 진실을 강화시켜 주는 셈이다.

이와 같이 많은 성경의 내적(內的) 혹은 외적(外的) 증거에 대한 학자들의 견해는 "성경 기자들이 매우 비유적인 표현을 사용하고 있다."라는 것이다. 이런 해석은 이집트의 알렉산드리아의 배교한 헬라어 학자들의 해석 방법으로서 과학과 철학의 숭배자인 오리겐(Origen, 184-254)에 의해서 완성된 방법이다. 그러나 성경은 오리겐이 태어나기도 전에 이미 골로새서 2:8과 디모데전서 6:20에서 그의 잘못을 명백히 지적하고 있다.

1:8 하나님**께서 창공을** 하늘**이라 부르시니라. 저녁과 아침이 되니 둘째 날이더라.**

『**하나님께서 보시니... 좋았더라.**』는 표현은 이 날의 창조 시에는 발견되지 않는다. 만약 독자들이 에베소서 6:10-13, 이사야 24:21, 욥기 41:31,32을 잘 살펴보고서 거기에 나타난 진리를 깨닫기만 한다면 이 표현이 빠져 있는 이유는 분명해질 것이다. 태양계, 은하계, 성운, 성단, 성좌 등이 존재하는 둘째 하늘에는 마귀적 권세들, 타락한 천사들 및 사탄이 거하고 있다. 이것이 바로 콜럼버스 시대의 옛날 "과학자"들이 우려하던 "괴물"들의 지대이다. 우리는 이 영적인 존재들이 태평양과 대서양에 거하지 않는다는 사실이 입증되었다고 해서 이들의 실재를 전부 없애 버린 어리석은 사람들이 있음을 알고 있다. 하지만 이들은 욥기 41:31,32에 나오는 바다가 태평양과 대서양이 아니라는 사실을 간과하고 있는 것이다. 현재 인간들은 매우 신이 나서 "이 세상의 신"을 접촉하기 위해 잘못된 통치 구역을 향해 자꾸 위로 올라가고 있다(시 115:16).

이사야 27장과 요한계시록 12:8,9(〈피터 럭크만의 주석서 요한계시록〉 참조)에서 확인되는 욥기 41장의 "바다 괴물"인 "리비야단"은 지금 물 가운데 있다. 따라서 욥기 41:31,32은 창세기 1:2의 "깊음"에 대한 언급인 것이다. 이 "리비야단"은 고래나, 악어나, 코끼리나, 혹은 소용돌이나, 그 밖의 그 어떤 것도 될 수 없다. 아무리 주석가들이 이 자를 숨겨 주려고 다른 이름을 붙여도 소용없다. 이는 이 "리비야단"은 머리가 여러 개이기 때문이다. 〈킹제임스성경〉의 시편 74:14은 이러한 신비를 벗겨 주기에 충분하다.

그렇기 때문에 아무리 훌륭한 히브리어 학자[게제니우스(Gesenius), 델리치(Delitsch), 칼리시(Kalisch), 노벨(Knobel), 크레겔(Kregel), 데 로시(De Rossi), 케니코트(Kennicott) 등]일지라도 "리비야단"을 악어라고 주석해 놓고는 자신들이 자격 있는 성경 주석가라고 말한다면 그 얼마나 뻔뻔스러운 일이겠는가? 이 리비야단은 머리가 일곱 개 달린 "용"과 "뱀"이라고 되어 있으며, 이 자는 어찌나 지혜로운지 아주 간단한 문장을 성경에서 읽어 보기도 전에 5,000명이 넘는 성경학자들을 아주 쉽게 무너뜨려 버린다. (비록 창세기 1:31에서 "모든 것이 좋았더라."고 했지만 이 절의 문맥은 분명히 땅 위의 인간과 동물의 창조와 연관되어 있지 둘째 날과는 관련이 없다.)

1:9 ○ 하나님**께서 말씀하시기를 "하늘 아래의 물들이 한 곳으로 함께**
모이고 마른 곳이 드러나라." 하시니, 그대로 되니라.
10 하나님**께서 마른 곳을** 땅**이라 부르시고 물들이 함께 모인 곳을** 바다
들**이라 부르시니라.** 하나님**께서 보시니 그것이 좋았더라.**

『**한 곳**』(one place, 9절)은 히브리어로 "마콘"으로 이 말은 "한 바닥"(one leed)이란 뜻으로 국자 모양으로 솟아오른 해저의 바닥들이 다 연결되어 있음을 암시하고 있다. 이 구절에서 염두에 둘 것은 기록자가 태양계 바깥의 창조 행위를 더 이상 묘사하고 있지 않다는 점이다. 여기에서 말하고 있는 물은 별들이 있는 창공의 "위, 아래"에 있는 물이 아니고(창 1:6-8 주석 참조), 새들이 날아다니는 창공의 위, 아래에 있는 물이다(창 1:20-23 참조).

〈스코필드 관주성경〉 편집위원회, 라킨(Larkin), 펨버(Pember), 디한(De Hann), 엡스(Epps), 맥클레인(McClain), 그리고 모든 보수주의자들이 이 창공을 창세기 1:6-8의 창공으로 오해하고 있다. 문제는 이러한 실수가 고의적이란 점이다. 이들은 "과학의 발견"에 전적으로 의존하는 "형제들을 기분 상하게" 하기를 원치 않기 때문에 이런 실수를 저지르고 있는 것이다. 창세기 1:9,10의 "바다들"(seas)은 창세기 1:6-8의 "물들"(waters)과는 조금도 비슷하지 않다. 후자는 창세기 1:2에서 "거대한 깊음"(The Great Deep)이라고 불리고 있다. (시편 148:3-8에서 시편 기자는 하나님 자신으로부터 시작하여 그분의 역사가 셋째 하늘에서 둘째 하늘로, 둘째 하늘에서 첫째 하늘로, 그리고 땅으로 이어지고 있는 것을 잘 보여 주고 있다.)

1:11 하나님**께서 말씀하시기를 "땅은 땅 위에 풀과 씨를 맺는 채소와**
그 종류대로 열매 맺는 씨를 가진 과실수를 내라." 하시니 그대로
되니라.
12 **땅이 풀과 그 종류대로 씨를 맺는 채소와 그 종류대로 열매 맺는**
씨를 가진 나무를 내더라. 하나님**께서 보시니 그것이 좋았더라.**
13 **저녁과 아침이 되니 셋째 날이더라.**

이 구절에서는 세 가지 사항을 주목할 필요가 있는데, 이것들은 다윈의 추종자들, 즉 윌리엄 페일리(William Paley, 1829-1934), 장 바티스트 라마르크(Jean Baptiste Lamarck, 1829-1944), 로버트 체임버스(Robert Chambers, 1844) 및 라이엘(Lyell, 1797-1875) 등의 과격한 이론과는 전혀 맞지 않는다.

첫 번째로 식물 창조는 24시간 안에 일어났다. "날"(day)이라는 말 대신에 『**저녁과 아침**』이라는 말을 사용한 것을 보면 그것이 24시간인 것을 알 수 있다. 1:8과 1:13의 날을 "천 년"으로 해석하는 것은 어리석은 짓이다(창 1:5 주석 참조). 왜냐하면 그렇게 되면 식물이 햇빛 없이 천 년 동안 살았다는 말이 되기 때문이다(15,16절에 이르기까지는 아직 태양이 나타나지 않는다.)

두 번째 사항은 식물은 "태양으로부터 떨어져 나온 냉각 물질에서부터 진화하지 않았다"는 것이다. 식물은 "미행성설", "성운설" 혹은 "조석설"로 설명되는 것도 아니다. 식물은 살아 계신 하나님의 신성한 명령에 의해 생겨난 것으로 예수 그리스도께서도 이 관점을 택하셨다(막 13:19). 주님의 추종자라는 자들이 비록 주님보다 자기가 더 안다고 헛소리를 해도 쓸모없는 짓일 뿐이다. 인간은 자신들이 식물을 만들어 내고자 할 경우, 당연히 "창조"는 "자연 발생"(Spontaneous Generation) 또는 우주적 배종 광포(Panspermia)에 의해서 세포 모델들, 교질(colloids), 효소, 그리고 바이러스 등으로부터 진화되어야만 가능하다고 생각할 것이다. 그러나 이런 것들은 하나님을 인간만큼 똑똑하다고 겨우 인정해 주는 짓일 뿐이다(롬 1장 참조). 창세기 1:12의 창조는 1:11의 하나님의 명령에 즉각적으로 순종한 결과일 뿐이다.

램(Ramm)이 쓴 〈과학과 성경에 관한 기독교적 관점〉이라는 책에 보면 알렉산드리아 전통에 충실한 자들이 "그럴싸하게 들리는" 신조어를 만들어 냈음을 알 수 있다. 그것은 소위 "점진적 창조설"(progressive creationism)로 창조에 관한 혼합이론을 만들어 내기 위해 여러 모순들을 해석해 놓은 "잡탕"에 불과한 것으로 "점진적 교육" 혹은 "점진적 재즈"와 마찬가지인 것이다. 다윈과 마찬가지로 버나드 램(Bernard Ramm)에게는 창세기 1장이 "여러 단계를 거쳐서 이루어진 점진적인 행위들"의 기록인 것이다. 이러한 "점진적 창조설"(전에는 유신론적 진화론으로 불렸음)은 찬(Zahn), 미바트(Mivart), 그리고 돌로도트(Dorlodot)과 같은 로마 카톨릭 신학자들이 전형적으로 가르치는 이론이다. 이와 같은 용어들을 만들어 내고 가르치는 것은 진화론자들과 타협하는 행위일 뿐이다. 진화론자들은 장 아스트뤽(Jean Astruc, 1684-1706)에서부터 아인슈타인(Einstein, 1879-1955)에 이르기까지 자기들이 무슨 말을 하고 있는지조차 모르고 있는데 말이다.

"점진적 창조설"은 유신론적 진화론과 마찬가지로 전혀 과학적이지 못하다. "점진적 창조설"은 반공주의 대신에 "제국주의"를, 종교적 파시즘 대신에 "카톨릭"을, 타협 대신에 "에큐메니칼"을, 자유의 포기 대신에 "협력"을, 인종 혼혈 대신에 "통합"을, 뻔뻔한 불신 대신에 "신정통주의"를, 술주정뱅이 대신에 "만년 알코올 의존증 환자"를, 부랑자 대신에 "통과승객"을, 동정녀 탄생에 대한 불신 대신에 "신적 잉태"를, 거듭남의 체험 대신에 "완전히 내어 맡김"을, 피로 씻음 대신에 "당신의 삶을 그리스도에게"를, 성경 말씀의 거부 대신에 "목회 심리학"을, 그리고 부흥회 대신에 "종교 강조 주간" 등의 용어를 사용함으로써 진실을 호도하는 것 이외에 아무것도 아니다. 따라서 건전한 교리에 모순되는 그 어떤 것이 우리를 미혹하는 경우 그것이 과학이든, 교육이든, 종교이든, TV든, 잡지든 간에 성경에 어긋나면 우리는 모든 것을 거부한다.

본 구절에서 주목할 세 번째 사항은 하나님의 창조는 "그 종류대로" 번식함으로써 그분의 명령에 순종하고 있다는 점이다. [바이런 넬슨(Byron Nelson)이 1952년 옥스버그에서 출판한 책을 참조하라.] 현명한 독자라면 창세기 1:11-13을 읽을 때 정상적인 조건에서 민들레가 피튜니아를, 백합이 장미를, 감자가 오렌지를, 사과가 바나나를, 밀이 수박을 번식할 리 없다는 것을 알게 될 것이다. 잡종은 다른 종끼리 교배함으로써 나오게 되는데 버뱅크(Burbank, 1849-1926)는 "순종의 선택적 번식"은 "분리"(Segregation)가 있는 곳에서만 가능하다는 것을 오래전에 입증한 바 있다. 이것은 개나 고양이의 번식을 전문으로 하는 사람들에게는 상식과 같은 자연법칙이다. 이 상식을 모르는 자들은 전미흑인향상협회

(NAACP), 대법원 및 로마 카톨릭 사제들이나 찰스 다윈뿐이다.

레몬과 비슷한 시트론을 참외 곁에 심어 놓으면 참외가 레몬 빛깔을 띠게 된다. 반탐 옥수수를 일반 옥수수 곁에 심어 놓으면 두 식물을 합해 놓은 맛이 나게 된다. 인간의 경우에 혼혈과 변이는 순수 혈통보다 열등하게 된다. 그러나 하나님의 창조에 있어서 모든 씨는 『**그 종류대로**』 생산하게 되어 있다. 고등학교나 대학에서 진화론자들의 독선에 스트레스가 쌓인 독자들에게는 헨리 모리스(Henry Morris)의 〈성경과 현대 과학〉(Moody Press, 1951, 우리말 번역본이 있음)이나 윌버 스미스(Wilbur Smith)의 〈그러므로 서라, Therefore Stand〉(Wilde Co., Boston, 1950)를 읽도록 권하는 바이다.

모팻(Moffat)은 알렉산드리아 학파의 견해에 일치시키기 위해 "종류대로"(after his kind)를 "모든 종류의"(of every kind)로 번역함으로써 다윈과 그 일당들이 제정신이 아니라는 사실을 슬쩍 피해 버리고자 했다. 사실 "Fruit of every kind"라고 한 것은 단순한 번역상의 문제가 아니라 분명한 신학적 교리에 대한 하나의 입장 표명인 것이다. "라미나"라는 히브리어 단어는 그 어근을 어떤 식으로 활용해도 모팻의 번역처럼은 번역될 수 없다. "라메드"와 "민"은 히브리어에서 분리될 수 없는 전치사로 "to and for" 혹은 "from and than"이란 뜻이다. 반면 "every"는 히브리어로는 "콜"이며 본문 그 어디에도 그러한 단어가 나오지 않는다. 따라서 모팻의 번역은 미국표준역본(ASV, 1901)과 개역표준역본(RSV, 1952)의 번역 위원회가 취한 전형적인 태도요, 이것은 이미 고물이 되어 버린 다윈의 이론을 성경에 억지로 집어넣어 성경 기록의 과학적 사실을 무너뜨리려는 의도일 뿐이다. 이런 것은 과학이나 학문이라 할 수 없으며 거짓 교리의 주입이라고 볼 수밖에 없다.

1:14 ○ 하나님**께서 말씀하시기를 "낮을 밤에서 나누기 위하여 하늘의**
창공에 광명들이 있으라. 그것들로 하여금 징조들과 계절들과 날
들과 연도들을 위해 있게 하라.
15 그리고 광명들은 하늘의 창공에 빛이 되어 땅 위에 빛을 주라." 하
시니 그대로 되니라.
16 하나님**께서 두 가지 큰 광명을 만드사, 큰 광명은 낮을 주관하게 하**
시고 작은 광명은 밤을 주관하게 하시며 별들도 만드시니라.

이 구절은 행성의 하늘들과 별자리들과 은하들과 성운들 및 소행성들 등의 창조를 다루고 있다. 따라서 이 구절은 많은 천문학자 및 지구과학자들, 특히 다윈의 진화설에 완전히 오염된 학자들에 의해 엄청난 시련을 겪게 된다.

성경대로 믿는 사람(Bible Believer)들은 "원심력 가설", "라플라스 이론"(Laplace Theory), "조우설"(the Encounter Hypothesis), "충돌설", "이중 조우설", "난류설"(Turbulence Hypothesis), "먼지 구름 몽상"(Dust Clouds Pipe Dream), 혹은 "성운설"(Nebular Hypothesis) 등을 동원해서 현 우주의 상태에 대한 그럴싸한 설명을 해야 할 필요가 전혀 없다. 이 모든 가설들은 한 마디로 창세기 기록을 거부하고자 하는 "점잖은" 시도들이기 때문이다. 이 모든 가설에는 한 가지 공통점이 있는데 이들 모두는 추측하기를(진실로 추측에 불과하다.) 무언가가 무로부터 저절로 생겨났다는 것으로 그것도 약 40억 년에서부터 400,000,000,000,000,000년에 걸쳐 이루어졌다는 것이다(수억 년 정도의 차이는 있을 수 있다고 하니 그 과학 정말 정확하다고 아니할 수 없다). 이러한 이론가들에 따르면 이런 추측이 가능하다고 한다. 즉 현 우주의 규칙적인 궤도, 그룹을 이루어서 정확하게 진행되는 운동, 축과 움직임의 균형을 비롯한 모든 것이 이 우주에 있는 무형의 질량 덩이에서 자동 발생(self generation)했다고 한다. 이런 난센스를 믿고 있다니 정말 대단한 믿음이 아닐 수 없다.

성경에는 하나님께서 "하늘과 땅을 창조하셨고" 그 후 그것을 재창조하셨는데 24시간 단위로 땅이 재창조된 "이후" 태양을 재창조하셨다고 기록되어 있다. 땅이 재창조된 이후 태양이 재창조되었다는 이 말은 과학자들의 이론을 완전히 뒤집는 것이므로 이들 과학자들이 비명을 지르기에 충분한 것이었다. 그 외침 소리가 얼마나 컸던지 라킨(Larkin)과 스코필드(Scofield)마저도 바르트(Barth), 부루너(Brunner), 틸리히(Tillich), 램(Ramm) 등과 같은 부류에 휩쓸려 버리고 말았다. 아니 태양보다 지구가 먼저 있었다니, 아마 깜짝 놀랄 사람도 있을 것이다. 이 문제는 이미 갈릴레오가 해결한 문제인데 어째서 다시 문제가 되는가라고 생각하는 사람도 있을 것이다. 이곳에 존재하는 모든 것의 중심은 태양이라고 증명된 것으로 생각하는 사람도 있을 것이다. 그러나 실은 이러한 생각은 B.C. 2000–500년 무렵에 있던 바알 숭배자들의 생각에 불과하다. 그들은 한 영혼의 탄생보다 바알의 생일(X–mas)를 더 중요시 여겼다. 지구가 태양보다 더 먼저라니 무슨 뚱딴지같은 소리냐고 묻는 사람도 있을 것이다. 그렇게 되면 인간과 하나님과의 관계가 더 우선시되고 따라서 생명의 창조주와 창시자로서의 물질적 우주(태양)와의 관계는 소홀히 될 것이라고 걱정할 사람도 있을지 모른다.

라킨(Larkin)과 스코필드(Scofield)는 이점에서 결국 바알 숭배자들과 합류해 버린다. 그들은 어떻게 해서든지 지구보다 태양이 먼저 있었다는 것을 창세기 1장에서 입증해 보이려고 한다. "태양은 지구의 대기권의 수증기에 가려져 있었을 뿐이다." "실은 태양을 가리고 있었던 빙하가 있었다." "태양은 단지 제3일이 되기까지 어둠을 꿰뚫고 빛나지 못했을 뿐이다." "태양은 이미 존재했었으나 보이지 않았을 뿐이다." 이와 같은 온갖 변명은 하나님의 말씀을 쓰여진 그대로 믿지 않겠다는 의도만 드러낼 뿐이다.

사람들의 주장은 이러하다. 지구상의 식물들은 점진적인 진화를 거쳐 이룩된 것으로, 진화하고 있는 우주에서 먼지 구름으로부터 생긴 타오르는 가스 물질에서 떨어져 나와 차차 식어가던 지구 위에서 오늘날의 식물군이 생겨났다는 것이다. 그들은 이것을 증명하기 위해 다음과 같은 엉터리 "증거"들을 제시하고 있다.

1. 위에 있는 지층에서 발견된 화석은 낮은 지층에서는 발견되지 않는 "새로운 형태"가 나타났음을 보여 준다.

2. 침식에 의해 생겨난 흙 입자 층에서부터 침전된 바위의 형성 비율에 의해 지구의 나이가 결정된다.

3. 우라늄은 일정한 비율로 납으로 바뀌고 있으므로 이로써 바위 층의 연령을 알 수 있다.

4. 강물이 바위와 흙에서 소금을 녹이는 비율을 감안하고 바다의 염분 함유량을 계산하면 대략의 나이가 판명될 수 있다.

5. 2억 년 동안 수소와 헬륨분자는 일정한 비율(10:1)로 태양의 질량

에서 흩어져 나온 것이므로 우리는 그 기원을 찾아낼 수 있을 것이다.

우리는 "이 세상의 어리석음"(고전 1,2장)을 확인하기 전에 믿는 자로서 두 가지 사실을 분명히 짚고 넘어가야 한다. 우리가 이 사실들을 알면 "과학적 탐구"는 항상 성경 본문 앞에 무릎을 꿇기 마련이다. 오히려 과학은 많은 질문을 들고 계시의 말씀을 찾아오는 소년처럼 그러한 자세로 나오게 된다. 이때 계시의 말씀은 계시의 주인의 생각에 따라 답변을 해 줄 때도 있고 그렇지 않을 때도 있게 된다.

1. 모든 "기원"에 관한 이론들은 지질 연대 측정에 기초하고 있는데, 이 지질 연대란 것은 역사적 사실에 입각하고 있지 않다. 리비(Libby)의 무익하고 무의미한 "탄소 14" 실험에 입각하여 세워진 이론들을 포함한 모든 이론은 창세기 6-9장의 홍수가 범세계적인 홍수가 아니었고 따라서 홍수 이전의 기상 조건과 그 이후 오늘날까지의 기상 조건은 실제적으로 같다는 "거짓"(이 말이야말로 가장 적절하기에 사용한다.) 위에 세워져 있다. 탄소 14 현상은 우주적 충격에 의한 것으로 오늘날에도 존재하긴 하나 홍수 전에나 혹은 창세기 1:2 이전에는 존재하지 않았을지도 모르는 현상이다. 탄소 14 실험은 "통제된 상황"하에서 실시되더라도 3,000년에 약 180년의 오차를 내는 것으로(바이킹의 배 위 덮개 부분의 실험에 의하면 그렇다고 한다.) 태양계의 기원을 계산해 내는 데 있어서는 무려 240억 년의 오차가 생길 수 있다.

2. 태양은 천문학자들이 관찰을 시작한 이래 초당 약 460만 톤의 질량을 빼앗기고 있다. 따라서 이 계산을 기원에 이르도록 계산해 가면(이것이 지질 연대 측정 방법에서 사용하는 유일한 방식이다.) 결국 태

양의 기원을 추정하기 위해 매초 400만 톤 이상의 질량을 더해야 되고, 이와 같이 계산을 해 보니(물론 "초현대 과학"의 첨단 방법을 사용했다.) 태양은 지구가 있기 전 4억 년 전에 이미 우주의 절반을 채울 만큼 질량이 더해졌다. 지구의 질량보다 332,000배가 큰 별인 태양에 900,000,000,000,000,000,000,000톤의 질량을 더했으니 과연 "태양"이 원래 그렇게 컸었단 말인가? 그 정도라면 12별자리의 모든 별이 지구와 같은 방법으로 태양에서 떨어져 나왔을 것이라고 믿어야 되지 않겠는가?

아마 과학자들이 너무나 "열심히", "자세하게", "집중해서", "연구"에 "몰두"하느라고 어떻게 더하고 곱하는지를 잊어버린 모양이다. 이들 과학자들은 성경에서 말하는 "창조론"은 한 번도 시험해 보지 않았다.

그들이 증거로 제시했던 화석의 기록은 "증거"는커녕 오히려 속임수에 불과하다. 애거시즈(Agassiz), 피크테(Pictet), 세지윅(Sedgwick), 심슨(Simpson, 1960) 그리고 로즈(Rhodes, 1962) 등과 같은 학자들이 주장하는 바는 대부분의 "분류군"(taxa)은 갑자기 나타났고, 모든 종들의 집단은 어떤 형태를 갖추고 나타났으며 주요한 유기체 그룹들도 "멜키세덱이 나타났던 것처럼 갑자기" 나타난 것으로 그 어떤 선조도 없다는 것이다. 따라서 모든 현대의 진화론자들은 화석의 증거로부터 종들의 변이를 설명하려던 노력을 포기할 수밖에 없게 되었다. 그것은 중요한 "잃어버린 고리들"(missing links)에 해당되는 생물들이 여전히 발견되지 않기 때문이다. 초이너(Zeuner, 1952), 신데볼프(Schindewolf, 1950) 및 브러프(Brough, 1958) 등은 버나드 램(Bernard Ramm)의 "점진적 창조설"을 바탕으로 다윈의 이론에 놀라운 혁신을 이룩했는데 이들에 따르면 동물의 종족들은 "폭발적 발생", 또는 폭발적 "급증"에 의해 생겨난 것이며 이로써 진화에 커다란 도약 단계가 있게 된다고 한다. 이처럼 어처구니없는 이론들은, 과학자들 스스로도 대부분 자기들이 무엇을 하고 있는지 모르고 있다는 인상만을 심어 준다.

진화론의 푸념을 한번 들어 보자.

"아직 굳지 않은 바위 위, 원초적 무질서 가운데 한 창조되지 않은 존재가 앉아 있다. 그의 아래에는 바위, 그의 위에는 구름이 있었는데, (그리고 그 구름은 바위였고 그 바위는 구름이었더라!)

그 바위가 그때 부드럽고 따스해지더니, 구름이 형태를 갖추기 시작하고, 광대하고 희미한 카오스적인 한 형태, 드디어 우주적인 알을 낳았도다!

그때 그 창조되지 않은 존재가 그 알을 품더니, 결국 인큐베이터가 되었더라. 그 후 그 알에서 억지 주장을 내세우다가 악어가 되었더라.

그리고 이 인큐베이터는 주권자가 되었으나,

그 악어는 능력자가 되었더라!" (저자가 진화론자들을 빈정거리는 시)

심슨(George Gaylord Simpson) 교수와, 데이비스(Merson Davies) 박사 그리고 액설로드(Daniel I. Axelrod) 교수에 따르면 선캄브리아기(성경 거부자들이 만들어낸 엉터리 명칭임)는 다음 시기인 캄브리아기에 나타나는 고도로 발달된 화석들의 형태에 대해 아무런 증거도 보여주지 않는다고 한다. 이 화석의 기록이 다윈의 이론에 치명적인 손상을 주는 이유는, 과학자들이 볼 때 캄브리아기의 화석들은 그들의 구원 계획(즉 인간이 스스로를 구원한다는)에 있어 필수적인 생명의 형태로 시작하고 있기 때문이다. 그 잃어버린 화석들(missing fossils)은 "가지각색의 다세포 해양 중간 척추동물"들로 이것은 등뼈 있는 물고기를 학자들이 부르는 방법이다.

오늘날 대학에서 제시되는 지질학적 속임수들은 주로 화석 기록에 의존하고 있다. 그러나 실은 화석 기록들이 지질 기록에 의존하고 있으니 그야말로 개구리 뜀뛰기 놀이를 하는 셈이다. "우리는 이 화석이 4백만 년 되었다고 추정한다. 그것은 이 화석이 발견된 바위 층에 의해 알 수 있다." 이러한 주장에 대해 그 바위 층이 그렇게 오래되었다는 것을 어떻게 알 수 있느냐고 물으면 "아, 그것은 간단하다. 우리가 발견한 화석을 보면 알 수 있다." 이렇게 답을 하니 이 정도라면 진화론이 어떤 것인지 충분히 드러난 셈이다.

제칠일안식일예수재림교도인 프라이스(G.N. Price)가 성경적 창조 이론과 지질학적 발전을 지지하는 일련의 글을 〈신 지질학, *The New Geology*〉이란 제목으로 출판했을 때 그는 진화론자들에 의해 "적절한 훈련"을 받지 않아 잘못 이해했다고 반박을 받았다. 그러나 이런 식의 반박은 다음과 같은 말과 똑같다. "비록 당신이 틀렸다는 것을 증명할 수는 없지만 당신의 말은 틀린 것이 분명하다. 왜냐하면 당신은 우리에게서 교육받지 않았고, 우리가 믿는 바대로 배우지 않았으며, 우리가 배운 그 자료로 공부하지 않았기 때문이다. 당신은 우리에게 속한 자가 아니기 때문에 당신의 말은 인정할 수 없다."

이런 태도야말로 마틴 루터에 대한 카톨릭 신부들의 자세인 것이다. 사실 루터는 그들에 의해 교육받았고 그들이 사용하는 자료로 공부했는데도 말이다. 독립침례교회의 설교자들에게 남침례교도들은 똑같은 태도를 취한다. 이러한 자세야말로 요한복음 7:15에서 바리새인들이 예수 그리스도에게 취한 태도인 것이다. (성경학자들은 이와 같은 주석에 대해서도 아마 똑같이 말할 것 같다.)

프라이스는 추측하기를 (사실 추측에 불과하다.) 성경이 옳다고 했고, 쿨프(Kulp), 라이엘(Lyell), 린턴(Linton), 밀러(Miller) 및 슈체르트(Schuchert) 등은 성경이 틀렸다고 추측했다. 이 두 노선에 따라 두 가지 지질학, 두 가지 창조설, 두 가지 사고방식, 완전한 이원론이 생겨난다. 흔히 성경에 대한 과학의 "중립적" 접근(편파성 없는 접근법이라고 알려져 있는)이란 이미 그 자체가 위의 두 노선 중 하나의 극단적 주장을 따르는 것일 뿐이다. 두 가지 지질학과 두 가지 사고방식 그리고 성경이 끝나는 두 가지 장소만 남게 된다. 즉 한 노선은 새 예루살렘에서 거하며 또 한 노선은 불못으로 던져진다(계 20장, 요 3:36, 요일 5:10-13). 하나님께서는 이처럼 극단주의자이시다.

제4일째의 활동을 요약해 본다면, 과학자들이 그리스도인들을 무지하다는 이유로 무자격자로 판정한 것과 같이, 그리스도인들은 "유능한" 지질학자들을 그들의 무지로 인해 무자격자로 판정내릴 수 있다. 성경을 거부하는 "중립주의자"들이 프라이스(Price)의 성경적 이론을 단지 그가 "무능하고", "경험이 없고", "인정받지 못하고", "신뢰성이 부족하다."는 이유로 틀렸다고 말하기 때문에, 성경대로 믿는 사람들도 천문학자들과 지질학자들이 찾아낸 것들 중 95%가 같은 부류의 것이므로 던져버려도 된다는 것이다. 그들은 성경에 대해 전혀 훈련받지 않았고, 펠라기안주의와 칼빈주의의 차이점을 알지 못하며, 진리의 말씀에 대해 경험하지 못했고, 성령에 의해 인정받지 못했으니 말이다. 사실 그들이 다윈의 이론으로 인류의 기원을 엉성하게 구성해 보았자 아무런 결과도 없지 않은가!

『**별들도 만드시니라**』(16절). 참으로 멋있는 추신이라고 할 수 있다. 하나님께서는 이 말씀 하나로 향후 5,000년 간 과학자들을 빛나가게 만드신 셈이다. "도"(also)라는 말에 주목해 보았는가? 하나님께는 너무 어려워서 못할 일이 없으시다(창 18:14). 따라서 수십억 개의 별들을 창조하시는 데 그리 많은 시간을 들이실 필요가 없으시다. 하나님께서는 이 별들을 24시간 안에 만드셨을 뿐 아니라, 이들의 이름도 지으셨다(시 147:4). 이집트의 히파르코스(Hipparchus)는 자기가 1,022개의 별을 세어 그 이름을 지었다고 생각했고, 프톨레마이오스(프톨레미, Ptolemy, A.D. 100-180)는 몇 년 후 네 개를 더 발견해 냈다고 말했다. 이 별들을 가지고 초기 몇 세기 간의 다윈의 원숭이 인간들이 시편 147:4 말씀을 따라 잡았다고 생각했다. 프톨레미 시대의 과학자들은 예레미야 33:22을 비웃었고 케플러도 창세기 1:16을 똑같이 비웃었다. 프톨레미 당시의 성경대로 믿는 사람들은 그들이 케플러에게 하듯이 그도 똑같이 대했다. 그들은 이 "과학자"들을 무지하다고 판정하고 무시해 버렸다. 성경을 거부하는 모든 과학자들은 전부 불가지론자들이다(행 17:22,23).

오늘날도 천문학자들은 여전히 창세기 1:16을 따라잡으려 한다. 그들은 모든 이름들을 다 사용해 버렸다(심지어는 달 위의 경계표에도 이름을 붙였다). 달의 지도를 보면 하나님께서는 단지 헬라어와 라틴어밖에 모르시는 것 같다는 생각이 들 정도이다. "돼지 골목," "모래 바닥," "바위 피난처," "지옥의 반 에이커 땅," "바위 바닥," "곰보 얼굴," "잿더미"

혹은 "스컹크 구덩이"와 같은 이름으로 부르지 않고, 왜 굳이 "마레 트란퀼리타니스"(Mare Tran Quillitatis, 고요의 바다'), "마레 세레니타니스"(Mare Serenitatis, 맑음의 바다), "애퍼나인 마운틴스(Apennine Mountains, 아펜니노 산맥)", "마레 누비움"(Mare Nubium, 구름의 바다), "튀코"(Tycho, 천문학자 튀코 브라헤), "클라비우스"(Clavius, 천문학자 크리스토퍼 클라비우스), "라이프니츠"(Leibnitz, 미적분법의 창시자 고트프리트 라이프니츠), "아리스타르코스"(Aristarchus, 고대 그리스 천문학자), "알폰수스"(Alphonsus, 구세주회 수도원 창설자 알폰소 리구오리)와 같은 이름으로 부르는가? 이 이름들 중 마지막 몇 가지가 "타락한 인간들의 명성"을 어떻게 끌어다 써먹은 것인지 알겠는가? 로켓 이름을 "아폴로"(Apollos)라고 지을 수 있는데도, 왜 굳이 로켓 이름을 "붑튜브"(Boob Tube)라고 지어서 타고 하늘로 "올라"가는가? (요한계시록 9장의 "멸망의 아들" 아폴루온 등에 관한 주석을 보라.)

1:17 하나님**께서 그들을 하늘의 창공에 두시고 땅 위를 비추게 하시며**
18 **낮과 밤을 주관하게 하시고 빛을 어두움에서 나누게 하시니라.** 하나
님**께서 보시니 그것이 좋았더라.**

하나님께서 "빛들"을 설치하신 목적은 "표적과, 계절과, 날들과, 연수 그리고 빛을 내기 위해서"라고 되어 있다(14절). 성령님께서는 태양과 달을 거주지로 주신 것이 아니라 다른 목적으로 주셨음이 위의 구절에 분명히 나와 있다. 하나님의 말씀에 의하면 인간의 통치는 독수리가 날

수 있는 그 높이까지이다(창 1:26, 시 115:16). 이 범위에서 벗어나는 것을 거듭나지 못한 인간들은 "진보"라고 부르지만(창 3:17-19 주석 참조), 하나님께서 보시기에는 "침입" 혹은 "경계를 벗어난" 행위이다(창 10:10-14). 비록 인간이 달에 다녀오기는 했어도 휴거가 있기 전에 그곳에 인간을 정착시키지는 못한다.

하나님께서는 태양은 낮을 달은 밤을 다스리도록 하셨다. 이 사실은 하나님의 경륜(dispensationalism)에 있어 위대한 진리를 열어 준다. 창세기로부터 요한계시록에 이르기까지 성경에 펼쳐진 하나님의 경륜에 따르면,

1. 하나님께서는 "일곱"에 의해 움직이신다(레 23,25장).

2. 지구는 이곳에 7,000년 동안 있게 될 것인데, 마지막 1,000년은 안식의 기간이다(계 20:1-6).

3. 달은 그리스도의 몸인 교회의 예표로서(솔 6:10) 항상 여성으로 사용된다(엡 5장, 창 2장 및 고후 11:1-4을 비교해 보라).

4. 태양은 항상 "그"(His)로 되어 있고 그리스도이신 "신랑"으로 언급된다(말 4:2, 시 19:4,5, 마 13:43을 보라).

5. 7,000년의 마지막 천년은 "안식"(계 20:1-6)의 기간이며, 나머지 6,000년은 B.C. 4000년과 A.D. 2000년으로 나뉘어진다.

6. 이 두 번째 기간은(A.D. 33-2000)은 성경에서 "밤"으로 불린다(살전 5:1-5).

7. 마지막 1,000년은 천년왕국으로 안식의 기간이며 "아침 해가 떠오르는 시기"로 묘사되고 있다(말 4:1-4, 마 13:43 등 참조).

이로써 우리는 왜 그리스도인들이 이 시대, 즉 "밤"의 기간 동안 그

리스도의 빛을 반사하게 되는가를 알 수 있다. 우리는 "이 세상의 빛" 이신 그분만을 반사할 뿐이며 우리 자신에게는 빛이 없다. 주님은 마태복음 5:14에서 『**너희는 세상의 빛이라.**』라고 하셨지만 동시에 요한복음 9:5에서 『**나는 빛이라.**』라고 하셨다. 우리는 이제 왜 이 세상이 그토록 달을 정복하고 싶어 하는지를 알게 됐다. 달은 그리스도의 신부인 교회의 예표이기 때문이다. 우리는 태양이 떠오르고 질 때마다 붉게 물드는 이유를 알게 됐다. 그것은 바로 갈보리에서 그리스도께서 피 흘리신 것과 재림 때에 "피에 적셔진" 옷을 입고 오시는 것을 보여 주기 때문이다(계 14:20 주석 참조). 또 우리는 왜 지구가 태양과 반대 방향으로 돌고 있으며, 왜 태양(Sun, "Son")은 세상과 반대로 움직이는가를 깨닫게 된다. 동시에 동쪽에서 서쪽으로 나아가는 것이 왜 올바른 방향 선택인가를 알게 된다(창 3:24 주석 참조). 심지어 우리는 과학과 교육과 종교의 모든 방해에도 불구하고 그 어느 곳에 있는 어떤 이교도일지라도(시 19:1-8) 변명할 수 없도록 회심에 대한 성경 말씀을 어떻게 계시하셨는지 이제야 알게 된 셈이다.

태양과 달의 주요한 기능은 "어둠으로부터 빛을 나누는" 것이다(창 1:18, 창 1:3,4에서 빛과 어두움이 나뉘는 것을 참조하라. 그리고 성경 기자가 1-4절의 셋째 하늘로부터 17,18절의 태양계, 즉 둘째 하늘로 기록을 전개해 가고 있음을 주목하라). 태양과 달의 주요 목적이 연합(Unity)이 아니고 나눔(Division)이기 때문에 구원받지 못한 인류에게는 성경은 또 한 번 인기 없는 책이 되는 셈이다. 왜냐하면 이 지구상에 있는 모든 종교 지도자(혹은 정치 지도자)들은 "사람들을 모두 하나의 거대한 가족으로 뭉치도록 하는 것"을 최고의 이상으로 삼기 때문이다

(창 11:1-3 주석 참조).

예수 그리스도께서는 이 지상에 살았던 모든 이들 중 가장 잘 나누시는 분이셨으며, 그분께서는 말씀의 원수들을 심판을 위해 하나로 묶으신 것과(눅 23:1,12) "거듭난" 성도들을 한 몸으로 연합시키신 것 이외에는(고전 12:13-25) 그 어떤 종류의 연합이나 에큐메니칼 프로그램도 제시한 바 없으시다. "현대인"은 예수님을 "도와" 그분의 기도를 성취시키고 싶어한다(요 17:21). 이들은 흑인들, 백인들, 공산당원, 스페인계 사람, 히피들, 감리교인, 유도선수, 이태리인, 불교도, 보이스카웃, 민주당원들, 인도인, 중국인, 교황, 기술자, 유대인, 투우사, 유치원 교사, GMAC 임원, 인간 사냥꾼, 러시아인, 요리사, 마약 중독자, 사회주의자, 크리스천, 만화가, 잠수부, 모델, 그리고 카톨릭신자까지 전부 하나로 뭉뚱그려 보려고 한다. 그러나 태양은 밤에서 낮을 나누고, 달(그리스도의 몸의 예표로서)은 어두움을 밝히는 역할을 한다. 따라서 어두움에서 분리되어서 그 어두움을 밝히지 못하는 그리스도인은 성경적인 의미에서는 그리스도인이 아닌 셈이다(엡 5:7-17, 골 1:13, 살전 5:1-6 참조).

1:19 저녁과 아침이 되니 넷째 날이더라.

하나님의 경륜에서 볼 때 이 시기는 예수 그리스도의 초림이 있기 전 4,000년의 막을 내리는 시기이다. 그분은 "의의 태양"(말라기 4장)으로서 그랜드캐니언 위로 내리비치는 햇빛처럼 이스라엘에게 처음으로 자신을 나타내시게 된다. 왜냐하면 그가 초림하실 때에 이스라엘은 병들어 있었고, 선지자나 정직한 성경 해석가도 없이, 400년간 그러한 상태에 있었다. 그들은 로마의 지배하에 있었으며, "소경을 인도하는 소경"의 인도를 받고 있을 따름이었다(마태복음 1,2장에 대한 주석에서 초림과 재림 시의 유사점에 관해 살펴보라).

1:20 하나님**께서 말씀하시기를 "물들은 생명이 있는 동물들과 땅 위 하늘의 넓은 창공에 나는 새를 풍성히 내라." 하시며,**

21 하나님**께서 큰 고래들과 물들에서 풍성하게 나온 움직이는 모든 생물을 그 종류대로, 날개 있는 모든 새들을 그 종류대로 창조하시니라.** 하나님**께서 보시니 그것이 좋았더라.**

22 하나님**께서 그들에게 복을 주시며 말씀하시기를 "다산하고 번성하며 바다의 물들에 충만하라. 새들도 땅에 번성하라." 하시니라.**

23 저녁과 아침이 되니 다섯째 날이더라.

『**물들은... 풍성히 내라**』(20절). 최초의 동물의 생명은 물로부터 나왔고 이 물로부터의 출생은 항상 첫 번째 출생, 즉 육체적 출생과 관련이 있게 된다. 구약과 신약 두 곳에서 모두 이 첫 번째 출생을 "물로부터의 출생"(water birth), 즉 신체적 출생으로 간주하고 있음은 자명하다. 이 출생은 한번도 침례라는 영적 의식과 연관되어진 적이 없다. [침례 대신 성례전 혹은 성사로 부르는 그 어떤 종류의 의식과도 관계가 없다(사 48:1; 23:4, 잠 5:15–18 참조). 니코데모는 성사주의자인 어거스틴(A.D. 354–430)이나 "물개"(사도행전 2:38을 근거로 물침례받지 않은 사람은 성령을 받지 못했고 따라서 구원받지 못했다는 "그리스도의 교회"를 빈정거리는 명칭 - 역자주)인 알렉산더 캠벨(1805)보다 훨씬 앞서서 창세기에서 의미하는 물의 의미를 분명히 깨닫고 있었다. 니코데모는 예수님께서 질문하셨을 때(요 3:4) 물침례를 출생과 혼동하지 않았다. 예수 그리스도께서도 그에게 답변하시면서 "침례"를 언급하지 않으셨다(요 3:5). 예수 그리스도와 니코데모는 그들이 무슨 이야기를 하고 있는지 알았다. 카톨릭이나 캠벨파들이 아무리 성경을 왜곡하려고 해도 하나님의 호흡으로 된 그분의 말씀을 변개시킬 수는 없다. 로마 교회는 요한복음 3:3-5을 근거로 "침례받은 자"(즉 물뿌림 받은 자)는 "그리스도인"이라고 한다. 〈확대역본, *Amplified Version*〉의 관주를 보면 성례제도와 비슷하게 이 구절을 해석하고 있다.]

이 땅에 최초로 나타난 생명은 "물로부터의 출생"에 의한 것으로 이것은 육체적, 물리적 출생이지 영적 출생이 아니다. 이 출생은 거듭나지 못한 죄인들의 천연적인 상태를 보여 주며, 이들이 "거듭나야"함을 보여 준다(요 3:3-7).

『**생명**』(Life, 20절)이란 단어가 넷째 날 이후에 나타나고 있음은 매우 의미있는 일이다(생명이란 단어가 성경에서 본문에 처음 나타나고 있다. 성경에서 처음 언급되는 사항은 꼭 기도하는 마음으로 되새겨 보아야 한다). 생명이란 단어가 이 시기에 등장하고 있다는 사실은 성경해석에 있어 전천년주의 해석이 정확하다는 것을 입증하는 것으로 믿는 자들 모두가 꼭 붙들어야 할 진리이다. 『**그** 아들**이 있는 자는 생명이 있고**』(요일 5:12). 『아들**을 믿는 자는 영생을 가졌고**』(요 3:36). 『하나님**의**

선물은... 영원한 생명이기 때문이라』(롬 6:23). 여기까지는 예수 그리스도가 단지 태양으로만 묘사되어 있다. 즉 그는 이 지구상의 물리적 빛과 물리적 생명을 창조하신 분이시다. 그러나 (오 내 영혼이여 주님을 찬송할지어다!) 20절에서 그분은 제5일째 되는 날["죽음"(death)이란 단어가 창세기 5:5에 나와 있음을 보라.] 내 죄 때문에 죽으러 오셔서 생명을 주셨다. 소위 사신 신학자란 사람들이 비록 하나님을 매장하려는 짓을 저지르긴 했어도 말이다[니체(A.D. 1880), 알티저(A.D. 1969)]. 창세기 1:3,4에 수립된 "1,000년을 하루로 간주하는 체계"에 의해 어셔(Ussher) 대주교의 연대 측정은 분명히 확인되고 있으며, 이 지구상에는 창세기 1:3-27에 묘사된 재창조 이후 4,000년(4일 간)이 될 때까지 참 "생명"은 나타나지 않는다.

새들은 바다 동물과 동시에 창조되었으며 식도락가들은 새와 생선은 "육류"와 대조되는 별미로 여긴다. 새와 물고기는 새끼를 낳는 대신 알을 낳으며, 이동할 때는 둘 다 꼬리를 사용하고, 매년 수천 마일씩 이동하는 습관을 갖고 있다. 이 둘은 너무 흡사한 점이 많아서 일부 진화론자들 중에는 "최초의 새는 변이된 파충류 알에서 나왔다."고 주장하는 자도 있다고 한다(Scindewolf, 1950). 모든 과학 연구가 늘 그러하듯이 이러한 이론은 사실을 밝히기보다 혼란만 가져다 줄 뿐이다. 그들은 따뜻한 피를 갖고 있지 않은 냉혈 동물로부터 따뜻한 피를 갖고 있는 새의 깃털이 나와야만 한다고 한다. 자, 그렇다면 어떻게 비늘로부터 깃털을 얻어 낸단 말인가? 어떤 독자들이 이 주석의 내용을 비판하기 위해 극단적이 되는 것처럼 우리도 조금 밀어부쳐 본다면 이렇게 질문해 볼 수 있겠다. "대자연"(Mother Nature)이 새와 물고기로 하여금 새끼를 낳는 대신 알을 낳도록 한다는 것은 이상한 일이 아닌가? 사실 과학은 너무도 자기 자신을 모르고 있다. 과학대로라면 어린 독수리 새끼의 무게 때문에 어미가 비행 중 땅에 떨어져야 하며, 숭어의 암컷은 산소를 얻지 못하는 곳에서는 바닥으로 가라앉아야 하지 않겠는가? 또 어떤 어미가 50만 마리의 새끼를 한번에 잉태할 수 있는가?(레위기 11:20,21에서는 메뚜기와 황충들은 칠면조, 조류 및 닭들과 같이 분류된다)

생선은 인류에게 기본적인 동물성 음식이다. "생명"으로서 처음 언급된 생선은 생명의 가장 기본적 요소인 "인"을 제공해 준다. 정원을 가꾸는 사람이라면 해초라든가 죽은 물고기가 얼마나 유용한가를 알 것이다. 이것들은 인간의 배설물을 제외하고 가장 우수한 비료이다. 대구 간유(기타 생선기름)는 동화 작용 시 사람 뼈의 구조 속에 들어가서 관절염 예방에 큰 효과를 나타낸다. 구운 생선은 부활하신 구세주께서 즐겨드신 음식으로(눅 24장, 요 21장) 생선을 주식으로 하는 일본과 중국 사람들은 관절염 환자가 거의 없다. 사실 이들은 미국 사람들보다도 세 배 이상 그들의 뼈에 압력을 가하는 방식으로 살고 있다.

비늘과 지느러미가 없는 생선은 모세의 율법에서는 깨끗하지 못한 음식으로 간주된다(레 11장, 이스라엘에게는 그렇다). 그러나 그 밖의 모든 생선은 무엇이든지 다 먹어도 좋다.

1:24 ○ 하나님**께서 말씀하시기를 "땅은 생물을 그 종류대로 내되 가축과 기어다니는 것과 땅의 짐승을 그 종류대로 내라." 하시니 그대로 되니라.**

25 하나님**께서 땅의 짐승을 그 종류대로, 가축을 그 종류대로, 땅 위**
를 기어다니는 모든 것을 그 종류대로 만드시니라. 하나님**께서 보**
시니 그것이 좋았더라.

이 본문에서도 여전히 『**그 종류대로**』라는 말이 반복되고 있음에 주목해야 한다. 이 말은 다윈의 이론이 얼마나 어리석은 것인가를 입증하는 것으로 창세기 1:1과 더불어 유럽과 미국의 교육받은 지식인들이 성경을 미워하고 거부하도록 만드는 구절이다. 유인원으로부터 인간이 나왔다는 진화론의 가설은 쥐가 박쥐로부터 나왔다는 것만큼 비논리적이다. 소위 말하는 "있을 것 같지 않은 창조"는 (비록 그러한 창조가 있었다고 해도) 하나의 "괴물"에 지나지 않거나(예를 들어 자바인을 보라.) 혹은 인간이 기계적으로 움직여서 자연의 과정에 의도적으로 개입한 결과이다. 자연을 그대로 내버려 두면 늘 종류대로 생명은 번식되고 지금도 그러하며 앞으로도 그러할 것이다.

좀 더 부연하면 자연과 우주에는 주어진 법칙의 체계가 있으며, 이는 음악과 미술에도 반영되어 있다. 적어도 1900년까지는 그렇다. 이 법칙의 파괴는 인간이 자신의 타락한 형상대로 하나님처럼 혹은 그보다 더 나은 "생활방식"을 만들어 내려고 시도했을 때 저지른 행위이다(전 7:29). 이러한 무정부 상태(욥 21:15)는 현대의 미술, 음악, 문학 등에 잘 나타나 있으며 현대 사회학 이론에 생생히 반영되어 있다. 간단히 말하자면 "적자생존"에 의해 "하늘나라"를 차지할 수 있다는 것이다(즉 도덕적 행위와 종교적 행위에 의한 구원). 이를 위해서 인간은 무질서와 비이성(그리고 자연법칙의 파괴)이 용납되고 권면될 수 있을 뿐만 아니라

"예술적"일 수도 있음을 입증해야만 된다. 따라서 20세기는 "연합"(Union)이라는 이름하에 이질적인 모든 요소들을 하나로 묶기 위한 수단들을 강구하는 시대가 되어 버렸다. "연합"(Union)은 하나님께서 창조하실 때 완성하신 것이다. 그분께서는 이를 위해 이질적인 요소를 "나누셨다." 인간은 나눔으로써 연합을 이루지는 못한다. 이는 나눔이 분열과 당파와 파벌과 파당과 전쟁을 일으키기 때문이다. 이로써 인간은 이질적인 요소들을 하나로 연합시킴으로써 억지로 하나님을 흉내 내기 시작하였다. 20세기에 있어 교황에서부터 정치가에 이르기까지(둘 사이에 어떤 차이가 있는가?) 연합이야말로 최고의 선이며, 이를 위해서는 어떤 방법이라도 상관이 없고 어떤 것을 포함시켜도 상관없다는 선언뿐이다. 이러한 종교적 신념이 피카소, 클라인, 쿠닝, 플락 등의 그림과, 코프랜드, 스트라우스, 스트라빈스키 등의 음악 그리고 정신과에서 사용하는 "감수성 훈련"(sensitivity exercises) 등을 이끌어 가는 주된 사상이며, 기독교 협의회 및 바티칸의 주요 정책이 따르고 있는 신념인 것이다.

1:26 ○ 하나님**께서 말씀하시기를 "우리의 형상대로 우리의 모습을 따**
라 사람을 만들자. 그리하여 그들로 바다의 고기와 공중의 새와
가축과 모든 땅과 땅 위를 기어다니는 모든 기는 것을 다스리게
하자." 하시니라.
27 그리하여 하나님**께서 자신의 형상대로 사람을 창조하셨으니, 곧**
하나님**의 형상대로 그를 창조하셨으며 그들을 남자와 여자로 창**
조하셨느니라.

드디어 우리는 하나님께서 인간을 직접 창조하신 본문에 다다랐다. 이 선언이 다윈의 추종자들에게는 얼마나 충격적이었는지, 그들은 창세기 1-3장을 다윈의 조상들인 '원숭이 인간'의 관점에서 새로 기록하여, 자신들이 원숭이와 해파리 같은 강장동물에서 진화되었다고 주장하는 인간의 상상력의 틀 속에 하나님의 영감으로 기록된 역사적 사실을 억지로 가두려 하고 있다. 이제 우리는 잠깐 동안 하나님의 말씀에 대한 그들의 "과학적 반론"을 살펴볼 것이다. 물론 타락한 죄인들은 인간 창조의 과정을 공개적으로 기록할 만큼 큰 관심을 가지고 있지 않다는 사실을 미리 염두에 두고 말이다.

조작된 "자바인"과 마찬가지로, 최초의 인간은 위조된 "북경인"으로 대표되는 피테칸트로프스(전멸한 화석인류의 하나)로 추정되는 바, 이들은 유인원과 사람을 포함하는 호미노이즈(Hominoids)를 통해 안경원숭이와 유인원에서 점진적으로 진화된 것으로 추정된다. [프로콘술인(Proconsul), 파란트로프스인(Paranthropus), 기본인(Gibbon), 네안데르탈인(Neanderthal) 그리고 드디어는 고릴라에 이르기까지 - 킹콩과 "원숭이 혹성" 및 타잔 등을 보라.] 이 "현명하고 귀족적인" 순수한 혈통은 여러 교황들과 헤밍웨이 같은 자들처럼 적자생존의 경쟁에서 살아남아 진화해 온 것이다. "나는 원래 올챙이였는데 꼬리가 줄어들면서 개구리가 되었고 그 다음은 뱅골보리수나무에서 뛰놀던 원숭이가 되었다가 지금은 박사가 되었노라. 올챙이, 개구리, 그리고 원숭이 인간으로... 이 모든 것은 무계획 속에 진행된 것이니, 이 모든 영광은 그 누구에게도 돌릴 수 없노라." 그야말로 진화에 대한 가장 적절한 표현이다.

만약 당신이 진화한 인간이라면 당신은 누구에게 감사를 드리겠는가?

그 누구에게도 감사치 못하리라(바로 이러한 당신의 모습이 로마서 1:21에 잘 묘사되어 있다).

이런 엉터리 원숭이 사업을 설명해 보려고 하던 수많은 석사, 박사들은 다음과 같은 과정을 거쳐 막다른 골목에 다다르고 말았다.

1. "인간은 그의 지성(큰 두개골)으로 인해 동물들 위에 군림해 왔다." - 1856년에 발견된 네안데르탈인은 현대 유럽인보다도 훨씬 큰 1600cc 용량의 두개골을 지닌 것으로 표본조사가 되었으니, 현대인들이 B.C. 70000년 이래로 계속 멍청해져 왔단 말인가?

2. "두개골의 크기와 지성은 아무런 관계가 없다. 인간이 동물을 지배할 수 있었던 것은 두개골이 커서가 아니고 인간의 '원래적 특질' 혹은 '사색할 수 있는 능력' 때문이었다. 도구가 먼저 왔고 다음에 이 도구를 사용함으로써 두뇌는 성장하기 시작한 것이다." - 지난 100년 간 모든 진화론자들은 두뇌가 먼저 발달했고 그 두뇌로 도구를 발명했다고 말해 왔다. 그렇다면 누군가가 그다지 "과학적"이지 못하다는 말이 된다.

3. "그것은 두뇌도 아니고 도구도 아니다. 네안데르탈인이 원시인이었음을 증명해 주는 것은 그가 커다란 두개골에도 불구하고 원숭이처럼 걸었고 초인적인 이빨을 가지고 있었기 때문이다." - 1924년 남아프리카 요하네스버그에서 발견된 오스트랄로피테쿠스(Australopithecus)는 원숭이의 두개골보다 그다지 크지 않은 두개골을 가지고 있었는데도 (507.9cc vs 498.3cc) 1946년 후텐과 다른 과학자들에 의해 인간 이하의 동물(Sub-human)로 분류되었다. 어째서인가? 그가 비록 네안데르탈인과는 달리 인간처럼 걸었고 네안데르탈인과는 달리 인간의 이를 가지고 있었음에도 불구하고 그가 인간이 되기에는 너무도 두개골이 작았

기 때문이 아니었던가?

이처럼 "과학자"들은 지난 100년 동안 4번이나 인류의 기원에 관해 그들의 의견을 수정해 왔고, 그때마다 늘상 사실들(FACTS)을 다루고 있다고 뻔뻔스럽게 주장해 왔으니 도대체 누구를 속일 셈인가? 멍청이가 아니고서야 그들의 주장을 누가 믿겠는가?

a. 네안데르탈인의 이는 오늘날의 형태로 생길 수 있다(1939년 Senurik의 저서 참조).

b. "Pro-Magnon인"은 1975년 A & P에서 여전히 쇼핑을 하고 있다(Boule과 Vallois가 1957년 Dryden 출판사에서 펴낸 책 참조).

c. 이제껏 측정된 것 중 가장 용량이 큰 두개골은 2800cc인데 하나는 미국 상원의원의 것이었고 또 하나는 한 멍청이의 것이었다(Ashley Montage 박사의 〈Globe and Mail〉, 1966년 p.20 참조).

d. 원숭이(Ape and Monkey)는 원인(Ape-man)보다 더 오래 살아남았다. 아프리카 모든 곳에서 "현대인"과 "옛 원숭이"가 그대로 존재하고 있는데, 진화 과정상의 잃어버린 고리(missing link)들은 왜 살아 남지 못했는가? 원숭이가 살아 남았으니 원숭이가 원시인보다 더 우수한 생명의 형태라고 하겠는가?(보시다시피 대학에 다닌다고 문제가 해결되는 것이 아니다.)

소위 "두개골학"이라고 불리는 학문을 "해골 중독자"들이 여전히 들고 나오고 있는데 그리스도께서 "해골의 장소"에서 십자가에 못박히셨음은 자못 의미깊다 하겠다.

이처럼 인간의 기원에 관한 모든 접근 방법은 성경을 거부하는 죄인들이 자신의 죄를 합리화하려고 하는 모습을 암시해 주고 있다. 어째서 두개골 하나가 없어진 인종의 것이라고 멋대로 추정하는 것인가? B.C. 4000년 이래로 이 지구상에 무려 400억 개 이상의 두개골이 땅에 묻혔는데 어떻게 해서 과학자들이 적어도 8000년은 되었을 것이라고 주장하는 하나 혹은 20개 정도의 두개골이 한 세대의 주민을 대표하는 것이라고 단정지을 수 있단 말인가? 똑같은 시기를 대표하는 두 개의 두개골을 갖는 것이 그렇게 어렵지 않을텐데 어째서 하나의 두개골에 8000년을, 그리고 또 하나의 두개골에 14,000년을, 그리고 또 하나의 두개골에 10,000년을 할당한단 말인가? 도대체 이런 짓으로 무엇을 하려는 속셈인가?(어리석은 자들이 자신들이 발명한 수천 년씩의 기간을 고리로 연결시키기 위해 조작하고 있는 셈이다.)

1. 인간과 동물 사이에 그들의 친족관계를 증명해 줄 수 있는 혈통이란 없다. (1902년 뉴톨이 행한 실험에 따르면 혈액형 가운데 가장 유사한 것은 말과 고래, 그 다음으로는 고래와 박쥐였다고 한다. 그런 식으로 따지면 - 만약 당신이 처음부터 박쥐가 아니라면 - 박쥐는 호랑이에서 나왔어야만 한다. 우연하게도 유전요소란 혈청에 있는 것이 아니고 생식세포에 있다.)

2. 인간과 동물간의 유사점은 신체 구조에서만 나타날 뿐 인간의 개체발생은 동물의 과정을 되풀이하지 않는다. 그 어떤 인간의 수정란도 "종족의 단계들"("종족"이 동물과 연관될 때)을 거치지 않는데 이는 태아의 호흡기는 늦게 발달하는 반면 두뇌가 일찍 발달하기 때문이다. 아메바, 짚신벌레 그리고 플라나리아 그 어느 것도 이런 과정을 거치지 않는다. 인간과 동물의 정신적, 영적 구조에는 아무런 유사점도 없다.

가장 저급한 인간이라 할지라도 "자신의 젖값을 치러야" 한다는 필요성을 느끼며 최고의 존재에게 경배하고자 하는 반면에, 최고 단계의 동물이라 할지라도 인간을 죽이고 그 고기를 먹는 것에 대해 아무런 죄책감을 갖지 않는다.

3. "흔적 기관들" 역시 가지고 놀기 쉬운 장난감처럼 인간의 진화를 억지로 규명하려는 시도에 불과하다. 미골은 없어지면서 육체의 기능들을 통제해 주는 근육을 지탱한다. 맹장은 편도선처럼 어린시절 감염을 막아주는 기관이므로 쓸데없는 것이 아니다. 귓불은 추운 날씨에 귀를 덥게 해주기 위해 피를 저장해둔다. 송과선은 어린 시절 신진대사를 조절하는 데 유용하며 안내각 췌피 역시 눈물의 흐름을 조절해 준다.

4. "필트다운인"(Piltdown man) – 샤를 다우슨(Charles Dawson, 1912) – 은 가짜임이 드러났고 그 유명한 네안데르탈인은 겨우 13명의 친척밖에 없었으며[코네티컷의 메이어(Meyer) 박사는 네안데르탈인이 1814년에 죽은 코작인이라고 말하기도 한다.] 그 뼈는 대부분의 경우 존재하지 않는다. 하이델베르크인(수십만 명의 인간을 대표하고 있다고 알려져 있는데)의 경우, 만약 그가 정상회담 장소에 나타난다면 희한한 모습일 것이다. 왜냐하면 이 인간이 살았었다고 입증할 만한 유일한 증거로 겨우 턱뼈 하나가 남아 있을 뿐이기 때문이다.

5. "자바인"은 두개골 일부, 어금니 하나, 대퇴골 하나로 되어 있다. 정말로 놀라운 것은 이 뼈들이 한 곳이 아닌 여러 곳에서 발견되었을 뿐 아니라 발견된 시기도 그 간격이 1년 이상이나 된다.

참으로 과학은 신통하기도 하다. 자바인이 원자탄이라도 맞았단 말인가? 어째서 그렇게 산산히 흩어져 있었단 말인가? 고등학교 및 대학에서 학생들이 이 따위 사실들을 심각하게 공부하고, 학위를 따는 어처구니 없는 짓을 하고 있으니 정말 한심스럽다. 오스본(H.F. Osborn) 교수와 빅토리아 연구소의 비숍(T.B. Bishop) 씨는 "자바인"과 "하이델베르크인"은 20세기의 이 시점에서도 수천 개의 두개골의 형상에서 그 똑같은 유형이 발견되고 있다고 주장했다. 결론을 내려보자. 성경대로 믿는 사람들은 양측의 모든 증거들을 검토한 후 건전하고도 합리적인 다음의 결론에 도달했다. 진화가설의 허구를 입증해 주는 수많은 증거에도 불구하고 진화론이 200년이 넘도록 살아남은 것은 그 뒤에 초자연적인 무엇이 있기 때문이다. 진화론은 다윈의 종교적 신념이었으며, 이 가설을 전파한 자들은 스페인 종교 재판관들이 이단을 심판할 때 사실과 진리를 전혀 고려하지 않는 것과 마찬가지의 태도를 지니고 있는 것이다. 진화는 과학적인 이론이 전혀 아니며 수많은 증거에도 불구하고 맹목적으로 붙들고 있는 종교적 신념에 불과하다(살후 2:1-12).

인간은 진화하지 않는다. 인간은 죽어 간다. 자연은 향상되지 않는다. 인간은 자연을 망쳐 놓고 나서 이를 다시 살리고자 애쓰고 있다. 민족들은 공동의 적을 대항해 싸울 때를 제외하고는 서로 이해하는 법이 없다(잘 생각해 보면 내 말에 동의할 것이다). 교통과 통신은 진화하지 않는다. 이것들은 개발될 뿐이다. 발명품들은 진화하지 않는다. 이것들은 창작되었을 뿐이다. 우주는 통합되어 가고 있지 않다. 반대로 외부로 폭발되어 가고 있다. 당신의 기억력은 진화하지 않는다. 오히려 퇴화한다. 도대체 다윈과 헉슬리는 역사, 자연, 세계 및 우주의 모든 사실들이 진화와는 정반대인 모습을 보여 주는 데도 어째서 그들의 거짓 주장을 입증해 보겠다고 나서는 것인가? 존 로크 스트라튼(John Roach Stratton)

은 "우라늄과 라듐은 해체되고 있다. 화학 요소 중에서 상승하는 방향으로 나아가고 있는 것은 하나도 없다."고 했는데 아주 적절한 지적이다. 수세기 전의 커다란 나무들은 식물의 세계에 있어서도 "퇴화"가 있을 뿐임을 잘 보여 주고 있다. "매머드"와 "검치호랑이"는 오늘날의 코끼리나 호랑이보다 결코 열등하지 않았다. 오히려 그들은 더 우월하였다. 인간의 도덕성, 영적 분별력, 진리에 대한 충실성, 유혹에 대한 저항력, 도덕적 원칙 및 기준, 윤리적 실행 및 신뢰성 등은 모든 것이 "진화"하지 않고 "퇴화"하고 있음을 가장 잘 입증해 주고 있다.

다시 말씀드리지만 당신은 "진화하고 있지 않다." 당신이 만약 구원받았다면 그때는 『**너희 안에서 선한 일을 시작하신 그분께서** 예수 그리스도**의 날까지 그 일을 완성하시리라**.』(빌 1:6) 하신 것처럼 그분께서 이루실 것이다. 저절로 "진화"(발전)되는 것이 아니고 그분께서 완성하신다. 그러나 만약 당신이 구원받지 못했다면 당신은 다른 모든 원숭이 인간들과 더불어 일생 동안 원숭이 짓을 하다가 마침내는 무덤으로 갈 것이요, 그때는 진화와는 반대로 "적자생존"에서 살아남은 벌레(구더기)들이 당신의 시체 위에 살아남아 기어 다니고 있을 것이다(심각하게 생각해 보시기 바란다).

섀덕(Shadduck) 박사에 따르면 인간은 "진흙"에서 "낙원"으로 가는 진행 과정에 있다고 하는데 이 과정은 지성인 그룹들에 의해 과대 포장되어 그 진실이 다음과 같이 호도되고 있다. "개체발생은 계통발생을 되풀이한다", "유전자는 상호 관련되어 있다", "구조는 서로 유사하다", "특질은 획득된다", 등등의 용어나 표현들이 그것이다. 그러나 이 모든 것들은 교육을 받은 이교도들이 자신들의 두개골을 닮은 자들을 키워

내는 것일 뿐이다. 사과는 사과를 생산하고, 불신자는 불신자를 생산해 낸다. 오직 하나님께서만 무로부터 새로운 것을 생산하실 수 있다(욥 14:4, 고후 5:17 참조).

『**그리하여** 하나님**께서... 사람을 창조하셨으니**』(27절), 동물들은 "자연발생"이니 "점진적 창조" 같은 용어들을 만들어 책을 쓰는 일은 하지 않는다("직접적 간접성", "즉각적 점진성" 등과 같은 표현도 곧 동원될지도 모를 지경이다). 그 누구도 동물들이 4부 합창을 부른다는 얘기를 들은 바 없고, 종일토록 돼지에게 복음을 전하고서 그 어떤 돼지가 무릎을 꿇고 회개했다는 소리를 들어본 적이 없지 않은가? 어떻게 인간이 동물에서 진화되었다고 억지를 부리는가?

『**자신의 형상대로**』(27절), 이 구절은 동물이 갖고 있지 않은, 또 앞으로도 갖지 못할 두 가지 능력을 어째서 인간이 갖고 있는가를 설명해 준다. 『**태초에** 말씀**이 계셨고**』(요 1:1)에서 우리는 인간의 말하는 능력을 보게 된다. 『**주의 말씀은 처음부터 참되며**』(시 119:160). 이 말씀에서 우리는 인간의 글 쓰는 능력을 보게 된다. 어째서 참된 하나님의 참된 계시는 기록된 말씀이 책의 형태로 되어 인간에게 전달되는 것 이외의 다른 방법이 없는가?(시 119:89,105,130) 아무리 똑똑한 침팬지라 해도, 세 살이 되어도 말하기를 가르칠 수는 없다. 그러나 아무리 우둔한 아이라도 말하는 것을 막을 수 없다. 왜 그런가? 1954년 위너(Wiener)는 "인간에게는 '내적 메커니즘'이 있다."는 말로 이 문제를 더 이상 거론하지 말자고 했다(다윈이 화석의 기록들을 부주의하게 거절한 것과 같다). 실로 어처구니없는 과학적 선언이 아닐 수 없다. 다른 진화론자들, 즉 리센코, 베이트슨, 더 프리스, 골트슈미트, 심슨, 드리슈, 베르그송, 메더워, 초이너, 브러프 그리고 또 다른 이들의 체면을 위해 우리는 이렇게만 묻고자 한다. 이 "내적 메커니즘"이 무엇이냐? 아마 그들 중 누구도 이것을 찾아낸다든가, 시험해 본다든가, 사진을 찍는다든가, 측정한다든가, 정의를 내린다든가, 조립할 수 없을 것이다. 그것은 다름 아닌 "하나님의 형상"이다. 비록 인간은 타락한 상태이지만, 이것이 인간으로 하여금 과거에 그가 하나님과 누렸던 관계를 기억나게 하므로 그것을 되찾지 못하면 그 결과에 대한 책임을 지게 하는 것이다(창 3:15-19의 설명 참조).

『**자신의 형상대로**』 그 형상은 히브리서 1:1-3, 골로새서 2장, 고린도후서 4:4에서 주 예수 그리스도로 정의 내려져 있다. 그 형상은 칼빈(혹은 버코프)이 정의한 대로가 아니다. 성경은 스스로 정의를 내린다. 그 형상은 인격이요, 아담은 너무도 "그리스도와 닮았기"(Christ-like)에 예수 그리스도는 "마지막 아담"(고전 15장)이라고 불린다. 이 형상은 창세기 2:7에 더 잘 정의 내려져 있다. 즉 인간에 대한 정확한 구성 특징이 묘사되어 있는 것이다. 『**곧** 하나님**의 형상대로 그를 창조하셨으며**』, 이 말씀은 인간이 몸, 혼 그리고 영(살전 5:23)을 가지고 있다는 증거이다. 인간은 두 부분으로 되어 있지 않고 세 부분으로 되어 있다(히 4:12). 칼빈, 메이첸, 핫지, 댑니, 스트롱 및 버코프 등이 "이분설"에 매달려 있는 것은 실로 이해하기 어려운 일이다.

1. 몸은 헬라어로 "소마"(σῶμα)이고, 히브리어로 "바사르"(בָּשָׂר)이다.

2. 혼은 헬라어로 "프쉬케"(ψυχή)이고, 히브리어로 "네페쉬"(נֶפֶשׁ)이

며, 인간 안에 육체와 같은 모양으로 사람이 "거듭나기" 전까지 그의 몸에 달라붙어 있다.

3. 영은 헬라어로 "프뉴마"(πνεύμα)이고, 히브리어로 "루아흐"(רוּחַ)이며, 성경 어느 곳에서나 영은 바람 혹은 공기로 비유된다(겔 37:9-14, 요 3:6-9).

아담의 타락 이후 구약 성경에서 혼은 몸에 붙어 있다. 아담은 그의 몸 안에 혼을 "느슨하게" 담고 창조되었다. 만약 혼이 몸에 붙은 채로 아담이 창조되었다면 그의 육신(몸)은 아직 로마서 7:5의 "육신"(Flesh)이나 골로새서 2:11의 "육신"이 된 것이 아니기 때문에 아무런 문제가 되지 않는다. 혼, 몸 그리고 영은 마치 바람으로 가득 찬 튜브가 들어 있는 타이어와 같다. 또한 혼은 육체의 모습을 갖고 있으며(계 6:9-11), 혼은 완전히 타버리지 않은 채 몸의 형태로 영원히 지옥에서 탈 수 있다(고후 12:1-4). 혼은 마치 고무 튜브가 타이어에 딱 들어맞듯이 몸에 잘 들어맞는다. 따라서 모든 "혼"은 각각의 다른 특질을 지닌 개인적 피조물이다. 이 혼은 "에고"(Ego)이며 각 개인의 "나"인 것이다. 히브리어를 아무리 깊이 연구해도 마찬가지이다. 오늘날까지도 학자들은 이 "혼"(soul)이라는 단어가 "생명"(life)이라는 단어와 서로 바꿔 사용할 수 있다고 인정한다. 왜냐하면 이 단어는 가끔 동물들을 언급할 때 사용되기 때문이다(민 31:28, 계 16:3). 이 사실을 믿지 않는 사람들은 아직도 알렉산드리아 학파들의 이론을 가지고 "혼"이란 땅콩 모양의 자그마한 물체로 심장(장미십자회와 신지학자들은 왼쪽 심실에 있다고 함) 혹은 뇌(즉 몸의 어느 곳)에 있다고 주장하는데, 이것은 플라톤과 아리스토텔레스의 주장이기도 했다. 또한 이 이론은 "혼"에 대한 카톨릭의 기본적 이론이기도 하다.

"혼" 혹은 "나는... 이다"(I am.)는 예표상 아버지 하나님께 해당되며, "아무도 보지 못하였고 또 볼 수도 없는 분"(요 1:18, 딤전 6:16)이시다. 인간의 타락 후 이 혼은 "사망의 몸"에 붙어버렸다(창 17:9,10 주석 참조). 그 결과 구약 성경에서는 "혼"(soul)이란 단어를 몸과 동의어로 사용하고 있다(창 19:20; 17:14, 레 22:6,11; 23:30, 민 31:28). 이 사실로 인해 러더포드 판사와 러셀주의자(여호와의 증인)들은 사람이 죽으면 혼이 몸과 같이 무덤으로 간다고 생각하게 되었다. 하나님 말씀을 이같이 사적으로 해석함으로써 수많은 사람들이 지옥행이 돼버렸다. 성경은 사람이 죽을 때 그의 혼이 몸을 떠난다고 말씀하신다. 죽은 자의 혼은 흙이 닿기도 전에 몸을 떠나버리는 것이다.

영은 바람 혹은 공기와 같은데, 이것은 모든 사람에게 마찬가지이고(고전 2:11) 동물들에게도 마찬가지이다(전 3:21). 타락 이후 영은 죽었고(창 3:5-7 주석 참조), 따라서 그 영은 "다시 태어나야"만 한다(마 27:50-54 주석 참조). 구약 성도들 중에는 에녹을 제외한 그 누구도 하나님의 임재 안으로 들어간 사람이 없다. 에녹은 예외적인 인물인데, 이는 그가 결코 죽지 않을 사람들을 예표하고 있기 때문이다(계 11:3-6 주석 참조). 한 사람이 거듭날 때, "거듭나는" 것은 그의 혼이 아니라 그의 영이다(요 3:6). 이 시대에 있어 거듭나지 못한 사람은 마치 펑크 난 타이어와 같다. 그는 죽은 영을 지닌 살아 있는 육체일 뿐이다(엡 2:1-6). 반면 하나님의 자녀는 죽은 몸 안에 살아 있는 영인 것이다(롬 6:2-10 참조).

"몸 혹은 육신"은 몸 혹은 육신일 뿐 그 이상도 그 이하도 아니다. 극단적 금욕주의자들은 육신에 대해 바울의 입장을 지지하는 것 같지만 실제 그 육신을 극복하는 데는 바울의 계시대로 실행하지 않는다(롬 6,7장). 수도원에서 육신을 지나치게 학대하자 개혁자들, 특히 칼빈이 앞장서서 아담의 성품을 "영화"(Spiritualized)시켜야 하며, 따라서 육신도 영화되어야 한다는 이상한 신학 이론을 펼치고 나섰다. 이 신학은 필로, 판테누스, 오리겐의 신학이다. 신약 성경에서는 육신(Flesh)은 "육신"을 의미할 뿐이다. 『**내 안에 (곧 내 육신 안에는,) 선한 것이 거하지 않는 줄을 내가 아노니**』(롬 7:18)라고 한 바울의 말 그대로를 의미하는 것일 뿐 다른 영적 해석은 가능하지 않다. 칼빈주의적 해석은 "육신"(피부 그 자체)은 좋은 것이지만, "그 안"에서 역사하는 그것(롬 7:23)이 나쁘다는 것이다. 이와 같은 엉터리 이론을 주장하는 사람들에게 무디, 토레이, 피니, 선데이, 케리, 고포스, 스터드, 리빙스턴 등과 같은 사람들의 무덤을 쳐다보라고 권하고 싶다. 이들의 육신(Flesh, Skin)에 아무런 잘못이 없다면 어떻게 이들의 육신이 썩어 버렸으며 벌레가 그 육신을 먹어 버렸겠는가? 당신이 덮고 있는 그 육신에 아무 문제가 없다면 어째서 새로운 몸을 얻어야 할 필요가 있단 말인가?(요일 3:1-4, 빌 3:20,21)

하나님의 말씀(〈킹제임스성경, 1611〉)의 권위를 거부하는 죽은 정통주의자들의 사적인 해석에 갖다 맞추려는 것은 아주 잘못된 일이다.

인간은 세 부분으로 되어 있다. 인간은 하나님의 형상대로 만들어졌으므로 혼을 가지고 있어야 한다. 하나님의 혼은 아버지 하나님이시다. 인간은 영을 갖고 있어야 한다. 하나님의 영은 성령님(Holy Ghost)이시다. 인간은 또한 몸을 가지고 있어야 한다. 하나님의 몸은 주 예수 그리스도이시다(요 14:1-8). 아담과 예수님 사이의 두드러진 차이점은 아담은 어른으로 태어났다는 사실이다. 아담은 붉은 갈색의 흙(히브리어로 "아담")에서 나왔다. 인간의 몸은 14개의 화학 요소로 이루어졌으며, 이는 흙의 구성원소와 같다. 반면 그리스도는 "태어난 아들"(Begotten Son)이시며, 영원 가운데서는 태어나지 않은 아들(unborn Son)로 존재하셨다(사 9:6, 잠 8:22-32). [그런데 칼빈은 세르베투스(1511-1553)가 그리스도의 태어나심이 히브리서 1:5에 의해 창세기 1:1 이전이었다는 사실을 믿지 않는다고 해서 그를 화형에 처했던 것이다.] 아담과 예수 그리스도는 둘 다 "하나님의 아들들"이다(눅 3:38 참조). 하지만 아담은 그의 피를 잘못된 곳에서 얻었으며(창 2:23 주석 참조), 예수 그리스도의 피는 하나님 자신의 피(행 20:28)였다. [이 진리를 말살하려고 거의 모든 새로운 번역 성경들이 사도행전 20:28을 변개시켰다. 모든 종교가 다 같은 것이라고 생각하는 현대의 불가지론자들에게는 아마 하나님께서 피를 가지고 계시다는 사실이 너무 믿기 어려운 모양이다. 미국표준역본(ASV, 1901)은 골로새서 1:14에서도 "피"(the blood)를 제거해 버렸음을 놓치지 말라.]

아담은 살아 있는 혼(창 2:7)을 갖고 있었으나 이 혼은 "잃어버린 바 되었고"(lost) 결국 죄의 몸에 달라붙어 버렸다. 하나님의 엄하신 경고에 따라(창 2:17) 그의 산 영은 죽은 영이 되어 버렸다. 원래 아담은 그의 창조주와 함께 교제하며, 하나님의 생각(Mind)을 함께 공유했다. 사실 오늘날 하나님의 생각(Mind)은 모든 철학자들의 최고의 숭배 대상이다. 인간은 이 높고 고귀한 위치에서 타락하여 자기 의를 주장하는 거짓말쟁이 위선자가 되어 거저 주시는 구원의 길을 거부하고, 어떻게든 종교적 "방법과 수단"으로 스스로를 구원해 보려고 하는 중이다(창 3:1-15 주석 참조). 이 사실이야말로 오늘날에도 여전히 과학자, 교육자 그리고 지성인들이라고 자처하는 자들이 하나님의 말씀을 대적하고 반대하는 근본적이고도 중요한 이유이다. 만약 창세기 1-3장의 내용이 사실이라면, 그리고 하나님께서 말씀하신 바 그 의도가 기록된 대로라면 타락한 죄인이 되어 버린 인류에게는 저주만 남게 된다. 비록 그들이 자신이 믿는 바가 옳고 자신이 옳다고 생각하는 그 길을 따른다 할지라도 저주임에는 변함이 없다(잠 14:12 참조). 가드너는 "만약 인간이 자기가 믿고 있는 바를 최선을 다해 실행하고 살았는데 죽고 보니 지옥에 와 있다면 그는 누구에게 화를 낼 것인가?"라는 말을 했는데 그거야 뻔하지 않은가? 그는 당연히 하나님께 화를 낼 것이다. 그래서 성령께서는 『**울며 이를 갈고 있으리라.**』(마 13:42)라고 말씀하신 것이다. 인간은 지금도 하나님께 대해 못마땅하게 생각하는데 그가 죽는 순간 깨어 보니 불못에 처해 있다면 얼마나 하나님을 비난할 것인지는 뻔한 일이다. 창세기 1-3장의 진리는 성경을 거부하는 "그리스도인"이나 이교 철학자들의 분노를 일으키기에 충분하다. 이 세상의 모든 종교는 인간은 무엇인가를 해 낼 수 있다(창 4:1-6의 카인을 보라.)는 생각에 기초한다. 모든 종교의 핵심은 다음 두 가지로 요약할 수 있다. 첫째는 만약 인간이 자기가 옳다고 생각하는 바를 진실되게 추구하면 그는 "목표를 이룰 것이다"라는 것이요, 둘째는 그들이 목표를 달성할 때까지는 목표를 달성했는지 확신할 수 없다는 것이다. 그렇다면 카톨릭, 프로테스탄트, 불교, 도교, 유교, 유대교, 그리고 이슬람교 등은 목표수행에 적절치 못한 셈이다. 왜냐하면 인간이 필요로 하는 것은 창세기 1-3장이 옳다면 잃어버린 한 '형상'을 되찾는 것이기 때문이다. 가르침, 기도, "업보"(karma) 제거, 물레잣기, 염주 굴리기, 황금률 실천하기, "성체" 받기 등 그 어떤 것도 장난감 종교일 뿐이다. 성경은 인간이 "죄와 허물로 죽어 있다"(엡 2:1-6)라고 말한다. 따라서 타락한 형상을 되찾는 새로운 출생(어떤 한 교회에 사람을 집어넣는 행위에 불과한 어린아이에게 물 뿌리는 것과 같은 장난 말고)이 없이는 인간은 잃어버린(lost) 존재일 뿐이다. 어거스틴과 아퀴나스의 신학 체계는 칼빈주의와 마찬가지로 플라톤과 아리스토텔레스의 부패한 철학에 뿌리를 두고 있다(골 2:8). 이들은 서양인들에게 가르치기를 만약 인간이 성경에서 말씀하고 계신 것 대신 종교적 가르침을 받아들여 그 가르침을 잘 믿고 따르면, 그는 자기의 믿는 체계에 부합되도록 성경이 의미하는 바를 해석할 수 있게 된다고 했다. 바로 이와 같은 철학의 바탕 위에 세워진 것이 로마 카톨릭이다. 오늘날도 로마 카톨릭 교회는 여전히 이 원칙하에 움직이고 있다(마 16:16-18 주석 참조).

성경에서부터 종교 체계를 발전시켜 보려는, 곧 성경이 말하고 있는 바를 대치하려는 모든 시도는 그들의 예정된 목적지인 지옥으로 귀착될 것이다(벧전 2:8, 벧후 3:16). 왜냐하면 인간은 잃어버린 하나님의 형상을 되찾지 않고서는 다윈과 헉슬리가 상상했던 그대로 동물일 뿐이기 때문이다. 대학에서 학문을 연구한다는 자들이 한 가지 면에서는 옳다고 할 수 있다. 왜냐하면 만약 그들이 하나님의 구속의 은혜와 새로운 출생을 거부한다면 그들의 주장대로 그들은 교육받은 원숭이임에 틀림없기 때문이다.

『그들을 남자와 여자로 창조하셨느니라』(27절). 이 구절 역시 진화론자들에게는 "두개골"이나 "화석" 문제 만큼이나 어려운 문제를 던져 준다. 도대체 "성"(性)은 어디로부터 온 것인가? 단세포 동물은 성의 구별이 없고 그 어떤 "성"으로도 발전되지 않는다. 결국 이 문제를 해결하기 위해서 온갖 것을 꾸며 내고 발명해 내야만 되는 것이다. 성경에 답이 있는데도 그들은 "제발 그 책만은 들먹거리지 말아 달라. 그 어떤 엉터리 같은 이론도 좋지만 그 책만은 제발 언급 말아 달라."고 말한다(기가 막힐 노릇이다. 여러분이 짐작하다시피 "과학적 진보"라는 것은 결국 알지 못하는 위험의 근원으로부터 스스로를 방어하기 위한 방어 매카니즘일 뿐이다).

길게 얘기할 것도 없이 〈생명은 어떻게 시작되었는가, *How Life Began*〉라는 책을 살펴봄으로써 객관적이고 과학적이라는 현대 과학 연구의 정체를 살펴보도록 하자. 최초의 세포가 창조되기 전 – "어쩌면" 수십억 년 전쯤일 텐데 – 여러 번에 걸친 시험과 실패가 "있었을지도 모른다." 이 과정에 여러 단계가 있었을 가능성이 있다. "어쩌면" 원형질 분자들이 중간적 형태로부터 발생되었을 것이다. "어쩌면" 이 분자들은 "그 어떤 과정을 통해" 스스로 번식을 하게 되었고, 성장하게 되었을 것이다. 이로써 이들은 생명체와 비생명체를 구분 짓는 경계선 근방에까지 "도달했을지도 모른다." "아마도 바로 이들이 최초의..."

도대체 이따위 이론을 박사라고 하는 분들이 제시하다니, 이것이 지름길인지 우회로인지 구분이 가지 않는다. 이것은 밑도 끝도 없는 허황된 상상에 불과하다.

다음과 같이 말하면 어떤가 보자. "최초의 세포가 창조되기 전 – 이 창조는 아마 하나님 자신에 의해 되었을 것임 – 아버지와 아들과 성령이 계셨을 것이다. 그분들이 계셔서 창조를 하셨을 것이다. 어쩌면 창세기 기록은 정확한 것인지도 모른다. 어쩌면 모세가 기록한 그대로가 사실일 것이다." 위의 이론과 지금의 추정과 어떤 차이점이 있는가 보라. 도대체 첫 번째 주장이 두 번째 것보다 더 과학적이고 낫다는 근거가 무엇인가? 진화론자들마저도 창세기 1장의 재창조의 순서를 따르고 있지 않은가? 즉 생명이 물에서부터 나왔고 식물은 인간보다 먼저 있었다고 말이다. 진화론자들이 자신들의 증거가 창세기 기록을 확인해 준다고 인정한다면 그들 스스로의 주장을 확인해 주는 증거는 무엇인가?(창 1:27 주석 참조). 규조와 아메바는 성이 없으며 더군다나 두 개 혹은 세 개의 세포로 된 동물은 이제껏 존재해 본 적이 없다. 단세포 동물과 다세포 동물과의 차이는 최초의 박테리아가 거대한 뇌룡에게 독감을 옮긴 이래로 존재해 오고 있는 진화의 틈새(gap)인 것이다. 이것은 절대 불변의 진리로 아무리 "용어를 바꾸는" 꾀를 써봐도 이 진리를 변개할 수는 없다(용어 바꿔치기는 절대 진리를 무너뜨리기 위해 현대인들이 사용하는 흔한 수법이다). 성 구별이 없는 단세포 동물은 열을 가해도, 압력을 가해도, 습도를 바꿔도 절대로 스스로 양성의 두 개의 세포를 가진 동물로 진화하지 않는다(한번 당신 평생을, 그리고 당신 자식과 손자들에게 그들의 평생을 바쳐 이 실험을 해 보도록 하라. 두 개의 세포를 가진 동물이 단세포 생물로부터 진화되었다는 결론은 얻지 못할 것이다).

1:28 하나님**께서 그들에게 복을 주시고** 하나님**께서 그들에게 말씀하시기를 "다산하고 번성하며 땅을 다시 채우고 그것을 정복하라. 그리고 바다의 고기와 공중의 새와 땅 위에서 움직이는 모든 생물을**

다스리라." 하시니라.
29 ○ 하나님**께서 말씀하시기를 "보라, 내가 온 지면 위에 씨 맺는 모**
든 채소와 씨를 내는 나무의 열매가 있는 모든 나무를 너희에게
주었노니, 그것이 너희에게 먹을 것이 되리라.
30 **땅의 모든 짐승과, 공중의 모든 새와 생명이 있어 땅 위를 기어다**
니는 모든 것들에게 내가 모든 푸른 채소를 먹을 것으로 주었노
라." 하시니 그대로 되니라.
31 하나님**께서 지으신 모든 것을 보시니, 보라, 그것이 아주 좋았더라.**
저녁과 아침이 되니 여섯째 날이더라.

주의 깊은 성경학도라면 이 구절에서 아담에게 주어진 명령이 노아에게 주어진 것과 거의 유사하다는 것을 눈치챘을 것이다(창 9:1-4). "다시 채우라"(replenish)는 말로 미루어 보아 이전에 누군가가 땅에 거주했음을 알 수 있다(창 1:2 주석 참조). "다스리라"(have dominion)는 말은 아담이 왕으로 임명받았음을 보여 준다(히 2:6-8, 시 8:6-8 참조). 다윈에게 있어서 인간은 다른 동물들을 제치고 난 지금에 와서야 비로소 "만물의 영장"이 되었다. 다윈의 원숭이 인간은 다른 피조물들을 "이겨 낸" 셈이다. 그러나 창세기 1,2장에서 보면 인간은 모든 피조물의 우두머리인 참된 왕으로 창조되었으나 그 지위에서 타락했고, 그 지위는 사탄이 차지했다(눅 4:6, 렘 27:5-10, 엡 6:10-14 참조). 현재 상태의 인간이란 자연에 대한 일시적 지배권만을 갖고 있는 퇴위당한 군주일 뿐이다(창 9:1-4 참조). 인간에게 있던 참된 '그리스도의 형상'은 이미 사라졌고(창 1:27) 이 그리스도의 형상은 주 예수 그리스도의 피의 속죄를 믿고 그분을 구주로 받아들이는 개인에게 있어서만 회복되는 것이다. 그러나 그리스도의 형상이 회복되었다 하더라도 인간이 “왕”으로 군림하려면 그분의 재림 때까지 기다려야 한다(계 5:10; 11:15, 눅 19:12-27). 인간의 ‘통치권’은 “마지막 아담”께서 첫 번째 아담이 잃어버린 통치권을 되찾기 위해 돌아오실 때까지 회복되지 않는다(롬 8:17-26, 사 11:1-11). 이것이 이 땅 위에 사는 인간의 ‘지위’에 대한 권위 있고 온전하며 확고한 성경의 가르침이다. 만일 이와 다르게 해석한다면 그것은 고린도전서 15:22, 다니엘 2:44, 스가랴 6:9-15, 히브리서 2:1-8 말씀을 명백히 거부하는 것이며, 성경적일 수 없다.

그리스도인은 만물의 회복을 기다리고 있다(행 3:20-23). 이와 같은 소망과 관련된 구절들의 문맥은 한결같이 영광의 왕께서 재림하셔서, 아담과 이브가 교육(지식의 나무)을 택한 대가로 상실해 버린 낙원을 새롭게 하시는 것이다. 그런데 로마 카톨릭 교회(앞으로는 단순히 카톨릭 교회라고 표기함)나 기독교 교회협의회 등은 다음과 같은 이상한 방법으로 만물을 “회복”시키려 한다. 즉, 행위, 저당, 주식, 여신, 채권, 공회, 목표 달성 운동, 프로젝트, 계획, 프로그램, 로비, 입법활동, 재판, 선전 등을 총동원해서 이미 죽었고, 썩었으며, 타락한 피조세계에 대한 정치적 지배권을 장악함으로써 그들이 늘 주제가로 부르는 “왕국을 가져오자”는 목표를 이루려 하고 있다. 그러나 그들은 왕이 없이는 왕국이 없음을 잊고 있는 것이다.

29절은 타락하기까지는 아담과 이브가 과일과 땅 위의 채소만을 먹었음을 보여 준다(‘온 땅의 지면 위에 있는’이라고 하신 것으로 보아 아마도 양배추, 콩, 완두콩 등을 먹었을 것이다). 그러나 그들이 낙원에서 추방당했을 때부터는 그들은 땅 속에서 자라는 것들도 파내어 먹었을 것이다. 『**너는 너의 전 생애 동안 고통 중에서 그 소산을 먹으리라.**』(창 3:17) 하신 말씀으로 미루어 감자, 당근, 양파 등도 먹기 시작했을 것이다. 뭔가 짐작되는 것이 있는가? 주목해 보라. 인간은 위로(진화)가 아닌 아래로 향하고 있다.

『**먹을 것**』(meat, 29절)이라는 단어는 모든 종류의 음식을 뜻한다. 이 단어 말고 더 좋은 단어를 찾을 필요가 없다. 성경은 스스로 해석하고 빵(bread)이 육체의 예표인고로(창 40:16,17, 삼하 13:5-9, 대상 21:23), "먹을 것"(meat)이든 "빵"(bread)이든 모든 종류의 음식을 뜻하게 된다 (레 5:13; 6:20; 2:4).

『**땅의 모든 짐승...에게**』(30절), 이 말씀으로 미루어 창세기 3:10까지는 동물들도 역시 채식을 했음을 알 수 있다. 이를 확인해 주는 구절은 이사야 11:1-10의 말씀으로 이 구절에 따르면 주님께서 재림하시면 사자가 풀을 뜯게 된다. 로마서 8:20-27은 이를 확증해 준다. 이 구절에 따르면 모든 동물은 주님의 재림 때까지 아담의 저주하에 놓여 있는 것이다. 무천년, 후천년적 해석은 이와 같은 피조물의 회복을 취급도 하지 않으며 그들은 단지 "인간의 진보"만을 주장할 뿐이다. 하나님께서는 모든 창조를 전부 회복시키기 원하시는데도(행 3:19-22, 롬 8장) 인간만 진보될 것이라는 주장은 조금 이기적이지 않은가? 어째서 무천년주의자들(장로교와 개혁교회)과 후천년주의자들(카톨릭과 남침례교)은 동물들을 간과하고 있는가? 어째서 진화론자들은 동물의 회복은 제쳐 놓은 채 "왕국만 가져오려" 하는가? 진화론자 스스로가 동물들이라고 주장하지 않았던가? 그들은 판단력을 상실해 버린 것이다.

『**저녁과 아침이 되니 여섯째 날이더라**』(31절). 이로써 하늘과 땅의 재창조는 끝이 난다. 여섯째 날에 끝이 나고 그 뒤에는 안식이 있게 된다. 인간이 여섯째 날에 창조되었기 때문에, 이 숫자는 사람의 숫자가 되었다. 666이란 수를 주의하라(계 13:18, 스 2:13, 대하 9:13, 숫자에 대한 더욱 정확한 정보는 단 3:1-8, 삼상 30:9, 삼하 15:18, 왕상 10:14, 눅 23:44, 요 4:6, 행 10:9을 보라).

창세기 2장

2:1 그리하여 하늘들과 땅이 완성되었고, 하늘들의 모든 군상들도 그
러하니라.
2 일곱째 날에 하나님**께서 자신이 만드시던 자신의 일을 끝내시고 자**
신이 만드시던 자신의 모든 일로부터 일곱째 날에 쉬시니라.
3 하나님**께서 일곱째 날을 복 주시고 그것을 거룩하게 하셨으니, 이**
는 그 날에 하나님**께서 창조하시고 지으신 그의 모든 일로부터 쉬**
셨음이라.

『**하늘들**』(1절)이라는 단어를 사용한 것으로 보아 땅의 재창조(창 1:3-25)가 첫째 하늘과 둘째 하늘도 포함하고 있음을 알 수 있다. 왜냐하면 "하늘들의 군상들"(the host of them)이 언급되어 있기 때문이다. 그 군상들이라고 하는 것은 단순히 큰 무리의 별들만을 언급하는 것이 아니라 이사야 24:21과 에베소서 6:10-13에 언급되어 있는 영적 세력과 주관자들을 언급하는 것이기 때문이다.

『**일곱째 날**』(3절)을 보면 앞 구절들에서 여섯 번이나 반복된 "저녁과 아침"이란 표현이 빠져 있다. 비록 로마카톨릭 혹은 개혁주의 신학자들에게는 이 사실이 아무런 진리나 빛을 제시하지 못할지라도 우리에게는 매우 중요하다(어떤 신학자에게나 "저녁과 아침"이란 표현이 왜 일곱째 날에만 빠져 있는지 그 이유를 한번 물어보라. 아마 해질 무렵까지 종일 기다려도 적절한 답변은 나오지 않을 것이다. 그들은 이에 관해 완전히 무지하기 때문이다). 히브리어 본문 역시 이에 관해 아무런 계시도 주지 못하며 히브리어 어휘집 역시 진리를 찾고자 하는 학생들을 혼동시킬 뿐이다.

일곱째 날은 끝이 없다. 왜냐하면 이 날은 일곱 번째 천 년 기간을 예표하기 때문이다(계 20:1-6). 이 일곱 번째 천 년은 곧바로 영원 세계와 연결되기 때문에 끝이 없는 것이다(계 20:9,10). 마지막 "아침"은 재림과 더불어 시작되기 때문에 이 날은 "저녁과 아침"이 있을 수 없다. 그렇지 않으면 또 한 하루가 뒤따라야 한다. 그러나 더 이상 그 어떤 날도 뒤따르지 않는다. 왜냐하면 요한계시록 20:10에서 영원이 시작되기 때문이다(말 4:2, 마 13:43, 계 20:7, 계 21,22장). 이와 같이 전천년주의는 성경의 정확한 해석체계이다(창 1:20의 주석 참조). 만약 이 사실이 대단치 않게 보인다면, 다음 사실을 기억하기 바란다. "인간의 전통"은, 지난 500년 간의 보수주의 학자들을 포함해서, 창세기 1:6에서 이미 성경적 해석을 빗나가 버렸다.

『**자신이 만드시던 자신의 일**』(2절), 이 구절을 놓고 많은 학자들은 "창조하다" (created, 히브리어 "바라")와 "만들다"(made, 히브리어 "바나") 사이에 구별을 지어 놓고 많은 논란을 벌이고 있는 것 같다. 즉 "창조"(creating)란 무로부터 무언가를 만들어 내는 것이고, "만들다"(making)는 이미 존재하는 재료로부터 무언가를 만든다는 뜻이라고 한다. 사실 이 구별은 그럴싸한 면이 없지 않다. 그러나 이것은 마치 그리스 철학자들이 "스토아"에 대해 끊임없는 논쟁을 벌이는 것과 유사한 것으로, 무언가 새로운 것을 기다리는 사람들에게나 매우 그럴싸하게 들리는 것이다(행 17:21). 그러나 히브리어 어간을 찾아내 뭔가 규명해 보려는 것은 헛된 일이다. 왜냐하면 하나님께서는 아담을 "창조"하셨다고 했는데(창 5:1,2), 실은 그분께서는 아담을 이미 있던 재료, 곧 적갈색의 먼지 혹은 진흙을 가지고 창조하셨기 때문이다(창 2:7).

주님께서는 6일 간의 창조를 끝내셨을 때 너무 힘들어 지치셔서 쉬신 것이 아니고 단지 그의 창조의 능력을 행사하기를 멈추신 것뿐이다.

이 구절들(창 2:1-3)로 인해 1827-1915년 사이에 메리 엘런 화이트(Mary Ellen White)를 사로잡은 한 사상이 나오게 되었다(이 사람의 정확한 이름은 Mrs. Ellen Gould Harmon James White이다). 화이트는 "제칠일침례교도들"(Seventh Day Baptists)의 도움을 받아 "제칠일안식일예수재림주의"(Seventh Day Adventism)라는 그릇된 교리를 고안해 내게 된다(우리나라에서는 안식교로 알려져 있다). 그녀의 가르침을 전파하는 라디오 프로그램은 교묘하게도 "예언의 시간"(the Hour of Prophecy)이란 이름을 갖고 있는데, 이 시간의 강사들 그 누구도 자신들이 죽으면 어디로 가는지도 확실히 모르면서 "예언의 시간"을 방송하고 있다. 안식교도들은 이 이름으로 불려지기보다는 "성경대로 믿는 그리스도인"(Bible Believing Christian)으로 불려지고 싶어한다. 이들은 다음의 열 가지 이유로 인해 그 명칭을 사용할 수 없다.

1. 모세는 B.C. 1450년경에 창세기를 기록했는데 율법이 시내 산에서 주어질 때까지는 이 지구상의 그 누구도 알지 못했던 어떤 것을 그는 창세기 2:1-3에 기록했던 것이다(겔 20:12,20과 느 9:14은 이에 관해 매우 분명하며, 더 이상의 해석이 필요없다).

2. 창세기에 나오는 그 어떤 이방인에게도 "안식일을 지키라"는 명령은 주어지지 않았다. 노아, 아담, 에녹, 아브라함, 이삭 그리고 야곱, 그 누구도 안식일을 문제삼지 않았다.

3. 아담은 창세기 2:15-17에서 하나님의 명령을 받았지만 "안식일"에 관해서는 아무런 명령도 받지 않았다.

4. 만약 하나님께서 아담에게 안식일에 관한 명령을 주셨다면 그것은 매우 어리석은 일이 되었을 것이다. 왜냐하면 아담은 창세기 3:19,20까지 안식을 위해 일해 본 적이 없기 때문이다.

5. 하나님께는 "도덕법"(십계명)과 "의식법"(레위기 등)의 차이가 없다. 왜냐하면 의식에 속하는 안식일의 규정이 돌판에서 발견된다면(출 20:8), 안식일 다음의 계명들 역시 같은 돌판에서 발견되며(출 20:12), 그것들은 또한 레위기에 나오는 의식법에서도 발견되기 때문이다(레 19:3). 그리고 그 뒤에 나오는 세 번째 도덕법(출 20:15)도 레위기 19:11의 의식법에서 발견된다.

6. 『**누구든지 율법 전체를 지키다가 하나를 범하면, 전체를 범한 자**

가 되느니라』(약 2:10). 이 말씀을 염두에 둔다면 금요일 오후 6시에서 토요일 오후 6시까지 안식일을 지키면서 가스레인지에다 음식을 조리하는 제칠일안식일예수재림교도는 민수기 15:33-36에서 돌에 맞아 죽은 자처럼 될 것이다. 왜냐하면 안식일에는 가스레인지에 불을 붙일 수 없기 때문이다(출 35:3).

7. 신약에서의 계명은 두 개(요 15:10,12)로 구약 성경의 십계명을 대신한다. 이 사실은 이방인의 사도에 의해 명백하게 증거되었다(롬 13:9-11). 고린도후서 3장에 따르면 돌판에 새겨진 것(법문)은 "제거되었다." 또한 그리스도인은 율법 아래 있는 것이 아니고 은혜 아래 있다(롬 6:14). 신약 시대의 "믿는 자"가 율법의 행위로 구원을 얻으려고 한다면 그는 "은혜로부터는 떨어져 나간 것이다"(갈 5:4).

8. 팔레스타인으로부터 13,600킬로미터 이상 떨어진 곳에서 안식일을 지키는 자는 안식일을 범하는 셈이다. 팔레스타인 지방 외에서는 안식일이 언급된 적이 없기 때문이다. 심지어 창세기 2장에도 안식일은 언급되지 않는다(창 2:8-14 주석 참조). 금요일 오후 6시부터 토요일 오후 6시까지 "안식"하는 사람은 일요일에 가게 문을 열고 돈은 많이 벌 수 있을지 몰라도 하나님을 속일 수는 없다. 미국에서의 금요일은 하나님께서 안식일을 자신과 이스라엘 사이의 표적으로 주신 그 땅에서는 이미 토요일이기 때문이다(느 9장과 겔 20:12,20 참조).

9. 그리스도인들은 일주일의 첫날에 모이고(행 20:7), 일주일의 첫날에 빵을 떼어 먹으며, 일주일의 첫날에 말씀을 전파하고, 일주일의 첫날에 연보를 거두며(고전 16:1,2), 일주일의 첫날에 그들의 구주께서 죽은 자들 가운데서 부활하신 후(요 20:1, 마 28:1, 눅 24:1), 일주일의 첫날

에 성령을 받았다(행 2:1-4). 결과적으로 "제칠일안식일예수재림교도"(Seventh Day Adventist)가 일주일의 첫날이 아닌 일곱째 날을 지키는 것은 그들이 그리스도인이 아니기 때문이다. 그들은 구약 시대의 유대인으로서, 율법의 행위로 의롭게 되고자 한다. 이와 같은 미친 짓에 대해서 성령께서 뭐라고 경고하고 계시는가는 다음 구절들을 읽어 보면 알 수 있다(롬 9:31-33; 10:1-4; 3:20,28).

10. 초기의 "안식교도"들은, 그리스도인은 그리스도에 대한 그들의 사랑의 표시로서 구약 시대 유대인의 안식일을 지켜야 할 뿐 아니라 만약 이를 지키지 않으면 구원받을 수 없다고 가르쳤다. 심지어 이들은 마귀가 "속죄염소"(scapegoat)로서 그리스도인들의 죄를 가져갔으며 따라서 사탄이 최후의 속죄제물이었다고 가르쳤다. 이뿐 아니라 이들 초기 안식교도들은 혼의 수면, 악인의 멸절(annihilation), 예수 그리스도가 아닌 루시퍼에 의한 지구에서의 천 년 통치 등을 가르쳤다. 그러다가 성경대로 믿는 사람들이 그들에게 성경을 읽도록 함으로써 수많은 잘못이 드러나자 요즈음에는 다음과 같이 입장을 바꾸었다고 한다.

(1) 사람은 피의 속죄를 믿음으로 구원받는다.

(2) 사람이 그리스도를 사랑하면 모세에게 준 구약의 계명들(그리스도의 계명들이 아닌)을 지킬 것이다.

(3) 예전에는 요한계시록 13:16,17을 좋아하더니 지금은 요한일서 2:4로 바뀌었다. 원래 그들의 가르침은 일요일에 교회 가는 것이 "짐승의 표"라는 것이었다!

안식교의 문제는 "말씀에 능숙하지 못한"(히 5:13) 어린아이들에게 남겨 두고 우리는 출애굽기 12:16로 가보자. 이 놀라운 구절에 따르면 모세와 이스라엘에게 제7일 안식일이 주어지기 전에(느 9:14) 그들에게는 일주일의 "첫날"이 거룩한 성회로 모이는 날로 주어졌던 것이다. 출애굽기 12장의 문맥은 명백히 핏값으로 산 바 된 믿는 자들이 율법이 주어지기 전 은혜 아래에서 구원받는 장면이다(〈피터 럭크만의 주석서 요한계시록, 말씀보존학회 간〉 12:17; 14:12 참조).

2:4 ○ 하늘들과 땅이 창조되었을 때 그것들의 내력이 이러하니라. 그 날에 주 하나님**께서 땅과 하늘들을 지으셨으니**

5 들의 모든 초목이 땅에 있기 전이었으며 들의 모든 채소도 자라기 이전이었으니, 이는 주 하나님**께서 땅 위에 비를 주시지 않았으며 또 땅을 경작할 사람도 없었음이더라.**

6 다만 땅에서 안개가 올라와서 온 지면을 적시더라.

예수 그리스도의 부활 후 거의 300년이 지난 다음 쓰여진 소위 〈칠십인역〉은 (아직도 밥 존스와 테네시 템플 신학교를 비롯한 모든 보수주의 신학교에서는 〈칠십인역〉을 B.C. 250년경 유대인들에 의해 헬라어로 번역된 구약 성경이라고 잘못 가르치고 있다.) 바로 이 구절에서 첫 부분을 "the book of the generations"이라고 변개시킴으로써 전체 성경의 "구조적 통일성"을 자기도 모르는 사이에 무너뜨린 셈이다. [이때 〈칠십인역〉의 필사자들인 오리겐, 마르시온, 심마쿠스, 데오도티안, 아퀼라, 유세비우스, 콘스탄틴, 발렌티누스 등등은 모두 바울이 참수당한 이후에 태어난 자들로 성경의 3대 주요 교리를 희미하게 만들었는데 그것은 다음과 같다. 첫째, 아담 안에서 모두가 죽는다. 둘째, 그리스도 안에서 모두가 산다. 셋째, 예수 그리스도는 마지막 아담, 즉 둘째 사람(고전 15:47)이시다.] 창세기 2:4 역시 그라프(Graf)와 벨하우젠(Wellhausen)에 의해 곤란한 처지에 놓이게 된다. 이들은 추정하기를(추정이란 단어가 이 두 사람에게 가장 적절하다고 생각된다.) 성령께서 창세기부터 신명기 사이의 기록을 반복하는 경우는 둘 혹은 그 이상의 상이한 필사자들이 기록한 것을 후에 한 편집자가 함께 묶어 놓았기 때문이라고 한다. 이 이론은 여전히 유행되고 있는데, 이 이론은 여러 차례 잘못이 증명된 바 있다.

『**다만 땅에서 안개가 올라와서 온 지면을 적시더라.**』(6절)는 인간의 창조 이전에 있었던 기상 조건을 말해 주는 것이며, 이것은 창세기 1:11-13의 창조 사건 이전의 상황이다. 따라서 이 때의 기상 조건은 창세기 9장 이후와는 전혀 다르다.

5절은 안개가 낀 열대 기상 조건하에서 아직은 아무것도 "자라고" 있지 않음을 보여 준다. 식물은 "땅에" 있었으나 인간이 창조되기까지는 자라나지 않았다. 이 상황하에서 우리는 다시 한번 라이비(Libby)가 1톤의 소금을 가지고 행한 탄소 14의 측정과 같은 "과학적 발전"을 수용해야 된다고 요구받게 된다. 앞서 밝힌 이유에 따라 우리는 창세기에서 말한 "저녁과 아침"이라는 하루가 1,000년이 될 수 없음을 알고 있으며 따라서 현재 지구의 나이를 B.C. 20억 년 전 이상의 기간으로 추정하는 것은 과학자들 스스로의 계산 방법을 무너뜨리는 셈이다. 왜냐하면 우라늄은 납과 헬륨(안정된 상태)으로 나뉘어지는데 우라늄의 637분의 1이 납으로 바뀌는 데는 1000만 년이 걸리기 때문이다. 그러나 이 방법으로 계산하면 화성암에서 채취한 가장 오래된 샘플이 겨우 180만 년 정도밖에 안 된 것으로 판명된다. 이것은 지질학자들이 스스로 택한 방법을 사용하여 그들의 이론을 분쇄해 버렸음을 뜻한다. 왜냐하면 대부분의 지질학자들은 중생대를 보통 7천만 년에서 1억 8천5백만 년 사이로 잡고 있으며 지구의 나이를 생명체가 존재한 후부터 계산한다면 약 5억 2천만 년 정도로 잡기 때문이다. 따라서 『**하늘들과 땅이 창조되었을 때 그것들의 내력이 이러하니라.**』는 말씀을 거역하는 것은 성경에서 말하고 있는 "고의적인 무지"(벧후 3:4,5)인 것이다. 베드로후서 3:4,5은 비록 배우지 못한 어부가 기록한 것이지만 그 말씀은 정확히 올바른 말씀이다. 왜냐하면 어떤 어부가 표준 측정에 의해 바다의 깊이를 측정한다고 해도 바다 밑(해저)에 발을 얹고 그물을 던지면서 그 해저의 깊이를 5억 2천만 피트로 계산하지 않을 것이기 때문이다. 만약 지구의 기상 조건이 창조 이래로 변하지 않았더라면(실은 엄청나게 변해 버렸다.) 지구의 나이는 과학자들 스스로가 만들어 낸 "과학적 증거"로 계산할지라도 2백만 년이 채 되지 않는다.

만약 우라늄 붕괴에 의한 수치가 정확하다면(그럴 경우 대기권의 변화가 없었을지라도) 최고의 과학 장비를 갖춘 최고의 과학자들마저도 99퍼센트 이상이 다 계산 착오를 일으킨 셈이니 정말 어처구니없는 일이다. 게다가 대기권은 엄청난 변화가 있었다. 왜냐하면 지질학자들의 계산에 의하면 생명이 해초로부터 요한 바오로 2세까지 이르는 데는 최소한 20억 년이 소요되기 때문이다(어떤 사람들은 40억 년이라고 주장하는 사람도 있다). 과학자들이 계산한 지구의 나이가 2백만 년인데 이것은 20억 년의 100분의 1밖에 되지 않는 실로 어처구니없는 오류이다. 99.5퍼센트의 오류가 바로 과학인 것이다. 이 과학을 오늘날 교육받은 사람들이 그들의 삶과 가족, 가정, 조국 그리고 그들의 영혼을 구하는 데 있어서 "신"(god)으로 삼아 의지하고 있는 것이다.

2:7 주 하나님께서 땅의 흙으로 사람을 지으시고 그의 콧구멍에다 생명의 호흡을 불어넣으시니, 사람이 살아 있는 혼이 되었더라.

인간은 약 30세 정도의 어른으로 창조되었으며 "진화"는 인간 창조와는 아무런 관련이 없다. 인간은 성경에 기록된 그대로 창조되었다. 그러므로 소위 "진리를 찾는다"고 하면서 앞에서와 같이 99.5퍼센트의 오류를 저지르며 인간의 기원에 관한 "사실"을 밝혀내겠다는 사람들은 무시해 버리면 된다.

오늘날 고등학교와 대학에서 가르치고 있는 생물학적, 인류학적, 고고학적 "신화"들을 꾸며 내는 데 얼마나 많은 시간과 노력이 들어갔을지 한 번이라도 생각해 본 적이 있는가? 세상에 존재하지도 않는 익수룡(Pterodactyl), 디플로도쿠스(Diplodocus), 트리케라톱스(Triceratops), 뇌룡 등과 같은 동물들을 "발명해" 내는 데 얼마나 많은 애를 썼을지 한번 상상해 보라. 동화에나 나옴직한 이런 괴물들을 만들어 낸 것도 부족해서 갱신세(Pleistocene), 점신세(Oligocene), 주라기(Jurassic)... 등과 같은 지질 시대들을 "발명"해 놓았다. 그렇게 과거를 잘 아는 사람들이 지금 이곳에서 일어나는 일은 왜 모르는지 알 수 없다. 가상 동물들을 논하는 데 영어 단어들을 다 사용한 이들은 이제 헬라어나 라틴어를 사용하여 그들의 무지와 근거 없음을 감쪽같이 덮어서 사람들로 무엇이 무엇인지를 분별하지 못하게 한다. 오늘날 현대인들이 제작하는 광고를 보라. 똑같은 일을 하고 있지 않은가? "학구적"이고 "지성적"으로 들리도록 꾸며라. 그리하면 사람들은 당신이 "방언"을 말하는 은사를 받았다고 생각하게 될 것이다. 한번 전문용어만 구사해서 말해 보라. 틀림없이 당신을 대단한 사람이라고 생각할 것이다.

2:8 ○ **또 주** 하나님**께서 에덴의 동편에 동산을 세우시고 그가 지으신 그 사람을 그곳에 두시며**
9 주 하나님**께서 보기에 즐겁고 양식으로 좋은 모든 나무를 그 땅에서 자라게 하시니, 동산 가운데에는 생명 나무와 선과 악의 지식의 나무도 있더라.**

『**에덴의 동편에 동산을 세우시고**』(8절). 이 표현을 보면 에덴은 그 동쪽에 동산이 세워진 거대한 지역의 이름이다. 우리는 이 에덴의 위치를 파악하기 위해서 성경 구절들을 찾아 비교해 보고자 한다.

1. 창세기 13:10을 보면, 에덴을 이집트 땅에 비유하고 있는데 여기서 말하고 있는 지역은 사해 남쪽 소돔이다.

2. 아모스 1:5에 따르면, "에덴의 집"(house of Eden)이 다마스커스 근처에 위치해 있다(프톨레미는 여기를 라오디케아 남동부라고 했다).

3. 이사야 51:3에서는 예루살렘에 있는 시온을 에덴과 같다고 한다.

4. 열왕기하 19:12에서는 에덴을 텔라사르 근처로 잡는데, 이곳은 아브라함이 우르를 떠난 후 지나온 지역인 고산과 하란 지역이다.

따라서 『**에덴**』은 성경과 성경을 비교해 본 결과 아라랏산이 꼭지점이고 밑변이 나일강으로부터 정동쪽, 즉 페르시아만의 윗부분에 해당하는 우르에 이르는 정삼각형 모양을 지닌 땅으로, 한 변이 약 1,600km가 되는 곳으로 짐작된다. 그런데 창세기 15장에 따르면 바로 이 땅이 아브라함에게 주신 땅과 같은 곳이다. 또한 바로 이 땅이 천년왕국시대에 이스라엘에게 속하게 될 땅인 것이다(겔 44-48장, 시 89:25, 삼하 8:3, 왕상 4:20-25). 이 땅은 일반 역사에서 "비옥한 초승달 지대"라고 알려진 곳으로, 성경에 따르면 인간의 역사는 이 지역에서 시작되었고 또 인류의 역사는 이 지역에서 종말을 맞이할 것이다. 성경이 하나님의 말씀임을 밝히는 위대한 증거들 중 하나가 바로 인간의 역사는 창세기 2장에서 말하고 있는 그곳에서 시작되었으며, 요한계시록 20장에서 지적하고 있는 그곳에서 끝날 것이라는 사실이다.

동산(garden)이 아니면 그 어떤 다른 곳에서 역사가 시작될 수 있겠는가? 도시는 농촌 덕택에 부양받으며, 『**왕 자신도 밭의 소산을 받느니라.**』(전 5:9)라고 성경은 말하고 있다. 따라서 한 나라의 농부들이 경시받고 착취당하면 그 나라는 번영을 이룰 수 없다. 모든 문명은 강가에 있는 동산(garden)에서 시작되었다. 인간이 산기슭이나 동굴이나 바닷가에서 출현했다는 원숭이 - 인간 추종자들의 이론은 허황된 것이다.

『**생명 나무**』(9절)는 아담이 에덴으로부터 쫓겨난 후(창 3:24) 인간에게 금지된다. 이 나무는 잠언 11:30에 천상의 지혜로 예표되어 있으며, 요한계시록 22:14에는 환란과 천년왕국 시대에 구원받는 사람들의 선행에 대한 보상으로 주어진다. 성령님의 조명을 받은 사람은 이 나무가 어떤 종류의 나무인지 놓치지 않을 것이다. 이 초자연적인 나무는 올리브나무이다(롬 11:14-24, 슥 4:10-14). 복음서에서는 이 나무가 올리브 산과 "올리브 기름틀"(겟세마네)과 관련지어서 나타난다.

『**선과 악의 지식의 나무**』(9절, 이 나무는 유럽 사람들이 그처럼 탐내는 나무이다.) 역시 성령님의 조명을 받으면 어떤 나무인지를 놓치지 않을 것이다. 히브리어 학자들과 동양학 전공자들이 전통, 민속, 미신 그리고 칼데아 어원 등을 조사하면서 전전긍긍하는 동안 성경은 성경을, 그 누구의 의견을 들을 필요도 없이, 스스로 해석하는 것이다. 이브가 그의 남편에게 주었을 것으로 추정되는 우화 속에 등장하는 "아담의 사과"는 전혀 사과가 아니다. 그것은 포도나무이다.

1. 포도는 나무이다(겔 15장).

2. 포도는 금지된 열매이다(민 6:1-6).

3. 포도는 성경에서 늘 피의 예표이다(마 26:26-28).

4. 피는 성경 전체에서 먹지 못하도록 되어 있다(창 9장, 레 17장, 행 15장).

5. 포도나무는 벌거벗음과 관련이 있다(노아와 아담).

6. 포도나무는 술 취함과 관련이 있다(롯과 벤하닷).

7. 벌거벗음과 술 취함은 늘 함께한다(애 4:21, 합 2:15).

8. 포도나무는 뱀처럼 감아 올라가는데 팔레스타인 지역에서는 땅 위

로 감겨 있다.

이상 성령님의 조명을 통해 보니 5,000여 명이 넘는 주석가들과 성경을 믿는다는 설교가들의 의견은 무시해도 좋겠다는 생각이 든다. 창세기 1:6에서 살아남은 주석가들은 2:9에 와서는 한 명도 예외 없이 무너져 내린다. 벌거벗음과 술취함(이 둘은 술잔과 더불어 함께 있다. 사 5:11,22, 애 4:21)이 무엇인가는 젊은이들 사이에 이미 잘 알려져 있다. 이 둘 사이의 연관성을 의심하는 신학자는 거듭나지 못한 젊은이가 어떻게 젊은 여자를 유혹하는가를 관찰해 볼 필요가 있다.

포도나무가 요한복음 15장에도 등장하는데 이때는 그냥 포도가 아닌 "참포도나무"이다. 이 참포도나무는 요한계시록 14:18-20에 나오는 땅의 포도나무와는 전혀 다르다. 바로 여기서 우리는 주석가들이 놓쳐 버리는 향상된 계시를 받을 수 있다. 이 주석가들은 성경이 성경에 대해 말하고 있는 바를 믿지 않기 때문에 더 이상 향상된 계시를 받을 수 없는 것이다. 다음에 열거할 사항들은 다음 세대에게는 너무도 분명할 것이며, 말씀을 믿는다고 하는 종교 지도자들에 의해서조차 거부될 것이 틀림없다.

1. 피는 세 번의 언약에서 모두 먹지 못하도록 금지되었다. 율법 이전에(창 9장), 율법 아래에서(레 17장), 율법 이후에(행 15장).

2. 따라서 그 어떤 성찬식에도 실제의 피는 사용될 수 없다. 만약 이를 어기면 그것에 참여하는 자는 매번 스스로를 저주하는 것이다(고전 11:29, 시 16:4을 보라).

3. 따라서 그리스도께서 살과 피를 먹으라는 말을 하자 유대인들은

너무도 충격을 받게 된다(요 6:51,53,55).

4. 그런데 로마 카톨릭은 마태복음 26:27을 근거로 해서 이 구절을 문자 그대로의 살과 피로 받아들인다. 그러나 마태복음 26:27은 요한복음 6:51,53,55과는 전혀 다른 문맥이다.

5. 예수께서는 요한복음의 말씀을 문자 그대로 받아들여 진짜 살과 피를 먹는 사육제는 아무런 유익이 못된다고 말씀하시면서 그가 말하는 것은 영적인 살과 음료라고 해석하신다(요 6:57,63).

6. 따라서 참된 그리스도인은 성찬을 위해 "새 포도주"(마 26:26-30), 즉 순수한 피를 예표하는(요 2:1-4, 신 32:14) "포도나무에서 난 열매"(사 65:8, 창 40:10-14)에서 짠 포도 주스를 사용하는 반면에

7. 카톨릭 사제들은 발효된 술을 사용한다. 그러나 "새 포도주"는 포도송이에서 짜낸 즙을(사 65:8) 말하고 있기 때문에 그들의 회중들로 하여금 창세기부터 요한계시록에서 발견되는 중요한 성경의 계명을 범하도록 하는 셈이다.

8. 아침 미사는 이브에게 드리는 제사를 되풀이하는 것이지 그리스도와는 전혀 관계가 없는 것이고, 말라키 1:11의 희생제사는(그 문맥이 천년왕국 시대에 이스라엘 사람들이 드리게 될 제사인데도 "교부"들에 의해 왜곡되었는데) 그들이 짓는 죄에 대한 알리바이가 되어 버렸다.

9. 이 미사는 성령님에 의해 용들과 소돔의 포도송이와 포도주로 묘사되어 있는데, 이것은 예수 그리스도가 아닌 베드로가 "반석"이라고 믿는 자들에 의해 자행되고 있다. 성령님께서는 신명기 32:31-33에서 이 사실을 정확하게 지적하고 계시기 때문에 카톨릭 성경에서는 이 부분을 제거해 버림으로써 교인들로 그들의 교회가 어떤 교회인지를 알지

못하도록 하고 있는 것이다.

결국 성경에 따르면 두 개의 반석(Rock, rock)과 두 개의 포도나무, 두 개의 교회, 두 개의 믿음이 있게 된다. 요한복음 15:1-6에 나오는 참 포도나무는 이브가 피를 받은 그 포도나무가 아니었다. 이브는 잘못된 포도나무에서 잘못된 피를 받았고 이를 숭앙하는 자들은 잘못된 미사와 성찬을 거행하고 있는 것이다. 이처럼 성경은 우리에게 성경 첫 권 제2장에서 과거의 일들을 꿰뚫어 볼 수 있는 분명한 빛을 던져 주고 있으며 성도들로 하여금 어느 교회를 거부해야 하는가를 암시해 주고 있다. 우리가 거부해야 할 교회는 "교부"들의 글을 인용하며 "전통"을 권위로 삼아 "예수 그리스도의 이름"으로 하나님과 하나님의 말씀에 대적하여 범죄하는 집단이다.

오늘날 여자들은 그들의 입술에 "붉은 것"을 칠한다. 최신 립스틱은 "액체로 된 립스틱"이다. 그러나 이브는 오늘의 현대 여성들을 훨씬 앞질렀다. 그녀는 이집트에 첫 파라오가 등장하기 전에 벌써 "액체 립스틱"을 사용했던 것이다. 육체의 생명은 피에 있다(레 17:11-14). 따라서 아담은 그리스도의 부활하신 몸과 같이 그가 창조되었을 당시에는 피를 갖고 있지 않았을 가능성이 높다. 이브 역시 피가 없는 상태로 창조되었을 것이다. 여하튼 "선과 악의 지식의 나무"가 우리의 첫 조상들에게 혈액순환을 가능케 했고 이로써 인간의 육체는 쇠락하고 해체되어 썩게 되는 운명을 맞이한 셈이다(과학이 무슨 소리를 하든 말이다). 창세기 2:9의 "지식"이라는 단어는 헬라어로 "*그노시스*"로 디모데전서 6:20에 나오며 이브가 지식의 나무를 먹지 말도록 경고받은 것과 같이 오늘날의 그리스도인들도 『**거짓되이 일컬어지는 과학의 반론을 피하라. 이것을 공언하는 어떤 사람이 믿음에 관해서는 정도를 벗어났느니라.**』(딤전 6:20,21)라고 경고받고 있다.

"현대인"들은 창세기가 "신화"니 어쩌니 하고 떠드는 동안도 그들 자신을 최후의 종착역인 무덤으로 끌어내린 그 죄를 되풀이해서 짓고 있는 것이다. 인간의 피는 인간을 계속해서 살게 할 수 없다. 인간이 계속해서 살려면 영생이 필요하고 이 영생은 순수한 피를 얻어야 가능하다. 성경대로 믿는 사람은 그 피를 어디서 얻는지 쉽게 알 수 있다. 따라서 그리스도인이라면 그는 "하늘의 여왕"을 섬기는 검은 제의를 입은 제사장(카톨릭 사제)이 제공하는 발효된 술을 순수한 피라고 생각할 리가 만무하다.

2:10 강이 에덴에서 흘러 나가 그 동산을 적시고 그곳으로부터 갈라져서 네 원천이 되었으니,
11 첫 번째의 이름은 피손인데 금이 있는 하윌라의 온 땅을 둘렀으며
12 그 땅의 금은 좋고, 그곳에는 델리엄과 얼룩마노도 있더라.
13 두 번째 강의 이름은 기혼인데, 에디오피아의 온 땅을 둘렀더라.
14 세 번째 강의 이름은 힛데겔이라. 그것은 앗시리아 동편으로 흐르더라. 네 번째 강은 유프라테스더라.

이 구절들에서 우리는 다시 한번 『**에덴**』이라고 불리운 땅의 넓이에 대해 상기할 필요가 있다. 왜냐하면 위에 언급한 지역이 소위 몇몇 사람들의 주장대로 64평방미터 정도 일 수가 없기 때문이다[예를 들면, 플로리다 블룬츠타운(Blountstown)에 사는 한 변호사가 북부 지역 미국인들을 위해 인간이 만든 "에덴동산"을 세워 놓고 거기에다 "아담은 여기에서 만들어졌음"이라는 팻말까지 세워 놓았었다. 이처럼 사람들은 에덴이 자그마한 동산이라고 생각하는데 그것은 커다란 착각이다].

『**유프라테스**』(14절) 강의 위치는 누구나 다 알고 있다. 『**힛데겔**』(14절) 역시 앗시리아와 관련지어 볼 때 잘 알려진 강으로 "티그리스" 강으로 불려질 때까지는 "힛데겔" 강으로 알려져 있었다. 『**기혼**』(13절)은 아프리카의 에디오피아 북쪽 지역과 관련된 것으로 8절을 주석할 때 언급한 삼각형 모양의 땅의 남서 꼭짓점에 해당된다. 『**피손**』(11절)은 히브리어로 "증가"란 뜻으로 그 위치가 알려져 있지 않지만 『**하윌라**』(11절)는 창세기 10:7,29과 사무엘상 15:7에 나와 있다. 이 구절들로 미루어 보아 이 지역은 아라비아 북부 혹은 남부 팔레스타인으로 추정된다. 나일, 유프라테스, 티그리스, 요르단이라는 4개의 주요한 강을 미루어 짐작컨대 요르단을 성경에서 "피손"으로 언급한 것으로 추정된다. 그러나 이것은 어디까지나 추정일 뿐이다.

『**금**』(12절)이 언급된 것으로 보아서는 남부 아라비아 어디쯤일지도 모르겠다. 프란츠 델리치(Franz Delitzsch)는 에덴을 바빌론 북부로 생각했고, 지질학자 조지 라이트(George Wright)는 페르시아만에 있는 남쪽 지역으로 추정했으나 두 사람 다 에덴과 "에덴동산"을 구분 짓지는 않았다. 히브리어 학자 델리치(Delitzsch)나 라이트(Wright)와 같은 고고학자 등 보수주의 학자들은 누구나 읽을 수 있는 쉬운 영어에 대해서 그들의 무지를 드러냈다. 성경에는 "에덴의 동편에 동산을 세우시고"라고 기록되어 있는데도 어째서 그들은 에덴을 동산과 동일한 것으로 취급하고 있는 것인지 모르겠다(하윌라는 "고뇌"를 의미할 수도 있고 "기혼"은 "돌진하다" 혹은 "성미가 불끈한"이란 뜻이다. 에디오피아(구스)는 "검은" 혹은 "탄"이란 뜻이요, 힛데겔은 "야자수의 수수께끼"란 뜻이다).

2:15 주 하나님**께서 그 사람을 데려다가 에덴의 동산에 두시고 그것을 관리하고 지키게 하시더라.**
16 주 하나님**께서 그 사람에게 명령하여 말씀하시기를 "동산의 모든 나무에서 나는 것을 네가 마음대로 먹을 수 있으나**
17 선과 악의 지식의 나무에서 나는 것은 먹지 말라. 네가 거기서 나는 것을 먹는 날에는 반드시 죽으리라." 하시니라.

다윈의 이론이 아닌 성경의 계시에 따르면 인간의 최초의 직업은 농부 혹은 과수원지기였다(아마 다윈이 자기 마음대로 할 수 있었다면 최초의 "인간"은 그것이 원숭이 인간이든지 인간 원숭이든지 어쨌든 간에 동굴에다가 벽화를 그리고 있었을 것이다). "남편"(husband)이란 말은 아담이 농부(husbandman)로서 동산의 과수를 관리했던 것처럼 열매 맺는 아내를 돌보는 남자를 칭하는 말이 되었다(시 127:3; 128:3).

어린아이들은 야채보다는 과일을 더 좋아한다. 이 말을 못 믿겠으면 아이들에게 사과와 콩을 간식으로 주어 보라. 아니면 복숭아(혹은 건포도)와 삶은 당근을 주어 보라. 아니면 잘 익은 포도를 감자 사이에 섞어 놓아보라. 어떤 것이 빨리 없어지나 지켜보라. 개체발생은 계통발생을 반복한다(무슨 뜻인지는 가서 배우라!)는 명제가 진실이라면 성경은 창세기 첫 세 장의 역사에서 모든 인간의 성장 단계를 정의 내려 주고 있다.

『**네가 마음대로 먹을 수 있으나**』(16절). 이 말씀에서 아담이 영원히 살게 해 줄 나무의 열매를 먹을 수 있는 허락을 받은 사실을 주목해 보라(계 22:14, 창 3:22 참조). 아담에게는 자유로운 결정에 따라 영생을 얻을 수 있는 기회가 주어졌던 것이다. 이 사실로 미루어 보아 아담은 당시 피를 갖고 있지 않았음이 입증된다고 하겠다. 만약 인간이 피가 없었다면 인간이 영원토록 생명을 유지할 수도 있었을 것이기 때문이다. "하나님의 선물은 영생"인데 이 선물은 모세의 율법 시대, 환란 시대 및 천년왕국 시대에는 어떤 조건하에서만 주어지도록 되어 있다. B.C. 4000년부터 B.C. 1450년까지(거의 3,000년간) 이 영생은 거저 주는 선물이었으며, A.D. 38년부터 거의 2000년까지도 조건 없이 거저 받는 선물이다. 오늘날 은혜의 시대에는 영생이란 거저 받는 선물임이 분명하다. 『**한 사람의 의로 말미암아 값없는 선물이 모든 사람에게 임하여**』(롬 5:18), 『**그 값없는 선물**』(롬 5:15). 만약 이 시대에 그 어떤 다른 구원계획을 제시한다면(위에 언급된 구절들은 아담과 예수 그리스도를 비교하고 있는 문맥임을 주목하라.) 그것은 뾰로통한 이브의 반항적 태도에 입각한 "어머니 이브의 구원 계획"일 뿐이다. 왜냐하면 이브가 창세기 2:16을 사탄에게 인용한 창세기 3:2을 보면 그녀는 "freely"(마음대로, 값없이, 임의로, 거저)를 빼 버렸던 것이다. 이브는 하나님의 값없이 주시는 선물을(롬 6:23) 중상 모략했으며 이로써 은혜에다 행위를 덧붙이는 이 시대의 모든 교회들의 어미가 된 것이다. 이브는 알렉산더 캠벨(Alexander Campbell), 메리 베이커 에디(Mary Baker Eddy), 메리 엘런 화이트(Mary Ellen White), 러더포드(Rutherford), 러셀(Russel), 교황 레오(Leo), 교황 요한(John), 조셉 스미스(Joseph Smith), 그리고 마귀가 성경을 잘못 인용하는 것과 마찬가지로 행위로 구원받음을 정당화하기 위해 하나님의 말씀을 빼먹고 인용한 것이다.

『**선과 악의 지식의 나무에서 나는 것은 먹지 말라**』(17절). 주님께서는 먼저 긍정적인 명령, 즉 먹을 수 있는 특권을 주신 후에 이번에는 부정적인 명령, 즉 금지하는 명령을 내리신다. 금지의 이유는 아담이 뭔가를 알지 못하도록 하시기 위함이 아니라, 아담이 명령을 어길 경우 그에게 발생하게 될 그 불행이 일어나지 않도록 하시기 위함이었다. 이 계명은(십계명의 제1계명처럼) 아담을 보호하기 위함이었지 아담을 좌절시키고자 함이 아니었다. 하나님께서 하신 이 말씀들이야말로 이 지구상에서 향후 6,000년 간 일어나게 될 모든 싸움의 전쟁터가 어딘가를 보여 주고 있다. 이 지구상의 죄란 궁극적으로 하나님께서 하신 말씀을 듣기를 거절하거나, 믿기를 거절하거나, 혹은 그 말씀에 근거해서 행동하기를 거절함으로부터 나오게 된다. 하나님께서 아담에게 뭔가를 말씀하셨다. 하나님께서는 아주 쉬운 말로 말씀하셨으므로 아담은 그가 하신 말씀을 "해석"해야 할 필요가 없었다. 아담이 해야 할 것은 그 말씀을 믿고 그 말씀에 근거해서 행동하는 것뿐이었다. 첫째 아담은 하나님께서 하신 말씀에 근거해 시험을 받았으며 마지막 아담도 같은 근거에서(눅 4:1-13) 시험을 받으셨다. 인류의 전쟁터는 하나도 변한 것이 없이 여전히 동일하다. 성경이 하나님의 말씀이라는 가장 분명한 증거는 성경이 전 세계에 걸쳐 영원한 이슈와 그 이슈에 관련된 문제점들 그리고 이 문제점들의 해결책 등을 분명히 제시함으로써 시작되고 있다는 사실이다. 모든 죄는 하나님의 말씀을 듣고 그 말씀에 대해 취하는 세 가지 태도 중 하나로부터 나오게 된다.

첫째, "하나님의 말씀은 불완전하니, 덧붙이라." 바로 이브가 취한 태도였다(창 3:2-4). 그녀의 뒤를 따라 조셉 스미스가 "몰몬경"을, 마호메트가 "코란"을, 카톨릭이 "외경"을, 유대인은 "탈무드"를, 교황은 그들의 전통이라는 사적 해석들을 성경에 덧붙였다.

둘째, "하나님의 말씀에는 불결한 것들이 있으니, 그것들을 빼버리라." 이 태도 역시 이브가 취한 태도이다(창 3:2-4). 그녀의 뒤를 따라 ASV와 RSV는 마태복음 12:47; 21:44; 23:14, 마가복음 7:16; 9:44,46; 11:26; 15:28, 누가복음 24:12,40, 요한복음 5:4, 사도행전 8:37 등을 빼버렸고 유대인은 신약 전체를, 카톨릭은 그들의 교회를 묘사한 구절(신 32:31,32, 마 23:14)을, 〈확대역본〉은 "now"(지금은)이란 단어를 요한복음 18:36에서 빼버렸다. 자유주의자들은 산상설교와 시편 23편을 제외한 모든 부분을 제거한 다음 산상설교에서도 "주기도문"과 "팔복"만 남기고는 다 제해 버린다. 캠벨파들은 마가복음 16:16의 반과 베드로전서 3:21의 반을 삭제해 버린다. 공산주의자들은 사도행전 2:44만 빼고 다 없애 버리고 근본주의자들은 로마서 8:1의 절반과 요한일서 5:7 전부를 빼 버린다.

셋째, "하나님의 말씀은 문자적이 아니므로 비유적으로 취하라." 이 역시 이브가 취한 태도였다(창 3:2-4). 이브의 뒤를 따라 여호와의 증인은 지옥을 "무덤"으로, 카톨릭은 지옥을 "연옥"으로, 근본주의자들은 지옥을 "하나님으로부터의 분리"로, 개혁주의자들은 이스라엘에게 주어진 약속을 교회에게 주신 것으로, 로마 교황들은 "바빌론 큰 신비"를 로마 교회가 아닌 이교도 로마 제국으로 만들어 버렸다. 신정통주의 주석가들은 예수 그리스도의 재림을 예루살렘의 파괴로, 크리스천 사이언티스트들은 하늘과 지옥을 "심적 상태"로, 그리고 위의 모든 자들이 다함께 "물리적" 침례를 "영적" 거듭남으로, "물질적" 빵과 술을 그리스도의 영적 몸으로 만들어 버렸다.

이 모든 것으로부터 우리가 배워야 할 것은 간단하다. 하나님께서 당신에게 무엇을 하라고 말씀하시면 그것을 행하는 것이 낫고, 하나님께서 당신에게 무엇을 하지 말라고 하시면 그것을 안 하는 것이 더 낫다. 만약 그분께서 당신에게 무엇을 하라고 하시는지 또는 무엇을 하지 말라고 하시는지를 모르겠거든 곧바로 그것이 무엇인지를 스스로 찾아 나서라. 왜냐하면 당신은 아담이 명령을 받은 후 5,990년이나 지난 이 시기에 살고 있을 뿐만 아니라 5만 여 명이 교사, 설교자, 신부, 주교 그리고 종교 지도자들이 하나님의 말씀과 그분의 뜻을 혼잡케 하여 서로 자기 해석을 가르쳐 주려고 으르렁대고 있기 때문이다. 당신이 거기에 말려들면 아마 세인트 폴 대성당과 화장실도 분별할 수 없게 될지도 모른다.

2:18 ○ **또 주** 하나님**께서 말씀하시기를 "남자가 혼자 있는 것이 좋지 않으니 내가 그를 위하여 돕는 자를 지으리라." 하시며**

물론 이 문맥은 인간의 타락과 그에 따른 "부패"(이후의 성경의 묘사로 보아 인간이 부패되었음은 분명하다고 하겠다.) 이전의 일이다. 하지만 성경은 여전히 『**신중한 아내는 주께로부터 받느니라.**』(잠 19:14), 『**아내를 얻는 자는 좋은 것을 얻는 것이요**』(잠 18:22)라고 말하고 있다. 이 돕는 여자가 만약 말다툼을 잘 하는 여인이거나(잠 21:9), 화를 잘 내고 다투기를 잘하는 여인이거나(잠 21:19) 혹은 어리석은 여인(잠 14:1)이라고 한다면 "돕기"보다는 많은 문제를 일으키게 될 것이다. 바울이 남녀가 홀로 사는 문제를 지적한 고린도전서 7장에 보면 독신남이나 독신녀가 되는 것보다 더 나쁜 재앙들이 사람들에게 임할 가능성이 있다는 것이다. 즉 "나는 당신들의 사위들보다는 차라리 '한 다스'의 독신녀를 딸로 두는 것이 낫겠소."라고 말이다.

신구약을 막론하고 그 어디에서나 여자의 역할은 남자를 돕는 것이다. 이 진리는 신약의 은혜의 시대에서도 여전히 고수된다(고전 11:3,8,9). 현대인들이 주장하는 "반 반"(50:50)이라는 생각은 "우리 집에서는 50:50의 원칙을 지킵니다. 저는 제 아내에게 무엇을 할 것인가를 말하고 제 아내는 저에게 어디로 갈 것인가를 말합니다."라고 하는 농담 속에 잘 담겨져 있다고 하겠다. 현대의 "돕는 배필"들이 해야 할 일은 너무 많아 일일이 열거할 수 없으나 이에 관해 가장 잘 묘사하고 있는 부분은 잠언 마지막 장이다. 이 말씀을 기준으로 삼는다면 20세기의 현대 여성들은 그들이 "높은 수준의 은혜로운 삶"을 영위한다 할지라도 하나님의 창조의 의도와는 너무도 동떨어져 있는 것이다. 한번은 루터란아워(Lutheran Hour)의 월터 마이어(Walter Maier)씨가 세계에서 가장 위대한 여성 10명을 방송에서 선정 발표하였는데 그 중 4명만이 결혼한 여성이었고 이들 중 둘은 전혀 아이를 가져보지 못한 여성이었다. 내 기억으로는 엘리자베스 여왕, 마리 앙투아네트, 잔 다르크, 퀴리 부인 등의 순서였던 것 같다. 이런 여자들이 한 남편의 진정한 "돕는 자"로서의 요구 조건을 충족할 것인가는 심히 의심스럽다 하겠다. 더더군다나 카톨릭신자들의 주장처럼 마리아가 "영원히 처녀"였다면 그녀의 남편 역시 그가 음란하게 살거나 간음을 저지르지 않았다면 영원히 동정이었을 테니 그렇게 되면(하나님께서는 그의 아들에게 어머니를 선정하시어 다른 여인들의 모범으로 삼으셨는데) 그녀가 하나님의 말씀을 어겼다는 이야기가 된다(고전 7:1-5). 만약 마리아가 창세기 2장, 신명기, 마태복음 19장, 고린도전서 7장 등과 같은 신성한 법에 의해 요셉에게 주어진 권리를 거절하고 "성모"의 위치만을 고집하였더라면(실은 그렇지 않았다. 그 증거가 시편 69:8에 있다), 그녀는 가장 형편없이 율법을 범한 자요 막달라 마리아만큼이나 죄인인 셈이다.

"돕는 자"는 결코 "방해자"가 아니며 또한 "우두머리"도 결코 아니다. 적어도 내가 이제껏 해 온 일에 있어서는 말이다(내가 해 온 일은 주의 사역이다).

세상에서 가장 현명했던 남자가 주장하기를 투덜대고 다투기를 잘하는 여자와 살기보다는 "지붕 위에서" 혹은 "광야"에서 사는 것이 낫다고 했다(잠 21:19; 25:24). 한 유명한 독신 남자가 말하기를 "나는 내가 원치 않는 그 무엇을 갖기보다는 내가 갖고 있지 않은 그 무엇을 원하겠다."라고 했다. 한 독신 남자는 80세가 되어 왜 결혼하지 않았느냐는 질문을 받고 답하기를 "내가 20세였을 때 극장표를 사기 위해 줄을 서 있다가 앞에 서 있는 한 여자의 치맛자락을 밟았는데 그녀는 번개처럼 뒤돌아서서 화를 버럭 내고 말하기를 '이 ×야! 치마 못 놔!'라고 하였는데 나를 보더니 갑자기 미소를 지으면서 부드럽게 말하기를 '아! 죄송합니다. 제 남편인 줄 알고 그만...'이라고 하더군요."라고 했다.

창세기 2:18은 또 다른 문제를 제기하는 데 그것은 '원숭이'가 아담을 위해서 요리도 하고 옷도 꿰매 주겠느냐는 것이다. 대부분의 원숭이들은 요리, 바느질, 집안 청소 등은 거의 하지 않는다. 만약 유신론적 진화론자들이 옳다면 – 다윈주의자들은 말할 것도 없고 – 종의 암컷들은 수컷들과 동시에 진화했음에 틀림없다. 만약에 그것이 틀림없다면 하나님께서 아담이 돕는 배필에 관해 하신 생각은 어리석을 뿐이다. 왜냐하면 유신론적 진화론에 따르면 최초의 인간은 인간으로 진화된 유인원이거나 반 유인원이었을 텐데 이들은 갑자기 남성이 여성으로 되었을 것이기 때문이다. 최초의 여성이 나타났을 때 그녀가 "원숭이"로 불리우지 않고 "여자"(Woman)라고 불리웠으며 그녀의 돕는 기능이 남자의 필요를 "채우는 것"이라는 사실은 위 주장에 따르면 매우 이상하지 않은가?

2:19 주 하나님께서 땅으로부터 들의 모든 짐승과 공중의 모든 새를 지으시고 아담이 어떻게 그들을 부르는가 보시려고 그들을 아담에게로 데려오시니, 아담이 모든 생물을 무엇이라고 부르든지 그것이 그 이름이 되더라.

유대인 성경주석서 〈미드라시 라바〉에 따르면 하나님께서 아담에게 각 동물에 관해 "이것은 무엇이냐?"라고 물으셨고, 동물들의 이름이 다

지어진 후에는 아담에게 "네 이름은 무엇이냐?"라고 물으셨다고 한다. 그러자 아담은 답하기를 "저는 아담이라고 불리워야 합니다. 왜냐하면 저는 '아다마'(흙에 해당하는 히브리어)에서 취해졌기 때문입니다."라고 했다. 그러자 주님께서는 "내 이름은 무엇이냐?"라고 하셨고 아담은 "당신은 '아도나이'이십니다. 왜냐하면 당신은 모든 피조물들의 아돈(주님)이시기 때문입니다."라고 대답했다고 한다. 위의 대화의 내용이 사실이든 아니든 간에 한 가지 분명한 것은 아담에 대한 히브리어는 에돔(Edom) 즉 "붉은 갈색 먼지"라는 단어와 같은 어근을 지니고 있다는 사실이다.

본문에 따르면 아담은 이름들을 지은 최초의 사람이다. 그는 자기가 얼마나 잘 알고 있는가를 알아보기 위해 창조주와 알아맞히기 게임을 한 것이 아니었다. 모든 동물의 원래 이름은 천상의 언어인 히브리어였음에 틀림없다. 현대 유럽, 아프리카 및 아시아에서의 동물의 명칭을 추적하려면 히슬롭의 〈두 개의 바빌론〉을 참고하고, 창세기 11장에서 사용된 칼데아어로 그 어근을 추적해야 할 것이다.

한 가지 주목해야 될 사실은 동물들은 인간이 창조된 똑같은 물질, 즉 흙의 티끌로부터 창조되었다는 사실이다. 따라서 인간이나 동물이나 그 몸은 흙으로 돌아가는 것이다(전 3:20). "내 이름은 진흙이었어." 이것이야말로 진실된 고백이 아닐 수 없다.

2:20 아담이 모든 가축과 공중의 새와 들의 모든 짐승에게 이름을 주었으나, 아담이 자기를 위해 돕는 자는 찾지 못하더라.

본문에 보면 파충류 혹은 양서류는 빠져 있으며, 요한계시록 4장과 에스겔 1장에 생물들을 대표하는 "그룹"이 나올 때도 역시 빠져 있다. 창세기 6:7과 7:8에는 "기는 것들"이 언급되어 있는데 파충류와 양서류가 여기에 포함되는 것 같다. 하지만 "메뚜기와 황충 등"은 레위기 11:20에서 같은 부류에 나와 있으나 이들은 파충류나 양서류는 아니다. 결론은 파충류에는 뭔가 기분이 나쁘고 불결한 감이 있다는 사실이다. (이런 이야기가 20세기를 사는 사람들에게는 미신적으로 들릴지 모르지만 사실은 사실이다.)

다시 한번 짚고 넘어갈 것은 비록 인간과 동물들이 흙이라고 하는 똑같은 물질에서 창조되었으나 그 어떤 동물도 인간에게 "돕는 배필"이 될 수는 없었다는 사실이다. "들의 모든 짐승에게" 바로 다음에 "그러나 아담에게는..."을 의도적으로 강력하게 대조시켜 기록한 데는 의미가 있다. 아무리 역사를 초월한 상고사적 이야기를 떠들어대고 들먹거린다 할지라도 다윈의 이론은 성경 말씀을 팽개치려고 작정한 사람의 주관적이고 개인적인 이론일 뿐이며 다윈 역시 처음에는 올바로 창조되었으나 (전 7:29) 후에 타락해 버린 인간의 후손임에 틀림없다. 진화는 전혀 과학적 사실이 아니며 정확히 말하자면 과학적 이론도 되지 못한다. 진화론은 거듭나지 못한 한 타락한 인간이 인간의 타락을 가르치는 하나님의 계시를 뒤엎어 짓밟으려는 의도에서 만들어 낸 비합리적인 허튼소리일 뿐이다. 모든 진화론자들은 인간이 "향상"한다고 생각하지만 성경은 인간이 "향하"(아래를 향한다)한다고 가르치고 있다.

2:21 주 하나님**께서 아담을 깊은 잠에 빠지게 하시니 그가 잠드니라. 하**

나님께서 그의 갈비뼈 중에서 하나를 취하시고 살로 대신 거기
를 채우시더라.
22 **주** 하나님**께서 남자에게서 취했던 갈비뼈로 여자를 지으셔서 그녀**
를 그 남자에게로 데려오시니,

이 구절에서 묘사하는 장면은 너무도 아름다워서 신정통주의자들은 이것이 "시적이고", "암시적인" 표현임을 내세워 인류의 역사가 실제로 이렇게 시작되었다는 진리를 믿지 않는다. 우리는 이 말씀이 사실이 아니라고 확정적으로 증명되지 않는 한 이 구절은 과학적으로 역사적으로 올바르다고 받아들이는 바이다. [아인슈타인이 "의미"에 관해 희한한 정의를 내렸는데 그 정의를 빌자면 사물은 증명이 될 때까지는 아무런 의미를 갖지 않는다는 것이다. 즉 아인슈타인에게 있어서는 진리, 의로움, 거룩함, 존귀함 등이 전혀 무의미하다는 것이다. 그는 단지 상대적 상황에 나타나는 일련의 사물들의 어떤 형태가 고립되어진 순간만을 인정하고 있는 것이다. 아인슈타인과 같은 민족(유대인)에 속했던 또 다른 분은 "주의 말씀은 진리니이다", "나는 길이요, 진리요, 생명이니"라고 하셨다. 두 명의 유대인의 모습이 어찌 이렇게 다를 수 있는지...]

하나님께서는 수술을 하셨다. 신약에서의 수술은 영적인 것으로 "손으로 행하지 않은"(골 2:10-12) 것이지만 창세기에서의 수술은 신체에 행한 수술이었다. 영국의 내과의사 제임스 심슨(James Simpson)경은 창세기의 이 구절을 읽고 기도하고 묵상한 후 클로로포름으로 최초의 마취를 통한 수술을 할 수 있었다[마찬가지로 스탠다드 석유회사는 출애굽기 2장을 읽고 이집트에서 석유사업으로 큰 성공을 거둘 수 있었으며,

이스라엘의 모쉐 다얀(Moshe Dayan)장군은 여호수아, 재판관기, 사무엘상 등에 나오는 전투 계획을 사용해 1967년 6월 그의 적들을 소탕했다]. 이처럼 이 구절의 진실성 여부를 "증명"하는 것은 시간문제이며 아인슈타인이 말하는 "의미"의 정의란 성경 기록의 3/4이 "실제"가 아니기를 바라는 한 불가지론자의 고백일 뿐 그 이상도 그 이하도 아니다.

『**깊은 잠**』(a deep sleep, 21절)이란 표현에서 "잠"(sleep)은 구원받은 사람의 경우에는 죽음을 묘사한다(요 11:11, 살전 4:14, 마 27:52, 고전 15:51 등 참조). 여기서 아담이 일시적이긴 하나 실제로 죽지 않았다면(행 14:19의 바울을 보라), 그는 적어도 완전히 무의식 상태였음이 틀림없다(확률로 보면 아담은 십중팔구 분명히 죽었을 것이다. 왜냐하면 죽음을 통해서만이 신부가 탄생될 수 있음이 신약교회와 이브와의 예표적 관계를 볼 때 확실해지기 때문이다. 엡 5:20-25 참조).

『**하나님께서 그의 갈비뼈 중에서 하나를 취하시고**』(21절). 그것은 심장 아래 왼쪽 옆구리의 다섯 번째 갈비뼈가 분명하며 이것은 다음의 성경구절들로 입증된다(삼하 2:23; 4:6; 20:10, 요 13:23, 계 4:1,2, 엡 5장). 델리치(Delitzsch), 바우어(Bauer), 투빙겐(Tubingen), 게제니우스(Gesenius), 라시(Rashi), 마이모니데스(Maimonides), 카일(Keil), 스타크(Starke), 케니코트(Kenicott), 데로시(De Rossi) 및 로이폴트(Leupold) 등과 같은 성경에 미숙한 "어린아이들"에게 이와 같은 성경 해석은 일관성이 없어 보이거나 매우 이질적으로 보일 테지만, 아래의 내용은 부인할 수 없는 확실한 사실들이다.

1. 다섯은 죽음의 수이다(창 5:5 참조).

2. 이브는 아담의 죽음의 원인이며, 그녀는 하나의 갈비뼈이다.

3. 성경에서 숫자가 언급된 갈비뼈는 다섯 번째 갈비뼈뿐이다.

4. 그리스도 역시 아담의 옆구리가 열려진 것처럼 그 옆구리가 창에 찔렸었다.

5. 요한은 교회의 예표인데, 그는 최후의 만찬 때 예수 그리스도의 옆구리에 기대어 있었다.

6. 그리스도와 그리스도의 몸과의 관계는 아담과 이브와의 관계와 같다(고전 15:22,45, 엡 5장).

이처럼 성경을 성경으로 풀어보면 〈킹제임스성경〉으로 그 어떤 히브리어나 헬라어 학자들이 원본을 갖고 있을지라도 찾아낼 수 없을 그러한 "보배로운 진리"를 캐낼 수 있게 된다.

『**여자를 지으셔서**』(22절). 여기의 단어는 *"이샤"*(woman)로 *"이쉬"*(man)와 구별되는 존재이다. 문자적으로 볼 때 남자(man)는 남성-인간(he-man)이요, 여자(woman)는 여성-인간(she-man)이다. 이는 남성(male)과 여성(female)을 비교해 보면 분명해진다.

영어에서는 이러한 독특한 사실을 "woman", 즉 "womb"(자궁)과 "man"(사람)을 합쳐서 여자라고 함으로써 잘 보존하고 있는 셈이다. 여자(woman)는 "womb-man" (자궁-사람)의 축약형인 것이다. 이와 같은 남녀 간의 유사점과 인간과 동물 간의 해부학적 유사점으로 인해 19,20세기에는 두 가지의 희한한 이론이 등장하였다. 하나는 인간과 동물 간에는 육체적(신체적) 유사점이 매우 크므로 양자 간에 혈연이 있을 것이라는 허무맹랑한 진화론이요, 또 하나는 현대 미국인들이 호모섹스에 대해 갖는 잘못된 태도이다. 이들은 귀걸이, 목걸이, 손지갑, 심지어는 화장을 하고 다니는 남자들도 이상히 여기지 않으며 여자가 담배를 피우거나, 욕을 하거나 심지어는 여자끼리 살아도 이상하게 생각하지 않게 되었다. (이와 같은 일들에 관해 성경이 1,800여 년이나 앞서 강평한 내용이 로마서 1장에 실려 있다.) 비록 여자(woman)가 집합적인 용어에서는 "사람"(man)으로 불리우지만(롬 2:16; 12:18, 골 1:28, 요일 3:1-3, 요 1:12 등), 또 첫 번째 부활 때에는 여자도 남자가 될 것이지만, 그녀에게는 남자가 결코 가져보지 않은 문제들이 있으며(벧전 3:7, 딤전 2:14, 살전 5:3) 그 어떤 남성도 갖지 못한 특권도 갖고 있는 것이다(창 3:20, 눅 1:35).

여자는 아담의 머리보다 낮은 위치에서 취해졌으므로 "머리가 되고자 하거나" 사물을 관장하고자 하는 "높은 마음"을 품어서는 안 된다(고전 11장, 딤전 3:4, 엡 1:22). 그러나 그녀는 아담의 머리나 발에서 나온 것이 아닌 만큼 짓밟히거나 무시당해서도 안 된다. 적어도 헌신된 경건주의자들은 그렇게 주석하고 있다. 그녀는 아담의 옆구리 심장 부근에서 나온 고로 그들은 하나가 되어야 하며 아담은 그녀를 사랑해야 한다. 그런 이유로 결혼식 때도 남녀가 나란히 서는 것이다.

2:23 아담이 말하기를 "이는 이제 내 뼈들 중의 뼈요, 내 살 중의 살이니, 그녀를 여자**라 부르리라. 이는 그녀가** 남자**에게서 취해졌음이라." 하니라.**

24 그러므로 남자가 자기 아버지와 자기 어머니를 떠나서 자기 아내와 결합하리니, 그들이 한 몸이 될 것임이니라.

25 남자와 그의 아내가 둘 다 벌거벗었으나 부끄러워 아니하더라.

아담의 사랑 고백에서 흥미를 끄는 것은 "나의 피 중의 피"라는 말이 빠져 있다는 것이다. 성경보다 자신들의 주석이 더 권위 있다고 생각하는 주석가들의 눈에는 이 사실이 그저 우연으로 비칠 것이다. 하지만 성령님께서 누가복음 24:39에서 "피"를 고의로 빼버리신 것과 고린도전서 15:50에서는 "뼈들"이란 말이 의도적으로 빠진 것을 확인한 사람이라면 성경을 더욱 경외심을 갖고 읽어야 하며 엉터리 주석가들의 추측은 무시해도 좋다는 결론에 도달할 것이다. "살과 피"(혈과 육)는 "살과 뼈들"과는 다르다(엡 5:30 참조). 게다가 어떤 어휘를 택하느냐에 따라 예수 그리스도의 피와 관련된 교리가 왜곡될 수도 있는 중요한 문제인 것이다.

예수 그리스도께서는 부활하셨을 때 피를 갖고 계시지 않았다. 그런데 이분은 "마지막 아담"(고전 15:45)이라고 불리우신 분이다. 창세기 9:6을 인간의 창조와 관련지어 인용하는 것이 일반적인데 이를 근거로 "피"가 창세기 2:7의 창조와 관련 있는 것으로 여겨지고 있다. 그러나 바로 이 구절에서 아담이 "피"란 말을 언급하지 않고 있다는 사실은 매우 중요한 사실을 시사한다. 즉 아담이 피를 갖고 있지 않았으므로 그것을 언급하지 않았거나, 아니면 그의 신부는 그녀 안에 피를 갖고 있지 않아 "눈처럼 하얀" 모습으로, 단지 "살과 뼈들"만을 갖고 있었을지 모른다. 창세기 9:6은 창세기 1:27에서 인용한 것이므로 이브에게는 해당되지 않는다. 창세기 1:27에 보면『하나님**의 형상대로 그를 창조하셨으며**』라고 하신 후에 성령께서는『**그들을 남자와 여자로 창조하셨느니라.**』로 덧붙이신 사실을 주목하라.

이 구절이 갖는 교리적 의미에 관한한 우리는 확실한 것을 알 수는 없다. 비록 이브가 피를 가지고 있었을지라도 그것은 언급되지 않았다. 그녀는 뼈(갈비뼈)와 살이라고만 언급되어 있는 것이다(『**살로 대신 거기를 채우시더라.**』 창 2:21). 십중팔구 아담의 신부는 원래 피가 없었다가 후에 "입술"을 통해 타락한 피를 얻었을 것이다. (이 문제에 관해서는 추후 자세히 언급하겠다. 프로이드 학파 여러분들은 이에 대한 답을 들으려면 다섯 구절을 더 참고 기다리시기 바란다.)

24절은 문맥과 동떨어진 것처럼 보이는데 그것은 그 당시에는 떠날 부모가 없었기 때문이다(어떤 재담가가 말했듯이 아담은 농담을 한 마디 했을 때 적어도 다른 사람이 "그 얘기는 벌써 들은 것이야." 하지 않을까 하는 걱정은 안해도 되었다는 것이다). 24절은 23절을 기록한 성경기자가 삽입한 것처럼 보이나 실상은 예수님께서 마태복음 19:4,5에서 이 구절을 인용하실 때 바로 하나님께서 이 말씀을 하신 것으로 말씀하셨다. 하나님께서 모세를 통하여 말씀하신 것일 수도 있고, 창조주께서 아담과 이브에게 직접 하신 말씀이라면 이것은 분명히 예언적 선포인 것이다.

『**자기 아내와 결합하리니**』(24절). "결합"(달라붙음)이라는 말은 분명히 육체와 육체가 결합함을 의미하며 이 비유는 구원받지 못한 사람의 혼이 그의 육체에 달라붙어 있는 것에도 사용된다. 이 경우 그는 이 육체 안에 살면서 "죽음이 갈라놓을 때까지" 그는 육체에 결합되어 있는 것이다(롬 7:1-4; 8:9, 고전 6:15-19, 골 2:13 참조). 이 구절이야말로 음행이 이혼의 근거가 되는가에 대한 분명한 설명을 제공해 주는 것이다. 또한 이 구절은 참다운 결혼이란 "몸과 몸의 결합"이지 혼인예식이 아니며 참다운 "이혼"이란 "몸과 몸의 분리"이지 이혼소송의 결과가 아님을 잘 설명해 주고 있다.

『**그들이 한 몸이 될 것임이니라**』(24절). "한 몸"(one flesh)이란 분명히 남자의 몸을 뜻한다. 이는 창세기 5:2에서 이브의 원래 이름이 "아담"이었다는 사실을 통해 분명히 입증된다. 하나님께서는 그녀를 "이브"라 부르시지 않았다(아무리 유행가 가사가 그렇고 대중영화가 그녀를 그렇게 불러도 원래는 그렇지 않았다). 하나님께서는 그녀를 "아담 부인"(Mrs. Adam)이라고 부르셨던 것이다. 여자는 남자로부터 나왔고 "여성-사람"(she-man)인 고로, 따로 이름이 없고 남자의 이름이 그녀의 이름이었던 것이다. 미국에 사는 모든 여자는 남자의 이름을 갖고 있다. 그것이 남편의 이름이든 혹은 자기 아버지의 이름이든 간에 남자의 이름임에는 틀림없다. 왜냐하면 "그들은 한 몸이 될 것이기" 때문이다.

『**남자와 그의 아내가 둘 다 벌거벗었으나 부끄러워 아니하더라**』(25절). 성경의 첫 번째 책 제2장은 다음과 같은 구절로써 우리를 향수에 젖게 한다. 거듭나지 못한 사람은 이 위대한 진리에 대해 다음과 같은 식으로 반응하게 된다.

1. 우리는 위로 향하고(향상하고 있다는 뜻), 아래로 향하고 있지 않다.

2. 따라서 벌거벗음에 대한 부끄러움은 미신과 무지의 유물일 뿐이다.

3. 따라서 벌거벗음도 나쁠 것 없다. 다만 우리가 익숙해 있지 않을 뿐이다.

4. 우리는 벌거벗은 부끄러움을 "극복"해야 한다.

5. 이것은 교육에 의해 이룩되어야 한다.

6. 교육의 목표는 사람들로 하여금 옷을 벗도록 해주는 것이다.

히피족과 여피족 그리고 버클리 대학 교수들이(콜롬비아 대학 교수도 마찬가지다) 이와 같은 사고방식이 가져오게 될 분명한 결과가 무엇인지를 놓쳐버렸다는 사실은 실로 신비에 가까운 일이다. 벌거벗음은 이 세상에서 가장 뒤쳐진 야만족들의 특징이다. 따라서 누군가가 잘못된 전제하에 그들의 논리를 전개시키고 있는 셈이다. 부시먼들은 벌거벗고 다니지만 부끄러워하지 않는다. 그렇다면 러벌(Lovell), 앤더스(Anders) 그리고 보먼(Borman) 등보다 부시먼들이 훨씬 문명화되었단 말인가? 그 누군가가 크게 오해하고 있는 것이다. 훌륭한 생물학자가 증거하고 있듯이 만약 개체발생은 계통발생을 반복하는 것이라면 어떻게 해서 어린아이들은 교육을 받기 전까지는 벌거벗고서도 부끄러워하지 않는단 말인가? 그들이 벌거벗은 것을 가리라고 배운 것이 잘못된 일이란 말인가? 그렇다면 아프리카나 오스트레일리아의 부시먼들이 유럽과 미국보다 더 좋은 교육제도를 갖고 있다는 말인가? 그 누군가가 크게 오해하고 있음이 틀림없다.

사실 누군가가 어리석기 때문에 이런 얘기를 하는 것은 아니다. 문제는 위에 열거한 여섯 가지 중 제1 전제가 잘못된 것이다. 그 어떤 종족이든 벌거벗으라고 교육하면 다음의 결과가 필연적으로 뒤따르게 마련이다. 즉, 살을 드러내고, 살을 노출시키고, 육체를 가꾸도록 장려하고 육체적인 쾌락을 부추기면 그 결국은 질병, 부패, 성도착, 도덕적 타락, 국력 약화 그리고 종국에 가서는 그 민족의 소멸이라는 것이다. 누드 운동이 나타났던 모든 문명이 거둔 "열매"는 정확히 위에 언급된 바와 같았으며, 현재 누드 운동이 진행 중이거나 앞으로 나타나게 될 문명도 역시 마찬가지 열매를 거둘 것은 자명한 일이다(로마, 그리스, 바빌론, 프랑스, 그리고 미국 문명이 아무런 해답을 주지 못한다고 생각한다면 로마서 1장을 보라. 그들의 모습이 그곳에 있다).

창세기 3장

3:1 주 하나님께서 지으신 들의 어떤 짐승들보다도 뱀은 더욱 간교하더라. 그가 여자에게 말하기를 "참으로 하나님께서 말씀하시기를 '너희는 동산의 모든 나무에서 나는 것을 먹지 말라.' 하시더냐?" 하니,

창세기 3장을 여는 첫 구절은 인류에게 죽음을 알리는 종소리라고 할 수 있다. 20세기 지성인 그룹 사이에서 가장 미움받는 성경 부분이 있다면 바로 이 창세기 3장이라고 단언해도 과언은 아닐 것이다(창세기 3장은 2,3세기의 포프리, 셀수스 및 그 무리들에게도 증오의 대상이었던 것처럼 20세기의 지성인 그룹에게도 정확히 그러하다). 신학자, 철학자, 과학자 및 교육자들이 창세기 3장이 시사하는 바 그것으로부터 자신들을 숨기려고 얼마 만큼 노력했는가는 이루 말할 수가 없다. 이와 같은 극렬한 반대에는 충분한 이유가 있는 바 그것은 창세기 3장이 기록된 그대로를 의미하고, 의미하는 바 그대로를 말하고 있다면 상아탑(대학)의 근거를 뒤흔들어 버리고 다섯 가지의 가장 고약한 반발을 불러 일으키게 될 진리를 제시하고 있기 때문이다.

1. 성경을 의심하고 성경에 의문을 제기하는 모든 근원은 사탄에게 있다.

2. 지구상의 죄는 하나님의 말씀을 삭제하고 덧붙임으로써 시작되었다.

3. 지식에 관해 신처럼 되고 싶다던가 "신과 같이"(god like) 되고 싶은 인간의 현재 욕망은 사탄에서 유래되었다.

4. 사탄이야말로 지성 세계에 있어서 반드시 고려해야 할 실제적인 세력이다.

5. 인간의 현재의 상태는 타락하고, 미혹되고, 속았으며, 자기의 의를 내세우며, 남에게 책임을 전가하는 존재로서 하나님으로부터 자신을 숨긴 채 말씀에 불복종하면서도 "종교"(religions)를 그 핑계로 삼는 그러한 상태인 것이다.

『**뱀은 더욱 간교하더라**』(1절). "간교하다"(subtle)는 단어는 매우 적합하다. 유혹은 늘 긍정적인 모습으로 다가오게 마련이며 그 유혹에 관심을 보이는 사람에게 유익하게 보인다. "먹음직하고, 보기에도 즐겁고, 현명하게 할 만큼 탐스럽다"고 한 것을 주목하라. 이처럼 성경대로 믿는 사람은 처음부터 그의 대적이 그가 알고 있는 그 어떤 사람보다 최소한 10배 이상 간교하다는 사실에 직면하게 되는 것이다. 구원받지 못한 자는 "담배, 술, 춤이 뭐가 나쁘냐?"고 말할지 모르지만 성경은 자기 어머니를 사랑하는 것도 상당히 잘못될 수 있다고 지적한다(눅

12:49-53 참조).

처음부터 우리는 성경의 관점에 우리 자신을 맞추어야만 한다. 성경은 『**들의 어떤 짐승들보다도 뱀은 더욱 간교하더라**.』라고 말하고 있음을 주목하라. 자세히 살펴보면 그 다음 구절들은 뱀의 간교가 너무도 교묘해서 프로이드, 메닝거, 니체, 융, 파블로프, 라이프니츠, 혹은 스피노자 같은 성경비평가들은 뱀과 논리적 논쟁에 있어 전혀 상대가 되지 않는다는 사실을 보여 준다는 것을 알 수 있다. 어쩌면 뱀은 이들을 상대조차 해주지 않을 것 같다.

뱀에 해당하는 히브리 단어 "나하쉬"를 해석하기 위해 다시 성경으로 돌아가 보면 우리는 이 뱀은 그가 나타날 때에는 전혀 뱀처럼 보이지 않는다는 사실을 발견하게 된다. 그는 "빛의 천사"로서 나타난다(고후 11:12-14). 성경에 등장하는 천사는 모두 33세의 남성이므로 (마 22:30 주석과 창 6:1-6 참조) 이브가 대하게 된 자는 멋진, 잘 생긴 신사로 후광과 빛의 구름을 대동하고 등장했을 것이다. 이 뱀(Serpent)은 뱀(Snake)이 아니었다. 동물 중 그에게 상응하는 그 무엇이 뱀(Snake)으로 나타나도록 저주를 받았을 때 이 뱀은 모든 "가축"들 위에 저주를 받았다(창 3:14). 어째서 "가축"(Cattle)이라고 했을까?

최대한 간략하게 그 이유를 성경으로 찾아 성경으로 설명하면 다음과 같다.

1. 사탄은 그룹이었다. 그룹은 송아지 혹은 황소로 정의되어 있다(겔 1,10장).

2. 이 그룹은 다섯 번째 그룹으로 파충류를 대표한다(계 4장, 겔 28장).

3. 두 뿔을 갖춘 발굽이 갈라진 짐승으로서(계 4:7, 겔 1:7) 사탄은 이

집트에서는 양 뿔 사이에 태양을 상징하는 둥근 원을 달고 있는 금송아지로 대표되었고(출 32장) 따라서 "가축"(Cattle)으로 분류되었다.

4. 따라서 바알 숭배자들은 황소와 뱀을 신성한 것으로 인정한다(호 13:2; 왕상 17-19장, 더 자세한 내용은 〈피터 럭크만의 주석서 요한계시록〉 2:20과 〈짐승의 표〉 참조).

창세기 3:1에 나오는 짐승은 요한계시록 4:7의 짐승이다. 모세가 그를 "뱀"(Serpent)이라고 부른 것은 요한계시록 12:9에 따르면 정확한 호칭이었다. 이 짐승은 "어머니 이브"에게 나타날 때 "빛의 전달자"(Lux-fero! Lucifer)로서 나타난 것이 틀림없다.

『**그가 여자에게 말하기를**』(1절). 사탄이 여자에게 먼저 접근한 데에는 몇 가지 이유가 있다. 그 중에서도 가장 근본적인 것은 이브는 창세기 2:16,17의 명령을 남편으로부터 간접적으로 들었으며 그녀는 이 명령에 대한 준수 의무에 있어 남자보다는 한 단계 멀리 있었기 때문이었다. 한편 여자는 하나님께서 직접 창조하신 것이 아니었다. 여자는 흙에서 만들어지지 않은 유일한 존재로 매우 특이한 존재였던 것이다.

『**참으로** 하나님**께서 말씀하시기를...?**』(1절) 이 말씀이 제공하는 계시는 실로 무궁무진하다. 그 어떤 성경 기자도 이처럼 간단한 질문이 갖고 있는 영원한 의미를 짐작할 수 없었으리라. 우리는 이 말씀이 지난 6,000여 년 간 산출해 낸 그 열매로 인해 이 말씀이 영감받았음을 알고 있다. 어떻게 평범한 기록자가 (혹은 뛰어난 기록자라 할지라도) 이러한 걸작품을 쓸 만큼 영적세계에 대한 본질적인 진리들을 붙잡을 수 있었겠는가? 다음 사실들을 주목해 보라.

1. 성경에 등장하는 첫 번째 "예"(yes)는 진리의 파괴에 모든 것을 바치게 되는 그 자에 의해 발설되었다(〈한글킹제임스성경〉에는 '참으로'로 번역되었음 - 역자주). (어떻게 해서 창세기 기록자는 인간과 역사를 대함에 있어 긍정적인 접근방법은 잘못된 것이라는 사실을 분별할 수 있었는가? 오늘날 주요한 작가들은 창세기 기자와 같은 입장을 취하지 않는다.)

2. 창세기 3장 이후 "뱀"이 무슨 말을 하려 할 때면 그는 꼭 질문으로 시작한다(욥 1장, 마 4장, 눅 4장, 어떻게 해서 창세기 기자 혹은 기자들은 향후 1,000년 동안 그의 뒤를 이어 성경을 기록할 사람들이 그가 채택한 방식을 택할 것이라는 사실을 직감했는가? 그 당시 그는 "뱀"에 대해 완전한 계시도 갖고 있지 않았음을 염두에 둘 때 실로 놀라운 일이 아닐 수 없다.)

3. 이후 6,000여 년 간 이 땅에 사는 그 어떤 자(남자, 여자, 어린아이)도 그 어느 지역에 살든, 그 어느 시대에 살든, 한결같이 하나님이 말씀하신 그것은 거부하고 자신들의 "종교"를 의지했을 때, 자신들의 죽음 후의 삶에 대해서 아무런 확신을 갖지 못한다는 사실은 어떻게 설명될 수 있을 것인가?(창세기 3:1에 나와 있듯이 말씀에 대한 첫 번째 공격은 "참으로 하나님께서 말씀하시더냐?"였다.) 실로 그 어느 시대, 그 어느 인종, 그 어느 곳이든지 누구에게나 다 해당되는 문제요, 영원한 질문이 아닐 수 없다. 무슨 종교든지 간에 "참으로 하나님께서 그렇다고 하셨느냐?"라는 물음은 종교를 시작하기에 꼭 알맞은 질문이다. 공자도, 부처도, 사탄만큼 멋진 출발은 하지 못했던 것 같다.

『**참으로** 하나님**께서 말씀하시기를... 하시더냐?**』(1절) 이 질문은 오늘날도 여전히 "과학적 연구" "성숙을 향한 도약" "심리 연구" 등으로 탈을 쓴 채 진리로부터 도피할 알리바이를 구하는 자들에게 50달러씩 받고 그럴싸한 용어들을 사용하고 있는 Y.H.G.S.학회(Yea.Has.God.Said?의 첫 글자를 따서 만든 용어임.) 사람들을 특징짓는 질문이라고 할 수 있다. 오늘날까지 존재해 온 모든 작가, 예술가, 음악가, 시인, 과학자, 교육자 그리고 철학자들의 90%는 이 사회에서 매우 적극적 활동가이다. 이는 "부르심을 받은 자들은 육신을 따라 지혜로운 자가 많지 않고, 권력 있는 자도 많지 않으며, 좋은 가문에서 태어난 자도 많지 아니하기" 때문이다(고전 1:26). Y.H.G.S.학회에서 "아카데미상"을 받은 자들은 사탄, 이브, 카인, 님롯, 아합, 파라오, 요나, 시몬 베드로, 모세, 벨사살, 이세벨, 사울, 삼손, 시드키야, 및 코니야이며 명예 훈장을 사후 추서받은 사람으로는 요세푸스, 플리니, 필로, 오리겐, 셀루스, 포피리, 어거스틴, 교황 이노센트, 교황 그레고리, 교황 레오, 토마스 아퀴나스, 아벨라드, 안셀무스, 칼빈, 피의 메리, 아르미니우스, 볼테르, 루소, 톰 페인, 클레런스 다로우, 에머슨, 홉스, 흄, 헉슬리, 다윈, 아인슈타인, 기본, 듀이, 러셀, 바르트, 브루너, 틸리히, 니버, 교황 요한 23세(원래의 교황 23세는 1410년에 이미 교황이었음) 등등이 있다. "참으로 하나님께서 말씀하시더냐?" 정말 하나님께서 빌립보서 4:13을 말씀하셨느냐? 실로 하나님께서 빌립보서 4:19도 말씀하셨느냐? 로마서 8:28을 정말로 믿을 수 있는 것이냐? 하나님께서 요한계시록 20:1-7에서 1,000년이라는 말을 6번 말씀하셨다고 해서 그것이 정말 1,000년을 의미하는 것이냐? 정말 하나님의 말씀이 그것을 의미하는 것이냐? 그 말씀은 조금 불투명하고, 애매모호하며, 상징적이지 않은가? 푸라나, 샤스트라, 바가바지타, 어록집 등도 영감받은 것 아닌가? 하나님께서 정말 마태복음 23장을 말씀하셨을까? "참으로 그렇게 말씀하셨을까?" 자연에 나타난 하나님의 계시만으로 충분하지 않은가? 일부러 하나님께서 말씀하실 필요가 있을까? 창세기 3장은 모세가 썼는가? J문서 혹은 E문서가 아닐까? "참으로 하나님께서 그렇게 말씀하셨단 말인가?"

사탄은 하나님께서 말씀하신 것이나 혹은 말씀하시지 않은 것, 그것 자체에 관심이 있는 것이 아니라 당신으로 하여금 하나님께서 말씀하신 그 사실을 의심하도록 만드는데 온갖 관심을 갖고 있다. 요한복음에서 보면(요 18:38) 사탄의 자식 중의 하나인 어떤 자가 "진리가 무엇이냐?"라고 물은 것이 아니고 다만 "진리가 무엇이냐?"라고 말하고서는 답변도 듣지 않은 채 나가버렸던 것이다. 빌라도는 미국의 대법원처럼 모든 진리는 상대적이요, 정의 문제에 있어 결정적인 요소는 정치적 편의주의라고 생각하였던 것이다(만약 모든 진리가 상대적이라면, 모든 사람이 자기 자신의 재판관과 자기 자신의 하나님이 되든지, 아니면 자기에게 하나님 노릇을 하게 될 종교 조직에 복종하게 될 것이다. 계 13,17장).

사탄은 빌라도가 진리가 무엇인지에 관심이 없는 만큼이나 관심이 없다. 이것은 콜롬비아나 하버드 대학 교수진도 마찬가지이다. 이들이 추구하고 있는 것은 "인류를 행복하게 만들어 줄 수 있는 모든 성공적인 방책을 얻는 것이요, 모든 인간으로 인간의 비인간성을 종식시킬 수 있도록 하기 위해 과학과 연구를 총동원할 수 있도록 하는 것"이다. 이들은 "진리"에는 전혀 관심이 없다(사 59:14).

『**'너희는 동산의 모든 나무에서 나는 것을 먹지 말라.' 하시더냐?**』(1절) 이 구절에서 여자의 본능에 호소하는 듯한 시사적 표현을 주목해 보라. "하나님께서 동산에 있는 그 어떤 것도 먹지 말라 하더냐?" (오늘날 방식으로 표현해 보자면 "아니, 저런 구식 전제 군주가 어디 있어? 아니 이 정도 것도 먹지 말라구? 너무하다, 너무해!") 이브는 포도를 씹기 오래 전에 벌써 사탄의 미끼를 물어 버린 것이다. 이브가 먹은 열매는 포도나무 열매였음을 잊지 말라(창 2:6-9 주석 참조).

3:2 여자가 그 뱀에게 말하기를 "우리가 동산 나무들의 열매는 먹을 수 있으나,
3 동산 가운데 있는 나무의 열매에 관해서는, 하나님**께서 말씀하시기를 '너희는 그것을 먹지도 말고 만지지도 말라. 혹 죽을까 함이라.'하셨느니라." 하더라.**

드디어 지상에서 저질러진 최초의 죄가 역사의 무대에 등장한다. 그 죄는 중세 신학자들이 가르쳤던 것같이 "간음"이 아니었으며 보수적 전천년주의자들의 책에서 주장되는 것같이 "말씀에 더한" 행위도 아니었다. 그 죄는 분명히 말씀으로부터 삭제시켜 버린 죄였다. 이브는 창세기 2:16을 인용하면서 "마음대로"(freely)라는 단어를 삭제해 버렸다. 하나님의 말씀들(Words : 사상이 아니고, 가르침도 아니고, 교리도 아니다.), 주의 말씀들(the words of the Lord)은 순수한 말씀들이라 흙도가니에서 일곱 번 단련된 것과 같다(시 12:6).

마지막 시대를 살고 있는 오늘날의 미국, 유럽, 아시아, 아프리카 사람들에게는 이브와 뱀과의 대화는 아무런 의미가 없으며 기껏해야 어리석은 "우화"에 불과할 것이다. 오늘날 "현대적 사고"(혹은 이교적 사고)는 자기 중심적 입장을 무너뜨릴지도 모르는 그 어떤 것도 거부하고자 한다. 그러나 창세기 3장의 이브의 짤막한 대화에 등장하는 "뭔가 못마땅하고" "불만에 찬" 피심문자의 태도는 너무도 선명히 묘사되어 있어 20세기의 심리학 텍스트 중 그 어느 것도 이보다 더 개선된 것이 없다. 『**우리가 동산 나무들의 열매는 먹을 수 있으나**』(2절)라고 이브가 말했지만 이것은 잘못된 인용이었다. 원본에는 『**네가 마음대로 먹을 수 있으나**』(창 2:16)라고 되어 있다. 무슨 차이가 있는가라고 생각할지 모르지만, 이 둘 사이의 차이는 너무도 커서 1,200쪽을 넘겨보면 성경에서 구원을 위해 초청하는 장면에서 이 마음대로(freely)라는 단어가 또 등장하는 것을 보게 된다. 『**원하는 자는 누구든지 생명수를 값없이 (freely) 마시게 할지어다**』(계 22:19). 이 생명수는 하나님의 선물이라고 불린다(창 2:15-17과 그 주석 참조). 마음대로 먹을 수 있는 나무 중에는 생명의 나무도 있었다(창 2:9,16). 아담과 이브는 먹기만 하면 되었다. 그들이 생명 나무를 먹었었더라면 창조주와 모든 피조물들과 죄 없는 천진난만한 상태에서 교제하며 영원토록 살았을 것이다.

"나무 열매가 영원한 생명을 가져올 수 있다는 말이냐?"고 혹자는 묻겠지만 성경은 그렇다고 말한다. 에스겔 47:12과 요한계시록 22장에서 나무들이 "약"과 "치료"에 사용된다고 말하고 있지 않은가? 미국의학협회와 대학연구소 및 핵물리학자들은 생명을 만들어 내고자 혹은 생명을 유지하는 물질을 만들어 내려고 수없이 많은 시간을 보내지 않았는가?

영생과 완전한 건강을 잃어버린 인간이 이것들을 되찾기 위해 적어도 생애의 4분의 1을 사용한다는 것이 무엇이 이상한가? 지난 500여 년 간 과학과 의학이 성경에서 말한 대로 잃어버린 생명과 건강을 되찾으려고 애쓴 것 말고 뭐 특별한 일을 한 것이 있는가? 창세기 3장은 이 모든 것들의 뒷배경을 보여 준다. 이들 열매들은 분명 "초자연적 나무"임에 틀림없다. 오늘날의 과수에서는 찾아볼 수 없는 능력을 갖춘 나무들이었다. 그러니까 오늘날도 이런 것을 만들어 내려고 L.S.D.(환각제) 같은 것을 만드는 것이 아니겠는가?

『**동산 가운데 있는 나무의 열매에 관해서는**』(3절). 이 나무는 선과 악의 지식의 나무이다. 오늘날 미국의 부모들이 그렇게도 열렬히 찾아나서는 나무인 것이다. "읽는 자는 지도자가 된다"(Readers are leaders), "아는 것이 힘이다"(Knowledge is power), "계몽된 사람은 노예가 될 수 없다"(An enlighted people cannot be an enslaved people) 등의 격언들이 지식의 위대성을 입증하고 있다. 그러나 이보다 훨씬 더 현명하고 정확한 평은 밥 존스 시니어 박사(복음증거자요 교육자)가 내린 것이다. "구원 없는 교육은 저주다"(Education without Salvation is Damnation). 교육은 현재 돈과 섹스 다음으로 미국인들에게 제3의 우상이 되었다. 따라서 교육자들이 성경의 다음 구절들을 없애려고 애쓰는 것은 놀랄 일이 못된다(창 3:3, 고전 1장, 사 28:9; 29:11-16, 눅 10:21-22, 약 3:13-16).

1. 지식은 당신의 머리 속에 집어넣는 것이다(고전 8:1).

2. 지혜는 지식을 머리 속에 쌓아 놓은 후 그것을 가지고 무엇을 하

는 것이다(대하 1:10, 욥 28:28).

3. 명철(Understanding)은 지식과 지혜가 하나님과 어떤 관계에 있는가를 아는 것이다(잠 9:10, 단 1:20).

현대의 교육 제도에 있어서는 지식의 나무야말로 모두가 관심을 보이는 유일한 나무이다(지혜와 명철에는 아무도 관심이 없는 것 같다). 이와 같은 이유로 세상적 관점에서 볼 때 가장 부유하고 성공한 많은 사람들은 고등학교 혹은 그 이하의 학력만을 갖고 있는 것이다. 이들은 지식은 없어도 세상적인 지혜에 있어서는 뛰어난 자들이다. 『**진리가 너희를 자유롭게 하리라.**』(요 8:32)는 기치하에 코카사스인(백인)들은 도덕과 예언에 있어서의 진리는 제거해 버리고 진리를 물리적 심리적 발견(소위 "과학"을 통해)에만 한정시켜 버렸다. 오늘날의 교육자들이 "너희가 진리를 알지니..."라고 말할 때는 실상은 "여러분이 자기확신을 포기하고(자기확신 이래야 편견에 불과하니까) 열린 마음으로 우리에게 온다면 우리는 당신의 사고방식을 바꾸어서 나머지 생애 동안 죄로 시달림받지 않고 살게 해 주겠다."는 뜻이다(여러분 생각에는 이런 표현은 너무 심하지 않은가 생각하겠지만 여러분이 읽고 있는 책은 성경대로 믿는 사람들을 위한 주석서이지 베스트셀러 나부랭이가 아님을 잊지 말라).

여기에 언급된 『**동산 가운데 있는 나무**』는 포도나무임이 틀림없다. 요즘도 AP, UPI, INS 등과 같은 유수의 통신사들이 사람들의 관심을 끌기 위해 "이브가 먹은 열매는 사과가 아니었다."든가 "그것은 동양에서 나는 살구였다."고 놀랄만한 뉴스를 배포하고 있다. 이러한 어리석은 정보를 제공해 주는 자들은 다름 아닌 유명대학 박사들인 것이다. 우리

성경대로 믿는 사람들은 창세기 3장에서 전혀 다른 사실을 발견한다(창 2:8-10 주석 참조). 창세기 3장에서 거명되는 나무는 올리브, 무화과, 포도, 가시 및 엉겅퀴이며 이들은 재판관기 9장에 나오는 나무들과 상응된다. 또한 복음서에도 이들에 관한 언급이 나오는 것을 볼 수 있다.

1. 올리브나무 : 겟세마네, 올리브 기름 짜는 틀, 생명 나무

2. 무화과나무 : 복음서에서 저주받음, 자신의 의를 예표함(렘 24장).

3. 포도나무 : 민수기 6장에서 금지된 열매이며 포도가 예표하고 있는 피는 성경 전체에서 금지되어 있다(창 9장, 레 17장, 행 25장).

4. 가시나무 : 피조세계와 피조물의 속죄를 상징하기 위해 예수 그리스도 머리 위에 씌어졌음(이사야 11장과 로마서 8장에서 두 가지 것이 어떻게 회복되는가를 자세히 알 수 있다).

이와 같이 성경에서 살펴본 결과 "생명 나무"는 분명 올리브나무였으며 포도나무가 "선과 악의 지식의 나무"(겔 15장 참조)임이 분명하다고 하겠다. 이로써 우리는 인류 역사의 시작부터 발효된 음료가 "지혜를 사랑하는 자들"을 사로잡은 "잔"이었음을 알게 된다. 이 술을 마시고 자라난 박카스신의 추종자들인 철학자들은 그 어느 시대에나 하나님의 계시를 거부해 왔다. 바빌론은 요한계시록 17장에서 이 잔을 높이 들고 있으며 이 음녀는 예수 그리스도께서 "최후의 만찬"을 드시기 500여 년 전에 바빌론 주화에 잔을 높이 들고 있는 모습으로 새겨져 있었다.

『**너희는 그것을 먹지도 말고 만지지도 말라. 혹 죽을까 함이라**』(3절). 이미 말씀에서 마음대로(freely)라는 말을 삭제시켜 버린[그런데 이 행위는 율법하에서도 범죄이며(신 4:2), 은혜의 시대에서도 범법 행위이다

(계 22:19).] 이브는 여유만만하게 하나님의 말씀에 없는 말을 덧붙여 버린다. 이 행위야말로 오늘날 〈확대역본, *Amplified Version*〉을 만들어 낸 자들이 취하는 태도이다. "만지지도 말라."는 말은 하나님께서 하신 적이 없다. 이것은 마리아는 영원토록 처녀로 있었다가 첫 번째 부활 전에 하늘로 승천하였다고 주장하는 교황과 하나도 다를 바가 없다. 이런 짓은 하나님께서 말씀하신 것을 완전히 무시한 행위요, 하나님께서 말씀하신 바를 알아내려는 의도도 없고 다만 그분이 결코 말씀하신 적도 없고 결코 말씀하시지도 않으실 그러한 말을 그분께서 하신 것이라고 거짓 인용하는 행위일 뿐이다. 이브는 말씀에 더하였고 반드시 죽으리라는 사실을 염두에 두고서도 "혹 죽을까 함이라."로 변개시켰다. 어쩌면 그녀는 히브리어 어휘사전이나 히브리어 학자들과 의논한 후에 그렇게 고쳤을 것이다(물론 당시 그런 사람들이 있었다면 말이다). 오늘날 근대 "보수주의자"들이 하고 있는 짓과 이브가 한 짓이 어찌 그리도 정확히 일치하는지! 그녀는 "근본적인 사항들"(fundamentals)은 믿었으나 그것들을 가르쳐주는 말씀들(Words)은 믿지 않은 것이다. 『**반드시 죽으리라**.』는 말씀은 정확한 하나님의 말씀이요, 『**혹 죽을까 함이라**.』는 이 말씀을 느슨하게 풀어놓은 것이다. 이 두 말씀의 차이는 정확히 말해 하나님께서 하신 말씀과 인간이 하나님께서 하시기를 원하는 말씀과의 차이이다. "반드시 죽으리라."는 절대적이고, 무오하고, 오류 없는, 교리적 진리인 반면 "혹 죽을까 함이라."는 양가죽을 쓴 이리 박사님들에게나 어울리는 말로써 "기회의 법"(laws of chance)과 "통계적 가능성"을 암시하고 있는 것이다. 이브는 모든 불가지론자를 대변해서 말했던 것이다. "혹 죽을까 함이라." 여인이여, 하나님 말씀에 언제 혹이란

말이 있었는가. 그대는 절대적으로 "반드시" 죽게 될 것이네.

3:4 그 뱀이 여자에게 말하기를 "너희가 반드시 죽지는 아니하리라.
5 너희가 그것을 먹는 날에는 너희의 눈이 열리고 너희가 신들과 같이
되어서, 선과 악을 알게 되는 줄을 하나님**께서 아심이라." 하더라.**

사탄은 하나님의 절대 진리를 부인했다. 사탄은 하나님께서 하신 말씀 『**반드시 죽으리라.**』(Ye shall surely die, 창 2:17)를 『**반드시 죽지는 아니하리라.**』(Ye shall not surely die)로 변개했다. 비록 사탄이 not이란 말을 집어넣기는 했어도 하나님의 말씀을 정확히 인용했다는 사실을 주목하라. 사탄은 오늘날 그 어떤 열심 있는 근본주의자들보다도 성경을 더 잘 알고 있으며 잘 믿고 있다는 사실을 잊지 말라. 반드시 죽지는 않는다는 말은 죽지 않을 수도 있다는 이브의 말과 일치하고 있음을 주목하라. 오늘날 대학교수가 로마서 6:23을 대하고서는 "이 말씀은 어떤 관점으로 보느냐에 따라 여러 가지로 해석이 가능하다."라고 평하는 것과 사탄의 대답이 무엇이 다른가? 삯을 얻으려 애쓰는 죄인들의 관점에서 바라보라. 어떤 관점이든, 어디서, 어떻게, 왜, 언제이든 간에 이 구절을 아무리 바라보아야 답은 똑같다. "죄의 삯은 사망이니라." 이 삯은 그 어떤 인플레에도 전혀 영향을 받지 않고 정확히 지불될 것이다.

여기서 한 가지 주목할 것은 인간 타락이라는 재앙은 점진적으로 이루어졌다는 사실이다. 맨 먼저 하나님의 뜻을 거슬리는 반역이 있었고, 그 후 하나님의 말씀은 부인되었으며 결국 인간은 하나님께서 정하신 길을 저버렸다. 인간이 거짓말을 믿음으로(요 8:44-47) 잃어버린 바 되었듯이 인간은 진리를 믿음으로(요 5:24) 구원을 받는다. 사탄의 전략은 최초의 결혼제도 만큼이나 오래된 것으로 첫째 하나님의 말씀에 의문을 제기하는 것이요(창 3:1), 둘째 하나님께서 엄격하신 분이심을 부인하고(창 3:4), 그리고 나서는 그분의 선하심을 중상모략하는 것이다(창 3:5).

이 구절이 거짓인 것은 분명하나 독자도 감지하다시피 적어도 네 가지 면에서는 진실을 담고 있다. 모든 효과적인 거짓말에는 4/5만큼의 진리가 들어있게 마련이다. 위에다 좋은 사과를 얹어 놓지 않으면 나쁜 사과를 팔수가 없는 법이다.

1. 『하나님**께서 아심이라**』: 이 말씀은 절대적으로 진리이다.

2. 『**너희의 눈이 열리고**』: 이 말도 역시 절대적으로 옳다(7절).

3. 『**너희가 신들과 같이 되어서**』: 절대적으로 진리이다(22절).

4. 『**선과 악을 알게 되는 줄을**』: 이것도 절대적으로 맞는 말이다(22절).

루시퍼가 조심스럽게 감추어 버린 사실이 있으니 그것은 다음과 같다.

1. 하나님께서는 이브에게 말씀하신 것 이상으로 더 아신다(대상 28:9,10).

2. "눈이 열리는 것"은 항상 좋은 것은 아니다(합 1:13).

3. "신들과 같이 된다고" 모든 문제가 해결되는 것이 아니다. "신들"은 몇몇 경우 타락한 천사들을 지칭하고 있다(시 82:2, 고후 4:3,4, 창 6:1-6 주석 참조).

4. "선과 악을 알게 되는 것"은 죄인을 정죄하는 근거가 된다(신 1:39, 롬 4:15; 5:13).

그러나 이러한 사실들을 누가 알 수 있겠는가? 이 사건이 기록된 이후 1,900년이 넘도록 위대한 사상가들도 이 유혹의 교활함을 꿰뚫어 보지 못했다면 이브가 어떻게 그런 것을 알 수 있었겠는가? 이브는 사태가 어떻게 돌아가는지 전혀 몰랐다. 그녀는 "속았던" 것이다(딤전 2:13,14). 선거에 나선 어떤 정치가가 말하기를 "음식에 관한한 나는 오하이오보다 알라바마를 더 좋아한다."라고 했다. 그런데 그의 정적들은 후일 "나는 오하이오보다 알라바마를 더 좋아한다"라고 말한 것으로 인용하였다. 그러나 이것은 절반만이 진실인 것이다. 어떤 사람이 증언대에 서서 "당신이 이 편지를 썼습니까?"라는 질문을 받고는 "아니요"라고 대답했다(그러나 이것 역시도 절반만 사실이었다. 그는 그 편지를 쓴 것이 아니라 비서에게 받아 적도록 불러 주었던 것이다). 아주 간단한 문장 속에도 사람의 마음속에 들어 있는 음흉함과 교활함이 잘 드러날 수 있다는 사실을 생각해 본 적이 있는가? 한 증언을 들어보라. "나는 그가 저 개를 **훔쳤다고** 말하지 않았다." "나는 **그가** 저 개를 훔쳤다고 말하지 않았다." "나는 그가 **저** 개를 훔쳤다고 말하지 않았다." "나는 그가 저 **개**를 훔쳤다고 말하지 않았다." 이 한마디 증언에는 이처럼 네 가지 이상이 의미가 전달될 수 있는 것이다. 사람의 속마음이 어떤 것인지 알겠는가?(렘 17:9)

3:6 여자가 보니 그 나무가 먹음직하고 보기에도 즐겁고 현명하게 할 만큼 탐스러운 나무인지라, 그녀가 거기에서 그 열매를 따서 먹고 그녀와 함께한 자기 남편에게도 주니, 그가 먹더라.

이브는 미끼를 물 준비가 다 되어 있다. 그녀는 이미 『**만지지도 말라.**』(3절)는 말 속에서 그녀의 숨겨진 불만을 토로한 바 있다. 먹지 말라고 하신 하나님의 명령은 합리적인 금지 조치였는데 이브가 "만지지도 말라"는 말을 덧붙임으로 하나님께서는 지나치게 엄격한 분이 되어 버린 것이다. 결국 이브는 로마서 1:21에 따르면 모든 죄들의 시작인(하나님의 말씀이 주어지지 않는 경우에 있어서도 마찬가지이다.) "숨겨진 불만"을 가지고 있음을 사탄에게 보여 주고 만 것이다. 겉으로 드러난 이브의 죄는 하나님의 말씀을 삭제시킨 것이었지만 이미 그 전에 우리는 하나님을 엄격한 주인으로 보이게끔 만들어 버린 불평하는 영이 이브를 지배하고 있었음을 알 수 있다(마 25:24의 종을 참조). 밥 존스 시니어는 적어도 무릎 밑까지 오는 치마를 입으라는 학교 규율에 반항하여 복사뼈까지 내려오는 치마를 입고 캠퍼스에서 퍼레이드를 하듯 걸어가는 여학생에게 "Good morning, Eve!"라고 인사를 한 적이 있다.

드디어 시험이 다가왔다. 죄론에 있어서 언제 죄가 성립되는가의 문제는 다음과 같다. 죄는 원하는 대상에 대한 인식과, 행동을 할 것인가 말 것인가를 마음속에서 따져 보는 그 사이에 침투한다. 시험의 대상이 제시되는 것은 죄가 아니다. 왜냐하면 그리스도께서도 분명히 시험 앞에 서신 적이 있었기 때문이다. 그러나 그분께서는 죄가 없으셨다(히 4:15). 원하는 대상에 대한 인식 역시 죄는 아니다. 이는 당신이 취할 행동의 결과와 도덕적 의미를 알기까지는 그것이 선한 행위인지 악한 행위인지 알 수 없기 때문이다. 신학자들이 "논의"(debate)라고 부르는 그 다음 단계에서는 죄인 안에서 양심과 육체, 혹은 하나님과 자기 자신과의 사이에 싸움이 시작된다. 이때 시험 당하는 사람은 자기 행위가 가져올 긍정적인 면과 부정적인 면을 따져 보게 된다. 바로 여기서 죄는 시작되는 것이다. 왜냐하면 『**이는 그가 마음에 생각하는 대로 그도 그러한즉**』(잠 23:7, 마 15:19)이라고 말씀하고 있기 때문이다. 행동의 결정은 그 다음이고 행동은 마지막 단계이다. 그러니 죄 그 자체는 결정을 내리기 이전에 벌써 시작된 것이다. 마음속의 논의가 시작되면 죄는 이미 시작된 것이기 때문이다. 원하는 대상인 선악과는 이미 이브 앞에 제시되었고 이브는 이 대상을 인식한 바 있다. 그런데 이때 이브는 "주께서 이렇게 말씀하셨다."라고 시험하는 사탄에게 답하는 대신에 마음속으로 따져 보기 시작했던 것이다(창 3:1). 대세는 이미 기운 셈이다.

시험은 성경 전체에 걸쳐 등장하는 세 가지 형태를 취하고 있다. 시험은 우선 "쳐다봄"으로 시작한다(『**여자가 보니**』). 아비멜렉(창 20:9), 롯(창 13:10), 다윗(삼하 11:2) 등도 눈의 시험에 빠졌다. 오늘날 미국인들이 아침, 낮, 저녁 쉴 새 없이 "광고" 홍수로 인해 눈으로 경험하고 있는 것과 정확히 똑같다.

누가복음 4장, 요한일서 2:16 그리고 창세기 3장을 비교해 보면 다음과 같은 사실을 알 수 있다.

1. 육신의 정욕 : 먹음직하고 – 『**이 돌에게 명하여 빵이 되게 하라.**』

2. 안목의 정욕 : 보기에도 즐겁고 – 『**세상의 모든 나라들**』

3. 생의 자랑 : 현명하게 할 만큼 탐스러운 – 『**뛰어내려 보라.**』

이브의 시험에 있어 가장 중요한 사실은 이 시험에 들어있는 모든 요소가 전부 긍정적인 것이요 그럴싸하게 포장되어 있다는 것이다. 이 사실이야말로 성경의 이 기록이 영감받은 것이요, 진리임을 보여 주고 있다. 왜냐하면 사실 이브가 취하려고 했던 행동은 그것이 금지되어 있었다는 것 이외에는 전혀 잘못된 것이 없었기 때문이다. 최초의 긍정적 사고의 소유자(positive thinker)가 최초의 긍정적 사고방식을 적용한 결과 인류 역사 6,000년 동안 수많은 사람들이 병원 침대와 무덤에서 인생을 마감하게 되었고, 수많은 혼들이 자신의 창조주를 만날 준비도 못한 채 영원 속으로 내던져지고 말았던 것이다. "사물의 밝은 면을 바라본 것" 치고는 실로 엄청난 대가를 치룬 셈이다.

나는 사탄이 이브 앞에서 직접 선악과를 따서 먹어 보임으로써 포도나무가 아무것도 아니며 겁낼 것 없다는 것을 보여 주었으리라고 생각한다. 사실 그 유명한 "입에 사과를 물고 있는 뱀"은 나무와 너무도 깊은 관련을 맺고 있어서 사탄은 육체적인 의미에 있어서 그 나무와 관계가 있다고 판단할 수 있는 충분한 근거가 있다고 하겠다. 실제 1970년대 군의 의무부대의 기장에도 동일한 표식이 담겨있었다[에스겔 31장을 공부해 보라. 그리고 기회가 닿는다면 히슬롭의 책 〈두 개의 바빌론〉을 읽어 보라. 크리스마스트리, 토템나무, 물속 마녀의 마술지팡이, 부적판, table tapping(여러 사람이 테이블 위에 손을 얹으면 테이블이 움직이는 심령현상의 일종), 나무를 두드리며 주문 외기 등은 단순히 민속에서 유래된 것들만은 아니다]. 여기서 우리는 사탄과 이브 사이에 있었던 교제의 비밀의 장막을 성령님의 도움으로 알아볼 수 있다.

1. 이브는 처녀였다(고후 11:1-4).

2. 그녀는 속임을 당했다(혹은 미혹 당했다, 고후 11:1-4).

3. 그녀의 첫 번째 아이는 초자연적 아비를 갖고 있었다(창 4:1 주석과 요일 3:12 참조).

4. 그녀는 금지된 과일을 입으로 먹었다(창 3:6).

5. 그 과일은 "씨"를 가지고 있는 포도 열매로 피를 예표하며 이브 안으로 들어가 피가 되었다(창 2:23).

그러니까 여자들은 이브가 포도를 따 먹는 순간부터 지금까지 "붉은 립스틱"을 칠하고 있는 셈이다. (나는 Revlon사가 "액체 립스틱"을 개발했다고 선전한 것을 들은 적이 있다.) 『**그녀가 거기에서 그 열매를 따서 먹고 그녀와 함께한 자기 남편에게도 주니, 그가 먹더라.**』 우리는 이 구절의 속뜻을 살피면서 디모데후서 2장과 대비해서 읽어야 할 것이다(성경 구절들 사이에는 결코 모순은 없다. 모순되는 것처럼 보이는 것은 우리가 잘 읽지 못했거나 아니면 지나치게 확대해서 읽기 때문이다).

디모데전서 2:14에는 아담은 속지 않았다고 되어 있다. 이 사실과 창세기에서 방금 읽은 구절을 대조해 볼 때 우리는 두 가지 숨은 내용을 찾아낼 수 있게 된다.

1. 아담은 이브가 속고 있을 때 없었다.

2. 아담은 이브가 나무 열매를 먹으라고 제공했을 때 그녀의 불순종이 야기한 결과를 보았었고 따라서 그 사실을 알고서 그 열매를 먹은 것이다(엡 5:28,29). 아담은 이브를 위해 죽을 수 있을 만큼 그녀를 사랑했다. 그래서 그는 열매를 먹은 것이다. 우리는 이 사건에서 아담과 이브의 관계가 갖는 독특한 보편성을 주목하지 않을 수 없다. 진리에 있어 아마추어인 공자, 마호메트, 조로아스터, 부처, 노자 등이 보기에는 이 예표가 너무도 완벽한 것이다. 헐리우드, T.V., 라디오, 신문, 잡지 등 인간 활동의 그 어떤 영역에 있어서도 사랑과 죽음은 핵심 주제가 아니었던가? 미국을 방문했던 한 일본 사람이 자기 나라로 돌아가

"위대한 민주주의"의 나라 미국에 갔더니 T.V. 프로그램이 두 가지 종류밖에 없더라고 말했다고 한다. "쪽쪽"하는 화면하고 "탕탕"하는 화면밖에는 못 보았다는 것이다. 이 세상 여자치고 자기를 위해 죽을 만큼 자기를 사랑해 주는 남자를 소유하고픈 꿈을 갖지 않은 자가 있는가? 이 사실 이외에도 성경의 이 한 구절 속에는 또 다른 보편적인 진리가 숨어있다. 『**그가 먹더라.**』는 부분을 주목하라. 위대한 영적인 진리를 담고 있는 종교 경전인 성경이 시작하는 창세기 3장에 먹는다는 말이 반복되고 있는 사실은 뭔가 이상하지 않은가? 창세기 3장, 1,2,3,5,6(6절에는 2번),11,12,13,14,17(17절에는 3번),18,19,22절에 걸쳐 먹는다는 말은 좀 불경스러워 보이지 않는가? 어째서 "입"을 이처럼 강조하고 있는 것일까? 모세는 실로 프로이드보다 2,000년을 앞선 것이 아닌가? 사람의 모든 수고가 자기 입을 위한 것이라면(전 6:7) 다른 모든 종교 경전들이 이처럼 가장 기본적이고, 근본적이고, 실제적인 문제인 먹는 문제로부터 시작하고 있지 않다는 사실을 당신은 어떻게 생각하는가? 성경은 말씀하고 있다. 『**그가 먹더라.**』

아담은 "눈처럼 하얗던" 신부가 더이상 하얗지 않고 핑크빛 혹은 자기처럼 붉은 갈색을 띠고 있는 것을 알아 차렸다. 뭔가 잘못된 것이다. 이브의 얼굴이 벌겋게 된 것은 하늘에서 주신 은혜의 꽃다발이 아니라 둘째 사망의 불꽃이 타오르는 모습이었다. 그래서 아담은 그녀와 함께 죽기 위해 그 열매를 먹은 것이다.

3:7 그러자 그들의 눈이 둘 다 열려, 그들은 자기들이 벌거벗은 줄 알

고 무화과나무 잎을 엮어 자기들의 치마를 만들더라.

드디어 이들은 눈이 열려 지식을 얻게 되었다. 그러나 그 대가는 엄청난 것이었다. 이들은 죄 하나를 짓고서 하나님께서 함께하시는 낙원을 잃어버린 것이다. 오늘날도 이 부부를 따르는 사람들이 얼마나 많은가를 생각해 보라. 죽음의 공포, 세금, 질병, 가난, 전쟁, 범죄, 이 모든 것이 하나도 없는 지상낙원, 벌거벗고도 부끄러워하지 않는 순진함, 하나님과의 교제, 완벽한 기상조건, 야외생활 이 모든 것을 다 잃고 난 이들은 "문명"과, 태풍과 허리케인, 홍수, 지진, 화산폭발, 현재는 지옥불 위에 놓여 있는 피조세계의 탄식(약 3:6, 롬 8:21, 눅 21:10,11,25) 등을 그 대가로 물려받게 된 것이다. 다시 말해 이들은 초등학교 학생들에게 제시되는 유토피아와는 정반대 방향으로 가 버린 것이다. 다윈, 라이엘, 헉슬리, 러셀 등과 같은 사람들이 그 어딘가에서 플라나리아나 아메바 단계에서 벗어나 달을 향해 가고 있듯이 아담과 이브는 이들 단계를 벗어나 땅 속의 구렁과 지옥을 향해 치닫게 된 것이다(어느 대학 교수가 말했듯이 "모든 것은 보는 관점에 따라 달라지게 마련이다").

『**그러자 그들의 눈이 둘 다 열려**』(7절). 이 표현은 헬라어나 히브리어의 도움 없이도 〈킹제임스성경〉에 정확히 정의 내려져 있다(눅 24:31, 왕하 6:17 참조). 이들은 자신들의 잘못된 행동과 하나님께 대해 지은 죄를 알게 되었을 뿐만 아니라 마약 중독자들은 분별할 수 없는 사실, 즉 자기들의 "옷"에 커다란 문제가 있다는 사실도 깨닫게 되었던 것이다. 그들 주위에 있는 모든 동물과 새들은 스스로 몸을 가리고 있는데 반해 그들은 가릴 것이 없었다. 그들은 벌거벗고 있었던 것이다. 여기서 또 다른 충격적 사실을 접하게 된다. 그것은 오늘날까지도 모든 인간이 입고 있는 옷은 땅이나 다른 짐승들로부터 나온 것이라는 사실이다. 4,000년이 넘는 "과학"의 발전도 창세기에 기록된 기본적 사실을 바꿀 수 없었다. 『**내가 내 어미의 태에서 맨몸으로 나왔으니 내가 맨몸으로 그리 돌아가리이다.**』(욥 1:21)라고 선언한 욥의 고백은 B.C. 1400년에도 적절했으며 바울이 이 사실을 디모데전서 6:7,8에서 다시 언급한 것도 참으로 합당한 일이었다. 과학이라고 해서 우리가 죽을 때 맨몸 말고 더 가지고 갈 수 있도록 해주는 것은 하나도 없다. 이제껏 죽어간 모든 과학자도 완전히 벌거벗은 채 하나님 앞에 서게 될 것이다. 인간이 스스로 갖출 수 있는 덮을 것은 기껏해야 "더러운 걸레"(사 64:6)에 불과할 뿐이다.

『**무화과나무 잎을 엮어**』(7절). 자, 여기서 "무화과나무 잎"을 주목해 보자. 이 무화과나무 잎은 오늘날 여러 가지 형태로 나타난다. 불교, 유교, 힌두교, 이슬람교, 개신교, 카톨릭, 유대교, 장미십자회, 안식교, 공산주의, 무신론 등 외에도 인간의 거룩함과 의로움의 결핍을 가리워 보려고 사용되는 모든 종류의 인간적인 사상들이 바로 그것이다. 무화과나무는 예수님께서 저주하신 유일한 나무이며(마 21:19) 이는 "종교"를 예표한다. 열매 없이 잎만 무성한 나무는 카인과 같이 입으로만 고백하는 종교인들의 모습을 대변하고 있다. 카인은 자기 자신의 힘으로 의로움을 얻을 수 있다고 생각하고 애를 썼다. (로마서 10:1-10과 4:1-10을 자세히 비교해서 읽어 보라.)

이들이 무화과나무 잎을 엮은 이래 인간에게 있어 남에게 자기 잘못을 전가시키는 것(창 3:12,13)과, 하나님으로부터 숨는 것(창 3:8) 이외에는 가리는 행위(덮어 버리는 행위)야말로 인간들이 가장 자주 취하는 행동이라고 할 수 있다. 인류에 의해 세워진 위대한 종교와 철학들은 전부 죄인들에게 자기 자신의 의로움(무화과나무 잎!)을 고수하고 하나님의 의로움을 피할 수 있는 길을 제시하기 위한 것들이다. 하나님의 의는 자기 자신의 노력대신 하나님이 이룩하신 피의 속죄(창 3:21)를 신뢰하는 자들에게 주어지는 것이다(롬 5:1–8, 행 20:28, 골 1:14 참조).

이제 우리는 아담의 영적인 상태에 어떤 변화가 생겼는지를 살펴볼 필요가 있다. 러셀주의자들은 (이 교리는 오늘날도 가너 테드 암스트롱에 의해 설교되고 있다.) 창세기 2장과 3장에서 말하는 죽음은 육체적 죽음일 뿐이라고 주장한다. 아담은 선악과를 따 먹은 당시 육체적으로 죽지 않았음에도 불구하고 이들 집단은 『**먹는 날에는 반드시 죽으리라**』(창 2:17)는 표현에서 먹는 날이 천년의 기간을 뜻하는 것이며 따라서 아담은 930세가 되어 죽었으니까 이 구절은 육체적인 죽음일 뿐이라고 억지 해석을 한다. 이러한 엉터리 해석에 대해서는 35가지 정도의 반론을 성경으로부터 제시할 수 있겠으나 중요한 다섯 가지 정도만을 지적해도 그 부당성이 입증될 것으로 생각한다.

1. 아담 안에서는 모든 사람이 죽었다(고전 15:22). 그렇다면 이 말이 당신은 B.C. 4000년에 죽었다는 말인가?

2. 모든 사람은 거듭나기 전에는 죽어 있다는 것이다(엡 2:1–8). 그렇다면 사람의 어느 부분이 죽어 있다는 말인가? 그들의 육체가 죽었다는 말인가?(창 1:27,28 주석 참조)

3. 그렇다면 이브는 언제 죽었는가? 그녀도 역시 선악과를 먹었다.

4. 그리스도께서 "죽은 자들로 그들의 죽은 자를 장사 지내게 하고" (눅 9:60)라고 말씀하셨을 때 이 말은 무슨 뜻인가? 육체적으로 죽은 사람이 육체적으로 죽은 사람을 장사 지낼 수 있는가?

5. 성경에 따르면 아담은 선악과를 따 먹은 후에도 육체적으로는 영원히 살 수도 있었다(안식교의 메리 엘런 화이트와 찰스 러셀, 그리고 암스트롱 등은 같은 장에서 22절을 읽을 줄 모르는 모양이다).

아담의 육체가 죽은 것이 아니라 아담의 영이 죽었다는 것은 삼척동자도 다 아는 사실이다. 이 사실은 요한복음 3:6,7에 계시된 진리로 더욱 분명해진다. 『**육신으로 난 것은 육이요, 또 성령으로 난 것은 영이니라. 내가 너에게 '너희는 거듭나야만 한다.'고 말한 것을 이상히 여기지 말라.**』 그러나 아담의 죽음이 무슨 죽음인가를 잘못 해석하는 사람은 거듭나지 않은 사람임에 틀림없다.

아담이 그 선악과를 입에 넣자 세 가지 사실이 발생한다.

1. 그가 처음 창조 시 피를 가지고 있었다면 그의 피는 독에 중독된 것이다(만약 처음 지음받았을 때 피를 갖고 있지 않았다면 그는 바로 이때 잘못된 것으로부터 피를 얻게 된 것이다. 왜냐하면 향후 6,000년 동안 그의 모든 후손은 죽기 때문이다).

2. 아담의 영은 죽었고 이로써 그의 모든 후손은 죄와 허물로 죽은 채로 태어난다.

3. 그의 "혼"은 육신의 몸에 들러붙게 되었고 결국 아담은 벌거벗은 몸의 종이 되었으며 죄의 포로가 된 것이다(요 8:34, 롬 7:17-24).

아담은 900년이 지나(정확히는 897년) 심장이 멎었고 그의 폐는 파열되었으며 그의 몸은 그의 죽은 영을 따라 **사망**으로 들어갔다(롬 5:12-21).

이 세 가지 변화보다 더욱 중요한 사건이 아담에게 발생했으니 그것은 아담이 창조주의 형상을 잃어버리게 된 것이다. 이 재앙은 얼마나 후유증이 컸던지 그리스도께서 승천하시기까지는 회복될 수 없었고 그것도 부분적인 회복만이 가능하게 되었다. 이 하나님의 형상은 그리스도 자신으로(고후 4:3,4, 히 1:2,3, 골 3:9,10), 구원받은 사람이든 아니든 간에 아담으로부터 오순절까지는 모든 인간은 하나님의 형상으로 지어진 것이 아니라 아담의 형상으로 지어진 것이다(창 5:3). 따라서 성경은 오늘날 현대인들이 지니고 있는 두 가지의 견해를 정면으로 반박하게 된다.

1. 모든 인간은 하나님의 형상으로 지음받았다.
2. 모든 인간은 동물의 형상으로 원숭이로부터 나왔다.

이 두 가지 선언문은 모두 거짓이며 암흑시대의 유산에 불과하며 대학 캠퍼스에서 유행하는 공상에 불과하다. 인간은 "하나님의 형상대로 지음받기" 위해서는 그 형상을 영접하여야만 한다(요 1:12). 이 세상에 있는 그 어떤 종교, 교회, 성사, 사상, 철학, 정부, 가르침, 실행, 믿음, 개혁 혹은 마약도 이 **형상**을 재생해 낼 수 없는 고로 현대인은 (모든 미개하고 야만적인 이교도와 똑같이) 이 세상에서 소망도 없고 하나님도 없이... 죄와 허물로 죽은 자들이다(엡 2:1-6,12). 따라서 인간은 거듭나야만 하는 것이다.

3:8 그들이 날이 시원할 때에 동산을 거니시는 주 하나님**의 음성을 듣**

고 아담과 그의 아내가 주 하나님의 면전에서 피하여 동산 나무들 사이에 자신들을 숨겼더라.

죄는 죄책을 가져오고 죄책은 수치심을 가져오며 수치심은 죄인으로 도망가서 숨게 만든다. 현대인들은 이러한 상황을 대처하는 해결책으로 "상황에의 순응"(adjust)을 제시한다. 현대 심리치료법에 따르면 죄인들은 벌거벗은 채(수치심도 없이) 하나님 앞에서 똑바로 고개를 들고 이렇게 말하게 된다. "우리는 다 실수하기 마련이지요. 아무도 완벽한 사람은 없습니다. 그런 것 가지고 당황할 필요 없잖아요. 죄책감을 가지면 '현실에 순응해서' 살기가 더 힘들어집니다"(이런 현대인들에 비하면 아담과 이브는 훨씬 더 분별력이 있었다. 그들은 "선과 악"에 대해 분명히 알고 있었고 그래서 숨어 버렸던 것이다). 이 구절에서도 우리는 보편적인 사실이 극명하게 드러나고 있음을 볼 수 있다. 어린아이들은 벌거벗고 다닌다. 그들은 "만지지 말라."는 지시를 늘 듣고 산다. 이 아이들은 만지지 말라는 물건을 만지자마자 입으로 가져간다. 그리고 현장에서 붙잡힐 경우 도망가거나 숨으려고 한다. 이처럼 성경은 인간이 태어나서 무슨 짓을 할 것인지를 잘 알고 있으며 성경 처음 시작부터 향후 6,000년 간 태어날 모든 인간이 어떻게 할 것인가를 정확히 묘사하고 있는 것이다. 이것도 우연의 일치로 돌리고 말 것인가?

결국 남자와 그의 아내는 숨어 버렸다. 현대인들은 무관심, 순진성, 무지, 그리고 탐닉 뒤로 숨어 버린다. 이들은 이렇게 변명한다. "당신은 당신 종교에 충실하고 나는 내 종교에 충실하면 된다"(마귀도 자기 종교를 갖고 있다는 사실을 잊었는가?). "사실 나는 예수 그리스도를 확실히 받아들이는 것도 아니고 그렇다고 완전히 거절하는 것도 아니다"(그러나 받아들이지 않는 것은 곧 거부하는 것이다. 눅 11:23). "지금은 때와 장소가 적절치 않은 것 같습니다. 저는 모든 일이 제 때와 장소가 있다고 믿거든요"(아마 당신은 부활절과 크리스마스 때에만 어떤 교회에 참석하고는 나머지 날들에는 자기가 원하는 대로 살아가려는 뜻으로 그런 식으로 말하는 것 같다). 현대인들은 또 이렇게도 변명한다. "우리 기독교 국가 이외에 사는 이방인들은 어떻게 되는가?"(그러나 잘 들어두라, 당신도 이방인이다. 이방인이란 "비문명화된 사람"이라고 생각하는 모양인데 그것은 오해이다. 이방인에는 문명화된 이방인이 있고, 문명화되지 않은 이방인이 있다. 이방인들은 어디를 다니는가? 그들은 시어즈, 리복, 나이키 등을 보러 다닌다). 이방인들의 특징이 무엇인가 생각해 보았는가? 아프리카에 10-50년 이상 살았던 선교사들에 따르면 이방인들을 분별하기가 아주 쉽다고 한다.

1. 이방인들은 매우 종교적이다.
2. 이들은 벗기를 좋아한다.
3. 이들은 춤추기를 좋아한다.
4. 이들은 몸에 페인트칠하기를 좋아한다.
5. 이들은 부인들을 사고판다.
6. 이들은 담배 피우기를 좋아한다.
7. 그들은 계속해서 싸운다.

이것은 적도 아프리카인들의 모습인가 아니면 캘리포니아 대학교 여성 클럽의 모습인가? 어떤 이들은 이렇게 발뺌한다. "하나님! 저는 이번 주에 하루는 교회에 가도록 하겠습니다. 하지만 저는 이외에도 USO,

PTA, 보이스카웃 등과 같은 봉사활동 스케줄이 꽉 차 있거든요... 저는 정말 시간이 없어요." 또 어떤 이들은 이렇게 대꾸한다. "그거야, 당신의 성경해석이고 당신도 죽으면 어쩔 수 없을 걸" 이처럼 사람들은 진실을 회피해 버린다. 나는 어떤 사람을 알고 있는데 그는 대학에서 10년 동안 지질학을 공부하고서 바위의 형태를 가지고 창세기 기록이 거짓임을 입증하려고 했다. 결국 그 친구도 창세기 3장에서 보여 주는 "도피" 행각을 벌이고 있었던 것이다.

『**주** 하나님**의 음성을 듣고**』(8절). 문제는 인간이 하나님의 부르심을 듣지 못하는 것이 아니다. 인자는 잃어버린 바 된 자들을 찾아서 구원하려고 오셨으며 성령님께서는 오늘날에도 잃어버린 바 된 자들을 부르셔서 이끌어 오신다(요 12:32; 16:7-10). 그분은 사람들의 마음의 문을 두드리시고 계시며 성경구절, 강력한 설교, 궁지로 몰아붙이심, 질병, 사별, 애절한 찬송, 사랑하는 자들의 기도 등을 통해 사람들의 양심의 초인종을 계속해서 눌러대신다. 사람들은 이미 주의 음성을 들은 것이다(롬 10:18, 골 1:23).

『**날이 시원할 때에 동산을 거니시는 주** 하나님**의 음성**』(8절). 이 구절로 미루어 보아 주 하나님께서는 아담과 정해진 시간에 교제를 가지셨으며 그 때는 아침 일찍이거나 늦은 오후였던 것 같다. 음성이란 단어는 정통 유대인들에 의해 "멤라"로 쓰여졌으며 이 단어는 요한복음 1:1의 의미로 쓰인, 말하여진 하나님의 말씀을 가리키는 것이다(spoken word of God). 모세오경 중 하나님의 음성, 즉 "멤라"가 나와 있는 구절들은 다음과 같다(창 6:7; 8:21; 9:12; 15:1; 17:2; 22:16; 24:3; 26:2; 28:15;

31:49; 35:3; 39:2, 출 3:12; 4:12; 10:10; 14:31, 레 20:23, 민 3:16; 4:37, 신 1:10; 2:7; 3:22).

3:9 주 하나님께서 아담을 부르시고 그에게 말씀하시기를 "네가 어디 있느냐?" 하시니,
10 그가 말씀드리기를 "내가 동산에서 하나님의 음성을 들었으나, 벌거벗었으므로 두려워 숨었나이다." 하니,

이 구절은 피조물을 찾으시는 창조주를 보여 주고 있다. 이것은 『하나님을 **찾는 자도 없도다.**』(롬 3:11)라고 말씀하신 대로 인간이 하나님을 찾지 않으므로 하나님께서 우리를 찾으시는 것을 보여 준다. 그런데도 신학 교재들에 보면 성경을 인간이 "하나님을 찾는 역사 기록"이라고 정의내리고 있으니 이 얼마나 빗나간 것인가! 인간은 자신의 개인적 취향과 본질에 잘 들어맞는 종교만을 찾는다. 만약 하나님께서 타락한 피조물인 인간을 찾아 나서지 않으시면 인간은 계속 타락해 갈 뿐이다(겔 34:11,16). 누가복음 15:4-6에 나오는 선한 목자는 양을 찾아 나섰다. 그런데 목자가 집에 돌아와 보니 양우리에서 벌떡 일어나 목소리를 높여 이렇게 주장하는 양이 있는 것을 보게 되었다. "**나는** 수년 동안 목자를 찾으려고 기도하면서 애를 썼는데 이제 드디어 목자를 찾게 되었다. **나는** 그때부터 선한 생활을 하며 끝까지 그분에게 붙어 있음으로써 ...을 할 수 있었다." 이 주장에서 볼 수 있듯이 많은 사람들의 간증에서 "나"가 자주 나오는 것은 아담의 타락에 대한 분명한 증거라고 할 수 있다.

『**네가 어디 있느냐?**』(9절) 이것은 하나님께서 하신 질문이다. 모든 사람은 그 어딘가에 존재하고 있다. 일전에 한 흑인 목사가 이렇게 말한 적이 있다. "당신들 중에는 있어서는 안될 곳에 있는 사람들이 있는데 그곳은 당신들이 있어서는 안되는 곳이다. 계속 그곳에 머물면 당신들이 원치 않는 그곳으로 가서 있게 될 줄 알라." 그렇다. 문제는 "하나님의 눈에 당신은 어디에 있느냐"는 것이다. 당신의 친척, 가족, 회사동료, 사제, 혹은 당신의 거울 말고 하나님께서 보시기에 당신은 어디에 있느냐는 것이다. 만약 그것을 모른다면 로마서 1,2,3장을 읽어 보라. 하나님께서 당신이 처한 곳을 잘 알려 주실 것이다.

『**벌거벗었으므로 두려워 숨었나이다**』(10절). 적어도 아담의 고백 중 이 부분은 사실임에 틀림없다. 그 뒤에 따르는 12절은 그렇게 정직해 보이지 않는다. 그러나 적어도 앞부분의 고백은 "올바른" 고백 같다.

다윈, 프로이드 그리고 그와 유사한 사람들은 이런 고백을 할 만큼 정직해 본 적이 없기 때문에 우리는 그들의 조상 아담이 하는 말을 듣기로 하겠다. 대학교수란 대개는 젊었을 때 성경구절이나 "지옥불과 저주에 관한 설교"로 인해 심히 당황해 하던 자들로 매우 자부심이 강한 자들이다. 그래서 이들은 나머지 인생 전부를 젊어서 지니게 된 진리에 대한 확신을 없애 주는 책들을 읽고 연구하는 데 바친다. 소위 대학교수들이 말하는 "성숙"이라고 하는 것은 무엇에 대한 비이성적인 두려움 같은 것을 극복하는 단계라고들 말하지만 이때 두려움은 십중팔구가 심판과 지옥에 대한 두려움인 것이다. 아담은 이렇게 고백했다. "(내가) 두려워 숨었나이다." 창세기 3장을 잘 읽어 보면 19,20세기의 성경비평가들의 사고 과정을 꿰뚫어 볼 수 있으며 이 사실이 이 비평가들을 몹시도 괴롭히는 것이다. 이 교수님들은 그들의 강의실에서 "양심을 (그들이 지니고 있는 동물적 본성의 잔유물로부터) 해방시킨다."는 구실하에(유 1:19, 벧후 2:14-21) 이렇게 주장한다. "성경적 기독교란 교수들이 수행하는 수준 높은 학문을 이해하지 못하는 유약한 사람들을 도와 그들이 '무지' 가운데서도 견고히 설 수 있도록 해 주는 '유용한' 종교들 중의 하나이다." 그러나 실상은 현대 심리학이래야 나약한 사람들이 자신의 양심을 화인으로 마비시킨 후(딤전 4:1-5) 심판과 지옥에 대한 두려움을 제거하기 위해 그 뒤에 숨어 버리는 "안전장치"에 불과한 것이다. 지옥과 심판의 두려움을 없애려면 마르크스, 쇼펜하우어, 헤겔, 헉슬리, 라디오, 포크너, T.V., 헤밍웨이, 영화극장, 혹은 아인슈타인과 같은 자들에게 도피하는 것보다 생명의 주이신 그분께(막 10:17)로 달려가서 영원한 반석이신 그분에게로 숨는 것이 나을 것이다(시 17:8; 27:5).

3:11 하나님께서 말씀하시기를 "네가 벌거벗었다고 누가 네게 말해 주더냐? 내가 네게 먹지 말라고 명령했던 그 나무의 과실을 네가 먹었느냐?" 하시니,

12 그 남자가 말하기를 "하나님께서 나와 함께 있도록 주신 그 여자가 그 나무의 열매를 내게 주기에, 내가 먹었나이다." 하더라.

하나님께서 하신 질문은 아담에게 있어서는 실로 소름끼치는 질문이었음에 틀림없다. 아담은 자기가 "벌거벗었다."고 고백함으로써 자기도 모르게 자신의 정체를 드러내고 만 셈이다. 자기에게 아무 잘못도 없다면 무엇 때문에 그런 고백을 하겠는가? "누가 네게 말해 주더냐?" 우리 조상에게 하나님께서 던지신 이 질문은 얼핏 보기에는 아무것도 아닌 것 같지만 뒤이어 매우 불길한 질문이 던져짐을 잊지 말라.

『**네가 먹었느냐?**』(11절) 이 질문에 당황한 아담은 책임을 전가한다. 12절에 보면 군대에서 흔히 발생하는 그 사건이 벌어진다. 대령은 중령에게, 중령은 소령에게, 소령은 대위에게, 대위는 중위에게, 중위는 소위에게, 소위는 상사에게, 상사는 중사에게, 중사는 하사에게, 하사는 병장에게, 병장은 상병에게, 상병은 일병에게, 그리고 일병은 이병에게 잘못을 전가시킨다. 마지막 이병은 애꿎은 깡통을 발로 걷어차면서 욕지거리를 퍼붓게 되는 것이다.

『**하나님께서 나와 함께 있도록 주신 그 여자가...**』(12절). 자, 이 발언을 주목해 보자. 아담은 실로 매우 "고상한" 모습으로 변해 버렸다. 그는 여자만 비난하는 것이 아니고 그 여자를 자기에게 주신 창조주를 먼저 비난하고 나선 것이다. "첫눈에 반했던" 그 사랑은 신혼여행과 더불어 사라지고, "오, 하나님, 저를 용서하시고 주님의 사랑스러운 친절과 부드러운 자비를 따라 긍휼을 베푸소서...저의 허물들을 지워 주소서..." 와 같은 기도 대신에 "그 여자가 그렇게 했어요. 주님께서 그녀를 만드셨으니 책임지세요."라고 하면서 책임을 전가하고 있는 것이다. 뭔가 잘못된 것이 틀림없다. 우리는 여기서 다섯 번째의 보편적 사실을 접하게 된다. 한 가정에서 형제자매들 간에 서로 책임을 떠넘기는 것은 매우 흔한 일이다. 어린아이들은 하지 말라고 경고를 받은 그 일을 저지른 후 도망가서 숨는다. 그러다가 들키면 핑계를 늘어놓는다. 그러니까 모든 아이들은 창세기 처음 세 장의 유형을 그대로 따라 행하고 있는 셈이다. 입, 먹는 것, 벌거벗음, 벌거벗음과 동반된 술(합 2:15; 애 4:21), 숨어 버림, 거짓말, 자기 의 등과 같은 보편적 상징들과 예표들이 성경 처음 세 장에 너무도 잘 다루어져 있다. 그런데 바로 이 성경이 뒤에 가서는 외계인, 계속되는 세계 제국들, 한 민족의 4,000년간에 걸친 보존, 유엔을 장악하게 될 세계적인 독재자, 그리고 죄인들을 위한 구원계획 등을 다루고 있음을 어떻게 설명할 것인가? 전 세계에는 무려 4,000여 권이 넘는 종교서적이 있는데 어째서 오직 한 권의 책만이 인간의 모든 것에 대해 처음부터 그 실체를 파악하고 있는 것일까? 나머지 모든 책들은 이 성경을 모방하거나 흉내 내는 것에 불과한 것이다. 성경은 인간의 본성에 대해 절대적인 정의를 내리고 출발하고 있으며 계속해서 이 정의 내려진 사실들을 입증해 가고 있다. 이러한 성경의 기록들은 사건이 발생한 당시와 마찬가지로 오늘날에도 여전히 신뢰할 수 있다.

인간은 그들이 겪는 고난에 대해 다른 사람을 탓할 뿐 아니라 하나님까지도 비난하고 나선다(롬 9:19-21). (러시아의 경우는 더 극단적으로 나아가 아예 하나님을 불법화시켰으며 알티저는 그의 우상 니체를 신봉한 나머지 하나님께서 심장마비에 걸려 그 어딘가에서 죽었다고 선언했다.) 니체는 한때 지나치게 대담성을 발휘한 나머지 벽에 이렇게 썼다. "하나님은 죽었다. 니체 씀." 그런데 1년도 못 되어 니체는 죽었고 한 재미있는 사람이 니체가 쓴 것을 지워 버리고 거기에다 "니체는 죽었다. 하나님 씀."이라고 써 넣었다.

3:13 주 하나님**께서 여자에게 말씀하시기를 "네가 행한 이 일이 어찌된 것이냐?" 하시니, 그 여자가 말하기를 "그 뱀이 나를 속여, 내가 먹었나이다." 하더라.**

이브 역시 아담에게 전염되어서 그런지 책임을 전가시키고 있음을 보게 된다. 그녀는 뱀 때문이었다고 발뺌을 한 것이다. 하나님께서는 『**네가 행한 이 일이 어찌된 것이냐?**』라고 물으셨는데 그 질문의 촛점은 이브가 무슨 일을 했느냐는 것이었다. 따라서 이에 대한 합당한 답변은 "제가 하나님께 불순종 했습니다."이어야 했다. 그러나 아담도 그의 아내도 합당한 대답을 하지 못했다. 이브는 그녀의 불순종에 대해 인정하기보다는 왜 불순종하게 되었는지를 변명하고 나선 것이다. 이 모습은 실로 시사하는 바가 크다. 미래의 무섭고 두려운 그 날에(계 20장, 벧후 3장) 이 땅의 거민 수백억이 그들의 창조주 앞에 서서 그들이 몸으로 행한 모든 행위를 직고하게 될 때(전 12:13,14, 롬 14:10) 그들은 하나님 앞에 스스로를 변명하고 나설 것이다. 창세기 3장에서 그 누구도 다음과 같이 고백한 사람은 없었다. 『**내가 죄를 지었으며 주의 목전에서 이 악한 행실을 행하였으니**』(시 51:4).

3:14 주 하나님**께서 그 뱀에게 말씀하시기를 "네가 이것을 행하였으니,**
너는 모든 가축과 들의 모든 짐승보다 저주를 받아 네 배로 다닐
것이며 네 평생토록 흙을 먹을지니라.
15 내가 너와 여자 사이에, 또 네 씨와 그녀의 씨 사이에 적의를 두

리니, 그녀의 씨는 너의 머리를 부술 것이요, 너는 그의 발꿈치를 부술 것이라." 하시고

하나님께서는 뱀에게는 아무런 질문을 하지 않으셨다. 하나님께서는 이 "신사 양반"을 전에 다루신 적이 있었기 때문이다. (창 6:1-6 참조. 누군가 말하기를 만약 뱀이 다른 누군가를 비난할 수 있었더라면 뱀은 하나님을 비난하고 나섰을 것이라고 했다).

『**네 배로 다닐 것이며 네 평생토록 흙을 먹을지니라**』(14절, "가축"과 연관해서는 창세기 3:1 주석 참조). 이 예언은 이사야 65:25에서도 되풀이 되고 있는데 그것의 문맥은 천년왕국이다. "빛의 천사"와 기어다니는 뱀을 어떻게 설명할 수 있을 것인가? 두 가지의 가능성이 있을 수 있다. 사탄이 실제의 뱀을 통하여 이브에게 말을 걸었거나(이것은 그리 가능성이 높은 것 같지 않다.) 아니면 뱀은 이브에게 말을 건넨 존재의 예표(type)일 것이다. 후자의 경우가 가능성은 더 높지만 이 경우는 만약 하나님의 저주의 말씀이 빛의 천사에게 해당되는 것이라면 14절 말씀을 어떻게 받아들일 것인가가 문제로 남는다(14절은 실제적인 동물로서의 뱀에 관한 말씀인 것 같기 때문이다). 왜냐하면 사탄은 "우는 사자"처럼(벧전 5장) 돌아다니고 있지 뱀처럼 기어다니고 있지 않으며 그의 활동 영역도 이 지구상에서 흙을 먹는 것에 국한되지 않기 때문이다. 그는 지금도 여전히 하나님의 보좌에도 나아갈 수 있다(계 12:4-10). 14절 말씀을 영적으로 해석하면 "흙"은 "사람"을 의미하는데 왜냐하면 19절에서 사람은 흙으로 돌아가며 "흙"이라고 불리우고 있기 때문이며

"네 배로 다닐 것이며"라는 표현은 단지 천하게 타락한 상태를 의미한다라고 할 수도 있을 것이다. 창세기 3장에서 말하고 있는 뱀(serpent)은 오늘날 땅에서 기어다니는 그러한 뱀(snake)은 아니다. 왜냐하면 이 뱀은 15절에서 볼 수 있듯이 동정녀에서 탄생하신 하나님의 아들을 해칠 수도 있으며 자기 자신의 아들인 가짜 메시아를 낳을 수도 있기 때문이다.

『**적의**』(15절)라고 하는 말은 원수 관계를 말한다. 하나님께서는 뱀을 여인의 원수로 만드시며 여인도 뱀의 원수가 되도록 하셨다(물론 진 딕슨 및 그녀와 유사한 여자들은 뱀의 친구이긴 하지만...). 우리는 창세기 3:14,15이 이브와 그녀의 대적을 훨씬 넘어서는 차원의 이야기임을 잊어서는 안 된다.

15절 말씀은 "메시아 예언들"(즉 오실 메시아에 관한 예언들)로 알려진 일련의 성경구절들 중 첫 번째 것이라고 평가되고 있다. 그러나 좀 더 정확히 말하자면 창세기 1:20(다섯째 날에 나타나는 "생명")이 최초의 메시아에 관한 구절이 될 것이다. 왜냐하면 이 구절은 그리스도의 초림 시기를 보여 주고 있으며 이 초림은 그분의 죽으심(창 5:5)과 관련되어 있기 때문이다. 그러나 성경을 "깊이 있게 연구"하는 것을 싫어하는 사람들의 머리로서 이런 수준의 계시는 감당할 수 없을 것이다. 그래서 대부분의 주석가들은 창세기 3:15을 최초의 메시아 예언 구절로 보고 있다. 창세기 3:15의 핵심은 다음과 같다.

1. 여자와 뱀은 잘 지내지 못할 것이다.

2. 여자는 씨를 갖게 될 텐데 그 씨는 "it"로서 중성명사로 되어있다

(〈킹제임스성경〉에 그렇게 되어 있음).

3. 뱀은 여인의 씨와 적대관계를 갖게 될 씨를 갖게 될 것이다.

4. 뱀은 여자의 씨의 발꿈치를 부술 것이다.

5. 여자의 씨는 뱀의 머리를 부술 것이다.

하나님을 거짓말쟁이로 만들 기회를 포착하자마자(마귀는 이미 창세기 3:4에서 그런 짓을 저질렀다.) 로마 카톨릭 교회는 중성으로 되어 있는 대명사 "it"를 여러 번역본에서 "she"로 바꾸어서 마리아를 성경의 수호신으로 삼아 버렸다. 그러나 우리가 아는 바와 같이 마리아는 뱀의 머리에 아무것도 행하지 못했다. 뱀은 죽음의 세력을 동원해(히 2:14) 마리아를 정해진 때에 무덤으로 데려갔으며 그녀는 결코 무덤에서 올라오지 않았다(추기경 대학에서 이 문제에 대해 어떤 견해를 발표하더라도 사실은 사실이다). 최근의 카톨릭 번역본들은 다시 〈킹제임스성경〉으로 원대 복귀하였는데 이로써 살아 있는 하나님의 말씀을 변질시키려는 의도(렘 23:36)가 잘못이었음을 스스로 시인한 셈이다.

1. 여자들과 뱀들은 – 적어도 여러 종류가 있음 – 서로 어울리지 않는다. 아마 1,000명의 여자들 중 한 명도 기어 다니거나 슬슬 미끌어지듯 다니는 그 어떤 동물도 좋아하지 않을 것이며, 독이 없는 얼룩뱀이나 작은 뱀의 모습일지라도 평범한 여자들에게는 맹독성 방울뱀이나 살무사가 사냥꾼에게 주는 만큼의 충격을 줄 것이다. 어떤 여자들은 애완용 뱀을 키운다고 하고 어떤 희한한 여인들은 뱀과 교제하면서 환상을 얻기도 한다고도 한다. 예를 들면 "친절과 지혜로 가득 찬 눈"으로 그

녀를 사랑스럽게 바라보는 매우 매혹적인 보아뱀과 함께 잠을 자는 환상 같은 것 말이다. 속이 뒤집어진 상태에서 잠을 자다 보면 무슨 꿈은 못 꾸겠는가?

2. 이 구절에서는 예수 그리스도께서 중성 명사 "it"로 불리우고 있다. 누가복음 1:35에서도 예수께서는 "thing"으로 불리운다. (이 두 구절은 로마서 8:16,26 두 구절에서 성령님을 it로 번역한 것에 대한 근본주의자들의 반박을 일소해 버린다. - 〈한글킹제임스성경〉에서는 우리말 어감상 대명사를 명사로 처리하였음 - 역자주) 성령님을 칭할 때 중성 대명사를 사용하는 것은 합당하다. "프뉴마타"(pneumata)는 중성 명사이다. 물론 이 경우는 성령님의 사역에 관해 언급될 때에 한한다. 성령님의 인격에 대해 언급하는 경우에는 "he"가 적합하다고 하겠다(요 14:26; 16:7,8).

그러나 이 구절에 있어서 충격적인 사실은 메시아가 "it"로 칭함을 받고 있다는 사실이 아니라[그분은 창세기 49장에서는 "실로"(Shiloh)라 불리고 있는데 이 명사 역시 중성이다.] 여자가 씨를 가질 수 있다고 암시되어 있다는 사실이다. 이 세상의 어떤 여자도(다른 원천으로부터 공급받지 않는 한) 자기 안에 생식이 가능한 남자의 씨를 갖고 있지 못하다. 그러니까 인공수정의 경우마저도 성경적인 의미에서 볼 때는 동정녀 탄생이 될 수 없는 것이다. 왜냐하면 성경은 그리스도께서 "여자의 씨"라고 말하고 있기 때문이다. "여자의 씨"라는 이 말 한마디가 현대주의자들(이들은 부풀리기 명수이다.)이 동정녀 탄생 대신 발명해 낸 부풀려진 용어 "신적 잉태"(The Divine Conception)가 잘못된 것임을 입증해 준다. 이 용어는 신정통주의를 표방하는 불신자들이 "동정녀 탄생"이란 용어보다는 세상 사람들을 덜 자극시킬 요령으로 만들어 낸 것이다. 그러나 "신적 잉태"란 하나님께서 요셉의 씨를 메시아가 되도록 간섭하셨다는 의미도 되는 고로 결국은 그리스도의 탄생이 갖고 있는 기적의 요소를 부인할 수 있도록 피할 길을 내고 만 셈이다(이처럼 "그럴싸한 용어"를 만들어 내서 본질을 흐려 버리는 것이야말로 오늘날 미국에서 가장 좋은 교육을 받았다는 "교양" 있는 양반들이 상투적으로 하고 있는 짓이다). 이와 같은 "귀를 가렵게" 해 주는 따위의 신학의 입을 막기 위해 성령께서는 〈킹제임스성경〉에 "그녀의 씨"(her seed)라는 말씀을 보존해 놓으신 것이다. 이 씨는 그 어떤 남자와도 관계가 없다. 성령님께서 갖고 있는 씨는 오직 말씀의 씨앗뿐이다(벧전 1:23). "처녀의 배에서 출생한 자손"이란 표현이 가장 정확한 표현일 것이다. 마리아는 이 땅의 먼지를 밟고 살았던 여인 중에서 유일하게 (약 4,000억 명의 여자들 중 유일하게) 정상적인 수태 과정이 없이 아이를 낳은 여자였다. 그렇다고 해서 마리아가 "하늘의 여왕", "성령의 장막", "신들의 두려운 거처", "하나님의 어머니" 혹은 이교도의 우상 숭배자들이 붙여 준 신성모독적인 칭호를 받아야 한다는 말인가? 전혀 그렇지 않다. 그것은 B.C. 4000년경에 이브에게 주어진 약속이 40세기를 지나 마리아에게서 문자적으로 성취되었다는 말이다. 물론 그 약속의 일부는 후일 성취될 것이다.

3. "뱀의 씨"는 주석가들 사이에서 "여자의 씨"보다도 더 큰 혼돈을 일으켰다. 이 구절이 문자적으로 해석되는 것을 반대하는 사람들이 제일 첫 번째로 내세우는 것은 "마귀는 생명을 만들어 낼 수 없거나 혹은

생식 능력이 없다"는 것이다. 그러나 이런 교조적인 오류는 출애굽기 8:18이 마귀는 어떤 생명이라도 만들어 낼 수 없음을 보여 주고 있다고 믿는 데서 나온 것이다. 출애굽기의 문맥은 마귀의 종들은 흙에서부터의 생명 창조는 할 수 없다(이것이 원래의 창조였음)는 사실을 보여 주고 있을 뿐이다. 뿐만 아니라 주석가들은 요한계시록 13:14은 속임수를 다루고 있을 뿐 그 형상이 실제로 "살아난" 것은 아니라고 생각하는 것 같다. 그러나 이들은 요한계시록 16:14을 잊어버린 것 같다. 유다 이스카리옷 역시 "병든 자들을 고쳐 주고, 죽은 자들을 살리도록" 보내심을 받았다는 사실을 잊지 말라(마 10:1-5).

앞에서 신정통주의자들이 만들어 낸 "신적 잉태"는 적어도 사탄의 경우에 있어서는 적용이 가능할 것 같다. 왜냐하면 유다 이스카리옷은 "시몬의 아들"임에도 불구하고 동시에 "마귀"(a devil)였기 때문이다. 카인은 악한 자에게 나온 자라고 성경은 말씀하고 있다(요일 3:12). 그리고 그리스도 당시의 주요 종교지도자들은 예수님에 의해 "뱀, 지옥의 자식들, 마귀의 자식들, 독사 등"으로 불리웠다. 이들 용어들이 "기독교적", "성경적" 용어들임을 잊지 말라(만약 어떤 사람이 자기는 "그리스도의 부드러운 영"을 갖고 있으며 참된 그리스도인이라고 생각하고 있다면 그 사람은 그리스도의 본을 따라야만 할 것이다. 당신도 종교지도자들을 위에서 부른 호칭으로 불러야 되지 않겠는가?).

결국 창세기 3:15은 지난 18세기 동안 알렉산드리아 비평학파의 거두 오리겐(A.D. 185)이 제정한 해석 원칙에 입각하여 영적으로 해석되어 왔다. 물론 이 구절을 문자적으로 그대로 받아들여 카인과 바리새인들은 사탄과 여자와의 관계에서 잉태되었다고 말할 수는 없다. 그러나

“죄의 사람”은 그 모습을 드러낼 때에(계 13장 주석 참조) 예수 그리스도께서 여자의 씨였던 것처럼 뱀의 씨로서 등장하는 것이다. 이런 주장은 너무 충격적일지 모르지만 창세기 3:15에서 말하는 “네 씨, 그녀의 씨” 등의 표현은 정확히 이 사실을 언급하고 있는 것이다. 여자가 남자 없이 아이를 낳는 것이 불가능한 것처럼 사탄이 인간을 낳는다는 것은 불가능하다. 그러나 마리아는 남자 없이 아이를 낳았다. 따라서 사탄은 생명을 만들어 낼 수 없고 “씨”를 낳을 수 없다는 가정은 잘못된 교리요, 빗나간 결론에 불과하다.

4. 뱀은 여자의 씨의 발꿈치를 부술 것이다. 이 구절이 적용될 수 있는 유일한 사건은 갈보리 십자가이다. 마귀의 권세는 갈보리 이후 어느 정도 축소되었으며(요 14:30; 16:11, 골 2:14,15), 그리고 재림 시에는 천년 동안 소멸될 것이다. 그는 천년왕국이 끝날 무렵에 조차도 결코 완전히 권세를 회복하지 못하게 될 것이다(계 20장 주석 참조). “발꿈치를 부순다.”는 표현은 가장 경미한 손상을 입힌다는 의미로 적어도 머리를 부순다는 표현과 대조해 볼 때 그 의미는 더욱 분명해진다. 그러나 모든 문제가 여기서 끝나는 것은 아니다. 왜냐하면 “머리를 부순다”는 표현은 전혀 비유적 표현이 아니기 때문이다. 이 말은 갈보리에서의 그리스도의 죽음과 전혀 관계가 없다. 자, 이제부터 다섯 번째 사항을 주목하라.

5. **『그녀의 씨는 너의 머리를 부술 것이요』**(15절). 이 구절은 보통 갈보리에서의 영적인 승리를 의미한다고 잘못 해석되어져 왔다. 이러한 해석은 갈보리 사건이 있은 지 오래 후에 기록된 바울의 로마서 16:20

을 고의적으로 무시함으로써 나오게 되었다. 로마서 16:20에 따르면 하나님께서는 사탄을 "미래"에 부수실 것이라고 한다. 구약성경에 사용된 분명한 의미를 깨달은 사람이라면 그 누구도 영적 해석을 받아들일 수는 없을 것이다('헬라어' 의미를 자세히 분석한답시고 분주하던 근본주의 및 보수주의 주석가들은 〈킹제임스성경〉 속에 감추어진 금광을 찾아내는 데 실패하고 말았다). 다음의 구절들은 "머리를 부순다"는 표현이 그리스도의 재림 시 아마겟돈 전쟁에서 사탄의 화신인 "짐승"(계 19장)이 그의 **머리** 위에 직접 날아오는 돌로 부서져 버릴 것임을 언급하고 있다는 사실을 입증해 줄 것이다(판 5:26; 9:53, 삼상 17:51, 시 7:16; 68:21; 110:6; 140:9, 합 3:13). 손 안에 금광을 들고 있으면서 철광에 눈길을 돌릴 필요는 전혀 없다.

머리와 관련해서 우리는 또 하나의 보편적인 신비를 벗겨낼 수 있다. 소위 "선사 시대"의 종교들은 해골을 숭상하는 것처럼 보인다. 세계에서 가장 오래된 도시인 여리코시는 말들의 시체 밑에 묻힌 채색된 해골들로 가득 차 있다. 인디언들은 포로의 머리 가죽을 벗겨 냈으며 인간 사냥군들은 해골을 수집하였다. 더군다나 예수께서는 해골의 장소라는 곳에서 십자가에 처형되셨다. 지난 60세기 동안 전 세계 모든 대륙의 모든 종교의식에 있어, 우리가 보기에는 서로 관련이 없는 것 같은 이러한 사실들이 성경 안에서 씨줄과 날줄로 짜여져서 진리라고 하는 수예작품이 나오는 것을 보게 된다. 가장 똑똑한 사람들마저도 설명해 낼 수 없는 현상들이 하나님의 말씀인 성경 안에서 단 몇 시간만에 만족스럽게 설명되고 있다(아킬레스는 "발꿈치"가 약하다. 그런데 이 발꿈치는 야곱이 엄마 뱃속에서 형 에서를 붙잡은 부위였다. 발꿈치에 걸려 넘어진다는 말의 뜻이 무엇인지 알겠는가?). 성경에 붙어 있으라. 그리고 나서 과학과 교육이 성경을 뒤따라오도록 하라. 이것이 순서이다.

3:16 여자에게 말씀하시기를 "내가 너의 고통과 너의 임신을 크게 늘리리니, 네가 고통 가운데서 자식들을 낳을 것이요, 너의 바람은 네 남편에게 있을 것이니, 남편이 너를 주관할 것이라." 하시더라.

아담과 이브를 다루심에 있어 하나님께서는 이브를 먼저 책망(혹은 지시)하셨다. 이 순서는 은혜 아래에서도 마찬가지이다(엡 5:22,25, 벧전 3:1-5, 딤전 2:14). 여자들은 "우리 여자들이 없다면 남자들은 어디로 갈 것인가?"라고 묻지만 이에 대해 남자들은 "저기 에덴동산에서 하나님과 교제 가운데 있을 걸."이라고 대답하곤 한다. 그런데 주님께서는 남자편을 들어주신 것 같다. 여자를 먼저 책망하시고 계시기 때문이다. 이러한 "反여성적" 태도는 모든 동양 서적들에 나타나 있으며 성경 역시 동양의 책인 고로 여자를 먼저 책망하고 있음을 보게 된다(학자들은 성경을 단순히 동양문화의 소산으로 보려하지만 우리는 이러한 누룩이 우리의 머릿속에 침투하도록 방치해서는 안 된다). 성경이 물론 "동양의 책"이며 동양적 사고를 담고는 있지만 성경은 동양 사람이나 동양 정신의 산물은 아니다. 이것은 하나님의 영감으로 쓰여진 책이기 때문이다. 성경을 읽고 공부하고 가르치는 국가들은 그렇지 않은 나라들보다 여자들을 더 잘 대우한다는 사실을 염두에 두라. 메들라인 머레이(Madelaine Murray) 같은 정신이 혼란한 여자는 바울 서신에 등장하는

"남성우월주의"에 대해 몹시 언짢아 하지만, 그녀는 성경이 존중되지 않고, 가르쳐지지도 않고, 전파되지 않고, 실행되지도 않는 그러한 나라들에서는 여자는 일하는 짐승보다 약간 낫게 취급되고 있을 뿐이라는 사실을 잊어서는 안될 것이다.

『**내가 너의 고통...을 크게 늘리리니**』(16절). 이 말씀에 모든 여성들은 "아멘"할 수 밖에 없을 것이다. 『**임신을 크게 늘리리니**』. 1960년대의 피임약 복용자들은 그들의 개인 생활에서는 성경을 완전히 거부하지만 이 예언의 말씀이 진리라는 사실을 인정할 것이다. 『**네가 고통 가운데서 자식들을 낳을 것이요**』. 이 말씀에 1970년대의 의사와 간호사들은 "아멘" 할 것이다. 『**너의 바람은 네 남편에게 있을 것이니**』. (이에 관해서는 조금 뒤에 언급하겠다.) 『**남편이 너를 주관할 것이라.**』 이에 대해 이 세상의 결혼한 여자들 중 80%는 "아멘, 주여, 주의 말씀은 처음부터 참되며, 모든 주의 의로운 명령들은 영원히 지속되나이다."라고 대답할 것이다(미국 여성들은 수많은 아시아와 아프리카 여인들을 잊지 말라). 나머지 20%의 여자들은 가정을 파괴시켜 버렸다. 이 구절의 핵심은 "남자가 가정을 책임질 수 없으면, 그는 '도망치고' 말 것이다."라는 것이다.

6,000여 년에 걸친 "과학"의 발전에도 불구하고 과학은 B.C. 1400년에 기록된 이 성경 말씀(창 3:16)이 과연 진리라는 사실밖에는 더 다른 해결책을 제시하지 못하고 있다. 이 말씀은 아인슈타인이 그 엉터리 같은 상대성 이론(저자의 〈E = MC^2〉 참조)을 "발명"해내기 5,800년 전에 하나님께서 인류의 장래에 관해 선포하신 말씀이다. 아무리 과학이 하나님의 말씀을 무너뜨리려 해 봐도 소용없다. 출산의 고통(마취 출산의 경

우 출산 후 통증), 임신기간 중의 여러 가지 불편함과 제반 문제점, 원하지 않는 어린아이의 비참함, 원하지 않는 임신으로 인한 좌절감, 임신에 대한 두려움과 "몸매가 손상"되는 것에 대한 두려움, 아이를 키우는데 대한 걱정, 근심, 가정에서의 "남성 對 여성"의 싸움, 이 모든 것들은 20세기의 첨단 여성들 역시 창세기 3장에 나오는 "이브"에 불과하다는 사실을 여실히 보여 주고 있다. 하나님께서 무엇을 말씀하시면 그것은 절대로 사실이며, 그 누가 그 말씀을 어떻게 해석하든, 그 말씀에 대해 어떤 생각을 하든, 그 말씀에 대해 어떤 말을 하든, 그 말씀을 어떻게 대하든 간에 그 말씀은 전혀 오류가 없으며 말씀하신 그대로 이루어질 것이다(민 23:19, 롬 3:4). 과학은 "뭔가 새로운 것을 만들어 내려고" 하겠지만 자연의 법칙들은 〈킹제임스성경〉에 기록된 창세기 3장에 따라 그대로 움직이고 있다. 만약 당신이 이 법칙들을 어기려고 한다면 그 대가를 지불하게 될 것이나 그 법칙 자체를 결코 변경시키지는 못할 것이다. 20세기의 거인 "과학"마저도 이 법칙들을 결코 변경시키지 못한다.

『**너의 바람은 네 남편에게 있을 것이니**』(16절). 이 선언에는 세 가지 해석이 가능할 것이나 그 중 오직 하나만이 교리적 진리에 해당될 것이다(모든 성경은 교리적, 영적, 역사적 적용을 할 수 있음을 기억하라).

1. 여자는 자기 남편을 주관하기를 원하지만 그럴 수 없을 것이다.

2. 여자는 자기 남편이 자기를 주관해 주기를 원할 것이다.

3. 여자는 자신의 남편을 다른 사람이 추천해 주기보다는 스스로 택하려고 할 것이다(여기서 우리는 다니엘 11:37이 그리스도의 출생에 관련된 구절인 것으로 잘못 해석되고 있다는 사실을 염두에 두고 이 세

가지를 고려해야 할 것이다).

솔직히 말해서 나는 위의 세 가지 해석 중 어느 것이 교리적인 적용인지 말할 수 없다. 역사적으로 볼 때 하나님께서 이브에게 이 시점에서, 그리고 이 상황에서 이 말씀들을 하신 것은 분명하다. 영적으로 볼 때 두 번째와 세 번째 해석이 거의 모든 여인에게 적용될 수 있음도 분명하다. 평범한 여인이라면 남자에 의해 통제받기를 원할 것이다. 오늘날 현대 여성들이 갖고 있는 가장 커다란 불평 중의 하나는 그들의 남편들이 수동적이고, 우유부단하고, 비겁하고, 과감하지 못하고, 가족부양을 책임지지 않으며 산다는 것이다(그런데 남편들이 이 지경이 된 것은 "남녀평등"을 외친 여성들의 책임이 큰 것이다). 그러나 위의 세 가지 해석 중 오직 첫 번째와 두 번째만이 문맥에 들어맞는다(창 3:14). 그리고 논리적으로 볼 때 두 번째 해석이 적절한 해석이 될 것이다. 그러나 잠언 3:5을 순종하는 자로서 나는 "논리"와 같은 취약한 도구를 신뢰하지 않는다. 참된 해석은 오직 주님께만 있기 때문이다.

3:17 또 하나님께서 아담에게 말씀하시기를 "네가 네 아내의 음성에
경청한 까닭에, 내가 네게 명하여 말하기를 '너는 그것을 먹지 말
라.'고 한 그 나무의 열매를 먹었으니, 너로 인하여 땅은 저주를
받고 너는 너의 전 생애 동안 고통 중에서 그 소산을 먹으리라.
18 또 땅은 네게 가시나무와 엉겅퀴를 낼 것이요 너는 들의 채소를
먹을 것이며,

19 네가 땅으로 돌아갈 때까지 네 얼굴에 땀을 흘려야 빵을 먹으리니, 이는 네가 땅에서 취해졌음이라. 너는 흙이니 너는 흙으로 돌아갈 것이니라." 하시니라.

이 구절은 우리가 창세기에서만 벌써 일곱 번째로 접하는 보편적 진리인 셈이다. 이 보편적 진리들은 아무리 세월이 흘러도 결코 변치 않고 지속된다. 신정통주의자들과 자유주의 신학자들은(수많은 카톨릭교도들도 이들에게 동조하고 있다) 창세기 2장과 3장의 사건들의 기록들이 "거의" 사실인 것처럼 가르치긴 하지만 그 내용들은 거의 다루려 하지 않는다. 나는 신시내티에 있는 하비에르 대학교에서 심리학 박사 논문을 준비하고 있던 사람과 이야기를 나누었는데, 그는 마리아의 무염시태와 영원한 순결성(Pepetual virginity)은 열렬히 믿고 있으면서도(이 사실들을 입증할 만한 성경구절은 단 하나도 없는데도) 창세기 5장에 열거된 인물들의 나이들은 오류이거나 과장일 것이라는 강박관념을 갖고 있었다. 이러한 부류의 '크리스천'에 대해 예수님은 요한복음 5:46,47로 대답하신다. 6,000여 년 동안 한 번도 변하지 않은 과학적 사실들을 성경의 첫 번째 책인 창세기의 처음 세 장에서 다루고 있다는 사실을 우리는 어떻게 설명할 것인가? 사실 수많은 "과학적 사실들"이 A.D. 1400년 이래 1960년까지 서서히 낡아 못 쓰게 되어 버렸다. 파리의 루브르 박물관에 가면 못 쓰게 된 "과학" 서적들이 무려 2km이상이나 쌓여있다고 한다. 정직한 사람이라면 유럽과 미국의 학술원 회원들을 전부 합해도 창세기의 기록자보다 그 두뇌에 있어 모자란다는 사실을 인정해야 할 것이다. 왜냐하면 창세기의 기록은 6,000년 인류 역사

동안 그 수치나 진술들이 변해 본 적이 없이 그대로 사실이기 때문이다.

창세기 3:17-19에 기록된 내용들은 이제껏 지구상에 존재했던 모든 무신론자, 불가지론자, 성경을 믿지 않는 자들의 역사를 미리 기록해 놓은 것이다. 이 구절들은 너무도 적나라하게 인간들의 미래를 보여 주고 있으며 이 예언의 말씀에 대한 그 누구의 의견도 무시해 버린다. 이 말씀은 예언된 그대로 다 이루어질 것이며 그대로 이루어지고 있다(사 40:21; 43:9-12; 44:6-8; 45:20-23). 인류의 미래가 어떻게 될 것인지 전혀 짐작하지 못하는 대학 졸업자들을 위해 간략하게 인류의 미래를 제시해 보도록 하자.

1. 땅은 뭔가 잘못되었으며 아무리 비료를 써도 그 문제는 해결되지 못할 것이다.

2. 인간이 먹게 될 모든 것은 땅으로부터 나온다. - 가축들은 땅에서 나는 것들을 먹는다는 것을 잊지 말라.

3. 땅은 먹기에 적합하지 않은 것들을 자라게 할 것이다.

4. 인간은 "과일만" 먹는 대신 채소들도 먹게 될 것이다.

5. 인간은 살기 위해 땀을 흘려야 한다. - 이 구절을 어기고 살면, 몸에 독소가 가득 쌓여 죽게 될 것이다.

6. 인간은 땅에 묻히게 될 것이다. 만약 당신이 화장을 할지라도 - 하나님을 거짓말쟁이로 만들기 위해 그따위 짓을 하겠지만 - 당신의 뼛가루는 땅에서 만들어 낸 (땅에서 나온 광물질로 만들어 낸) 용기에 담기게 될 것이다.

이제 모든 것이 충분히 납득되는가? 과학과 교육 분야에서의 인간의 모든 노력과 업적을 참된 "빛"(시 119:105,130)에 비추어 살펴보면 "살기 좋은 세상"을 만들겠다고 주장하는 그 모든 것이 실상은 하나님의 말씀을 무너뜨리려는 인간의 시도에 불과하다는 것을 알 수 있다. 그 증거를 보라.

a. 출산 시에 고통을 당할 것이다. – 인간의 답변 : 마취를 통해 고통을 없애겠다.

b. 임신이 늘어날 것이다. – 인간의 답변 : 피임약과 낙태.

c. 땅을 다스리게 될 것이다. – 인간의 답변 : 우리는 별들 위로 올라갈 것이다(사 14장).

d. 함의 자손들은 노예가 될 것이다. – 인간의 답변 : 인권운동(심지어는 다른 인종들에게 피해를 주면서까지 흑인을 돌본다고 한다.)을 통해 흑인의 지위를 높이겠다(미국의 택시 운전수는 거의 흑인이다).

e. 셈은 "종교적" 진리를 담당하게 될 것이다. – 인간의 답변 : 로마가 진리의 기둥과 터전이다.

f. 땀을 흘려야 먹고 살 것이다. – 인간의 답변 : 에어콘

g. 남자가 여자를 지배할 것이다. – 인간의 답변 : 남녀는 평등하고, 여자들도 투표권이 있다.

h. 땅속에 묻힐 것이다. – 인간의 답변 : 화장을 해서 날려 보내어 매장을 못하게 할 것이고 흙과 다른 종류의 성분으로 된 별들에 가서 인간은 살 것이다.

i. 땅은 저주를 받았다. – 인간의 답변 : 우리는 온도와 날씨를 조절해서 땅이 다시 "축복"받도록 하겠다.

j. 유대인은 하나님의 선택받은 백성이다. – 인간의 답변 : 하나님은 이스라엘을 완전히 버렸다.

k. 전쟁과 전쟁의 소문이 계속될 것이다. - 인간의 답변 : 유엔이 지구상에 평화를 가져다 줄 것이다.

한마디로 말해 모든 인류는 (특히 과학자들과 교육자들은) 어둠의 세력들의 통치자(엡 2,6장)에 의해 자기도 모르게 통제받고 인도되고 있기 때문에 아무리 좋은 상태에 있을지라도 "모두가 헛되다"고 하겠다(시 39:5). 즉 인간의 모든 선한 의도들과 노력들은 모두 물질적인 발전과 (교통통신의 발달 및 생활조건의 개선) 관련된 것이기 때문에 하나님의 말씀에 불순종한 대가로 하나님께서 정해 놓으신 자연법칙을 무너뜨리려는 타락한 인간의 이기적인 허황된 투쟁에 불과한 것이다. 인생의 참된 이슈는 항상 하나님의 말씀이었고 앞으로도 늘 그럴 것이다. 향후 50년 동안 인간의 과학이 시도하는 것이래야 고작 하나님께서 시편 115:16에 기록해 놓으신 사실을 무너뜨리는 것뿐이다.

앞에 제시된 인간의 답변들을 한번 검토해 보도록 하자.

a. 여자들에게 최면을 걸거나 마취를 해서 통증을 없앨 것 같지만 그럴 경우라도 출산 후의 고통은 피할 수 없으며 고통이라는 단어는 단순한 통증 이상의 훨씬 깊은 의미를 가지고 있다.

b. 산아제한을 하면 다음과 같은 위험들이 따른다. 생식기관들의 감염, 남편과 아내의 애정관계에 해를 끼칠지도 모르는 자연스럽지 못한 성 습관들의 획득, 부부관계를 합당하게 즐기지 못함, 극단적인 경우(LSD) 기형아 출산. 그 어떤 산아제한 방법도 "절제"(Self-control)만큼 신뢰할 수 있는 것은 없다. 이 문제에 관한 과학은 아무런 개선도 이

루지 못했고 앞으로도 마찬가지이다(이에 덧붙여 한 가지 위험이 더 있으니 그것은 인간의 "생활 방식"과 문명이 소멸할지도 모른다는 것이다. 교황마저도 전 세계적인 산아제한은 교회 회원수를 축소시키게 될 것임을 인정했을 정도다!).

c. 인간은 달에 도달할 수도 있으며 (나는 이 선언을 1956년 "달에다 로켓을!"이라는 제목의 메시지에서 이미 한 바 있었다.) 다시 지구로 귀환할 수도 있을 것이다. 그러나 현 인류를 가지고 별들에 식민지를 세우지는 못할 것이다. 하나님께서는 인간에게 세계대전도 부족해서 스타워즈까지 하도록 내버려 두지는 않으실 것이다. 그 전에 하나님의 방식대로 해결을 보신다(계 21장 주석 참조).

d. 수많은 법률을 제정하고 FBI와 CIA를 동원하더라도 유색인종에 관한 유일한 문제는 누가 그들을 다스릴 것인가로 귀착된다. 그들 스스로 다스리도록 내버려 두면(즉 자치를 허용하면) 그들은 결국은 굶어 죽거나 (1968년의 아프리카를 생각해 보라.) 서로 물고 뜯고 싸우게 된다. (B.C. 1000 – A.D. 1968 사이의 아프리카 대륙의 역사를 기억하라.) 누가 뭐라고 하든 이들은 다른 인종들을 섬기고 말 것이다.

e. 모든 종교는 셈족에게서 나온다. 따라서 로마 카톨릭 교회 교리 중 참되고 올바른 것은 모두 셈족이 기록한 셈족의 책인 성경으로부터 나왔다. 북아프리카(함)로부터 나온 것은 그것이 무엇이든 간에 - 라틴종교, 침례에 의한 중생, 마리아 및 성인 숭배 등 – 반종교적인 허풍에 불과하다.

f. 당신은 땀을 흘려야 한다. 그렇지 않으면 죽게 된다. 만약 당신이 원한다면 20년간은 땀 흘리기를 피할 수 있을 것이다. 그 후에는 당신

의 의사가 당신을 알칸사스주로 보내 검푸른 독소가 땀구멍으로 배출될 때까지 화씨 140도가 넘는 뜨거운 곳에서 견디도록 할 것이다. "과학"의 혜택으로 땀을 안 흘리고 살 수 있을 것 같지만 당신은 결코 전능하신 분을 기만할 수 없음을 기억하라.

g. 공중에서 폭발하든, 화장을 하든, 달에 가서 죽든지 해 보라! 폭발된 시체는 결국은 대기 중에 떠 있다 땅으로 떨어지게 될 것이며, 화장한 재를 담는 용기는 진흙 혹은 땅에서 나온 광물질로 되어 있고, 달 역시 지구에서 발견되는 똑같은 화학물질로 되어 있으니 피차일반이다. 아무리 두들겨 봐도 창세기 3장을 무너뜨릴 수 없다.

h. 계속해서 비료를 뿌려 보라. 벌레들이 더 극성을 부릴 것이다. 그러면 당신은 살충제를 뿌려대겠지만 그것은 땅을 망치게 한다. 인공 비를 뿌려 보라. 홍수가 날 것이요, 비를 그치게 해 보라. 땅은 갈라지고 당신은 좋은 수확을 거두지 못할 것이다. 좋은 농작물을 심어 보라. 아마 잡초가 나서 그것을 망쳐 버릴 것이다. 『**땅은 저주를 받고**』 이 말씀은 하나님께서 하셨다. 품종개량, 뉴딜정책, 인공 비를 동원해 봐도 이 말씀은 무너뜨릴 수 없다.

i. 유대인은 1918년 팔레스타인 땅으로 돌아가 1948년 그곳에 국가를 세웠다. 이들은 서기 2000년 직후에 (우리의 달력이 정확하다면) 이 지구를 다스리게 될 것이다. 이 사실에 대해 당신이 어떻게 생각하든, 무슨 말을 하든 간에 이 사실은 변함없이 이루어질 것이다.

j. 국제연맹, 국제연합, 국제기금, 지구촌협회, 그 무엇이라도 원하는 대로 만들어 보라. 그분께서 오시기까지는 전쟁과 전쟁의 소문이 그치지 않을 것이며 적어도 이제까지 있었던 가장 커다란 전쟁보다 더 큰

전쟁이 두 번이나 있고 나서야 그분은 오신다. “비가 오면 전쟁은 체육관에서 열릴 것이다”(옛 프러시아 속담).

인간이 어느 곳으로 빠져나가려고 할지라도 인간은 성경에 둘러싸여져 있다. 어떤 마귀적인 힘이 인간의 노력을 애초부터 정죄해 버리기로 정해 놓은 것 같다. 인간의 모든 동기와 시도들은 최악의 방향으로 나아가도록 조작되어 있는 것 같기도 하다. 그 누군가가 “당신이 성경을 반대하는 이유는 성경이 당신을 반대하기 때문이다.”라고 말한 것은 매우 적절하다고 생각된다. 다른 식으로 표현해 본다면 “당신이 성경을 싫어하는 이유는 성경이 당신에 관해 모든 것을 알고 있고 그것을 지적하고 있기 때문이다.” 그러나 이처럼 부정적이고 비판적인 주장을 하신 분은 마귀적인 분이 아니고 만군의 주이시며 알파와 오메가가 되시는 전능하신 그분이시다. 그분의 말씀은 영원토록 서 있을 것이다(옛 소련의 교육부 장관은 1950년대에 이렇게 말했다. “이 세상은 성경의 광대함에 비해 너무도 작아져 가고 있다. 이제 성경이 없어지든지 이 세상이 없어지든지 해야 될 것 같다.” 소련 교육의 최고 책임자(다른 어느 나라의 교육책임자들도 마찬가지이다.)는 자기가 한 그 말에 대한 답변을 모르고 있는 것 같은데 성경이 이에 대해 뭐라고 말하는지 들어보도록 하자. 『**하늘과 땅은 없어져도 내 말들은 결코 없어지지 아니하리라**』(마 24:35). 이 세상이 없어져야만 할 것이다. 안됐지만 그럴 수 밖에 없다.

『**너로 인하여 땅은 저주를 받고**』(17절). 이 말씀은 땅이 저주를 받는 것은 아담이 행한 그것 때문이라는 것이다.

『**너는 너의 전 생애 동안 고통 중에서 그 소산을 먹으리라**』(17절). 그 "소산"을 먹는다는 말로 미루어 음식을 먹는 습관이 바뀌었음을 알 수 있다. 창세기 1:29에 따르면 지면 **위**에 씨 맺는 모든 채소라고 되어 있다. 즉 옥수수, 귀리, 밀, 보리, 콩, 완두콩 등을 말한다. 그러나 이제부터는 인간은 땅속을 파헤쳐서 그 소산을 먹어야 한다. 감자, 땅콩, 양파 등을 땅속에서 얻을 것이다. 우리의 자녀들은 자기들의 고향인 흙에서 나는 채소보다는 지면 위에 있는 과일을 선호함으로써 하나님의 말씀과는 반대 순서를 취한다. 아이들은 사과, 오렌지, 복숭아, 배, 포도, 바나나, 귤 등을 먼저 먹고 그리고 나서 푸른 채소를 억지로 먹는다. 모세가 기록한 성경은 다윈과 같은 원숭이-인간이 인간의 행위와 습성에 관해 설명하는 것보다 훨씬 더 정확하다.

저주받을 인간이 땅을 파는 첫 번째 괭이 소리에 하나님의 안식은 깨지고 만다(창 2:2). 이후부터 마지막 아담이신 그분께서 "다 이루었다." 라고 말씀하실 그때까지는 그 어떤 인간에게도 참다운 안식은 없게 된다. 그리고 야생동물 역시 창조주께서 지상에서 통치하시게 될 때에야 (사 11장) 비로소 안식을 얻게 된다. 이 우주 역시 (성경을 기록하신 그분께서) "의가 거하게 될 새 하늘들과 새 땅"(벧후 3:10-13)을 창조하실 때까지 안식하지 못하고 신음하게 되는 것이다(롬 8:22). 결국 에덴동산은 잡초밭이 되어 버렸다. 이후 인간이 무언가를 심은 곳에서는 반드시 잡초가 무성해진다. 아무것도 심지 않은 곳에는 이끼, 덩굴 및 풀이 뒤덮이게 되었다[이러한 보편적 사실이 〈인터프리터즈 성경, *Interpreter's*

Bible〉에는 '우화'라는 이름으로 가리워져 있다].

3:20 아담이 자기 아내의 이름을 이브라 부르니, 이는 그녀가 모든 산 자의 어미였음이라.

21 또 주 하나님**께서는 아담과 그 아내에게 가죽으로 옷들을 만들어 그들에게 입히시니라.**

아담이 여자의 이름을 『**이브**』(히브리어 *"하바"*: *헷, 바우, 헤*), 즉 "생명" 혹은 "생명을 주는"이라고 붙인 것을 주목하라. 이 구절은 불가사의한 구절이다. 이브는 아담의 죽음을 야기했고 그녀의 모든 자녀들은 "죄와 허물로 죽은 채로" 태어났다. 그녀의 첫아들은 살인자였으며 그녀는 자기 자신을 죽였다. (선악과를 따 먹었다는 뜻이다.) 그렇다면 이 이름은 아무리 영적인 의미를 지녔다 할지라도 잘못 선택된 것 같다. 만약 이 이름이 육체적인 생명만을 언급하는 것이라면 아담이 창세기 3장 이전에 에덴의 동산에서 다른 아이를 갖지 않았을 경우 그 이름은 창세기 4:1 이후에 아담이 이브에게 주었을 것이다. 만약 아담과 이브가 창세기 3장 이전에 아이들을 갖고 있었다면 상황은 복잡해진다. 왜냐하면 이 아이들은 선악과를 먹지 않았고 어쩌면 그 어딘가에 살아남아 있을지도 모르기 때문이다. 아마도 아틀란티스(지브롤터 해협 서쪽에 있다가 바닷속으로 가라앉았다고 플라톤이 말하는 전설상의 섬)나 북극점 지하에 있다는 빈 장소에나 어울릴 이야기인 것 같다. 만약 이브가 다른 아이들을 갖고 있었다면 그들 역시 아이들을 낳았을 것이다. 왜냐하면 아담의 아들들과 딸들은 가족이 있었기 때문이다(창 5:4). 결국 아담이 자기 아내를 이브라 칭한 것은 창세기 4:1 이후였을 것이다. “Life”라는 잡지는 잡지 이름을 이브(life를 뜻함)에게서 빌려 온 셈인데 따라서 이 잡지는 이브가 우리에게 생명을 주지 못하는 만큼이나 “생명을 주지” 못하고 있다.

『**또 주** 하나님**께서는 아담과 그 아내에게 가죽으로 옷들을 만들어 그들에게 입히시니라**』(21절). 인간적 입장에서 보면 이 선언이야말로 창세기 3:20에 이르기까지의 성경의 선언 중에서 가장 위대한 선언이라고 할 수 있다. 만약 이 기록이 사실이라면 (나는 이 기록이 사실이라고 아무런 의심 없이 믿고 있다.) 인류는 현재 창세기 2장의 상황하에 놓여 있는 것이 아니다. 창세기 3:6-24의 상황하에 놓여 있는 인간에게 가장 필요한 것은 해저를 개발하는 것도 아니고, 태양계를 탐사하는 것도 아니며(롬 10:6-8), “지상에 평화를” 가져오는 것도 아니고, 더 좋은 생활 여건을 만드는 것도 아니며, 완전한 사회 혹은 “왕국”을 이 땅에 가져오는 것도 아니다. 인간에게 가장 필요한 것은 하나님께서 인간을 받아주시는 그러한 조건을 갖추고 하나님께로 돌이키는 것이다. 창조의 구체적인 사실들, 즉 우주의 수수께끼를 모두 안다고 할지라도 인간의 성품은 아무것도 해결할 수 없다. 따라서 성경 처음 세 장에서 가장 중요한 말씀은 (물론 타락한 인간의 관점에서 볼 때) 하나님께서 인간의 상태를 치료해 주시기 위해 무언가를 하셨다는 것이다. 창세기 3:15은 위대한 말씀이지만 역사적으로 볼 때 아직은 미래의 사건이며 따라서 당시의 아담과 이브에게는 아무런 유익이 못되었다. 창세기 3장에서 가장 위대한 사건은 인간이 불순종하고, 하나님을 피해 도망쳐서 숨었으며, 책임을 전가시키고, 죄를 정당화시키려고 했음에도 불구하고 하나님께서 여전히 자신의 피조물들에 대해 자비를 베푸시고 타락의 상태로부터 회복을 시켜주셨다는 사실이다. 이것이 바로 가죽옷이다.

이 가죽이 어디서부터 나왔는가는 의심의 여지가 없다. 타르굼(Targum, 구약성경의 아람어 부분역)에는 이 가죽이 뱀의 가죽이라고 되어 있다. 그러나 그렇게 되면 마귀가 속죄 염소와 죄를 제거하는 분의 예표가 되어 버린다. 이것은 제칠일안식일예수재림교의 메리 엘런 화이트가 주장한 것과 똑같다. 가죽옷은 의심할 나위 없이 "양의 가죽"이다(창 4:4; 22:8, 출 12장). 그래서 미국에서는 학생들이 뱀을 통해 선악에 대한 지식을 얻은 후 졸업하게 될 때 "양의 가죽"(sheep skin은 영어로 졸업장이란 뜻도 있음)을 받아야만 되는 것이다. (아담과 이브는 양을 묻었고 그때 이래로 여자들은 동물 "털"코트를 좋아한다. 〈킹제임스성경〉의 본문은 실로 부요하기 그지없다. 어떻게 하나님의 말씀은 그처럼 정확히 인간의 삶을 지적하고 있는지!)

가죽옷을 만들어 입히시는 장면은 우리의 주목을 받을 만하다. 먼저 어린양 한 마리가 숲속에서 등장한다(요 1:29). 이 어린양은 점도 없고 흠도 없다(출 12장). 이 어린양은 주의 천사 앞으로 입을 열지 않은 채 묵묵히 걸어 나간다. 그는 온순하게 고개를 떨구고(요 19:30) 민수기 22:23의 칼이 그 양을 내리친다. 아담과 이브는 자신들의 동맥을 흐르고 있는 액체인 피가 어린양에게서 솟구쳐 흐르는 것을 바라보고 있다. 풀밭은 검붉게 물들고 하나님께서는 아담과 이브에게 경고하셨던 죽음이 무엇인가를 최초로 볼 수 있게 허락하신다. 그러니까 이 지구상에서 처음으로 죽임당한 것은 어룡이나 익수룡 혹은 디즈니랜드에나 나올 것 같은 상상의 괴물이 아니었다. 이 피로 흠뻑 젖게 될(사 34:7) 지구상에서 흘려진 최초의 피는 열정적인 구애자에게 몽둥이로 얻어맞아 터져버린 동굴 속의 원시 여인의 머리에서 흘러나온 것도 아니고 효마(Eohippus)나 오리너구리의 것도 아니었다. 그것은 한 “어린양”의 것이었다. 이렇게 어린양의 죽음으로 시작하는 성경은 결국 보좌 위에 앉아 있는 어린양(계 6장), 도살당하였던 것 같은 어린양(계 5장), 그리고 권세와 부귀와 지혜와 힘과 존귀와 영광과 찬송을 받으시기에 합당하신 어린양(계 5:12)으로 끝나게 된다. 성경이 스스로를 계시하고 있지 않은가? 왜 우리는 이처럼 “어린양”을 강조하는 것인가? 이 세상의 그 어떤 종교 서적도 어린양과 영원한 진리와 연관을 지어 언급하고 있는 책은 하나도 없다. 아벨, 아브라함, 이삭, 야곱, 요셉, 모세, 이세, 다윗 등은 모두 양을 치는 목동이었다. 왜 성경은 이처럼 어린양을 강조하는 것인가? 어떤 사람은 “그거야 유대인들이 유목민이기 때문이다.”라고 말할지 모르지만 그렇다면 어부였던 요한은 어째서 그처럼 어린양을 강조하고 있는가? 왜 꼭 어린양이어야 하는가? 이집트 사람들은 황소와 수소에게 제사를 지낸다. 그들은 어린양은 거들떠 보지도 않는다. 그러나 성경에는 어린양이 예언되어 있고(창 22:8), 적용되어 있고(출 12:13), 인격화되어 있고(사 53장), 누구인지 신원이 확인되어 있고(요 1:29), 십자가에 못박혀 있고(계 5:6), 영광을 받고 있다(계 5:12). 아무리 유목민이라지만 이건 너무 지나친 것 아닌가? 아랍인들도 유목민이다. 그런데 코란 그 어디에서도 이런 것은 찾아볼 수 없다. 어째서 구약성경에서 가장 위대한 목자였던 다윗은 그 어린양과 자기의 주님과 연관시켜 생각하지 않고 목자인 자기를 양으로 말하고 어린양이신 자기 주를 목자라고 하고 있는 것일까? (시 23편, 그 누군가가 창 3:21의 말씀을 거부하려고 혼선을 빚어 놓은 것이다.)

『**또 주** 하나님**께서는... 입히시니라**.』 이 구절에서는 하나님께서 행위의 주체이심을 분명히 보여 주고 있다. 아담과 이브는 아무것도 죽이지 않았고 아무것도 옷 입지 않았다. 하나님께서 대속제물을 죽이신 후 그들에게 옷 입혀 주셨다. 이 구절이 뜻하는 바를 짐작하겠는가?(엡 2:8,9) 하나님께서는 죽은 무화과나무 잎으로 만든 치마를 벗기고 그것을 발밑에 둔 채 하나님께서 만드신 피조물의 가죽으로 이들을 입히셨다. 이것은 죽음 없이 털만 깎아 내서 만든 그런 옷이 아니었다. 그것은 양이 죽은 후에 얻을 수 있는 가죽으로 만든 옷이었다. 자기 자신이 하나님의 은혜로 거듭남을 체험하지 못한 사람은 이 기막히게 아름다운 예표의 의미를 깨닫지 못할 것이다. 하나님께서는 아담에게서 자기 의라고 하는 더러운 옷들을 벗겨 내고(슥 3:4), 올바른 옷을 입혀 주신 것이다(사 61:10). 사도 바울은 이렇게 외치고 있다. 『**우리가 행한 의로운 행위에 의하지 않고 그의 자비하심에 따라... 우리를 구원하셨으니**』(딛 3:5). 아담의 후손이 아무리 문명에 의해 눈이 멀었다고 하더라도 그 누군가의 것으로 덮지 않는다면 자신은 벌거벗은 자라는 엄연한 현실을 피해 버릴 수는 없을 것이다. 왜냐하면 인간은 스스로 자기 자신의 옷(덮을 것)을 자라게 할 수 없는 유일한 동물이기 때문이다.

3:22 ○ **주** 하나님**께서 말씀하시기를 "보라, 그 사람이 우리 중 하나와**

같이 되어 선과 악을 알게 되니, 이제 혹 그가 자기 손을 내밀어서
생명 나무의 과실도 따서 먹고 영원히 살까 함이라." 하시니라.
23 그러므로 주 하나님**께서 에덴의 동산에서 그를 내어 보내어 그가**
취함을 입은 그 땅을 갈게 하시니라.

아담과 이브는 쫓겨나고 말았다. "낙원을 상실한 것이다." 여자는 그녀의 생리적 기능들이 자연과 부조화를 이룬 채로 쫓겨났다. 하등동물들은 죄를 짓지 않았기 때문에 제 때에 새끼를 낳는다. 그러나 여자의 경우는 균형을 이루지 못할 때가 많다. 남자는 평생 땀 흘려 해야 할 일들을 눈앞에 둔 채 쫓겨났다. 그는 결국은 네모난 나무 상자(관) 속에서 일생을 마치게 될 것이다. 결국 "신들처럼 되는 것"이 인생에 있어 가장 고귀한 직업이라고 생각했던 두 명의 학생들은 열심히 지식을 추구한 나머지 병원 침대와 무덤을 유산으로 받게 된 것이다. 아담과 이브가 동산의 동쪽 문을 나서자 강풍이 불기 시작했다. 짙은 땅거미가 구름 위로 지기 시작하고 그들 앞에 전개되는 풍경은 그들의 눈앞에서 왜곡된 모습을 띄고 있었다. 마치 백만이나 되는 보이지 않는 존재들이 그들의 시선을 비틀어 놓고 있는 것 같았다. 그들은 쫓겨나고만 것이다. 그들 앞에 놓인 것이라고는 그들을 이끌어 줄 양심과 땀과 노력으로 살아 내야만 할 인생뿐이었다. 이들은 구원받았는가? 그렇다. 구원은 받았다. 하지만 불에 의해서 구원받은 것과 같은 것이다. 지구상에 존재했던 최초의 부부는 그 어떤 부부도 향유해 보지 못한 최상의 조건과 특권들을 잃어버린 것이다. 다윈은 크게 빗나갔다. 다윈은 멸망으로 이끄는 길고도 넓은 길을 따라갔던(잠 14:12) 수십억의 부부들 중 하나에 불과하다. 다윈은 "어린양"의 피를 결코 받아들이지 않았다. 그는 자기 자신의 옷을 만드는 전문가였다.

『**이제 혹 그가 자기 손을 내밀어서 생명 나무의 과실도 따서 먹고 영원히 살까 함이라**』(22절). 이 생명 나무는 요한계시록 2:7; 22:14에서 발견되는 나무와 똑같은 나무이다. 창세기나 요한계시록이나 생명 나무를 먹을 수 있는 사람은 은혜가 아닌 행위에 근거해서 생명 나무에 참여할 수 있다. 생명 나무를 갈보리의 십자가의 상징으로 볼 수는 있겠지만 이 둘은 그리스와 로마의 고대 신비종교들과 로마 교황들에 의해 상속된 바빌론 종교에서나 똑같이 취급되는 것이다(랄프 우드로우의 〈로마 카톨릭주의의 정체〉 참조). 나무에서부터 나오는 "생명"이란 인간이 창세기 3장을 통과하지 않고 에덴동산으로 되돌아가려고 하는 영원한 시도들 중의 또 다른 시도임이 곧바로 입증되고 있다. 하나님께서 지으신 하늘 아래에 땔감과 톱밥 이외에 그 무엇을 제공할 수 있는 나무는 하나도 없으며 얼마간의 좋은 음식보다 더 영원한 무엇을 줄 수 있는 나무도 없다. 그러나 창세기 3:22에는 초자연적인 "나무"가 존재했었다. 이 나무는 창세기 2장에서 아담에게 "값없이"(freely) 제공되었다. 아담은 그 나무를 따 먹지 않고서는 비록 영적으로 죽지는 않을지 몰라도 육체적 생명은 결국 "그 수명을 다하고" 말았을 것이다. 이 생명 나무는 성경에서 언급될 때마다 영원한 육체적 생명을 위한 것이다.

이미 타락해 버린 아담에게 이 나무가 금지된 것은(창 3:20) 당연하다고 하겠다. 하나님의 형상을 잃어버리고 그의 영이 죽어버린 상태에서 아담이 생명 나무에 참여했다면 아담은 영원토록 자기 육체의 노예로서 살게 되었을 것이다. 만약 아담이 그랬다면 오늘날에는 살아 있는 괴물이 되었을 것이다. 영은 죽어 있고 혼은 썩어 가는 부패한 육체에 들러붙은 채로 5,000년 이상을 살았다고 생각해 보라. 그는 아마 걸어 다니는 마귀 같았을 것이다. 주님께서는 아담에게 자비를 베푸시어 그가 제2의 사탄이 되는 것을 막으셨다. 그래서 아담은 육체적으로 죽게 된 것이다.

3:24 그리하여 하나님께서 그 사람을 쫓아내시고 에덴의 동산 동편에 그룹들과 두루 도는 불타는 칼을 놓아 생명 나무의 길을 지키게 하시니라.

아담과 이브는 서쪽에서 동쪽으로 향해 갔다. 이 방향은 성경에서 보자면 비극적이거나 잘못된 움직임의 전형적인 방향이다(만약 히틀러와 나폴레옹이 하나님의 말씀을 믿었더라면 두 사람 다 러시아 공격은 포기했을 것이다). 서쪽에서 동쪽 방향으로 이루어진 침략 중에서 유일하게 성공을 거두었던 전쟁은 알렉산더 대왕에 의한 소아시아, 페르시아 그리고 인도 정복이었다. 그러나 알렉산더는 이 제국을 향유해 보지도 못한 채 33세 반의 나이에 술에 취해 발작을 일으켜 죽었다.

카인도 서쪽에서 동쪽으로 쫓겨났다(창 4:16). 야곱은 타락해 있었을 때 라반을 섬겼으며 이를 위해 그는 서쪽에서 동쪽으로 향했다(창 28장). 유대인들은 서쪽에서 동쪽으로 포로로 잡혀갔고(왕하 25장) 성령께서는 복음이 그 방향으로 전파되는 것을 금하셨다(행 16장 참조). 반대로 아브라함은 동쪽에서 서쪽으로 부르심을 받았으며, 유대인들은 약속의 땅에 들어갈 때 동쪽에서 서쪽으로 들어갔다. 성막에 들어가는 방향도 동쪽에서 서쪽이며, 예수 그리스도께서도 재림하셔서 올리브산에서 예루살렘으로 입성하실 때 동쪽에서 서쪽으로 들어오실 것이며, 유대인들 역시 포로에서 귀환할 때 동쪽에서 서쪽으로 돌아왔다. 물론 예외 없이 100% 다 그런 것은 아니지만 예외 없는 규칙이 없듯이 "예외는 오히려 법칙이 있음을 입증한다." (서쪽에서 동쪽으로의 군사작전은 공격자가 피공격자보다 북쪽에 있는 나라일 경우에 한해서 성공할 수 있다. 그러나 이에 관해서는 나중에 다루도록 하자.)

『**그룹들**』(Cherubims, 24절)은 이곳에서 처음으로 언급되고 있다. 이 그룹들은 에스겔 1장과 10장 그리고 요한계시록 4,5장에서도 보인다. 이들은 사르곤 왕궁 위에 세워진 그 유명한 앗시리아의 "날개 달린 황소"와 약간 유사한 모습이다. 이들 그룹은 "천사"가 아니다. 왜냐하면 천사는 날개가 없기 때문이다(창 6장 주석 참조). 이들 그룹은 움직이면서 모습과 위치가 바뀌거나 움직이지 않은 채 멈추어 있기도 한다. 이들은 전적으로 초자연적인 존재들이다(성경에서는 천사, 천사장, 그룹, 스랍(사 6장) 등이 구분된다. 이들 영적 존재들에 관해서는 주석서들마다 "추측"이 난무하고 있으나, 그 어떤 주석도 〈킹제임스성경, 1611〉에 이미 인쇄되어 있는 것 이상으로 기여한 바가 하나도 없다). 히브리어 어원 연구 역시 이들 존재들의 규명에 아무런 도움이 되지 않는다. 그룹(cherub)은 "굳건히 붙잡힌 자" 혹은 복수인 경우(cherubim) "붙잡힌 자들" 혹은 "굳건히 붙잡힌"이란 뜻이다(창세기 3:1 주석 참조). "불타는 칼"은 쓰여진 그대로 불타는 칼이다. 이것은 이글거리는 화염으로 아담과 그의 후손들이 에덴의 동산으로 돌아오는 것을 막고 있다. 분명히 그들은 불칼에 다가설 수도 있었고(창 4:3; 4:16), "문 앞"에 머물러 있을 수도 있었지만 동산 안으로 들어갈 수는 없었다. 이제는 아담도 그의 아내도 육체적으로 영원히 살 수 있는 길은 없게 되었다. 이들은 선악과를 먹을 때 영적으로 죽어 버렸기 때문에 육체의 길을 택했고 결국 육체적 죽음이 그들의 인생 여정을 끝내게 할 때만을 기다리게 된 것이다. 이렇게 해서 창세기 3장은 침울한 분위기 가운데서 끝맺게 된다.

창세기 4장

4:1 아담이 자기 아내 이브를 알았더니 그녀가 임신하여 카인을 낳고 말하기를 "내가 주로부터 남자를 얻었다." 하니라.

2 그녀가 또 카인의 아우 아벨을 낳았는데 아벨은 양 치는 자였으나 카인은 땅을 경작하는 자였더라.

본문을 보면 기록된 사건들이 연대기 순으로 되어 있는 것 같다. 그러나 이 구절에는 묘사되어 있지는 않지만 카인과 관련해서 뭔가 잘못된 것이 틀림없다. 본문에 따르면 아담은 그의 아내와 관계를 가졌고 그녀는 처음으로 임신해서 처음으로 아이를 낳았다. 그러나 이 구절 주위에는 어떤 어둡고 신비스러운 분위기가 감싸고 있다. 첫째, 이브는 그녀의 첫아들이 창세기 3:15 약속의 성취인 것으로 착각했다. 그러나 카인은 전혀 "여자의 씨"가 아니었다. 둘째, 카인은 "악한 자로부터 나온

자"(요일 3:12)이며 그의 생애와 성품의 모든 요소가 마지막 때의 "죄의 사람"(살후 2장) 및 "짐승"(계 13장)과 일치하고 있다.

1. 카인과 적그리스도는 둘 다 뱀의 "씨"이다("멸망의 아들", 살후 2장).

2. 카인과 적그리스도는 둘 다 표를 갖고 있어서 그들을 식별해 낼 수 있다(계 13:13-18).

3. 카인과 적그리스도는 둘 다 살인자이며 거짓말쟁이이다(요 8:44).

4. 카인과 적그리스도는 둘 다 저주를 받았다(시 119:21).

(더 자세한 비교는 〈짐승의 표, *Mark of the Beast*〉 참조.)

우리는 창세기 4:1의 "임신"이 이중 임신이라는 사실을 간과할 수 없다(쌍둥이가 한 달 간격을 두고서 임신될 수 있다는 것은 의학계의 정설이다). 만약 그렇다면 카인과 아벨은 쌍둥이인 셈이다. 하나님께서는 『**그녀가 또 카인의 아우 아벨을 낳았는데**』라고만 말씀하셨지 그녀가 카인을 낳은 후 다시 임신했다고 말씀하지 않으셨음을 주목하라.

카인과 아벨은 성령께서 선과 악 사이의 차이점을 분명히 보여 주시기 위해 두 쌍의 요소를 대조시킨 여러 가지 예들 중 하나이다. "차별"은 영적인 문제들에 있어 절대적으로 필요하다. 그래서 하나님께서는 우리의 믿음을 세워 주시기 위해 여러 쌍을 대조시킴으로써 무엇과 무엇을 "차별"해야 하는지를 분명히 보이시는 것이다. 이스마엘 對 이삭, 카인 對 아벨, 에서 對 야곱, 베드로 對 바울, 사울 對 다윗, 아론 對 모세 등 때로 이러한 쌍 중에는 도덕적, 영적인 차이가 거의 없는 경우도 있다. 예를 들면 엘리야와 엘리사, 유다와 요셉, 야펫과 셈 등의 경우가 있다. 그러나 이러한 경우에 있어서도 각 사람의 특징들은 자기와 짝을 이루는 사람들의 성격과 대조시켜 볼 때 더욱 뚜렷해지는 것이다. 이와 같은 대조적인 "짝짓기"는 창세기 2-3장에서 보편적인 법칙으로 수립된다. 인간은 짝을 이루었을 때 가장 효과적으로 일을 수행한다. 그리 바람직하지 않은 "쌍"(에서와 야곱)의 경우에서조차도 하나님께서는 사람의 진노로 주를 찬양하게 하시며(시 76:10), "막대기"는 "지팡이"만큼이나 양에게 위로가 되는 것이다(욥 9:34, 사 10:5).

『**카인**』(1절)이라는 어휘는 히브리어 어근을 추적해 보면 "창", "획득", "애가, 탄식" 그리고 "쇠를 벼리다"는 말들과 연관이 있다. 히브리어는 두 가지 면에서 독특하다. 기술적으로 볼 때 히브리어의 동사는 진정한 의미에서의 "시제"를 갖고 있지 않다. 이는 영원에서는 시간의 흐름이 없기 때문이다(이사야 53장을 보면 미래적 사건을 다루고 있으면서 시제는 과거시제로 되어 있음을 알 수 있다). 그 히브리어의 어근은 그것이 동사, 형용사, 명사, 전치사 그리고 부사로 전개되면서 다양한 의미를 갖게 된다. 이러한 의미들을 연관시켜 보면 겉보기에는 전혀 연관이 없는 것같은 구절들이 서로 관련이 있음을 알게 된다. 예를 들면, 욥기 41장의 "리비야단"은 『**날쌘 뱀... 즉 꼬부라진 뱀**』(사 27:1)이고 용일 뿐만 아니라 (계 12장) 히브리어 어근을 추적하여 보면 "꼬여진", "감겨진", "연기", "달라붙다", "빌다", "바람 불다", "쉿소리를 내다", "속삭이다", "마술이나 요술을 행하다", "구리", "놋", "빛나다", "노끈" 등과 관련되어 있다. 더 자세한 분석은 할 필요 없이 이미 열거된 단어들만 보더라도 민수기 21장의 "놋뱀"은 그리스도께서 사탄의 자리를 취하시는 것이며, 이브는 창세기 3:1-6에서 뱀에게 최면을 당했었고(그는 마술사였으니까), 사기꾼들은 대상을 물색할 때 그의 목소리를 낮춘다(속삭인다)는 사실을 깨달을 수 있다.

카인은 "철로 된 창"이다. 이 철창은 골리앗이 가지고 다녔고(삼상 17:7), "철"(iron)은 늘 액운을 몰고 다니기 때문에 성경 독자라면 이 사실을 모를 수가 없다(삼상 23:7, 신 3:11; 4:20, 창 4:22, 민 35:16, 렘 15:12, 단 2:33-43). 이처럼 성경을 하나하나 찾아 확인해 보면 모든 것이 분명해지는 데도 오늘날의 보수주의자나 근본주의자들은 이 작업에 아무런 의미도 부여하지 않고 있다. 성경대로 믿는 사람들마저도 "하나님의 영광"을 위해 "위대한 일들"과 기념비적인 사업을 수행하느라고 하나님의 말씀이 얼마나 장엄하며 권위 있는가에 대한 영광스러운 감각을 상실해 버렸다. 그들은 하나님의 말씀을 "주의 일"을 추진하기 위한 교재로서 간주하고 있다. 그렇지만 "하나님의 모든 말씀은 순수하여", "사람은 빵으로만 사는 것이 아니요 하나님의 입술에서 나오는 모든 말씀으로 사는 것이다"(시 119:140도 참조해 보라). 성경에는 쓸데없는 것이 하나도 없다. 카인은 "철창"이다. 그리고 이 첫 번째 언급은 향후 성경해석의 근간이 되는 것이다. 철창을 지닌 자가 골리앗이 되었건 우리의 구세주의 옆구리를 찔렀던 로마 군인이 되었건 간에 하나님께서는 시작부터 선악이라는 이원론적 절대가치를 수립해 놓으신 것이다. "철창"은 그 어떤 경우도 선과는 관계가 없다. 철창은 진화해서 오늘날에는 220mm 총탄이 되기도 했고, 또 사람들을 속이기 위해 철 대신 은이나 납을 사용하기도 하지만 그 누구도 "철창"이 무엇에 쓰이는 가는 다 알고 있다. 이것을 변형시켜 미사일이나 로켓으로 사용하건, 루르지방의 대장장이가 두드리는 철을 언급하건, "마술과 마귀론 백과사전"에서 사탄의 생식능력이라고 설명하건 간에, 철은 〈킹제임스성경〉에 정의 내려진 그대로, 그 의미는 그대로 남는 것이다. 하나님께서는 하나님의 말씀의 틀을 세우시고 이에 입각해서 모든 모형(예표)들과 기준들을 설정하시며 인생사에 일어나는 모든 것들을 이것들을 통하여 판단하신다. 구약 성경에서는 늘 부정적인 내용을 갖고 있는 진리들(negative truths)이 긍정적인 내용의 진리들(positive truths)보다 앞서 언급된다는 사실이 여기서도 입증되어 있다.

1. 철창인 카인이 선한 목자인 아벨보다 먼저 나온다.

2. 털로 덮힌 "붉은" 로마 카톨릭 에서가 "이스라엘의 통치자" 야곱보다 먼저 나온다.

3. 땅에 속한 노예 이스마엘이 "선택받은 씨" 이삭을 앞서 있다.

4. 불안정한 르우벤이 "지파들의 사자"격인 유다보다 앞서 나온다.

그런데도 현대의 주석가들은 신약성경에서는 모든 부정적인 요소들이 전부 제거되었다고 하는 이상한 이론을 들고 나온다. 이들의 주장은 은혜와 진리가 예수 그리스도로 인해 우리에게 왔기 때문에(요 1:17) 그렇다는 것이다. 그러나 이러한 사람들은 철저히 진화론적 사고에 젖어 있는 사람일 뿐이다. 이들은 신약성경에 나와 있는 모든 말씀들을 무시해 버린다(마 23장, 롬 8장, 행 20장, 벧후 2장, 유 1장, 계 13,20장 등). 이들은 "선한 행위를 하는 자들"과 함께 등장해서 사탕발림 같은 성경구절들만 들고 나온다. 그러나 부정 없는 긍정은 없다. 선불교에 대한 스즈키의 가르침이나 니르바나, 사마디 등과 같은 동양의 가르침이 아무리 그런 주장을 펼지라도 그것은 그렇지 않다. 이들 구루(Guru)나

불자들의 육체 역시 부정과 긍정이라는 법칙하에 움직이고 있으며 (-) 극이 없는 배터리는 죽은 배터리인 것이다. 이 우주에 있는 가장 작은 전자 하나에도 양극과 음극이 있으며 이 근본적이고, 기본적이며, 본질적이고, 원초적인 절대 개념을 무시한다는 것은 자기 자신을 왜곡된 철학과, 비생산적인 종교, 거짓 가치 그리고 비과학적인 학문에 내던진다는 것을 의미한다.

카인은 분명히 잘못된 사람의 완벽한 예표로서 제시되어 있다. 반면 그의 짝인 아벨은 올바른 사람의 예표로서 제시되어 있다.

『**아벨**』(2절)은 "양치는 자"였다. 성경의 첫 번째 언급의 원칙에 입각해 목자(양치는 자)에 관한 관련 구절들을 추적해 보면 "우상목자"(슥 11:16,17)와 그의 "친구"들(슥 11:8, 계 17:6-13)을 제외하고는 목자라는 단어는 항상 좋은 것과 연관되어 있다.

아벨에 해당되는 히브리어 "헤벨"은 "지키는 자" 혹은 "먹이는 자"와 관련되어 있으며 어근을 추적해 보면 "일시적인", "지나가는", "안개", "수증기", "숨쉬기" 등과 연관이 있다. 따라서 아벨의 인생은 "잠깐 보이다가 사라지는 안개"였다(약 4:14). 아벨은 또한 아버지의 양떼를 지키는 자였으며(겔 34장), 양을 먹이는 자였다(요 10:1-4). 예수 그리스도께서는 누가복음 11:51과 마태복음 23:35에서 아벨이 역사의 실존 인물이었음을 확실히 하셨다. 만약 바르트와 브루너가 옳다면 우리는 예수님께서 "영성 고양의 목적"을 위해 "우화"를 실제 역사처럼 적용하셨을 뿐이라고 믿어야만 할 것이다(바르트와 브루너에 따르면 예수님께서 어쩌면 그렇게도 바르트와 브루너와 똑같이 생각하실 수 있는지 그저 놀라울 따름이다).

『**카인은 땅을 경작하는 자였더라**』(2절). 사태는 처음부터 잘못되어 가고 있다. 왜냐하면 카인은 저주받은 땅을 경작하였기 때문이다. 바로 이 때문에 주 하나님께서는 5절에서 카인의 제물을 받지 않으신 것이다. 반면 아벨은 하나님께서 창조하신 생명체를 돌보았다. 그래서 하나님께서는 4절에서 아벨의 제물을 받으신 것이다.

4:3 시간이 흐른 후에 카인은 땅에서 나는 열매를 가져와서 주께 제물로 드렸고,
4 아벨도 자기 양떼 가운데서 첫배 새끼들과 그 살진 것을 가져왔더니, 주께서 아벨과 그의 제물은 받으셨으나,
5 카인과 그의 제물은 받지 아니하셨더라. 그러므로 카인이 몹시 격노하고 안색이 변하더라.

만약 어떤 사람이 성경에서 중요한 구절들과 덜 중요한 구절들을 가려낼 수 있거나 가장 위대한 구절과 그렇지 못한 구절을 분류할 수 있다면(물론 이것은 불가능한 일이지만), 이 세 구절은 요한복음 3:16, 로마서 6:23, 로마서 10:9,10, 요한계시록 3:20, 디모데전서 2:5, 창세기 3:15, 시편 23편, 이사야 53장, 시편 22편 등과 어깨를 나란히 겨룰 수 있는 중요한 구절일 것이다. 왜냐하면 이 세 구절 앞에서 모든 불교와 힌두교 경전(수트라, 베다, 사스타, 푸라나), 교리문답서, 카톨릭 성사들,

도교의 가르침들, 교회의 회원제도, 황금률, 계명, 율법, 경전들, 침례의식, 십일조, 헌물, 학위, 회전예배기, 시험관 아기 등 이 모든 것들이 구원과는 아무런 상관이 없다는 사실이 입증되기 때문이다. 이 세 구절은 "종교"와 "구원"은 영원히, 절대적으로 다른 두 개의 것임을 극명히 보여 주고 있다. 모든 비교종교학은 이 세 구절 앞에서 의미를 상실해 버린다. 아무리 여러 종교들을 비교해 본다 해도 시간과 정력의 낭비일 뿐이다. 연구자나 탐구자의 동기가 진리로부터 회피하고자 하는 것이라면 그가 그 연구를 통해 그 무엇을 찾아냈다 할지라도 그의 창조주에게는 아무런 관심거리가 못되는 것이다(겔 9장, 살후 2장).

카인은 아벨은 제치고 먼저 제단에 등장한다(그는 아벨보다 더 종교적임에 틀림없다). 카인은 어디로 가야할 지를 알고 있었으며(3절), 언제 가야 하는 지도 알고 있었고(3절), 무엇을 가지고 가야 할지도 알고 있었다(창 3:21; 4:4). 그는 무지를 핑계 대는 이방인들처럼 무지에 호소하는 완벽한 불가지론자였다(지성인이었음은 물론이다).

카인은 자신을 위한 희생제물을 필요로 했으며(요일 3:12), "자기 양심에 따라" 자기의 길로 왔고(유다서의 "카인의 길"), 땀 흘려 일한 선행의 열매를 들고서 감사의 제물로 하나님께 자원하는 심령으로 바쳤던 것이다. 이보다 더 아름다울 수가 있을까? 이것은 마치 성공회 위원이 일요일 아침 거대한 성당의 헌금 접시에 1,000달러를 올려놓는 모습과 같다고 하겠다. 카인은 실로 멋진 사람이 아니었던가? (그렇다. 그는 거짓말쟁이요 살인자인 것 빼고는 멋진 사람이었다. 요 8:44)

창세기 4장 첫 부분의 장면은 실로 시사하는 바가 크다고 하겠다. 종교란 시대, 기후, 내용, 고객만 조금씩 달랐지 실상은 하나님의 호의를 얻어 내기 위해 인간이 만들어 낸 신앙체계에 불과하다. 모든 종교란 결국 이것 이외에 그 아무것도 아니지 않은가? 〈라이프〉지가 "세계 주요 종교들"에 관한 시리즈물을 실었을 때 이들은 예수 그리스도 위에 세워진 유일한 종교로 로마 카톨릭을 꼽았다. 〈라이프〉지의 설립자인 클레어 부스 루스(Clare Booth Luce)부부가 생각하는 종교들이란 다름 아닌 "카인의 종교"였던 것이다. 그 어떤 카톨릭 신부도, 주교도, 대주교도, 추기경도, 교회도 자신을 구원하고 의롭게 되기 위해 다른 분이 완성해 놓으신 그것을 온전히 신뢰해 본 적이 없다. 이들은 예외 없이 카인의 방식을 따라 야고보서 2:24,26을 인용해 가면서 하나님께 나아가고자 한다. 이들은 카인이 믿음과 행위에 입각해 하나님께 나아갔지만 하나님께서는 그를 저주했다는 사실을 깨닫지 못하는 것 같다. 카인은 그가 아벨을 죽이기 이전에 이미 거부당했다. 살인은 카인이 거부당한 것과는 아무런 상관이 없다(5절 참조). 그 어떤 불교 신자, 도교 신자, 유교 신자, 힌두교 신자, 이슬람교도, 개신교도 혹은 유대인도 그들의 종교를 창시한 그 사람들을 추종한다면, "카인의 길"을 따라 하나님께 나아오는 자가 되는 것이다. 카인의 길이란 구원을 얻기 위해 일하면서 최선의 결과가 나오기를 바라는 것이다. 세계의 모든 종교의 핵심이 바로 이것이다. 모든 종교는 공통점을 갖고 있는데 그것은 이 종교들의 추종자들은 "의로움"을 얻기 위한 한 요소로 "자아"(self)를 포함시키는 것이다. 스스로의 노력으로 의롭게 될 수 있다는 말이다. 이 점에 있어서는 카톨릭이나 공산주의나 하등의 차이가 없다. 교황 하드리안, 레오, 피우스 등은 레닌, 트로츠키, 마르크스 등과 똑같이 아니 어쩌면 훨씬 더 자기 의를 내세운 사람들이었다. 그 어떤 공산주의자들도 상대방을 보고 "거룩한 아버지"(Holy Father)라고 부르지는 않을 테니까 말이다. 로마서 10:1-10은 이 모든 헛소리를 한마디로 부숴 버리고 만다. 결국 이 말씀 앞에서 20세기의 모든 인간들은 설 자리를 잃은 것이다. 이미 결론은 났고 더 이상 연구해 볼 필요도 없다. 종교란 인간이 자기 스스로 의롭게 되려는 시도인 반면 구원은 자기는 스스로 의롭게 될 수 없다는 사실을 알고 있는 죄인들에게 하나님께서 거저 주시는 바로 그것이다.

우리는 창세기 3장부터 12장까지에서 신약과 동일한 문맥에 처해 있음을 기억해야 한다. 이곳에서 이루어지는 모든 것은 다름 아닌 은혜(창 6:8)로 이룩된다. 아담과 이브는 하나님께서 그들의 벌거벗음을 옷으로 입히시기 위해 거저 주시는 선물(가죽 옷)을 받았다. 카인도 마땅히 그리해야 했으나 그는 그리하지 않았다. 카인은 하나님이 계신 것을 믿었다(believe in God). 이것은 마귀도 믿는 사실이다. 그러나 그는 하나님을 믿지는 않았다(believe God). 그래서 그는 "음식제사"를 번제보다 먼저 가져온 것이다(레 23:10-12, 출 20-24장). 비록 카인이 사과도 반짝반짝하게 닦고, 무우, 감자, 양배추, 배, 복숭아, 바나나, 콩, 그 밖의 온갖 농산물을 쌓아 올려 제사를 멋지게 드렸다 하더라도 이런 식물에서는 "피"를 얻을 수 없다. 또한 북아프리카(라틴) 검은 마술을 사용해서 미사 포도주를 피로 만들겠다는 사람들이 발버둥 쳐 보아야 발효된 술잔에서 피를 얻을 수는 없다.

로마 교회의 성체성사 주관자들은 카인의 제물이 "땅에서 나는 열매"였음을 어찌해서 주목하지 못하는지 모르겠다. 주님은 최후의 만찬 시 "포도나무의 열매"를 언급하셨다. 문제는 다름 아닌 포도나무 열매였다. 그 열매는 아담과 이브가 따 먹고 죽은 그 열매였다. 하나님께서는 포도에서 나는 열매를 젯값으로 받아들이지 않으신다. 그래서 하나님께서는 카인을 받지 않으셨고 포도 열매나 포도주를 들고(미사) 주님께 나오면 여러분 역시 거부하실 것이다(신 32:32,33, 시 16:4). "종교"는 칼 마르크스의 말대로 "민중의 아편"일 뿐 아니라 요람에서 지옥에 이르는 최단 지름길인 것이다. 종교는 여러분을 저주할 것이나 구원은 여러분을 구출한다. 종교는 중성이나 구원은 인격이신 어떤 분이시다(마 1:21). 종교는 인간의 행위이다. 구원은 하나님의 행하심이다(딛 3:5). 영원이라는 관점에서 볼 때 전쟁과 술 취함과 살인보다 더 나쁜 것은 종교인 것이다. (카인은 아주 종교적이었다. 여러분 중에도 그런 분이 많을 것이다. 조심하라.)

『**아벨도 자기 양떼 가운데서 첫배 새끼들과 그 살진 것을 가져왔더니**』(4절). "첫배 새끼들"(firstlings)을 주목하라. 이 사실은 매우 중요하다. 왜냐하면 카인은 그가 원하기만 했다면(롬 10:13) 언제든지 양을 제물로 사용할 수 있었다. "기름진(살진) 것"이란 뜻이 창세기 45:18; 49:20에서 사용되었듯이 "양떼 중 가장 좋은 것"이란 의미이다.

『**주께서... 받으셨으나**』(4절). 자, 이 장면을 한번 상상력을 동원해 재현해 보자. 여기 연장으로 손대지 않은(출 20:25) 두 개의 자연석, 즉 무더기를 이룬 두 개의 돌 제단이 놓여 있다. 두 젊은이가 동산의 동쪽 문 밖에서 제단 앞에 무릎을 꿇고 있다. 두 사람은 기도를 하면서 그들의 제물이 하나님을 기쁘시게 했다는 확신을 주는 무엇인가를 기다리고 있었다(아! 요일 5:13). 그러나 이 두 예배 사이에는 매우 현저한 차이점이 있었다.

1. 카인은 적당히 손을 올리고(시 28:2; 63:4, 딤전 2:8) 하늘을 쳐다 보고 있었다. 그리고 두 손을 모으고 기도를 드렸다.

2. 제물을 늦게 가져온 아벨(카인이 제물을 먼저 가져온 것은 분문 3,4절에서 분명하다.)은 멀리서 무릎을 꿇고 하늘을 감히 우러러 보지 못한 채 스스로 중얼거리고 있었다. (이렇게 죄인으로서 큰 소리도 내지 못한 채 하는 그 기도 소리를 주님께서는 다 알아들으시고 누가복음 18:13에서처럼 그 내용을 계시해 주신다. 그 중얼거리는 소리는 다름 아닌『하나님**이여, 죄인인 저에게 자비를 베푸소서.**』였다.)

이처럼 두 사람의 자세(혹은 태도)가 분명히 달랐던 것 이외에도 이 주일날 드려졌던 "제물들"이 서로 달랐다는 사실에 주목할 필요가 있다.

카인은 그가 쌓아 놓은 제단 위에 온갖 야채, 과일, 꽃, 나물 등을 쌓아 놓고서 이렇게 기도했을 것이다. "주여, 저는 제 양심의 명령에 따라 주님께 경배하나이다. 물론 아버지, 어머니께서는 그들의 죄는 양의 피에 의해 값을 치렀다고 하셨지만 주님 제가 가져온 이 탐스러운 포도를 좀 보십시오. 이것은 제가 키웠습니다. 제가 가지치기도 했고, 여우도 쫓아냈으며, 벌레도 제거했습니다. 저는 당신께서 사랑의 하나님이심을 알고 있고 복수나 피 흘리심을 기뻐하시지 않으신다고 믿고 있습니다. 그러하오니 당신의 무한하신 연민으로 이 포도 주스를 피로 만들어 주시고 저로 더 개선된 삶을 살 수 있도록 해 주시지 않겠습니까?" 그러나 이 기도와 간구에는 아무런 응답이 없었다. 추수감사절 오후의 칠면조 우리처럼 적막만이 감돌았던 것이다.

아벨은 제단 앞에 무릎을 꿇고 (물론 그 위에는 목이 잘려진 양이 놓여 있었다) 이렇게 기도했다. "주여, 저는 주님께서 이 양을 저를 대신해서 받아 주시기를 바랍니다. 주님께서 저에게 베푸신 선함을 생각할 때 저는 죽기까지 당신을 마땅히 사랑해야 하지만, 저는 겁쟁이입니다. 저는 죽음을 두려워합니다. 주님은 하늘과 땅의 주이시기 때문에 제 자신을 포함해서 그 누구보다 더 주님을 높여 드려야 하지만 저는 그렇지 못했습니다. 저는 늘 제 자신을 첫 번째에 놓았습니다. 오 주여, 이제 당신의 피조물인 이 양을 보십시오. 이 양은 당신이 먹이시고 키우셨습니다. 저는 다만 당신의 것을 돌보았을 뿐입니다. 어머니, 아버지께서는 주님께서 동산에서 이 양들 중 하나를 그들을 위해 죽이셨다고 하셨습니다. 저는 주님께서 제 대신 이 양을 받아 주시기를 바랍니다. 저의 피 대신 이 양의 피를 받으십시오. 저는 저의 죄로 인해 마땅히 죽어야 합니다. 그러나 이 피의 대속물을 받아 주시겠습니까?"

이 기도가 끝나자 즉시로 응답이 왔던 것이다(레 9:24, 대하 7:1, 마 27:54).

아벨의 구원은 분명하였다. 그가 드린 훌륭한 제물은 즉시로 그 "증거"(testimony)를 얻었다. 비록 아벨의 피는 효과 있고, 영원하고 최종적인 속죄는 아니었지만(히 11:4), 적어도 하나님께서 사람으로부터 원하시는 유일한 제물은 점이나 흠이 없는(벧전 1:18,19) 『**어린양**』이라는 사실을 모든 세대의 사람들에게 보여 주고 있는 것이다.

20세기 현대인들을 그처럼 당황하게 만드는 피는 사실 요즘 사람들이 허리띠, 신발, 시계 등을 만들 때 흘리는 것이며, 지갑, 열쇠고리, 가방들을 만들 때에도 짐승이 먼저 피를 흘려야 한다. 뿐만 아니라 피는 고속도로 사고에서도, 복싱 중계방송에서도 늘 보는 것이며 삶을 결산하는 날(심판날)에 꼭 필요한 것이다. 『**내가 그 피를 보면 너희를 지나칠 것이며**』(출 12:13). 무엇이 내 죄들을 씻을 수 있는가? 아무것도 없다. 정말 아무것도 없을까? "모든 육체의 생명은 피에 있다"(레 17:14). 하나님께서는 당신이 어떤 종교를 선택해야 할지 모르도록 내버려두실 수 없었다. 올바른 종교를 택하지 않으면 모두가 지옥으로 가 버릴 것이기 때문이다. 당신이 구원과 확신을 원한다면, 아벨의 제단 앞에 무릎을 꿇라. 그 외의 모든 것은 가라앉는 모래일 뿐이다.

다시 카인에게로 가보자! 그는 천둥소리와 번개 치는 소리를 듣고 놀란듯이 고개를 들어 하늘을 바라본다. 그때 하늘로부터 불꽃이 내려와 아벨의 제단을 태우는 것을 보게 된다(판 13:20). 하늘로부터 불이 내려와 아벨의 제물을 태웠으며(왕상 18:38). 하나님께서 어린양이 되실 때까지는(창 22:8) 아벨이 올바른 해답이었다.

1. 그는 올바른 제물을 드렸다.

2. 그는 즉시 받아들여졌다(창 4:7 참조).

3. 그는 자기가 그 자리에서 받아들여졌음을 알았다(딤후 1:12).

4. 그는 그 자리에서 절대적인 확신을 얻었다(롬 8:38,39).

다시 말하면 성경의 처음 4장에서 (10장도 채 안 된다) 우리는 이 세상 그 어느 곳에서나 가장 핵심되는 이슈를 보게 되는데 이것은 뉴스, 전쟁, 정부, 고등교육, 사회적 신분, 세금, "자유", 가난, 인종 평등, 질병, 오락 등 그 어떤 것과도 아무런 관계가 없다. 성령님께서는 단번에, 그리고 영원토록 인간에게 하나님의 길과 인간의 길 사이의 차이가 무엇인가를 보여 주시는 것이다. 인간의 길은 종교이다. 하나님의 길은 구원이다. 이후 성경에서는 메시아, 적그리스도, 이스라엘, 정치사, 세계제국 등등을 다루고 있다. 하지만 하나님께서는 자신의 책에서 처음 5장이 되기 전에 (하나님께서 책을 갖고 계신다는 것이 이상한가? 다윈도 인간과 짐승의 차이를 설명하면서 동물은 결코 읽거나 쓸 수 없다고 하지 않았던가? 하물며 하나님께서 책을 갖고 계신 것은 하나도 이상할 것이 없다.) 인간이 "착하게 되고자" 하는 소망을 산산이 부셔 버리는 것이다. 예수님에 따르면 인간은 "악하다"(마 3:7; 12:34). 이것이 인간이 구원보다는 종교나 종교들을 더 좋아하는 이유이다. 그들은 자기들이 "선하다는" 느낌을 원하거나 "자신을 믿고 싶어하거나" 혹은 "모든 사람에게서 선함"을 찾아내려 한다(윌 로저스는 "나는 내가 싫어하는 사람은 만나 본 적이 없다."라고 했다). 쉽게 말하면 성경은 평범한 사람에게는 모욕을 주는 책이다. 성경은 모든 카인의 길을 걷는 사람에게 이렇게 말하고 있다. "일하고, 땀 흘리고, 애쓰고 선을 행하라. 이 모든 일을 다한 후에도 나는 네가 365일 내내 침대에 그대로 머물러 있었던 것과 같이 아무런 관심도 보이지 않으리라." 성경이 이 세상과 이 세상 제도에 대해 선포한 가장 위대한 선언은 부정적이다(요일 2:15,16, 눅 16:15). 바로 이것이 유엔과 에큐메니컬 운동을 하는 사람들이 감히 성경대로 믿는 사람들이 되려고 생각하지 못하는 점이다. 그들은 자기들이 가져온 과일 스탠드 앞에 끝까지 충성스럽게 서서 아벨이 축복을 받는 동안 카인에게 동정심을 품고 있는 것이다.

『**카인이 몹시 격노하고 안색이 변하더라**』(5절). 〈킹제임스성경〉은 실로 정확하다. 카인의 변해 버린 안색이 선명히 드러나기 때문이다. 눈썹이 아래로 쳐지고, 입가도 비뚤어진 카인의 심장은 아마 철컥 내려앉았을 것이며, 그는 즉시 머리를 굴렸을 것이다. (그는 무엇을 가져와야 하는지 알고 있었다는 사실을 기억하라.)

4:6 주께서 카인에게 말씀하시기를 "네가 어찌하여 격노하느냐? 어찌하여 네 안색이 변하느냐?
7 네가 바르게 행하면 받아들여지지 않겠느냐? 네가 바르게 행하지 아니하면 죄가 문 앞에 엎드리느니라. 죄의 욕망이 네게 있으니, 너는 죄를 다스릴지니라." 하시니라.

『**네가 바르게 행하면...**』(7절). 게임의 규칙은 매우 간단하다. 만약 카인이 옳은 일을 했다면 그는 그의 동생 아벨처럼(요일 3:24; 5:9) 증거를 받았을 것이다. 그러나 카인은 자기를 구원하기 위해 자기 종교, 즉 자신의 의로운 행위를 신뢰하고 있었던 것이다. 하나님께서는 자기를 구원하기 위해 자기 자신의 생활을 신뢰하는 그 누구에게도 구원의 확신을 주신 적도 없고 주시지도 않으실 것이다. 오늘날의 그 누구도 만약 아벨이 알고 있었던 그 사실을 알기 원한다면 호의나 은혜를 얻기 위한 수단으로써 자기의 종교적 행위를 영원히 포기하고(롬 4:5) 아벨처럼 제물인 동시에 제물을 바치는 사람이었던 위대하신 목자의 피의 속죄를 완전히 온 마음을 다해 신뢰해야 하는 것이다. 종교는 무언가 잘못된 것이다. 그래서 종교는 그 추앙자들에게 죽음 후의 절대적이고 확실한 지식을 제공해 주지 못하는 것이다. 이런 것을 무엇 때문에 종교라고 부르는지 모르겠다. 과학 역시 죽음 후의 세계에 대해 아무런 언급도 못한다. 차라리 "로마과학교회" 혹은 "제일침례과학회"라고 부르는 게 어떨까? 베드로, 야고보, 요한은 그들이 죽은 후 어디로 가는지 알고 있었다(벧후 2:2, 요일 5:13, 약 5:8,20). 바울도 그것을 알고 있었다(고후 5:8). 무디, 선데이, 웨슬리, 루터, 휫필드, 토레이, 피니, 케리, 고포스, 리빙스턴, 스터드, 테일러, 저드슨 등도 역시 알고 있었다. 그렇다면 왜 당신은 그것을 모르는가? 미래도 모르고 그것도 계시해 주지 못하는 그런 신을 당신은 왜 믿는가? 아벨과 같은 사람들이 죽으면 자신들이 갈 곳을 어떻게 알고 있었는지 당신은 아는가? 왜냐하면 그들은 자기가 속죄를 필요로 하는 죄인이라는 사실을 알고 자기를 구원하시는 하나님의 어린양의 흘리신 그 피를 신뢰했기 때문이다. 다시 말하면 그들은 하나님께서 그들에게 하라고 하신 바로 그것을 한 것이다(롬 5:1-8; 10:9,10). 당신은 왜 종교적인 사람들이 "아무도 구원받았는지 확실히 알 수는 없다."고 떠들고 다니는지 알겠는가? 왜냐하면 그들은 하나님께 과일 열매를 팔려고 애쓰지만 하나님께서는 그들의 행위라고 하는 열매에는 전혀 관심이 없으시기 때문이다.

『**네가 바르게 행하면...**』(7절). 당신이 성경에 순종하였다면 "하나님께 받아들여진 사건"이 이미 지난 사건임을 인정할 것이다. 우리는 그분의 "사랑하시는 이 안에서 받아들여졌고", "택함을 받았으며", "그분과 천상에 함께 앉은 바 되었고", "그분 안에서 온전하게 되었다"(엡 1:6; 1:4; 2:6, 골 2:10). 그런데 이런 모든 것을 모르는 이유가 무엇인가? 『**네가 바르게 행하면...**』 하나님께서는 당신이 올바로 행동했는데도 두려움과 의심 속에서 살도록 하시는 고약한 판사 나리밖에 안 되신단 말인가? 매년 수백만의 죄인을 받아들이시는 그분께서 당신은 거부하신단 말인가? 『**네가 바르게 행하면 받아들여지지 않겠느냐?**』 로마 카톨릭 교회는 이 사실을 거부한다. 그들의 공식 가르침에 따르면 사람이 죽을 때까지는 어디로 가는지 알 수 없다고 한다. 그러나 아벨도, 바울도, 예수님도 그것을 다 알고 있었다. 우리는 이 상황에서 카인과 그의 어머니와의 유사점을 발견하게 된다. 그 두 사람의 마음 깊은 곳에서는 하나님께서는 불공평하실 뿐만 아니라 거짓말쟁이시라는 생각이 자리 잡고 있었다(요일 5:10-13). 그들의 속마음은 이러한 것 같다. "내가 최선을 다했는데도 영생에 대한 확신이 없는 것은 하나님께서 그것을 네게 주시지 않기 때문이다." 그러나 사실은 당신이 그것을 모르는 것은 당신이 카인의 길로 갔기 때문이요, 당신이 그 길을 선택하는 한 하나님께서는 결코 당신에게 영생의 확신을 주시지 않을 것이다. 올바른 선택을 하지 않았기 때문에 하나님께서는 당신과 당신의 교회를 안 받아 주시는 것이다. 당신은 그 사실을 "증명해 보라."고 하겠지만 그럴 필요는 없다. 당신은 당신이 영생의 확신이 없다고 했을 때 이미 당신이 받아들여지지 않았다는 사실을 입증한 셈이다. 하나님은 거짓말쟁이가 아니시다(민 23:19). 왜냐하면 당신은 하나님께서 하라고 한 대로 한다면(행 16:31), 당신은 받아들여질 것이기 때문이다.

『**네가 바르게 행하지 아니하면 죄가 문 앞에 엎드리느니라**』(7절). 드디어 '죄'라는 단어가 처음으로 인쇄되어 등장하고 있다. 이 단어는 하나님께서 위대한 상대주의자로서 예수님을 심문했던 폰티오 빌라도에게 마지막으로 하신 말씀이다(요 18:38; 19:11). 카인은 실제적인 문제를 갖고 있었는데 그것은 다름 아닌 죄 문제였다. 성경은 "모든 불의가 죄니라", "죄는 율법을 어기는 것이라", "믿음으로 아니하는 모든 것이 죄라", "높은 눈, 교만한 마음, 악인의 쟁기질은 죄니라", "어리석은 자의 생각은 죄니라."고 말씀하고 계시며 이 밖에도 여러 가지 정의를 내리고 있다(잠 21:4; 24:9, 약 4:17, 요일 5:17; 3:4, 롬 14:23).

대학교에서 "죄"라는 단어를 대체하기 위해 선정한 단어들은 "귀에 듣기 좋고, 점잖고 기분 좋게 저주를 슬쩍 없애 버리도록" 고안된 것들이다.

"죄는 이원론이다." - 희랍철학자들

다시 말하면 하늘나라와 지옥, 선과 악을 믿으면 죄가 된다. 그러니까 성경의 저자는 죄인인 셈이다.

"죄는 결여된 상태(privation)이다." - 라이프니츠

"죄는 환상이다." - 스피노자. 그러니까 이 환상이 그를 죽인 셈이다.

"죄는 하나님 나라에 반대되는 것." - 릿츨

"죄는 유한한 영이 내린 자기 결정에 어긋나는 것이다." - 듀이와 러셀

다시 말하면 죄는 "나의 길"(my way)로 가는 것을 막는 모든 것이다.

그러나 성령께서 오늘날 생각나게 하시는 그 죄는 분명히 믿지 않음이다(요 16:9). 이 죄가 카인의 죄이든 아니든 간에, 어떤 죄가 카인의 장막 문 앞에 엎드려 그를 지배하려고 하였다는 것은 분명하다(롬 6:14 참조). 『**문 앞에**』란 말은 창세기 18:1, 출애굽기 38:8, 민수기 11:10 및 기타 유사 구절들을 기억나게 하며 인간의 몸이 곧 장막 혹은 성막이며,

문은 인간의 참된 자아라고 하는 내적 성소로 들어가는 입구임을 암시해 주고 있다. 마음이 진리에 열려 있지 않으면 그것은 "할례받지 못한 마음"(렘 9:26)인 것이다. 카인은 죄 문제와 마음의 문제를 갖고 있었던 것이며 이 두 가지는 흔히 같이 오게 마련이다(겔 11:19; 28:6; 36:26). 카인은 그의 고백만큼도 선하지 않았으며 그의 고백은 받아들여지지 않았다. (이것은 카인의 후예들에게 있어 대부분 동일하다. "행함이 없는 믿음이 죽은 것"이라고 말하고 "사람은 믿음으로만 의로워지는 것이 아니고 행함으로 의로워진다."고 주장하는 사람들은 영화, T.V., 춤, 술, 빙고, 담배, "선의의 거짓말", 일요일에 열리는 투우경기, 미니스커트, 성경을 거부하는 주일학교용 자료 그리고 그들이 살고 있는 현대 세계는 아무것도 잘못된 것이 없다는 강박 관념을 갖고 있는 것 같다.)

모든 세대에 걸쳐 가장 거룩한 사람들은 자기 자신이 무가치한 존재라는 확신을 갖고 있었으며 이 세상 제도가 해롭지 않거나 혹은 바람직하다고 생각했던 많은 것들 역시 무가치하다고 확신하였다. 하나님의 말씀은 카인이 "과일 열매"를 이유로 피의 속죄를 거부한 것 외에도 "그의 행위들은 악하다고"(요일 3:12) 말하고 있다. 독자 여러분은 카인의 악한 행위란 아벨을 죽이는 것이 아니었고 오히려 카인은 그의 악한 행위들 때문에 아벨을 죽였다는 사실을 주목하기 바란다. 즉 카인이(오늘날의 40억의 그의 추종자들과 함께) 그토록 중요시 여기는 행위들은 그의 믿음이나 제물보다 나은 게 없었다는 말이다. 행위들은 다만 모든 사람들에게 확연히 드러나는 것이 아니다. 따라서 "의지숭배", 절제, 고행, 통회, 자학, 금욕주의, 거룩함, 경건, 자기부인 및 겸손 같은 "미덕"이 크게 드러나는 곳에는 썩은 마음과 생명이 숨어 있다고 추측할 수 있겠다(요 3:18-21).

카인은 겉으로 드러난 행위는 없었지만 숨겨져 있는 계획이 있었고 이에 요구되었던 제물을 바치지 않았던 것이다. 『**네가 바르게 행하지 아니하면 죄가 문 앞에 엎드리느니라.**』 이 말씀은 반대로도 적용된다. 하나님께서는 구원에 관해 확신을 못하는 인간을 비난하고 계신다. 그러나 그것은 하나님의 잘못이 아니고 인간의 잘못이다.

자, 이 상황하에서는 카인의 입장은 위태롭기는 해도 완전히 희망이 없는 것은 아니다.

1. 그는 아벨의 제물이 받아들여지는 것을 보았으므로 무엇을 바쳐야 할지 알게 되었다.

2. 아벨은 제물로 바칠 양떼 전부를 몰고 왔으므로 제물이 부족하지는 않았다.

3. 카인은 아벨에게 양을 달라고 하기만 하면 된다. "구하라. 그리하면 너희는 받을 것이라."

카인은 속으로 "내가 달라고 해도 아벨은 안 줄 거야."라고 생각했을 것이다. 하나님께서는 그의 마음을 읽으시고 말씀하신다. "너 어리석은 자여, 아벨은 지금 매우 기뻐하고 있다. 가서 구하기만 하면 줄 것이다!"(물론 성경 본문에는 이렇게 쓰여 있지 않지만 사실일 것이다. 삼상 6:14,15). 그러나 이것도 소용없었다. 카인은 아벨에게 무엇을 달라고 손을 벌리느니 차라리 죽음을 택했을 것이다. 그는 너무도 자아가 강했다. 바로 이 점이 카인의 종교의 뿌리이다. 하나님은 살인자를 구원하실 수 있다(출 2:12). 술주정뱅이나(창 9:21), 간음자나(삼하 11:4), 도둑이나(눅 23:43) 혹은 거짓말쟁이도(막 14:71) 구원하실 수 있다. 그러나 성경 66권 전체를 다 뒤져 보아도 교만한 사람은 구원하실 수 없다. 하나님께서 당신을 당신의 종교와 자아에서 구원하실 때까지는 당신은 지옥에서 문이 잠긴 채 열쇠도 없이 머물러 있는 것과 같다. 욥은 자기의 문제가 어디에 있었는지를 알았다. 욥기 1:5에는 카인이 가지고 있던 바로 그 문제를 일으킬 만한 소지가 있었던 것이다.

『**너는 죄를 다스릴지니라**』(7절). 주님은 카인과 그 일족에게 마지막 말씀을 던지셨다. "죄가 너를 다스리려 하지만, 너는 죄를 막아야 한다. 비록 네가 아담의 형상을 입고 있고 옛 성품을 지니고 있지만 너는 죄를 다스릴 수 있다. 죄가 너를 다스려서는 안 된다." 바로 이 구절에서 카인, 칼빈 그리고 추기경 학교들은 철학, 신학, 과학 혹은 신지학과 같은 초보적인 학문으로 후퇴하고 만다.

1. 카인은 무엇을 어떻게 해야 하는지 알고 있었다.

2. 그는 그것을 할 수 있었으며 하나님께서는 그것을 하도록 권면하셨다.

3. 그는 자기 문제가 무엇이고 해결책은 무엇인지를 차분하고 친절하게 제시받았다.

4. 그런데도 그는 빌라도처럼(요 18:38) 일어나 황급히 가버렸다. 그리고 빌라도처럼(요 19:16) 그의 형제를 살해하였고 빌라도와 똑같이(마 27:24) 무죄함을 요구하였다.

카인의 품성을 분석해 보면 20세기의 교육받은 종교인들의 특성이 그대로 드러난다. 이와 같은 성품을 갖고 있는 자들이 1년에 10만 명 정도 살해하지 않으리라고 생각할 수 있을까? 살인을 도발하는 인간 내부의 욕심들은(약 4:1-4) 그 사람이 하나님의 말씀을 거부한다면 아무런 제약 없이 자유롭게 발산되는 것이다. 현대인들은 카인처럼 형제의 머리를 부수기 위해 무기를 들고 달려들지 않을지는 모르지만, 태어난 자로는 최초의 인간이었으며 살인을 저질렀던 그 사람의 행위를 뒤따르고 있는 것이 분명하다. 카인의 후예가 지구상에서 사라질 때 전쟁은 끝이 난다. 그 이전에는 어림도 없다(계 20:11-13).

4:8 카인이 그의 아우 아벨과 이야기하더라. 그들이 들에 있을 때 카인이 그의 아우 아벨에게 달려들어 그를 죽이니라.

변개된 〈칠십인역〉(오리겐, 심마쿠스, 테오도티안이 그리스도 탄생 150-200년 후에 만들어 낸 위조성경)에는 8절에 "우리 들로 나가자."라는 말이 첨가되어 있다. 이 변개된 부분이 1952년 RSV에 그대로 보존되었다[RSV는 때론 〈칠십인역〉이 첨가해 놓은 부분을 삭제하기도 한다(창 11:12 참조) 이것은 번역자 마음대로다]. 〈킹제임스성경〉은 8절 중간에 그들이 "들에 있었다."고 말하고 있다.

『**카인이 그의 아우 아벨과 이야기하더라**』(8절). 대화 내용은 기록되어 있지 않다. 피의 속죄를 믿는 사람들(아벨과 같은)과 자기 의를 내세우는 교회 회원들(카인과 같은) 사이가 어떠한지를 알고 있는 사람이라면 두 사람이 어떤 대화를 했으리라고는 짐작하고도 남을 것이다.

카인은 들에 있었고 아벨이 아침 일찍 양떼를 몰고 등장한다. 저만치서 아벨이 "오, 주 예수 사랑, 기쁨, 내 마음속에, 내 마음속에, 내 마음속에..." 찬송하면서 걸어오는 소리가 들려오고 있다.

카인 : "뭐가 그리 신나서 노래까지 부르냐? 뭐 돈 좀 벌었냐?"

아벨 : (신이 나서) "아니, 그것보다 훨씬 좋은 일이 있지. 나 구원받았어."

카인 : "아! 종교를 갖게 됐다구!"

아벨 : "그게 무슨 말이야?"

카인 : "아! 그거 그러니까 종일 찬송이나 부르고 뭔가 된 것처럼 행세하는 것 말이지. 그런 걸 광신자라고 하는 거야."

아벨 : "나는 광신자가 아니야. 하나님께서 나를 구원해 주셔서 기쁜 거야. 그게 전부라니까."

카인 : "멍청한 소리, 아무도 죽을 때까지는 구원받았는지 모른다구."

아벨 : "아니야. 나는 안다니까. 하나님을 송축하라! 내가 전도지 한 장 줄게!"

카인 : "난 그런 건 안 읽는다구. 나는 태어나면서부터 카톨릭이고 지금도 그렇고, 죽을 때도 카톨릭으로 죽을 거야."

아벨 : "그렇지만 형, 이 전도지에는 어떻게 구원받는지에 대해 써 있다니까. 하나님께서는 카톨릭이든, 유대인이든, 프로테스탄트든 당장에 구원하실 수 있다구."

카인 : "까불지 마, 너 날 놀리는 거지."

아벨 : (부드럽게) "그게 아니야. 형도 구원받을 수 있다니까!"

카인 : (얼굴이 붉어지며) “이봐, 멍청아, 잘 들어 보라구! 우리 교회 아니면 너는 구원에 관해 아무것도 배울 수 없어! 쓸데없는 짓 하지 말고 너는 너의 종교나 갖고 꺼져. 나는 내 종교를 고수할 테니(그는 괭이 손잡이를 휘두른다).”

아벨 : (조용하면서도 분명한 어조로) “맞아! 나는 하나님께서 내 종교는 인정하셨지만 형의 종교는 거부하신 것을 그때 봤어!”

카인 : “이 자식이 까불어!”

그때 카인은 괭이로 동생을 내리쳤다. 아벨은 막대기를 집어 들었으나 카인은 힘센 장사였다. 아벨은 땅에 나가떨어졌다. 그는 일어나면서 막대기를 집으려 했다. 그때 카인이 그의 머리, 어깨, 팔, 등, 얼굴에 괭이로 거듭거듭 내리쳤던 것이다. 5분이 채 되기도 전에 이 땅을 영화롭게 하였던 그 첫 인간의 시체는 피를 흘린 채 땅바닥에 눕고 말았던 것이다. 지구상에서 처음으로 피를 흘리고 죽어 갔던 것은 양이었고(창 3:21), 최초로 죽어 간 사람은 목동이었던 것이다(히 13:20). 『**카인이 그의 아우 아벨에게 달려들어 그를 죽이니라**』(8절).

참된 믿는 자의 종교를 그에게서 빼앗을 수 있는 방법은 없다. 그것은 그의 안에 있기 때문이다. 그의 증거를 없애려면 그를 죽이는 수밖에 없다(계 17:1-6). 왜냐하면 염주, 초, 건물, 책, 옷, 집, 심지어는 그의 목숨마저도 그 안에 내주하시는 구세주가 아니기 때문이다. 어떤 사람의 종교를 빼앗거나, 태워 버릴 수 있다면 그 종교는 카인의 유물일 수밖에 없다. 성경대로 믿는 사람은 자기 마음 안에 말씀을 가지고 있고, 찬송을 암기하고 있으며, 질그릇 안에 보배를 담고 있다. “카인의 길”을 따라 “그를 좇지” 않는 한 성경대로 믿는 기독교를 없앨 수는 없다.

4:9 ○ 주께서 카인에게 말씀하시기를 "네 아우 아벨이 어디 있느냐?" 하시니, 그가 말하기를 "나는 모르나이다. 내가 내 아우를 지키는 자니이까?" 하니,

이 구절은 사회주의자들과 자유주의 설교자들이 좋아하는데 거기에는 이유가 있다(여러분이 상상해 보기 바란다). 마귀가 인용하는 대부분의 성경구절이 성경에 대한 의문과 관련이 있는 것처럼, 창세기 4:9이나 말라키 2:10 등이 그 문맥에서 슬그머니 빠져나와 "인간은 모두 형제"이며 하나님께서는 모든 이의 아버지요 우리는 우리 형제를 "지키는 자"가 되어야 한다고 주장하는 일은 그리 이상할 게 못된다(불행하게도 이들의 80%는 진화론자로 자기들이 내세운 주장을 그대로 받아 준다면 그들은 "나는 내 아우를 지키는 자이니이다."라고 고백해야만 할 것이다).

『**네 아우 아벨이 어디 있느냐?**』(9절) 이 구절을 볼 때면 우리는 창세기 37:4, 마태복음 28:10, 요한복음 1:11로 건너뛰어 아벨이 예표하고 있는 그분께서 그의 형제들에게 거절당하고 살해되었음을 기억할 수밖에 없다(행 7:52).

『**나는 모르나이다**』(9절). 완벽한 불가지론자의 답변이다. 그는 어디에 동생의 시체가 있는지를 정확히 알고 있었다. 이 땅에서 살았던 살인자 치고 경찰을 데리고 자기가 죽인 자의 시체로 갈 수 없었던 자는 아무도 없었다(혹은 죽은 시체가 묻혀 있거나 덮혀 있는 곳). 물론 그가 한 사람을 죽일 때 멀쩡한 정신으로 논쟁을 하다가 죽였을 경우 말이다.

카인은 지금 거짓말을 하고 있다. 그는 그의 아우가 어디에 있는지 알고 있었다.

『**내가 내 아우를 지키는 자니이까?**』(9절) 자기 스스로 의롭다 하는 자의 이 지독한 분노를 보라. 그는 동생을 지키는 것은 자기 의무로 생각지 않았지만 동생을 죽이는 것은 자기 의무로 생각했던 것이다. 그런데 흑인향상협회(NAACP) 회원은 이 구절을 붙들고 늘어진다. 그러나 이 구절은 거짓말쟁이와 살인자의 발언일 뿐이다. 카인이 행한 답변은 기독교 진리에 대한 교리적 선언이 아닌 것이다. 그것은 한 살인자가 하나님께서 진리를 말씀하지 못하도록 하기 위해서 던진 질문인 것이다. 이 구절과 마태복음 25장, 야고보서 2장, 요한일서 2:9; 3:17 등을 붙들어매어 흑인향상협회 종교 지도자들은 희한한 기독교 교리를 만들어 냈다. 그것은 적십자, 사회복지, 유엔, 평화봉사단 등이 기독교 활동이라고 사람들에게 믿게 해주는 "괴물" 같은 가르침이다. 이 가르침은 한 걸음 더 나아가 이와 같은 사업들에 함께 하지 않는 다른 사람들은 그리스도인이 아니라고 몰아붙인다. 자신들과 함께 바벨탑을 쌓지 않는 자는 참된 그리스도인도 인류의 동포도 아니라는 것이다.

위에 언급한 모든 구절들은 문맥과는 상관없이 아전인수격으로 해석되었다. 바울은 기독교 교리를 정의함에 있어 그리스도를 거부하는 세상에게 재정적 지원을 하는 것은 "거듭난" 하나님의 자녀들과는 아무런 관계가 없다는 사실을 분명히 하고 있다. 우리는 다른 그리스도인들을 사랑해야 한다는 점에 있어서 "형제를 지키는 자이다"(요일 5:1-4). 물론 우리는 구원받지 못한 이웃들(롬 9:1-3)에 대해 동정심을 갖고 그들에게 복음을 전해 주고 기도도 한다(행 20:24-26, 딤전 2:1-2, 6-8). 사회주의자들과 카톨릭이 추진하는 구원받지 못한 사람들과 함께하는 자선사업들은 성경 그 어디에도 그리스도인의 행동 강령으로 나와 있지 않다. 가난한 성도들이 아닌, 그저 가난한 사람을 도우라는 것은 신약성경에서 단 한 번 언급되고 있는데 그것은 요한복음 12장으로 그 자선사업 프로그램의 후원자는 다름 아닌 유다 이스카리옷이었다.

4:10 주께서 말씀하시기를 "네가 무엇을 하였느냐? 네 아우의 핏소리가 땅에서부터 내게 부르짖느니라.

11 땅이 그 입을 벌려 네 손으로부터 네 아우의 피를 받았으니, 이제 너는 땅으로부터 저주를 받으리라.

『**네가 무엇을 하였느냐?**』(10절) 이 말은 3:13의 반복이다. 주님은 헤롯의 질문에도 그리하신 것같이(눅 23:9) 카인의 질문에 답변하시지 않는다. 그러나 하나님께서 답변도 안해 주실 그런 질문을 듣고 성경적 도덕적 답변을 찾으려는 것은 정직하지 못한 회의론자의 시간 낭비일 뿐이다.

『**네 아우의 핏소리가 땅에서부터 내게 부르짖느니라**』(10절). 이 표현은 하나님의 관점에서 보자면 문자적이다. 하지만 카인의 관점에서 보면 비유적이다. 피는 "말한다"(히 12:24). 피는 사람이 죽은 후 말하며(히 11:4), 복수를 요구하기도 한다(계 6:10). 이 피는 그 피를 흘리게 한 사람의 피가 아니고는 땅에서 깨끗해질 수 없다(민 35:33, 마 27:25, 행 5:28). 이것은 절대적인 진리로 이 진리에 입각해서 다른 모든 의견은 판단받아야 한다. 따라서 이에 대해 이제껏 행해진 수많은 사람들의 의견들(작가, 의사, 시인, 철학자, 극작가, 판사, 배심원, 정치가, 독재자, 신학자, 교수 등이 지난 5,000년 간 내놓은 수많은 견해를 포함해서)은 아무런 의미가 없다. 많은 역사가(이스라엘의 역사처럼) 피의 역사이며 피로 해결될 역사이다. 이스라엘은 신명기 21장과 예레미야 33:8까지는 피를 흘린 죄로부터 깨끗하게 될 수 없다.

『**너는 땅으로부터 저주를 받으리라**』(11절). 이 장면은 인간으로서 최초로 저주받는 사람을 묘사하고 있다. 창세기 3:17에서는 땅만이 저주를 받았으나 이제는 이 땅을 경작할 사람도(창 4:2) 저주를 받았다. 계속되는 구절에서 우리는 "차별"이라고 하는 주제를 접하게 된다. 이 단어는 현대인들이 극구 거부하는 것으로 하나님께서 주신 것임에도 불구하고 현대인들에게는 이 단어가 그토록 거부감을 주는 것 같다.

"저주"(Anathema)는 트렌트공회(1546)에서 선포되었는데 이에 따르면 교황의 추종자를 제외하고는 하나님께서 이 지상의 모든 남녀를 모조리 저주하신 것처럼 보인다. 이 공회에서 내려진 교황의 교리칙서는 "만약 어떤 사람이든 이것을 믿지 않으면(혹은 이렇게 말하거나, 행하면), 그는 저주를 받을지어다."라고 선포하고 있다. 이 강력하고 무너뜨릴 수 없을 것 같은 선언은 자기들의 능력에 대해 서로 논쟁을 했던 주교와 의사를 생각나게 한다. 주교는 자기가 자기의 "적들"을 저주할 수 있는 능력을 갖고 있다고 했다. 그러자 그 의사는 말하기를 "그러나 한 가지 차이점이 있습니다. 그것은 당신이 어떤 사람에게 저주를 받으라고 말할 때 그것은 추정에 불과하지만 내가 어떤 사람을 두고 그는 죽었다고 선언하면 그는 정말 죽은 것입니다."라고 했다고 한다. "이유 없는" 저주는 오지 않는다(잠 26:2). 따라서 하나님께서 하시지 않는 그 어떤 저주도 신경 쓸 것이 하나도 없다. 그럼에도 불구하고 성령께서는 이 어휘를 신구약 여러 곳에서 사용하셨다(민 5장, 신 27,29장, 레 24장, 렘 44장, 갈 3:10,13, 벧후 2:14, 마 25:41). 또한 구약성경 39권(3×13)의 마지막 단어는 "curse"(저주)이다.

현대의 과학자들과 교육자들은 이 저주라는 단어를 쓴웃음을 지으며 바라본다. 그들은 사람들에게 이 단어가 어떻게 생겨났으며 어떻게 잘못 적용되어 왔고 어떻게 잘못 사용되다가 이제는 사라지게 되었는가를 장황하게 설명하면서 자신들은 그런 언어를 쓰지 않는 "착한" 사람들인 것처럼 행세한다. 결국 이들은 거듭나지 못한 채 그들에게 정해진 곳으로 가버리게 되는 것이다. 『**너희 저주받은 자들아... 영원한 불 속으로 들어가라**』(마 25:41). 왜냐하면 이들은 우리를 위해 저주가 되어(갈 3:13) 우리로 하나님의 의가 되도록(고후 5:21) 해주신 하나님의 예비하신 자, 즉 주 예수 그리스도를 거부하였기 때문이다. 성경에서 "저주"라는 단어가 쓰인 곳은 가볍게 취급되어서는 안 된다(잠 20:20, 창 27:29; 9:25, 시 119:21, 말 3:9, 렘 24:9). 그러나 로마 카톨릭이 내린 저주들은 전혀 신경 쓸 것이 없다.

『**너는... 저주를 받으리라**』(11절). 이 말씀은 창세기 9:25과 깊은 연관이 있다. 여기 저주를 받은 두 사람이 있다[이 주석서에서 우리는 진리의 계시를 덮어 버리는 어휘 분석보다는 성경을 성경으로 풀어 하나님께서 알려 주시고자 하는 그것을 찾아내는데 중점을 두고 있다는 사실을 염두에 두라. 히브리어와 헬라어의 "저주받은"(cursed)이란 단어의 의미가 무엇인지를 역사적으로 추적해 보면 사람들이 옛 어휘들을 어떤 식으로 사용해 왔는가를 분명히 알 수 있다]. "모든 사람들은 평등하게 태어났다." "하나님은 외모를 존중하시지 않는다." (이 말은 거짓말을 증명할 때 사용하면 매우 그럴싸하게 들린다.) "이 구절은 문자적 일리가 없다."와 같은 상투 어구들을 들먹거리는 사람들의 모든 편견에도 불구하고 전능하신 하나님께서는 두 사람에게 저주를 내리셨다는 사실은 변치 않고 그대로 남아 있다.

하나님의 권위로 이루어진 하나님의 호흡을 불어 넣으신 그 말씀들은, 성경을 거부하는 사람들의 주장과는 달리, 역사적 사실들로 확고하게 입증되어 있다. 두 인종의 운명을 역사적으로 추적해 보면 이들과 창조주와의 관계는 근본적으로, 극명하게, 본질적으로 뭔가 잘못되어 있다는 것을 발견할 수 있다. 나는 이 두 인종들은 하나님에 의해 너무도 크게 저주를 받아서 이들은 구원을 받을 수 없다든가 혹은 축복을 받을 수 없다고 주장하는 것이 아니다. 영적인 구원에 관한한 하나님께서는 "외모를 존중하지" 않으신다(엡 6:9, 골 3:25, 롬 2:11, 벧전 1:17). 그러나 족속들과, 민족들과, 인종들의 죄에 대한 심판에 관해서는(출 20:5, 민 14:22-24, 렘 44:26-30, 습 3:8, 렘 30:11) 성경은 "현대적 사고"를 지닌 분들에게는 상당한 분노를 (물론 이 분노는 자기 의를 드러내는 것에 불과하지만) 자아내게 만드는 그러한 입장을 고수하고 있다.

우리의 눈을 감고 하버드 대학교수들이 추천하는 산더미처럼 많은 고전들이 주장하는 피상적인 추측들에 눈을 돌리는 대신 우리의 눈을 부릅뜨고서 (주님께 눈을 열어 주시도록 기도하라. 시 119:18) 분명한 사실들을 성경에서 살펴보도록 하자.

『**이제 너는... 저주를 받으리라**』(11절).

1. 카인은 표를 가지고 있다(창 4:15). 적그리스도 역시 표를 가지고 있다(계 13:1-18). 이 표는 표범의 표이다(렘 13:23).

2. 카인의 그 표로 인해 사람들은 그를 알아볼 수 있다(창 4:14,15).

3. 카인은 도피자와 유랑자이므로(창 4:14) 농사를 짓고는 살 수 없다(창 4:12).

4. 카인은 도시 사람이며(창 4:17), 하나님께서는 그가 끊임없이 불평함에도(창 4:13) 불구하고 그를 보호해 주신다(창 4:15).

자, 이 정도면 당신은 카인을 시카고 다운타운에서 찾아낼 수 있지 않겠는가?

우리는 종교 개혁자들처럼 하나님의 말씀을 그 말씀이 행해진 "문법적, 역사적" 과거에만 한정시키지는 않는다. 만약 우리가 다루고 있는 것이 살아 계신 하나님의 무오한 말씀이고 이 말씀이 성경 첫 여덟 장에 10개 이상의 보편적 진리들을 제시했다면, 우리는 이 말씀을 철자 하나당 백만 달러 이상의 가치가 있는 것으로(시 119:72,127) 고귀하게 다룰 것이다.

자, 이제 답해 보라. 당신은 레오파드(표범)의 표나 점을 가지고 있는 사람으로 전쟁 시 보호를 받았으며 세계대전에서도 제일 적은 사상자를 낸 그를 찾아낼 수 있는가? 당신은 인생의 "더 어두운 부분"과 관련이 있는 그런 사람을 100m 떨어진 곳에서 알아볼 수 있겠는가? 당신은 그가 아무리 노력해도, 자랑해도, 싸워도, 설교해도, 일해도, 속여도, 아첨해도 여전히 자기의 상황을 개선시킬 수 없는 것 같은 그런 사람을 찾아낼 수 있겠는가? 못 찾겠단 말인가? (그렇다면 성경은 접어 두고 다른 재미나는 책이나 보라.)

자, 그럼 우리의 "넓은 생각"의 허리를 동이고 다시 한번 이 문제를 살펴보도록 하자.

1. 카인은 아벨을 죽였다(창 4:8). 아벨은 예수 그리스도의 예표이다(요 15:25). 아벨은 자기 형제에게 죽임을 당했다(요일 3:12).

2. 카인은 아벨을 죽이기 전 농사꾼이었다(창 4:12). 그 후 그는 도시 사람이 됐다(창 4:17).

3. 카인은 "순례자와 타국인"이 아니라(벧전 2:11) 도피자와 유랑자였다(창 4:14).

4. 카인은 하나님의 보호를 받았고 그를 괴롭히는 사람에게는 복수가 약속되었다(창 4:15).

5. 그의 형제의 피는 복수를 요구하였다(히 11:4, 창 4:10, 마 27:25).

그 종족이 농사꾼과 유목민이었다가 현재는 도시의 상인들이며 이유 없이 자기 친족을 죽였으며 그 이후로 도피자와 유랑자가 되었으며 비록 구원받지 못했지만 하나님께 보호받고 있으며 과거에 저지른 살인 행위에 대한 죗값을 치르고 있는 이 모든 특징을 지니고 있는 자를 찾아낼 수 있는가? 찾아낼 수 없다면 당신과 성경은 전혀 사이클이 맞지 않는 것을 알라("근본주의자"나 "보수주의자"가 되는 것과 성경대로 믿는 그리스도인이 되는 것과는 큰 차이가 있다. 현대적 "그리스도인"과 성경대로 믿는 사람 사이에는 너무도 커다란 차이가 있어서 이 틈을 메울 도리가 없다).

4:12 네가 땅을 경작하여도 이제부터는 네게 그 효력을 내지 않을 것이요, 너는 땅에서 도피자와 유랑자가 되리라." 하시니라.

13 카인이 주께 말씀드리기를 "내 벌이 내가 감당하기에 너무 크니이다.

14 보소서, 주께서 오늘 지면으로부터 나를 쫓아내시오니, 내가 주의 낯으로부터 감추어지리이다. 그리하여 내가 땅에서 도피자와 유랑자가 되리니 나를 만나는 자마다 나를 죽이리이다." 하니,

『**네가 땅을 경작하여도**』(12절). 카인은 20세기의 그의 동료들처럼 결코 농사꾼으로서는 성공할 수 없다. 지주나 임차인으로는 성공할 수 있으며 소작인 혹은 "종들의 종"으로도 성공할 수 있다. 그러나 땅을 갈고, 쟁기질하고, 경작하는 때는 땅이 효력을 내지 않게 된다. 『**효력을 내지 않을 것이요.**』

『**도피자와 유랑자**』(12절)는 "타국인과 순례자"와 대조되는 표현이다. 사람이 어느 나라에서 범죄자나 "법으로부터의 도피자"가 되지 않고서도 타국인 혹은 외국인이 될 수는 있다. 그러나 카인은 도피자(도망자)였다. 순례자는 목적 없이 떠돌아다니는 자가 아니라 마음속에 목적지를 갖고서 자기 길을 가는 사람이다. 반면 유랑자는 아무런 목적지 없이 그냥 떠돌아다니는 자로 바로 카인에게 잘 어울리는 말이었다.

『**내 벌이 내가 감당하기에 너무 크니이다**』(13절). 이 죄인의 표현과 하나님과의 올바른 관계 정립을 통해 축복된 결과를 얻은 사람의 자세와 잘 비교해 보라. 『**우리의** 하나님 **주께서는 우리의 죄악이 받아야 할 것보다 적게 벌 주시어 우리에게 이와 같은 구원을 주셨나이다**』(스 9:13). 이 얼마나 커다란 대조인가?

오늘날 "짓밟힌 대중의 외침", "속박과 전제정치"로부터 사람을 해방시킨 "자유로운 사상들" 혹은 "노예가 된 대중들과 억압받는 계층들에 대해 부담을 갖게 된 사람"들의 위대한 사상, 혹은 "억압받는 소수들의 계급투쟁"이라고 여겨지는 것들은 실상은 하나님께서 버림받은 자들에게 주신 그 몫을 억울해 하는 좌절된 인간들의 가련한 신음소리 외의 그 아무것도 아니라고 할 수 있다. 도덕을 내던진 채 인종을 혼합시키고, 가정을 무너뜨리는 성의 평등을 외치고, 확신을 저버리게 만드는 염려로부터의 자유를 외치고, 영적인 가치를 포기하고 생활 수준의 향상을 추구하는 이 세상의 모든 위대한 사람들은 대부분 하나님께 불만을 갖고 있으며 그들의 동료들과 어울리지 못하고, 성경에 대해 이런저런 불평을 늘어놓는 사람들이다. 그들의 구역질나는 자기 동정은 "더 나은 세계를 만들자는 그들의 투쟁" 속에 잘 반영되어 있다(나는 병원과 도서관을 건립하는 것을 이야기하고 있는 것이 아니다. 나는 레닌, 존 브라운, 마르크스, 트로츠키, 마틴 루터 킹 주니어, 랩 브라운, 윌리엄 포크너, 어니스트 헤밍웨이, 랭스턴 휴, 행크 윌리엄스 및 볼테르 같은 사람을 말하고 있는 것이다). "평범한 사람을 대변한다."는 위장하에, 혹은 "하층시민"을 돕는다는 핑계하에, 병들고 좌절한 많은 이기주의자들이 "기득권층"(establishment) 혹은 "지배계층", "백인 제국주의자" 혹은 "WASPS" 및 기타 하나님께서 세우신 권세(롬 13:1)를 상징하는 것들에 대해 자신들의 분노를 쏟아 냈다. 카인의 불평은 자기 의에 가득 찬 불만의 표시인 것이다. 『**내 벌이 내가 감당하기에 너무 크니이다.**』 이 말에는 하나님은 불의하시며 자기를 그런 식으로 벌하시는 것은 잘못이라는 주장이 암시되어 있다. 감히 창조주를 고치려 하다니 실로 대단히 위대한 인간임에 틀림없다(사 40:23, 이것이 오늘날 Life, Time, Newsweek 등과 같은 잡지들의 야망이 아니던가?). 그는 "우리는 행한 일에 대한 보응을 받는 것이 참으로 당연하다."(눅 23:41)는 태도를 취했어야 했다.

『**내가 주의 낯으로부터 감추어지리이다**』(14절). 이 구절과 마태복음 13:44, 시편 13:1;135:4, 이사야 57:17 사이의 전혀 꾸미지 않은 모습 그대로의 일치점을 어떻게 설명할 것인가? 당신은 1980년 이 시점에도 카인을 찾아내지 못했는가? 2,000년이 넘게 떨어져 살았던 다섯 명의 저자들이 서로 알지도 못한 채 바로 그 사람을 지적하고 있는데도 아직도 모르겠는가?

『**나를 만나는 자마다 나를 죽이리이다**』(14절). 이 구절은 실로 커다란 문제이다. 이 구절에 따르면 땅에는 상당히 많은 사람들이 있었을 것으로 보인다. 이들은 사람이 아니라면, "하나님이 아들들"(창 6장 주석 참조)이었을 것이다. 이 만나는 "자마다", 즉 "모든 자"(everyone)는 창세기 3:5과 3:22에 언급된 신들, 즉 시편 82편에 묘사되어 있는 신들(gods)이 될 수 있을 것이다. 아니면 이들은 이브가 타락 이전에 낳은 아이들이었을지도 모른다(창 3:20 주석 참조). 아니면 이들은 아담의 아들들과 딸들이었을 것이다(창 5:4). 내가 보기에는 마지막 제안이 가장 합당한 것 같다. 물론 이를 위해서는 창세기 5:4의 하반절이 연대기적으로 기록된 것이 아니라는 전제가 필요하다. 아담은 셋이 태어날 무렵 적어도 130세였을 것이다(창 5:3). 따라서 전쟁, 질병, 살인 등이 없던 시대라고 한다면 셋이 태어날 무렵까지 아담은 약 100여 명의 후손을 거느릴 수 있었을 것이다. 즉 창세기에 기록되지 않은 다른 아이들도 태어났을 것이라는 가정을 해 보면 그렇다는 것이다. 만약 아벨의 죽음이 아담이 120-125세쯤 되었을 때 발생했다면 아마 상당수의 사람이 거주하고 있었을 것이다. 문제는 카인이 "도성"을 세우러 떠나갈 때 생긴다(창 4:17).

4:15 주께서 그에게 말씀하시기를 "카인을 죽이는 자는 누구라도 앙갚음을 칠 배나 받으리라." 하시고 주께서 카인에게 표를 하여 그를 만나는 어떤 사람도 그를 죽이지 못하게 하시니라.

『**앙갚음을 칠 배나**』(15절). 이 표현은 우리가 카인의 후손을 적절히 확인해 냈을 때일지라도 우리는 K.K.K.나 제랄드 윈로드(Gerald Winroad)가 그룹이 내린 결론을 쉽게 받아들여서는 안 된다는 사실을 보여 준다.

로마서 11:28-30을 조심스럽게 주목하고 신명기 23:7; 24:17,21 및 26:12은 두 배로 주목하라. 이처럼 성경은 모든 무시무시한 진리들을 분명히 제시하지만 곧바로 그에 대한 치유책도 제시하고 있음을 잊지 말라. 마르크스주의, 카톨릭, 통합 및 에큐메니칼 운동(교회통합운동) 등은 감히 진리를 말해 주지 못한다. 따라서 인간문제에 대한 효율적인 대답도 제시하지 못하는 것이다. [서양 역사는 주로 성경을 믿는 역사냐 아니면 성경을 믿지 않는 역사냐로 되어 있다. 이와 더불어 성경을 기록한 민족(유대인)을 어떻게 다루었느냐에 따라서 그들의 운명이 결정되었다. "일곱 배로 앙갚음"을 당한다는 사실을 잊지 말라.]

『**주께서 카인에게 표를 하여**』(15절). 이 사실을 가능하면 신속히 없애 버리고 그 사실이 의미하는 바를 없애 버리기 위해 일반적인 주석가들과 성경 개정자들은 쥐새끼가 가라앉는 배에서 도망하듯이 도피해 버린다. 그러다가 그들은 한 표식(A SIGN)을 접하게 되는 것이다(이 표식이란 히브리 단어는 "오트"로 "군기", "표, 증거물, 논쟁", "쟈칼", "울부짖다, 투덜대며 울다", "미래에 있을 일의 표적", "성적으로 탐욕을 내다", "허락하다", "철쟁기 혹은 곡괭이", "자아" 혹은 "그것 자체"라는 뜻을 갖고 있다). 좀 더 분명한 해석을 위해 이 단어가 의미하는 바를 성경에서 찾아보자. 에스겔 9:4에서는 하나님께서 사람에게 표를 하고는 나머지 표가 없는 자들은 죽이신다. 이 표는 검은색 잉크로 이마에 주어졌다. 요한계시록 14:1에서는 하나님의 택함받은 자들이 이마에 표를 받는다. 적그리스도는 이마에 표를 갖고 있고 또 표를 사람들에게 준다(계 13:1,16,17).

이 미래의 재난을 피하기 위해 유대인들은 몸에 "어떤 표도 하지 말도록" 명령받았다(레 19:28). 그런데 이 표는 우연하게도 "×"자 모양의 십자가 표였다[〈짐승의 표〉(Mark of the Beast) 참조]. 다시 말하면 로마 카톨릭과 성공회의 유아 세례 시에 사제들이 사용하는 십자가 모양인 것이다. 이 "짐승의 표"는 성경의 마지막 책에 8번 언급되어 있고 그 짐승은(카인처럼) 살인자요 거짓말쟁이이다. 그는 카인처럼 하나님에 의해 보호를 받으며(삼상 24:6에서 사울의 경우를 겔 28:14과 비교해 보라.), 카인처럼 표를 갖고 있다. 그의 "표"(sign)는 (이 용어는 학자들이 사용하는 것으로 이것을 받아들인다면) 커스이다[〈짐승의 표〉 참조].

당신은 살인자에게 어떤 표를 할 것인가? 그것은 멀리서도 알아볼 수 있는 표임에 틀림없다. 이 표는 또한 사람 위에 있어야 한다. 『**주께서 카인에게 표를 하여**』 나머지 부분은 여러분이 추측해 보라.

4:16 ○ 카인이 주의 면전에서 떠나가서 에덴의 동쪽 놋 땅에 거하였더라.
17 카인이 그의 아내를 알았더니, 그녀가 임신하여 에녹을 낳은지라. 카인이 성읍을 세우고 그 성읍의 이름을 자기 아들의 이름을 따라 에녹이라 하였더라.
18 에녹이 이랏을 낳고, 이랏은 므후야엘을 낳고, 므후야엘은 므두사엘을 낳고, 므두사엘은 라멕을 낳았더라.

여기에 열거된 이름들과 창세기 5장에 주어진 셋의 아들들의 이름을 대조해 보라. 놀랄 만한 사실을 발견하게 될 것이다. 라멕, 이랏(야렛),

에녹은 셋의 후손들인데 이들의 이름은 카인의 후손들의 이름에서 나왔음을 알 수 있다. 물론 이 사실에 대해 자세한 것은 알 수 없고 추정을 할 수 있을 뿐이지만, 상식을 가진 사람이라면 이 당시 카인의 후손들은 이 세상을 "더 살기 좋은 곳"으로 만드는데 몹시 분주했을 것이고 모든 사람들이 이들을 흠모했을 것이라는 것쯤은 쉽게 추정할 수 있을 것이다. 창세기 4:20-22에서 카인의 후예들이 무엇을 하고 있었는가를 보라(만약 당신이 카인처럼 유랑자요 도피자라면 이 땅에서 어떻게든 편안하게 지내려는 것 말고 그 어떤 보장도 없으니 이곳에서 잘 먹고 잘 살아야 하지 않겠는가?).

『**카인이 주의 면전에서 떠나가서**』(16절). 이것은 B.C. 3900년경 에덴의 동산 동쪽 문에 위치한 예배 장소(제단이 있던 곳)로부터 카인이 떠난 것을 말한다.

『**놋 땅에 거하였더라**』(16절). 이 땅은 지도에서 찾아낼 수가 없다. 만약 이곳이 에덴으로부터 가까운 곳이라면(에덴은 현재의 스페인 정도의 크기를 갖고 있었다.) 파키스탄이나 페르시아(오늘날의 이란) 근처였을 것이고, 멀리 떨어진 곳이라면 인도(어쩌면 히말라야)쯤으로 추정된다.

『**카인이 그의 아내를 알았더니**』(17절). 많은 현대적 사고를 가지고 있는 사람들은 이 구절을 "카인이 아내를 발견했더라."고 잘못 읽는다. 그렇게 되면 카인은 어디서 아내를 얻었는가라는 문제가 발생하게 된다. 물론 카인의 아내는 카인의 장인으로부터 나왔다. 그러나 우리가 이

상황에서 잊지 말 것은 당시에는 남자가 누이나 사촌과 결혼하는 것이 용납되었다는 사실이다. 첫 번째 쌍이었던 아담과 이브도 형제자매 간이었다. 형제들과 자매들은 같은 아버지에게서 나온다. 반대자들의 입을 막고 이 진리를 분명히 하시기 위해 성령께서는 〈킹제임스성경〉에서 "아내"(wife) 대신 "자매"(sister)를 사용하신다. 성경은 스스로를 해석하는 법이다(솔로몬의 노래 4:9,10,12). 〈킹제임스성경〉에 나타난 이 계시는 새로운 번역본들에서 가리워져 있다. 그 이유는 결혼하지 않은 "미혼 여성"을 "자매"라고 부르는 또 다른 경건한 거짓말이 드러날까 함이다. 동일한 아버지에게서 나온 친형제 자매간이 아닐 경우에는 "자매"(sister)란 아내를 뜻한다. 수녀(영어로 sister라고 부름)는 누구의 아내인가? 그리스도의 아내인가? 그리스도는 오직 하나의 **아내**(그의 몸된 교회)만을 갖고 있다는 것을 모르는가? 그가 다른 아내를 갖고 있다면 그는 일부다처주의자가 되는 셈이니 그런 신성모독적 발언이 어디 있는가?(고후 11:1-4, 솔 6:10, 고전 12:12-14,20 참조)

더군다나 본문에서는 언제 아내를 얻게 되었는지 그 시점에 대해서는 아무런 언급이 없다(17절). 만약 카인이 아담의 나이 110세에 태어났고 아담은 77년 동안 자식들을 낳았다면, 카인이 40세(당시로 치면 매우 어린 나이이다. 창 5:5 참조)가 되었을 때 아담은 150세가 되었을 것이고 200여 명의 후손들을 거느리고 있었을 것이다.

『카인이 성읍을 세우고 그 성읍의 이름을 자기 아들의 이름을 따라...』(17절). 100명 혹은 200명의 사람들을 위해 도시를 세웠다는 것은 이상하다. 게다가 아담의 모든 자녀들이 카인을 따라 가지도 않았을 것이다.

그러나 여기서도 언제라는 말이 없는 것으로 보아 성읍은 카인이 놋 땅에 약 200여 년 이상 산 후에 세워졌을 것으로 추정해 보면 아담은 350세였을 것이며 인구는 약 40,000명이 되었을 것이다. 이와 같은 추측을 거부하기 위해 이상한 신학 이론들이 발전되었다. 그러나 이런 이론들은 무함마드 알리가 아담과 이브를 원래 흑인이었다고 말했을 때 정신이상 상태였던 것과 마찬가지일 뿐이다. 원인 이론이라는 것을 예를 들면 아담과 이브가 에덴의 동산에 있을 때 필트다운인과 하이델베르크인들이 그 지역에 퍼져 있었다고 한다. 그뿐 아니라 수천 명의 신들(gods, 하나님의 아들들)이 독일(엘베강 및 오러강)에서부터 발칸으로 내려와 거주하고 있었다고 한다. (음악을 좋아하는 철의 사람들이 손에 그들의 맥주를 들고 인도유럽어를 사용하면서 이주했다니! 이런 엉터리 이야기가 어디 있는가?) 여기서 우리가 전개하고 있는 것은 옛날 어느 교수가 말했던 "매우 상상력이 풍부한 해석"에 불과하다. 카인으로부터 홍수까지 6대밖에 안 된다면 우리는 카인이 4대까지, 즉 적어도 260년간 아내 없이 지냈을 것으로 추정할 수 있다. (셋의 아들들은 최소 65세가 되기까지는 아이를 낳지 않았다는 사실을 주목하라. - 창 5:6,9,12,15 등)

카인의 제5대손까지의 히브리어 이름들은 "선생", "도성"(혹은 "빠른"), "하나님은 싸우고 계신다"(혹은 하나님께 얻어맞음), "하나님의 사람", "왜 당신과 함께?" 그리고 "사나운 사람"이란 뜻이다.

"매우 상상력이 풍부한 해석"을 해 보자면 이렇게 될 것이다. "하나님께서는 도성에서 선생과 싸우고 계신다. 만약 하나님의 사람이 사나운 사람이 아니라면, 왜 그는 하나님께 얻어맞았는가?" (노스트라다무스의 예언들은 주로 이런 식으로 성경을 짜 맞춘 것들이다.)

4:19 ○ 라멕이 두 아내를 얻었으니 한 사람의 이름은 아다요, 한 사람의 이름은 실라더라.

20 아다는 야발을 낳았으니, 그가 장막에 거하는 자들과 가축을 기르는 자들의 조상이 되었으며,

21 그의 아우의 이름은 유발인데 그는 하프와 오르간을 다루는 모든 자들의 조상이 되었으며

역사상 이름이 알려진 최초의 일부다처주의자는 카인의 현손(4대손)이었던 라멕이었다. 이러한 잘못된 조상에 뒤이어 나온 훌륭한 사람들(적어도 눅 16:15에 나와 있는 세상적 기준에 따르면)은 야발, 유발, 투발카인들이다.

일부다처제가 잘못된 관행이라는 사실에는 의심의 여지가 없다. 왜냐하면 창조주께서 『**주께서 그들에게 대답하여 말씀하시기를 "처음에 사람을 지으신 분이 남자와 여자를 지으시고, 말씀하시기를 '이런 까닭에 남자가 아버지와 어머니를 떠나서 그의 아내와 합하여 그 둘이 한 몸이 될지니라.**'』라고 하셨기 때문이다. 마태복음 19:4,5의 이 말씀은 "원시" 사람들에게가 아니고 요즘 사람들에게 주신 말씀임을 잊지 말라. 한 아내보다 많이 소유하는 것에 관해서는 『**처음부터 그렇지는 아니하였느니라.**』(마 19:8)라고 단호히 잘라 말씀하셨다. 라멕은 "처음" 사람이 아니었다. 그러니까 라멕은 세월이 흘러감에 따라 하나님의 말씀으로부터 떠내려온 셈이다. 라멕은 노아의 홍수가 있기 전 시대 사람이며 그 시대를 예수님께서 『**노아의 날**』(마 24:37,38)이라고 언급하신 것으로 보아 20세기에는 이혼율이 급증하고 "규방"문화가 유행하게 될 것이다.

『**아다... 실라**』(19절). 이 이름들의 뜻은 "지나가다" 혹은 "치장하다" 혹은 "쾌락" 및 "그림자가 짐" 혹은 "보호" 혹은 "그림자"란 뜻이다.

『**아다는 야발을 낳았으니...**』(20절). 야발은 땅을 경작하는 것을 피해 우유와 스테이크 생산업자가 되었다. 즉 축산업자가 된 것이다. 야발은 "움직이는"이란 뜻이며 "강 혹은 시내"와 관련되어 있으며 "달려가다", "이끌다, 가져오다" 혹은 "기뻐하다", "가져가다"라는 뜻이 있다.

성령님께서는 야발의 "가축"을 언급하면서 "양"이나 "목동"이란 말을 전혀 사용하고 있지 않음으로 미루어 야발은 "목동"이 아닌 카우보이였을 것이다. 신성한 암소, 금송아지, 혹은 바알(황소) 등은 구약성경의 주요한 주제이다(시 22:12, 출 32:19, 호 13:2, 대하 13:8, 행 7:41; 14:13 및 창 3:1,14 주석 참조).

『**그의 아우의 이름은 유발인데...**』(21절). 창세기 4장의 유발[Jubal과 "Jubilee"(환희의 해)의 유사점을 주목하라.]은 이 땅의 모든 음악가들의 조상으로 그 배경은 창조의 새벽에 "노래"했던 "아침의 아들들"에게로 거슬러 올라간다(욥 38:7). 당시 갓 창조된 지구는 세마포로 빛의 옷을 입고 있었으며 하나님의 모든 아들들이 기뻐 소리쳤었다(욥 38장). 이 땅의 모든 나쁜 것들은 좋은 것들이 왜곡된 것이므로, 우리는 최초의 음악은 전능하신 주 하나님께 영광을 돌리는 기능을 갖고 있었음을 발견하고 놀랄 필요가 전혀 없다(시 95:1, 사 42:10, 렘 20:13). 최초의 찬양대 지휘자는 기름 부음받은 그룹으로 그는 고유의 악기와 모든 음악적 재능을 갖고 있었다(겔 28:13, "관악기와 북들"). 보좌 위를 덮고 있는 그의 위치에서(겔 28:14) 불의 돌들 위를 걸으면서(사 6:3,6, 겔 28:14) 루시퍼는 수많은 천사들의 찬양을 지휘하는 첫 번째 부르심에 순응하였을 것이다. 그때 이들 천사들은 목소리를 높여 창조주께 감사를 드렸을 것이다(계 5:12,13).

유발은 그의 "아버지"(!)에 보조를 맞추어서 하프를 타고 당시 카인족의 예배를 위해 오르간을 연주했을 것이다. 그 당시 젊은 남녀들은 무도회를 열고, 파티를 열고, 사교댄스와 댄스파티 등을 열어 몸을 흔들어 댔을 것이다. 그들은 하나님을 경배할 목적으로 주신(욥 21:12) 음악에 맞추어 자신들의 육체를 즐겁게 했던 것이다. 하나님을 찬양해야 할 춤이(시 150:4) 탱고, 지르박, 왈츠, 룸바로 변질되어 가는 순간이었다. 관악기도 현악기도 모두 육체를 즐겁게 하는데 동원되었다. 이후 인간들은 "리듬 감각의 필요성", "육체적 접촉이 가져다 주는 사회적 유익", "조화와 은총의 개발" 등을 핑계로 즐기기 시작했다. 이렇게 해서 노아시대의 홍수 이전 문명은 폭탄이 땅에 수직으로 떨어지듯 곧장 지옥으로 달려가 버린 것이다. 인간들은 한 마음이 되어 『**우리를 떠나가소서. 우리가 주의 길의 지식을 기뻐하지 아니하나이다.** 전능하신 분**이 무엇이기에 우리가 그를 섬겨야 하리이까?**』(욥 21:14,15)라고 외쳐댔던 것이다.

결국 이 세상에서 사회적으로 용납되는 가장 위대한 죄인 댄스를 발전시키고 이에 기여한 공로로 모든 영광은 유발에게 돌아가고 말았다. 유발의 지옥 교향곡이 어떤 과정을 걸쳐 전개되었는지를 여기서 상세히 기술할 수는 없다. 다만 고전주의, 낭만주의, 근대주의(모더니즘), 자연주의로 이어지는 음악운동을 간략히 살피고 넘어가겠다.

1. 홍수 이후 음악은 창세기 15장까지는 등장하지 않는다. 여기서는 음악의 본래 목적이 회복되어 춤으로 하나님께 찬양을 드리게 된다(천년왕국 때의 렘 31:13 참조).

2. 출애굽기 32,33장에서 이 음악은 유발이 승인하는 제도 속으로 급격히 타락해 간다. 이곳에서는 댄서들이 옷을 벗고, 아프리카의 재즈음악이 연주된다. 재즈라는 용어는 "Cat"과 관련된다는 사실을 잊지 말라(〈짐승의 표, *Mark of the Beast*〉 출 12:38 참조).

3. 다윗 시대에는 이스라엘의 시인인 다윗과 더불어 천상의 음악이 회복되고 춤 역시 하나님께 드리는 찬양에 동원되었다(삼하 6:14, 대상 15:16).

4. 왕국 시대가 끝나가면서 역사의 하향곡선에 따라 음악은 다시금 타락의 길로 들어선다(암 6:5). 자세한 사항은 지면 관계상 여기서 설명할 수는 없음을 양해하라.

5. (인간적 관점에서 보아) 음악이 최대의 기능을 발휘한 것은 두라 평원에다 높이 60큐빗의 형상을 세운 사람을 위해 6개의 악기를 동원했을 때였다(단 3장). 여기서 음악은 종교적 기능을 "회복"했는데 문제는 찬양을 받는 자가 13가지 면에서 적그리스도의 모형(예표)인 느부캇넷살왕이었던 것이다. 우상 숭배에 하나님을 찬양하기 위한 음악이 동원되었던 것이다(계 13장 주석 참조).

6. 바빌론의 버드나무 숲에서 탄식하는 하프소리를 끝으로 음악은 성경에서 우리의 구세주께서 십자가에 못 박히시기 전날 밤(마 26:30) 다락방에서의 찬양이 들리기까지 나타나지 않는다(누가복음 2장에서 천사가 목자들에게 나타났을 때 "노래" 소리가 들렸다는 내용은 없다).

그 뒤에 이어지는 음악의 역사는 잘 알려져 있다. 성경에서 보면 바울은 감옥에서 찬송을 불렀고 그리스도인들에게 세 가지 종류의 찬양을 권고한다 : 시, 찬송, 영적인 노래(골 3:16). 성경은 천상의 하프 연주자들이 하프를 타는 가운데 카톨릭이 주도하는 UN의 지배가 종식되고 별들이 흔들거리는 우렁찬 찬양소리와 더불어 끝나고 있다(계 19:1-6; 6:13; 14:2). 중세 때(A.D. 70-1200) 카톨릭 교회는 "옛 시온의 음악을 포기하고" 그리스도인도 구원을 잃어버릴 수 있다고 가르침으로써 "주 예수 사랑 기쁨 내 마음속에...내 마음속에..."라는 기쁨의 찬양을 빼앗아 가 버렸다. "장엄한" 분위기의 수도원에서 카톨릭 승려들은 음침한 "종교"음악만을 만들어 내고 있었다. 팔레스트리나 이후 바흐는 기독교 음악을 원래의 위치였던 셋째 하늘로 원상 복귀시킬 수 있었다.

1. 고전주의 : 바흐, 하이든, 모차르트의 음악은 영적인 음악이다.

2. 낭만주의 : 베토벤, 슈만, 슈베르트, 와그너는 혼적인 음악을 만들었다.

3. 근대주의 : 브람스(낭만파와 접속된다!), 차이코프스키, 슈트라우스, 드뷔시, 코르사코프, 코프랜드, 스트라빈스키 등의 음악은 육체를 즐겁게 하는 것들이다.

4. 자연주의 : 화이트먼, 거슈윈, 굿맨, 쇼, 겐통, 밀러, 도르시, 프레슬리, 비틀즈, 그리고 애니멀스 등은 육체의 동물적 기능을 자극시키는 음악들이다.

5. 마지막 단계에서 음악은 다시 유발로 돌아갈 것이다.

4:22 실라 역시 투발카인을 낳았으니, 그는 놋과 철로 모든 것을 만드

는 자들의 선생이라. 투발가인의 누이는 나아마였더라.

『**실라**』(22절)에 대해서는 창세기 4:19 주석을 참조하라. 『**투발카인**』(22절)의 히브리어 의미는 "철기구의 날을 가는 사람", "대장장이", "전 지구를 위한 대장장이", "세속적 대장장이"("Schmidt"와 철과의 관계를 주목하라. 창 4:1) 나아마는 "즐거움" 혹은 "사랑스럽게 되다."라는 뜻이다.

『**놋과 철**』(22절)은 성경에서 다음과 같은 사실과 연관되어 있다.

1. 제단에서의 심판(출 27:3-5)

2. 하나님의 진노 아래에서 번제가 완성됨(레 9:24)

3. 알렉산더 대왕의 제국(단 2장)

4. 로마제국(창 3:1 주석에 나오는 자료 참조)

만약 놋과 철에 대한 계속적인 부정적인 평가와 성경에 등장하는 부정적인 구절들을 아직도 확신하지 못하겠거든 방주를 짓는데 놋과 철은 전혀 사용되지 않았다는 사실을 상기하기 바란다(창 6:14-17). 방주가 무엇을 상징하고 있는지를 모르는 성경학도는 없을 줄 안다. 성경은 모든 예표들(모형)의 유일한 과학적 사전이며, 성경이 사람, 동물, 물질, 바위, 채소, 혹은 자연현상 및 기타 그 무엇에 대해 정의를 내리거나 의미를 부여하면 이 정의와 의미는 성경을 거부하는 대학 졸업자들에게는 완전히 닫혀 있는 귀한 지식들을 제공해 준다. 투발카인 역시(야발과 유발처럼) 이 세상을 "더 좋은 곳"으로 만들어 보려는 진보적, 창의적, 건설적인 사고를 지닌 인간인 것이다. 『**사람들 가운데서 크게 높임을 받는 것이** 하나님 **보시기에는 가증스러움이니라**』(눅 16:15). 예수 그리스도의 판단이다. 당신은 어떻게 판단을 내리고 있는가?

야발, 유발, 투발카인은 문명을 상징하고 있다. 이 시대 문명에는 음악, 조형예술, 제조업 및 농업기술 향상 등이 등장하며 지질학과 인류학에서 "철기 시대"라고 부르는 그 시대가 전개되고 있었다(B.C. 3000). 19,20세기의 학자들과 과학자들에 따르면 이 시기는 "석기" 시대여야만 하지만 성경은 이들이 틀렸음을 여실히 증명해 주고 있다.

4:23 라멕이 아내들에게 말하기를 "아다와 실라여, 내 음성을 들으라. 너희 라멕의 아내들이여, 내 말에 경청하라. 나의 상처 때문에 내가 사람을 죽였고, 나의 상함 때문에 청년을 죽였도다.
24 카인이 일곱 배로 앙갚음을 받는다면 진실로 라멕은 일흔일곱 배로다." 하였더라.

히브리 학자들에 따르면 이 노래가 성경에 등장하는 첫 번째 "시"라고 한다(이런 결론은 운율을 연구한 결과 나왔다고 하는데 각운, 두운, 비유 등과 같은 히브리 시에 대한 연구를 아무리 해 봐도 본문에 어떤 특별한 조명을 받을 수는 없다. 이런 연구들은 학자들의 번득이는 재치일지는 모르지만 우리가 추구하는 바는 하나님께서 우리에게 주시고자 하는 메시지인 것이다). 이런 형태의 시는 성경에 자주 등장한다. 이런 형식의 시는 다른 형태로 동일한 진리를 반복하고 있다. [슥 9:9에 보면 예수님은 두 마리가 아닌 한 마리의 동물 위에 타시는 것을 알 수 있다. 시편 33:12에서도 두 나라가 아니라 한 나라이다. 시편 34:22에서도 두

번째 절의 "자"(them)는 첫 번째 절의 "종들"을 가리키고 있다. 이런 것이 시의 반복 기법이다.]

『**나의 상처 때문에 내가 사람을 죽였고, 나의 상함 때문에 청년을 죽였도다. 카인이 일곱 배로 앙갚음을 받는다면 진실로 라멕은 일흔일곱 배로다**』(23,24절). 라멕은 자기 방어를 위해 한 젊은이를 살해했다. 그는 카인은 냉정한 가운데 사악한 생각을 가지고 살인을 저질렀는데도 하나님께서 보호해 주셨으므로 자기는 카인보다 일곱 배의 보호를 받아야 한다고 주장한다. 『**내 음성을 들으라.**』는 표현은 아담이 아내의 음성에 귀를 기울인 실수를(창 3:17) 반복하지 않겠다는 의지를 보여 주는 것 같다. 라멕의 아내들은 남편의 말을 들어야만 한다. 남자의 "지배"는 드디어 시작되었고 아주 드문 예외적인 경우(예를 들면 사라가 아브라함에게 지시하는 것, 창 21:12)를 제외하고는 여자는 오직 순종함으로 조용히 해야 한다(딤전 2:11-14). 사실 어떤 사람들이 주장하는 것처럼 디모데전서 2장에 나오는 순종하라는 헬라어는 매우 강한 의미를 담고 있다.

라멕의 "노래"는 아마도 유발 악단과 그의 무희들에 의해 유행되었을 것이며 대단한 히트를 쳤을 것이다. 창세기 4장의 상황은 원시 고대의 것이라고 "피상적인" 주장을 내세우는 학자들은 오늘날 일어나고 있는 일을 전혀 모르는 것 같다. 살인자의 노래들과 자기 방어는 이미 히트송 순위를 장악한 지 오래되었고, 정부를 두고 삼각관계를 벌이는 행위들은 유행가의 주요한 주제들인 사실을 누가 모르는가? 오늘날 유행하는 노래들의 가사를 들어 보면 라멕과 유발은 수메르 문명과 함께 사라져 버린 것이 아님을 알 수 있다.

하나님께서 카인에게 주신 복보다 일곱 배의 복을 내려 주실 것이라는 라멕의 일방적인 선언은 사실 교황의 칙서만큼이나 비성경적이다. “짐이 말하노니...”라는 투의 종교적 선언에 불과한 라멕의 선언은 입다의 서원과 비슷한 성격의 종교행위일 뿐이다(판 17:13의 미카의 선언 참조). 신구약 그 어디에도 살인자에게 일곱 배의 보호가 주어진다는 사실은 암시된 바 없다. 민수기와 여호수아서에는 “도피성읍”이 있긴 하지만 이 경우는 그가 성읍의 경계로 나가는 경우에는 죽임을 당할 위험에 처하게 된다(민 35:25-28). 성경에 기록된 모든 선언들이 전부 성령께서 우리에게 적용하도록 제시하신 진리의 교리들은 아니다. 성경에 기록된 선언 중에는 죄인들의 제안들과, 공상들과, 불평들과, 나쁜 상상들이 들어 있다(때로는 분명한 거짓말들도 있다. 욥 12:6, 말 3:15 참조).

4:25 ○ 아담이 그의 아내를 다시 알았으며 그녀가 아들을 낳아 이름을
셋이라 하였으니, 그녀가 말하기를 “이는 하나님께서 카인이 죽인
아벨을 대신하여 내게 또 다른 씨를 정하셨음이라.” 하더라.
26 셋도 아들을 낳았으니, 그의 이름을 에노스라 하였으며 그 때부
터 사람들이 주의 이름을 부르기 시작하더라.

우리는 4:17에서 아담의 아들들과 딸들에 관해 이미 논의한 바 있다(한 가지 덧붙이자면 만약 카인과 아벨이 아담이 동산을 떠난 후에 태어났다면 그들은 카인이 아벨을 죽일 당시 약 100살쯤 되었을 것이고 그렇게 되면 각자 30세쯤에 누이들과 결혼하여 증손자를 보았을 것이다). "셋"은 히브리어로 "임명된" 혹은 "놓여진"이란 뜻이며, "보상" 혹은 "새싹"이란 뜻과 연관되어 있다.

『**아벨을 대신하여**』(25절). 이 말에 따르면 셋은 아벨이 죽은 직후에 태어난 것 같다. 물론 연대기적으로 보아 이 사실이 입증되는 것은 아니다. 벌링거는 아주 흥미 있는 지적을 하고 있다. "만약 아벨이 125세에 죽고 아벨과 카인이 그 전에 자식들을 두었다면 그들이 65세가 될 때까지는 자식이 없다고 하더라도 아담은 약 130명의 자녀를 두었을 것이다." 벌링거에 따르면 이 아담의 자녀들이 65세부터 자녀를 두었다면 타락 이후 139년쯤에는 1,219명의 사람들이 이 지구상에 살고 있었을 것이라고 한다.

"에노스"는 히브리어로 "나약한, 깨지기 쉬운, 병든" 혹은 "치료할 수 없는"이란 뜻이다. 이 단어는 욥기 7:17, 다니엘 2:43, 시편 9:20 등 기타 여러 구절에서 인류 전체의 속성을 의미하고 있다.

『**그 때부터 사람들이 주의 이름을 부르기 시작하더라**』(26절). 이 구절은 매우 까다롭다. 세 가지 해석이 가능하다고 본다. 첫 번째는 기도했을 것이라는 것으로 이러한 표현이 기도와 관련해 성경 전체에 걸쳐 쓰였다(롬 10:13, 행 2:21, 대상 4:10). 문제는 아담 이후 두 세대가 지난 지금에 와서 왜 갑자기 기도에 대한 부담이 생겼는지에 관한 뚜렷한 이유가 없다는 것이다. 여섯 세대가 될 때까지는 홍수도 없었고 홍수의 위험도 없었기 때문이다. "주의 이름을 부르긴 불렀는데 무엇을 위해 불렀다는 것인가?" 〈칠십인역〉에서는 이 구절을 "인간은 주 하나님의 이름으로 불리기 시작했다."라는 식으로 해석하고 있다. 그러나 이것은 북아프리카 알렉산드리아 학파의 추측일 뿐이요, 그것도 아주 약한 추측이라고 할 수 있다. 왜냐하면 뒤이어 등장하는 인물들이 여호와(Jehovah)를 의미하는 "Je" 나 "Jah"라는 접두사나 접미사를 갖고 있지 않기 때문이다(Jehovah는 창세기 4:26에서는 "LORD"로 히브리어로는 발음이 불가능하며 영어로 번역 또한 불가능하다. 그래서 유대인 회당에서는 "아도나이"로 발음되었다). 세 번째 해석은 온켈로스의 타르굼에 의해 제공되는 것으로 킴치(Kimchi), 라쉬(Rashi) 및 기타 유대 성경 해석자들도 이에 동조한다. 이 해석에 따르면 인간들은 하나님께 기도하기를 그치고 그들의 우상에다 그분의 이름을 사용했으며 그들의 "신들"에다 그분의 이름을 붙였다는 것이다. 1168년경 미슈나에 대한 그의 주석에서 마이모니데스는 동일한 해석을 제공한다.

우리는 실로 어려운 지경에 놓여 있다. 왜냐하면 킴치, 라쉬 및 마이모니데스 등과 〈킹제임스성경〉의 본문 중 어떤 것을 택할 것인가에 있어서는 의심할 나위없이 간단하다. 그 열매로 사람들을 알 수 있기 때문이다. 그럼에도 불구하고 이 유대인들의 해석에는 강력한 근거가 있다. 그것은 에녹(창 5:21)이 관능적인 배교자들인 불경건한 세대(유 1:14)에게 예언을 하고 있었기 때문이다. 유다서 1:7-13절에서 말하는 유리하는 별들이나, 애찬의 흠, 시들어 열매 없는 나무, 뿌리 뽑힌 나무, 사나운 짐승들, 더러운 꿈을 꾸는 자들이 어디서 나왔느냐는 것이다. 이들은 에노스(제3대)로부터 에녹(제7대손) 사이에 등장한 것이 분명하다. 우리는 에녹 시대에는 "신들"이 존재하고 있었음을 충분히 짐작하고 있지만(창 6:1-6 주석 참조) 에노스 시대에 "신들"이 있었다고 보기에는 다소 이른 것 같다. 따라서 이 구절을 가장 잘 해석하는 방법은 이 구절에서 주의 이름을 불렀다는 것은 불경스럽게, 즉 주의 이름을 욕되게 했다고 보는 것이다. 이렇게 하면 본문에 손을 대지 않고도 세 번째 해석을 수용할 수 있게 된다. "욕되게 하는 것"은 맹세로부터 시작해서 저주 혹은 콜롬버스 동상을 보고 "거룩한 콜롬버스"라고 부르는 것까지 전부를 포함한다(고전 8:4 주석 참조).

다소 분명치 않은 해석을 끝으로 창세기 4장은 끝을 맺는다. 성령께서는 이제 또 다른 족보(계보)를 우리에게 제공하신다. 즉 아담부터 셋에 이르기까지의 혈통이다. 경건한 독자라면 하나님께서 우주의 창조를 기술하시는데 31절을 할애하신 반면 인간의 역사를 다루는 데도 32절을 할애하고 계신 것을 놓치지 않을 것이다. 이 경우 우리가 받는 교훈은 분명하다. 즉 자신의 창조주 앞에 개인적인 상황을 점검하기 전에 자연과학적 정보를 얻기 위해 성경을 찾는 사람은 실망을 얻을 뿐이라는 것이다. 오늘날 "현대 과학자"들이 그처럼 매료되고 있는 "천문우주학"에 대해서는 하나님께서 단 10장 정도로 간략히 서술하고 마시지만(창 1장, 욥 26,38장, 출 36-39장) 과학자들의 죄들과 그들의 생각들, 숨은 동기들, 목표들, 목적들, 배경, 가문, 미래, 현재 상황 등은 500장 이상에 걸쳐 적나라하게 묘사하고 계신다. 실로 그분의 생각은 우리의 생각과 다르고 그분의 길은 우리의 길과 같지 아니하느니라(사 55장). 아멘. 아멘.

창세기 5장

5:1 **이것이 아담의 세대들에 관한 책이라.** 하나님**께서 사람을 창조하**
시던 날에 하나님**의 모습대로 그를 지으셨으니,**
2 **주께서 그들을 남자와 여자로 창조하셨으며, 그들이 창조되던 날**
에 그들에게 복을 주시며, 그들의 이름을 아담이라 부르셨느니라.

『**이것이... 세대들에 관한 책이라.**』(1절)는 표현은 성경에 단 두 번 등장한다. 이는 실로 대단히 놀라운 "우연의 일치"인 것 같다(왜냐하면 이와 유사한 표현을 사용한 성경 기자가 24명에 이르는 반면 정확히 같은 표현은 없기 때문이다). 계보를 다루는 성경의 20여 장은 물론 창세기에 등장하는 10번의 계보 기록에도 모두 "책"이라는 단어는 빠져 있다(창 2:4; 6:9; 10:1; 11:10,27; 25:12,19; 36:1,9; 37:2 참조). 따라서 우리는 이 사실을 주목해야만 한다.

"세대"라는 말을 다룰 때 "책"이란 단어가 들어가 있는 경우는 구약의 아담의 계보와 신약의 예수 그리스도의 계보뿐이다. 놀랍지 않은가? 신약에서 이 표현을 사용한 복음서 기록자인 마태(마 1:1)는 그리스도의 세대를 아담까지 추적하지 않고 아브라함까지만 추적하여 기록하였다. 마태는 이 계보를 기록할 때 그리스도께서 "마지막 아담"(고전 15장)이라는 사실을 전혀 알지 못했고, 바울의 관점에 맞추어 복음서를 기록할 의도도 전혀 없었는데도 바울의 교리적 선언에 맞아떨어지는 계보를 작성했다는 것은 실로 신비로운 일이 아닐 수 없다. 사실 바울 서신들은 교리적인 면에서 보면 마태의 신학과는 매우 거리가 멀다. 그래서 자유주의 신학자들은 바울 서신 대신 "산상설교(수훈)"를 더 좋아하고 카톨릭은 "주기도문"을 더 좋아하는 것이다. 산상설교도, 주기도문도 "죄인이 어떻게 구원받는가?"라든지 "구원받은 사람이 그 사실을 어떻게 알 수 있는가?"를 말하고 있지 않다. 믿음이 없는 성경 비평가들은 큰 백보좌 심판에서 모세와 마태가 어떻게 해서 신구약의 계보를 작성할 때 서로 일치할 수 있었는가를 설명해야만 할 것이다. 바울은 고린도전서 15:45-49에서 어떻게 구약과 신약이 연결될 수 있는가를 설명하고 있다. 바울은 그의 서신서를 기록하기 위해 두 개의 계보를 책상 앞에 갖고 있었던 것이다. 그래서 그는 이 두 계보의 관계를 정확히 제시할 수 있었다. 역사책에 이러한 "우연"이 발생할 수 있는 확률은 4백만 분의 일이다. 사실 이런 현상은 성경책 이외에서는 전혀 볼 수 없는 기현상인 것이다. 따라서 그 어떤 특별한 해석도 필요 없이 "세대들에 관한 책"이란 표현은 인류는 두 가지 기원을 갖고 있으며 그것은 아담과 예수 그리스도라는 사실을 보여 주고 있다. 아담은 그 "형상"을 따라 만들어졌고

(창 1:27), 예수 그리스도는 그 형상이시다(고후 4:3,4, 히 1:2,3). 한 사람은 에덴동산에서 패배했고 또 한 분은 겟세마네 동산에서(마 26:41-46) 사탄을 정복하셨다. 아담은 말씀을 부인하고 유혹에 넘어갔으나 예수 그리스도께서는 말씀에 충실하셨고 그 결과 유혹자를 이기셨다(눅 4장). 한 사람은 땅에 속했고 또 한 분은 하늘에 속한 분이다(고전 15장). 타락한 아담은 "이 땅에 평화를 가져오고 사람들에게 호의를 가져오려"고 애쓰는 "모두가 형제들"인 인류의 아버지가 되었고, 부활하신 예수 그리스도께서는 『**우리** 주 예수 **그리스도의** 아버지』(벧전 1:3)에 의해 거듭난 죄인들의 "만형"이 되셨다. 당신이 그 누구이든지 간에(왕, 시장, 총독, 교황, 사제, 주교, 전기기사, 대통령, 군인, 학생, 목수, 해병대, 베트콩, 아프리카인, 유럽인, 아시아인, 미국인 등), 당신은 "아담 안에" 있든지 아니면 "그리스도 안에" 있든지 둘 중 하나에 해당된다. 그 누구도 인간이 고안해 낸 종교에 의해 하나님께로 돌이킨 사람은 하나도 없다. 문제는 아담의 형상대로(창 5:3) 잘못 태어난 자들이 어떻게 하나님의 형상대로 다시 태어나 올바른 출생을 얻느냐는 것이다. 이 문제의 해결은 과학과 종교로는 얻을 수 없다. 오직 하나님의 계시의 말씀만이 해결의 실마리를 제공한다. 모든 "종교들"과 종교 지도자들이 제시한 해답들은 단지 카인이 시도했던 과일을 쌓아 올려 드리는 제사를 리바이벌한 것에 불과하다. (창 4:2-5의 카인의 종교를 기억하라.)

『하나님**의 모습대로 그를 지으셨으니**』(1절). 이 시제가 과거로 되어 있음은 매우 중요하다. 왜냐하면 현재 하나님의 형상대로 지은 바 된 인간은 없기 때문이다. 인간은 하나님의 모습과 형상으로 지어졌다(was made). “창조하셨다”(created)도 과거시제로, “지으셨다”(made him)도 과거시제로, “복을 주셨다”(blessed them)도 과거시제로, “그들의 이름을 부르셨다”(called their name)도 과거시제로 되어 있다. 다윈과 그의 추종자들에게는 실로 충격적인 선언이 아닐 수 없다. 그들은 인간이 저급한 수준에서 현재의 고등동물 상태로 진화했다고 하는데 하나님께서는 처음부터 하나님의 모습과 형상대로 창조하셨다고 선언하신다. 다윈은 자기 형상대로 - 네 발 달린 짐승들과 기어다니는 것들의 형상(롬 1:23) - 하나님을 재창조해서 20세기의 10대 청소년들에게 제시한다. 그들이 제시하는 그림에는 “어머니-자연”의 도움을 받아 아메바에서 “신”(god)으로 까지의 인간의 성숙해 가는 진화 모습이 그려져 있다. 인간은 “적자생존의 법칙”과 “불필요한 기관의 퇴화”라는 법칙에 의해 만물의 영장으로 진화했다는 것이다. 다윈이 “퇴화”시켜 버린 첫 번째 것은 **성경**이었고 그는 이 성경을 이 지구상의 모든 남녀노소가 다 “퇴화”시켜 없앨 것을 바랬다. 왜냐하면 창세기 4:2,3을 비롯해서 구약 성경 전체에 걸쳐 무오하신 하나님의 말씀은 인간이(위대한 왕으로 창조되었으나) 폐위당해 버린 왕이요, 탄핵당한 대통령이요, 정신착란에 빠진 학자요, 소경을 인도하는 소경일 뿐이라는 사실을 명확히 제시하고 있기 때문이다.

『**그들의 이름을 아담이라 부르셨느니라**』(2절). 이 구절로 미루어 볼 때 이브는 하나님께서 지어 주신 이름이 아니라 아담이 붙여 준 이름이다. 여자는 남자의 영광인고로(고전 11:7) 모든 인류의 문명과 모든 남자들은 여자를 “우상”으로 삼으려는 경향이 있는데 이는 매우 위험스러운 일이다. 하나님의 영광과 인간의 영광은 서로 다르다. 모든 생명이 다 여성으로부터 나온 것은 아니다(욥 14:1; 15:14). 왜냐하면 우리가 이미 지적했듯이, 인류의 가장 큰 문제는 잘못된 출생이며, 이 출생은 여자로부터의 출생인 것이다(시 51:5, 욥 25:4). 아담이 자기 아내를 "이브"라고 불렀을 때(그녀는 모든 산 자의 어미였으므로), 그는 타락한 인간이 생명에 관해 가질 수 있는 최초의 태도를 역력히 보여 주었다. 즉 모든 생명은 육체적(물질적) 생명이라는 착각에서이다. 창세기 3:20에서 아담의 선언부터 20세기 카톨릭 사제에 이르기까지 (이들은 자신들의 "육체적" 손가락에 물질적 물을 찍어 유아의 육체적 머리에 뿌려주고 거듭난 것으로 간주한다.) 인간의 타락한 본성을 가려 버린 것이다. 물질적인 물은 결코 영적인 생명을 낳지 못한다. 이브란 이름은 그 모든 여자들과 마찬가지로 남자의 이름을 따서 "아담 부인"(Mrs. Adam)이라고 불러야 했다(창 2:22-24 참조).

5:3 ○ 아담이 일백삼십 년을 살며 자기 모습대로 자기의 형상을 따라 아들을 낳아 그의 이름을 셋이라 불렀더라.

4 셋을 낳은 후 아담의 날들이 팔백 년이었고 아들들과 딸들을 낳았더라.

5 아담이 살았던 모든 날들이 구백삼십 년이었고, 그가 죽으니라.

6 셋은 일백오 년을 살고 에노스를 낳았으며

7 셋이 에노스를 낳은 후 팔백칠 년을 살며 아들들과 딸들을 낳았더라.

8 셋의 모든 날들이 구백십이 년이었고 그가 죽으니라.

『**육신으로 난 것은 육이요, 또 성령으로 난 것은 영이니라.**』(요 3:6) 라는 말씀대로 3절의 아담의 형상대로 태어난 자들은 그 어떤 종교로도 그 출생을 바꿀 수 없다. 인간은 그가 상실해 버린 그 형상을 되찾아야만 한다. 그래야 새롭게 영적으로 출생할 수 있다. 따라서 현대인들이 즐겨 쓰는 사회적 "이미지"라든지 우리나라의 "이미지"를 실추시켜서는 안 된다느니 하는 것들은 인간이 올바른 형상(image)이신 그분을 거부하고 잘못된 형상(계 13:16-18)이 나타나면 받아들일 것을 여실히 입증해 준다고 하겠다.

〈킹제임스성경, 1611〉에 따르면 셋은 아담이 130세 때에 태어났으며 에노스는 셋이 105세 때 태어났다. 이에 따르면 아담은 셋, 에노스, 카이난, 마할랄렐, 야렛, 에녹 및 므두셀라와 동시대에 살았으며 라멕과도 약 55년을 함께 살았다(창 5:28). 이 사실은 성경 인물들의 나이를 계산해 보지 않은 성경대로 믿는 그리스도인들에게도 상당히 놀라움을 가져다준다. 그것은 노아와 아담은 겨우 28년 차이로 만나지 못했을 뿐이요 노아는 아브라함의 아버지와 동시대 사람이었다는 것을 의미하기 때문이다. 따라서 학자들이 문제 삼는 "구전"(oral tradition)의 문제는 우리가 영감으로 기록되고 섭리로 보존된 성경을 그대로 믿는다면 하나도 문제될 것이 없다. 왜냐하면 천지창조 이야기는 최초의 인간에서부터 모세에 이르기까지 겨우 여섯 세대를 걸쳐 입에서 입으로 전달되었기 때문이다. 아담, 라멕, 노아, 아브라함, 야곱, 코핫, 암람(모세의 아버지)이 그들이다. 따라서 이 천지창조 이야기가 구전되었다손 치더라도(실은 구전된 것이 아니었다.) 그 내용이 변질될 가능성은 1850년에서 1960년 사이 인생을 변화시킬 만한 최대의 사건을 목격한 사람이 직접 목격한 그 사건을 잊어버릴 수 있는 가능성 정도일 것이다. 그런데도 현대의 학자들은 최초의 인간이 하나님과 동행하던 30년 동안에 하나님께서 창조에 관해 아무런 말씀도 해주지 않으셨다고 가정하고 창세기를 대하고 있다.

『**그가 죽으니라.**』(5절)는 표현을 대할 때 뭔가 불길한 예감이 드는 것은 당연하다고 생각된다. 이것은 이 지구상에서 발생한 최초의 자연사였다(양은 도살되었고 아벨은 살해되었다). 최초의 자연적인 죽음은 창세기 5:5에 나와 있는데 이 사람은 아내를 얻기 위해 죽었던 사람으로 (그의 아내는 그의 다섯 번째 갈비뼈에서 나왔음을 기억하라. 창 2:22) 그녀는 그에게 영적 죽음을 가져다주었다. 이때부터 다섯이란 숫자는 죽음과 연관되며 적어도 90% 이상의 확률이 보장되어 있다.

1. 다섯 글자로 된 마귀(Devil)는 다섯 글자로 된 죽음(Death)의 권세를 갖고 있다.

2. 베냐민은 자기 형제들보다 다섯 배의 음식과 옷을 요셉으로부터 받았는데 이는 그의 어머니가 그를 낳다가 죽었기 때문이다(창 43:34; 45:22; 35:18,19).

3. 그리스도께서는 몸에 상처를 다섯 군데 입으셨고 그의 옷은 다섯 조각으로 분배되었다[요 19:23. 도드리지(Doddridge)로부터 캠벨(Campbell) 그리고 라킨과 벌링거에 이르는 모든 주석가들이 다섯(5)이란 숫자를 "은혜"(grace)와 연결시키는 근거가 단 한 가지 그리스도의 죽음뿐이라는 사실은 죽음이 다섯과 관련되어 있음을 더 확증해 준다고 하겠다. 다섯은 결코 은혜를 뜻하지 않는다. 오히려 죽음을 뜻한다. 그리스도의 죽음이 우리에게 은혜를 가져왔을 뿐이다].

4. 다윗의 다섯 장수들은 은혜를 베풀기 위해 선택된 것이 아니고 네 명의 함족을 죽이려고 뽑은 것이다(삼하 21:22).

5. 사도행전 5:5에서 거짓말쟁이가 급사했다.

6. 로마서 5장에서 아담과 그리스도의 죽음이 자세히 설명되고 있다.

7. 요한계시록 5장에서 **어린양**이 "도살당하였던 것처럼" 등장한다.

8. 금 종기 다섯과 금 쥐 다섯으로 수천 명을 죽인 재앙의 대가를 치렀다(삼상 6:4).

9. 최초로 태어난 사람은 살인자였는데 그 사람의 이름은 창(Spear) 혹은 대장장이(Smith)로 다섯 글자이다.

10. 다섯 번째 갈비뼈는 살상 시 목표물이다(삼하 2:23; 3:27; 4:6; 20:10, 네 경우 모두 우연의 일치라고 할 사람은 성경을 믿지 말라).

11. 아무리 살펴보아도 정말 "우연"일 것 같은 사실은 놋으로 된 제단이다. 무려 500년 이상 동안 매년 1,000마리가 넘는 제물이 도살되고 태워졌던 이 제단은 그 치수가 5×5 큐빗이다(출 27:1).

이 성경적 사실을 거부하는 "학자들"의 주장과는 반대되는 사실이 아직도 즐비하다. 20세기에 살고 있는 비행사들은 문제가 생기면 "May day"를 연발한다. 그들은 May가 오월, 즉 다섯 번째 달이라는 과학적, 성경적 사실을 자신도 모르면서 외쳐 대는 것이다. 미국 해군은 "제5 고장"이란 배가 침몰하거나 물속에서 "죽어" 가는 경우에 사용하는 명칭이라고 말하고 있다. SOS 채널로 500 사이클을 사용하는 국제구조본부 역시 5와 죽음과의 관계를 보여 준다. 이 정도이고 보면 현대 과학이 모세가 기록한 창세기의 과학 수준을 따라 잡으려면 아직도 먼 것 같다.

『**그가 죽으니라**』(5절). 이 표현은 마태복음 1장과 비교해 보면 하나님의 말씀이 얼마만큼 놀랍게 구성되어 있는가를 알 수 있다. 창세기 5:1과 마태복음 1:1은 모두 『**세대에 관한 책**』이란 말로 시작되는데 마태복음에서는 "죽으니라"는 말이 나타나지 않는다. 물론 아브라함도, 이삭도, 야곱도 죽었다. 그러나 성령께서는 고린도전서 15장(이곳에서는 그리스도가 마지막 아담으로 묘사된다.)에서 창세기 5장, 마태복음 1장을 연결시키고서 성령께서는 마태에게 영감을 주어 "그가 죽으니라."는 말은 빼도록 했다. 왜 그랬을까? 그 교훈은 분명하다. 요한복음 11:26에 그 해답이 나와 있다. 아담 안에서는 죽음이 있을 뿐이요, 그리스도 안에서는 생명을 얻고 따라서 "영원히 죽지 않을 것이기" 때문이다(요 11:26). 성경이 실로 놀랍지 않은가?

『**아담이 살았던 모든 날들이 구백삼십 년이었고**』(5절). 아마 현대 학자들에게는 이 말씀이 그냥 삼켜 버리기에는 너무 컸던 것 같다. 사마리아 모세오경(London Polyglot) 역시 이 사실을 감당할 수 없었던 것 같다. 결국 족장들의 나이는 사회적으로 용납될 수 있고 학자들이 묵인할 수 있을 정도까지 변경되었다(사 65:20을 어떻게 뜯어 맞춰 학자들의 견해에 맞출 것인지는 확실치 않다). "똑똑한" 양반들은 히브리어에서 "일백"(100)을 가리키는 말은 잘못 표기된 것이며 실제로는 "십"(10)을 뜻한다고 한다. 그렇게 되면 아담은 900세가 90세로 둔갑해서 930년이 아닌 93세가 된다. 이렇게 되면 실로 "대단"한 상상력을 발휘한 셈이다. 예를 들면 셋은 15세 혹은 10.5세에 에노스를 낳은 셈이다. 15세(혹 10세)에 자식을 낳을 수 있다고 하자. 그렇다면 마할랄렐의 경우는 어떻게 되는가? 6.5세에 자식을 무릎에 안고 있었다니 이보다 더 놀라운 상상력을 본 적이 있는가? 에녹도 마찬가지이다(21절). 한마디로 과학이 성경을 의심한 경우는 많은 문제만을 야기시켰을 뿐이요(창 1장의 진화론 부분 주석 참조), 해답을 주기보다는 의문만 가중시켜 왔다.

5:9 ○ 에노스는 구십 년을 살고 카이난을 낳았으며,
10 에노스는 카이난을 낳은 후 팔백십오 년을 살면서, 아들들과 딸들
을 낳았더라.
11 에노스의 모든 날들이 구백오 년이었고 그가 죽으니라.

『**카이난**』(9절)이란 단어는 "획득"이란 뜻을 갖고 있고 이는 카인과 매우 유사하다(어떤 성경교사가 지도에서 욥의 고향을 찾다가 여러 번 실패한 후 묻기를 거기가 우스였던가? 우르였던가?라고 했다고 한다).

어셔 대주교는 이 구절들을 갖고 그의 연대기를 확립했으며 이 연대표는 후일 많은 사람들의 비난의 대상이 되기도 했다. 성경대로 믿는 사람들이었던 그는 〈킹제임스성경, 1611〉의 본문을 그대로 믿었고 솔로몬(B.C. 1000)으로부터 거슬러 계산해서 사무엘상하, 재판관기의 연대를 더했다(이 경우 사도행전 7,13장과 갈라디아서 3장을 참조했다). 그런 후 광야에서 방황 40년, 광야에 오기 전 40년, 모세가 이집트에 있던 40년을 더해 요셉에 이르렀다. 그는 여기서부터 다시 거슬러 올라가 창세기 5장까지 왔고 이 기록들은 문자적으로 받아들여졌다. 그 결과

"어셔의 연대표"가 완성되었다. 이 연대표는 매우 신뢰할 만하다. 더 자세한 연대표는 벌링거의 〈컴패니언 바이블〉의 부록에 나와 있고 뉴욕의 버펄로에서 1886년 출간된 "The Chronology of the Holy Bible"이란 제목의 시드니 윌버스(Sidney Wilburs)의 "엄청나게 자세한" 연대표도 참고할 만하다. 틸러(Thieler), 리머(Rimmer) 및 몇몇 학자들이 다른 연대 체계를 제시하긴 하지만 그 어떤 것도 〈킹제임스성경〉 본문을 정당화시키는데 있어 다른 체계보다 나은 것은 없다.

에노스의 출생은 B.C. 3769년이며 카이난은 B.C. 3679년경이다.

『**에노스의 모든 날들이 구백오 년이었고**』(11절). 족장들의 수명이 이처럼 길었던 것은 세 가지 이유에서였다.

1. 현재 우리가 살고 있는 기상 조건과 다른 기상 조건(창 2:1,5,6).

2. 당시에는 질병이 많지 않았다(어쩌면 없었을 것이다. 만약 우리가 출애굽기 15:26에 질병이 처음으로 언급되는 것을 믿는다면 홍수 후에도 질병은 없었을 것으로 추정된다. 물론 노년으로 인한 쇠약함은 있을 수 있지만 질병은 없었다).

3. 전 세계가 "하나님의 아들들" 아래 뭉쳐 하나의 세계 정부를 이루고 있었으므로(창 6장 주석 참조) 전쟁이 불가능했다. 창세기 12장 이후까지는 무장한 군대들의 충돌이라는 의미에서의 "전쟁"은 없었다.

5:12 ○ 카이난은 칠십 년을 살고 마할랄렐을 낳았고

13 카이난은 마할랄렐을 낳은 후 팔백사십 년을 살면서 아들들과 딸

들을 낳았으며,

14 카이난의 모든 날들이 구백십 년이었고, 그가 죽으니라.

15 ○ 마할랄렐은 육십오 년을 살고 야렛을 낳았고

16 마할랄렐은 야렛을 낳은 후 팔백삼십 년을 살면서 아들들과 딸들을 낳았으며,

17 마할랄렐의 모든 날들이 팔백구십오 년이었고 그가 죽으니라.

『**카이난**』("그는 소유물이다." 혹은 "획득"이란 뜻을 갖고 있음)은 약 B.C. 2764년경 죽었고 『**마할랄렐**』은("하나님을 찬양함"이며 하나님은 주가 아닌 엘로힘이다. 〈칠십인역〉이 변개시킨 대로 "주를 따라" 사람들이 그들의 이름을 부르기 시작했다면 이 주는 창세기 4:26에 암시된 대로 여호와였을 것이다) B.C. 3609년에 태어났다.

『**야렛**』은 "가계" 혹은 "강하하는"이란 뜻으로(창 4:18의 『**이랏**』 참조) B.C. 3544년경에 태어났다.

5:18 ○ 야렛은 일백육십이 년을 살고 에녹을 낳았고

19 야렛은 에녹을 낳은 후 팔백 년을 살면서 아들들과 딸들을 낳았으며,

20 야렛의 모든 날들이 구백육십이 년이었고 그가 죽으니라.

계속해서 등장하는 『**그가 죽으니라.**』는 말은 독자들의 눈과 귀에 계속해서 들려 온다. 우리는 이 말을 대할 때마다 아담은 타락했다는 사실을 더욱더 확신하게 된다. 『**그가 죽으니라**』(5,8,11,14,17,20절). 따라서 당신도 죽을 것임을 잊지 말라. "죽음과 세금"보다 더 확실한 것은 심판뿐이다.

우리는 이 당시 사람들이 800-900살을 살았으며 이러한 장수의 결과는 무엇이었는가를 짚고 넘어가야 할 것 같다. "하나님의 아들들"이 외계에서부터 나타날 당시(창 6:1-6 주석 참조) B.C. 3500년경의 우주여행 기술은 너무도 고도로 발달되어서 오늘날 아폴로 우주선을 타고 달을 다녀온 것보다는 훨씬 뛰어났을 것이다. 사람들은 B.C. 2000년부터 오늘날에 이르기까지의 과학의 진보가 너무도 느렸다는 근거로 모든 "과학적 진보"는 지난 50년 동안에 전부 이루어진 것으로 간주하지만 이것은 큰 오산이다. 이들은 노아의 홍수(이 역사적 사건을 과학자들은 무시해 버린다.) 이전에는 오늘날보다 수준 높은 문명이 지구상에 존재했었다는 사실을 모르고 있다. 지상의 낙원으로 알려졌던 샹그릴라(Shangri-La)나 아틀란티스(Atlantis) 혹은 북극 밑에 있었다는 동산들에 관한 신화들은 다윈의 "종의 기원"처럼 헛된 근거에 의해 쓰인 것이 아니다. 이들 신화들은 분명한 역사적 근거를 갖고 있다(창 6:1-6). 만약 어떤 사람이 50년 동안 목수로, 50년 동안 미장이로, 50년 동안 배관공으로, 50년 동안 전기공으로, 50년 동안 석공으로, 50년 동안 타일공으로, 50년 동안은 기계 기술자로, 그리고 50년 동안은 정원사로 일했다면 그의 지식수준이 어떠할지 짐작해 보았는가? 사실 그는 자기보다 두 배나 더 오래 살았던 아버지로부터 그런 기술들을 배웠을 것이다. 그런데도 오늘날 사람들은 모든 천재들은 18,19세기에만 생겨난 것으로 믿으니 참으로 이상한 일이 아닐 수 없다(고대 문명의 신비들을 생각해 보라).

5:21 ○ 에녹은 육십오 년을 살고 므두셀라를 낳았고
22 에녹은 므두셀라를 낳은 후 삼백 년을 하나님**과 동행하며 아들들**
과 딸들을 낳았으며,
23 에녹의 모든 날들이 삼백육십오 년이었으며,
24 에녹은 하나님**과 동행하다가 없어졌더라. 이는** 하나님**께서 그를**
데려가셨음이라.

『**에녹**』은 그 이름을 카인의 아들로부터 얻었다(창 4:17). 그는 성경에서 가장 주목해야 할 인물들 중 하나이다. 그는 어쩌면 아담과 그리스도 사이에 살았던 인간 중 가장 놀라운 인물이라고 할 수 있다. 왜냐하면 그는 인류 역사 6,000년에 걸쳐 죽음을 보지 않았으며 결코 죽지 않을 유일한 인간이라는 독특한 면을 갖고 있기 때문이다. 이 영예는 "성모 마리아"마저도 누리지 못한 것이다. (물론 오늘날 이교도 중에는 마리아에게 이 영예를 돌리는 자들도 있다.) 이 특권은 너무도 유일한 것이어서 심지어는 〈강단주석〉의 주석가들마저도 이 말씀에 걸려 넘어지고 말았다. 이 주석에 보면(왕하 2:11) 엘리야, 에녹, 그리스도를 죽지 않은 유일한 인물로 분류하고 있는데 실상은 그리스도마저도 에녹이 누린 그 특권을 향유하지 못했다. 예수 그리스도께서는 죄 없이 이 세상에 오신 유일하신 분으로 비록 죄가 없으셨지만 그는 『**슬픔의 사람이요 질고에 익숙한 사람**』이셨다(사 53:3). 그리고 하나님의 은혜로 "모든 사람을 위해 죽음을 맛보셨다"(히 2:9). 에녹은 장의업자만 속인 것이 아니고 (안 죽었으니까) 다시 죽기 위해 이 땅에 돌아오지도 않을 것이다. (모세와 엘리야는 다시 죽기 위해 이 땅에 돌아온다. 계 11:4-10 주석 참조) 따라서 에녹은 교회의 휴거 시 살아 있게 될(요 11:26) 20세기의 그리스도인들을 예표하고 있으며, 그 어떤 다른 곳에서는 이들 죽지 않을 그리스도인들의 예표를 찾을 수가 없다. 『**한 번 죽는 것은 사람들에게 정해진 것이고**』(히 9:27)라는 이 말씀에 유일한 예외인 셈이다. 에녹은 이 하나님의 결정 사항을 뒤로하고 죽음을 보지 않기 위해(히 11:5) 들림 받아 가 버렸다.

사람들이 먹고, 마시고, 결혼하고, 집을 짓고, 사고, 심고, 팔고하는 동안(눅 17:27,28) 에녹은 어떻게든 "하나님을 기쁘시게" 하였고 믿음으로 살았다(히 11:5). 성경에 간단히 기록된 그의 우주여행(이것은 콜럼버스 이전 4,000년에 있었던 우주 비행이다.)은 이렇게 묘사되어 있다. 『**없어졌더라. 이는** 하나님**께서 그를 데려가셨음이라**』(창 5:24). 에녹의 짧고 행복한 365년간의 생애에 대한 유일한 다른 기록은 그가 갑자기 사라져 버리자 그의 가족, 친구, 친척들이 그를 광범위하게 수색했지만 선지자 학교의 학생들이 엘리야를 찾지 못한 것처럼(히 11:5, 왕하 2:16-18) 찾을 수 없었다는 것이다. 결론은 이렇게 내려졌다. 그는 비행기로 납치되어 쿠바로 갔다가 러시아로 이송되었고 그 후 스웨덴으로 탈출했거나 아니면 완전범죄의 희생물이 되었을 것이다. 그러나 성경은 이렇게 결론 내린다. 『**다시 보이지 아니하니라**』(히 11:5).

우리는 이 말씀을 그럴싸하게 해석할 수 있을는지는 모르지만 성령께서 말씀하신 그대로가 훨씬 좋다. 『**다시 보이지 아니하니라.**』 이 사건은 전에도 들어본 적이 없고 그 후에도 들어본 적이 없는 전무후무한 사건으로 우리에게 다음과 같은 교훈을 준다. "인간 문제의 최종 해결책은 인간이 아닌 하나님께서 인간의 문제에 기적적이고, 초자연적으로 개입하실 때만이 주어진다." 따라서 "점진적 창조", "유신론적 진화론", "점진적 발전" 등은 전쟁과 전쟁 사이에나 나올 법한 이론들이다. 최종 해답은 하나님 자신이 "모습을 드러내실 때" 나오게 될 것이다.

에녹은 위로 올라가 버렸다. 므두셀라가 태어나기 전에는 에녹은 족보에서 그리 별 볼 일 없는 자였다. 그는 첫째 아들이 태어날 때까지는 "하나님과 동행하지" 않았다. 따라서 우리는 첫째 아들의 이름 "므두셀라"를 분석할 필요가 있다. 그것은 이 사람이 성경에서 가장 오래도록 산 사람이었기 때문이다(27절, 969살).

『**므두셀라**』는 히브리어로 굉장한 의미를 갖고 있는 이름이다. "그가 죽으면 그것이 보내질 것이다." 여기서 우리는 그것이 무엇인지에 대해 아무런 의심을 할 필요가 없다. 왜냐하면 므두셀라는 아담, 에노스, 카이난, 마할랄렐, 야렛 및 라멕(라멕은 므두셀라보다 5년 전에 죽었다.) 등과 함께 묻혔고 바로 그때 하늘의 창문들이 열리고 "폭포수" 같은 "장대비"가 쏟아져 내렸기 때문이다.

따라서 에녹이 므두셀라가 태어난 후 "하나님과 동행"한 것은 이상할 것이 없다. 주님은 에녹에게 그 아이의 이름을 어떻게 지을 것인지를 가르쳐 주셨을 것이다(태어나기 전에 이름이 지어진 이삭, 마헬살랄하스바스, 로암미, 요시야, 예수 그리스도 등을 기억하라). 에녹은 그의 맏아들의 이름을 지은 후 기도실로 들어가서 하나님께 그 이름의 뜻을 알게 해달라고 기도했을 것이고 주님께서는 4,000년을 앞질러(유 1:14) 예수 그리스도의 재림에 관한 계시를 주셨을 것이다. 이 계시는 오는 세대에게 "노아의 날들"은 A.D. 1900-2000년의 모습일 것임을 보여 주는 것이다. 가장 형편없는 학자들의 전통을 따르기 위해 "에녹의 책"이란 것이 유다서 14절의 요구를 충족시킬 목적으로 "발명"되었다. 이 책은 사해사본에서 하나님께서 성경을 쓰실 때 잊어버리신 책이 몇 권 있었다는 사실을 입증하기 위해 들먹거리고 있는 바로 그 책이다. 그러나 〈킹제임스성경, 1611〉에 나와 있는 것처럼 에녹은 예언을 했을 뿐 책을 쓴 것이 아니다. 따라서 참된 성경학도라면 "에녹의 책" 따위는 신경쓸 것이 없다.

5:25 므두셀라는 일백팔십칠 년을 살고 라멕을 낳았고
26 므두셀라는 라멕을 낳은 후에 칠백팔십이 년을 살면서 아들들과 딸들을 낳았으며,
27 므두셀라의 모든 날들이 구백육십구 년이었고 그가 죽으니라.
28 ○ 라멕은 일백팔십이 년을 살고 한 아들을 낳았으니,
29 그의 이름을 노아라 부르고 말하기를 "이 아이는 주께서 저주하셨던 땅으로 인한 우리의 일과 우리의 손의 노고에 관하여 우리를 위로할 것이라." 하더라.

『**므두셀라**』는 B.C. 3317년경에 태어나 B.C. 2374년경에 죽었다. 『**라멕**』("강력한")은 B.C. 3130년경에 태어나 B.C. 2353년경에 죽었다. 라멕의 아들 『**노아**』는 따로 소개하거나 "신임장"을 만들 것도 없다. 사람들은 노아 시대 이후 계속 "헛다리"를 짚고 있으며 오늘날도 여전히 노아가 왜 방주 안에 파리와 모기를 들여보냈는지 의아해하고 있다. 그의 이름은 "휴식"(안식) 혹은 "위안"(위로)이란 뜻이며 그는 B.C. 2948년경에 태어났다.

홍수는 오늘날 인구학적 견해에 따르면 꼭 필요했었다. 왜냐하면 인구 증가의 법칙에 따르면 ("인구 폭발"이란 말을 기억하라.) 대재앙이 없었더라면 인구조사를 지난 2,000년 기간의 아무 때에 실시했다 할지라도 그 어떤 인간도 B.C. 4000년 이전에 살 수 없었을 것이라는 것이다. 정상적인 인구 증가에 따르면 (이 경우 전쟁, 질병, 기아, 자연재해가 발생한 것 등을 다 감안하더라도) 창세기 6–8장의 전 세계적인 노아의 홍수가 사실이 아니라면 현재의 인구는 1,600억 명이 된다(현 인구의 약 50배). 따라서 노아의 홍수를 국부적인 중동 지역만의 홍수라고 생각하는 사람은 이 현실을 전적으로 무시하는 것이다. 이 현실은 엄연하고 냉정한 수학적, 통계적 현실이다. 다윈의 추정대로 B.C. 1000년 – B.C. 2000년 사이에 가족 평균 네 명의 자녀를 두고 두 명이 죽어 두 명만 성장했다고 계산하더라도 노아의 홍수가 없었더라면 인구는 8,000억 명, 즉 현재의 250배가 된다. 성경에 따르면 당시는 질병도 없고 기후 조건 등이 지금보다 훨씬 좋아 살기가 좋았다고 하는데, 어떻게 해서 창세기 6–8장의 홍수를 지역적인 것이며 그로 인해 겨우 40만 명 정도가 죽었다는 "헛소리"를 학자란 사람들이 만들어 내는 것인지 알다가도 모르겠다. 만약 창세기 1–5장의 내용이 사실이라면 (나는 이것을 100% 확신한다.) 현재(1970년)의 인구는 약 1,600억 명이 될 터이니 창세기 6–8장의 홍수가 없었더라면 시체를 좋아하는 까마귀는 몰라도 비둘기는 땅에 발을 내려놓을 자리를 발견하지 못했으리라.

영국박물관에 있는 아비도스(Abydos) 석판에 따르면 노아는 이집트의 제20대 파라오였다고 한다. 이집트에 정착한 노아의 아들은 함(Cham/Chufu/Khem)이라고 하는데 이들 자료에 의하면 아담이 최초의 파라오(Seti 1세)이고 그의 아들은 메나(Mena)와 세신(Sheshin), 즉 "준비된 자"와 "죄지은 자"라고 한다.

"노아"(안식, 위로)라는 이름을 지었다는 사실로 보아 그들의 부모들은 당시의 과학, 종교, 진보에 대해 매우 독특한 견해를 갖고 있었던 것으로 짐작된다. 그들은 당시 모든 "찬란한" 문명을 모두 부정적인 시각에서 바라본 것이다. 『**주께서 저주하셨던 땅... 우리의 일과 우리의 손의 노고...**』(29절). 노아의 부모들은 당시의 세상 사람들처럼 돈과 교육이면 모든 문제가 해결될 것이고 모든 해결책은 "쉽게" 얻을 수 있다고 생각하지 않았다. 그들은 반대로 생각했던 것이다. 누군가가 말했듯이 "비관론자"(염세주의자)는 사물을 있는 모습 그대로 보는 자이다(현실을 직시하면 누구나 회의론자가 되기 마련 아닌가?). 더 노골적으로 표현해 본다면 "낙관주의자는 어둠 속에서 있지도 않은 촛불을 보는 사람이고 비관론자는 그 촛불을 불어 꺼 버리는 자이다."가 될 것이다. 20세기에 이 참다운 비관론을 적용해 보자.

1. 인간 즉 자기 자신에 대해 낙관하는 사람은 자기가 성경의 불빛을 성공적으로 불어 꺼 버린 자로서 자신을 현실주의자로 생각한다. 그러나 실제는 그는 "환상"주의자일 뿐이다.

2. 성경대로 믿는 사람은 인간에 관해 비관론자이지만(딤후 3:1-13) 하나님의 약속들에 절대적 신뢰와 기쁨을 갖고 성경에 기록된 모든 구절들이 완전히 이루어지는 것을 확고한 낙관론을 갖고 앞당겨 즐기는 자들이다.

노아의 부모들은 "저주"의 영향을 감지하고 있었다(오늘날 20세기 "긍정적 사고방식주의자"들이라면 이들 노아의 부모들에게 "최선을 다하라고" 격려하였을 것이고 어쩌면 그들이 자기 연민에 빠졌다거나, 창의력이 부족하다거나, "구태의연"하다던가, "자기 고집"을 부린다고 야단을 칠지도 모르겠다. 이들의 눈에는 노아의 부모들은 반동적이요, 발전을 저해하고, "즐거움"을 파괴하는 자들로 보였을 것이다. 그러나 하나님께서 이들을 베트남 전쟁이나 중동전쟁을 볼 수 있도록 해 주시면 생각을 바꾸든지 아니면 "빛"을 계속 거절하든지 할 것이다). 라멕은 현실주의자였다. 당시에 군림하던 "하나님의 아들들"은 그를 미혹할 수 없었다. 축산의 발달, 음악과 금속공예의 발전 등도 그의 눈을 주님으로부터 빼앗지 못했으며 외설문학, 음란영화 및 당시에 풍미하던 호모섹스 등도(창 6:5,6) 인간은 향상하고 있다는 생각을 그에게 넣어 줄 수 없었다. 라멕은 냉정하고, 객관적이고, 정직한 눈으로 사태를 직시하였다. 만약 그가 성경을 기록할 수 있었더라면 그의 기록은 바울의 디모데전서 4:1-5, 디모데후서 3:1-13이나 이사야의 이사야 13,19,21장 혹은 마태의 마태복음 23장, 요엘의 요엘 2장 혹은 요한의 요한계시록 6장과 예레미야의 예레미야 23장과 똑같은 내용을 담았을 것이다. 라멕은 노아가 태어나던 날 창세기 3:15을 그의 아내에게 읽어 주었던 것같이 보인다. 그는 "여자의 씨"에 희망을 두고 지난 1,500년 간 기록된 성경 없이 지내 온 그 세상에 그 씨가 위로를 가져다 줄 것을 바랐던 것이다. 만약 창세기 5:5,6의 상황이 홍수 없이 계속되었더라면 무려 1,600억 명의 인간들이 하나님을 거역하고, 진리를 거부하며, 자신의 의로 가득 차 있을 것이요, 타락한 인간들이 타락한 천사들과 동거하고 있을 것 아닌가? 실로 생각만 해도 끔찍하다. 따라서 홍수는 인류에게 주어진 가장 위대한 축복 중의 하나인 셈이다.

5:30 라멕이 노아를 낳은 후 오백구십오 년을 살면서, 아들들과 딸들을 낳았으며,
31 라멕의 모든 날들이 칠백칠십칠 년이었고, 그가 죽으니라.
32 노아는 오백 세가 되어서 셈과 함과 야펫을 낳았더라.

『**칠백칠십칠**』(777, 31절)은 하나님께서 인간을 다루심에 있어 마지막을 보여 준다. 하나님께서는 모든 것을 일곱으로 다루신다(레 23,25장, 계 1,22장, 행 7장, 롬 7장, 계 7장, 마 7장). 스펙트럼에는 7가지 색이 있고, 피아노에도 7개의 음계가 있으며, 사람의 머리에는 7개의 통로가 있고 모든 인간은 (남녀 불문하고) 일곱 개의 지체를 갖고 있다.

제5장에 기록된 마지막 이름은 야펫이다. 이 사람은(히브리어로 "그로 퍼져 나가게 하라" 혹은 "멋진", "설득하다", "열리게 하다") 코카사스 인종의 조상으로 요즘에 와서는 WASP(역자주 : White Anglo Saxon Protestant의 약자로 백인 신교도 계급. 미국의 중상류 계층을 형성하고 있음을 비꼬기 위해 만든 용어)이라고 미움과 질시를 받고 있다. 야펫에 대해서는 창세기 6:10과 10:2에서 더 언급하도록 하겠다. 노아의 다른 아들들은 함["태워진" 혹은 "뜨거운"으로 이 단어는 "함께 자람"(!)과 "장인"과 관련되어 있다 - 이 단어를 보면 카인은 어디서 그의 아내를 얻었는가 묻고 싶을 것이다.]과 셈("이름", "명예", "기억" 혹은 "하나님 자신의 이름")이다. 야펫은 창세기 10:21에서 "형"(elder)으로 나와 있고 함은 창세기 9:24에서 "동생"(younger)으로 나와 있다. 막내 동생(youngest)이란 단어가 쓰이지 않은 것으로 보아 어쩌면 세 아들의 순서는 야펫, 함, 셈일지 모르겠다. 게제니우스라는 학자는 "younger"(작

은 아들)이란 말(히브리어 "카톤")을 "younger than Ham"이라고 억지 주장하면서 함이 큰형 그리고 셈과 야펫이 동생이라는 "학자적" 억지를 부린다(Erdman의 Hebrew and Chaldea Lexicon, p.359와 p.833 참조). 그러니까 야펫과 셈이 동시에 노아의 둘째 아들이 되는 셈인데 하나님께서 주신 영어성경(KJV)을 제쳐 두고 "원문"만 따지는 사람들은 이런 착란을 일으키고 만다. 나무들만 보다가 숲은 보지 못하는 것이다. 영어로 간단히 해결될 것이 콥트어, 아람어, 독어, 영어, 불어, 서반아어, 히브리어, 헬라어, 시리아어 및 칼데아어를 자유자재로 구사하는 학자의 손에 들어가면 "엉망"이 되어 나오는 것이다. 이 학자께서 〈킹제임스성경, 1611〉을 거부하자 주님께서는 그를 "막으신다." 쌍둥이가 태어났더라도 형, 동생이 있는 법인데(창 38:29; 25:23,25,26) 이들 학자들은 셈과 야펫은 동시에 태어난 것으로 간주함으로써 함의 동생, 즉 노아의 둘째 아들들로 만들어 버리는 난센스를 빚어냈다.

그러나 성경은 우리에게 두 가지 가능성만 줄 뿐이다. 즉 야펫, 함, 셈의 순서이거나(younger가 younger than Japheth일 경우) 야펫, 셈, 함(younger가 younger than Japheth and Shem, 혹은 younger than Sham일 경우)의 순서이다. 학자들의 주장대로 함, 셈펫 혹은 함, 야셈이 절대 아니다. (이 밖에 아예 창 10:21을 변개시킨 "성경"들도 있다. 그래서 셈을 야펫의 형이라고 생각하는 모양인데 야펫은 노아가 500세 때, 셈은 야펫보다 3년 후에 태어났다. 창 5:32; 7:11; 11:10 비교 참조)

창세기 6장

**6:1 사람들이 지면에서 번성하기 시작하고 딸들이 그들에게서 태어났
을 때,**
**2 하나님의 아들들이 사람들의 딸들이 아름다운 것을 보고 그들이
택한 모든 자를 아내들로 삼으니라.**

이제부터 성경은 인간의 구체적 역사를 다루기 시작한다. 이제까지는 창세기 4:20-22에 나와 있는 내용을 제외하고는 성령께서는 개인과 그 후손들의 계보만을 분석하셨다. 창세기 1장은 인간의 관점에서 보자면 주로 "선사 시대"의 내용들이며 2,3,4,5장은 인간의 본성에 대한 하나님의 분석과 이에 대한 하나님의 대응을 다루고 있다.

이제 우리는 과학의 영역과(창 1장), 심리학의 영역과(창 2-4장), 통계적 영역(창 5장)을 뒤로 하고 드디어 인류의 역사로 들어서게 된다.

창세기 6:1의 시점은 나와 있지 않다. 그러나 노아의 출생에 관한 구절들보다는 상당히 앞서 있었던 사건이었을 것이다. 왜냐하면 인간은 에노스와 카이난(B.C. 3700, 3600) 시절에도 이미 "아들들과 딸들"로 번성하고 있었고 정상적인 출생률로 치더라도 노아가 B.C. 2945년 지구상에 등장하기 이전에 이미 약 4백만의 인구가 있었을 것이기 때문이다. 700년간이면 상당한 인구 증가가 있었을 것이다. 사실 미국에 건너온 모든 아프리카와 유럽인은 (약 1,000만 명 이상이) 500년도 채 안 되는 기간에 증가된 것이다. 어떤 이들은 수천 명이 이민 온 것이 아니냐고 반박할지 모르지만, 내가 말한 1,000만 명은 모두 1469년 이후에 출생한 자들이다. 창세기 6:3의 해석에 따르면 하나님의 아들들(창 6:2)은 노아가 태어나기 100-800년 전에 사람의 딸들과 동거하고 있었다.

『하나님**의 아들들이 사람들의 딸들이 아름다운 것을 보고**』(2절). 이 구절은 오늘날 존재하는 모든 근본주의자들 가운데서 가장 커다란 논쟁을 일으키고 있는 유명한 구절이다. 스코필드, 라킨 등을 위시해서 수많은 사람들이 이 구절을 다양하게 해석했고 "분명한 증거들"을 이곳저곳에서 인용하거나 제시하기도 했다. 결국 오늘날 이 논쟁에 대해서는 "제발, 그 문제는 접어둡시다.", "그런 문제로 논쟁하는 것은 그리스도인에게 무가치합니다." 혹은 "그들은 그들이 옳다 하고 당신은 당신이 옳다 하니 그것으로 됐지 않소." 등과 같이 논쟁을 그만두는 쪽으로 결론이 나고 말았다. 이것은 오늘날의 기독교인은 어리석고 게으를 뿐 아니라 진지하지도 않고 미온적인 사람임을 보여 주고 있다. 그러나 창세기 6:2과 이와 연관되는 모든 성경 구절들은 너무도 중요해서 사탄은 이것들이 알려지는 것을 결코 원치 않는다는 사실을 지적하지 않을 수 없다. "참으로 하나님께서 그 구절을 말씀하시더냐?"

본문을 있는 그대로 관련 구절들을 찾아가며 해석하기 전에 한 가지 지적하고 싶은 것은 〈스코필드 관주성경〉("뉴"스코필드가 아니다.)은 하나님께서 허락하신 좋은 관주 성경이다. 이 성경을 편집한 사람들은 경건한 분들로 그분들이 편집한 이 성경으로 인해 미국의 보수기독교가 전천년 교리를 지난 반세기 동안 보존할 수 있었다. 이 성경을 갖고 있던 그리스도인은 기독교의 근본적인 교리에 관한 한 건전한 신앙을 갖출 수 있었다. [새로 나온 "뉴"스코필드는 상당히 문제가 많다. 왜냐하면 그 관주 성경은 사도행전 8:36-38의 각주에서 물 침례가 성사(sacrament)라고 가르치고 있다. 편집위원장인 E. 슐러 잉글리쉬(E. Schyuler English)가 로마 카톨릭 신자였는지 나는 몰랐었다!]

그럼에도 불구하고 이 구절에 관한 한 경건하고 헌신된 〈스코필드 관주성경〉 편집자들 역시 다음의 9가지 사항을 간과하고 말았다. (어거스틴이 A.D. 430년 그리하였던 것과 마찬가지라 할 수 있다.)

1. 그들은 아담이 타락했다는 사실을 잊어버렸다. 구약성경에서 그 어떤 경건한 혈통의 사람일지라도 그를 "하나님의 아들"이라고 부르는 것은 어리석은 일이다. 왜냐하면 하나님의 아들(Son of God)은 하나님의 형상이시며 요한복음 1:12 말씀은 이 형상을 영접함으로써 하나님의 아들들이 된 자들에 관한 것이기 때문이다. 창세기 5:1-3에 따르면 모든 사람은 하나님의 형상을 잃어버린 아담의 형상을 따라 태어나므로 거듭나기 전에는 하나님의 아들이 될 수 없는 것이다.

2. 이들은 이사야 43:6을 이 구절의 주석에 인용하는데 그러나 이사야의 "아들들과 딸들"이란 창세기의 "하나님의 아들들"에 해당되지 않는다. 이사야 43장의 "아들들과 딸들"은 모두 이스라엘 사람들이요, 홍수 이전의 셋의 자손들이 아니다(이들은 하나님의 아들들이 경건한 셋의 자손이라고 한다). 셋은 이스라엘 사람이 아닌 많은 자손을 갖고 있었다(창 11:22,26 참조).

3. 하나님의 아들들과 사람의 딸들이라 한 대조적 표현은 "셋의 아들들과 카인의 딸들"이라는 부주의한 해석을 허락치 않는다. 이런 해석을 "히브리 학자들과 기독교 학자들의 공통된 해석"이라는 핑계로 옳은 해석이라고 주장할 수는 없다. 어째서 본문이 말하고 있지도 않은 사실을 주장하면서 본문이 의도하지도 않은 자기 주장을 내세우는 것일까?

4. 만약 이들이 "셋의 아들들과 카인의 딸들"이었다면 어떻게 해서 홍수로 카인의 딸들이 다 죽고 난 이후(창 6:4에 "그 후에도"라는 말에 주목하라.) 그런 일들이 다시 발생할 수 있단 말인가?

5. 만약 이들이 "카인의 딸들과 셋의 아들들"이었다면 어떻게 그들은 거인들을 낳을 수 있었는가? 거인들은 "하나님의 아들들이 사람의 딸들에게 들어왔을 때" 생겨난 "희귀종"이다. 아무때나 태어나는 "사람들"이 아니다. 구원받은 사람들이 구원받지 못한 사람들과 결혼해서 거인들을 낳는 것을 본 적이 있는가? 결국 자기들의 주장을 정당화하려면 이들 거인들은 모험담에 나오는 거인들이라고 상상해 보기 전에 "거인"

이란 단어를 바꾸어야 할 필요를 느끼지 않겠는가?

6. 셋의 경건한 가계란 말은 성경 66권 그 어디에서도 찾아볼 수 없는 말인데도 이들이 세상적인 여자들을 취했다는 가정을 어떤 근거로 한단 말인가? 성경에는 메시아의 탄생을 추적할 수 있는 메시아의 가계가 있는데 이 메시아의 계보는 결코 경건한 계보가 아니었다(창 38장에서 유다의 음행으로 파레스가 태어났고, 라합은 창녀였으며, 밧세바는 간음을 했고, 다윗 역시 간음했다. 이들만으로도 메시아의 계보는 "경건한" 사람들의 계보가 아님이 분명하지 않은가?). "사도적 계승"(apostolic succession)이나 "경건한 계보"(godly line)는 모두 상상의 산물에 불과하다. 성경 어디에도 그런 말은 없다. 그런 계보도 없다. 따라서 〈스코필드 관주성경〉의 처음 세 가지 기본 전제는 100% 거짓임이 백일하에 드러난 셈이다. 민주주의 국가에서 무슨 의견인들 자유롭게 개진 못하겠는가마는 그런 주장은 계시된 진리 안에 결코 포함될 수 없다는 것은 분명하다.

7. 구약 성경에 나오는 "하나님의 아들들"은 홍수 직후 쓰여진 책인 욥기(1,2,38장)에 잘 정의되어 있다. 이들은 아담이 창조되기 전에 이미 역사 안에 존재하고 있었다. 하나님의 아들들은 사탄(욥 1,2장)과 창조(욥 38장)에 관련된 자들로 언급되어 있으며 "용사들의 아들들"(시 89:6)은 분명 시편 82:1의 "신들"일 것이다. (문맥이 홍수라는 사실을 주목하라.) 창세기 6:2이 이처럼 논란이 되는 이유는 만약 "하나님의 아들들"이 베드로후서 2장과 유다서 1:6,7의 천사들이라고 한다면 그때는 그들이 33세의 남성이며, 날개가 없고, 여자들과 동침해서 생식이 가능

하다는 말이 되기 때문이다. (생식은 피를 얻느냐 못 얻느냐에 달려 있다). 이들은 향후 10년 안에 이 지구상에 돌아와서 창세기 6장에서 있었던 그 장면을 재현하게 될 것이다. 이들은 이때 "인간의 모습을 한 신들"로서 달이 아닌 목성(주피터)에서 내려올 것이다(행 14,19장, 마 24장, 눅 21장, 계 12:7). 이 마지막 부분은 주석이 아니라 예언이 되어 버렸기에 다시 본문으로 돌아가서 주석을 계속하도록 하자.

8. 천사들은 "생식할 수 없다"는 가르침은 마태복음 22:30에서 "하늘에 있는"이란 단어를 삭제함으로써 만들어졌을 것이다(땅으로 내려온 천사는 생식할 수 있기 때문이다). 결국 이 가르침은 천사들은 성이 없다(sexless)는 이단 가르침을 낳고 말았다.

9. 성경 그 어느 곳에서도 천사가 성이 없다든가 성이 없는 것처럼 보였다든가, 말했다든가, 행동했다는 기록이 없다. 창세기부터 요한계시록에 걸쳐 등장하는 모든 천사는 날개가 없는 남성이다(계 21:17, 갈 4:14, 행 1:10, 판 13:3-21, 창 19:1-15). "성이 없는(sexless) 천사"란 마리아의 무염시태, 영원한 처녀성, 크리스마스트리 혹은 부활절 토끼처럼 100% 비성경적인 교리이다. "날개"는 여자 마귀들(female demons, 슥 5:9)의 전유물로 이들이 천사들로 그려지는 이유는 천사가 아닌 그룹들 때문이요(그룹은 날개가 있다. 겔 1,10장, 계 4장), 요한계시록 14:6에 나와 있는 구절 때문이다. 만약 천사가 이 땅에 내려오면 그는 구원받은 성도의 70%와 구원받지 못한 자들 100%를 속일 수 있을 것이다. 이는 카톨릭 성화들이 천사들을 잘못 묘사하고 있고, 〈스코

필드 관주성경〉이 잘못된 해설을 제공함으로써 천사들은 "보호"받고 있고 "숨겨져" 있기 때문이다. 천사가 지구상에 나타나면 (노아의 때와 같이) 그 어떤 거듭나지 못한 과학자도 그가 누군지 알아보지 못할 것이다. 이들 천사들은 반드시 곧 나타난다.

6:3 주께서 말씀하시기를 "내 영이 항상 사람과 다투지는 않으리니, 이는 그도 육체임이라. 그래도 그의 날들이 일백이십 년이 되리라." 하시니라.

이 구절은 사실 2절보다 훨씬 더 어렵다. 초자연적인 구절인 2절을 자연적인 존재들로 해석하였던 학자들은 이번에는 비교적 명석한 두뇌를 제대로 사용한 것 같다. 일반적으로 알려진 이 구절의 해석은 다음과 같다.

1. "내 영이 인간을 위해(인간 때문에) 다투지는 않으리라." 위조성경 〈칠십인역〉은 "εἰς τὸν αἰώνας"(에이스 톤 아이오나스)로 본문을 변개했다(always를 "forever"로).

2. "내 영이 항상 인간들에게 죄를 깨우쳐 주지 않을 것이며 언젠가는 그들을 더 이상 상대하지 않겠다." [이 해석은 잠언 1장의 구절처럼 멋진 설교는 될 것 같지만 건전한 교리는 아닌 것 같다. 왜냐하면 본문은 man(mankind를 의미하는 대표단수)이지 이 해석처럼 인간 개개인을 말하는 복수가 아니기 때문이다.]

3. "나는 노아가 방주를 짓는 120년 동안은 노아의 설교를 통해(벧후

2:5, 벧전 1:18) 사람들과 다투겠다. 그 후에야 홍수는 올 것이다."

4. 벌링거는 여기서 인간은 아담이고 아담 역시 타락한 생을 살았으므로(5절) 이 구절은 아담을 향해 말씀하신 것으로 해석한다. 그러니까 벌링거는 3절의 육체(flesh)를 "아담은 자기의 육체를 다른 사람들과 마찬가지로 부패시켰다."(창 6:12)로 해석하는 것이다. 본문의 "육체"는 "성령"(요 3:5,6에서처럼)과 대조되어 쓰였으므로 벌링거의 해석은 확대해석인 것 같다. 벌링거에 따르면 아담이 810세에 이르러서 하나님께서 그도 "역시" 육체임(다른 불경건한 자들과 마찬가지로)을 "상기"시켜 주셨으며 그가 죽을 것이며 그때 성령께서 그를 떠나버릴 것이라고 하나님께서 알려주신 것으로 결론 짓는다. 우리가 기도하는 마음으로 대안을 찾기 전에 벌링거가 안고 있는 문제점을 지적해 보도록 하자. 그는 "그도"에서 "도"(also)가 무엇을 지칭하는지 착각했다. 그는 이것을 "아담도"라고 생각했지만 문맥상 그것은 상식을 결여한 해석이다(위대한 학자들이 상식을 결여한 예는 교회사에서 매우 빈번히 볼 수 있다). 왜냐하면 "도"(aslo)란 "하나님의 아들들"만 "육체"(창 6:2, 유 1:6,7)가 된 것이 아니라 - 최소한 "이상한 육체"가 되었다. - 인간 "도"(also) 역시 육체가 되어 동일한 심판을 받게 될 것임을 말하는 것이다. 만약 이 해석에 의심이 간다면 당시의 "신들"에 관해 지적된 말씀들을 살펴보라. 『**내가 말하기를 "너희는 신들이며 너희 모두는 지극히** 높으신 분**의 자손들이라. 그러나 너희가 사람들처럼 죽게 될 것이며 통치자들 중의 하나같이 쓰러지리라." 하였도다**』(시 82:6,7).

라킨과 함께 벌링거는 2절에서는 〈스코필드 관주성경〉 편집자들처럼 실수하지는 않았으나, 벌링거는 3절에 와서 걸려 넘어지고 만다. 그는

2절이 암시하는 바와 3절과의 관계를 무시해 버리고 있는 것 같다. 다니엘 2:43에 보면 그 암시가 분명해진다. 그러나 오직 성경만으로 문제를 해결하려고 하는 사람이 어디 있는가? 만약 외계에서 수퍼맨(초인)이 등장하여 여자를 찾는다면 그들은 피가 없이 어떻게 생식할 수 있단 말인가? 그들은 어디서 피를 얻을 것인가? 마귀(공상과학과 Twilight Zone에 등장하는 것들)와 〈킹제임스성경, 1611〉 이외에 그 사실을 알고 있는 자가 누구일까?

『**내 영이 항상 사람과 다투지는 않으리니**』(3절)라는 구절은 죽어 버린 정통주의 개혁자들의 손에서 다시 한번 이상하게 해석되고 만다. 그들은 일반적인 진리를 일반적으로 선언하고 있다고 해석한다. "나는 영이므로 육체인 인간들과는 항상 함께할 수는 없다." 이것은 멋지게 표현되어 있어 그 어떤 진화론자나 불가지론자도 기분 상하게 하지 않기 때문에 정확한 성경 해석과도 전혀 관계가 없다.

『**그래도 그의 날들이 일백이십 년이 되리라**』(3절). 벌링거는 이것을 B.C. 3194년 아담에게 주어진 경고로 생각한다. 벌링거 말대로라면 아담은 에녹과 동시대인으로서 308년을 살았기 때문에(에녹은 아담이 죽은 후 57년 후에 들림받았다.) 우리는 아담이 에녹의 설교를 들었으나 당시의 세상 사람들과 함께 그 경고를 무시했다고 생각할 수밖에 없다. 물론 이것도 어쩌면 좋은 설교는 될는지 모르지만 창세기 6장은 아담 개인이 아닌 인류의 역사를 다루고 있다는 사실을 염두에 둔다면 받아들이기 곤란하다. 창세기 6장의 문맥은 8절에 이르기까지는 그 어떤 개인과도 관계가 없다. 만약 이 경고가 아담 한 사람에게 주어진 것이라면 어째서 창세기 6:4에서는 계속해서 복수 명사들(거인들, 자식들, 유명한 사람들)이 등장하는 것인가? 우리는 성경에서 일상적으로 사용되는 사람이라는 단어는 창세기 9:6; 1:26; 6:7; 8:21; 9:5; 4:1 등 모든 곳에서 히브리어의 "아담"임을 잊어서는 안 된다.

창세기 6:3의 상황은 연대기 순으로 기록된 것이 아니다. 다시 말해 이 상황이 노아의 출생 이후의 사건이라고 볼 수 없는 것은 창세기 6:1,2 상황은 최소 700여년 이상의 기간을 묘사한 내용이기 때문이다.

어쩌면 이 구절(3절)은 홍수 이후의 날들일지도 모른다. 왜냐하면 아브라함의 수명은 175세였고, 요셉(129세)과 모세는 향후 2,000년간 110세 이상을 살았던 유일한 두 사람이기 때문이다. 시편 90편에 따르면 우리의 연수는 70이요, 강건해야 80이라고 한다.

이 구절은 당시 평균 수명이 120세란 뜻이 아니다. 왜냐하면 홍수 이전의 평균수명은 800세 정도였기 때문이다. 다툰다는 단어는 히브리어로 "둔"인데 게제니우스의 설명에 따르면 이 구절은 "내 영이 항상 사람 안에서 다스리지는 않을 것이다."라는 뜻이라고 한다. 그러나 하나님의 영이 오순절 이후까지는 그 어떤 사람 안에서 "다스렸다"고 볼 수 있는 성경적 근거는 없다. 슬픈 일이지만 오늘날에도 로마서 6장에 나와 있는 성령의 지침을 따라 생활하는 거듭난 그리스도인들은 별로 없다. 게제니우스가 히브리 성경을 근거로 해석한 것은 "나의 신성한 성품이 인간 안에서 항상 비하되지는 않을 것이니 이는 그들 역시 육체임이라."이다. 이 해석에 따르면 하나님께서 천사들을 창조하실 때 그들에게 주셨던 본성은 하나님 자신의 본성의 일부였으며(히 1:7,14) 하나님께서는 이 본성이 인간의 본성과 통합되고 "혼혈"(race-mixing)되어 비하될 기간을 정해주셨다는 말이 된다(시 78:39, 전 3:20, 레 17:13).

지금까지의 주석을 종합하여 보면 다음과 같이 추정해 볼 수 있을 것 같다.

1. 천사들은 여자들을 통해 육체를 소유한 피조물이 되었다(고전 11:10을 잘 묵상해 보라).

2. 인간도 역시 육체이다.

3. 하나님께서는 이러한 상황에서(창 6:5) 인간과 교제를 계속하실 수 없다.

4. 하나님께서는 인간에게 120년간의 유예기간을 주시고 기상변화를 통해 "비가 올 가능성이 100%"란 사실을 알리실 것이다. 이 해석이 올바른 것인지 아닌지는 오직 유일한 성경 주석가이시며 교사이신 성령님께서 판단하실 것이다. 오직 성령님만이 성경의 모든 구절들을 완벽하게 설명하실 수 있기 때문이다(요 16:13; 14:26).

6:4 그 당시에 땅에는 거인들이 있었고, 그 후에도 있었으니, 즉 하나님의 **아들들이 사람의 딸들에게 들어와서 그녀들이 그들에게 자식들을 낳았을 때며, 그들은 옛날의 용사들로 유명한 사람들이 되었더라.**

2절, 3절에서 이미 하나님의 말씀을 신학적으로 엉망으로 해석해 버린 거의 모든 주석가들은 4절에 와서는 더 이상 입을 벌릴 수가 없는 모양이다. 20세기의 유물론자들은(이들 가운데는 많은 성경 주석가도 있다.) 오늘날 일어나고 있는 상식적이고 당연한 일 이외의 어떤 일이 성경 그 어느 곳에서 일어났다고 믿고 싶지 않는 것 같다(그러나 이들은 인간의 성품과 도덕에 관해서는 정반대의 생각을 갖고 있다. 즉 오늘날의 사람들은 성경에서 발견되는 사람들과는 전혀 다르다고 믿고 있는 것이다). 디플로도쿠스(거대한 초식 공룡), 티라노사우루스렉스(육식 공룡), 브론토사우루스(뇌룡) 등이 존재했었다는 사실을 쉽게 받아들이는 사람이라면 이 공룡들과 함께 살았던 인간이 난쟁이가 아니었다는 사실을 믿는 데 아무런 어려움이 없을 것이다. 이와 같은 문제를 피하기 위해 (즉 인간과 공룡은 동시대에 살지 않았다고 주장하기 위해) 현대의 인류학자들은 다윈과 라이엘이 고안한 억측을 추종하게 된다. (라이엘이 나이아가라 폭포의 생성 시기에 관해 연구한 "과학적 탐구"는 무려 85%의 오차를 보이고 있다. 자세한 내용은 도널드 패튼이 쓴 "빙하기"라는 책을 보라.) 라이엘과 다윈은 자신들의 모순을 없애기 위해 거대한 동물들과 인간의 서식 시기 사이에 만 년에서 50만 년 정도를 인위적으로 벌려 놓고 인간이 등장할 무렵에는 거대한 동물들은 사라지고 비교적 적당한 크기의 동물들만 살아남았다고 주장한다. 그러나 이런 억측은 "동화"에나 적합하지 사실과는 전혀 관계가 없다.

20세기의 관점에서 본다면 (이 사람들은 교통과 통신 발달에 관한 현대 기술의 발견과 발명 이외에는 아무것에도 관심이 없다.) 현대인들은 (그리스도인이건 아니건 간에) 창세기 6:4 말씀을 믿으려 하지 않는다.

『**그 당시에 땅에는 거인들이 있었고, 그 후에도 있었으니**』(4절). 20세기 사람들의 의심을 분명히 제거해 주기 위해 우리는 당시 뿐 아니라 그 후에도 거인들이 있었다는 기록에 주목하자. 거인들(giant)은 역사상 실제로 존재했고 이름도 알려져 있다(신 3:11, 대상 20:4, 수 17:15, 삼하 21:16,17, 민 13:33 등). 내가 이 원고를 쓰고 있는 이 시점에 나의 친한 친구 제럴드 돌레민 목사가 미국 전역에 복음을 전하며 다니고 있는데 그는 무려 2m 20cm 정도나 된다. 그는 와투시족이 아니다. 로마의 박물학자였던 플리니우스는 크레테섬에 있는 기념비에서 60피트(약 18m)정도나 되는 사람의 뼈를 발견했다고 주장한다. 이것이 사실인지 아닌지는 모르지만(만약 사실이라면 스미소니언박물관 측은 이것을 짜 맞추고서는 18m나 되는 "공룡"의 것이라고 슬쩍 위조할 것이다.) 이스터섬에 있는 거인의 두상이나 카르나크의 룩소르에 있는 람세스 II세(이집트의 파라오)의 거대한 동상, 자유의 여신상, 링컨기념관 그리고 요한계시록 13:15-17 등으로 미루어 보아 이 지구상에 뭔가 발생했고 그 일은 다시 일어날 것이다. 하나님 말씀은 사실이다.

『**그 당시에 땅에는 거인들이 있었고, 그 후에도 있었으니**』 "그 당시"와 "그 후"는 쉽게 알 수 있다. 누가복음 17장에는 "날들"(days)에 관해 두 번의 경고가 나오는데 하나는 노아의 날(이것이 지금 창세기 문맥이다.)이요 또 하나는 롯의 날이다[누가복음 17:26,28에서 이 사실을 재확인하기 위해 베드로 역시 베드로후서 2:5,7에서 롯과 노아의 날에 관해 경고하고 있고, 유다서 역시 1:6,7에서 롯을 언급하고 있다. 모든 구절들의 문맥이 "타락한 천사들"과 관련되어 있음을 주목하라. 이들은 다니엘서 2:43,44의 "철"의 인종으로 이들 철 인종의 왕들은 요한계시록 17:12-14에 따르면 10명이 될 것이다. 하얀 볼링 핀 10개를 검은 공 하나가 내리치듯이 적그리스도(짐승)가 등장하면 이들 열 왕을 집어 삼킬 것이다. 〈짐승의 표〉 참조].

『**그녀들이 그들에게 자식들을 낳았을 때며**』(4절). 우리는 그 어떤 신학자나 성경학자, 주석가, 설교자, 영적 지도자가 이 구절은 뭔가 다른 의미일 것이라고 주장할지라도, 쓰인 그대로를 믿어야 한다(사탄이 씨를 갖고 있다는 사실을 잊지 말라. 창 3:15). 『**용사들로 유명한 사람들**』이란 말은 거인들에 대한 해석이라고 생각할지 모르지만 실은 거인들이 누렸던 명성을 묘사하는 말이다. 이것을 가지고 거인이란 뜻은 용사와 유명한 사람일 뿐이라고 주장하는 사람들도 있다. 이들의 명성은 비록 왜곡되기는 했지만 알렉산더 히슬롭의 저서인 〈두 개의 바빌론〉(Two Babylons)에 어느 정도 묘사되어 있다. 유명한 자 몇 명을 들어보면 율리시즈, 아폴로, 비너스, 아프로디테, 탐무스(타무즈), 세미라미스, 바쿠스, 마리아, 아스타롯(아쉬토렛), 바알, 디아나, 조브, 보탄, 주피터, 토르, 제우스, 마르두크, 미노타우로스, 테시우스, 아틀라스, 머큐리(메르쿠리우스), 메두사, 로렐라이 등이다. 우리는 "근대 과학"의 기초를 놓은 사람들은 헬라 철학자들임을 결코 잊어서는 안 된다. 이들 철학자들의 대부격은 소크라테스로 그는 독을 마시기 전 수탉을 잡아 뱀신에게 희생제를 드렸었다. 과학은 B.C. 400년과 비해 하나도 다를 바 없다. 그 어느 문명에도 "신들"의 횡포에 관한 전설이 있게 마련이고, 인도·유럽어족 사이에서도 그 어느 곳에 못지않게 강력한 신들이 있었다. 오늘날 현대인들이 만들어 내는 만화 영화의 주인공들은(배트맨, 슈퍼맨, 걸리버, 킹콩 등) 과거 역사에 실존했던 인물들을 근거로 해서 만들어 낸 것이다. 이러한 사실들은 〈킹제임스성경, 1611〉에 그대로 기록되어 있는 것이다.

“타락한 천사들은 지구상에 있었고 자식들을 낳았다.” 이들 천사들은 “자신들의 거처를 떠나”(유다서) 그 어딘가에서 피를 얻어 가지고(이브 역시 드라큘라처럼 입을 통해 피를 얻었다는 사실을 기억하라.) “사람의 딸들에게로 들어간 것이다.” 이런 짓을 하고 난 후 그들은 외계와의 “통신” 능력을 상실하였다. 홍수가 나자 그들은 쥐새끼들처럼(용서하라. 실은 시편 82편에서는 ‘사람들처럼’이라고 한다.) 익사하고 말았다. 그들의 영은 현재 백보좌 심판을 기다리면서 지하 감옥에 갇혀 있다(벧전 3:19,20, 벧후 2:4). 에녹, 므두셀라, 라멕, 노아는 이들 거인들과 함께 살았고 그들을 보았으며, 아마 방주를 지을 때 이들 거인들의 “무게”와 “치수” 단위를 사용했을 것이다. 만약 노아가 당시의 “큐빗”을 기준으로 했다면 노아의 방주의 크기는 오늘날 축구장 4배의 크기는 되었을 것이다. 퀸메리호의 라이벌이 오래 전에 있었다는 말이다.

우리는 창세기 6:1-4을 주석하면서 다음과 같은 결론을 얻을 수 있다.

1. 타락한 천사들은 날개 없는 33세의 청년의 모습으로 지구를 방문했다.

2. 이들은 외계인으로서 이 땅에 다시 등장할 것이다(〈짐승의 표〉를 참조하라).

3. 이들은 하나님을 부인하고, 성경을 거부하며, 사탄에 의해 영감받은 “유인원”을 우주에 번식하기 위한 생식수단을 얻기 위해 올 것이다.

이들 천사들은 역사상 최초로 "내가 하리라."(I will)고 주장했던 그 자(사 14장)의 뜻을 완수하기 위해 올 것이다.

4. 그들은 철과 철산화물(혹은 유도체)과 연관을 맺을 것이며 수소사이클 혹은 뭔가 전기와 관련된 것을 가지고 이 땅을 장악할 것이다.

5. 그들은 인간으로부터(어쩌면 동물들로부터) 피를 얻을 것이며, 말씀을 믿고 "예수 그리스도의 증거"를 붙드는 사람들은 이들의 예배의식의 일환으로 제단에서 목 베임을 당할 것이고, 그들 순교자들의 피는 성체성사의 포도주 대신 쓰일 것이며 "이 세상 신"에게 봉헌될 것이다. 이 자는 그 때 예루살렘에 있는 성전의 자비석에 앉아 있을 것이다(살후 2장, 계 1,6,20장, 시 16편, 신 32장). 더 깊이 들어가다간 몇몇 형제들이 실족할 것 같아서 순수한 말씀의 "젖"으로 돌아가고자 한다.

6:5 ○ 하나님께서 사람의 사악함이 세상에 창대해짐과 그 마음의 생각의 모든 상상이 계속해서 악할 뿐임을 보시고

6 주께서 땅 위에 사람을 지으셨음을 후회하셨으니, 그 일이 그의 마음을 비통케 하였더라.

1,500년간이나 성경이 없이 지내 왔던 이 시점에 이르면 죄는 더욱 기승을 부리게 되고, 더욱 마음속을 파고들어 결국 습관화되고 완전히 지배권을 장악하게 된다. 베드로후서 2:14에 따르면 이것이 오늘날 우리들의 모습이다. 20세기에 들어서서 통신의 발달로 인해 정치가들의 거짓들, 사악한 전쟁소식, 더러운 음악, 인종혼혈, 포르노 문학 및 영화,

성경에 대한 공격과 심령술, "과학과 종교"를 우상화하는 작업이 전세계로 너무도 쉽게 퍼져나가게 되었다.

『**그 마음의 생각의 모든 상상이 계속해서 악할 뿐임을 보시고**』(5절). 이 장면은 아무리 봐도 다윈의 구상과는 어울리지 않는다. 이 장면은 로마서 1,2,3장에 잘 나와 있다. 주님께서는 IBM 컴퓨터보다도 훨씬 더 정확하게 사람들의 생각들과 상상들을 읽어 내시므로(대상 28:9, 렘 11:19,20; 17:10) "현대인"들은 어떻게 해서든 자신들의 생각에서 하나님을 몰아내려고 한다(롬 1:18-32).

결국 현대교육의 경향은 과학을 동원해서(고전 1:21은 아인슈타인, 다윈, 헉슬리 등의 생각들을 미리 내다보고 있음을 보여 준다.) 지구상에서 일어나는 모든 일은 살아 있는 인격적인 하나님과는 아무런 관계가 없이 저절로 일어나는 것임을 강조하는 것이다. 이 속임수의 핵심 내용은 이러하다. 모든 일은 "자연적"으로 일어나는 것이라고 설명함으로써 죄인들로 자기의 내적 생활이라는 개인적 성소 안으로 숨어 버릴 수 있는 길을 열어 준 것이다. 죄인들은 이제 그 안에 숨어 "계속해서" 악을 즐기게 된 것이다. 이처럼 성경이 인간에 대해 부정적인 시각을 제시하면 앞서 언급한 "낙관론자"들은 곧바로 이에 반기를 들고 나온다. 이들은 "마음의 생각"을 인간이 이제껏(B.C. 800 - A.D. 1990) 만들어 온 문학 작품과 연관을 시키려고 한다. 『**마음의 생각의 모든 상상이 계속해서 악할 뿐임**』이라는 말은 타락한 아담의 후손들의 내적 상황을 가리키는 것이지 인간이 글을 쓰거나 생각하려고 할 때 구상하는 것을 언급하는 것이 아니다. 따라서 이 성경 구절은 인간의 내면의 세계를 보여 주고 있는 것이지 인간이 만든 문학이라는 허구 세계를 말하는 것이 아니다. "마음의 생각"이란 인간의 공상이나, 욕망, 자아를 위해 뭔가를 얻으려고 짜는 계획과 구상, 가상적인 상황에서 자신을 드높이는 생각, 자기가 희생물이 되는 비극적 상황을 마음속에 그려 보는 것 등을 말한다. 한마디로 해서 이것은 정신과의사들이 스스로 올무에 걸려들면서도 연구해 보겠다고 나서는 그러한 모든 현상을 말한다. (하나님께서 이 구절을 어떻게 주석하시는지 다음 구절들을 확인해 보라. 벧후 2:1,2,3,14,15,18,19,20, 특히 롬 2:13.)

하나님께서는 아인슈타인이 세상적 잡지를 들여다보는 동안 무슨 생각을 하고 있는가에 관심이 있으시지 그가 연구한 것을 학회에 보고하는 것에는 관심이 없으시다. 내 말을 알아듣겠는가?(갈 5:19, 잠 23:7, 욥 31:1; 35:2, 시 50:21, 마 15:18-20)

하나님께서는 이 세상이 어떻게 발전해 갈 것인지는 이미 다 알고 계시기 때문에 당신이 연구해 낸 것 따위에는 관심을 보이시지 않는다. 하나님께서는 다니엘 12:4에서 20세기 사람들이 무엇을 할 것인지 말씀하고 계시며, 디모데후서 3:7에서는 인간이 하지 않으려는 것이 무엇인지 보여 주시고 계신다. 20세기 사람들이 말씀을 좋아하든 좋아하지 않든, 그는 그분께서 말씀하신 대로 하실 것이며 그들이 아무리 하나님의 말씀인 그 책(성경)에 대해 반역하는 마음을 품더라도 그들의 과거, 현재, 미래는 전혀 바뀌지 않는다. 성경이 그렇다고 하면, 그런 것이다. 최후의 심판 날(계 20장)에는 아인슈타인의 상대성 이론보다는 그가 밤 11시 이후부터 깨어날 때까지 꿈속에서 "속으로 무슨 생각"을 했는지가 더 심판의 대상이 될 것이다. (하나님께서 당신의 두뇌로 해 낸 것을 뭣하러 관심을 가지시겠는가? 당신은 당신의 증조부가 태어나기도 전에 하나님께서 무엇을 알고 계셨는지조차 말할 수 없는 사람이다.)

『**마음의 생각**』(5절)이란 현대인들이 꾸며낸 "사고력 체계"니 "자아실현의 재평가에 대한 재사고" 따위가 아니라 인간의 외적 생활을 결정짓는 내적 삶(inner life)이다. 생각은 행동을 낳고 행동은 습관을 낳고 습관은 성격을 낳고 성격은 운명을 낳는다. "삶의 문제들은 마음에서 나온다"(잠 4:23). 현대 과학자들이 인과의 법칙에 대한 신뢰를 포기할 때(그들은 몇몇 분야에서 이미 포기했다.) 그들은 자유가 아닌 혼돈으로의 문을 연 셈이다. "사람의 사악함"이 "세상에 창대"한 것은(창 6:5) 인간의 마음의 생각과 직접적인 연관이 있으며 바로 그 결과였던 것이다. 뭔가를 오래 생각하고 있으면 그 일을 행할 것이다(롬 7:7,8).

지식인들의 사고, 즉 머릿속의 생각을 다음과 같이 요약할 수 있을 것이다.

1. 육체에는 잘못된 것이 없다. 아담과 이브는 벌거벗었지만 부끄러워하지 않았다.

2. 사회의 규례와 관습은 본질적으로 선한 자연적 본능들을 억제시키거나 좌절시킨다.

3. 죄와 사회악에 대해 싸우는 것은 설교자들의 의무이다.

4. 사회규범과 규례들이 육체를 절망케 하므로 이것들은 자살, 가정파괴, 신경 쇠약, 계급 간의 갈등, 사회 투쟁 등에 책임을 져야 할 악이라고 할 수 있다.

5. 따라서 모든 설교자들은 "그리스도인"으로서 자연적 인간의 자유

스러운 표현들을 억제하는 모든 규례와 규범들을 대항하여 싸워야 할 의무가 있다.

이런 사고방식을 갖고 있는 사람들로 인해 다음과 같은 것들이 홍수처럼 밀려왔다. 레즈비언, 성도착자, 히피, "자유사색가", 히피족, 오렌지족, 게이, 마약 중독자, "새로운 도덕", "성인 영화", 시민운동을 위한 데모 등. 현대인들이 자유라고 부르는 것을 하나님께서는 "방종"(갈 5:13)이라고 부르신다. 현대의 학자들이 "학문적 자유"라고 부르는 것을 하나님께서는 "독사의 독"(롬 3:13)이라고 부르신다.

B.C. 3000년부터 B.C. 2350년(혹은 그 이상) 사이의 노아의 "삶"의 모습은 오늘날 20세기 젊은이들의 "천국"으로 불리는 관능적이고 호색적이고 환락적인 대도시의 모습과 똑같다(뉴욕, 할리우드, 카이로, 플레이보이, 공상과학만화, 칵테일 바, 디스코텍 등을 연상해 보라). "하나님의 아들들"이 "인간의 딸들"과 합하여 새로운 인종을 만들고, 이런 방식으로 우주를 정복하고 전 우주에 번식해 나가자고 인류를 설득했을 것이다. 그러나 하나님께서는 이를 용납지 않으셨다. 『**주께서 땅 위에 사람을 지으셨음을 후회하셨으니, 그 일이 그의 마음을 비통케 하였더라**』(6절).

"후회하시는" 하나님은 하나님께서 처음에는 확고했던 그 문제에 대해 하나님께서 생각을 바꾸시는 것으로 성경에서 정의되고 있다. 민수기 23:19과 같은 경우는 모든 것이 확정되어 있으나 출애굽기 2:14 같은 경우에는 하나님의 결정에 융통성이 있다. 존 칼빈은 이 사실을 포착하지 못했다. 따라서 성경의 상당 부분이 그에게는 닫혀 버린 것이다. 특히 마태복음, 사도행전, 히브리서, 요한계시록 등 신약 성경의 4분의 1이 칼빈에게는 닫힌 책이 되어 버렸다.

『**그의 마음을 비통케 하였더라**』(6절). 이 표현은 신학자들이 "신인동형적 표현" (Anthropomorphic expression)이라고 부르는 것으로 그곳은 성경이 인간의 이해를 돕기 위해 인간의 방식으로 기록되었다는 말이다. 이 구절을 읽고 마음이 비통한 것이 무슨 뜻인지 모르는 사람은 없을 것이다. 사랑하는 사람을 잃고, 혹은 사업이 망해서, 혹은 당신이 존경하는 사람으로부터 심한 질책을 들었을 때, "슬퍼하게 되는 것"은 인지상정이므로 더 이상 설명이 필요 없다. "신은 죽었다."라고 주장했던 니체와 앨타이저의 "신"(god)은 현대인들에게는 쓸모가 없어져서 "돌아가셨는지" 모르겠으나 우리의 하나님께서는 영원토록 살아 계셔서 한 번도 병을 앓아 보신 적도 없다(사 40:28-30).

6:7 주께서 말씀하시기를 "내가 창조한 사람을 지면에서 멸망시키리니, 사람과 짐승과 기는 것과 공중의 새들 모두라. 이는 내가 그들을 지었음을 후회함이라." 하시니라.

8 그러나 노아는 주의 눈에서 은혜를 찾았더라.

오늘날 최고의 석학들과 주석가들은 노아의 세계와 문명을 최대한 축소시켜 중동지역의 티그리스강과 유프라테스강을 범람시키는 정도로 해석해 버린다. 주(LORD)를 이스라엘의 민족 신으로 격하시켜서 "야훼"(Yaweh)라고 부르고 범세계적 홍수도 지역적 홍수로 축소시켜 버리는 이 가증한 행위는 타락한 "학문"의 이름으로 자행되고 있다. 다윈의 진화론이나 라이엘의 지질학 이론을 받아들이는 사람에게는 이러한 "축소 작업"이 꼭 필요하다. 이들 학자님들의 견해에 따르면 전 세계적인 홍수는 다음과 같은 이유 때문에 불가능하다는 것이다.

1. 범세계적 홍수는 진화론에 맞지 않는다.
2. 범세계적 홍수는 지질학 이론에 맞지 않는다.

우리의 평가를 두고 지나치게 단순화시킨 것이 아니냐고 할는지 모르지만 위의 두 이론을 검토해 본 사람이라면 결코 그렇지 않다는 것을 인정할 것이다[섀덕(Shadduck)이 만든 팸플릿과 〈국제 표준 성경 백과사전〉에 나와 있는 스트래턴의 기고, 해리 리머의 저작, 윌버 스미스 및 지엠 프라이스 등의 글을 읽어 보라]. 다윈과 라이엘은 산의 생성기원, 화석 증거의 결여, 극관(polar caps), 빙하 속의 마스토돈(맘모스류의 포유동물), 자극(magnetic pole), 지구의 기울어진 축, 쥐돌고래와 고래들의 기원, 동물의 성의 기원 및 그 밖의 30여 가지가 넘는 과학적 사실들에 대해 전혀 합리적인 설명을 하지 못한다. "지역적 홍수" 이론은 다윈과 라이엘을 합리적인 과학자라고 믿는 신앙에 기초하고 있다. 이 두 사람과 이들의 글을 "믿음"으로 받아들이기 전에는 이 이론을 받아들일 수 없다.

『**내가 창조한 사람을 지면에서 멸망시키리니**』(7절). 이것은 아담에 대한 언급이 아니다. 이것은 다음 구절들을 보면 분명해진다. 『**모든 육체의 종말이 내 앞에 이르렀으니**』(창 6:13). 『**내가 땅 위에 물들로 홍수를 일으켜 생명의 호흡이 있는 모든 육체를... 땅에 있는 모든 것이 죽**

으리라』(창 6:17). 그 외 창 7:4,21-23을 확인해 보라.

버나드 램과 "신복음주의"에 따르면 위의 구절들이 뜻하는 것은 노아의 관점에서 볼 때 그렇다는 것이라고 한다. 즉 당시의 제한된 지식과 과학적 지식 및 정보의 결여로 인해 노아가 "바라보았던" 모든 곳이 홍수로 뒤덮였으므로 그렇게 표현한 것이지 실제는 전 세계적인 홍수는 아니었다고 한다.

그러나 위에 인용한 구절들은 노아가 말한 것이 아니고 하나님께서 말씀하신 것인 줄 모르는가? 어떤 사람은 "참으로, 하나님께서 그렇게 말씀하시더냐?"(창 3:1)고 물을지 모르지만 대답은 절대적으로 "그렇다."이다.

하늘과 땅을 창조하신 하나님께서 과학적 정보가 결여되고 지식이 제한되어서 모세에게 정확한 사실을 가르쳐 주실 수 없었겠는가? "결코 그럴 수 없느니라."

『**이는 내가 그들을 지었음을 후회함이라**』(7절). 사랑의 수고로 지음 받은 피조물이 "부패하고"(창 6:12), "폭력으로 가득하고"(창 6:11), "계속해서 악할 뿐"(창 6:5)이라면 당연히 그것을 만든 분은 그것을 만든 것은 후회할 것이다(만약 내가 노아, 아브라함, 이삭, 룻 등이 교황이나 히틀러나 비틀즈나 마돈나같이 되어 버린 것을 본다면 나도 당연히 이를 "비통"해 할 것이다).

『**그러나 노아는 주의 눈에서 은혜를 찾았더라**』(8절). 여기에서 최초로 성경에 은혜라는 단어가 등장한다. 우리는 늘 하는 대로 처음으로 언급된 것에 특별한 관심을 갖는다. 이 은혜는 분명하고도 신비스럽게, 공개적이면서도 수수께끼처럼 등장하고 있다. 이 은혜는 성경의 마지막 구절인 요한계시록 22:21에서 마지막으로 언급되고 있다.

여기에 등장하는 은혜는 "너희가 은혜로 구원받았다."라고 하는 은혜의 시대의 교리와는 같지 않지만(창 3:21을 보라), 적어도 당시 노아의 의로움의 정도를 인정하시고 이를 존중해 주시는 것이라고 할 수 있다. 『**노아는...** 하나님**과 동행하였더라.**』(창 6:9)라는 말씀은 그의 증조부 에녹의 모습을 꼭 닮았다.

『**주의 눈에서**』(8절). 이 표현은 예레미야 5:3, 이사야 1:15, 시편 34:5, 역대기하 16:9 등에서도 볼 수 있는 신인동형적(Anthropomorphism) 표현이다.

6:9 ○ **이것이 노아의 내력이라. 노아는 의인이요 그 당대에 완전한 사람이었으며** 하나님**과 동행하였더라.**

10 **노아가 세 아들을 낳았으니 셈과 함과 야펫이라.**

11 **땅도** 하나님 **앞에 부패하였으니 땅이 폭력으로 가득하였더라.**

12 하나님**께서 땅을 보셨는데, 보라, 그것이 부패되었으니, 이는 모든 육체가 땅 위에서 그 행위를 부패시켰음이라.**

13 하나님**께서 노아에게 말씀하시기를 "모든 육체의 종말이 내 앞에 이르렀으니, 이는 땅이 그들로 인하여 폭력으로 가득 찼음이라. 보라, 내가 그들을 땅과 함께 멸망시키리라.**

9절에서 노아는 당대에 온전한 사람이라는 평가를 받았다. 『**의인이요 그 당대에 완전한 사람**』. "완전한"이란 단어(히브리어로 "타밈"으로 "흠이 없는"이란 뜻임)는 욥기 1:1,8의 "온전함"과 연관된다. 이 단어는 신약에서처럼 구약에서도 결코 "죄 없는 완전함" 혹은 "죄 없는"이란 뜻이 아니다. 심지어는 하나님께서 "온전하시다"라고 묘사한 구절에서도 그렇다(마 5:48). 이 단어가 쓰인 곳은 그 어느 곳이든지 이 단어의 의미는 어떤 사람(혹은 사물)이 논의되고 있는 바로 그 주제에 관련하여 의롭다는 것을 뜻한다. 마태복음 5장은 "공정성"에 대해 다루고 있으며 누가복음 13:32은 사역이 다 끝날 것임을 언급하고 있는 것이지 주님께서 점점 "죄이" 되어 가신다는 뜻은 아니다. 에베소서 4:12은 실행과 교리에 있어서의 성숙을 다루고 있으며, 고린도전서 2:6은 진리를 아는 성도들에 관해 다루고 있다. 그런데 이 구절은 자신은 아직 "온전"하지 못하다고(빌 3:12) 고백했던 사도 바울에 의해 언급된 것이다. 미국의 "성결"(Holiness) 그룹은 그리스도인들이 이 세상에서 살면서 "죄 없이" 온전해질 수 있다는 파괴적 가르침을 퍼뜨렸다. 그러나 요한은 이에 대해 반대의 지적을 하고 있다(요일 1:7-10). 뿐만 아니라 그리스도를 따랐던 가장 위대한 사람이 거듭난 지 몇 년이 지난 후에도(롬 7장) 죄가 여전히 자기와 함께 있음을 고백했다. 심지어 그는 죽기 2년 전 쯤에 쓰여졌던 디모데전서 1:15에서는 자기가 "죄인들의 우두머리"라고 고백하였다.

성경이 노아는 "완전"한 사람(욥처럼)이었다고 말하는 것은 그 당시의 온갖 죄악들에 동참하지 않았다는 것을 말한다(오늘날로 치면 빙고장, 댄스장, 사창가, 도박, 술집 등). 벌링거는 "노아와 노아의 가족만이 당시 타락한 천사들이 가져온 온갖 타락한 풍속들로부터 순수성을 지키고 있었다. 그들만이 순수한 혈통을 보존하였던 것이다."라고 주석을 달았다(Ap.26, p.28).

『**셈과 함과 야펫**』(10절). 여기서 다시 한번 세 명의 사람이 함께 등장한다. 이들 세 사람은 함께 등장할 때는 늘 이 순서대로 등장한다(창 5:32; 6:10; 10:1). 출생순서에 관해서는 창세기 5:32에서 이미 다루었다. 홍수 후에 발생한 문제점들을 감안할 때 함은 유색인 아내를 갖고 있었거나 아니면 노아가 유색인 아내를 갖고 있었을 것 같다(창 9:25에 가서 이 문제를 자세히 설명할 것이다). 우선은 그 어떤 과학적 연구도 성경이 인종에 관해 말하고 있다는 사실을 부인할 수 있는 증거를 갖고 있지 않다는 점을 짚고 넘어간다. 성경은 인류가 코카사스 인종, 흑인종, 그리고 몽고 인종에서 나왔다고 말하고 있다. 이 세 인종이 출발하게 된 지역은 원래 에덴이 있었던 곳으로 마지막 때에 오늘날의 미국보다 훨씬 더 인종 분류를 극명히 보여 줄 수 있는 곳이다. (〈짐승의 표〉를 보라.)

『**모든 육체가 땅 위에서 그 행위를 부패시켰음이라... 땅이 그들로 인하여 폭력으로 가득 찼음이라**』(12,13절). 우리는 이 구절에 대해 창세기 6:5,6에서 길게 다루었다. 11절에서 주목할 것은 땅"도"(also)라는 말이다. 이 말은 땅 말고 다른 어떤 곳이 부패했다는 것을 암시하고 있다. 벌링거는 땅"도"(also)에서 이 "also"라는 말을 간과해 버렸다. 성경(욥 25:5, 사 24:21,23)에서는 "하늘"이 "점과 흠이 없이" 온전한 곳이 아님을 보여 주고 있다.

『**모든 육체의 종말이**』(13절). 이 말씀에서 모든 육체란 인간들을 가리키는 말로 "육체"라고 언급되었다(창 6:3의 육체가 개인을 가리키는 것이 아니고 인류 전체를 가리키는 것임이 여기서도 입증되고 있음을 주목하라). "모든 육체의 종말"(『**모든 육체는 풀이요**』, 사 40:1-6)이란 말은 거인족과 타락한 천사들까지 다 포함하고 있음을 주목하라. 이들 천사들은 처음 위치를 떠나 하나님과 같은 영의 본성을 벗어 버리고 흙으로 된 아담의 형상을 입고 말았다.

우리는 거인족(Nephilim)에 대해 많은 지면을 할애하지 않았는데 이는 〈킹제임스성경, 1611〉이 너무도 분명히 그 의미를 해석해 주기 때문에 다른 어휘집을 찾아 헤맬 필요가 없기 때문이다. 네피림은 히브리어로 "타락한 자들"이란 뜻이다. 〈스코필드 관주성경〉이 맞다면 카인과 셋의 자손만이 타락했다는 말이 된다. 이들 타락한 자들은 성경에서 엠인, 수스인, 르파인, 아낙인(신 2:10)이라고 불리우며, 이들은 홍수 이후 영원에서 우주의 수도가 될 그 지역인 예루살렘 근처에(사탄은 이 사실을 미리 알고 있었다.) 주로 나타난다. 이스라엘은 이들을 파멸시키도록 하나님의 명령을 받았다. 이스라엘 사람들은 이 명령을 일부만 수행했다. 그래서 결국 여호수아 시대 이후 380년경 골리앗이란 거인이 등장하게 되는 것이다. 창세기 14:5에 이들 거인들은 이미 "르파인"과 "엠인"으로 알려져 있었다. 르파인들은 심지어는 창세기 15:18-21에서 함의 자손으로 나와 있다. 그러니까 함과 거인의 후손들과는 뭔가 "기분 나쁜" 관계가 있었다는 말이다. 장신의 와투시족은 뭔가 시사하는 바가 크다고 하겠다. 4m에서 18m까지의 거인족이라면 어떻게 해서 그처럼 거대한 피라미드가 세워질 수 있는가 실마리가 풀릴 수 있을 것이다.

"그들로 인하여"란 말은 4절의 유명한 사람들을 언급하고 있는 것 같다. 이들이 사람들로 불리는 것은 천사들 역시 남자들이었기 때문에 아무런 문제가 없다(창 6:2 주석 참조).

『**내가 그들을 땅과 함께 멸망시키리라**』(13절). 이 말씀의 경고는 마치 다니엘이 해석했던 "벽 위에 손으로 쓰신" 것과 같은 내용이다. 노아 역시 다니엘처럼 충실히 그 메시지를 선포했다(벧후 2:5). 의의 전도자 노아는 바울처럼 "다가올 심판"(행 24:25)을 설명했다. 그러나 하나님의 심판들은 오랫동안 예언되었을 뿐 아니라 늘 그러하듯 거부되고 말았다. 노아는 그의 증조부 에녹의 설교 노트를 손에 쥐고 진노와 두려운 장래에 관해서 그의 동시대 사람들에게 **부정적**인 메시지를 외쳤을 것이다. 예레미야도 예수 그리스도께서도 그리하셨다. 노아는 예수님보다는 적은 열매를 거두었지만 예레미야보다는 많은 열매를 거두었다. 노아는 자기 가족 일곱 명을 얻었지만 예레미야는 한 사람도 얻지 못했다(예수님의 경고에 응한 사람은 약 500명쯤 된다. 고전 15:1-12).

노아의 첫 번째 설교 포인트는 "주의하라."였을 것이고 "준비하라."가 두 번째 그리고 "보라, 심판이 오고 있다."가 세 번째였을 것이다. 더멜로우(Dummelow)는 현대 주석가인데 1943년 그의 주석에서 라일(Ryle) 감독을 인용하면서 창세기 6장의 문맥을 이렇게 설명한다. "이것은 시적인 묘사로 과장법을 사용한 것이다... 이것은 선사 시대의 사건을 묘사하고 있는 옛 전설이라고 할 수 있다." 바로 이것이 노아 당시의 청중들이 노아의 메시지에 대해 평가한 것이 틀림없다. 그들은 그들의 어머니, 아버지, 자식들이 물에 떠내려가면서 살려 달라고 비명을 지를 때까지 위에 언급한 "학자님"들처럼 생각했을 것이다.

6:14 ○ 너는 고펠 나무로 방주를 만들되, 방주 안에 방들을 만들고 역청으로 안팎을 칠할지니라.
15 이것이 네가 만들 방주의 규격이니, 방주의 길이가 삼백 큐빗이요 너비가 오십 큐빗이며, 높이가 삼십 큐빗이니라.
16 방주에다 창문을 만들되, 위로부터 일 큐빗 되는 곳에서 마무리하고 또 방주의 문은 측면에 내고 아래층, 이층, 삼층으로 방주를 만들지니라.

우리는 이 부분 역시 이 책의 저자인 선지자 모세를 통하여 성령께서 말씀하신 영감으로 기록된 말씀임을 믿는다.

『**고펠 나무로 방주를**』(14절). 방주는 "배"나 "보트" 같은 것이 아니고 방을 갖춘 떠 있는 빌딩이다. 이것이 방주의 참뜻이다. 노아는 "배"를 만들 필요가 없었다. 그는 어디를 항해하려고 한 것이 아니기 때문이다. 그는 다만 떠 있기만 하면 됐다. "고펠"(gopher)은 히브리어 단어를 음역한 것으로 상록수 및 침엽수이다. "gopher"이란 단어는 플로리다주에서는 거북이를 말한다. 단어는 지역에 따라 의미가 달라지기도 하는 법이다.

『**역청으로 안팎을 칠할지니라**』(14절). 역청(pitch)이란 것이 "송진"

이었는지 “아스팔트”였는지는 확실치 않다. 그러나 그것은 중요한 것이 아니다. 중요한 것은 이 방주에는 철, 동, 놋, 주석이 전혀 사용되지 않았다는 사실이다. 방주는 살아있는 유기물(나무들)로 만들어졌는데 이 유기물들은 노아와 그의 가족을 보호하기 위해 “죽어야” 했다는 사실이다(단 9:26).

『**삼백 큐빗... 오십 큐빗... 삼십 큐빗**』(15절). 방주의 치수는 많은 논쟁의 대상이었다. 모든 논쟁의 포인트는 이 크기 가지고는 그 안에 들어가야 할 모든 생물들을 수용할 수 없다는 것이다. 제임스 베넷(James Bennett)이 해리 림머(Harry Rimmer)를 옹호하면서 〈성경의 모순들〉이란 책에서 노아의 방주에 대해 취한 태도는 “웃기지도” 않는다. 이 박사님께서는 노아의 방주는 너무 작고 동물들은 너무 많기 때문에 방주에 모든 동물들이 다 들어갈 수 없다고 주장했는데, 그 사람에게 방주의 크기와 동물의 수를 알고 있느냐고 물었더니 모른다는 것이었다. 그 사람이 무엇에 대해 박사 논문을 썼는지는 모르지만 그 박사 논문이 어떤 것인지는 뻔하다고 하겠다.

만약 1큐빗이 57cm(22.5인치)라고 한다면 방주는 길이 171m, 폭 28.5m 정도일 것이다. 이 크기는 “The Great Eastern”(1901)호의 크기와 비슷하다. 만약 1큐빗이 17.8(혹 18)인치라면 이것보다는 상당히 작을 것이다. 창세기 6:4에서 다룬 대로 당시의 치수와 크기는 “용사들로 유명한 사람들”이었던 거인들을 기준으로 했을 것이다. 그들의 큐빗은(팔꿈치로부터 두 번째 손가락 끝까지의 길이) 적어도 30인치(67.5cm)혹은 40인치(90cm)정도였을 것이다. 1큐빗이 30인치였다면 노아의 호화 주택은 길이 200m 높이와 폭이 33.75m 정도가 되었을 것이다. 당시 지배계급이었던 거인족의 평균 신장이 8m가 넘는 시대임을 감안할 때 적당한 크기의 배였을 것이다. 오리겐(웨스트코트와 홀트, 바이스, 로버트슨, 네슬 등의 우상임)은 방주의 길이를 40km로, 폭을 1.2km로 잡는다. 자기가 살던 시대의 모든 동물들을 집어넣고 싶었던 모양이다.

『**방주에다 창문을 만들되**』(16절). 창문은 위로부터 1큐빗 되는 곳에서 마무리했으니까 일종의 채광창 같은 것이었다. 이 창문은 열 수 있게 만들어졌는데(창 8:6) 이 창문이 방주의 유일한 창문이었다. 따라서 우리는 이 창문은 미끄럼판처럼 되어 방주의 옆면을 따라 지붕 아래 3m-10m 정도까지 내려가는 것이라고 생각해 볼 수 있다. 공기창(현창)은 언급이 없지만 측면에 만들어져 있었을 것으로 짐작되는데 그것은 그곳으로 짐을 날라야 하기 때문이다(〈피터 럭크만의 주석서〉 시리즈에서 "추측"을 할 때는 주님의 완전하심을 유지하고 성경 기록을 정당화하기 위한 것이다. 〈강단주석〉에 보면 단 한 권에서 우리가 주석 시리즈 전체에서 "추측"한 것보다 훨씬 더 많은 것을 "추측"하고 있는 것을 보게 된다. 본 주석의 "추측"들을 비웃고 있는 학자들은 자기들의 강해에서는 적어도 3배 이상의 추측을 하고 있는데 이는 그들이 성경 속에는 오류가 있다고 "추측"하고서 자기들의 주석을 집필하기 때문이다). 이 배의 전체 부피는 약 187,605m^3 정도이다(1큐빗을 약 67.5cm로 계산한 것임).

『**방주의 문은 측면에 내고 아래층, 이층, 삼층으로 방주를 만들지니라**』

(16절). 방주의 모습은 에스겔 42:5,6에 나와 있는 성전 건물을 연상케 하며 성막의 세 구분과 팔레스타인 지방의 세 구분(갈릴리, 요르단, 사해), 그리고 바울이 계시받은 "세 하늘"(고후 12:1-4) 및 우주의 세 부분(창공과 그 위의 물과 그 아래의 물, 창 1:2-4과 주석 참조)을 떠올리게 한다.

예수 그리스도께서 흘리신 피를 신뢰하는 독자들은 "옆면에 만들어진 문"의 영적 의미를 찾아내는 것이 어렵지 않을 것이다(마 27:51, 히 10:19,20). 함의 후손들은 이렇게 노래한다(흑인 영가). "그것은 너무 넓어서 돌아들어 올 수 없고, 너무 낮아서 그 밑으로 들어올 수 없고, 너무 높아서 그 위로 넘어들어 올 수 없고, 오직 그 문으로만 들어올 수 있다네." 상당히 시사하는 바가 크지 않은가?

셈, 함, 야벳은 아버지와 함께 일을 하였을 것이다. 중동 지역 어딘가의 계곡에는 일꾼들의 일하는 소리, 사다리 세우는 함성, 망루 세우는 소리 등이 울려 퍼졌을 것이고 늙은 노아가 방주를 짓고 있다는 소식(창 6:22)이 번져 나갔을 것이다[노아가 이 사실을 처음으로 가족에게 말했을 때는 가족들은 너무도 신이 나서 이 배를 트레일러에 싣고 낙타로 끌어서 호수로 갈 것을 생각했을지도 모르겠다. 그러나 노아가 배의 크기가 축구장 3배가 될 것을 말했을 때는 이들은 거인들이 카누를 주문했을 것으로 생각했거나 노인 양반이 망령 들었다고 생각했을 것이다. 그럼에도 불구하고 이들은 복종했다(창 7:1). 왜냐하면 노아는 자기 아이들에게 "뛰어내리라."고 하기 전에 "어느 길로 어떻게" 뛸 것인가를 말해 주었을 것이기 때문이다(창 18:19). 이들은 레갑의 아들 요나답과 비슷한 성격의 사람들이었음에 틀림없다(렘 35:16)].

이들이 지은 방주는 1942년 블라디마르 로스키비스키라는 비행사가 아라랏산 상공을 날다가 목격되었다(그의 보고가 진실이라면 말이다). 로스키비스키는 그것이 미국의 대호수의 광석 운반선처럼 고래 등같이 평평한 커다란 배 같았다고 전했다. 그것은 14,000피트 높이에 있는 빙하와 눈 위에 놓여 있었다고 한다. 1269년 마르코 폴로 역시 아르메니아 근처에서 방주를 보았다고 고백했고, 게멜리라고 하는 사람도(1649) 말하기를 아라랏산에서 30마일 떨어진 곳에 세상에서 가장 오래된 도시가 있는데 그것은 "나치반"(Nachivan)이라고 불리며 "Nak"는 "배"를 "Chivan"은 "머무름"을 뜻한다고 한다. 한 영국 과학자가 〈시카고 트리뷴〉(Chicago Tribune)에 기고한 것에 따르면(1833), 방주는 17,230피트에 "강하 계곡"이라고 불리는 산기슭에 있는 마을에 놓여 있다고 전한다. 이 지역은 현재 러시아가 소유하고 있으며 다음번 전쟁터가 될 것이라고 한다(터키와의 영토 분쟁).

6:17 보라, 나 곧 내가 땅 위에 물들로 홍수를 일으켜 생명의 호흡이 있는 모든 육체를 하늘 아래로부터 멸망시키리니, 땅에 있는 모든 것이 죽으리라.

18 그러나 내가 너와는 내 언약을 세우리니, 너는 네 아들들과 네 아내와 네 아들들의 아내들과 함께 방주로 들어올지니라.

19 모든 육체를 가진 모든 생물에서, 너는 각기 둘씩 방주 안으로 가져와서 너와 더불어 생명을 보존케 할지니 그들은 수컷과 암컷이라.

우리는 "지역적 홍수" 이론과 관련하여 17절을 이미 다루었다.

『**내가 너와는 내 언약을 세우리니**』(18절). 성경에서 첫 번째로 언급되는 것은 항상 중요하다. 하나님께서는 이번 언약 이전에 이미 두 개의 협약을 맺은 바 있지만(창 2:16,17에서 에덴 언약과 창 3:14-19에서 아담과의 언약) "언약"(covenant)이라는 단어는 그곳에서는 쓰이지 않았다. 에덴 언약의 표적은 나무였고 아담과의 언약의 표적은 양가죽 옷이었다.

『**네 아들들과 네 아내와 네 아들들의 아내들과 함께**』(18절). 이 사람들은 베드로전서 3:20에서 언급하고 있는 "몇 명"에 해당된다. 모든 코카사스 인종(백인)은 야펫 부부에게서, 모든 흑인종은 함의 부부에게서 그리고 모든 몽골 인종은 셈의 부부에게서 나왔다. 모든 인류가 한 쌍의 부부에게서 나온 것은 분명하지 않은가?(행 17:26) 그러나 이들 무리 중 누군가는 "흑인"이었어야 했다. "각기 둘씩"이라는 표현에는 "비둘기"(창 8:9)가 분명히 포함되어 있는 것처럼 이 속에는 "까마귀"(창 8:7)도 포함되어 있었다. 성령께서 하얀색의 새와 검은색의 새를 고의적으로 골라서 대비시킨 것은 너무도 "차별적"이 아닌가 생각할 사람도 있을 것이다. 방주에는 검은 새가 있었고 함의 자녀들은 모두 아프리카 사람이었던 고로 틀림없이 "검은 인종"이 들어 있어야 한다.

『**모든 육체를 가진 모든 생물에서, 너는 각기 둘씩**』(19절). 각기 둘씩이란 말은 7:14에 나온 대로 "매 종류마다"라는 뜻이다. 그러나 다윈을 더 꼼짝 못하게 하는 표현은 "그 종류대로"(after his kind)라는 표현이다.

6:20 새도 그 종류대로 가축도 그 종류대로 땅에 기어다니는 모든 것도 그 종류대로 각기 둘씩 네게 오리니 그것들로 생명을 보존케 하라.

21 너는 먹는 모든 양식을 네게로 가져다가 네게로 모으라. 그것이 너와 그것들에게 양식이 되리라." 하시니라.

『**종류대로**』(after their kind)라는 말은 노아의 방주 안으로 들어간 동물들의 수를 계산할 때 확실한 해결책을 제시해 주는 표현이다. 종류(kind)라는 말은 노아가 데리고 들어간 동물은 각 생물의 과[family, 예를 들면 고양이과에는 여러 가지 종(species)이 있다.]를 말하고 있는 것이지 종(species)을 말하고 있는 것이 아니다. 성경을 거부하는 사람들은 "이 세상에 있는 모든 동물의 두 종(two species)을 다 실을 수 있는 배는 없다."라고 주장한다(이것은 성경을 믿는 사람들의 입장에서 보면 매우 무식한 소리다. 왜냐하면 노아는 불결한 동물 두 마리씩은 물론 정결한 동물 14마리씩도 전부 배에 실었기 때문이다. 창 7:2).

동물학의 분류는 다음과 같다.

1. 왕국(Kingdom) : 식물과 광물과 구별되는 동물 세계 전체
2. 소왕국(Sub-Kingdom) : "무척추동물"과 구분되는 "척추동물"
3. 강(Class) : 포유류(홍수 시 물속에 머물렀던 어류와 대비되는)
4. 목(Order) : 육식 동물
5. 과(Family) : 고양이과, 개과 등등
6. 속(Genus) : 늑대, 여우와 구분해서 개

7. 종(Species) : 셰퍼드, 진돗개 등과 같은 개

노아에게 명령된 것은 모든 과(family)에 속한 암수 한 쌍씩이었으며(불결한 동물인 경우), 정결한 동물은 일곱 쌍씩이었다. 그러나 무엇보다도 놀라운 것은 노아의 가족이 모든 인종을 총망라하고 있었다는 사실이다. 함의 부부로부터는 튜니지아 인종, 알제리아 인종, 부시맨, 호텐토트, 이집트 인종, 아라비아 인종, 베다족 등이 나왔다. 셈의 부부에게서는 중국, 일본, 사모아, 아즈테카, 잉카, 모히칸, 시옥스, 세미놀, 에스키모족이 나왔고, 야펫 부부로부터는 켈트, 반달, 슬라브, 골, 색슨, 롬바즈, 노르만, 앵글족 등이 나왔다(창 10장에서의 인종 혼합 부분 참조).

그러니까 동물들이 노아에게 올 때는(창 7:9에 따르면 노아가 잡아 온 것이 아니고 동물들이 찾아왔다.) 개과에 속하는 동물로는 코요테 한 쌍, 늑대 한 쌍, 아일랜드 사냥개 한 쌍 등등이 왔을 것이다. 이 여섯 마리가 교차교배를 하면 개과에 속한 모든 종이 생겨나게 된다. 고양이과는 페르시아 고양이 한 쌍, 사자 한 쌍, 치타 한 쌍 등이 왔을 것이다. 이 때 노아의 가족 자체는 화물을 배치하는 중심이다. 세상에 있는 모든 동물들 중 60%는 곤충이고 나머지 40% 중 30%는 어류이므로 노아는 3층을 식량창고 겸 가족들의 거처로 정했을 것이고, 나머지 1,2층에 모든 동물들을 충분히 배치할 수 있었을 것이다.

냉장고 걱정은 할 필요가 없었다. 왜냐하면 당시의 기상 상태는 아담의 시대와 마찬가지로 1년 동안 포도즙을 선반에 올려놓아도 발효가 되지 않았었다(방사선이 차단되었기 때문이다). “술 취함”이 홍수 이후부터 지상에 등장하는 것을 주목하라(창 9:21).

6:22 노아가 그렇게 하였으니, 하나님**께서 그에게 명하신 모든 것을 그 대로 행하였더라.**

노아는 정말그래학회(창 3:1 주석을 기억하라.)에 가담해서 하나님께 반문하지 않고 그대로 믿고 그대로 순종했다(히 11:7). 그대로 순종함으로써 노아는 그가 살고 있던 세상을 정죄했고 세상은 그를 정죄하고 저주했다. 이 사실은 분명하다(잠 29:27).

노아 시대 최대의 스포츠는 "방주 짓기"였다. 당시는 그 누구도 사냥을 다니거나 낚시를 하지 않았다. 그들은 단지 "방주를 지었다." 매일 모두가 모여 방주를 지었고 이들은 세상 사람으로부터 조롱을 당했을 것이다. 늙은 노아는 매일 저녁 방주 위로 올라가 벽력 같은 목소리로 경고의 메시지를 전했을 것이다. 그는 얼굴이 붉게 달아 올랐을 것이고 에녹이 남긴 메시지를 상기했을 것이다. 그가 외친 메시지는 간단하다. "회개하라. 회개하라. 세상이 끝나가고 있다." 방주를 짓던 모든 노동자들은 낄낄대며 비웃고 수군거렸을 것이다.

노아 목사는 이렇게 설교했을 것이다. "이제 곧 장대비가 쏟아질 것이다. 하나님께서는 물을 쏟아부어 모든 것을 떠내려가게 하실 것이다. 회개하라! 자, 어서 당신들과 당신들의 가족들도 방주를 지으시오. 대홍수가 다가오고 있소!"

당시의 "지식인"들은 "'비'가 도대체 어떻게 온단 말인가? 하늘에서 비가 온다구? 이런 비과학적이고 비상식적인 말이 어디 있단 말인가? 불쌍한 늙은이 같으니라고... 물은 다만 증발해서 위로 올라가는 것인 줄도 모르고... 저렇게 엉터리 설교를 하는 자를 계속 강단에 세워 두어야 하는가?"라고 짖어 댔을 것이다.

그러나 노아는 외치기를 멈추지 않았다. 『**노아가 그렇게 하였으니, 하나님께서 그에게 명하신 모든 것을 그대로 행하였더라**』(22절).

창세기 7장

7:1 주께서 노아에게 말씀하시기를 "너와 네 온 집안은 방주로 들어오
라. 네가 이 세대에서 내 앞에 의로운 것을 내가 보았음이니라.
2 너는 모든 정결한 짐승을 수컷과 암컷 일곱씩, 정결하지 않은 짐
승은 수컷과 암컷 둘을 네게로 취하며,
3 공중의 새도 수컷과 암컷을 일곱씩 취하여 온 지면에 그 씨로 살
아남게 하라.

『**너와 네 온 집안은 방주로 들어오라**』(1절). 성경에 나오는 최초의 초청인 "오라."(come...into)는 구원에로의 초청이다. 성경에서의 마지막 초청도 역시 그렇다[계 22:17]. 요한계시록 22:20에는 인간이 하나님께 저주받은 지구로 돌아와 주십사고 초청하고 있다. 그러나 이 초청은 첫 번째 초청에 응한 죄인들만이 할 수 있는 것이다. 첫 번째 초청은 너와 네 온 집안은 방주(구원의)로 들어오라는 것이었다]. 사도행전 16:31에는 동일한 초청이 신약적 형태로 나타나 있다. 창세기 7:1과 사도행전 16:31에는 집안(house)이란 말이 그 집안의 가족들을 지칭하고 있다(히 11:7 참조). 노아는 이 상황에서 침실 4개, 욕실 2개짜리 2층 집 걱정을 하고 있지 않다[아마 당시 "국가"가 노아의 집과 재산을 몰수해 버렸을 것이고 그는 방주 안에서 비가 오기를 기다리고 있었을 것이다(창 7:10)].

『**네가 이 세대에서 내 앞에 의로운 것을 내가 보았음이니라**』(1절). 주 예수 그리스도께서는 노아라는 인물이 역사적 실존 인물임을 인정하셨을 뿐만 아니라(마 24장), 하나님 자신도 에스겔에게 말씀하시면서(홍수 후 1,500년 이후) 노아를 다니엘과 욥과 더불어 의로운 사람으로 인정하고 계신다. 베드로는 베드로후서 2장에서 노아는 "의의 전파자"라고 말하고 있다.

『**모든 정결한 짐승을... 정결하지 않은 짐승...**』(2절). 우리는 이 구절에 관해서는 창세기 6:19-21에서 자세히 다루었다. 정결한 짐승들은 번식뿐만 아니라 희생 제사용이었다. 따라서 일곱씩을 취한 것이다. 정결치 않은 짐승은 레위기 11장에 열거되어 있다.

7:4 이제 칠 일이 되면 내가 사십 일 낮과 사십 일 밤 동안 땅 위에 비를 내려, 내가 지은 모든 생물을 지면에서 쓸어 버리리라." 하시니라.

5 노아가 주께서 자기에게 명하신 대로 모두 행하더라.
6 물로 인한 홍수가 땅에 있었을 때 노아는 육백 세라.

여기서도 노아가 하나님께 복종하고 있음을 볼 수 있다(창 6:22 참조). 이러한 모습은 모세가 하나님께서 명하신 대로 모두 행한 사실을 기억나게 한다(레 8:4; 9:21; 16:34, 민 1:19; 3:42 등).

『**내가 사십 일 낮과 사십 일 밤 동안 땅 위에 비를 내려**』(4절). 에베레스트산 정상을 덮을 정도가 되려면 비는 매일 240m 정도의 비율로 쏟아져야 하고 그렇게 되려면 시간당 1m, 분당 1.7cm 정도의 비가 와야 한다. 이 문제는 다시 자세히 다루도록 하겠다(해발 8,000m 이상의 높이만큼 바닷물이 솟아오른 후의 그 무게는 무려 3,856,000,000,000,000,000,000톤이나 된다. 이 무게가 지구를 짓누른 것이다).

『**내가 지은 모든 생물을 지면에서 쓸어 버리리라**』(4절). 이 말씀은 분명 전 세계적인 홍수를 말하고 있다. 이 진리를 무너뜨리기 위해 온갖 잡다하고 복잡한 이론들이 "발명"되고 "조작"되었지만 이 모든 것들이 얼마나 엉터리인가는 앞서 이미 지적한 바 있다.

『**노아는 육백 세라**』(6절). 이 구절에 따르면 홍수는 B.C. 2347년 혹은 B.C. 2344년경 발생했다. 이때는 므두셀라가 죽은 해로 아마 B.C. 2347년이었을 것이다. 이때 라멕은 이미 죽었다. 카인의 후손들은 산으로, 언덕으로 도망치면서 곧 비가 그칠 것이라고 생각했을는지 모르지만 하나님께서는 자신이 하시겠다고 말씀하신 대로 그대로 행하셨고 이들은 지면에서 사라져 버렸다(창 7:4).

7:7 ○ 홍수의 물들 때문에, 노아가 자기 아들들과, 아내와, 자기 아들들의 아내들과 함께 방주로 들어갔고
8 정결한 짐승들과 정결하지 않은 짐승들과 새들과 땅에 기는 모든 것이
9 수컷과 암컷 둘씩 노아에게 나아와 방주로 들어갔으니, 하나님**께서 노아에게 명하셨던 대로더라.**
10 칠 일 후에 홍수의 물들이 땅에 있었더라.

『**노아가... 방주로 들어갔고**』(7절). 여기서 우리가 배워야 할 교훈은 이 방주는 하나님의 방주이지 우리 것이 아니라는 사실이다. 우리는 가족들로 이 방주 안으로 들어가도록 애써야 한다. 우리는 다가올 위험을 믿어야 하고 그 방주 안으로 들어갈 만큼 믿어야 한다(요 10:1-15). 이 구절의 행간을 주의 깊게 읽어 보면 이 선언은 놀라운 것이 아닐 수 없다. 노아는 세 아들과 세 며느리 그리고 그의 아내와 함께 방주에 들어갈 때 언제 거기서 나오게 될 줄도 모르는 채 들어갔다는 사실을 주목해 본 적이 있는가? 370일간을 온 가족들과 4,000마리 이상의 짐승들과 더불어 물위에서 (멀미할지도 모르는데) 보내는 것이 어떤 것인지 짐작해 본 적이 있는가? 게다가 하나님께서는 그 방주 안에서 얼마나 지내야 하는지에 대해서 전혀 힌트를 주시지도 않았다. 주님께서는 "방주에

타라."고 하셨고 노아는 배에 탔다(7절). 노아는 실제로 "세상을 포기했고" 이로써 이 세상을 되돌려 받게 된 것이다(막 8:35-38).

『**수컷과 암컷 둘씩 노아에게 나아와 방주로 들어갔으니**』(9절). 이 장면은 하나님을 부인하고 지옥으로 달려가는 세대에게는 놀라운 증거가 아닐 수 없다. 당시 사람들은 노아의 방주가 건설되고 있는 산기슭에 모여 앉아 짐승들이 하나 둘씩 몰려드는 것을 보았을 것이다. 그것도 질서 정연하게 짝을 지어 들어가는 모습이라니...! 놀라운 증거가 아닐 수 없다. 이 장면을 목격한 사람들은 이것을 하나님의 기적으로 여기기보다는 온갖 "이론들"(다윈의 "동물생리학", 챔버의 "창조의 자연사적 흔적들", 라이엘의 "지질학 원론", 톰페인의 "이성의 시대" 등등)을 들먹거렸을 것이다. 오늘날도 똑같지 않은가?

샌프란시스코의 지진(1865), 베스비우스 화산폭발(1906), 크라크토와 화산폭발(1883), 일본의 관동 대지진(1923. 9. 1) 등이 있기 직전에도 동물들은 매우 특이한 행동들을 보였다. 마찬가지로 B.C. 2348년에도 모든 종류의 동물들은 "본능적"으로(!) 어느 한 곳으로 몰려들었던 것이다. 아마 이때 노아는 늘 하던 대로 배를 다듬고 살피는 일을 하고 있었을 것이다(아마 이때쯤이면 그의 가족은 그가 분명히 제정신이 아니라고 생각했을 것이다. 며칠 동안 동물들을 배치하는 가운데 수많은 사람들의 비웃는 소리와 놀려대는 소리를 듣고서 노아가 이미 판단력을 상실했다는 결론을 내렸을지도 모르겠다). 방주 안에서는 동물들이 불안해 하고 있었고 셈, 함, 야펫은 이리저리 뛰어다니면서 말, 소, 양, 닭, 사자 등 온갖 짐승들에게 먹이를 주며 다녔을 것이다.

노아는 갑판 위에 올라가서 설교를 시작한다. "너희 타락하고, 하나님도 모르고, 지옥으로 달려가는 세대여, 심판이 다가오고 있도다. 이제 곧 때가 오나니 속히 주의 말씀을 들으라! '마음이 주로부터 떠난 사람을 신뢰하는 자에게 저주가 있도다.' '육체의 팔을 무기로 삼고 철학과 전통을 의뢰하는 자는 저주를 받으리라.'"

"우우... 이 멍청이 같은 늙은이야! 당신이 생물학, 식물학, 동물학이 무엇인지 알기나 알아! 컴퓨터도 어떻게 사용하는지 모르면서 무슨 쓸데없는 소리야!" 당시 사람들은 이렇게들 야유했을 것이 뻔하다.

노아의 답변은 이러했을 것이다. "돌고래에게서 수영을 배우라. 그렇지 않으면 너희 놈들은 쥐새끼처럼 익사하고 말거다." 곧이어 "우우... 와와..." 소리와 함께 맥주 깡통이 날라든다.

7:11 ○ 노아의 생이 육백 세 되던 해 둘째 달, 그 달 십칠일, 그 날에 모든 큰 깊음의 샘들이 터지고 하늘의 창들이 열렸으니,
12 비가 땅에 사십 일 낮과 사십 일 밤을 내렸더라.

『**둘째 달... 십칠일**』(11절)은 연대를 계산하는 출발시점이다. 2월 17일부터 7월 17일까지(창 8:4)의 5개월이 150일(창 8:3)로 된 것으로 보아 분명 태음력임에 틀림없다. 이 음력은 일 년 열두 달이 30일씩 되어 태양력보다 5일이 모자라게 된다. 이렇게 되면 1,000년에 약 13년간의 차이가 생기게 된다. 레위기의 환희의 해는 달과 태양의 순환에 기초하고 있다. 음력으로 12개월은 태양년 1년보다 11일이 모자라게 된다. 음력으로 606개월은 태양년으로 49년이며 매 50년마다 약 32시간의 오차만 이 생길 뿐이다. [메톤은 - B.C. 586년 바빌론 포로 시 - 235개월에서 겨우 2시간밖에 오차가 없는 19년 주기의 연대기 체계를 발견하였다. 이 주기가 이스터의 날짜를 확정지어 주는 것이다. 840,057일은 태양년으로 2,300년이요, 태음력의 28,447개월이다. 이것은 30,487근점월이 된다. 이것은 달이 근지점에서 근지점까지 이동하는데 걸리는 시간이다. 이 체계는 가장 정확한 음양주기체계(lunar-solar cycle)로 달과 태양과의 올바른 관계를 확립해 준다.]

『**큰 깊음의 샘들**』(11절). 이것은 땅 밑에서 솟구쳐 나온 물들이라고 오해되어 왔거나 혹은 지구 표면을 뒤엎은 지진이나 화산활동의 결과라고 오해되어 왔다. 그러나 이것은 추측일 뿐이다. 물론 지진과 화산활동이 지구의 표면을 갈라지게 한 것은 사실일지 모른다. 그러나 큰 깊음이란 태평양이나 대서양 혹은 기타 조그마한 바다들과는 전혀 상관이 없다(창 1:2의 주석 참조). 큰 깊음이란 그 꼭대기가 "얼어" 있는(욥 38:30) 물 덩어리로 이 물은 태양계를 단 40일 만에 홍수로 뒤덮을 정도의 분량이다. (열왕기하 7장에는 주님께서 기록해 놓으신 아주 놀라운 역사 기록이 나온다. 이것은 하나님의 말씀을 의심하는 학자들이 어떤 일을 당할 것인가를 잘 보여 주고 있다. 꼭 읽어 보라. 식량을 싸게 살 수 있는 확률을 하나님께서 하늘들에 "창들"을 내는 확률과 비교했던 어떤 한 귀족이 실지로 엄청나게 비싸게 팔리던 빵을 아주 값싸게 사려고 사람들이 달려가는 모습을 보게 되는 장면이 나온다. 그런데 정작 그 사람은 하나님께서 말씀하신 것을 의심한 이유로 그 빵을 먹어 보지도 못하고 성문에서 밟혀 죽었던 것이다. 아주 "흥미 있는" 이야기로 꼭 읽어 보기를 추천한다.)

"깊음"이란 땅에 있는 깊은 장소가 아니다. 이것은 바울이 하나님께서 그것에 대해 깨닫도록 해 주시기를 간구했던 바로 그 "깊음"이었다(엡 3:18을 "그리스도의 사랑의 길이와 넓이와 깊이"로 잘못 인용하고 있으나 그것은 잘못된 것이다. 이것은 로마서 8:39에 나오는 그 깊음으로 그리스도의 사랑의 깊이를 언급하고 있는 것이 아니다. 믿을 수 없다고 성경을 마음대로 고쳐 읽어서야 되겠는가?).

노아 시대의 강수량은 1분당 1.7cm 정도로 하늘의 창들이 열린 만큼 충분히 그럴 수 있었다. 1시간도 채 안되어서 땅은 10m 이상의 물기둥으로 뒤덮였고 3시간 만에 유명한 거인족들 역시 물에 잠겨 버렸다. 9시간 만에 싱가포르로부터 파리, 페어뱅크스부터 혼곶(Cape Horn)까지는 해발 약 90m가 되었고 시간당 10m 정도의 비율로 해수면이 올라갔으니 10일 후에는 해발 2,400m 이상에 사는 사람들과 동물들만 살아남게 되었다. 지질학적 문제는 어떻게 해서(또는 무엇이) 그렇게 많은 물이 생겨날 수 있느냐는 것이다. 그러나 이에 대한 대답은 간단하다. 그것은 이 물은 외계로부터 왔다는 것이다. 그것이 빙하이든 아니든 간에 태양계 위에는 엄청난 물이 있고 과학자들이 그것을 밝혀내든 못 내든 간에[1994년 미국천문학회(American Astronomical Society)의 학술지에 보면 과학자들이 드디어 2억 광년 너머에 있는 태평양보다 30억 배나 큰 물 덩이를 찾아냈다고 한다. 과학이 느려도 너무 느린 것 같다]. 하나님의 말씀은 사실이다.

『홍수의 물들이 땅에 있었더라』(10절). 이 사건의 역사성은 의심할 여지가 없다. B.C. 2316년의 앗시리아 기록에도 나와 있고 B.C. 2300년의 고대 희랍의 기록에도 나와 있고 페니키아인들은 이 사건이 B.C. 2700년경에 있었다고 하고 이집트인들은 B.C. 2600년 그리고 멕시코인들은 B.C. 2297년이라고 한다. 지구상에 있었던 사건으로 전 세계적인 증거를 갖고 있는 것들은 그리 많지 않다. 그 중 하나가 대홍수 사건이다. "길가메시 서사시" 외에도 중국의 고전 〈예기〉와 하와이의 비숍(Bishop) 박물관에 있는 폴리네시아인들의 기록이 있고 영국의 드루이드들의 기록, 말레이시아인들, 동아프리카인들, 인도의 리그베다 그리고 알래스카와 아이슬란드에도 홍수 기록이 나와 있다.

계속해서 무지 가운데 남아서 "만물은 창조의 시작부터 그대로 있다."(벧후 3:4)고 주장하는 것은(현대 과학자들이 이런 짓을 하는 대표적인 사람들이다.) 뉴렘베르크 재판에서(1945-1956) 제시된 확실한 증거를 거부하는 것과 하나도 다를 게 없다. 모세를 통해 영감으로 기록된 목격자(노아)의 증언을 거부하는 것 외에도 수많은 민족들의 기록들을 간단히 무시해 버리는 현대의 성경 거부자들은 오직 전 세계적 홍수만이 설명할 수 있는 지질학적 현상도 당연히 거부해야 할 것이다.

1. 산의 형성에 관한 이론(Orogenesis) : 노아의 시대에는 땅이 평평했으며 산은 홍수 도중 혹은 후에 생겨났을지도 모른다. 어쩌면 이때 지구의 축이 기울어짐으로 인해 생성되었을 수도 있다. [이에 관한 가장 좋은 책은 도널드 패튼(Donald Patton)의 〈성경적 홍수와 빙하기〉(The Biblical Flood and the Ice Age Epoch, Pacific Meridian Publishing Company, 1967)이다.]

2. 반대 방향에서 표류한 미아석들 : 동일한 지역에서 북쪽에서 남쪽으

로 이동해 온 자동차와 집 크기만 한 바위들과(빙하에 의한 가능성이 높다.) 동시에 남쪽에서 북쪽으로 100-500마일이나 표류해 온 바위들이 동시에 발견되고 있다. 루이 아가시(Louis Agassiz)는 "빙하이론"으로 이 문제를 해결한 것처럼 보인다. 그러나 그의 "빙하"는 해수면에서부터 시작되어야 하나 실제로는 해발 2,000m 이하에서는 빙하가 생성되지 않는다. 따라서 루이스의 빙하는 1,000m 이상을 솟아올라 그곳에 화석과 조개들을 손상당하지 않은 채로 그대로 묻어 둘 수 있었고 약 150만 평방마일 정도의 얼음판을 만들어 서서히 얼면서 매머드가 움직이기 이전에 굳어 버렸을 것이다. 빙하의 최고 속도는 하루에 2m 정도이다.

3. 화석골의 균열들 : 높은 산지에는 동물과 인간의 뼈들이 뒤섞여 있는 암석 틈이 발견된다. 그런데 그곳에서는 서로 두려워해서 함께 서식하지 않는 동물들 - 예를 들면 낙타, 곰, 무소 등 - 이 네브라스카 북서쪽에서 발견된다(네브라스카 지방에 낙타가 있었다니 말도 안 된다. 그런데도 학자들은 이런 사실은 은폐하고 가르치지 않는다. 자신들의 이론이 엉터리임이 드러날까 봐 그렇다).

4. 석유 매장지 : 가시와 지느러미가 있는 물고기들이 위험하고 두려운 상태에서 한꺼번에 압착되었을 때 생기는 기름이다.

5. 극관(Polar Caps)

6. 그랜드 캐니언

7. 이 외에도 70여 개의 사실들이 대홍수를 입증해 준다.

대홍수에 관한 결정적인 책은 레빙켈(Rehwinkel)의 책 〈성경, 지질학, 고고학으로 본 대홍수, The Flood in the Light of the Bible,

Geology, and Archaeology〉(Concordia, 1951)으로, 이 성경대로 믿는 루터교인과 도널드 패튼, 임마누엘 벨리코프스키 및 G.M. 프라이스 등이 쓴 책들을 보면 대학교수들은 "진화", "빙하 시대", "창조" 혹은 "지각의 냉각" 등에 관해 가르칠 것이 별로 없을 것이다. 황토층과, 산꼭대기에 쌓여 있는 해토, 지축의 경사, 기후 변화와 하루의 길이의 변화 등은 오랜 기간의 점진적인 변화가 아닌 40일 정도에 전 세계를 휩쓸었던 범세계적인 재앙이 있었다는 사실을 입증해 주고도 남는다. 만약 그렇지 않았더라면 현재의 지구의 인구는 앞서 말한 대로 8천억이 되었을 것이다(인구 자연 증가율로 계산해 보면).

결론적으로 말해 비는 왔다.

도널드 패튼(Donald Patton)은 어쩌면 홍수에 관해 가장 독특한 설명을 한 사람이다. 그의 설명은 현대 과학자들에게는 매우 믿기 어려운 것인지는 모르지만, 성경의 진리를 강화시켜 주는 모든 것이 "현대" 과학자들에게는 믿기 어렵다는 사실을 잊어서는 안 된다. 패튼에 따르면 대홍수와 그에 따른 현상들은 두 번에 걸친 근접충돌(near miss)에 의한 것이라고 한다. 이것은 외계로부터 서리가 내려 지구를 가볍게 스쳐 지나간 것을 말한다. 얼음들은 한 혹성으로부터 밴앨런(Van Allen)복사대를 통해 극지방으로 운반되었다(이 혹성은 달보다 4배나 크고 10배나 가까이 지나갔다). 이 근접충돌로 발생한 열로 인해 증발이 일어나 엄청난 비가 왔고 빠른 속도로 접근하던 혹성의 중력으로 인해 지표의 약하고 얇은 지각을 통해 산들이 융기할 수 있었을 것이다.

이와 같은 패튼의 연구에 대해 어떤 태도를 취하든 간에 이 이론은 다윈의 진화론과 지질학 연대 이론은 있을 수 없음을 보여 주는 훌륭한 연구라고 생각된다. 만약 어떤 과학자가 패튼의 연구를 읽어 보지 않은 채 성경의 홍수에 대해 무슨 발언을 한다면 그를 참된 과학자로 부르기에는 적합하지 않을 것 같다. 왜냐하면 패튼의 연구에서 제시된 증거들은 스펜서(1820-1903), 루소(1712-1778), 헤켈(1834-1919), 헉슬리(1825-1895), 라마르크(1744-1829), 페일리(1734-1802), F. 브리스(1900), 심슨(1964), 메더워(1965), 로즈(1962), 신데볼프(1950), 브리지먼(1955) 등과 같은 진화론자들이 제시한 증거들보다 훨씬 더 설득력이 있고, 가능성이 있고, 객관적이라고 할 수 있기 때문이다.

7:13 같은 날 노아와, 그의 아들 셈과 함과 야벳과 노아의 아내와 그 아들들의 세 아내들이 다 함께 방주로 들어가니라.

14 그들과 모든 짐승들이 그 종류대로, 모든 가축이 그 종류대로, 땅 위를 기는 모든 기어다니는 것들이 그 종류대로, 모든 새, 즉 각종 새가 그 종류대로,

15 생명의 호흡이 있는 모든 육체는 둘씩 노아에게 나와서 방주로 들어가니라.

16 들어간 것들은 모든 육체의 수컷과 암컷이라. 하나님**께서 그에게 명하신 대로 들어가니, 주께서 그를 안에 넣고 닫으시니라.**

이 부분은 7-10절에서 이미 다룬 부분을 다시 기록한 것이다. 나는 4절과 10절을 근거로 해서 노아의 가족은 7일 간 비를 기다리면서 방주 안에 있었을 것으로 추정했다. 7절을 보면 노아는 방주 안으로 들어갔다. 따라서 이것은 지나친 추측일 수도 있다.

『**같은 날**』(13절). 이 말에 따르면 노아의 가족은 비가 내릴 때에야 비로소 방주 안으로 들어간 것 같고 그렇게 되면 창세기 7:4-10은 시간 순서로 기록된 것이 아니라는 말이 된다. 성경에는 노아가 방주로 들어갔다는 것을 입증하는 기록이 네 번 나온다. 창세기 6:18-22에는 노아가 하나님께서 명하신 모든 것을 그대로 행하였다고 했으므로 그는 방주 안으로 들어간 것이다. 창세기 7:1-5을 뒤이어 6절에 홍수가 있었다고 했다. 그러니까 5절 말씀 역시 노아가 방주에 들어갔음을 보여 주고 있다. 창세기 7:7-10에서는 노아가 "들어갔고"라고 직접적으로 기술하고 있으며 마지막으로 창세기 7:11-16에서는 『**같은 날**』 모두 들어갔다고 한다. 이 네 번의 기록들은 그라프-벨하우젠(Graf-Wellhausen) 이론의 추종자들을 고무시켜[후일 이 이론은 허펠트(Hupfeld), 쿠에넨(Kuenen), 드웻(Dewette), 아스트룩(Astruc) 등에 의해 약간 수정되었다.] 2명에서 5명에 이르는 다른 사람들이 창세기를 기록하였을 것으로 믿도록 하였다[그러나 이 이론은 1895년 프린스톤 대학의 윌리암 H. 그린(William H. Green)의 책 〈창세기의 통일성, *The Unity of the Book of Genesis*〉에 의해 철저히 반박되었다].

첫 번째 기록(창 6:18-20)의 경우에는 노아의 순종이(22절) "방주를 짓는 것"에 관한 것이었다(14-16절). 두 번째 경우(창 7:1-5)는 순종(5절)이 그의 "승선"(1절)인 것으로 생각한다. 세 번째 경우(7-10절)는 "동물들이 방주에 들어간 것"을 노아의 순종으로 받아들이고, 네 번째(11-16절)는 이미 다룬 것들을 총망라해서 다시 정리한 것이다. 즉 아내와 아들들(7절)의 승선(1절), 아들들의 가족들(7절), 모든 동물들(9절) 등을 종합해서 창세기 7:11-16에서 기록하고 있는 것이다.

성경을 세심히 읽는 독자라면 『**같은 날**』(selfsame day)이란 표현은 이전에는 나온 적이 없다는 사실을 알 것이다. 이 구절 바로 전 구절은 하루가 아닌 40일 간 비가 쏟아졌음을 말하고 있다.

『**주께서 그를 안에 넣고**』(16절). 이 구절은 영적으로 매우 의미가 깊다. 왜냐하면 인간은 자기를 구속할 수 없고 인간은 죄의 심판에 대해 스스로 보호할 수 없음을 보여 주기 때문이다. 노아의 영원한 보장은 방주 벽면을 손톱 끝으로 붙들고 있으면서 끝까지 "충성"을 다하는 데 있는 것이 아니고 하나님의 약속을 신뢰하고 "자기 집안 식구와 안식을" 취하는 데 있다(출 12장). 아무리 밖에서는 난리가 나고 재앙이 닥쳐오고 있더라도 조용히 기도하며 하나님의 말씀을 묵상하고 있는 것이 최상이다. "주께서 그를 안에 넣고"라는 이 말이 문자적으로 그대로였는지는 아무도 모른다. 개인적으로는 주의 천사가 밤에 찾아와서 (모세의 몸을 데려갈 때처럼) 방주 문을 닫았다고 생각한다.

7:17 땅에 홍수가 사십 일 동안 있은지라, 물이 불어나서 방주를 띄우니 방주가 땅 위로 들리더라.

18 물이 널리 퍼져 땅 위에 크게 불어나니 방주가 수면을 떠다니더라.

19 물이 땅 위에 심히 널리 퍼지니 온 하늘 아래 모든 높은 산들이 잠기더라.

20 물이 십오 큐빗 높이로 오른지라, 산들이 잠겼고

『물이 불어나서 방주를 띄우니... 물이 널리 퍼져... 크게 불어나니』(17,18절). 이 묘사는 결코 국지적인 홍수가 아님을 말한다. 비는 지옥의 망치처럼 지붕 위로 쏟아졌고, 온 세상이 뒤집혀졌다. 조류는 시간당 100마일씩(지진에 의한 파도는 430mph이다.) 하루에 두 번 세상을 강타했다. 그리고 적도에서는 6마일이나 솟구쳤다. (이것은 에베레스트 산보다 높은 것이다.) 이러한 조류의 솟구침과 더불어 (이 홍수가 중동지역만의 것이었다면 노아의 방주는 인도양에 머물러 있어야지 "아라랏 산"에 머무를 수가 없다.) 화산은 폭발했고 방출물은 대기권 30마일을 솟구쳐 20-30마일 폭으로 뻗어 나갔다. 이 사실을 믿지 않는 것은 학자들의 특징인 불가지론일 뿐이다. 즉 "모르겠다."고 발뺌하는 것이다. 왜냐하면 화산은 1800년 이래로 폭발해 왔으며 대기권 36.4평방 마일까지 분출물을 날려 보냈고 바위를 34마일 높이까지 날려 보내기도 하였다. 1815년에 있었던 인도네시아의 탐보라 화산의 폭발이나 수마트라와 자바 사이에 있는 크라카토아 화산의 폭발(1883년 8월 27일)에 관한 사실들을 찾아 읽어 보라. 우리는 창세기 7장이 "신화적 전설들"이 아님을 알고 있다. 우리는 지금 정확한 과학적 사실들을 다루고 있는 것이다. 그런데도 더멜로우(Dummelow)는 이 홍수를 말하면서 "이 원시기록은 수정된 것으로... 제사장 문서에 따르면... 원시자료에 따르면... 우리는 이 홍수는 일부 지역에만 있었던 것임을 주저 없이 받아들여야만 할 것이다."라고 주장했다(그의 주석, MacMillan, 1943, pp.14,15). 나는 이런 주장을 대할 때 주저 없이 거짓말이라고 단언하고 싶다. 거짓

말이 아니면 무엇이란 말인가?

비는 쏟아졌고 산꼭대기는 물에 잠겨 사라져 버렸다. 만약 거인들과 함께 하던 거대한 동물들이 살고 있었다면 그들 역시 물에 잠겨 사라져 버렸다. 만약 온갖 공룡들(Diplodocus, Tyrannosaurus, Brontosaurus, Triceratops)이 살고 있었다면 이들은 무게 때문에 가라앉아 죽었을 것이다. 비는 쏟아지고, 화산은 폭발음을 내고, 천둥 번개는 굉음을 내는 천재지변이 닥친 것이다. 그러나 노아의 가족은 "물로 말미암아" 구원을 받았다(벧전 3:20,21). 땅은 뒤집혔고 길이 30-200마일 깊이 정도의 "틈"이 갈라지고 지구 궤도 위에서 뒤흔들렸다(이 분명한 사실을 보라! 사 13:13; 24:18,20, 시 82:5). 이런 일은 곧 다시 보게 될 것이다(계 6장). 비가 내린 지 한 시간 만에 수백만의 사람들이 물에 잠겼다. B.C. 2347년 둘째 달 제17일에 지구에서 최초로 천둥소리가 들리기 시작한 것이다. 새벽 6시 하늘은 검게 물들었고 천둥이 치기 시작한다. "상쾌한" 아침을 기대하고 잠에서 깬 사람들은 즉시 등줄기가 오싹한 공포에 사로잡힌다. "무슨 일인가?"

비바람이 몰아치기 시작하자 사람들은 방주가 있는 곳으로 달려간다. 방주는 거대한 회색의 관처럼 그곳에 서 있었다. 그것은 아담의 유물에 대한 증거였다(롬 6:23). "노아! 노아! 무슨 일이요? 거기 있소?" 저 높이(약 30m) 창문이 보이고 8명의 사람들이 희미하게 보인다. 3층에 정착한 노아의 가족들은 비로소 그들이 품었던 의심을 버리게 된다. 그들 아래에는 수천 마리의 동물들 즉 사자와 어린양, 곰과 개, 개와 고양이가 함께 조용히 그들의 창조주에게 순종하여 안식하고 있다. (인간만이 창조주께 복종하지 않는 유일한 동물이다.) 아마 노아와 "그의 가족"은

"감당할 시험" 외에는 받지 않았을 것이다(고전 10:13).

아침 7시쯤에는 이미 5만여 명의 사람들이 계곡을 가득 메웠다. 지레로, 부삽으로 두드리는 소리가 들리면서 "노아! 노아! 제발 우리도 들어가게 해 줘! 문 좀 열어 달라구!" 그러나 문은 닫혀 있고(마 25:10) 닫혀 있는 문은 열리지 않는다. 노아의 세대는 잠언 1:22-30을 배웠을 것이다. 인간의 행위와 관계없이 하나님께서는 항상 자비하시고 오직 자비하실 뿐이라는 착각은 "광신적" 교리에 불과하다. 히로시마에서는 그 어떤 남자, 여자, 어린아이 혹은 갓난아기에게조차도 아무런 자비가 없었다. 소돔과 고모라에도(창 19:24) 자비는 보이지 않았다. 하나님께서는 무엇이든지 항상 용서하신다는 가르침은 예수 그리스도의 가르침에도 분명히 어긋날 뿐만 아니라(막 3:29) 상식에도 어긋나고 역사에도 어긋난다. 아우슈비츠, 트레블링카, 부헨발트에서 죽어 간 6백만의 유대인들은 아무런 자비도 받지 못했다. 현대인들은 이러한 사실들에 관해 나쁜 일들은 인간의 무지에 전가하고 좋은 일은 하나님께 돌림으로써 죄의 심판에 하나님의 손길이 있음을 일부러 잊으려 한다. 현대의 자유주의 설교가들이 노아의 홍수 당시에 있었다면 물속으로 가라앉으면서도, 기상을 통제하지 못한 과학자들과 교육 부재를 탓할지 모르겠다. 그들의 "두뇌"에는 하나님께서 심판하신다는 생각이 들어갈 여지가 없다. 당대의 두뇌들과 지식인들의 견해와는 반대로 불가능한 일로 판정되었던 그 일이 발생하고 말았다. 그런 불가능한 것 같은 일이 베드로후서 3장에 나와 있는 대로 다시 일어날 것이다. 노아의 설교는 이 세상이 경험한 최대의 침례식으로 확인되었다(벧전 3:20,21). 이때는 아이러니컬하게도 물 뿌림과 침수가 동시에 발생했다. 아마 가장 "정확한" 침례

의식이라고 좋아할 신학자들도 있을지 모르겠다.

당시의 상황을 한번 상상해 보라! 실로 끔찍하고 비참한 장면이 아닐 수 없다. 엄마들은 아이를 움켜 안고 물이 차오르는 계단을 뛰어올라 위로 위로 올라갔을 것이며 지붕 위에서는 비명 소리, "기도" 소리, 저주하는 소리, 이빨 가는 소리 등이 들려 왔을 것이다. 이때는 아무런 "자비"가 보이질 않았다. 다윈이 기뻐하겠지만 사람들은 원숭이처럼 나무 위로 기어 올라갔을 것이다. 사람도, 개도, 고양이도, 뱀도, 쥐도, 양도, 소도, 말도, 사자도, 호랑이도 날뛰면서 도망쳤을 것이다(1967년 9월 뉴올리언스에 있었던 홍수 때 "미친 사람"들에 관한 자료를 살펴보라). "엄마, 아빠, 살려 줘! 살려 줘!" 하고 외치는 아이들의 비명을 상상해 보라. 결코 자비는 없었다. 성경을 거부하는 자들이여, 이 사실을 잊지 말라. B.C. 2347년 당시의 어머니, 아버지, 아이들과 1990년 현재 TV를 시청하는 인간들과 무엇이 다른가?

"비는 쏟아졌다."

『**방주가 수면을 떠다니더라**』(18절).

『**모든 높은 산들이 잠기더라**』(19절). 나는 창세기 7:4-6을 주석하면서 본문에 관해 언급할 때 현재의 산맥들[히말라야(Himalayas), 시에라마드레(Sierra Madres), 애팔래치아(Appalachians), 안데스(the Andes), 피레네(Pyreness), 알프스(Alps), 시에라네바다(Sierra Nevadas), 로키(Rockies), 코카서스(Caucasus) 등]이 창세기 6-7장 시점에서 완전히 형성된 것으로 간주했었다. 만약 나의 생각이 잘못이라면 그 당시의 산들("물에 덮인")은 언덕 정도일지도 모르겠다(30-300m 높이). 그렇게 되면 지면을 덮는 물의 양은 엄청난 규모로 축소되겠지만 그렇다 할지라도 앞서 언급한 대로 구름이 담고 있는 비의 양으로는 어림도 없다.

어쨌든지 물고기 화석들과 석유가 높은 산맥들에서 발견되고 있다. 데이비스 대령은 런던 소재 빅토리아 연구소에서 발행하는 잡지(Journal of Transactions)의 1930년 제10호(p.95)에서 이렇게 말했다. "만약 해저가 융기할 수 있고 대륙이 가라앉을 수 있다면 전 세계적인 홍수가 있었을지라도 그에 필요한 물을 찾는 데는 어려움이 없을 것이다." 과학자들이 이렇게 평범한 사실을 놓치고 있다는 사실은 신비라고밖에 말할 수 없을 것 같다.

만약 오늘날의 산맥들이 그 당시에 형성되었다면, 물의 높이는 에베레스트산 높이인 8,848m보다 6-10m 정도 더 높았을 것이다. 다윈과 라이엘의 균일설(Uniformitarianism)을 기정사실로 받아들이는 지질학자들은 이런 제안을 일고의 가치도 없다고 생각할 것이므로 황금률에 따라 우리도 그들의 제안들을 일고의 가치도 없는 것으로 간주하고자 한다. "어떻게 그럴 수가 있느냐?"는 올바른 태도가 아니다. "실제 어떤 일이 있었느냐?" 이것이 과학자로서 합당한 태도이다. 물은 증발하지 않고도 해수가 40,000피트(약 12,000m)까지 올라갈 수 있다.

7:21 땅에서 움직이는 모든 육체가 죽었으니, 곧 새와 가축과 짐승과
땅에 기어다니는 모든 기는 것들과 모든 사람이라.
22 마른 땅에 있는 모든 것 중에서 코로 생명의 호흡을 하던 모든

것은 죽었더라.

23 지면에 있는 모든 생물이 멸망하였으니, 곧 사람과 가축과 기어
다니는 것들과 하늘의 새들이라. 이들은 땅에서 멸절되었으나,
오직 노아와 그와 함께 방주에 있던 자들만이 살아남았더라.
24 물이 일백오십 일 동안 땅 위에서 차고 넘치더라.

우리는 21-23절에 대해서는 이미 주석을 한 바 있다. 문맥(예수 그리스도께서 눅 17:27에서, 베드로도 벧후 2:5에서 이를 언급하고 있음)을 정확히 고려해서 찾아낸 이 구절들의 정확한 의미는 홍수는 방주에 들어갔던 8명을 제외하고는 모든 인간을 소멸시켜 버렸다는 것이다. 이 분명한 기록을 믿지 않는 것은 고집일 뿐 그 어떤 과학적 탐구나, "새로운 증거"나 ,지질학적 발견이나, 사실을 확인코자 하는 열정이나, 사실에 대한 중립적 태도나, 현대인들의 "명석한 투시력"과는 아무런 관계가 없다. 이것은 오히려 죄인들이 인격적인 창조주께서는 죄에 대해 심판하신다는 사실을 본능적으로 항상 두려워해 왔던, 죄인들의 불신일 뿐이다. 이 사실은 죄를 심판하시는 거룩하신 하나님과 인간의 재앙과는 아무런 연관이 없다고 주장하는 정신적 강박관념이라고 판명된 바 있다. 어떤 사람의 현명한 얘기를 들어보라. "인간이 영원히 불타는 실제의 지옥을 현대인들이 거부하는 것은 그 어떤 헬라어 성경이나 이 성경이 기록된 이래 발견된 과학적 사실들에 기초한 것이 아니다. 이들의 거부는 어떤 사람도 헬라어 신약에 묘사되어 있는 지옥이라는 말로 자기의 '집'을 묘사하는 사람을 존경해 주지 않을 것이라는 사실에 기초하고 있다." "현대인"들의 주관적 편견은 그 어떤 "새로 계시된 진리"나

"새로운 빛" 혹은 "더 나은 번역" 등과는 아무런 관계가 없는 글자 그대로 편견일 뿐이다. 하나님을 거부하고 자기 의를 내세우는 인문주의자는 B.C. 3000년경이나 오늘날이나 다를 바 없다.

『**물이… 땅 위에서 차고 넘치더라**』(24절). 창세기 7:4-6에 근거하여 계산해 보면 2주일 정도의 홍수로 해발 3,500m 정도 아래에 살고 있던 모든 생물은 죽었을 것이다. (패튼과 데이브즈의 계산이 정확하다면, 지상의 모든 생물은 단 수 시간 혹은 수분 만에 물에 잠겼을지도 모른다.) 40일 간의 대재앙 끝에 노아와 그 가족은 가끔 창을 열고서 물에 잠긴 지구를 바라보았을 것이다. 비가 그친 지 60일이 지나자 그들은 갑판에 앉아 수주동안 낚시를 했을 것이다. 얼마가 더 지나고 노아와 그 가족은 산봉우리가 하나 둘씩 보이기 시작하는 것을 알아차렸을 것이다. 방주는 물결 따라 움직였고 120일 후에는 코카서스 산맥의 산들이 분명히 모습을 드러냈을 것이다. 그들은 동물들을 관리하느라 많은 일을 하였을 것이며 이때 노아와 그의 가족은 "어쩌면" 매우 이상하고 충격적인 경험을 했을지도 모른다. 즉 기상 조건이 바뀐 것이다. 만약 과거에 얼음 덮개가 지구를 둘러싸고 있었다면 (많은 근본주의 주석가들은 그렇게 믿고 있다.) 더 이상 사라지고 없었을 것이다. 피부색은 태양에서 오는 "광선"의 양에 따라 매우 크게 영향을 받는다. 4명의 붉은 갈색("아담"에 관한 주석 참조)의 사람들이 방주 안에 들어간 반면 나올 때는 더 이상 붉은 갈색이 아니었을 것이다. 우리는 함이 카인의 딸들 중에서 아내를 얻었거나 혹은 노아의 아내가 "표"를 갖고 있었다고(창 4:15 주석 참조) 가정해 볼 수 있다. 만약 이 해석이 적절하지 않다고 생각한다면 창세기 10장의 요구에 부응하는 다른 적절한 해석을 할 수도 있을 것이다. 창세기 10장은 함의 자손들이 "아프리카"인(시 105:23, 렘 46:9, 창 10:6-15)이어야 함을 보여 준다. 그러나 얼핏 보기에는 셈, 함, 야펫이 모두 동일한 피부색을 갖고 있는 것처럼 보인다. 그러나 그렇지 않을 수도 있다는 가정은 여전히 유효하다. 만약 그들이 모두 동일한 피부색을 가지고 있었고(그들의 아내들도 그러하다면), 홍수 후의 기상 조건의 변화로 피부색이 바뀌었다는 이론 이외에는 세 가지 인종의 기원에 대해 그 어떤 설명도 할 수 없을 것 같다. 적그리스도 휘하에서(계 13장) "하나의 세계"를 이룩하려는 통합주의자들은 피부색이 왜 다른가에 대해 그 어떤 설명도 받아들이지 않을 것이다. 그들은 인간들이 피를 섞어 무차별 혼혈만 하면 만사는 해결된다고 보는 것이다. 그들은 갑작스런 기후 변화가 그 원인이 되었다는 사실을 거부할 것이다. 그렇지 않다면 그들은 각 인종들이 정체성을 그대로 유지하도록 내버려 두어야 하기 때문이다. 그들은 신명기 32:7,8을 뒤엎으려는 계획을 갖고 있으므로 창세기를 있는 그대로 받아들이지 않으며 창세기 4장, 9장이 이 모든 것의 결정적 원인임을 거부한다. 왜냐하면 그렇게 되면 모든 친아프리카운동은 진화론의 입장에서 볼 때 진화가 아닌 퇴화가 되어 버린다는 사실을 인정하게 될 것이기 때문이다. 통합주의자들은 그들의 수입이 줄어드는 경우를 제외하고 인종간의 모든 차이점들을 무시해 버린다.

물은 40일 이후부터는 줄어들기 시작했다(창 8:2,3). 노아는 대양 위에 90일(3개월) 동안 떠다녔다. 왜냐하면 물이 일백오십 일 동안 차고 넘쳤기 때문이다.

창세기 8장

8:1 하나님**께서는 노아와 그와 함께 방주 안에 있는 모든 생물들과 모**
든 가축들을 기억하사, 하나님**께서 땅 위에 바람을 지나가게 하시**
니, 물이 줄어들더라.
2 깊음의 샘들과 하늘의 창들도 닫히고, 하늘에서 내리던 비도 그치니,
3 물이 계속해서 땅에서 물러가고 일백오십 일이 지난 후에는 물이 줄
어들어서,

『하나님**께서는 노아와... 기억하사**』(1절). 기억한다는 단어는 창세기 19:29; 30:22, 전도서 12:1에서처럼 긍정적인 의미에서 쓰였다. 이 말씀은 하나님께서 150일 동안은 이 지상의 일들을 잊어버리셨다는 뜻이 아니라 하나님께서 40일 동안 비를 내리신 후 노아와 그의 가족에 대해 적극적으로 움직이기 시작하셨다는 말이다.

『하나님**께서... 바람을 지나가게 하시니, 물이 줄어들더라**』(1절). "바람"은 창세기 1:2에 나온 히브리어 "*루아흐*"로 그리스도인들은 창세기 1:2에서는 하나님의 영이 "깊음의 표면" 위를 거니신 것인 반면에 이곳에서는 바람이 "땅 위"를 지나간 것임을 주목해야 할 것이다(두 경우는 결코 같지 않다). 바람이 불면 바람없는 날보다 빨래가 더 잘 마른다. 공중 화장실에서 종이수건 대신 뜨거운 바람이 나와 손을 말려 주는 기계를 설치한 것처럼 창세기 8:1의 바람은 땅을 마르도록 하였다.

창세기 1:1,2의 대재앙은 창세기 1장이 "하늘들"까지 포함하고 있다는 것만을 빼고는 창세기 7,8장의 사건과 매우 유사했음에 틀림없다. 배우지 못한 직업 어부였던 시몬 베드로는 창세기 1장의 재앙에 대해 베드로후서 3:5,6에서 주석을 달고 있다(창 1:2,3 주석 참조). 따라서 우리는 적어도 두 번에 걸쳐 우주광선, 원자의 폭발, 질량의 감소, 화학성분의 붕괴, 분자들의 "도피" 등을 통제하는 전 우주의 체계가 심하게 변화되었다는 사실을 잊지 말아야 한다. 따라서 탄소 측정방법을 사용해서 우주의 "나이"를 계산하는 것은 전혀 의미가 없다. 이 외의 모든 측정 방법들 역시 우주에 아무런 변화가 없었다는 전제에서 만들어진 것이므로 가치가 없다. 주 하나님께서는 두 번에 걸쳐 지구의 모든 물리적 조건들을 완전히 바꾸심으로써 지구의 나이와 기원을 다루는 모든 "과학적 탐구"를 "혼란"시키셨고 결국 진화론에 근거해서 이루어진 모든 연구는 지난 1,500년 동안 이루어졌던 것들과 마찬가지로 아무짝에도 쓸모없게 만들어 버리셨다.

『**깊음의 샘들과 하늘의 창들도 닫히고**』(2절). 이 구절은 연대순으로 보자면 1절보다 앞선다. 1절과 3절은 2절 후에 일어났다. 깊음의 샘들과 하늘에서 내리는 비는 서로 구분되어 있음을 주목하라(창 7:11 주석 참조).

『**물이 계속해서 땅에서 물러가고**』(3절). 창세기 7:17-19 주석에서 구름에 대해 언급한 적이 있는데 정확한 성경적 사실을 말하자면 구름은 창세기 9:13까지는 언급되지 않는다. 구름을 형성시키는 것은 물의 증발인 것은 분명하다. 그렇다면 또 다른 질문을 해 볼 수 있다. 그것은 홍수 이전에 태평양 혹은 대서양 규모의 바다가 있었느냐는 것이다. 물론 바다들은 있었다(창 1:10). 그러나 비가 왔다는 기록은 없는데 솔로몬은 물의 증발 과정과 바람의 순환 과정을 소크라테스가 닭을 죽여 제사를 지내기 400년 전에 이미 알고 있었다. 솔로몬은 증발, 증류, 액화 등의 과정을 묘사해 놓았다(전 1:4-9).

앞서 말한 것처럼 지구 위에 3,856,000,000,000,000,000,0000톤의 물이 쏟아져 내렸다면, 대륙을 물에 잠기게 할 만큼의 구름을 형성시킬 물은 없었지만 (이것은 보만, 앤더스, 로벨 등과 같은 우주 비행사들이 우주선에서 찍은 사진들로 증명된다.) 적어도 카스피해보다는 큰 7개의 대양을 남기고, 양극에 17,000,000제곱마일 정도의 얼음을 남길 정도의 구름을 형성시킬 만한 물은 있었다는 말이다.

『**일백오십 일이 지난 후에는 물이 줄어들어서**』(3절). 비는 40일 동안 내린 후 멈추었다. 그때부터 110일 동안 바람이 불었고 110일이 끝나자 노아의 방주는 29,000피트 높이에서 17,000피트로 내려왔다.

8:4 일곱째 달, 그 달 십칠일에 방주는 아라랏 산지 위에 멈췄더라.
5 물이 열째 달까지 계속해서 줄어들어 열째 달, 즉 그 달의 첫날에 산지의 봉우리들이 보였더라.

『**산지**』(4절)란 아라랏산이 위치한 산맥이며 이는 4절로 미루어 분명하다. 10월(에 2:16)은 "테벳"월이라고 불리우며 오늘날의 1월쯤에 해당된다.[여기서 언급한 150일은 두 번째 달 "시브"월(오늘날의 5월)에서 일곱 번째 달 "티스리"월(오늘날의 10월)[1]까지를 말한다.] 그 후 노아는 약 78일 동안 땅 위에서 배 안에 머무르고 있었다. 물은 오늘날의 해수면으로 물러가기까지 220일 동안 증발하면서 줄어들고 있었다.

『**아라랏 산지 위에**』(4절, 창 6:14-17의 방주에 관한 주석 참조). 이미 보편적으로 증명된 사실 외에도 홍수가 국지적인 것이 아니라 범세계적이었다는 가장 강력한 증거는 만약 홍수가 일부 지역에만 한정된 것이었다면 방주는 당연히 바다 위에 떠 있어야 한다는 것이다. 퀸메리호만큼이나 커다란 나무상자가 해발 5,000m나 되는 산 위에 머물렀다면 그것은 결코 중동 지역에만 발생한 홍수 때문이 아니다.

아라랏은 "창조" 혹은 "거룩한 땅"이란 뜻이다. 이 단어는 "바라보다." "타오르다."(창 9:22) 및 "포도를 꺾다."(창 9:21)와 관련되어 있다.

---

1) "티스리"는 바빌론식 이름이며, 카나안식 이름은 "에다님"(왕상 8:2)이다.

8:6 ○ 사십 일의 마지막 날에, 노아가 자기가 만든 방주의 창문을 열고
7 까마귀 한 마리를 내보냈더니, 땅에서 물이 마를 때까지 그 까마
귀가 왔다 갔다 하더라.
8 그가 또 비둘기 한 마리를 내보내어 물이 지면에서 줄어들었는가
를 알고자 하더라.
9 그러나 비둘기가 온 지면에 물이 있으므로, 발로 앉을 자리를 찾
지 못하고 방주에 있는 노아에게로 돌아왔더라. 그때에 그가 손을
내밀어 비둘기를 붙잡아, 방주 안으로 자기에게 잡아들이더라.

드디어 방주에서 나갈 때가 다가오고 노아의 마음은 더욱더 초조해 가고만 있었을 것이다. 노아와 그의 가족들은 지난 300일 동안(혹은 307일, 창 7:13 주석 참조.) 동물들의 소리, 냄새, 번식 등에 익숙해져 있었을 것이다. 며느리들은 불평을 늘어놓고 자식들은 어머니에게 고자질하고 시어머니는 며느리가 자식들에게 잘못한다고 생각했을 것이다. 어제나 오늘이나 인간의 성품은 변한 게 없다.

『**노아가... 까마귀 한 마리를 내보냈더니**』(6,7절). 이 구절은 노아의 방주 안에 검정 새가 타고 있었음을 보여 준다(만약 새들이 인간들처럼 "인종 통합"을 했더라면 노아는 메시지를 전달도 하기 전에 대문을 쪼아대는 그러한 비둘기 부리를 갖고 있는 희한한 새를 만들어 냈을지도 모르겠다). 까마귀는 검정색이다. 더 나아가 그는 "떠돌이"이다. 왜냐하면 까마귀는 방주로 돌아오지 않고 『**물이 마를 때까지... 왔다갔다**』 하였기 때문이다. 에드거 앨런 포(E. A. Poe)의 까마귀와는 달리 성경에 나오는 까마귀는 방주를 떠나 버렸던 것이다.

『**그가 또 비둘기 한 마리를 내보내어...**』(8절). 두 가지 새가 앞으로 성경에서 갖게 될 의미가 이들에 대한 첫 번째 언급으로 확정된다. 오늘날까지도 정치 만화를 그리는 사람들은 "평화"를 묘사하려면 〈킹제임스 성경〉(1611)에 나와 있는 대로 부리에 올리브 잎사귀를 물고 있는 비둘기(창 8:11)를 그린다. 모든 상징들의 의미는 성경이 부여한 것이다. 비둘기는 성령의 예표(마 3:16, 요 1:32)이며, 예수 그리스도의 신부의 예표(솔 5:2; 6:9)이기도 하다. 까마귀(레 11:15)는 공중의 새들과 같이 더러운 영들의 예표이다(마 13:4, 계 18:2, 단 4:12). 영어로 "raven"(까마귀)과 "ravenous"(걸신들린)는 검은 새에 대한 지칭이다. 그리고 "ravine"이란 단어는 바위나 산에 생겨난 틈을 뜻하는 말이 되었다.

『**그러나 비둘기가... 앉을 자리를...**』(9절). 이때는 열 번째 달의 첫째 날부터 40일이 지난 때이며 방주가 산 위에 머문 때부터 73일이 지난 후였다. 따라서 비둘기는 원하기만 했다면 있을 곳을 찾을 수도 있었다. 태양빛이 200일 이상 비추었고 물은 150일 동안 19,000피트에서 14,000피트로 줄어들었으며 73일이 더 지난 후에는 7,000피트 이하로 내려갔을 것이다. 그러나 비둘기는 돌아왔다.

8:10 그가 또 칠 일을 기다리다가 다시 방주에서 비둘기를 내보냈더니,
11 그 비둘기가 저녁 때 그에게로 돌아왔는데, 보라, 그 입에 물어

뜯은 올리브 잎사귀가 있는지라, 이에 노아가 물이 땅에서 줄어 든 줄 알았더라.

12 **또 칠 일을 기다리다가 그 비둘기를 내보냈더니, 그에게로 다시는 돌아오지 아니하였더라.**

마른 땅이 나타난 지 80일 이후, 노아는 두 번째로 비둘기를 내보냈다. 물이 줄어드는 비율로 보아(이때쯤이면 물은 상당히 줄었을 것이다) 해수면은 5,000피트 혹은 4,000피트 이하가 되었을 것이다.

『**그 입에... 올리브 잎사귀가 있는지라**』(11절). 신문 만화가는 이 세상의 "영"에 의해 인도되었는지(엡 2:1-4), 올리브 나뭇잎을(창 2:9에서 "생명의 나무"에 관한 주석 참조) 로마 황제가 쓰는 "월계관"으로 변질시키고 잎을 "가지"로 둔갑시켰다(히슬롭의 〈두 개의 바빌론, *Two Babylon*〉 참조). 87일째 비둘기는 떠나고 다시 돌아오지 않았다.

8:13 ○ 육백일 년 첫째 달, 그 달의 첫날에 물이 땅에서 마른지라, 노아가 방주의 덮개를 치우고 보니, 보라, 지면이 말랐더라.

14 **둘째 달, 그 달의 이십칠일에 땅이 말랐더라.**

노아와 그 가족은 313일 동안의 "달콤한 교제"를 끝마쳤다. 이날은(13절) 창세기 8:6에 나와 있는 날과 일치한다. 즉 창세기 8:6은 창세기 8:13에서 방주의 덮개가 제거되었을 때 일어난 일이었다. 이때는 아직 땅이 거주할 정도는 아니었다. 따라서 57일을 더 기다린 후(물이 땅바닥까지 줄어들고 나서 흡수될 때까지 10일이 걸렸다고 생각하면), 노아는 드디어 하선할 준비가 된 것이다. 이렇게 되면 노아는 배 안에 총 370일 간 머문 셈이요 음력으로 1년 하고 10일이 된다.

『**방주의 덮개**』(13절). 『**덮개**』(히브리어 "믹쉐")는 출애굽기 36:19, 민수기 4:8,10,11,12에 나와 있는 것과 같다. 덮개는 방수천으로 갑판의 열린 부분을 덮을 때 사용하는 것과 같은 가죽 덮개 같은 것이다. 노아는 비가 완전히 그칠 때까지는 이 덮개를 치우지 않았다.

8:15 ○ **그러므로** 하나님**께서 노아에게 일러 말씀하시기를**

16 **"너는 네 아내와 네 아들들과 네 아들들의 아내들과 함께 방주에서 나가서,**

17 **너와 함께한 모든 육체의 생물들, 즉 새와 가축과 땅 위에 기어다니는 모든 기는 것들을 이끌어 내라. 그들이 땅에서 풍성히 생육하고 다산하며, 땅에서 번성하리라." 하시더라.**

18 **노아가 자기 아들들과 자기 아내와 자기 아들들의 아내들과 함께 나가고**

19 **모든 짐승과 모든 기어다니는 것들과 모든 새와 땅에서 기는 것은 무엇이나 그 종류대로 방주에서 나갔더라.**

드디어 노아의 여정은 대단원을 내리게 된다. 노아는 가장 위대한 고

물상임을 입증해 보였다(370일 동안 물건을 싣고 떠돌아 다녔기 때문이다). 드디어 그와 그의 가족은 텅 빈 지구에 발을 내디딘 것이다. 둘째 달 27일 한 수탉이 길게 목청을 높였을 때 그 닭은 지구상에 살고 있던 모든 남녀노소가 들을 수 있게 울었던 유일한 닭이 된 것이다.

주님을 위해 땅을 포기한 노아는 그 대가로 최소한 100배 이상 되돌려 받은 것이다(마 19:29).

『**생육하고 다산하며, 땅에서 번성하리라**』(17절). 이 말씀은 노아 이전 이 지구를 독차지했던 또 다른 사람에게 주어졌던 명령을 생각나게 한다(창 1:28). 이로써 노아는 아담의 예표가 된 것이다(선과 악의 지식의 나무에 관한 주석 참조).

아라랏산의 물은 점점 내려가 12,000피트에서 10,000피트로 다시 5,000피트로 내려갔고 우랄 산맥과 소아시아로 흘러갔다. (그 물들은 플라톤과 아리스토텔레스가 태어나기도 전 2,000년 동안이나 아메리카 대륙을 방문할 기회를 가졌던 것이다. 그러니까 콜롬버스가 1492년 미주 대륙을 발견하기 3,492년 전에 이미 그 곳을 흘러 다니고 있었던 것이다. 이 물들이 하루에 1마일 정도의 속도로 움직였다면 침례인 요한이 이를 갈기도 전에 적도를 32번이나 돌았을 것이다. 성경에는 아무런 문제가 없다. 있다면 이를 믿지 못하는 학자들이 문제이다.) 한 달에 1마일 정도를 이동했다고 치면 어떤 동물이라도 줄리어스 시저가 "브루투스, 너 마저도!"라고 외치기도 전에 아라랏산에서 로스앤젤레스까지 이동할 수 있었다. 자연적인 이주, 인간이 데리고 간 동물들, 동물들의 강제적 이주 등을 감안해 보면 아라랏산에서부터 전 세계로 동물이 퍼져 나갔다고 하는 성경 기록은 전혀 모순이 안 된다. 문제는 아담의 후손의 불신일 뿐이다.

노아와 그의 가족이 "단단한 땅" 위에 다시 발을 내려놓는 장면은 실로 장관이었을 것이다. (게다가 아름다운 5월의 화창한 날씨까지 곁들여졌으니, 상상해 보라.) 그들은 산꼭대기로부터 북동쪽으로 세반 호수를 분명히 볼 수 있었을 것이다. 저 멀리 남동쪽으로는 우르밍 호수가 태양에 반짝이고 남서쪽으로는 반 호수가 유프라테스 상류 근처에서 빛나고 있었을 것이다. 아락세스강은 산기슭에서 흘러 남동쪽으로 흐르다가 북서쪽으로 방향을 바꾸어 카스피해로 흘러들었을 것이다. 다이아몬드처럼 눈부시게 반짝이는 세상을 바라보면서 노아와 노아의 가족은 생애 최초로 눈을 보았다. 상록의 상쾌하면서도 차가운 공기 속에서 오색찬란한 모습의 경치가 펼쳐지는 가운데 날짐승들이 "자유의 송가"를 지저귀면서 날아오르는 모습이라니...

호수들, 계곡들, 언덕들, 산들, 평원들이 장엄하게 펼쳐지는 가운데 아름다운 무지개가 하나님께로부터 인간에게 내려오는 굴다리인 양 자연, 빛, 금, 피, 왕권 및 하늘을 상징하는 색들을 찬란히 펼치고 있다. 사자, 코끼리, 곰, 원숭이... 모든 동물들은 제집을 찾아 대장정에 나서고 다음 날 노아의 가족은 양, 말, 염소, 소, 닭 등의 가축을 대동하고 산기슭으로 하산을 하고 있다. 그들은 배에서 충분한 땔감을 들고서 아라랏산을 내려와 낮에는 걷고 밤에는 자면서 여행을 했다. 아마 해발 5,000피트 정도에 이르러 첫 번째 시체를 보았을지 모른다. 두개골이 바위 위에 엎어져 있고 다리는 골절되어 있었을 것이다. 이 시체는 비가 내린 이래 처음으로, 죽음이 그들의 구원의 일부였음을 생각나게 해 주었을 것이다.

8:20 ○ 노아가 주께 제단을 쌓고 모든 정결한 짐승과 모든 정결한 새 가운데서 취하여 제단에 번제를 드리더라.
21 주께서 그 향기를 맡으시고 주께서 그 마음속으로 말씀하시기를 "내가 다시는 사람으로 인하여 땅을 저주하지 않으리니, 이는 사람의 마음의 상상이 어려서부터 악함이라. 내가 다시는 내가 행한 것과 같이, 살아 있는 모든 것을 죽이지 아니하리라.

이번 시험은 아벨의 제사의 분명한 반복이었을 것이다. 물론 이 때는 "정결한 새들"도 포함되었다(레 11장). 제단은 거친 돌로 하나님 이외의 그 누구도 손대거나 연장을 대어서는 안 되었다(출 20:25). 바로 여기에 성경에서 처음으로 "제단"(altar)이란 단어가 등장한다.

『**주께서 그 향기를 맡으시고**』(21절). 여기에 다시 신인동형적 표현이 등장한다. 이 표현에 대해 실족할 사람들은 하나님께서는 수학적으로 너무 엄격하고, 형이상학적으로 너무도 멀리 계셔서 하나님께서 사랑, 성, 직업, 종교, 수입, 죄, 타락, 가족, 책, 미술, 음악, 혹은 정치에는 관여하시지 않기를 바라는 과학자들뿐일 것이다. 그리스도인의 "냄새"(향기)는 고린도후서 2:15,16에서 노아의 제사와 비유되어 있다. 창조주께 향기로운 것은 피조물에게는 악취가 나는 것임을 주목하라(눅 16:15, 잠 29:27). 그러나 오늘날에는 이 세상 사람들에게도 향기를 내야 한다고 주장하는 "안전일변도 기독교"가 등장해서 판을 치고 있다. 이들에 따르면 참으로 헌신된 그리스도인은 너무도 신사이기 때문에 모두에게 "사랑스러운 증거"만을 가져야 한다는 것이다. 이런 기독교는 노만 빈센트 필(Norman Vincent Peale) 타입의 기독교로 "현대인"들을 미혹할 수 있을지는 몰라도 성령님을 속일 수는 없다. 당신이 살고 있는 마을에서 건전하고 훌륭한 "악취"를 내고 있지 않다면 당신은 아무런 증거도 하고 있지 않은 것이다. 바울, 예레미야, 노아, 베드로, 야고보, 요한 그리고 예수님은 자기들의 사역이 펼쳐지는 그 동네에 "악취"를 풍겼고 이들의 참된 증거는 이 "악취"가 높이 올라간 사실들로 입증된다. 1969년 이안 페이슬리의 증거는 썩은 달걀과 토마토로 된 것으로, 그 어떤 공기 청정기로도 없앨 수 없는 아름다운 향기로 새 예루살렘의 처소들을 가득 채웠다. 반면 유진 칼슨 블레이크(Eugene Carson Blake) 박사님의 "증거"는 온갖 휘황찬란한 것으로 장식되었지만 영광스러운 "순교자의 반열"에 너무도 나쁜 냄새를 풍겨서 천사들이 방독 마스크를 써야만 할 정도였다(히 11:33-39을 자세히 읽어 보라).

『**주께서 그 마음속으로 말씀하시기를**』(21절). 모세가 이렇게 기록한 것은 하나님께서 그렇게 기록하라고 하셨기 때문에 그대로 기록한 것이다.

『**내가 다시는... 저주하지 않으리니... 죽이지 아니하리라**』(21절). 이 말씀은 하나님께서는 창세기 7,8장의 사건을 다시는 반복하지 않으실 것이며 창세기 3:17도 되풀이 하지 않으실 것이라는 말이다. 물론 창세기 3:17의 저주는 창세기 1-12장까지의 모든 언약과 마찬가지로 천년왕국 때까지는 그대로 유효하지만 하나님께서는 그 저주를 다시는 하시지 않겠다고 하신다.

『사람의 마음의 상상이 어려서부터 악함이라』(21절). 이 "증오 문학"은 마태복음 23장, 요한복음 8장, 요엘 2장 등과 나란히 놓을 수 있는 내용이다. 프로이드는 위 구절을 그대로 사용했는데 끝부분의 "악함이라."를 "잘못되어 있다." 혹은 "뒤섞여 있다." 혹은 "성적으로 확정되어 있다."로만 고쳤을 뿐이다. "악함"이란 말은 지나친 결백증에 사로잡힌 심리학자들과 과학자들에게는 너무도 강한 말인가 보다. 이들은 자신들의 죄책이 면제되기를 희망하며 하나님 앞에서 심판을 받는다는 사실에 대해 다른 사람들을 설득하여 "위안"을 줌으로써 "자기 자신들의 죗값을 치르려고 한다." 이들 "심리" 전문가들은 "종교적 전통이라고 하는 폭군"으로부터 "생각을 해방"시켜 주는 사명을 받은 자로서 시간당 50달러씩 받고 자기 고객들을 "해방"시켜 줌으로써 자기 자신의 죄책과 두려움을 보상하며 인생을 보낸다. "악"이란 말은 "죄"란 말과 더불어 성경을 거부하는 죄인들이 어떻게든 강단에서 없애려고 음모를 꾸미는 낱말이다. 필요하다면 강제적으로라도 설교 시 이런 단어를 쓰지 못하게 하려고 한다. 그러한 자들에게 꼭 필요한 성경구절은 다음과 같다. 이런 표현을 과감히 사용한 여섯 사람은 모두 이들의 공격 대상이다.

1. 주 예수 그리스도 : **『너희가 악하다 할지라도 너희 자녀에게 좋은 선물을 줄 줄 알거든...』**(마 7:11).

2. 사도 바울 : **『의인은 없나니... 선을 행하는 자가 없으니... 모든 사람이 죄를 지었으므로...』**(롬 3장).

3. 침례 요한 : **『독사들의 세대야, 누가 너희에게 다가오는 진노에서 피하라고 경고하더냐?』**(눅 3:7)

4. 시몬 베드로 : **『자기들이 알지 못하는 것을 비방하다가... 음욕이**

가득 찬 눈... 죄로부터 단절될 수 없고... 저주받은 자식들이니라...』(벧후 2장).

5. 이사야 : 『**악을 선하다 하고 선을 악하다 하는... 자들에게 화로다**』(사 5:20).

6. 예레미야 : 『**내 백성은... 악을 행하는 데는 현명하나 선을 행하는 데는 지식이 없도다**』(렘 4:22).

이들 정신과 의사들이 "교정 요법"으로 시술해 주고 싶은 사람들의 명단은 다음과 같다. 데이비드 리빙스턴, 빌리 선데이, 존 웨슬리, 조지 휫필드, 찰스 풀러, 프랭크 노리스, 밥 존스 시니어, 토레이, 채프만, 칼빈, 루터 및 미국의 유수한 대학들의 창설자들. 안타까운 것은 현재 이들 대학들은 모든 시대의 선행과 경건한 삶을 비웃는 교수들을 채용해서 "학문"을 가르치도록 하고 있다는 것이다.

"악"(evil)이란 단어는 〈킹제임스성경, 1611〉에 300번에 걸쳐 나오며 성경을 읽는 독자라면 성경을 펴들고 처음 두 장째 10구절도 채 못가서 "선과 악의 지식의 나무"라는 표현에서 "악"이란 단어를 발견하게 될 것이다(창 2:9 주석 참조). 창세기 6:5에 보면 이 선과 악에 대한 지식이 절정에 달했고 다윗(1,000년 후)은 악이 인간이 태어나는 순간 타고나는 본성의 특징임을 인정하였다. 아비들은 자식들이 "마땅히 가야 할 길로" 훈육하여야 한다(잠 22:6). 왜냐하면 아이들은 마땅히 가지 말아야 할 길로 가도록 훈육시킬 필요가 전혀 없기 때문이다. 모든 아이들은 본성적으로 어리석은 짓과 죄에 대해 기울어 있기 때문이다. 아이들은 태어날 때 이미 잘못되어 있는 것이다(잠 22:15과 23:13 참조). 유럽과 아시아의 모든 부모들이 보편적으로 받아들이는 이 현실을 1900년경 미국에서는 무시하기 시작했다. 존 듀이(John Dewey, 1859-1952)와 버트런드 러셀(Bertrand Rusell, 1872-1970)이 이러한 새로운 사고방식에 제일 커다란 책임이 있으므로 그들은 그들의 가르침이 거둔 열매에 대해 심판석에서 "합당한 보상"을 받게 될 것이다. 그들은 인간의 죄성을 강조하는 것은 "아이들의 적합한 교육"에 잘못된 접근 방법이라고 한다. 현대의 교육제도는 듀이의 실용주의 철학과 러셀의 행동주의 심리학에 근거하는 것으로 타락한 인간이 자기 자신에 대한 가장 중요하고도, 근본적이고도, 기본적인 진리를 거부한 결과이다. 이 진리는 여기 창세기 8:21 말씀대로 『**사람의 마음의 상상이 어려서부터 악함이라.**』이다.

인간은 태어나면서부터 잘못되어 있다. 현대 미국의 교육(1968-1994)의 딜레마는 이 기본적인 진리를 무시하는 데 기인한다. 어린아이에 대한 징계와 점검과 통제와 제어가 사라지고 나면, 교육은 자기들이 어디로 가고 있는지 어떻게 그곳에 가야 하는지도 모르는 제멋대로 날뛰는 "대학생"들을 양산하고 만다. 그들의 관심은 "시위"와 "스포츠 행사"일 뿐이다. 이 지구상 그 어느 곳이든 대학생의 대부분은 그들이 죽은 후 어디로 가는지에 대해 전혀 무지하다. 이들과 저 남태평양의 토인들과 무엇이 다른가? 현대 대학 교육은 교육받은 "유인원"을 양산해 낼 뿐이다.

성경에 따르면 과학도 종교도 교육도 고칠 수 없는 무언가 잘못된 것이 인간에게 있다는 것이다(창 4:1-8 주석 참조). 그런데 거듭나지 못한 사람은 바로 이 점에 대해 못마땅해 한다. 이들은 교육, 종교, 과학 등을 체계화시켜 이 기본적인 진리를 가리거나 없애려고 한다. 오늘날에는 어떤 사람이 자기의 "악한 심성"을 인정하려면 그는 그것을 지식의 부족

탓으로 돌리며 그것을 심판하실 분은 없다고 생각해 버린다. 반면 "악한 심성" 자체를 받아들이지 않는 사람은 하나님을 어느 정도 인정해 주면서 자기가 살고 있는 사회와 시대적 기준으로 볼 때 자신의 내적 삶은 그런대로 괜찮다고 신뢰해 버린다. 바로 이것이 현대사회가 말하는 "선함"이다. "선함"이란 현대 정신의학과 심리학에서는 옳고 그른 행동이나, 도덕이나 부도덕, 좋고 나쁜 윤리, 혹은 적절한 행동들과는 전혀 관계가 없다. 오늘날 교육받은 "유인원들"에게는 선행이란 "자기가 살고 있는 사회에 자신을 적응시키도록 행동함으로써 사회 구성원 전체의 최대 유익을 보존토록 하는 행위이다." 두 번에 걸친 세계대전에도 불구하고 이 멍청한 낙관주의자들은 여전히 존재하고 있다. 이들은 아직도 서로 다른 모든 사회들을 하나로 통합시켜 함께 살도록 함으로써(1969년 미국의 주 법원들이 개인의 권리와는 관계없이 강제적으로 통합을 유도하는 판결을 내린 사실을 기억하라.) "전체"가 보존될 수 있다고 생각하고 있다. 그러나 그런 사고방식은 파시스트와 공산주의자들이 믿고 있는 바로 그것이다. 그들은 "전체"를 위해 개인은 희생되어야 한다는 것이다. 그러나 인류 역사 6,000년이 입증하고 있듯이 그 어떤 형태의 정부나 사회적 통합도 아무런 문제도 해결하지 못했다. 문제의 핵심은 각 개인의 내적 사고에 관련하여 뭔가가 잘못되어 있다는 사실이다.

1. 생각의 상상 (창 6:5)

2. 눈 (롬 3:18)

3. 입 (롬 3:14)

4. 혀 (롬 3:13)

5. 마음 (렘 16:12)

6. 생각 (사 55:7,8, 잠 24:9)

7. 귀 (행 28:27, 딤후 4:3)

8. 손 (행 2:23, 사 59:3)

9. 발 (롬 3:15)

10. 길 (사 55:7,8, 롬 3:16)

찰스 다윈은 이들 구절들이 전파되는 것을 들었을 것이고 〈킹제임스성경〉에서 이 구절들을 찾아낼 수도 있었다. 그가 세운 "진화론 체계"(오늘날 미국의 교육자들이 채택한)는 지옥에 갈 수밖에 없는 죄인이 진실을 피하려는 심리적 방어 기제에 불과한 것이다. 이미 여러 번 언급했듯이(창 3,4장 주석 참조) 인간은 태어나면서부터 잘못되어 있는 것이다. 이것은 그 어떤 것으로도 고칠 수가 없다. 오직 거듭나는 길밖에 없다. 그래서 예수님께서 그렇게 말씀하신 것이다. "너희는 거듭나야만 한다"(요 3:7).

8:22 땅이 있는 동안에는 씨 뿌리는 시기와 추수하는 시기와 추위와 더위와 여름과 겨울과 낮과 밤이 그치지 아니하리라." 하시더라.

여기서 우리는 태양과 달이 존재하는 목적(창 1:14)인 "계절"에 관한 첫 번째 언급이 있음을 보게 된다. 따라서 이때까지는 "추위와 더위" "여름과 겨울"이 없었다고 추정해야 할 것 같다. 노아는 해발 14,000피트 지점에서 방주에서 나와 방주를 떠나기 전 83일 동안 "추위"를 맛보게 되었을 것이다. 그는 눈길을 걸어 산 아래쪽으로 이주를 했을 것이다! 씨 뿌리는 시기와 추수하는 시기는 "봄과 가을"을 가리킬 것이고 이로써 "여름, 가을, 겨울, 봄"의 4계절이 완전히 갖추어진다. 그러나 우리는 팔레스타인 지역에는 여섯 계절이 있음을 주목해야 한다.

1. 씨 뿌리는 시기 (10월과 11월)
2. 겨울 (12월과 1월)
3. 추위 (2월과 3월)
4. 추수하는 시기 (4월과 5월)
5. 여름 (6월과 7월)
6. 더위 (8월과 9월)

10월과 11월은, 첫서리가 내리는 시기로 갈릴리 지역에서 나오는 늦은 포도와 올리브를 거두어 들이면서 동시에 밭을 갈고 씨를 뿌리는 시기이다. 나뭇잎은 떨어지기 시작하고 11월에는 우박과 더불어 눈발이 시작된다. 그러나 이때는 아직 옥수수가 심겨져 있다. 11월과 1월에는 풀과 잔디가 자라나고 아몬드 나무의 꽃이 피며, 때로 보리를 심기도 한다. 2월과 3월에는 오렌지와 레몬이 익으며, 기후는 다시 한번 쌀쌀해진다. 이때 겨울 무화과와 더불어 "늦은 비"가 내린다. 4월과 5월에는 밀 이삭이 패기 시작하고 보리는 수확기를 맞는다. 강물은 불어나고 비 없는 구름이 지나가며 대부분의 지역이 심한 가뭄을 겪게 된다. 6월과 7월에는 아침 일찍 많은 이슬이 내리고 밀과 벼는 수확기를 맞고 일찍 심은 무화과가 익는다(포도와 올리브는 7월말에 익는다). 8월과 9월에는 석류가 익으면서 열기가 증대된다. 포도는 수확기를 맞고 "이른 비"가 내리기 직전이어서 매우 덥고 건조하다.

창세기 9장

9:1 하나님**께서 노아와 그의 아들들에게 복을 주시며 그들에게 말씀하**
시기를 "다산하고 번성하여 땅을 다시 채우라.
2 **너희를 두려워함과 너희를 무서워함이 땅의 모든 짐승들과 공중의**
모든 새들과 땅 위에서 움직이는 모든 것들과 바다의 모든 고기들
에게 미치리니, 그들이 너희 손에 넘겨졌음이라.
3 **살아서 움직이는 모든 것은 너희에게 먹을 것이 되리라. 내가 모**
든 것을 푸른 채소같이 너희에게 주었느니라.

『하나님**께서 노아와 그의 아들들에게 복을 주시며**』(1절). 이 구절은 노아의 저주가 함 대신 함의 씨인 카나안에게(창 9:25) 내려졌다는 것을 알게 해준다. 또한 이 말씀은 인종 통합론자들로 하여금 그 구절을 이해하지 못하도록 막는다(창 9:25 주석 참조).

『**다산하고 번성하여 땅을 다시 채우라**』(1절). 이 명령은 원래 아담에게 주어졌던 것이었다(창 1:28). 노아는 다음과 같은 점에서 아담의 유형(예표)이라고 할 수 있다.

1. 그들은 둘 다 지구를 독점적으로 소유했었다.

2. 그들은 둘 다 하나님으로부터 직접적인 명령을 받았다.

3. 그들은 둘 다 하나님께서 지구를 통제하기를 원치 않았던 인종들을 대체했다.

4. 그들은 이름이 거론된 세 명의 자녀를 두었다.

5. 그 아들들 중 하나는 그리스도의 유형이었다.

6. 그 아들들 중 하나는 적그리스도의 유형이었다.

7. 셈과 아벨은 그리스도와 연관된다.

8. 카인과 카나안은 둘 다 저주받았다.

9. 아담은 죄를 지을 때 벌거벗고 있었고 노아도 마찬가지였다.

10. 아담과 노아는 "금지된 열매"에 참여했다.

11. 아담에게 금지된 것은 포도나무였고, 노아에게 금지된 것은 피였다(창 9:5과 선과 악의 지식의 나무에 관한 주석 참조).

『**너희를 두려워함과 너희를 무서워함이**』(2절). 이 구절은 홍수 이전과는 다른 "새로운" 무엇이 첨가되었음을 보여 준다. 동물들이 유순한 성품을 상실해 버린 세계에서는(사 11:1-11), 인간을 두려워하는 본능적 두려움이 동물들에게 심겨져 있어 인간은 동물을 지배할 수 있게 되었다. 이 사실은 오늘날까지도 변치 않고 그대로 남아 있다. 어느 동물도 "미치지 않은 이상" 정상적인 상태에서는 인간이 접근하면 멀찌감치 피한다. 물론 군대개미나 피라냐(남미에 사는 물고기)의 경우 인간에게 아무런 도움이 없을 때는 달려들어 뜯어먹지만 이 동물들은 소나 개의 시체와 인간의 시체를 구별할 줄 모르는 것들이다. 인간이 어떤 동물인지 아는 동물이라면 인간을 피할 것이다. 범고래, 쇠고래, 뱀상어 및 마요상어는 때때로 사람을 공격하지만 그러나 이러한 일은 인간이 그들의 영역을 침범할 때에 한한다. 그 어떠한 꼬치고기나 쥐가오리도 손을 씻고 있는 인간을 물기 위해 상수도 속으로 헤엄쳐 들어가지는 않는다(반면 인간은 산소마스크, 장화, 작살 등 온갖 도구를 갖추고 이들 동물들의 가정으로 침투해서 사냥을 한다). 인도에서는 코브라가 사람을 공격하기도 하는데 이것은 코브라를 너무도 오랫동안 신성한 동물로 여겨 그대로 방치해 둔 까닭이다.

독일산 개인 셰퍼드는 창세기 9:2의 말씀에 어긋나는 동물처럼 보일는지 모른다. 그러나 이 셰퍼드는 도베르만핀셔처럼 경찰견과 군용견으로 특별히 교배되었음을 알아야 한다. 이처럼 인간이 자연의 섭리적 진행에 자기의 권위를 행사하려 하면 자연은 "인간을 죽이는" 동물을 만들어 내는 법이다. 사실 독일산 셰퍼드가 자기 주인 없이 밤에 혼자 길을 다닌다고 해서 길 건너에 있는 행인을 공격하지는 않는다. 갈색 곰(알래스카곰)은 물소와 표범처럼 사람을 공격하기는 하지만 일반적으로 사람을 잡아먹지는 않는다. 이들은 궁지에 몰리지 않으면 싸우거나 공격하지 않는다. 그들은 막다른 골목에서 자신들을 향해 총을 겨누고 있는 인간을 응시해야만 하는 극한 상황에 이르기 전까지는 어떻게든 싸움을 피해 보려고 애쓰는 것이다.

『**살아서 움직이는 모든 것은 너희에게 먹을 것이 되리라**』(3절). 이 말씀은 바로 앞의 선언을 설명해 준다. 왜냐하면 창세기 9장에서 인간은 "육식"동물이 되기 때문이다(창 3:17 참조). 님롯(창 10:9)은 창세기 9:3에 나와 있는 대로 "베이컨을 집으로 가져오기" 시작한 사람들 중에 최초로 유명해진 사람이다. 지상의 동물들은 홍수 후 인간의 메뉴가 달라졌음을 배우게 된다. 사람들이 온갖 사냥 도구들을 들고 "왕국이 오고 있음에 틀림없다." 혹은 "모든 것은 날마다 점점 더 좋아지고 있다." 라고 해 보았자 동물들은 인간보다 훨씬 더 지각이 뛰어나기 때문에 속지 않는다. 오직 인간들만이 그 "망상"에 속아 넘어간다.

9:4 그러나 고기를 그 생명과 더불어, 즉 그 피째 먹지 말지니라.
5 내가 반드시 너희 생명의 피를 찾으리니, 모든 짐승의 손과 사람의 손에서도 내가 그것을 찾을 것이며, 모든 사람의 형제의 손에서도 내가 그 사람의 생명을 찾으리라.
6 사람의 피를 흘리는 사람은 사람에 의해서 자기의 피도 흘려지게 되리니, 이는 주께서 하나님**의 형상대로 사람을 지으셨음이라.**
7 너희는 다산하고 번성하며 땅을 가득 채워 그 안에서 번성하라." 하시더라.

『**피째 먹지 말지니라**』(4절). 생피를 먹는(혹은 마시는) 행위는 금지되었다. 동일한 경고가 레위기 17장(율법하에서)과 사도행전 15장(은혜하에서)에도 나와 있다. 성경에 나와 있는 잘 알려진 "하지 말라."는 경고 중 하나이다. 예수 그리스도의 말씀을 문맥과 관계없이 뽑아내서(요

6장) 이를 근거로, "하나님의 영광과 성모교회"를 위해 피의 술제물(시 16:4)을 바치는 카톨릭 교황들은 실제로는 "마귀들의 잔"을 바치는 셈이다(고전 10:21). 이것을 로마 카톨릭 교회에서는 "희생제사"라고 부르면서 이것은 갈보리 희생제사의 "계속"일 뿐만 아니라 그 제사의 "반복"이라고 주장한다(콜럼버스 기사단이 펴낸 모든 간행물을 보라). 그러나 이러한 이단적 행위는 히브리서 10:8-14에서 분명한 어조로 책망하고 있으며 그 행위 자체는 율법 이전, 율법 시대, 율법 이후 시대에 걸친 하나님의 명령을 위반하는 것이다. 성경대로 믿는 사람들은 "교황이 인정하는 미사"는 결코 수용하지 않는다.

『**모든 사람의 형제의 손에서도...**』(5절). 이곳은 사형제도에 대한 언급이다. 이 제도 역시 피에 대한 경고와 마찬가지로 율법 이전 시대(이곳), 율법 시대(민 35장), 율법 이후 시대(행 25:11, 롬 13:1-4)에서 전부 발견되고 있다. 따라서 성경대로 믿는 사람들은 "사형제도"에 관해서 그 어떤 논쟁도 하지 않는다. 피에 관한 경고이건 사형제도에 관한 것이든 우리는 하나님의 말씀이 과학적으로 정확하고, 도덕적으로 올바르며, 오류 없이 영감받고, 완전히 보존되었으며 전혀 흠잡을 데가 없이 완전하다고 믿는다. 베드로, 야고보, 요한, 바울 같은 가장 위대한 그리스도인들이 실제적인 피에 참여하는 이교적 행실들을 거부했다면(행 15:20; 21:25) 오늘날의 그리스도인 역시 바알의 제사장들이 사용하는 발효된 포도주가 예수 그리스도의 실제적인 피라고 생각해야 될 아무런 이유가 없는 것이다. 신약성경의 3분의 1을 기록한 가장 위대한 그리스도인이 사형제도에 흔쾌히 순응하였다면 성경대로 믿는 사람들 역시 사형제도를 그대로 인정해야 할 것이다(행 25:11). 사회주의자, 공산주의자, 인권운동가, 대학교수, 정신과의사, 변호사 그리고 교황 등이 이 문제에 관해 무슨 "생각"을 하든지 우리는 아무 상관하지 않는다(이들은 대부분 사형폐지론자들이다). 온 우주의 심판주께서 율법 시대, 율법 이후 시대에 모두 인정하신 그 제도를 인간이 무슨 권리로 이러쿵저러쿵할 수 있는가?

이 선언은 인간도 동물도 모두, 인간을 죽인 데 대한 "피의 대가"를 지불해야 됨을 말한다(창 4:10,11 주석 참조). 무죄한 피를 흘린 죄를 씻는 규범은 신명기 21장에 나와 있다. 고의적 살인(murder)과 실수로 사람을 죽이는 것(manslaughter)은 구별된다(민 35장). 전쟁에서 사람을 죽이는 것과 고의적 살인도 구별되어 있다(왕상 2:5). 오늘날 법정에서나 법률서적에서 복잡하고, 애매하고, 어렵고, 까다롭다고 하는 그 문제가 성경에서는 명백하고 분명히 제시되어 있음은 실로 놀라운 일이다.

『**사람의 피를 흘리는 사람은 사람에 의해서 자기의 피도 흘려지게 되리니**』(6절). 이사야 26:21은 창세기 4장과 더불어 시작된 일련의 행위들에 대해 인간이 거둔 최종 열매이며 이는 요한계시록 19장에 갈 때까지 종식되지 않고 지속된다. 모든 종교들의 "경전"들과 달리 성경은 "피"에 관해 특별한 강조를 하고 있다는 사실을 주목하라.

1. 최초로 흘려진 피는 어린양의 피였다(창 3장의 주석 참조).

2. 두 번째 흘려진 피는 "목자"의 피였다(창 4:5-8).

3. 요한복음 10장의 선한 목자는 피를 흘리신다(골 1:14).

4. 그리스도인은 이 피를 통해(골 1:20) 화평을 얻으며, 이 피에 의해 의롭게 되고(롬 5:9), 이 피로 씻기며(요일 1:7), 이 피로 구속되고(엡

1:7), 이 피로 정결케 되며(히 9:14), 이 피로 구원을 받는다(엡 2:13).

5. 유다 이스카리옷은 "피의 밭"으로 갔다(행 1:19).

6. 빌라도는 무죄한 피를 그의 손에 묻히려 하지 않았다(마 27:24).

7. 신비의 바빌론은 성도들과 순교자들의 피를 흘리게 한 장본인이다(계 17:5,6).

8. 그녀의 추종자들은 피를 마신다(계 16:6).

9. 신구약에서 피를 마시는 것은 금지되어 있다.

10. 그리스도께서 재림하실 때 그 옷은 피에 적셔져 있다(사 63장, 계 19:13).

11. 구약도 신약도 모두 피로 체결되었다(히 9:8-22).

12. "무죄한 피"는 항상 복수를 한다(마 23:35, 왕하 9:26).

13. 그리스도인은 재림 때 그의 발을 피에 적실 것이다(시 58:10; 68:23).

『**피**』라는 단어는 성경에서 350여 차례 이상이나 등장한다. 성경은 이처럼 피, 피, 피, 피의 책이다. 인간의 피 묻은 역사의 피 묻은 기록인 성경은 갈보리에서 흘려진 피는 사람의 피가 아닌 하나님의 피(행 20:28)라고 선언한다(많은 성경들이 이 구절을 변경시켰음을 확인해 보라).

"흘려진 피"는 반드시 대가를 요구한다는 사실은 확인을 해야 할 필요가 없다. 이 지구의 역사는 아담의 후손들의 역사로 이들은 "평화를 가져오기 위해서도" 죽이고, "평화를 유지하기 위해서도" 죽이고, "살아남기 위해서도"(다윈의 이론) 죽이고 다른 종족이 번성하지 못하도록(다윈) 하기 위해서도 죽이고, 하나님의 명령에 따라 죽이고(삼상 15장),

여홍을 즐기기 위해서도 죽이고(삼하 2:14-16), "천국을 세우기 위해서도" 죽이고(십자군 전쟁, 미국의 독립전쟁 등) 항상 죽인다. 태어난 최초의 인간이었던(아담은 태어나지 않고 창조되었다.) 카인은 살인자였다. 그의 후손은 모두 그의 선조의 직업을 그대로 실행한다. 만약 인간이 100년 동안만 죽이기를 멈추었다면, 살인 기록이 사라져 더 이상 복수극은 없었을 것이다. 그러나 역사상 한 번도 그런 적은 없었고 그래서 죽이는 일은 지금도 계속 이어지고 있다. (세계의 전쟁사를 읽어 보라.) 그런데도 피 없는 종교가 인간들을 구원할 수 있다고 주장하는 것은 무엇 때문인가? 발효된 포도주는 피가 아니다. 하나님의 피가 아닌 그 어떤 것도 인간을 구원할 수 없다.

베트남 사람들은 베트콩에게 보복했고 베트콩은 프랑스 사람들에게 보복했고, 프랑스 사람들은 영국에게 보복했고 영국 사람은 바이킹에게 보복했고... 이렇게 역사는 이어져 내려왔던 것이다. 6,000년간의 피의 역사는 "순수한 피"를 지닌 그분께서 나타나실 때까지는 끝나지 않는다(계 19장, 욜 2장, 마 24장, 막 13장, 사 11장).

7절에 관한 설명은 9:1 주석을 보라.

9:8 ○ 또 하나님께서 노아와 그와 함께한 그의 아들들에게 일러 말씀
하시기를
9 "보라, 내가 내 언약을 너희와 너희 뒤에 올 너희 씨와
10 너희와 함께한 모든 생물, 곧 새와 가축과 너희와 함께한 땅의 모

든 짐승과 세우리니, 곧 방주에서 나온 모든 것으로부터 땅의 모든 짐승에게니라.

이것은 노아의 언약이다. 그 표적은 무지개로(13절) 180도의 아치형의 모습이다. 언약은 인간뿐 아니라 동물과도 맺어졌다. 이로써 동물 역시 인간을 죽인 데 대해 사형을 받을 것임을 뜻한다. 각국 정부는 인간의 살인에 대해서도 동일한 대가를 요구해야 할 것이다(출 21:28-32).

이번 언약은 아담에게 주어진 언약보다 내용이 더 길다. 이 후에 맺어지는 언약 역시 부가 사항들이 첨가된다. 아브라함에게 주어진 언약을 살펴보라. (첫 부분은 창 12:1-4, 두 번째 부분은 창 15:13-21에서 주어졌다.) 모세에게 주어진 언약은 이보다 더 길다(출 20-28장).

창세기 1-12장에서 체결된 모든 언약들은 천년왕국에까지 유효하다. 역사를 조금이라도 아는 사람이라면 이 사실에 동감할 것이다(창 3:16-19 주석 참조). 율법은 아담, 노아, 아브라함처럼 개인에게 주어진 것이 아니고 민족에게 주어진 것이므로 이 율법은 이스라엘 민족이 그들의 메시아를 거부한 후에는 일시적으로 은혜의 경륜으로 대치되었다(엡 2장, 갈 2,3장, 롬 7장; 13:10).

9:11 내가 너희와 내 언약을 세우리니, 다시는 모든 육체가 홍수로 인
한 물들로 멸망당하지 않을 것이며, 또 땅을 멸망시킬 홍수가 다
시는 있지 아니하리라." 하시고,
12 하나님께서 말씀하시기를 "이것이 나와 너희와 너희와 함께하는

모든 생물 사이에 영속하는 세대들을 위해 내가 체결하는 언약의
표라.
13 내가 구름 속에 내 무지개를 두노니 그것이 나와 땅과의 언약의
표가 되리라.

이 구절은 노아의 홍수가 전 세계적인 규모였음을 마지막으로 확인해 주는 구절이라고 할 수 있다(비록 현대의 보수주의 학자들은 이 사실을 부인하고 있기는 하지만). 이 말씀을 통해 하나님께서는 성경을 거부하는 "그리스도인"은 하나님을 거짓말쟁이로 만들며 동시에 자기의 구세주도 거짓말쟁이로 만드는(요 5:46,47) 자임을 입증하고 계신다. 앞서 열거한 모든 증거들 외에(창 7,8장 주석 참조) 하나님께서는 직접 창세기 7,8장에서 행하신 그 일을 다시는 반복하지 않으시겠다고 선언하고 계신다. 만약 창세기 7,8장의 홍수가 일부지역에만 해당되었다면 하나님께서는 노아에게 거짓말을 하시고 계시는 것이다. 아니면 모세가 이 글을 쓸 때 거짓말을 했거나 이 말씀을 거부하는 그 사람이 거짓말쟁이이거나 둘 중의 하나이다(롬 3:3,4). 창세기 7,8장 이후 수천 건의 홍수가 있었다. 1228년 프리슬란트에서는 홍수로 10만 명이 익사했고, 1929년 중국 북부의 홍수로 1,000만 명이 집을 잃거나, 굶어 죽거나, 익사했다. 1950년에도 중국 동남부에서 백만 명의 사상자를 낸 홍수가 발생했고 1963년 바르셀로나(스페인) 북서부에서 홍수로 445명이 죽었다. 1889년 미국 존스타운에서 일어난 홍수로 200여 명이 죽은 홍수 정도는 셀 수 없이 일어났다.

그런데도 성경을 공격하는 이들은 어찌나 "학자적인 태도로", "지적인 접근 방법으로" 멋지게 행동하는지 이들이 하나님을 거역하고 성경을 거부하는 거짓말쟁이인 사실을 깨닫는 사람은 거의 없다. 말씀을 무조건 받아들이지 말고 "다시 생각해 보라"(rethinking)고 하면서, 신학교 강의실에서는 "홍수 문제", "대홍수의 재평가", "현대과학에서 바라본 노아의 홍수" 등을 계속해서 논하면서도, 하나님의 말씀의 명백한 선언(창 9:11)에 의하면 홍수는 전 세계적인 것이었으며 이를 거부하면 하나님은 거짓말쟁이가 되신다는 사실에는 전혀 관심을 보이지 않는다. "한심"한 친구들이다.

『**다시는(any more)... 다시는...**』(11절). 이미 있었던 대홍수는 다시는 없을 것이라는 말이다.

『**그것이... 언약의 표가 되리라**』(13절). 언약(covenant)은 히브리어로 "베리트"인데 "약속을 자르다"라는 뜻이다. "자르다, 베다"(cutting)라는 말은 아브라함의 언약에서 분명해진다(창 15-17장). 물론 여기서는 이 동사의 의미가 분명히 드러나 있지 않다. 원래는 양의 머리를 친다는 뜻이었으며(창 4:3,4), 옛 원시 민족들은 두 사람이 손목을 베고 상처의 피를 섞음으로써 "의형제"를 맺었음을 확신한다(마지막으로 주목할 것은 기어다니는 것들이 창세기 7:14에서 방주 안으로 들어간 반면 이곳 10절에서는 언약 체결에서 빠져 있다는 사실이다).

『**내가 구름 속에 내 무지개를 두노니**』(13절). 무지개도, 구름도, 여기서 처음으로 언급된다. 요한계시록 4장에서는 반원형의 무지개가 360도원형의 무지개가 된다. 고도 비행을 할 때는 이 "원형"의 스펙트럼을 볼 수 있다. 여기서 얻는 영적 교훈은 분명하다. 우리가 높은 곳으로 가면 갈수록 우리는 더 분명히 볼 수 있으며, 이곳 아래에서는 반쪽만 보는 것을 높은 곳에서는 온전히 볼 수 있다는 것이다.

9:14 내가 구름을 가져와 땅을 덮을 때, 무지개가 구름 속에 보이면
15 내가 나와 너희와 모든 육체를 가진 모든 생물 사이에 맺은 내
언약을 기억하리니, 다시는 물들이 모든 육체를 멸망시키는 홍수
가 되지 않을 것이라.
16 무지개가 구름 속에 있으리니, 내가 그것을 보고 하나님**과 땅 위**
에 있는 모든 육체를 가진 모든 생물 사이의 영원한 언약을 기억
하리라." 하시더라.
17 또 하나님**께서 노아에게 말씀하시기를 "이것이 내가 나와 땅에**
있는 모든 육체 사이에 세운 언약의 표니라." 하시더라.

『**내가... 기억하리니**』(15절, 창 8:1 주석 참조). "표"(token)라는 말은 홍수가 다시는 오지 않을 것이라는 것을 인간에게 보증하는 것이다. 이 표는 하나님께서 다시 재앙을 내리시고자 마음 먹으실 때(출 32:9,10 참조) 하나님의 약속을 지키도록 생각나게 해드리는 것이다. 하나님께서는 15절에서 다시 한번 창세기 7,8장의 홍수가 없을 것임을 확약하신다. 〈Christianity Today〉 같은 기독교 잡지들이 홍수는 지역적인 것이었다고 아무리 헛소리를 늘어놓아도 속지 말라. 만약 홍수가 일부 지역에 한정된 것이라면 하나님께서는 거짓말을 하신 셈이다. 여러분도 아시다시피 지역적 홍수는 누차 반복되어 일어났기 때문이다.

『**영원한 언약을 기억하리라**』(16절). 이 언약은 천년왕국이 끝날 때까지 지속된다. 문맥에 나온 대로 물에 의한 심판에만 한정한다면 이 언약은 영원토록 폐기되지 않는다. 그러나 배우지 못하고 무식한 어부(행 4:13) 시몬 베드로는 모든 육체는 다시 파멸되되 이번에는 불로 심판을 받을 것이라고 지적한다(벧후 3:1-12).

16절에서 하나님이 3인칭으로 나와 있으므로 "내가"라는 주어가 혹시 노아가 아닌가 하는 생각이 들 수도 있지만 주님께서는 자신을 3인칭으로 언급하실 때도 있음을 볼 때(요 6:62; 3:16; 5:20,25; 11:4) 그렇게까지 추측할 필요는 없을 것 같다. 17절에 관해서는 9절과 12절에서 이미 주석을 달았다.

9:18 ○ 방주에서 나온 노아의 아들들은 셈과 함과 야펫인데, 함은 카나안의 아비라.
19 이들이 노아의 세 아들인데, 그들에게서 난 자들이 온 땅에 퍼지니라.

우리는 노아의 세 아들에 관해 5:32과 6:10에서 어느 정도 다루었다. 그러나 여기서 우리는 두 가지 사실을 더 발견하게 된다.

1. 『**함은 카나안의 아비**』(18절)라는 사실이다. 함은 나머지 두 아들

과 뭔가 다른 점이 있었던 것이다.

2. 『**그들에게서 난 자들이 온 땅에 퍼지니라**』(19절)는 말씀은 오늘날 미국에 살고 있는 모든 남녀노소는 셈, 함, 야펫으로부터 혹은 이들 세 종족의 혼혈로부터 나왔다는 것을 보여 준다. 바로 이것이 호모사피엔스의 혈통인 것이다(Homo는 라틴어로 같다는 뜻이니 모두 같은 조상에서 나왔다는 뜻을 그대로 담고 있다). 따라서 어원 논쟁을 벌여 인류의 혈통을 추적하는 일은 시간 낭비일 것이다.

창세기 10장에서 등장하게 될 여러 후손들에 관해 조금 살펴보자면 『**야펫**』은 코카서스 인종의 아버지이며 그의 후손들 가운데는 켈트족, 픽츠족, 앵글족, 색슨족, 칼세도디안족, 왈돈족, 골족, 프리시안족, 프랑크족, 아리안족, 북유럽의 노스맨, 시르카시안, 크로아티안, 도리안, 불가르, 볼, 모라비안, 파르시, 스키티안, 프리지안, 훈, 피시디안, 고트, 슬라브, 러시아에서 온 트라시안, 발칸, 북페르시아, 롬바즈, 카탈란, 에트루스칸, 바스크 및 북스페인과 이탈리아의 서고트족 등이다.

『**셈**』은 "동방 족속"(창 10:30)의 조상이다. 그 후손은 알모직스족(마야, 아즈테카, 코만치, 쇼쇼니, 체로키, 그라우, 크릭, 모혹, 아파치, 나바호, 세미놀, 시오, 모히칸, 치페와, 포니, 잉카, 블랙피트, 알곤킨 등의 아메리카족), 마샬군도에 사는 족속, 마오리아, 사모아, 하와이, 수마트라, 시아미, 중국, 한국, 칼묵, 일본, 수메리안, 만주족, 에스키모, 페르시안, 쿠르드, 터키, 몽골 그리고 유대민족 등이다.

『**함**』은 이집트, 카나안인, 튜니지아인, 알제리아, 카메룬, 샤리스, 동수단족, 부시맨, 호텐토트, 퍼자우지, 줄루, 카티르, 베다, 피지, 네그리토, 타스마니안, 세네갈, 반투, 필리스타인, 베르베르족 등의 조상이다.

물론 이들 세 인종 사이에는 오버랩(중복)되는 곳이 있다. 하지만 인종학이란 통신과 교통의 발달이 가속화할수록 쇠퇴하는 것이기 때문에, 오늘날 "혈통", "혼혈" 등의 단어들을 쓰면 "인종차별주의자"란 소리를 듣게 되어 있다. 왜냐하면 멸망의 아들이 로마에 등장해서 전 세계를 다스리려면 완전히 혼혈되어 뿌리를 찾을 수 없고 쉽게 세뇌되어 로봇처럼 움직이는 그러한 인종이 필요하기 때문이다(〈짐승의 표〉 참조). 인간의 교배와 교차 교배의 결과가 어떠할는지는 불을 보듯 뻔하다(짐승들의 교배보다 훨씬 더 뚜렷한 결과가 나올 것이다). 히틀러가 이러한 데이터를 잘못 사용했다든가 흑인향상협회(NAACP)가 그러한 데이터가 알려지기를 원치 않는다고 해도 그 분명한 사실 혹은 진리 자체를 바꾸지는 못한다. 동물의 순종을 얻으려면 철저하게 격리시켜 혼혈된 잡종과의 교배를 금해야 한다. 그대로 방치하면 잡종이 나오게 마련이다. 바로 이것이 생명과 자연의 법칙이다. 당신의 의견이 어떠하든, 대법원의 의견이 어떠하든, 이 법칙을 바꿀 수는 없다. 이 법칙은 그 누구의 의견과 상관없이 작용하기 때문이다.

〈라이프〉지 같은 데서 인종들을 임상적으로 시험한 정확한 데이터를 담은 인종에 관한 시리즈물을 싣는다면 매우 재미있을 것이다. 인간의 "기원"을 미친 듯이 찾고 있는 이 20세기에 그 어떤 과학 잡지도 인간의 세 그룹이 어떤 경로로 오늘날까지 이어져 내려왔는지에 대해서 전혀 다루려고 하지 않는다는 사실은 어떻게 설명할 수 있을까? 이런 것을 과학적 객관성이라고 부를 수 있을까? 차라리 진리기피증이 아닐까? 과학을 숭앙하고, 교육에 미쳐 있고, 핵을 다루고, "인류의 향상", "유도된 진화", "통제된 진화" 등을 논하는 대단한 사람들이 인간의 기원에 관한 과학적 사실을 공개적으로 다루는 데는 그처럼 인색한 이유가 무엇인가? 이 땅에 전세계 정부를 세우는 데 방해가 되니까 인종간의 차이점은 무시해 버리자는 것인가? 그렇게 되면 역사의 사실들도, 과학의 탐구도, 인간의 정신도 심지어 인류의 도덕적 미래마저도 모두 포기해 버려야 된다는 사실을 모르는가? 이 모든 것은 내던져 놓고 "과학자"들은 우주탐험을 하면서 외계에 인류가 서식할 것을 꿈꾸고 있다. 목성(Jupiter), 토성(Saturn), 금성(Venus)간에는 무엇 때문에 차이를 두는가? 똑같은 혹성이 아닌가? 크기, 무게, 속도, 파장, 길이, 색깔, 대기 등이 다르다고 해서 이들 혹성들이 서로 다르다고 주장해도 괜찮은가? "우리 모두가 한 아버지를 모시지 아니하였느냐?"(말 2:10)라고 하면 모든 게 다 같아지는 것인가? 모든 것을 다 섞어 그 어느 것도 소외감을 느끼지 않도록 하면 "하나 됨"을 이룰 수 있지 않은가? 바로 이것이 오늘날 지구촌을 하나로 만들어서 "왕국"을 가져오려는 자들의 사고방식이다. 피카소는 선의 차이를 없애 버렸고, 미로는 형태의 차이를 없애 버렸고, 게이들은 남녀의 차별을 없앴고, 코트랜드는 악보의 차이들을 없애 버렸고, 미연방정부는 학교들 간의 차이를 없애 버렸다.

동남아시아는 셈족과 함족이 겹치는 지역으로 말레이족, 무어족, 필리핀족, 인도 남부, 아라비아, 실론 지역의 종족 등이 해당된다. 셈과 야벳이 겹치는 지역은 북아시아 및 소아시아 지역으로 그리스, 오토만, 셀주크 트루크, 유대, 페르시아, 몽골, 타타르, 러시아 인종이 이에 해당된다. 함과 야벳이 겹치는 지역에는 카르타고, 모로코, 카탈란, 옛 아라곤, 모사라베족 등이 있다(같은 스페인에서도 까스티야, 레온, 갈리시아, 바스크 지역의 방언과 안달루시아와 모사라베 지역의 방언은 후두음에 있어 커다란 차이가 난다).

과학은 인종과 관련된 그 어떤 사항도 자세히 언급하는 일은 극구 피하려고 한다. 예를 들면 다윈이 주장하는 인류의 역사는 어떤 인종이 다른 인종보다 앞서 있지 않다면 인종에 관해 적용될 때는 아무런 "의미"가 없게 된다. 어떤 사람에게 "흑인의 피"가 섞였다거나 "유대인의 피"가 섞였다고 말해 보라. 어떤 소동이 일어나는가? 라틴 민족은 과거 셈족과 혼혈된 것이 아니고 함족과 혼혈되었다고 슬쩍 암시를 해 보라. 현대인들이 얼마나 "객관적"인가 알 수 있을 것이다. 세 그룹으로 된 인종은 그들의 역사와 성취와 더불어 타고난 특성들이 있으며 이를 부인하거나 무시하는 것은 어리석은 일이다. 그런데도 죄의 사람 아래 온 민족을 하나로 묶기 위해서 UN을 비롯한 온갖 기구들이 총동원되어 인종들의 역사와 특징과 그들의 업적을 완전히 무시하려 하고 있다. 이것은 다시 말해 종교적 단합을 성취하기 위해 (물론 적그리스도를 섬기기 위해) 인간의 상식과 이성은 완전히 부인되어야 함을 뜻한다. (〈분리냐 통합이냐〉(Segregation or Integration)을 보라.) 인간들은 모든 인류를 하나로 모아 무엇인가를 이루어 보려 하지만 하나님께서는 이들을 묶어 심판하신다(마 13:30).

셈, 함, 야펫의 후손들은 콜럼버스의 10대 선조가 기저귀를 갈기도 전에 미국에 도착하는 데 3,000년의 기간을 갖고 있었다. 따라서 인종이 전 세계에 분포되는 데는 아무런 문제가 없었다. 하루에 100m 정도만 이주하였다 하더라도 아메리카 인디언들은 첫 번째 십자군 원정(A.D. 1000) 이전에 이미 10만 km를 여행할 수 있었다. 이것은 남미의 파타고니아인들은 콜럼버스가 스페인을 떠나기도 전에 400년 동안 그

지역에서 살고 있었음을 뜻한다(이것은 하루 5km의 속도로 "콘티키"를 타고 남미로 이주했을 셈족은 계산하지 않은 것이다). 악어는 바다 1,000km까지, 북극곰은 30km 그리고 순록은 25km 정도를 헤엄친다. 두꺼비, 개구리, 도롱뇽은 바닷물 속에서는 살 수 없지만, 보트, 카누, 통나무배, 뗏목 등을 타고 바다를 항해할 수는 있다. 호랑이는 물속에서 16km를 헤엄칠 수 있다고 알려져 있다. 씨앗은 시속 60km 정도로 1,700m 상공으로 퍼져나가며 3,500m 상공에서도 발견된 적이 있다. 도대체 다윈이 모세보다 더 정확할 것이라고 생각하는 근거가 무엇인가?

자, 그렇다면 인종들 간의 피부색은 어떻게 설명할 수 있겠는가? 가장 분명한 대답은 대기권에 변화가 생기기 전에는(창 6:10과 2:6의 주석 참조) 태양으로부터 오는 광선들이 차단되었거나 혹은 일그러졌을 것이라는 것이다(이 광선들은 현재는 대기권을 통과한다). 홍수 이전에는 1년이 360일이었고 이 체계는 솔로몬의 치리 후까지는 아시아, 아프리카, 유럽에서 그대로 유지되었었다. 이 사실은 노아의 시대에 태양 주위를 도는 지구의 공전과 지구의 주위를 도는 달의 공전에 뭔가 결정적인 일이 발생했다는 것을 의미한다. 그리고 이러한 변화에 따른 대기권의 혼란도 뒤따랐을 것이다. 어쩌면 아라랏산 위에 머문 190일 동안에 셈의 붉은 갈색의 피부가 갈색으로 바뀌었으며 야벳의 피부는 연한 갈색으로 그리고 함의 피부는 짙은 갈색으로 변했을지도 모른다. 그러나 이러한 이론은 노아가 이미 유색인 아내를 갖고 있었거나, 아니면 함의 아내가 유색인이었다면 굳이 필요가 없을 것이다. 왜냐하면 이것이 사실인 경우 후손에게 세 가지 변이가 등장할 수 있기 때문이다. 그러나

이 경우는 피부색의 차이는 이미 홍수 이전에 존재했다는 말이 된다(창 4:9-15 주석 참조). "기후"가 피부색을 결정짓는다고 하는 다윈의 이론은 결코 "과학적"이라고 할 수 없다. 함의 후손들은 적도 주위를 맴돌았지만 그들은 스웨덴에서도, 뉴욕에서도 계속 검은 피부를 가지고 있다. 기후는 피부에 영향을 미치지 않는 것이다. 다만 예외가 있다면 흑인과 백인의 혼혈인 경우 이들의 피부색은 바뀐다는 것이다.

리빙스턴, 모펫 및 그들의 동포들은(남아프리카에 이주했던 독일과 영국의 "제국주의자들") 지난 100년 동안 흑인을 낳은 적이 없다. 흑인은커녕 짙은 갈색의 아이도 나오지 않았다. 다윈의 이론에 따르면 적어도 1만 년 정도가 지나서야 기후에 의한 피부색의 변화가 있을지 모르겠다. 그러나 우리는 이런 핑계에 대해서는 창세기 7:11,19 및 창세기 1:12,16에서 충분히 다루었다.

9:20 노아가 농부가 되어 포도원을 만들었더니,
21 그가 포도주를 마시고 취하여, 그의 장막 안에서 벌거벗은지라.
22 카나안의 아비 함이 자기 아버지의 벌거벗은 것을 보고 밖으로
나가 그의 두 형제에게 말하였더니,

우리는 현재 창세기 3장 이래(창 3:1 주석 참조) 성경에서 가장 보편적으로 거부되고 미움을 받는 구절들에 접근하고 있다. 우리는 노아가 아담의 유형이라는 사실을 이미 확인했고(창 9:1-3 주석 참조) "농부"(husbandman이란 용어는 오직 〈킹제임스성경〉(1611)에만 사용되었다.)라는 단어는 둘 사이의 관계를 더 밀착시켜 준다. [카일, 랑게, 머피, 워즈워스, 칼라시, 카이퍼, 델리치 같은 학자들은 이 구절들에 관해 애매모호한 주석을 해 놓고는 자기들끼리 서로 위대한 히브리어 학자라고 칭찬하면서 언어학 지식이 진리를 해석하는 데 가장 중요한 것처럼 행동한다. 그러나 이들 "말쟁이"들은 불순종함으로 말씀에 실족하는 자들이다(벧전 2:8). 이들 히브리어 학자들이 어원을 밝히는 전문가로 자처하지만 실상은 본문을 해석하는 데 어떤 도움을 주기는커녕 오히려 애매모호하게 만들어 버려 그 누구도 참 진리를 찾지 못하게 만들어 버린다.]

성경에서 남편(husband)이란 말은 항상 "포도원을 지키는 자"라는 뜻이다. 이 의미는 성경 자체가 정의를 내리고 있는 것이다. 시편 128:3의 "열매 가득한 아내"는 "식탁 주위에 있는 나무들"(자식을 뜻함)과 더불어 이들을 지켜줄 사람 혹은 "농부"(husbandman)를 필요로 한다(마 21:33-41). "husband-woman"이 아니고 "husband-man"임을 주목하라. 창세기 9:20의 히브리어는 "땅의 사람"이란 뜻을 가지고 있는데 이것을 가지고 세기의 언어학자님들이 아무리 설명을 덧붙여도 본문 해석에 별 조명을 주지 못한다. 사실 이들의 원어에 대한 주석은 별 열매도 없을 뿐 아니라 오히려 성경의 참조 구절들을 혼동시키며 유형들의 일관성도 손상시키고 있다. 따라서 우리는 "언어학적 능력"과 헌신, 상식, 지성, 해석 능력, 강해 능력, 설교 능력 혹은 영적 통찰력과 결코 혼동해서는 안 된다.

『**포도원을 만들었더니**』(20절). 이 부분에 관해서는 창세기 3:6과 2:17에서 "포도나무"에 관해 주석한 것을 참조하라. 우리는 성경을 성경으로 비교해서 진리를 찾아내는 방법으로 〈킹제임스성경, 1611〉을 공부하면 진리를 거부하기 위해 온갖 언어학적 지식을 동원하는 수많은 주석서들 보다 훨씬 더 많이 깨닫는다는 사실을 다시 한번 강조하고자 한다.

『**그가 포도주를 마시고**』(21절). 포도주는 히브리어로 "יַיִן"("야인")이며 취하게 하는 알코올음료의 의미로 구약성경에서 100여 차례 이상 쓰였다(사 5:11,12,22). 포도주가 처음 언급된 이곳에서 주목해야 할 것은 포도주가 벌거벗음과 연관되었다는 사실이다(21절). 에덴에서도, 우스에서도(애 4:21), 유다에서도(합 2:15), 오늘날의 십대들은 이 둘 사이의 연관성을 잘 알고 있다. 그러나 델리치, 카일, 스타크, 랑게, 머피, 블릭 등과 같은 학자들은 이 사실을 눈치채지 못했는지 그들의 주석에는 이에 대한 언급이 전혀 없다(이들은 건전한 학문이란 모든 사실을 열거할 뿐 이들을 현재적 삶과 미래에 적용시키는 것은 배제한다고 주장한다. 이런 학자들에 대해 주님은 에스겔 14:5-9에 기록된 말씀으로 경고하신다).

『**취하여... 벗은지라**』(21절). 아담이 노아의 유형이고 노아가 아담의 유형이라면 본문은 엄청난 암시적 진리를 품고 있다고 할 수 있다. 물론 유형이란 본문 해석에 있어 100% 그대로 적용되는 것은 아니다. [예를 들면 요셉은 152가지 경우에 있어서 예수 그리스도의 유형이지만(창 37장 주석 참조) 예수 그리스도는 은잔에 관해서 거짓말하신 적도 없고 죽을 때 이집트에서 관에 들어간 적도 없다.]

노아는 드디어 콜롬비아, 하버드, 예일 대학교의 교수님들의 충고를 따라 자기 억제를 풀고 자신의 "거짓 사회도덕", "인위적 도덕기준", 등을 벗어던지고 "참 자아"를 표출시키며, "거짓 겸양"을 내던졌던 것이다(쉽게 말해 그는 만취해 곤드레만드레가 되어 인사불성이 된 채 누워 있게 된 것이다). "포도주"는 처음 언급되면서 벌거벗음 등과 관련되어 있는 고로 향후 포도주를 즐겨 마시는 사람들이 등장하면 우리는 주목해서 관찰해야 한다. 창세기 9:21의 문맥은 분명 부도덕, 남성 동성애자(Sodomy), 저주, 벌거벗음, 술 취함 그리고 예속됨 등이다(21,22,24,25절). 창세기 9장의 포도주는 "포도나무의 열매"가 아니다(마 26장). 이 열매는 포도송이를 말하고 새 포도주(new wine)는 신명기 32장에서 말하는 "순수한 피"를 말한다. 창세기 9장의 포도주는 묵은 것(old wine)으로 "용들과 독사들의 독"이며(신 32:32,33) 바로 이 독이 노아를 망쳤고, 벤하닷을 망쳤고, 나발을 망쳤고, 롯을 망쳤고, 벨사살을 망쳤고, 로마 제국을 망쳤고, 이탈리아를 1,000년 동안이나 하류 국가로 만들었으며, 프랑스와 영국을 파산시켰고, 지난 60년 동안 두 차례의 세계대전으로 죽은 미국인보다 더 많은 미국인을 죽인 장본인인 것이다(음주운전). 술 취함과 벌거벗음은 미국의 모든 대학교 캠퍼스에서 바늘과 실처럼 붙어 다닌다(만약 플레이보이나 라이프 등의 잡지에 술 광고를 없애면 6개월도 못되어 망하고 말 것이다).

『**함이 자기 아버지의 벌거벗은 것을 보고**』(22절). 여기서 본다는 것이 실제로 무슨 뜻인지는 히브리어도, 〈칠십인역〉도, 그 어떤 학자의 도움도 받을 필요 없이 성경에 해석되어 있다. 24절에 보면 "행한"(done)이라고 되어 있다. 21절의 "벌거벗다"(uncover)라는 단어는 레위기 18장과 20장에서 친밀한 성관계를 의미한다고 정의 내려져 있다(신명기

27:20과 레위기 18:18은 "uncovering"이 음행에 해당된다는 것을 보여 준다). 22절의 행위가 무엇이었는지는 따로 설명할 필요가 없다. 함의 아이들은 "성 문제"를 갖고 있다. 이 사실은 워싱턴 D.C.의 공립학교 실태에 대한 의회 조사(1960-1964)에서 분명히 입증되었으며 이미 "인종 통합주의자들"을 제외한 모든 민족들과 인종들에게는 상식화된 사실이다. 함의 자손은 소돔을 세웠다(창 10:19). 1975년 미국의 그 어느 파출소에 가도 "남성 동성애"(Sodomy)의 기록이 나와 있다. 함의 후손이 이런 행위에 깊숙이 관련되어 있음은 너무도 자명하다. 창세기 9:22의 행위는 창세기 19:1-13에서 시도되었던 그것이고 로마서 1장에도 열거되어 있다(더 자세한 자료를 원하는 사람은 펜실베이니아주 필라델피아 교도관에게 연락하라. 성경 주석은 과거 역사에만 한정시켜 성경을 해석해서는 안 된다. 특히 본문이 분명히 미래에도 적용이 가능한 보편적 진리들을 다루고 있을 때는 더욱 그렇다).

함은 분명 레위기 18:6을 범했으며 로마서 1:2-21에 의하면 이 규범이 함이 범죄할 당시에는 기록되어 있지 않았다는 변명은 불가능하다.

9:23 셈과 야펫이 옷을 집어서 자기들의 어깨에다 걸치고 뒷걸음질로 들어가 아버지의 벌거벗은 것을 덮은지라. 그들의 얼굴이 뒤로 향해 있었기에, 그들은 자기 아버지의 벌거벗은 것을 보지 아니하였더라.

24 노아가 포도주에서 깨어나서, 그의 작은 아들이 자기에게 행한 일을 알고서,

만약 인류의 3대 인종(흑, 백, 황)이 셈, 함, 야펫으로부터 나왔다면 우리는 이미 흑인향상협회, 대법원, UN, 교황들과 마찰을 일으키고 있는 셈이다. 왜냐하면 셈과 야펫은 이번 사건에 있어 "무죄"이지만 함은 유죄이기 때문이다. 이에 대해 현대인들은 모든 사람을 그 개인의 능력과 장단점에 따라 평가해야지 "인종, 피부색, 혹은 종교" 등을 이유로 판단해서는 안 된다고 선언함으로써 이 문제를 희석시켜 버린다. 그러나 실제로는 마지막 때 사회주의 정부가 들어서서 "하나의 세계"를 달성해 버리면 그 어떤 상황에서도 "개인"은 존중받지 못한다. 사회주의는 대중(mass)을 다루고 파시즘이나 공산주의 역시 대중을 다루지 개인을 존중하지 않는다. 이 대중(mass)을 양산시킨 진원지는 카톨릭 교회이다. 이들은 물을 뿌려주고 대중을 기독교인으로 인정해 주었던 것이다. "카톨릭"이란 단어 자체도 이그나티우스(A.D. 150)가 그리스도인 개개인이 아닌 크리스천 "대중"을 의미하기 위해 차용해 쓴 플라톤의 철학용어였다(그래서 이들은 미사를 "mass"라고 하며 "크리스마스"의 마스도 대중이란 뜻을 가진 미사를 의미한다. 즉 "그리스도의 미사"란 뜻이다 - 편집자주).

다윈에 의하면 동물들의 형질은 "획득"되었다고 한다. 그렇다면 인종의 "획득된 형질"은 왜 무시하려 하는가? 동물보다 월등한 인간에게 그 원칙이 적용 안 되는 이유가 무엇인가? 함은 성에 대한 문제를 가지고 있다. "그것은 함 개인의 문제였지 그의 후손과는 관계없다."라고 반박하는 사람이 있을는지 모르지만 역사는 그러한 주장이 거짓말임을 입증해 주고 있다(창 9:25 주석 참조).

23절은 설명이 필요하지 않다. 셈과 야펫은 레위기 20장 말씀을 순종하고 하나님께서 원래 하셨던 대로 양가죽 옷으로 덮었다(창 3:21). 만약 오늘날의 "새로운 도덕"(옛날의 간음을 오늘날에는 이렇게 부른다.)을 주장하는 사람들이 그곳에 있었다면 "셈과 야펫은 물러가라.", "자유연애 만세!", "남성 동성애는 미국의 자랑이다.", "위선은 꺼져라." "폭력을 근절하라.", "심리적 병약자를 도우라. 아니면 너희를 죽여 버리겠어." 등의 피켓을 들고 데모를 했을 것이다.

『**노아가 포도주에서 깨어나서**』(24절). 노아는 잠에서 깨어난 것이 아니고 술에서 깨어난 것이다. 술에서 깬 의의 전파자(벧후 2:5)는 곧이어 인종 통합주의자들과 사회주의자들에게는 기분 나쁘게 들릴 "선언"을 말짱한 정신으로 선포한다.

『**그의 작은 아들이 자기에게 행한 일을 알고서**』(24절). 노아는 술에서 깨어나서 그에게 무슨 일이 일어났는지 다 알았다. 셈이나 야펫이 노아에게 무슨 일이 일어났는지에 대해 알려 줄 필요가 없었다. 하나님께서 그것을 계시하셨고 그는 그가 "깜빡"한 사이에 일어났던 사건을 곧 파악하였다.

9:25 말하기를 "카나안은 저주를 받으리니, 그가 그의 형제들에게 종들의 종이 될지어다." 하고,

26 또 그가 말하기를 "셈의 주 하나님을 **송축하리로다. 카나안은 그의 종이 되리라.**

27 하나님**께서 야벳을 창대케 하시어 셈의 장막에서 거하게 하실 것**
이요, 카나안은 그의 종이 되리라." 하더라.

『**카나안은 저주를 받으리니**』(25절). 함의 자식 카나안은 저주를 받았다. 이것은 함이 이미 축복을 받았기 때문이었다(창 9:1). 카나안은 함의 씨였고 함의 죄는 "씨"와 관련된 것이었음을 주목하라(창 9:22,24). 현대의 인종 통합주의자들은 노아의 예언들은 함의 후손 중 약 4분의 1에만 적용될 뿐이라는 희한한 해석을 들고 나온다. 함의 모든 후손이 아프리카인이라는 사실로 볼 때(창 10:1-20 주석 참조), 현대의 인종 통합주의자들이(이들 중에는 보수주의자들도 있다.) 함의 두 형제는 유럽인들과 아시아인들의 조상이라는 사실을 발견하지 못한다는 것은 실로 놀라운 일이 아닐 수 없다. 이보다 더 지나친 간과가 또 있을까?

1960-1990년 사이의 통합운동(정치, 경제, 사회, 문화 모든 면에서)에 반대한다면 자신들의 정신상담소나 건강클리닉이 문을 닫을까 두려워 성경에 쓰여진 그대로는 감히 믿지 못하는 것이다. 이들에 따르면 성경은 코카서스인과 몽골족에 대해서는 예언을 하고 있지만 흑인에 대해서는 예언하기를 거부함으로써 성경이 인종을 차별하고 있다고 믿을 수밖에 없게 된다. 그렇다면 세 인종에 관한 예언을 다루고 있는 성경의 이 부분에서 빠져나와 흑인의 "인권"을 주장하려면 어떻게 해야 할까? 그것은 간단하다. 성경의 모든 부정적인 메시지는 제거하고(그 중 하나가 창 9:25이다) 성경의 모든 긍정적인 메시지는 간직하면 된다(그 중 둘이 창 9:26,27이다). 이렇게 되면 말로는 보수주의자라고 하면서 실제로는 자유주의자가 되어 버리는 셈이다.

『**그가 그의 형제들에게 종들의 종이 될지어다**』(25절). 하나님의 이 말씀은 그대로 이루어졌다. 함족은 다스리는 자가 양키이든, 남부사람이든, 흑인전선이든, 흑인향상협회이든 혹은 자신들이 직접 자신들을 다스리든 간에(1968년의 아프리카의 상황을 기억하라.) 함족은 섬겨야 하고 그들은 섬길 때 행복하다. 그들이 "평등"을 외치기 시작할 때 그들은 불행해진다(물론 나의 이런 견해는 링컨의 게티즈버그 연설이나, 권리 선언이나, 프랑스 혁명의 원칙이나, 마르크스와 트로츠키의 철학이나, 이와 유사한 라오디케아 교회 시대의 인권선언들과는 조화를 이룰 수 없다는 사실을 인정한다. 그러나 우리가 관심이 있는 것은 정치적 성명이 아닌 진리이기에 그런 것들은 무시할 것이다).

함은 섬길 때 번영하고 지배할 때는 스스로 "왕"이 되어(마틴 루터 "킹", "킹" 캐시어스, 냇"킹"콜 등) 어떻게 걸음마를 할까 배우기도 전에 달리다가 땅에 떨어지고 만다(〈분리냐 통합이냐, *Segregation or Integration*〉, 1962, 제4,5장 참조).

그러면 성경은 이에 대해 무엇이라고 말씀하시는가? "종"을 학대해서는 안 된다(벧전 2:18,19, 신 24:14-18). 도망간 종은 주인에게 돌아가야 한다(빌레몬). 구원받은 종은 구원받은 주인과 영적으로 "형제" 사이이다(딤전 6장, 고전 7:20-24, 갈 3:27,28). 이것이 성경이 종에 관하여 하시는 말씀이다. 그러나 "인종 통합"(혼혈)과 성경에서 말하는 영적인 "형제"는 관계가 없다. 아브라함은 함족 여인(하갈)과 관계를 가짐으로써 하나님과 13년 동안의 교제가 단절되었다(창 16:1-4,15,16; 17:1-8). 롯의 경우는 함족 아내로 말미암아 비극을 맞이했다(창 12:5-10; 13:10; 19:26). 이는 모세(민 12:1), 다윗(삼하 11:3), 삼손(판 14,15장)의 경우도 마찬가지였다.

이런 것들은 성령께서 성경에 기록하고 보존하신 "인종 통합"에 관한 실제적 사실들이다. 이런 가르침은 "의로 훈육함"과 동정녀 탄생, 육체적 부활, 전천년 재림에 관한 "건전한 교리" 못지않게 성경에서 비중 있게 다루는 부분이다. 이런 진리가 오늘날의 그리스도인들에 의해 무시되고 거부되고 있는 것은 현대의 그리스도인들이 세상 제도에 정착하여 그 제도의 "일부분"이 되어 버림으로써 세상으로부터 인정받고, 지지받고, 보장을 받고, 선한 대우를 기대하기 때문이다(요일 2:15-17). 현 세상은 전 지구촌이 하나의 언어, 하나의 종교 그리고 가능하다면 하나의 인종(물론 혼혈족)으로 이루어지는 세계 정부를 준비하고 있다. 이것은 제2차 세계대전 이후 미국의 정치 후보생들이 행한 모든 연설의 핵심 내용이며 1776년 이래 모든 교황이 행한 "연설"의 주요 메시지였다.

다가오는 세상에는 서로 다른 요소들이 통합되고 하나가 되어갈 것임을 알고 있는 현대의 그리스도인들은 오직 한 인종만이 "종"이 되도록 운명 지어졌다는 사실을 감히 믿으려 하지 않는 것이다. 이처럼 창세기 9장을 거부하는 이유는 본문의 적절한 이해나 관련 구절들(신 32:7,8, 행 17:26,27)을 비교해 본 결과가 아니라 이 세상의 철학과 전통에 대항해서 성경적 관점을 붙들 때 받게 될 비난과 박해를 피하고 싶은 욕망에 기인한다. 성경에서 하나님께서는 동물들을 분리시키셨고(레 11장), 민족들도 분리시키셨으며(창 11장), 이스라엘 민족도 분리시키셨고(출 3:10), 그리스도인들도 분리시키셨으며(고후 6:14-17), 식물과 채소도 분리시키셨고(신 22:9), 모든 시대의 인간들도 분리시키셨다(계 20:13-15). 성경은 여자들이 남자들은 갖지 못한 특권을 가지고 있다고 한다. 그것은 아이를 낳는 것이다. 반면 남자들은 여자들이 가지고 있지 않은 특권 곧 사도와 감독이 될 수 있는 권리를 가지고 있다. 유대인들은 이방인이 가지고 있지 않은 특권 곧 성경을 기록하는 특권을 누렸다(롬 3:1,2). 사실 성경 전체가 끊임없이 전개되는 이원론적 절대주의의 연속이다. 뜨겁거나 차든지, 하늘 혹은 지옥, 구원 혹은 저주, 의롭거나 혹은 불의하거나, 앞 혹은 뒤, 안쪽 혹은 바깥쪽, 유대인 혹은 이방인, 종 혹은 주인, 거룩 혹은 거룩치 못함, 카톨릭 혹은 그리스도인, 경건 혹은 불경건, 정결 혹은 불결, 새로움 혹은 옛 것, 옳든지 그르든지! 둘 중 하나이다. 성경이 이 정도이다 보니 그리스도를 거부하고 지옥으로 향해 달려가는 오늘날의 교육자들과 과학자들이 성경을 좋아할 리가 있는가? 이들은 "정과 반"으로 이루어지는 절대적 사고를 거부한다. 그들은 "정, 반, 합"으로 이루어진 종합적이고, 상대주의적인 사고체계를 좋아한다. 옳고 그름이 아니고 옳을 수도 있고 그를 수도 있고 그래서 이것이 옳다, 저것이 그르다를 말하지 말고 뭉뚱그려 포용하자는 것이다. 그렇게 하면 "전쟁"도 안할 것이지 않느냐는 것이다. 그러나 성경은 그러한 사고방식을 단연코 배격한다. 결국 이들은 성경을 배격하고 만다.

성경은 함의 자손은 "종들의 종"이 될 것이라고 한다. 만약 어떤 함의 후손이 구원을 받아 성경을 믿게 되면, 그는 자신의 운명에 관한 하나님의 말씀을 기뻐하고, 감사하며, 낙관적으로 받아들일 것이며 주어진 상황에서 최선을 다할 것이다. 코카사스인(백인)을 매니저로 모셨던 함족은 - 조 루이스, 부바 스미스, 잭키 로빈슨 등 - 재정적으로 크게 성공했다. 반면 흑인운동가 포웰(백인)을 추종했던 사람들은 크게 번영하지 못했으며 디바인 신부(흑인)를 추종했던 사람은 파산하고 말았다. 마틴 루터 킹 주니어를 추종했던 사람들은 그를 부유하게 하고 캐딜락을 타고 다니게 했는지는 몰라도 그의 명령을 따랐던 사람 중 제대로 생활을 영위할 수 있었던 사람은 열 손가락을 꼽는다. 흑인을 가장 학대했던 사람은 사실 흑인이었다. 이것은 "백인 우월주의자"의 편견이 아니다. 미국에 있는 흑인들이 돈을 준다 해도 아프리카로 돌아가려고 하지 않는 이유를 알겠는가? 할렘과 필라델피아의 달동네(게토)도 콩고나 적도 아프리카의 상황만큼 나빠 본 적이 없다. 함의 고향에는 사회보장도, 복지도, 연금도, 맘을 달래줄 자유스런 T.V. 시청도 전혀 없었던 것이다.

성공적인 함족은 주 예수를 구세주로 영접하여(행 8장) 하나님께서 자기를 둔 그곳에서 최대한 섬기는 자였다(행 8장). 이것은 인종적 편견이 아니고 성령께서 사도행전 8:39에서 말씀하신 것이다. 평생 동안을 "고통받는 자기 동료들"을 위해 창세기 9:25 말씀을 무너뜨리는 데 "헌신하였던", 불평 많고 뒤틀리고 좌절감에 사로잡힌 함족은 하늘의 규례에 분노하고 이를 갈지 모르지만 아무리 그리할지라도 하나님의 말씀은 변경될 수 없다. 동일한 하나님의 말씀은 유대인들(또 다른 인종)이 팔레스타인에 돌아와 나라를 회복하고 천 년 동안 세상을 다스릴 것이라고(렘 31,33장) 말씀하고 있다. 이미 승리한(요일 4:4,5; 5:4) 거듭난 하나님의 자녀는 "우리는 승리하리라."는 노래를 부를 필요가 없다[함족들은 남북전쟁 때부터 계속해서 이 노래(흑인 영가)를 불렀다]. 존 녹스는 노예선에 묶여 있었지만 주님께 속한 "자유인"이었던 반면에(고전 7:22), 존 브라운(1800-1859)과 아브라함 링컨은 "종들의 종"(요 8:34-36 참조)을 "해방"시키고 있던 그 순간에도 "죄의 종"이었다(존 브라운도 링컨도 거듭났다는 고백을 한 적이 없고 그들의 연설이나 자서전에도 그리스도인이라는 명백한 증거는 하나도 없다). "해방", "인권", "통합" 등은 정치 단체나 기회주의자들이 자신들의 정치 목적에 함족을 이용해 먹을 때 사용하는 표어일 뿐이다. 이 지구상의 그 누구도 G.W. 카버(Carver)보다 더 자유로웠던 사람은 없었다. 그는 흑인으로서 식물학자요 화학자였는데 주 예수 그리스도의 피를 신뢰하는 믿음을 공개적으로 고백했다. 반면 백인 여성들과 놀아나면서 링에서 백인 권투선수들을 두들기면서 평생을 보냈던 잭 존슨보다 더 노예 노릇을 한 사람은 없을 것이다. 그는 그의 관에 눕혀져 무덤으로 들어갈 때까지 죄의 종이었기 때문이다. 만약 하나님께서 당신은 "종들의 종"이 되도록 부르셨다면 하나님께서 수상이 되도록 불렀는데 황제 노릇을 하려는 사람보다 당신이 더 행복할 것임을 잊지 말라.

『**셈의 주** 하나님을 **송축하리로다**』(26절). 이 구절은 또 다른 인종차별적 발언이다(인종 통합주의자에게 그렇다는 말이다). 하나님께서는 왜 야펫이나 함은 제쳐 놓고 특정 인종을 고르시는가? 그분이 사람의 외모를 존중하시는가? 결국 현대인들은 하나님을 옹호하기 위해 창세기 9:25-27을 노아의 의견일 뿐이라고 선언함으로써 하나님의 말씀을 거부해 버리는 "묘한" 모습을 보인다. 그러나 인류의 역사는 현대인들의 주장은 그저 "의견"에 불과할 뿐임을 입증해 준다.

『**셈의 주** 하나님을 **송축하리로다.**』에서 LORD God of Shem의 "of"는 주격 혹은 목적격으로 쓰일 수 있다. 따라서 "셈은 참된 하나님을 송축할 것이다(시 103:20-22), 이분은 **주** 하나님이시다."라는 뜻으로 해석할 수 있고 또한 "야펫이나 함이 아니라 셈의 **주** 하나님께서 영원토록 찬송받으실 하나님이시다."라는 뜻으로 해석할 수도 있다(롬 9:5 참조). 이 두 가지 성경적 해석을 없애 버리려고 했는지 RSV(1952) 성서는 "Blessed by the Lord my God be Shem"이라고 번역했다(셈은 주 나의 하나님에 의해 복 받으리라). 인종적 평등을 얻어 보려고 진리를 망가뜨리려 시도했으나 이 구절 역시 함과 야벳에게는 하나님께서 복을 주시지 않을 수도 있게끔 되어 있는 것은 인간의 한계인지 모르겠다.

셈은 야벳이 받은 물질적 축복과 대조되는 영적 축복을 노아의 예언을 통해 보장받았다. 비록 일본은 셈이 살고 있는 땅이지만, 그들은 야벳을 본받아 철도, 비행기, 오토바이 및 배를 만들어야 했다. 비록 중국에 셈이 살고 있지만 그는 야벳(러시아)이 "붉은 군대"를 위해 총격을 시작하기까지는 제대로 발전할 수 없었다. 남극과 북극을 발견하고, 대서양 항로를 개척하고 달을 방문하고, 전기, 증기기관, 전화, 무선 전신, 라디오, 비행기, 탱크, 잠수함을 발명한 것은 셈이 아니고 야벳이었다. 셈은 지리적 정복, 과학적 발명, "높은 생활수준" 등에는 전문가가 아니다.

그러나 영적인 일에 관한한 아무도 셈을 당할 수 없다. 사실 셈은 지구상의 모든 종교의 창시자이다(세계의 모든 종교는 두 가지임을 기억하라. 창 4:4-8). 비교종교학을 공부하는 학생들은 장미십자회, 신지학, 단일론(Unity), 크리스찬 사이언스, 유니테리안주의 등이 셈족의 땅 인도에서 유래했음을 쉽게 알 수 있다. 선불교는 독일에서 시작된 것이 아니다. 신도는 스페인의 국가종교가 아니며 유교 역시 프랑스에서 나온 것이 아니다. 바티칸은 브라만주의나 힌두교와는 전혀 상관이 없다. 이 모든 종교는 셈족의 것이다. 셈은 내성적인 성격을 갖고 있고 "명상"을 잘

하며 운명론자이다. 한 마디로 셈은 "사색가"인 것이다. 성경의 모든 저자는 셈족에서 나왔다. 이 세상의 구세주는 자신이 "유대인"임을 고백했다(그는 자기가 히브리인이라고 말씀하지 않으셨음을 주목하라. 요 4:22). 모든 정통 기독교는 로마서 11장으로 가보면 셈족인 좋은 올리브 나무에 "이방인"들이 접붙여져서 생긴 것임을 알 수 있다. 오늘날 캘리포니아에서 유행하는 요가나 구루들은 인도와 히말라야의 "성인"들의 모방이다. 다시 말해 셈에게서 나온 것이다. 로마카톨릭 교회에서 발견되는 모든 것은 그것이 성경적 기독교에서 훔쳐 온 것이든(니케아신경), 이스라엘로부터 강탈한 것이든(구약성경의 문자적 예언), 바빌론에서 빌려 온 것이든(부활절 토끼, 크리스마스, 마리아), 이방 로마와 그리스로부터 채택한 것이든(유아세례, 성사, 성수 등), 전부 구약성경(셈)에서 유래된 것이요, 신약성경(셈)에서 유래된 것이요, 옛 바빌론(셈과 함)에서 유래된 것이다.

『**셈의 주 하나님을 송축하리로다.**』 구세주께서는 육신으로는(롬 1:2-6) "다윗의 씨"에서 나셨다. 그의 어머니와 양 아버지는 셈족이었다. 아브라함, 이삭, 야곱은 셈족이었고, 모세와 다윗도 셈족이었고, 바울과 베드로도 셈족이었다. 영적인 것에 관한 한 모든 것이 셈으로부터 나왔다는 사실은 부인할 수 없다. 야펫이 종교를 발명하거나[안식교, 여호와의 증인, "그리스도의 교회"(캠벨파), "크리스찬 사이언스", "몰몬"] 함이 종교를 발명한 것을 보노라면(부두교, 검은 모슬렘, 오순절파, Wild fire파, 사도적 성결파 등등) 그 출처가 모두 셈에게서 나온 것을 쉽게 알 수 있다. 영적 진리와 영적 계시의 저자는 "셈의 주 하나님"이시며 결국 모든 종교는 셈을 경전들의 저자로 인정할 것이다.

『**카나안은 그의 종이 되리라**』(26절). 말씀 그대로 이루어졌다. 님롯은 셈의 영토를 지배한 처음이자 마지막 함의 자손이었다. 한니발은 야펫의 영토를 지배한 처음이자 마지막 함족이었다. 셈의 영토인 인도, 중국, 일본의 인종 차별은 미국의 인종 차별과는 비교가 안 된다. 셈은 함을 존중해 본 적이 없다. 중국이나 일본에는 흑인으로서 공무원직에 오른 사람은 한 사람도 없었다. 셈은 겉보기처럼 우둔하지 않다.

『하나님**께서 야펫을 증대케 하시어**』(27절). 아마 이 말씀이 노아의 예언에 대한 모든 의심을 없애 줄 것이다. 이 말씀이 어느 한 인종에 대한 언급이 아니라면 야펫을 개인적으로 체중을 불려 준다는 뜻으로 해석해야 한단 말인가? 이 말씀은 "야펫의 후손들"로 전 지구상에 퍼져 나가도록 하시겠다는 예언이다. 이 예언대로 야펫은 아라랏산에서부터 전진을 계속했다. 그의 후손들은 다뉴브강을 건넜고 도버 해협을 건넜고, 대서양을 건넜고, 태평양을 건넜고, 남극과 북극 상공을 날았으며 드디어는 달에까지 도달했다. 이러한 사실들이 〈킹제임스성경, 1611〉을 무시하는 사람들은 완전한 소경이라는 사실을 입증하기에 충분하지 않다면, 야펫 후손이 심지어는 바다 깊숙이 잠수복을 입고 들어갔으며 저 높은 멕킨리, 휫트니, 에베레스트를 정복했다는 사실은 어떤가? 야펫의 후손들은 아시아, 아프리카 구석구석에 군사기지를 설치하고 외교 고문단을 세워 20세기에 와서는 "제국주의자"로 불리운다.

『하나님**께서 야펫을 증대케 하시어**』 이 말씀은 인류의 역사가 사실로서 입증하고 있기 때문에 따로 해석할 필요가 없다. 창세기 9:25-27 예언 그대로 이루어져 왔다.

『셈의 장막에서 거하게 하실 것이요』(27절). 이 말씀은 대부분의 주석가들에 의해 영적으로 해석되어서 "히브리 민족의 구속 계시들을 나누어 준다."는 뜻으로 알려졌다. 그러나 이러한 조잡한 해석은 하나님의 말씀을 있는 그대로 받아들이는 사람에게는 어울리지 않는다. "장막"(tents)이란 말 그대로 장막이다. 장막은 셈의 장막으로 셈의 후손은 베링 해협을 건너 북남미 대륙 전역에 걸쳐 장막을 쳤다. 그러나 야펫이 대서양을 건너 이들로부터 장막을 탈취하여 버렸다. 당신이 미국인이라면 당신이 지금 서 있는 이 땅은 원래 당신 땅이 아니었다. 당신은 아메리카인이 아니다(아메리카인은 아메리카에 살았던 셈족, 즉 인디언을 말한다). 당신은 유럽인이거나 혹은 아프리카인일 것이다. 당신이 장막을 치고 거주하고 있는 그 땅은 원래 셈이 사냥하던 곳이었다. 그곳에서 셈의 후손은 B.C. 1000 - A.D. 1800년까지 장막을 쳤었다. 그런데 하나님의 말씀대로 "야펫은 셈의 장막에 거하게" 된 것이다. 이처럼 노아의 예언은 문자 그대로 믿어야 하는 것이다. 노아의 예언은 인류의 세 인종의 미래를 전반적으로 예언한 것이다. 역사가 이를 확인했고, 상식도 이를 확인했고, 성경도 이를 확인하고 있다. 야펫은 장막을 차지하고, 셈은 구세주와 성경을 차지하고, 함은 섬기는 자가 된다. 이처럼 심한 인종차별적인 것은 없다고 느끼는 사람이 많겠지만 사실은 사실이다. 이와 관련된 모든 "예외"들은 오히려 규칙을 입증해 주는 것이다. (예외 없는 규칙은 없다는 격언을 기억하라.)

9:28 ○ 홍수 후에 노아가 삼백오십 년을 살았더라.

29 노아의 모든 날은 구백오십 년이었으며, 그가 죽으니라.

노아가 포도주에 취해 중대한 실수를 한 이후 성령께서는 그가 "하나님과 동행"했다는 기록을 마감하고 다만 살았다고 기록하고 있다. 그는 홍수 이전 시대의 평균 수명인 950세를 살고 간 마지막 사람이었다. 그는 아브라함이 태어나기 2년 전에 죽었다. 노아는 바벨탑 사건으로 하나님께서 인종들을 분리시킨 사실을 보았을 것이다(창 11장, 신 32:7,8). 그는 그때 그가 함에 대해 예언했던 대로 함의 손자인 님롯이 세운 바벨탑을 하나님께서 심판하신 것을 보고 그의 예언을 하나님께서 존중해 주셨음을 확인했을 것이다. 님롯은 바벨탑을 세워 하나의 언어로 하나의 왕국을 세우기 위해 오늘날의 국제연합을 창설하였던 것이다. 이를 위해 함의 후손들은 그들의 거주지역을 벗어나 있었는데(행 17:26,27), 이 사건으로 그들은 흩어져 결국 "함의 땅"으로 복귀했다(시 105:23). 그들 중 함의 땅인 이집트로 돌아가지 않은 자들은 팔레스타인에 머물러 있다가 죽임을 당했다(신 7:1-6). 흑인 영가 중 "내 백성을 가게 하라."(Let my people go)는 흑인 공산주의자들이 알라바마, 미시시피, 조지아를 차지하려고 열심히 불렀지만 원래는 셈족의 노래였다(출 3-10장). 셈족인 이스라엘 민족은 함족 치하에서 벗어나려고 울부짖었고 결국 하나님께서는 "인종적 성별"을 통해 그리고 흘려진 피를 통해 그 목적을 성취하셨던 것이다(출 12-15장).

창세기 10장

10:1 이것이 노아의 아들들 셈과 함과 야벳의 후대라. 홍수 후에 그들
에게 아들들이 태어났으니,
2 야벳의 아들들은 고멜과 마곡과 마대와 야완과 투발과 메섹과 티
라스요,
3 고멜의 아들들은 아스크나스와 리팟과 토갈마요,
4 야완의 아들들은 엘리샤와 타시스와 킷팀과 도다님이라.

노아는 그의 가족과 함께 아라랏산에서 눈길을 내려왔다. 세 자녀 중 함은 남쪽으로 내려가서 아프리카를 차지했고 야벳은 북쪽과 북서쪽을 차지했으며 셈은 동쪽과 동남쪽을 차지했다. 노아의 세 아들은 이처럼 세 대륙을 상속받았는데 이를 위해 하나님께서는 방주를 "에덴"(창 2:10-14 주석 참조)을 형성하고 있던 삼각형 땅의 정점에 해당하는 아라랏산에 내려놓으신 것이다. 이 삼각형의 왼쪽 변을 그으면 아프리카로 갈 수 있고 오른쪽 변을 그으면 아프리카와 아시아가 나뉘게 되며 오른쪽 변을 위쪽으로 그으면 아시아와 유럽이 나뉘게 된다. 그리고 이 삼각형의 정중앙은 하나님께서 아브라함에게 주시겠다고 약속한 땅의 중심이 된다. 아! 하나님의 말씀은 실로 오묘하도다!

『**야벳의 아들들...**』(2절). 이제부터 우리는 코카서스 인종의 자세한 리스트를 살펴볼 것이다. 이들은 아라랏산의 북서 사면을 따라 순례를 계속해서 비옥한 초승달의 어두운 면 쪽으로 나아갔다.

1. 고멜 : 고멜은 헤로도토스의 책에 나오는 키멜족(Kimmerians)이며 호머(Homer)의 오디세이(xi.13-19)에 나오는 시메리안(Cimmerians)이다. 독일 북부지역의 "심브리족"(Cymbri)이나 웨일즈 지방의 "시므리족"(Cymri)은 고멜로부터 유래한다. 고멜족은 이민 초기에는 주로 흑해 남부지역에 거주했다. 그들은 후일 불가리아, 루마니아, 헝가리, 체코슬로바키아로 이주했다. 이들은 훗날 색슨, 프리시안, 켈트, 픽트, 쥬트, 앵글, 골, 중세 유럽의 프랑크족이 되었다. [고멜은 히브리어로 "완성"(Completion)을 뜻하며 이에 관해서는 창 10:3, 겔 38:6을 보라.]

2. 마곡 : 고멜의 가족이 떠난 후 흑해지역에 머물렀을 스키티아의 산악지대 부족일 것이다. 마곡은 "두려워하다 혹은 무서워하다"라는 뜻을 갖는 히브리어 어근에서 나왔다. 그러나 이 단어에서 "곡" 부분에 해당되는 히브리어 어근은 발견되지 않는다. 십자군에 대항해서 싸웠던 터

키족은 이 마곡 족속의 일부일 것이다. 마곡의 여러 후손들은 후일 북쪽으로 이주해서 우크라이나 지방에 정착했다.

3. 마대 : 앗시리아 동부의 쿠르드족이 이 마대의 후손이다. 이들은 카스피해 남서 해안에 정착했다가 돈강과 볼가강 쪽으로 이주해 갔다. 마대란 뜻은 "중간"(가운데)이란 뜻이다.

4. 야완 : 야완은 초기 그리스족이었던 이오니안족의 조상이었다. 그의 후손들은 아라랏에서 서쪽으로 이주하여 터키 서부, 트라스, 마케도니아 지역에 정착했다. 야완은 히브리어로 "부글거림" 혹은 "발효하는"의 뜻이다.

10장 4절에 나와 있는 야완의 아들들을 살펴보면

a. 엘리사 : 이집트어로 알리시아라고 하며 시실리 해안에 자리잡은 이오니안족의 친족

b. 타시스 : 이탈리아 서부의 "티르세니"족과 스페인 "타르테소"족. 이들로부터 아라곤, 카탈란, 카스틸리안, 바스크, 레온, 안달루시아 및 포르투갈족이 나왔다(히브리어로 "단단한"이란 뜻).

c. 킷팀 : 이들은 키프러스(킷팀)에 거주한 자들로 이탈리아 동부 해안과 그리스 서부 해안에 식민지를 건설했다(민 24:24 참조. 히브리어로 "숨어버리다" 혹은 "가축에게 풀을 먹이다, 염색하다"란 뜻).

d. 도다님 : 이 단어는 〈킹제임스성경, 1611〉에 잘못된 표기라고 알려진 것이다. 학자들은 역대기상 1:7을 들어 〈킹제임스성경〉의 오류를 "크게" 외치는 모양이지만 〈킹제임스성경〉에는 역대기상 1:7에

도 역시 "도다님"으로 되어 있다. 그러므로 그들은 도다님 대신 로도스(Rhodes)섬을 뜻하는 "로다님"(Rodanim)을 만들어 내기 위해 히브리어로 달려갈 수밖에 없는 것이다. 그러나 언제나 그러하듯 학자들은 자기가 하나님 말씀 위에 군림해서 최종 권위로 행세하려고 하는 것뿐이다. (고전 13:3에 관한 네슬의 비평 장치를 보라. 그곳은 〈킹제임스성경〉이 훨씬 정확함을 보여 준다. 4세기의 시내사본과 바티칸사본 및 기타 "권위 있는" 사본들을 〈킹제임스성경〉이 정확히 교정하고 있다.)

도다님은 로다님이 아니다. (사마리아오경과 성경을 변개시키기 위해 만들어 낸 〈칠십인역〉에는 로다님으로 나와 있다.) 도다님은 그리스의 "다르디니안"족 혹은 트로이족이며 남부 이탈리아의 "다우니만"족이다. 히브리어로는 "사랑" 혹은 "사랑받는 자"와 같은 어근이다.

5. 투발 : 투발은 1901년 〈스코필드 관주성경〉 편집진에 의해 토볼스크와 연관이 있는 것으로 밝혀졌다. 우리는 〈스코필드 관주성경〉("뉴" 스코필드가 아니다.)의 883페이지 주에 나와 있는 편집자들의 예언적 통찰력에 감탄하지 않을 수 없다. 이 주가 쓰였을 당시 이스라엘은 아직 유대 땅에 돌아와 있지 않았고 러시아는 군주 국가였던 것이다(〈킹제임스성경, 1611〉을 믿음으로 받아들인 경우에는 그 누구에게도 하나님께서 통찰력을 주신다).

이 단어는 "불경스러운" "신성모독"을 뜻하며 "거주할 수 있는 지구"와 같은 어근이다. "투발"은 요세푸스, 노벨, 랑게에 의해 아르메니아의 거주자들로 확인되었다. 이들은 티베렌스와 이베리안들로 오늘날의 터키에 정착했다가 코카서스 산맥을 통과하여 (마대와 마곡의 후손들처럼) 윗쪽으로 이주했다.

6. 메섹 : (〈스코필드 관주성경〉의 883페이지 주에 나온 모스크바를 보라.) 메섹의 후손은 아르메니아 북부와 소아시아의 "모스키"들이다. (히브리어는 "기름" 혹은 "혼합"이란 뜻이다.)

7. 티라스 : 트라시아의 거주민들은 티라스로부터 나왔으며(요세푸스에 따르면) 이들은 타우르스산으로 이주했다. 히브리어 뜻은 "엄격한" 혹은 "엄한"이다.

『고멜의 아들들은...』

a. 아스크나스 : 유대주석가들에 따르면 오늘날의 독일인의 조상이다. 다른 학자들은 그의 후손들을 비투니아와 프러시아(소아시아 지방으로 오늘날의 터키) 근처까지 추적한다.

b. 리팟 : 이들은 중세 시대의 슬라브, 불가리아, 롬바즈, 크로아티아 종족이며 B.C. 2300년경 아라랏산의 서쪽 능선을 따라 이주해서 B.C. 2200년경 터키북부를 통과해서 B.C. 2000년경 카파티안 산맥을 넘어 발칸반도로 들어 왔다. 이들은 느부캇넷살이 공중정원(hanging garden)을 알기 전(B.C. 606)에 이미 동유럽 전역에 퍼졌다.

c. 토갈마 : 카스피해 근처 "모스키"들 지역 근처인 아르메니아 북부지역에 거주하는 종족의 선조라고 추정된다. 이들의 주거지는 크리미아 반도이며 동쪽지역으로 이주해 간 자들은 셈의 후손과 혼혈되

었다.

10:5 이들에 의하여 이방의 섬들이 그들의 영토에서 나뉘었으니, 즉 각자 그 방언에 따라, 그들의 족속에 따라, 그들의 민족들에 따라 나뉘었더라.

이 구절에 따르면 이방인이란 코카서스 인종을 말하는 것이다. 물론 이 용어는 신약성경에서는 유대인이 아닌 자로 "그리스도 밖에" 있는 모든 사람을 지칭하는 말이다.

『**섬들**』(5절)이란 코르시카, 사르디니아, 시실리, 마요르카, 크레테, 키프로스, 로도스 및 그리스 군도의 여러 섬들과 궁극적으로는 영국과 아일랜드까지 포함한다.

『**그들의 영토에서 나뉘었으니**』(5절)란 말로 미루어 창세기 10장의 내용은 창세기 11:1-8의 사건 이후에 기록된 것이라고 볼 수 있다(창 11:9 주석 참조). 『**각자 그 방언에 따라**』라는 말은 이 사실을 더욱 분명히 해준다.

여기에 열거된 14명의 야펫의 아들과 손자들로부터 오늘날의 스페인, 그리스, 이탈리아, 독일, 프랑스, 러시아, 헝가리, 스웨덴, 덴마크, 노르웨이, 핀란드, 루마니아, 영국, 스코틀랜드 및 아일랜드 민족이 나왔다. 이들은 중국과 일본에서는 "외국 마귀"(foreign devil)라는 이름으로 불렸다. 이들은 또한 아프리카 종족들의 두려움과 부러움의 대상이었다. 이들은 미주 대륙의 인디언들에 의해 "창백한 얼굴"이라고 불렸고 그들끼리 끊임없이 싸웠다. 이들은 전쟁을 좋아하는 종족이요 (적어도 〈킹제임스성경, 1611〉을 거부할 때까지는 그랬다.) 백인 앵글로색슨 개신교도(WASP)와 흑인 라틴이탈리안 카톨릭교도(BLICS)로 완전히 나뉘어졌다. 이들은 뒤에서 서로를 비난한다. 이들이 사용하는 경멸적 용어는 다음과 같다. Frog(프랑스인을 경멸하는 용어, 개구리를 먹기 때문이라고 함), Frenchy(프랑스인), Limey(영국인), Kraut(독일인), Boche(독일인), Square Head(독일인, 네덜란드인, 스칸디나비아인), Red Neck(무식한 백인 농장노동자), Damn Yankee(美북부인), Cracker(美남부의 가난한 백인), Oakie, Hunky(미국태생의 미숙한 노동자, 특히 헝가리 사람), Polak(폴란드계), Hoosier(시골뜨기), Spic(스페인계), Wop(이태리계). 이들은 셈족 사람들을 Kikes(유태계), Chinks(중국인), Gooks(중동지역의 피부색이 짙은 외국인, 동남아시아, 남태평양 출신), Clant Eyes(극동출신 사람), Charlies라고 경멸적으로 부른다. 함족 출신들은 Jungle Bunnies(흑인), Sambos(흑인), Niggers(흑인)라고 야펫족속에 의해 경멸적으로 불린다. 이들 야펫족속은 "퍼져 나가는" 특징을 가지고 있으며 일 대 일로 싸움을 잘하는 민족은 아일랜드인, 보병이나 포병이 강한 나라는 독일인, 주먹으로 치고받는 데 뛰어난 사람은 스코틀랜드인, 위치를 먼저 차지하는 데 뛰어난 사람은 영국인, 집단으로 함께 죽는 데 제일가는 민족은 러시아인이다. 각 민족은 자신의 언어를 갖고 있으며 독특한 특징과 사고방식, 식생활, 의복, 가족의 풍습 및 전통, 독특한 표현 및 유머를 갖추고 있다. 이들의 민족적 정체성을 없애기 전에는 이들은 도저히 섞을 수가 없다. 오늘날에는 야벳족속을 셈족 및 함족과 혼합시켜 그 누구도 민족적 정체성을 유지하지 못하게 하려는 경향이 있다. 이는 현대인들이 전쟁을 없애는 "해결책"으로 인종 통합을 택했기 때문이다(창 8:21 주석 참조). 하나님께서는 이런 해결책을 무너뜨리시고, 그리스도의 재림까지 전쟁이 계속될 것을 확증하시기 위해 창세기 11:1-8까지의 사건을 반복적으로 수행하신다(계 19장, 욜 2장 참조).

"비가 오는 경우에, 전쟁은 체육관에서 열리게 될 것이다." (이 사실은 적어도 야벳에게는 그대로 적용된다. 다른 놈의 발목을 짓밟지 않고는 결코 "퍼져 나갈 수" 없는 것이다.) Frog(프랑스인)은 Kraut(독일인)에게 "독일 놈은 네 목을 밟든지 네 신발을 핥든지 둘 중 하나이다."라고 하고, 독일인은 프랑스인에게 "이 세상에는 세 종류의 사람이 있는데 남자, 여자, 그리고 프랑스인이다."라고 한다. 폴란드인은 독일인에게 "저기 돼지새끼들이 온다."라고 말한다. 독일 사람은 "멍청한 아일랜드 사람보다 더 멍청한 것은? 똑똑한 스웨덴 사람이다."라고 하고, 소련 사람은 뭔가 이해할 수 없을 때 "그건 내게는 중국 이야기 같아."라고 한다. 프랑스인은 읽기가 어려울 때 "히브리어 같구먼."이라고 하고, 헝가리인은 뭔가 이해하기 어려운 것은 "터키 사람 설교 같구먼."이라고 말한다. 독일 사람은 이해 못할 때 "스페인어 하나?"라고 말하고, 체코 사람에게는 헝가리 사람은 "여드름"과 같다. 프랑스에서는 이를 "스페인 사람"이라고 부른다. 이탈리아의 공중변소에 자기 이름을 써놓은 친구는 영국 사람일 것이라고들 한다. 즉 은밀한 일을 하는 사람이 영국인이라는 말이다. 스페인에서는 "영국인을 위해 일한다."는 뜻은 무보수로 일한다는 뜻이 된다. 네덜란드 사람이 취하면 그의 부인은 "내 남편은 폴란드 놈처럼 마신다."라고 말한다. 반면 체코 사람은 "네덜란드 놈처럼 마신다."고 말한다. 오스트리아에서는 바퀴벌레를 "스와비안"(독일 남부사람), 독일에서는 "프랑스놈", 폴란드에서는 "프러시아 녀석"이라고 부른다. 이 정도면 "긍정적 사고방식을 지닌 세계"를 떠들어대는 노만 빈센트 필 같은 사람은 설 자리가 없어진다. 미국 사람들은 남미 사람들을 "greaser" 혹은 "wet back"이라고 부르는데 이들 남미인들은 흑인이 "검둥이"(Nigger)란 말을 싫어하듯이 "멕시칸"이란 말을 싫어하고 "라틴 아메리카 사람"이라고 불리고 싶어한다. 스코틀랜드의 백파이프 취주자가 걸으면서 연주하는 것은 움직이는 목표물은 맞추기 힘들기 때문이라고 한다(이것은 독일 농담 중의 하나이다). 영국 사람은 독일 목수는 유모차 만드는 데 4년 걸리는데 매번 유모차가 아닌 기관총이 만들어진다고 농담한다. 폴란드 사람은 얼마나 멍청한지 상대팀이 필드를 떠나고 나서 혼자 공격해도 터치다운을 하려면 세 번의 공격이 필요할 정도이고 보너스 점수를 놓쳐 버린다고 한다(미국 농담). 미국 TV는 탕탕! 쪽쪽!밖에 없다(일본 농담). 백악관에 거주하는 그 어떤 미국 대통령도 자기 아이들을 워싱톤에 있는 공립학교에 보내지는 않을 것이다(말로는 인종 통합을 지지한다고 할지라도). 야펫족속이 셈족과 함족을 위해 "칭찬하고" "사랑할 때는" 표(선거에서)를 원하든지 돈(무역에서)을 원하든지 둘 중 하나이다. 셈은 이 사실을 알고 있지만 함은 여전히 그것을 모르고 있다.

독일 사람은 소금에 절인 양배추와 소시지 그리고 맥주를 좋아하고 프랑스 사람은 포도주와 맛있는 음식이면 그만이다. 이탈리아 사람은 스파게티, 라자냐, 피자를 좋아하고 영국인은 베이컨, 달걀을 좋아하며 멕시코인은 타코스, 토르티야를, 중국 사람은 쌀과 생선, 양키에게는 핫

도그와 햄버거가 최고이다. 흑인과 백인 사이에는 음악적 취향도 실로 엄청나게 다르다. 다니엘서 3장에 의하면 세계의 통일을 위해서는 한 가지 종류의 음악이 요구된다. 음악이 "범세계적 언어"인 것을 감안한다면 이 사실은 분명하다. 모든 민족들을 단합시킬 수 있는 유일한 음악은 섹스 음악이며 모든 인간의 성적 본능에 호소하는 것이어야 한다. 그러나 냉담한 프러시아인, 회의주의적 러시아인, 분석적 독일인, 둔감한 영국인, 감상적인 프랑스인, 알 수 없는 중국인 그리고 천연적인 흑인들을 섹스 음악으로 묶기 위해서는 이들의 인종적 특징을 바꾸어야만 한다. 동양의 셈족은 유대인이 인종 통합을 원할지라도 인종 통합을 원하지는 않을 사람들이다. 프러시아나 독일 사람도 1,000명 중 한 명 정도나 인종 통합에 응할지 모르겠다. 참다운 "향상"(교회협의회나 흑인향상협의회는 혼혈에 의한 인종 통합을 "향상"이라고 부른다.)은 흑인 군대나 외국 노동자들이 독일을 지배할 때나 가능할 것이다. 바티칸 당국이 유엔과 더불어 전 세계의 통일을 위해 시행할 계획은 간단하다.

1. 민족적 특징이 없는 혼혈 인종을 만든다.

2. 모든 "신조"와 신앙을 총괄할 만큼 광범위한 포용력을 갖춘 하나의 종교로 이 혼혈 인종을 무장시킨다.

3. 강제적 통합과 교류를 통해 어린아이들이 인종적 차이를 배우기 전에 통합을 달성한다.

4. 이를 위해 국제경찰을 둔다.

5. 이러한 요구에 부응할 수 있는 서방종교는 회원 확보를 위해 산아제한을 금지시키는 그 종교가 될 것이다(로마 카톨릭을 말함).

6. 이 종교에 걸맞은 음악은 아프리카의 섹스 음악인 로큰롤이 될 것

이다(더 자세한 사항은 〈짐승의 표〉 참조). 이러한 "음모"에 대한 하나님의 대응은 간단하다. 전쟁, 전쟁의 소문들, 특히 셈족들은 서방종교와 서방의 지배를 끈질기게 거부할 것이다. 카톨릭과 공산주의(그 기본구조는 둘 다 파시스트 체제이다)가 이 목표를 달성하기 위해 서로 경쟁을 벌이는 동안 미국의 그리스도인들은 복음을 전하고, 성경을 읽고, 전도지를 나누어 주고 『**그러하옵니다.** 주 예수**여**, **오시옵소서.**』라고 기도할 것이다.

10:6 ○ 함의 아들들은 쿠스와 미스라임과 풋과 카나안이요,
7 쿠스의 아들들은 스바와 하윌라와 삽타와 라아마와 삽트카며, 라아마의 아들들은 시바와 드단이며,

『**함**』(6절, 히브리어로 "탄", "열")은 쿠스를 낳았다. "쿠스"란 단어는 에티오피아에 해당하는 현대 히브리어이며 이 단어는 성경 전체에 걸쳐 똑같은 의미로 쓰였다(사 11:11; 18:1, 시 68:31). 쿠스는 "검다"(black)는 뜻으로 Black Power, Black Muslim, Black magic 등에 쓰인 의미와 똑같다.

1. 쿠스 : 쿠스라는 인물은 창세기 9:18과 6:10에서 살펴보았던 피부색 문제를 더 심화시키고 있다. 아무리 어원 학자들과 어휘 학자들이 창세기 9:25에서 함을 백인으로 혹은 반백인이나 흑인 피를 1/4만 받은 것으로 (아니면 적어도 흑인과 반백인의 혼혈인 물라토로) 만들어 보려고 애를 써도 그가 낳은 첫 번째 아들(창 6:4)이 100% 흑인이라는 사실은 덮

어 버릴 수 없는 것을 어찌하겠는가? 함의 아들 쿠스는 분명히 흑인이었다. 그는 에티오피아와 아라비아에 거주했으며 아라랏산에서 이들 지역으로 이주할 때 그의 후손 중 많은 수가 시리아에 머물렀을 것이고 일부는 인도로 이동했을 것이다(창 10:9,10에서 이 사실이 입증된다). A.D. 40년경 에티오피아 내시가 복음을 에티오피아로 가져갔고 오늘날까지도 이 나라는 성경과 성경을 믿는 선교사들에게 친절하다고 한다.

2. 미스라임 : 함의 둘째 아들에 대해서도 모든 사실은 확실하다. 미스라임은 "이집트"에 해당하는 현대 히브리어로 구약성경에서 그 뜻으로 쓰이고 있다. 히브리어 어원은 "괴로움"을 암시한다(사 20:1-4; 30:1-5 참조). 현대의 이집트인들이 아프리카인이라는 사실은 확실하다. 이집트인을 유럽인이라고 생각해야 한다고 주장하는 것은 다소 의심쩍다. 성경에서 이집트는 세상의 유형이요(출 18:9,10), 육신의 유형이며(창 16:1-3; 21:9; 25:12), 사탄의 유형이며(겔 29:1-3), 지옥의 유형인(신 4:20) "철 용광로"이다. 이집트로부터 클레오파트라와 독사가 나왔고, 고양이 사람(Catholic, Cataclysm, Catastrophe 등)이 나왔고, 스핑크스, ASV(미국표준역본)와 RSV(개역표준역본)의 저본이 된 바티칸사본과 시내사본들, 로마로 건너간 라틴교회, 온갖 "전염병"의 근원인 〈칠십인역〉 등이 모두 다 이집트에서 나왔다. 〈칠십인역〉으로 알려진 "성서"는 필로가 위조해서 "아리스테아스에게 보낸 편지"라고 불렸던 문서 외에는 그 어디에도 존재하지 않는 것으로 무디, 달라스 및 밥 존스 대학의 헬라어 교수들이 "70인역"(LXX)으로 부르는 것은 사실 신약성경이 쓰인 후 약 160년 이상이 경과한 A.D. 350-400년경에 만들어진 로

마 카톨릭 필사본인 바티칸사본("B")과 이것을 필사한 사본들이다.

"카나안"뿐만 아니라 함이 손대는 것은 모조리 엉망이 되어 버리는 것은 어떻게 설명해야 할 것인가? 서방세계(유럽, 아프리카, 아메리카) 인구의 20%를 차지하는 주요 인종으로서의 함은 창세기 9:25의 저주가 그의 자식의 하나인 카나안에게 내려진 것으로 미루어 출발부터 험난한 여정을 시작하고 있는 것이다. 이삭(이스라엘)을 박해한 것은 이스마엘이었고(갈 4장의 아라비안을 주목하라.), 그의 어머니는 이집트 사람이었다. 현대의 크리스천들(보수주의자이건 자유주의자이건)은 이런 사실들을 무시하려고 하지만 그것은 안 될 말이다. 성경 66권에서 반복하여 계시해 주고 있는 사실을 어찌 무시할 수 있겠는가? 오늘날 보수 근본주의자라고 말로는 떠들면서 창세기 9,10장 내용은 악몽이라도 꾼 듯이 잊어버리려고 하는 자들이 너무도 많다. 그러나 우리는 하나님의 말씀을 무시할 수가 없다.

3. 풋 : 풋은 시대마다 모든 학자들에 의해(게제니우스, 요세푸스, 칼리시를 포함해서) 펫(Phet)혹은 "파이아트"(Phaiat)로 신원이 확인된 이집트 서부지역에 거주하는 리비아인들이다. 그러니까 함의 세 아들은 모두 아프리카인이다. 이 사실이 현대인들에게 "더 큰" 문제를 일으키는 모양이다. 사람들은 성경에는 피부색에 대한 언급이 없으며 성경에는 함에 대한 예언이 없다고들 주장한다. 함의 세 자녀가 모두 아프리카 사람인데도 성경을 거부할 셈인가? 풋은 요한계시록 6:1,2에 나와 있는 "활"이란 뜻이다. 풋은 흑인이었다.

4. 카나안 : 이 사람은 너무 유명해서 특별히 소개할 필요도, 신원을 따

로 확인할 필요도 없다. 이 단어(이름으로든 지명으로든)는 150차례 이상 성경에 등장하고 있으며 카나안의 후손은 소돔인, 아모리인, 여부스인들이다. 이 사실로 미루어 함의 자녀들은 두 명은 흑인 그리고 나머지 두 명은 짙은 갈색 피부를 갖고 있었을 가능성이 많다. 코카서스 인종(야펫)이나, 몽고 인종(셈)에는 흑색 피부가 없다. 아프리카는 함의 땅이라고 불리고 있다. 그런데도 성경대로 믿는 그리스도인에게 '하나님께서 흑색 인종의 역사에 대해서는 성경에 계시하신 적이 없다'고 주장하는 자유주의자들의 엉성하고 유치한 성경 해석을 받아들이라고 강요할 것인가?

『**쿠스의 아들들은**』(7절).

a. 스바 : 아프리카 에티오피아 북부에 있는 누비아이다(요세푸스의 주장). 스바는 흑인 600명 중에 1명꼴이다. 쿠스의 다섯 아들과 손자들 중 4명은 아프리카인이고 한 명은 아프리카 100마일 이내 지역에 거주했다. 스바는 "빨아들이다" 혹은 "흡수하다"라는 뜻이다.

b. 하윌라 : 카일, 랑게 및 머피에 의하면 이들은 홍해를 건너 아라비아에 정착한 아프리카의 "아발리타에족"(Avalitae)이라고 한다. 창세기 10:29,30에 따르면 하윌라는 셈의 영토인 고로 앞서도 언급한 바 있듯이 함은 자기의 거주 경계를 벗어난 것이다. 이 사실은 함이 시나이 반도 동쪽이나 카이로 이북지역과는 아무런 관계가 없음을 보여 준다. 겉보기에 "백인들의 편견 같은" 이 주장을 확인하기 위해 마지막 때 주님께서는 함(아라비아 사람)을 팔레스타인 지역에서 쫓아내실 것이다(슥 14장 마지막 절을 보라). 이런 주장은 "시오니즘", "국제 은행 조직", "세계 정복 음모", "이스라엘의 공격적 플랜" 등등의 이름으로

매도되고 있으며 그 이유는 하나님의 영광을 도둑질하려는 것뿐이다.

c. 삽타 : 요세푸스, 게제니우스 등의 학자들에 의하면 이 사람은 "아라비아에 사는 에티오피아인들"이다.

d. 라아마 : "떨림"을 의미하는 라아마는 모든 주석가들에 따르면 페르시아만 옆 아라비아의 남동쪽 끝부분에 거주하는 짙은 피부를 지닌 종족이다. 여기서 주목할 것은 함의 후손들은 적도를 중심으로 거주하고 있다는 사실이다. 이들은 북반구에 거주할 경우는 남쪽 부분에 모여 있고 남반부에 거주할 때에는 북쪽으로 모여 있다.

e. 삽트카 : 라아마족 근처 아라비아의 동쪽 해안 지역에 거주하는 흑색 인종의 조상

『**라아마의 아들들**』(7절).

a. 시바 : 시바는 아라비아에 있는 주요 도시의 이름이며, 성경에 여러 번 등장한다(대하 9장, 사 60장, 렘 6장, 겔 27장, 시 72편). 그 유명한 그리스도의 신부의 유형으로 나타나는(천년왕국에서 구원받은 이방인의 유형으로 볼 수 있음) 시바의 여왕(시바는 "맹세" 혹은 "일곱"이란 뜻임)이 바로 이 도시 출신이다. 그러니까 솔로몬의 사랑하는 자 중 하나는 흑인이었다. 『**내가 검어도, 오 너희 예루살렘의 딸들아... 나는 아름다우니라**』(솔 1:5).

b. 드단 : 드단은 페르샤만에 있다(사 21:13, 겔 25:13 등).

10:8 쿠스가 또 님롯을 낳았으니, 그가 세상에서 처음으로 힘센 자가

되었더라.

9 그가 주 앞에서 힘센 사냥꾼이었으므로, 사람들이 말하기를 "주
앞에 님롯 같은 힘센 사냥꾼이라." 하더라.

10 그의 왕국의 시작은 시날 땅에 있는 바벨과 에렉과 악갓과 칼네
에서였으며,

11 그 땅에서 앗수르가 나아가 니느웨와 르호봇 성읍과 칼라와

12 니느웨와 칼라 사이의 레센을 세웠더니, 이는 큰 성읍이더라.

『**쿠스가 또 님롯을 낳았으니**』(8절). 갑자기 족보가 중단되고 성령께서는 일곱 절을 할애하여 중요한 기록을 삽입하고 계신다(창 5:24 참조). "님롯"은 "반역" 혹은 "팬더"(검은색 표범)란 뜻이다. 님롯은 아담으로부터 13대째로 13이란 수는 창세기 14:4에서 처음으로 반역과 관련되어 등장하고, 성경에 항상 반역과 관련되어 등장한다. 1776년에 있었던 미국의 영국에 대한 반역(역사가들은 이것을 "혁명"이라고 부른다.) 전쟁은 E Pluribus Unum(13글자, 다수로 이루어진 하나란 뜻의 미국의 표어)을 내세운 13개 주가 뭉쳐 13개의 별과 줄을 그은 국기를 만들어 일으킨 것이다. 미국의 달러 지폐에 그려진 독수리는 13개의 다윗의 별 아래 13개의 나뭇잎을 지니고 있는데 그 위에는 13개의 화살이 그려져 있다.

님롯에 대한 것은 히슬롭의 〈두개의 바빌론, *The Two Babylons*〉에 잘 설명되어 있다(프라이스, 세이스, 벨하우젠, 스키너, 드라이버, 델리치, 하우프트, 힐프레이트 및 다른 사람들의 책들 역시 흥미롭긴 하지만 이들의 책들은 그저 "사실"만을 열거했을 뿐 그들이 수집한 자료들을 해석하지는 못한다). 히슬롭의 〈두 개의 바빌론〉은 1506-1860년 사이에 쓰여진 300여 권의 책을 요약정리하여 체계적으로 설명해 놓은 책으로 이들 자료에 따르면 님롯이란 인물은 오늘날의 흑인향상협회(NAACP)와 교회협의회(NCC)를 대변하고 있음이 분명히 드러난다(히슬롭, 〈두 개의 바빌론〉, p.1-17, 21-40, 76-90 등).

히브리어 נ(눈), מ(멤), ר(레쉬)의 어원(NMR)은 "얼룩진" 혹은 "점이 박힌"이란 뜻을 가지고 있다(시리아어로는 "점 박힌 피부를 갖다"임). 님롯의 표범 같은 피부는 마지막 교황과 UN 총수의 "눈에 띄는" 표가 될 것임을 우리는 주목해야 한다(계 13:1-3 및 〈짐승의 표〉(Mark of the Beast) 참조). 님롯은 또한 오리온좌로 대표된다. [오리온좌는 아랍인들에 의해 Kesil(바보)이라고 불린다.] 님롯은 최초의 이방인 통치자로 에티오피아인의 아들이다. 그는 최초의 제국주의자로 창세기 10:10에서 언급된 최초의 왕국은 10이란 숫자가 이방인이 세울 세계 정부를 예시하고 있음을 보여 준다.

1. 아담의 10대 손 노아는 이방인들의 아버지였다.

2. 최초의 이방 왕국은 창세기 10:10에 나와 있다(어떤 이들은 스테파누스가 장절을 후일 만든 것이 아니냐고 따지겠지만 우리 성경대로 믿는 사람들은 장절 구분에 하나님의 섭리가 있었음을 믿고 있다).

3. 사도행전 10장은 이방인들에게 복음이 열린 장이다.

4. 로마서 10장은 이방인들에게 선교하도록 초청하고 있다.

5. 누가복음 10장에서 치료받은 한 명의 문둥병자가 주님께 다시 돌아왔는데 그는 이방인이었다.

6. 요한복음 10장은 "이 우리 안(유대인)에 있지 않은" 이방인 양들을 언급하고 있다.

7. 마지막 이방 왕국은 10명의 왕을 갖게 될 것이다(다니엘 2장에서 이들은 10발가락으로 대표된다).

8. 하나님께서는 일곱으로 모든 일을 수행하시는 반면 이방인들은 10 진법을 쓴다.

9. 출애굽기 10장은 모세가 파라오 다루기를 끝내는 장면이다.

님롯은 이사야 23:13에서 "앗시리아인"이라고 불리며 그는 디아나(다이애나), 크리스토퍼, 유다, 마리아, 요셉, 축복받은 침례인 요한의 형상들을 만드는 산업을 창시한 사람이다(적어도 이사야 10:10에 따르면 그렇다).

미카 5:5,6에 보면 앗시리아는 님롯의 땅 옆에 있다. 따라서 님롯은 바빌론의 왕이며 최초의 이방인 세계 왕국의 창설자로 그 신원이 확인되고 있다. 님롯의 바빌론을 뒤이어 전 세계를 장악한 이방인 강국은 이집트, 앗시리아, 바빌론, 페르시아, 그리스, 로마, 스페인, 프랑스, 영국, 러시아 및 미국이고 마지막으로 큰 바빌론, 창녀들과 가증한 것들의 어미가 등장할 것이며 이 제국의 보좌에는 님롯이 다시 앉을 것이다(계 13장).

『**세상에서... 힘센 자... 힘센 사냥꾼이었으므로**』(8,9절). 님롯에 대한 전통들에 따르면 님롯은 단지 동물만 사냥한 것이 아니고 인간 사냥도 하여 노예 제도를 만들었고 전쟁을 위한 징병 제도를 만들었다. 『**주 앞에서**』라는 말은 "주님의 면전에서"라는 뜻이며, 동시에 주님께 대항해서(over against)라는 뜻을 암시하고 있다. 다시 말하자면 님롯은 창세기 11장의 바벨탑 사건의 주역이었을 가능성을 강하게 암시해 준다는 말이다.

『**바벨과 에렉과 악갓과 갈네에서였으며**』(10절). 성경 주석가들은 이 장소의 정확한 위치에 대해서 의견을 달리하지만 (제롬, 유세비우스, 코차트, 미카엘리스, 칼리시, 클레리쿠스, 노벨, 랑게, 카일 등) 이 모든 도시는 전부 확인되었고 또 발굴되었다. 네 도시 모두 바빌론에서 200마일 내에 위치한 시날 땅으로 확인되었다. 시날은 세계 평화를 위한 최초의 유엔빌딩이 세워진 곳으로(창 11:1-4) 후일(단 3:1-7) 60×6×6 큐빗에 달하는 느부갓넷살의 동상이 세워지고 팡파레가 울려 퍼졌던 그곳이다.

『**그 땅에서 앗수르가 나아가**』(11절). 변개된 성경들에는 앗수르를 주어로 하는 대신 님롯을 받는 "그"를 주어로 만들었다. 그러나 모든 히브리어 필사본에는 이 본문을 그렇게 바꾸어야 할 근거가 없다(키텔의 Biblia Hebraica, Lipsiae, 1913을 보라). 그 어느 때와 마찬가지로 〈킹제임스성경, 1611〉이 맞고 ASV, RSV는 틀렸다. 앗수르는 셈의 아들이다(창 10:22). 이로써 함족이 셈족이 거주하던 시날 땅에 밀려들어 왔을 때 셈족은 교외로 빠져나갔다. (오늘날 미국의 대도시의 다운타운은 함족의 후손인 흑인들이 장악했고 야펫 족속들은 시외로 빠져나가 버렸다.) 앗수르는 "주 하나님께 축복을 받은" 셈의 자손으로 함족과의 혼혈을 거부하고 창세기 11장 사건에 연루되지 않기 위해 그곳을 떠나 니느웨와 르호봇과 칼라성읍을 세웠다. 『**니느웨와 칼라 사이의 레센을 세웠더니, 이는 큰 성읍이더라**』(12절). 레센과 칼라의 위치에 대해서는 레이어드, 칼리시, 노벨, 카일, 랑게, 스미스 및 머피 등의 학자들 간에 논란이 일어났으나 니느웨 80마일 내에 위치해 있었음은 분명하다. 니느웨는 티그리스의 지류 Great Zab 강가에 위치해 있는 도시이다. 『**이는 큰 성읍이더라.**』라는 말은 니느웨 혹은 레센을 지칭하는 것으로, 레센이 오늘날의 님롯일 가능성이 높다. 또한 큰 성읍은 니느웨이고 칼라와 레센은 성읍 근교였을 가능성이 가장 높다(요 3:3, 나 1,2,3장 참조).

10:13 또 미스라임은 루딤과 아나밈과 르하빔과 납투힘과
14 팟루심과 카슬루힘(필리스티아는 카슬루힘에게서 나왔더라.)과 캅토림을 낳았더라.

루딤 : 루딤은 아프리카인이다. 그의 후손은 "르와타족"으로 불리며 서아프리카 모리타니아 근처에 정착했다.

아나밈 : 오늘날까지 확인되지 않고 있으며 "바위사람"이란 의미를 갖고 있다. 어쩌면 이집트의 북부 혹은 북서쪽에 정착했을 것이다.

르하빔 : 이집트 서부에 정착한 북아프리카의 "루빔"족이다(대하 12:3; 16:8, 나 3:9). 〈강단주석〉 1권, p.160의 미카엘리스, 칼리시, 머피의 주장을 보라.

납투힘 : "천연색 불꽃" 혹은 "붉은 색"이란 뜻으로 아스완 아래쪽 이집트 중부지역의 거주자들이다.

팟루심 : 이집트 상부지역의 "파드로스"(Pathros)족이 분명하다(사 11:11, 렘 44:1).

카슬루힘 : 또다른 이집트족으로 이들로부터 필리스티아인이 나왔다(골리앗, 데릴라, 아키스 등). 함의 명성을 어떻게든 구출해 보려고 그러는지 언어학자들과 인류학자들은 〈킹제임스성경, 1611〉에 오류가 있음을 주장한다. 이들은 함의 후손 중에서 어떻게든 백인 족속이 하나쯤은 나왔다고 주장하고 싶은 모양이다(National Geographic Magazine에서는 "필리스티아인"들을 "셈"족으로 분류하면서도 핑크빛 피부의 백인인 아일랜드족으로 묘사한다. "과학"이 인종 문제에 관해서는 모든 이성을 상실해 버리는 듯한 느낌이다.

데릴라, 골리앗, 아키스 및 인형 숭배자(삼상 5,6장)들의 피부색을 감추려고 했는지 필리스티아는 카슬루힘이 아닌 캅토림에게서 나왔다고 주장하는 경우도 있다(International Standard Bible Encyclopedia, 1권, p.568). 이처럼 성령님께서 기록해 놓으신 말씀을 뜯어고쳐 놓고는 "캅토"는 크레테섬을 말하고 크렛인(삼상 30:14 등)은 크레테 섬사람을 뜻한다고 주장한다.

우리는 정확한 성경을 고수한다. 만약 학자들의 주장대로 캅토가 크레테섬이라면 크레테 사람들은 이집트에서 이주한 혼혈족임을 알 수 있다. 크레테섬 바로 곁에는 그리스 본토가 인접해 있고(그리스족은 야펫의 아들 야완의 후손임) 셈족이 거주하던 소아시아와 상거래가 빈번하였으므로 혼혈은 당연한 일이었을 것이다. 결국 이들은 순수한 흑인으로부터 혼혈족으로 바뀌었고 이들로부터 필리스티아인들이 나왔을 것이다. 예레미야 47:4에 따르면 필리스티아인들은 캅톨 "지방"의 남은 자들이라고 되어 있고 아모스 9:7에도 그렇게 나와 있다. 그러나 이것은 필리스티아인들이 캅토림의 후손임을 말해 주고 있는 것이 아니다. 그것은 다만 필리스티아인들은 캅톨 지방으로부터 나온 자들이란 뜻이다. 시리아인들이 키르에서 왔고 이스라엘 백성은 이집트로부터 이주했다. 이집트에서 나왔으니 이스라엘 사람들도 이집트 사람이란 말인가? 이처럼 하나님의 말씀에 사적인 해석을 첨가시켜 스스로를 치켜세운 학자들의 문제점들을 〈킹제임스성경, 1611〉은 정확히 바로잡아 준다.

창세기 10:14에 대한 혼란은 고고학자들이 이곳저곳을 "파헤치더니" 캅톨은 크레테일 것이라고 추정하면서부터 발생됐다. 이들은 곧바로 "고고학은 성경에 새로운 조명을 준다.", "고대 도시에서부터 비추어진 빛", "최근의 발굴로 더욱더 이해하기 쉽게 된 성경 구절들", "과학은 성경 해석에 꼭 필요하다." 등을 외치면서 선전을 해 댔다. 그러나 이들이 한 짓이라고는 성경을 혼란스럽게 만들어서 창세기 10:14과 나머지 성경 구절과의 관계마저도 파악할 수 없도록 만든 것뿐이었다.

〈킹제임스성경, 1611〉과 다르게 되어 있는 것은 안심하고 무시해도 좋다. ASV(1901)는 『**카슬루힘에게서 나왔더라.**』를 "그곳으로부터 나아갔다."라고 번역해서 13,14절이 국가가 아닌 사람들을 열거해 놓은 것임을 무시하고 있다. 이들은 〈킹제임스성경, 1611〉이 오류라고 단정하고 이 구절을 인종의 이동으로 설명해 버렸다. 그러나 이곳은 후손들과 조상들이 누구인지를 보여 주고 있는 곳이다.

필리스티아인들은 인종적으로 카슬루힘에게서 나왔고 그 후 그들은 (어쩌면) 크레테섬으로 건너갔을 것이다. 그들의 조상은 카슬루힘이요 캅토림은 틴족이며 미스라임은 그들의 조상의 아버지였던 것이다(13절). 다시 말해 필리스티아인들은 아프리카인인 것이다.

"아프리카인"이라는 이 말은 자신들의 편견과 "의견"으로 가득찬 "건전한 학자님"들에 의해 심한 반대에 부딪혔다.

10:15 ○ 카나안은 그의 장자 시돈과 헷을 낳고
16 또 여부스인과 아모리인과 기르가스인과
17 히위인과 알카인과 신인과
18 아르왓인과 스말인과 하맛인을 낳았더라. 그후에 카나안인의 족
속들이 멀리 흩어졌더라.
19 카나안인의 경계는 시돈에서부터 그랄에 이르는 길로 가자까지와
소돔과 고모라와 아드마와 스보임에 가는 길로 라사까지였더라.

『**그의 장자 시돈과 헷을 낳고**』(15절). 시돈 성읍은 카나안의 장자의 이름을 따라 그 이름이 지어졌고(수 11:8, 겔 28장) 너무도 잘 알려져 있다. 시돈은 카이사라와 투로의 북쪽, 지중해 연안에 위치해 있다. 후일 이스라엘의 단지파는 이 지역 근처에 정착하여 페니키아인들의 바알 숭배에 동참하였다. 심지어 이스라엘의 아합왕은 시돈의 공주와 결혼하였다(왕상 16:31). 페니키아인들은 뛰어난 바닷사람들로 셈족의 혈통을 지녔음에도 불구하고 여전히 함족인 이들과 연관되어 있다. 남아일랜드의 한 바위에는 "우리는 대도, 눈의 아들, 여호수아로부터 도망쳐 나온 카나안 사람들이다."라고 새겨져 있고 아일랜드의 국가 16번째 구절은 "나는 카나안인으로 아일랜드인이다."라고 되어 있다. (우리는 이로써 남부 아일랜드 사람들이 왜 카나안의 페니키아 우상을 섬기는지 납득할 수 있다.)

『**헷**』(15절). 헷의 자손들은 창세기 23:3,5,7에서 언급된다. 헷은 히브리어로 "무시무시한"이란 의미로 당시의 공포의 대상이었던 히타이트족과 관련된다(왕하 7:6, 창 23:10, 판 1:26, 겔 16:3을 보라). "최근에 밝혀진 고고학적 자료"들과는 반대로, 히타이트족은 함족과 셈족이 혼혈된 족속이며 카나안과 관련되어 있다. 이집트학을 전공한 학자들은 히타이트족을 시리아의 "코타"(Khota)족으로 간주하려 하지만 그렇다고 해도 히타이트 족속에게는 적어도 20%이상의 흑인 피가 섞여 있음을 부인할 수는 없다(함-카나안-헷-히타이트).

『**여부스인...**』(16절). 여기에 열거된 족속들은 약간의 차이는 있지만 출애굽기 13,33,34장과 신명기 7,20장, 여호수아 3,12,24장 등에 자주 열거되는 민족의 리스트라고 할 수 있다. 이들 민족들은 선민에게 약속된 그 땅과 관련해서 구약성경에서 자주 언급되는 민족들이다. 100마일(거리)도 채 안 되는 지역에 모여 살았기 때문에 일일이 거주지역을 찾아볼 필요도 없다. 이들의 거주 경계는 19절에 나와 있으며 그들에게 배정된 아프리카 땅에서 "벗어나" "필리스티아인의 땅"(팔레스타인)에 거주하고 있었다. 하나님께서는 이들을 멸절시키도록 명령하심으로써(신 7:1-7,25,26; 11:25; 12:29-31; 20:10-18) 다시 한번 하나님께서는 "분리"주의자이심을 혹은 "인종차별"주의자이심을 입증해 보이셨다.

『**카나안인의 경계는**』(19절). 카나안인들은 하나님께서 우주의 수도로 삼으시려고 계획하신(계 22장 주석 참고) 그 땅을 거주지로 선정했다. 이들은 레바논에서 브엘세바(수직), 해안지역(가자와 게라르)에서 요단강(수평)에 이르기까지 거주했고 길르앗, 바산, 모압 등지에도 롯의 아이들이 태어나기 이전에 이미 살고 있었다. 여기에 열거된 네 도시는 하늘에서 내려오는 유황불에 멸망했다(19절과 신 29:23을 비교해 보라). "라사"는 팔레스타인 북부 요단강 상류 지역의 라이스였을 것이다. 라이스는 단 지파가 "아버지"로 불렀던 "제사장"을 세워 "예배 보조 기구"로 형상(우상)을 사용했던 그곳이다(판 18:29; 17:10).

10:20 이들은 함의 아들들이라. 그들의 나라들과 그들의 민족들에서 그들의 족속들과 그들의 방언들을 따른 것이라.

함족은 출발부터 잘못되어 있다. 이것은 역사적 사실이다. 그런데도 흑인향상협회 등과 같은 단체는 "억압", "백인우월주의", "게토", "노예제도" 등을 들먹거리면서 성경대로 믿는 사람들을 비난한다. 그러나 성경이 다루고 있는 사실은 흑인 개개인을 언급하고 있는 것이 아니고 흑색 인종을 집합적으로 다루고 있는 것이다. 창세기 10:5에서도 유럽 인종을 다루었지 유럽인 개개인을 다룬 것이 아니다. 에티오피아 내시, 쿠레네인 시몬, 니겔(니그로)이라고 하는 시므온, 에벧멜렉(렘 38장) 등과 같은 함의 후손들은 기꺼이 자기 의무를 다하고 하나님의 말씀에 대해 올바른 태도를 취한 대표적인 신실한 사람들이었다. 19세기의 노예 소년 새미 모리스는 백인들을 그리스도께로 인도했던 노예로 오늘날 백인들을 부리는 흑인들보다 하나님과 올바른 관계를 맺음으로써 훨씬 행복하였다.

나는 그리스도인이 된 이래 경건하고 헌신된 함족 출신의 형제, 자매들을 알게 되었다. 많은 함족 출신의 설교자들이 그리스도를 높이고 성경을 존귀하게 하는 설교를 했다. 어려운 가운데서 승리하는 그리스도인의 삶을 사는 함족 출신의 그리스도인도 많이 있다. 그러나 성경 그 어느 곳에서도 미식축구나 프로농구로 이름을 날리는 함족 출신을 인정해 주고 있지는 않다.

함은 야벳처럼 하나의 독특한 인종적 특징을 지니고 있다. 함족에 대한 농담은 주로 두 가지 특징에 집중된다. 즉 함족은 게으르고 도둑질을 잘한다는 것이다. 흑인인권운동가들은 "유대인들은 사기를 쳐서 돈을 번다.", "프랑스인들은 여자 같다.", "영국인들은 바보 같다.", "폴란드인은 어설프다.", "미국인은 자랑을 잘하고 거짓말을 잘한다.", "독일인들은 싸우기를 잘하고 자랑을 늘어놓는다.", "변호사들은 고객들을 속인다.", "판사들은 편견에 가득 차 있다.", "의사들은 돈만 알고 환자들을 망쳐버린다." 등의 농담을 즐긴다.

자기 자신, 자기가 속한 인종, 혹은 자기의 사회적 신분에 관한 농담을 수용할 수 없는 사람은 뭘 모르는 어리석은 사람일 것이다(전 7:21). 함족은 고기 국물을 좋아하고, 족발과 돼지머리, 곱창, 소나 양의 위, 메기 같은 물고기 그리고 크래커를 좋아한다. 그들의 음악은 "우울한" 낮은 음의 탄식이나 신음조이거나 종교적인 흥분을 일으키는 날카로운 탁음이다. 부두종교를 갖고 있는 정글의 원주민이든 세속적인 것이든, 기독교로 포장되었든, 대개 이 두 가지 종류의 음악을 좋아한다. 함족 중에는 칼을 꺼내 싸움을 잘 걸거나 링에서 싸우는 권투선수가 많다. 그들은 인생에 대해 낙관적인 태도를 갖고 있다. "곧 잘 될거야."라는 말은 그들의 인생에 대한 자세를 잘 보여 준다. 함족이 일할 때는 꼭 감독이 필요하고 "요람에서 무덤까지" 보장해 주는 복지국가 미국을 선호한다. 이들은 결코 서두르는 법이 없고 걱정거리가 있으면 잠을 자버린다. 함족 출신의 그리스도인은 마음씨가 상냥하고 친절하며 정치적인 감각이 뛰어나다. 그래서 이들은 쓸데없는 시위 같은 데 끼어들지 않는다(아일랜드의 이안 페이슬리 목사가 성경을 위한 시위를 벌인 것을 두고 AP통신은 "불량배"들이 저지른 "소요"이며 정부를 위태롭게 하는 작태라고 보도했는데 똑같은 AP통신은 마틴 루터 킹이 벌인 시위를 두고는 더 좋은 정부를 위한 인권운동가들이 개최한 "기독교 강연회"였다고 칭찬을 아끼지 않았다. 모든 언론은 이처럼 두 얼굴을 갖고 있는 것이다).

함과 야펫의 관계는 이 지구상에서 가장 강력한 유대관계일 것이다(물론 함이 복종하면 야펫은 "그의 아우를 지키는 자"로서의 책임을 다한다). 미국의 남부 사람들은 이 관계를 잘 알고 있다. 그러나 오늘날 이 유대관계는 사라지고 말았다.

미스라임, 풋, 루딤 등등은 아프리카로 내려갔고 정글을 뚫고 오늘날의 탄자니아, 챠드, 수단, 앙골라, 로데시아, 나이제리아, 말리, 카메룬 등에 자리잡았고 토고, 가봉, 아이보리코스트까지 이르렀다. 쿠스의 후손들은 오늘날의 시리아, 요르단, 이라크, 이란, 사우디로 나아갔고 카나안은 팔레스타인에 정착했다.

10:21 ○ 셈은 모든 에벨 자손의 조상이요, 형 야펫의 동생이라. 그에
게서도 자녀가 출생하였으니
22 셈의 자손들은 엘람과 앗수르와 아르박삿과 룻과 아람이요,

23 아람의 자손들은 우스와 훌과 게델과 마스이며,
24 아르박삿은 살라를 낳고 살라는 에벨을 낳았으며,
25 에벨은 두 아들을 낳았는데 한 아들의 이름은 벨렉이라 하였으
니 그 때에 땅이 나뉘었음이요, 벨렉의 아우의 이름은 욕탄이며,

『**에벨 자손**』(21절). 에벨(히브리어로 "강 건너" 혹은 "새싹, 어린 가지"란 뜻이다.)은 전체 인종을 대표한다. 왜냐하면 에벨의 자녀는 두 명만 언급되어 있기 때문이다. "에벨"이라는 셈의 모든 후손들은 "강 건너" 출신임을 시사해 주는 집합적인 민족을 칭하는 이름이다. 이 강이 무슨 강인지는 여호수아 24:15로 보아 분명하다. 셈은 유프라테스강 동쪽 땅을 차지했고 오늘날의 메소포타미아, 바빌론, 페르시아, 이라크, 이란, 파키스탄, 아프카니스탄 그리고 그 동쪽 땅을 부여받았다.

『**형 야벳의 동생이라**』(21절, 창 6:10 주석 참조).

『**셈의 자손들은**』(22절).

1. 엘람 : "젊음"을 뜻하는 말로 오늘날 이라크 지역 부근에 정착했으며 그 지역의 쿠스족과 혼혈되었다.

2. 앗수르 : (히브리어로 "평평한 평원") 이들은 티그리스와 유프라테스강 북쪽 지역에 거주한 앗시리아인의 조상이다.

3. 아르박삿 : 이들은 앗수르 근처에 정착하여 아르메니아 근처 앗시리아 북부에 거주하면서 야벳 족속인 두발과 메섹과 혼혈되었다.

4. 룻 : 소아시아 동부지역의 거주민들로 후일 메섹과 리팟 족속과 혼

혈되었다.

5. 아람 : (히브리어로 "높은 땅"이란 뜻) 아람족이며 유프라테스강 서쪽에 살던 시리아인들을 칭하는 말이며 후일 카나안족 및 헷 족속의 후손들과 혼혈되었다.

『아람의 자손들은...』(23절).

a. 우스 : 저 유명한 "우스 땅"(욥 1:1)의 창설자로 이 땅에서 유대인들이 대환란 기간 동안 피난해 있을 것이다(애 4:21 참고). 우스란 "확고함"이란 뜻이다. 우스는 성경시대에는 "에돔"으로 불렸고 오늘날의 "요르단"에 해당된다.

b. 훌 : 히브리어로 "원"이란 뜻이다. 이들의 후손은 확실히 확인된 바 없으나 아르메니아와 시리아 서부에 정착한 것 같다.

c. 게델 : 거주지가 확인되고 있지 않음

d. 마스 : 거주지가 확인되고 있지 않음

살라 : (아르박삿의 아들) 히브리어로 "확장"이란 뜻이나 신원이 확인되고 있지 않다.

에벨 : (살라의 아들) 아브라함, 이삭, 야곱 및 "히브리인들"의 조상임.

펠렉 : (에벨의 아들) 히브리어로 "나뉨"이란 뜻.

『그 때에 땅이 나뉘었음이요』(25절). 이 말씀은 홍수 이전 혹은 적어도 오랜 과거에 대륙들이 어떻게 위치해 있었는가에 대해 많은 추측을 불러일으키게 한 바로 그 구절이다. 세계 지도를 보자면 남미는 아프리카 서부 해안과 맞아떨어지고 유럽의 해안은 약간의 차이는 있지만 미국의 동부 해안과 거의 맞아떨어진다. “대륙이동설”은 다윈을 우상화시킨 사람들이 지지하는 가설이다. 이들은 이 이동에 필요한 기간은 약 4억 년이라고 주장한다. 그렇다면 “펠렉의 시대”는 이들의 가설과는 전혀 관계없게 된다. 따라서 이들 이론은 무시하고 창세기 11:7,8의 사건을 적용시켜 보면(신 32:7-9 참조) 바벨탑 사건은 B.C. 2244-2006년 사이로 추정된다.

벌링거는 이 구절이 실제로 대륙과 섬이 나뉜 것으로 해석한다. 그렇게 되면 아라랏산에서 내려온 동물들이 어떻게 전 세계로 번식해 나갔는가의 문제는 간단히 해결된다. 그러나 벌링거의 주장이 옳다면 홍수 이후 100년 이내에 홍수와 맞먹는 대격변이 지구상에 발생했다는 말인데 성령님께서 이에 대해 창세기 10:25과 역대기상 1:19 두 구절만을 가지고 이 엄청난 사건을 묘사했다고는 보기 어렵다. 성령님께서는 홍수를 묘사하는 데 창세기 6-9장의 세 장을 할애하셨음을 기억하라.

욕탄 : (히브리어로 “작은”) 거의 모든 주석가들에 따르면 욕탄은 아라비아인들의 최초의 조상이라고 한다. 그는 이스마엘이 태어나기 전에 이미 50%는 함족의 피를 갖고 있었을 것이다. 쿠스는 욕탄이 태어나기 전 아라비아 전역에 퍼져 있었다.

10:26 욕탄은 알모닷과 셀렙과 하살마웻과 예라와

27 하도람과 우살과 디클라와

28 오발과 아비마엘과 시바와

29 오필과 하윌라와 요밥을 낳았으니, 이들은 모두 욕탄의 아들들이라.

욕탄의 아들들이 아라비아 사람이라는 데는 일반적인 의견 일치가 있는 것 같다. 이들은 아라비아 반도에 정착했다가 칼데아 우르 지방까지 퍼져 나갔다. 그 후 이들은 페르시아만의 서쪽 지역으로까지 확장되었다. 이들은 예멘, 샤울란, 요바비태, 아드라미태, 하드라마우츠인들이다. 이들 중 일부는 인도에까지 퍼졌다. 오필(왕상 9:27,28, 대하 9:10)은 금으로 유명한 곳이며 학자들간에 그 위치에 대해 의견이 분분하다(요세푸스, 비트링가, 게제니우스, 델리치는 인도라고 주장하고 일부 학자들은 아라비아라고 한다).

10:30 그들의 거하는 곳은 메사로부터 스팔로 가는 길의 동쪽 산이었더라.

31 이들은 셈의 아들들이라. 그들의 땅들에서 그들의 족속들과 그들의 방언들과 그들의 민족들을 따른 것이라.

32 이들은 노아의 아들들의 족속들이요, 그들의 민족들에서 그들의 후대들을 따른 것이라. 홍수 후에 땅에서 민족들이 이들에 의하여 나뉘었더라.

『**메사... 스팔**』(30절). 메사는 티그리스강 어구에 있는 "무사" 항구일 가능성이 높고 스팔산은 하드라뭇 연안에 있는 "사팔"(사파리)을 지칭하는 것 같다.

『**이들은 셈의 아들들이라**』(31절). 셈의 아들들과 함과 야벳의 아들들과는 여러 면에서 확실히 다르다. 모든 사람을 동등하다고 주장하는 것은 자연의 법칙에 비자연적인 강제력을 사용하는 것과 다를 바 없다(이것을 "통제된 진화"라고 현대인들은 주장하는지 모르지만 그 결과는 통제되지 않은 타락일 뿐이 아니었던가? 창 3장과 그 주석 참조). 셈은 사색가이다. 그는 운명론자이며, 명예를 잃고 사느니 명예와 함께 죽는 것을 택한다. 그들은 가미카제 특공대를 비웃었던 미국 장교들을 비웃었다. 전쟁이 끝났을 때 일본인이 조종사에게 물었다. "당신네 미국인들은 너무도 애국자이고 그래서 조국을 죽기까지 사랑한다고 늘 말은 하면서도 죽기까지 조국을 사랑한 우리 일본군 조종사들을 보고 왜 놀래느냐?" (이 대답에 대해 해설을 하자면 두 시간 이상이 소요될 것이다.) 일본이나 중국에 수년 이상 살아 보지 않은 사람은 이러한 사고방식을 이해할 수도 없고 설명할 수도 없다.

선불교와 힌두교에서는 자연이란 인간이 "정복"해야 될 대상이 아니라고 한다. 자연이란 인간과 하나이며(범신론) 업과 환생으로부터 자유롭게 되는 길은 명상을 통해 이루어지며 모든 사물의 "하나됨"을 깨달을 때 이루어진다고 한다. 셈족은 불규칙한 박자의 음악을 좋아한다(함은 이런 음악에는 견디지 못한다). 셈은 심포니를 포함한 야벳의 음악을 "행진곡"이라고 부른다. 셈은 가족을 부양하면서 그 권위에 있어 아무런 도전을 받지 않는다. 셈족은 모든 인종 중 가장 낮은 범죄율을 기록하고 있다. 아편, 하치스 등과 같은 마약에도 불구하고 함과 야벳보다 훨씬 죄를 덜 짓는다. 미국 감옥은 5%의 셈족과 65%의 함족 그리고 30%의 야벳족으로 구성되어 있다. 과학, 교육, 정치, 종교, 심리학, 철학 등은 감옥에 갇혀 있는 죄수들의 인종 비율에 관해서는 관심이 없는 것 같다. 그래서 〈피터 럭크만의 주석서〉 시리즈에서 이렇게 다루고 있는 것이다.

셈은 내성적이다. 셈은 명령을 받으면 그대로 따른다. 지도자에 대한 그의 존경심은 죽음까지도 불사하도록 하며, 그 지도자들에 대한 불신이 생기면 그를 죽여 버린다.

"파리 평화회담"은 진짜 셈족 기질을 갖고 있는 사람에게는 조크에 지나지 않았다. 그들은 단순하게 생각하며 곧바로 핵심으로 들어간다. 야펫이 "입장"문제를 놓고 속임수를 쓰려는 동안 셈은 뒤돌아 앉아 그를 비웃고 있다. 셈은 원자폭탄은 인정해 주지만 "외국 마귀"가 들어와 카톨릭 신자 몇 명을 내세워 자기 나라를 다스리는 것은 용납하지 않는다. 셈은 얼핏 보기보다 세 배 이상 똑똑하며 "평화협상을 위해 홍정"하는 것만큼 그에게 우스꽝스러운 일은 없다. 셈은 늘 10년 이상을 미리 내다본다. 따라서 원자폭탄을 쓰든지 아니면 포기하든지 둘 중의 하나이다. 셈과는 섞일 수가 없다. 셈은 채찍으로 때리든지 아니면 그대로 내버려 두든지 해야 한다. 셈은 적당히 구슬릴 수가 없다. 커플링의 〈동과 서의 발라드〉는 미 국무성의 그 어떤 장관의 연설보다 셈의 사고방식을 잘 파악하고 있다. 스틸웰 장군도 그랬다. 그러나 케네디가는 아무리 좋은 자료를 가져다 줘도 셈족을 결코 이해하지 못할 것이다. 순수한 혈통의 셈족은 싸움을 잘한다. 그는 쌀만 먹고도 3일 간을 달릴 수 있으며 야펫은 도저히 상상할 수 없는 환경도 끝까지 견뎌 낸다. 미국에서 백인이 무기의 수적인 우세로 셈족을 앞설 때까지는 100년이 걸렸지만 그들을 몰아내는 데는 200년이 걸렸다. 만약 백인이 아시아에서 5:1의 비율로 아시아인을 죽인다면, 백인은 모든 부하를 다 잃게 될 것이며 살육이 끝나고서도 셈족은 여전히 4배나 남아 있을 것이다. 셈과는 싸우지 않는 것이 좋다. 네덜란드 사람, 스웨덴, 아일랜드, 영국 사람과는 입바른 이야기를 하면서 앉아 있을 수 있지만 셈을 속일 수는 없다. 셈은 그와 무슨 흥정을 할 것인가 생각하기 전에 당신의 마음을 읽어 낼 수 있다. 셈은 그들의 조상을 존경하고 조상의 정신을 존중하며, 자아 부인을 실행한다. 갑작스러운 죽음, 해일, 지진, 방화, 기근, 홍수 같은 것이 닥치면 그는 자살을 시도하며 인류의 세 인종 중에서 가장 도덕성이 높다. 셈은 근면하고 등이 튼튼하다. 셈은 쌀과 생선을 주식으로 하며 야채 요리의 전문가이다. 셈이 당신을 존경하고 인정하면 당신은 안심하고 지갑도, 자동차도 맡길 수 있다. 그러나 그가 당신을 존중하지 않으면 당신은 결코 안전하지 못할 것이다. 셈은 독일 사람이 만들어 낸 것은 무엇이든 모방해서 만들 수 있다(오늘날 미국인들은 그것들을 돈을 주고 산다). 셈은 유럽인들이 만드는 것보다 훨씬 값싸게 무엇이든지 만들 수 있다. 셈은 수입과 관계없이 검소하게 산다.

물론 예외는 있기 마련이다. 지금까지의 특징은 셈족의 인종적 특징이지 개개인이 다 그렇다는 것이 아님을 잊지 말라.

"구원은 유대인에게서 온다"(요 4:22). 이 유대인은 셈족 출신이다(창 5:32; 6:10의 인종 분류를 보라).

『**이들은 노아의 아들들의 족속들이요**』(32절). 이 지구상에 살고 있는 모든 남녀노소는 노아의 세 아들의 부부로부터 유래한 것이다. 노아의 아들들의 족속들은 그들의 영적으로 죽은 아버지 아담의 타락한 형상을 지니고 있었고(창 5:3) 하나님의 명령에 의해 창세기 11:7-9에서 분리되어 바빌론으로부터 전 세계로 퍼져 나갔다. 이들 세 인종의 "순종"에 해당되는 민족은 중앙아프리카와 서남아프리카의 흑인(함족)과, 셈족을 대표하는 일본 사람과, 독일과 스칸디나비아 사람(맏형인 야펫)이라고 할 수 있다. 중간에 퍼져 있는 혼혈족으로는 북이탈리아의 금발머리 아탈리아인(롬바즈), 알사스로렌 지방의 금발머리 프랑스인(프랑크족), 프랑스의 노르망디인(노르만족) 독일 남동부의 검은색 눈을 갖고 있는 독일인, 가무잡잡한 이탈리아인과 스페인 사람, 갈색의 이집트인과 알제리아인, 흑갈색의 아라비아인, 가무잡잡한 그리스와 슬라브인, 얇은 입술을 갖고 있는 무어족, 넘실대는 머리를 갖고 있는 말레이시아인, 푸른 눈을 갖고 있는 유태인, 검은 머리의 아일랜드인 등이 있다. 이들 혼혈족들은 인간의 가장 커다란 야망은 "경계를 넘어가는" 것임을 명백히 입증해 주고 있다(행 17:26,27, 신 32:7,8, 느 13:26, 호 5:10).

인종의 용광로인 미국에서는 영국 사람이 피자를 먹고, 아일랜드 사람이 멕시코 고추를 먹고, 스페인 사람은 햄버거를 먹고, 이탈리아 사람은 폭스바겐을 타고, 필리핀 사람은 맥주를 마시고... 이런 상황에서는 돈 문제로 다투는 것 말고는 민족들 간의 경쟁이나 분쟁은 없어지는 것 같다. 오늘날 미국의 성공을 "인종 간의 평등"으로 돌리려고 하지만 그것은 잘못된 생각이다. 그것은 인간이 동물보다 우월한 것은 인간의 "내적 환경 적응 능력"이라고 주장하는 다윈의 이론을 연상케 하는 맹목적 낙관론에 지나지 않는다. 오늘날 미국이 내란이나 무정부 상태에 빠지지 않고 버티는 것은 아직까지는 미국에 돈이 있기 때문이며, 워싱턴이 로마에 팔려 넘겨질 때까지는 유지될 것이다. 하나님께서 주신 반카톨릭 종교개혁 성경, 〈킹제임스성경, 1611〉을 존중하고 보존하는 한 미국에는 충분한 돈이 있을지도 모르지만, 미국이 성경을 버리면 그때는 어떻게 되는지 두고 보라. 인종의 용광로인 미국은 부글부글 끓어오르게 될 것이며, 인종 통합을 찬성하는 사람들은 "인종 차별"이 인간의 성본능이나 종교 본능과 같은 인간 본성의 기본적인 요소임을 곧바로 발견하게 될 것이다. (더 자세한 내용을 알고 싶다면, 본토 유럽인과 얘기를 나눠 보라.)

『이들은 노아의 아들들의 족속들이요...』

창세기 11장

11:1 온 땅에 하나의 언어와 하나의 말만 있더라.
2 그들이 동쪽으로부터 이동하여 시날 땅에서 평원을 만나니 거기
에서 거하였더라.
3 그들이 서로 말하기를 "가서 벽돌을 만들어 단단하게 굽자." 하고
그들은 벽돌로 돌을 대신하고 역청으로 회반죽을 대신하였으며,
4 또 그들이 말하기를 "가서 우리를 위하여 성읍과 탑을 세우되 탑
꼭대기가 하늘에 닿도록 하여 우리의 이름을 내자. 그리하여 우
리가 온 지면에 멀리 흩어지지 않게 하자." 하더라.

본문에 나와 있는 내용은 오늘날 20세기를 살고 있는 우리에게는 너무도 익숙한 장면이 아닐 수 없다. 하나의 언어(written language), 하나의 말(spoken language), 완전한 통합. 뭔가 떠오르지 않는가? 인간들이 하나님을 배제한 채 오직 우리, 우리, 우리만을 찾고 있다(Let us, let us build, let us make a name...). 위대한 휴머니즘이 아닐 수 없다. "우리 모두 힘을 합쳐 하나가 됩시다." 이것이 오늘날의 유엔(UN)의 표어이다.

『**그들이 동쪽으로부터 이동하여**』(2절). 이 구절은 (성경을 성경으로 확인해 보면) 서쪽에서 동쪽으로의 이주라기보다는 동쪽지방(아르메니아와 티그리스와 유프라테스 상류지역)에서 시작된 이동을 말한다. 셈, 함, 야펫은 방주를 떠난 후 상당 기간 동일한 언어를 사용했다. 그리고 그들이 낳은 아이들은 초기에는 밀접하게 뒤섞여 있었다. 그들은 아라랏산에서부터 시날 평지로 즉 북쪽에서 남쪽으로 그리고 서쪽에서 동쪽으로 이동하여 티그리스강과 유프라테스강까지 이동하였다(창 3:24; 4:16 참조).

셈족, 함족, 야펫족은 이 방향으로 이주할 시에는 통합 그룹이었을 것이다. 물론 아라랏산에서 남서쪽(즉 팔레스타인과 아프리카 방향)으로 이주한 사람들과 북서쪽(즉 러시아와 발칸반도쪽)으로 이주한 사람들은 이 그룹에 포함되지 않았을 것이다(인도유럽어족의 기원에 관한 학자들의 논문을 살펴보라).

드디어 전도서 10:7 말씀이 그대로 이루어진 사건이 발생한다. 중국인들은 "거지를 말 등에 태워 보라. 그는 전속력으로 내달릴 것이다."라고 말한다. 창세기 11장에서는 종들의 종이 소요를 주도하게 되며(창 10:8-10 주석 참조) 이에 대한 심판은 불가피한 것이었다.

『**벽돌로 돌을 대신하고 역청으로 회반죽을 대신하였으며**』(3절). 이때 사람들은 하나님께서 만드신 돌 대신 인간이 만든 벽돌을 사용했다. 역청은 "진흙이 많은"이란 뜻이며 진흙(mud)은 오늘날 시멘트 모르타르 대신 미장이들이 사용하는 말이다. 이 상황을 분석해 보면 다음과 같다.

1. "잘못된" 건축 재료(창 11:3)
2. "잘못된" 건축 동기(창 11:4)
3. "잘못된" 건축 장소(창 11:2)
4. "잘못된" 태도(창 11:4)

『**성읍과 탑을 세우되**』(4절). 성읍(도시, city)은 상업의 상징이고 탑은 종교의 상징이다. 사람들은 "도시가 뭐가 나쁘냐? 예루살렘도 도시가 아니냐?"고 항의하겠지만 성령께서는 이와 같은 "긍정적 사고방식"을 갖고 있는 사람들에게 일격을 가하신다. 왜냐하면 최초로 도시를 건설한 사람은 살인자 카인이었기 때문이다. 탑(tower)이란 단어가 이곳에서 처음으로 등장하고 있다. 탑 형태의 소용돌이 모양을 하고 있는 바빌론의 여신들, 이집트의 오벨리스크, 알라스카의 토템, 오스트리아의 메이폴(높은 기둥), 뉴욕의 빌딩 숲, 로마의 크리스마스트리, 추기경과 교황의 머리 장식, 노트르담대성당의 첨탑, 케이프케네디의 로켓, 느부캇넷살의 형상 등을 잘 알고 있는 사람들은 탑이 무엇을 뜻하는지 잘 알 것이다. 탑이란 위로 올라가고자 하는 인간의 욕구를 상징하고 있다.

본문을 읽어 보면 그들 중 어떤 이들은 하나님께서 카인에게 내리신 심판을 자신들이 받지나 않을까 걱정하고 있는 것을 알 수 있다. 『**우리가 온 지면에 멀리 흩어지지 않게 하자.**』라는 말을 주목하라(창 4:14과 비교해 보라). 만약 바벨탑을 쌓은 사람들 중 카인의 친족이 아무도 없었다면(만약 함의 아내가 카인의 후손이라면 바벨탑의 주인공들 중에는 카인의 후손도 들어 있었던 것이다.) 카인은 적어도 인류가 잊어버리지 못할 그 무언가를 주입시켜 놓은 것이다.

벌링거와 몇몇 학자들은 〈킹제임스성경, 1611〉을 고쳐서 '탑 꼭대기가 하늘에 닿도록 하여'(whose top may reach unto heaven)를 '그 꼭대기를 하늘들로 만들고'(and its top with the heavens)로 한 다음 이것을 "탑 꼭대기에 황도 12궁을 새겨 넣었다."는 뜻으로 해석한다. 그러나 이러한 해석이 성경적 근거를 가지고 있느냐 하면 전혀 그렇지 않다. 이런 해석은 이집트의 덴데라와 에스네에 있는 사원에서 황도 12궁이 그려져 있으므로 바벨탑에도 황도 12궁이 있을 것이라고 추정하는 데서 비롯된다.

이 탑은 헤로도토스(B.C. 440)에 의해 주피터 벨루스의 탑으로(창 6:1,2 주석 참조) 묘사되어 있다. 몇몇 자료에 따르면 바벨탑은 기초가 약 200 평방야드 정도의 8층 탑으로 나선형의 계단이 있었다고 한다(Pliny, 제6권 p.30; Layard, 「니느웨와 바빌론」, p.496). 문제는 어떻게 이 탑이 하늘에 닿을 수 있겠느냐는 것이다. 결국 벌링거를 비롯한 학자들은 이 모순을 없애기 위해 성경을 고쳤지만 그것은 성경을 보호하는 행동이 아니다. 성경은 한 구절을 고치면 두 구절을 고치게 되고 그러다 보면 열 구절을 고치게 된다. 바늘 도둑이 소 도둑이 되는 법 아닌가? 오늘날 근본주의자를 자처하는 사람들은 필립스 성경이나 〈확대역본, *Amplified Version*〉을 쓰고 무신론자와 자유주의자들은 RSV를 쓰지만 그들의 차이점이라고는 몇 구절을 고치느냐일 뿐 성경을 고친다는 점에서는 다를 게 하나도 없다.

1. 홍수 이전에는 "하늘들"이 달보다 지구에 더 가까이 있었을 수 있

으므로 하늘에 이르려는 노력을 헛된 일로 간주할 수 없다.

2. 이곳에 언급된 하늘은 구름들을 지칭할 수 있으므로 인간들의 노력이 결코 헛된 것만은 아니었을 것이다.

따라서 우리는 성경을 손대지 않고 그대로 두려고 한다. 뿐만 아니라 "may"란 단어는 그 자체로 시사하는 바가 크다고 하겠다. 인간이 만든 종교들은 하늘에 도달할 수 있다는 확신을 주지 못하며 어쩌면 하늘에 도달할지도 모른다는 "희망"만을 주기 때문이다(〈킹제임스성경, 1611〉에는 may라는 조동사가 분명히 나와 있다).

11:5 주께서는 사람의 자손들이 세우는 성읍과 탑을 보시려고 내려오셨더라.

6 주께서 말씀하시기를 "보라, 백성이 하나요 그들 모두가 한 언어를 가졌기에 이런 일을 시작하였으니, 이제는 그들이 하기로 구상한 일은 아무것도 막을 수 없을 것이라.

7 가자, 우리가 내려가서 거기에서 그들의 언어를 혼란시켜 그들이 서로의 말을 알아듣지 못하게 하자." 하시고

8 주께서 그들을 그곳에서 온 지면에다 멀리 흩으시니, 그들이 성읍을 짓는 것을 그쳤더라.

『**주께서는... 내려오셨더라**』(5절). 물론 이분은 모세(출 3장), 야곱(창 32장), 마노아와 그의 아내(판 13장)에게 내려와서 나타나셨던 "주의 천사"이다. 『**보시려고**』라는 말은 그저 관람한다는 뜻이 아니라 "조사차" 내려오셨다는 말이다. 아마 다음과 같은 심문이 있었을 것이다.

주 : 당신들 여기서 무엇을 하려는 거요?

인간 : 그것도 모르시오, 님롯에 대해 못 들어 봤소? 그 사람은 왕중의 왕이오. 그 사람 부인을 못 봤소? 그 여자는 물라토(혼혈)가 아니고 눈같이 하얀 백인이지요.

주 : 이 탑을 쌓는 목적이 무엇이오?

인간 : 위로 올라가서 달의 뒷부분을 관찰하려고 하오. 주피터호, 토르호, 아틀라스호, 아폴로호를 발사해서 별을 탐험하려고 생각 중이오.

주 : 목성, 금성 그리고 다른 별들에 가면 뭘 하려고 하시오?

(...)

(이런 유의 주석은 학자들이 모세의 기록의 역사성에 관해 쓴 "위대한" 논문들(P, J, L, R 문서 등)은 못 되지만 본문 내용이 실제로 무엇에 대한 것인지에 대해서는 독자들의 이해를 돕는다고 생각된다.)

『**보라, 백성이 하나요...**』(6절). 그 지역은 완전한 통합을 달성했다(창 11:1,2 주석과 오늘날의 유럽 통합을 주목하라). 백성이 하나라는 말은 오늘날 현대 교육자, 과학자, 종교 지도자, 공산주의자들이 염원하고 있는 인류의 통합이 시저가 황제가 되기 훨씬 전에 이미 이루어졌었다는 것을 보여 준다. 바벨탑을 쌓기 위해 모였던 사람들이 달성했던 그 "하나됨"이 오늘날 현대인들이 에큐메니칼 공회와 강제적인 통합(인종, 정치, 경제, 문화 등)을 통하여 이루고자 하는 바로 그것이다. 그러나 이러한 목표는 하나님께서 심판하실 잘못된 목표요, 쓸데없는 목표요, 불경스러운 목표였던 것이다. 다시 말해 "20세기의 위대한 표어"인 "모든 곳의 모든 사람에게 평화", "모든 인간은 형제", "모든 인간은 평등하다"와 같은 주장은 이교도의 타락에서 유래된 유품이며 하나님께서는 자기들 고집대로 뭉쳐 하나가 되는 그들을 묶어 심판하신다(습 3:8, 미 4:12, 슥 12:3, 사 9:11,12). 성경대로 믿는 그리스도인들에게 하나 되라고 말씀하신 것 이외에 성경 그 어디에서도 "하나 됨"(oneness)이니 "함께함"(togetherness)이니 하는 말은 없다. 고린도전서 12,13장 요한복음 10,17장 고린도전서 1장 등 하나 됨을 언급하고 있는 곳은 전부 거듭난 그리스도인에게 해당되는 것이다. 인류, 인종, 부족, 언어, 민족, 교회, 학교, 정부, 사회단체 등이 다 하나가 되라는 말은 한 군데도 없다. 이 모든 것을 하나로 합치려는 것은 국가사회주의(히틀러의 나치), 종교적 파시즘(로마 카톨릭), 소련 공산주의의 목표일 뿐이다. 성경은 "하나 됨"과 "함께함"이란 교리는 거듭나지 못한 인간이 우주를 자기들 손 안에 장악하려는 음모일 뿐이라고 단정 짓는다(창 3:17-19 주석 참조).

『**이런 일을 시작하였으니... 아무것도 막을 수 없을 것이라**』(6절). 이 구절은 창세기 8:21과 비교해 보아야만 한다. 창세기 8:21은 사람의 마음의 상상(imagination)이 어려서부터 악하다고 말씀하고 있다. 창세기 6:5에는 마음의 생각의 상상(imaginations)이 계속해서 악하다고 하셨고, 창세기 11:6에도 그들이 하기로 구상(imagined)한 일이라는 표현을 쓰고 있다. 이 세 구절을 통해 인간이 꾀하는(imagine) 모든 것이 악하다는 것을 알 수 있다. 하나님께서 인간들이 "외계"를 탐험하려는 시도를 막으시는 것은 하나님께서 그의 피조물이 어떤 존재인지를 알고 계시기 때문이다(시 139:1-4; 94:1, 욥 42:2). 하나님께는 그 누가(심리학자든 정신과 의사든) 인간 안에 무엇이 들어 있는지(요 2:25) 증거할 필요가 없다. 인간에 대해 인간들이 무슨 말을 하든 간에 - 동서양 고전에 이미 수없이 많은 이야기들이 적혀 있다. - 하나님의 인간에 대한 의견은 인간은 먼지와 재이며(시 103:14), 땅에 널려진 똥이며(욥 20:7), 마르는 풀이며(벧전 1:24), 메뚜기이고(사 40:22), 치료가 불가능할 정도로 악하며(렘 17:9), 잘못 태어났고(요 3:3), 최상의 상태에서도 (링컨, 워싱턴, 아인슈타인, 루스벨트, 리빙스턴, 프랭클린, 허드슨 테일러, 나폴레옹, 베토벤, 렘브란트, 바울, 베드로, 모세, 다윗, 웨슬리, 이순신, 세종대왕 등) "다 헛될 뿐이다."(시 39:5)라고 하신다.

결국 하나님께서는 태양계로 올라가고자 하는 인간의 계획을 막으셨다(그대로 놔두셨다면 인간은 장차 별들을 식민지로 삼고 별들의 전쟁을 벌일 것이기 때문이다). 본문 말씀에 『**그들이 하기로 구상한 일은 아무것도 막을 수 없을 것이라.**』라고 되어 있는데 이 말씀으로 미루어 볼 때 인간은 사탄의 도움으로 외계를 식민화할 수 있을 만큼 충분한 가능성을 지니고 있음을 알 수 있다. 따라서 하나님께서 막지 않으시면 인간은 못할 것이 아무것도 없는 것이다. 결국 하나님께서 창세기 11:7,8에서 인간의 계획을 차단하셨다.

『**주께서 그들을 그곳에서 온 지면에다 멀리 흩으시니, 그들이 성읍을 짓는 것을 그쳤더라**』(8절). 이 상황에서 하나님께서는 인종차별의 직접적 당사자로 등장하신다. 당시 모든 인간들의 소망과는 달리 하나님께서는

"인종들을 나누시고", "분리시키시고", "경계를 정하신다"(행 17:26,27과 신 32:7,8 즉 신구약 두 곳에서 모두 이 사실을 보여주고 있다). 바로 이 사실이 오늘날 "하나의 세계"(지구촌)를 이루어보려는 자들이 그토록 성경을 반대하는 이유인 것이다. 인종혼합주의자들은 인종 간에 차별을 두시는 하나님을 없애고자 지금도 온갖 언론매체를 동원하고 있다. 한마디로 "성경이 인간에게 부정적이므로 인간은 성경을 거부하는 것이다." 이 땅에 평화와 인간에게 호의를 가져오기 위한 하나님의 "계획"은 분리(신 32:7,8)와 구별(사 5:8)과 나눔(눅 12:51)과 차별(고후 6:14-17)인 것이다. 현대인들이 이러한 지정학적 구상에 대해 갖는 생각은 간단하다.

1. 우리는 과거 차별을 시도했지만(1918), 별 효과가 없었다(민족주의).

2. 따라서 "모두 함께 모이는 것"(1945)만이 유일한 해결책이 될 것이다(국제연합). 아마 현대인들은 세 번째 사항은 좋아하지 않겠지만 그들의 미래는 이렇게 될 것이다.

3. **『오 너희 백성들아, 단결하라. 그래도 너희가 산산이 부서지리라. 너희 먼 나라들의 모든 사람아... 함께 의논하라. 그래도 아무것에도 이르지 못하리라』**(사 8:9,10).

인간들이 1번을 택하든, 2번을 택하든 인간이 도달할 곳은 지옥밖에는 없다(시 127:1).

만약 당신이 매 20-25년마다 커다란 전쟁이 터지는 개인주의적 자본주의 경쟁 사회를 원하면 고립주의에 주력하라. 만약 당신이 연방의 도움을 받고 중앙의 통제를 받는 통합된 공산주의 사회를 원한다면 "함께 모이기"에 주력하라. 매 5년마다 작은 전쟁이 일어날 것이다. 첫 번째 사회가 치러야 할 대가는 이 사회에서는 인간은 하나님을 신뢰해야 한다는 것이요, 대규모 군대를 유지해야만 된다는 것이고 두 번째 사회가 치러야 할 대가는 모든 인간은 자유와 확신을 상실하고 모두가 혼혈된 "하나의" 인종으로 전락해 버린다는 것이다. 이에 대한 하나님의 해결책은 간단하다.

1. 이 지구를 소유하게 될 올바른 주인이 지구에 돌아오시는 것(골 1장).

2. 이분이 그의 올바른 보좌에 올라 통치하시는 것(눅 1:29-33).

3. 전 세계를 절대 권력으로 다스리시는 것(계 20:1-6, 〈천국과 하나님의 나라〉(Kingdom of Heaven Versus Kingdom of God) 참조)

바로 이 때문에 성경은 "이 땅 위에 평화를 주소서."라는 기도로 끝나는 것이 아니고 "전쟁을 끝내게 해 주소서."도 아니고 "인간이 하나 되게 하소서."도 아니고 "서로 사랑하게 하소서."도 아니고 "아버지의 왕국이 임하옵소서."도 아니고 "인류가 한 형제가 되게 하소서."도 아니다. 성경의 마지막 기도는 『**그러하옵니다.** 주 예수**여, 오시옵소서.**』(계 22:20)인 것이다.

창세기 11장에서 민족들은 "통합과 하나 됨"을 추구했으나 그 결과는 혼동이요 의사소통의 단절이었다.

블릭에 따르면 바벨탑 당시의 하나의 언어에 가장 가까운 언어는 히브리어라고 한다(이것은 창 31:47의 야곱의 아람어에 근거한 주장이다). 이러한 블릭의 주장은 블릭이 초등학교도 졸업하기 전에 성경에서 이미 확인되고 있다(행 26:14, 계 19:1-4). 필로에 따르면 바벨탑 건축에 참여한 사람들은 벽돌 하나하나에 자기 이름을 새겨 넣었다고 하니 "유엔 빌딩"이 완성되었을 때에는 거대한 전화번호부라도 되었단 말인가?

그런데 오늘날 바벨 도성은 혼돈과 동의어로 쓰이고 있음은 웬일인가? 하나님의 바벨탑에 대한 심판은 엄중했던 것이다.

목수가 2층에서 벽돌을 쌓는 사람에게 외친다. "Arung mata asboc!" 무슨 소리인지 알아듣지 못한 벽돌공은 옆 사람에게 묻는다. "무슨 소리야?" 옆에 있던 조수는 벽돌공의 말을 못 알아듣고 "Vouz parlez arec seswa?"라고 반문하고 서로 못 알아들은 사람끼리 눈이 휘둥그래지는 꼴이라니... 결국 "유엔 빌딩" 건축 현장은 온통 혼란으로 뒤덮이고 각자 제 길로 떠나버린다. 하늘에서는 조롱하는 소리가 들리고(시 2:4), 미카엘은 "이 세상의 지혜는 하나님께 어리석은 것이라."(고전 1장)고 적어 놓는다. 그는 옆에다가 "하나님께서는 현명한 자들을 자신들의 꾀에 빠지게 하신다."고 메모를 해놓는다. 하나님께서 과학자, 교육자, 성경학자 및 종교 지도자들을 혼돈시키시려 할 때는 결코 직접 나서서 그 일을 수행하시지 않으신다. 천사를 보내시고 하늘에 환상을 보내시거나, 기적적인 방법으로 개입하시거나 하는 것이 아니다.

하나님께서 똑똑한 사람을 멍청하게 만드시려고 하실 때는 "하나님의 어리석음"을 사용하신다(고전 1:25 참조). 아마 하나님께서 인간에게 보이신 가장 위대한 어리석음은 여인으로 하여금 남자 없이 아이를 낳도록 하신 것일 것이다(눅 1장). 학자들은 하나님께서 놓아두신 이 간단한 장애물에 계속해서 걸려 넘어지고 있는 것이다. 바벨탑에서는 하나님께서 언어를 혼란케 하신 것밖에 없다. 갑자기, 어떤 사람이 한 말이 듣는 사람에게 그 전하려는 의도대로 들리지 않게 하셨을 뿐이다.

『**온 지면에다 멀리 흩으시니**』(8절, 신 32:7,8 참조). 셈족은 동쪽과 북동쪽과 남동쪽으로 이동하기 시작하고 함족은 남동, 남서, 서쪽으로 그리고 야펫 족속은 서쪽, 북서쪽, 그리고 북쪽으로 "각자의 방언에 따라"(창 10:5) 흩어져 버렸다.

11:9 그러므로 그것의 이름을 바벨이라 불렀으니, 이는 주께서 거기에서 온 땅의 언어를 혼란케 하셨음이라. 주께서는 거기서부터 그들을 온 지면에 멀리 흩으셨더라.

『**바벨**』(9절)이란 "혼동"을 의미하며 원래 "바빌론"("하나님께 이르는 문"이란 뜻)으로 불리던 도시의 이름이었을 것이다. 이곳은 후일 역사에서 "바빌론"으로 되었으며(렘 40,50,51장과 단 1,2,3장) 모든 종교 통합 운동의 유형이 되었다(이 운동은 "에큐메니컬 운동"이라고 불리고 있지만 "혼돈"이라고 불리는 것이 더 적절할 것이다). 성령께서 종교 통합에 사용하신 동일한 단어를 여자와 짐승과의 교접에(레 18:23) 사용하고 계신 것은 주목할 만하다. 바로 이 때문에 마지막 시대에 나타날 전 세계적인 종교 통합을 여자와 짐승과의 관계로 묘사하고 있는 것이다(계 17:1-3). 존 녹스는 스코틀랜드의 메리 여왕에게 "당신의 교회(카톨릭 교회)는 창녀입니다."라고 솔직히 답변했다는 사실을 기억하자.

언어의 혼란은 요한계시록 7:9까지 치유되지 않는다. 인간의 혀를 지으신(눅 1:64, 막 7:35, 출 4:10,11) 주 예수 그리스도의 인격과 사역과 연관되어서만 이 문제가 해결될 것이다. 방언들이 은혜의 시대가 도래할 표적으로서 일시적으로 회복되었던 시기가 있었다(행 2:1-6). 그러나 방언들은 단지 "부분적"으로만 예언할 뿐이다(고전 13:9-13). 이 시대의 방언은 무의미한 소리에 불과하다. 오늘날 언어학자들은 "해석하는 사람"으로 신임을 얻고 있는데 이는 이 시대의 인간의 유일한 목표가 도성을 회복하여 그 탑의 꼭대기가 하늘에 이르도록 하는 것이기 때문이다. 오늘날 위대한 언어학자는 육체를 입고 내려온 헤르메스신(머큐리)으로(행 14:12) 간주되고 그의 임무는 바벨탑의 영광을 되찾기 위해 창세기 11장의 "UN"을 회복시키는 일이라고 한다. 이로써 우리는 1901년 이래로 근본주의와 보수주의 신학교에서 일어난 사건들을 이해할 수 있게 된다. 일련의 언어학자들이 바티칸 사본에 관한 웨스트코트와 홀트의 이론(8,000분의 1의 가능성이라는 수학적 확률에 근거한 터무니없는 공론임이 이미 밝혀졌다.)을 수용한 사건이 바로 그것이다(〈필사본 증거, *Manuscipt Evidence*〉를 보라). 바이블 바벨탑보다 더 무의미한 바벨탑은 없다는 사실을 잊지 말자.

『**주께서는 거기서부터 그들을 온 지면에 멀리 흩으셨더라**』(9절). 바로 이것은 인간들이 피했으면 하고 바랐던 일이다(4절). 그러나 주님께서는 흩어 버리셨다. 다시 말해 주님께서 인류를 분리시키고 혼란시키신 분이라는 사실이다. 하나님께서는 혼란의 창시자가 아니시다(고전 14:33). 그러나 인간이 인종들을 혼란시키려고 시도할 때면 혼란이 있도록 허락하셔서 더 큰 혼란을 막으신다.

바빌론 왕조는 계속해서 이어져 내려왔고(키쉬, 라가쉬, 에렉, 악캇, 우르) 바빌론의 종교사는 역사를 통해 계속해서 이어져 콘스탄틴 치하의 로마 감독들에게로 계승되었다(계 2:12,13 주석 참조). 바빌론의 종교사에 관한 결정적인 책은 알렉산더 히슬롭이 쓴 〈두 개의 바빌론〉(The Two Babylons)이다(Loizeaux Bros., 1916, N.Y.). 아슈타롯(세미라미스)과 그녀의 "동정녀 탄생 아들"(탐무스)과 더불어 쿠스와 님롯을 신격화하는 것으로부터 이집트, 중국, 일본, 힌두, 로마 및 그리스 종교들이 출발하였다. 이들 종교들에 대한 정보는 너무도 엄청난 분량이어서 이곳에서 다룰 수는 없다. 다만 최후의(1990–) 세계 강국은 배교한 로마 카톨릭 교회가 배교한 개신교 동조자들 안에서 "육신"으로 부활하여 나타나게 될 옛 바빌론 종교라는 사실만 짚고 넘어가고자 한다(계 14:8에 관한 주석 참조).

11:10 ○ 이것이 셈의 후대라. 셈이 일백 세였을 때, 즉 홍수 후 이 년에, 아르박삿을 낳았고

11 셈은 아르박삿을 낳은 후 오백 년을 살며 아들들과 딸들을 낳았더라.

12 아르박삿은 삼십오 년을 살고 살라를 낳았고

13 아르박삿은 살라를 낳은 후 사백삼 년을 살면서 아들들과 딸들을 낳았더라.

14 살라는 삼십 년을 살고 에벨을 낳았고

15 살라는 에벨을 낳은 후 사백삼 년을 살면서 아들들과 딸들을 낳았더라.

성령께서는 다시 역사 기록을 재개하신다. 성령께서는 셈의 족보를 제시하심으로써 독자들에게 아브라함, 이삭, 야곱의 조상들을 보여 주신다(우리는 창 10:22-26 주석에서 이들의 히브리어 의미들을 살펴본 바 있다).

이 족보를 읽다 보면 셈족 후손들의 수명이 점차로 줄어든 사실을 알 수 있다. 창세기 5장에 나오는 아담의 후손들의 족보와 비교해 보라. 셈은 600세, 아르박삿은 438세, 살라는 433세까지 살았고 수명은 족보가 이어지면서 계속해서 줄어든다. 스룩은 230년 나홀은 148년밖에 못살았다. 이것은 분명 지구상의 대기권에 발생한 엄청난 변화에 기인하는 것이다. 인간의 수명을 900여 세에서 100여 세까지로 끌어내릴 정도의 변화라면 전혀 변화가 없는 상황으로 가정하고 만들어진 시대 측정 방법들(Libby 14)은 아무리 "과학적"이라고 내세워도 아무런 의미가 없다고 하겠다. 자신들의 지성과 문화를 인정받고 싶어 하는 그리스도인들은 이런 "과학"에 매료될지 모르지만 성경대로 믿는 그리스도인은 그런 속임수에는 끌려다니지 않는다. A.D. 200년에 살았던 저스틴 마터는 바로 그러한 기독교 "지성인"으로 (적어도 그가 회심할 때까지는) 그의 설교와 글에 "과학적 사실"에 모순되는 것이 있을까 노심초사했던 사람이었다. 그는 당시의 지성인들로부터 조롱당할 것을 염려했다. 그러나 조롱은 그리스도인에게는 당연한 유업의 일부인 것이다(행 2:13; 17:32, 눅 23:11,36). 고린도전서 15:1-4에 나오는 단순한 복음을 전해 보라. 당신은 조롱과 웃음거리가 될 것이다. "교양 있는 크리스천" 지성인들에게 묻겠다. "과학자들의 도움이 전혀 없이 시체가 무덤에서 나와 북극성을 향해 우주비행을 하는 것(다시 말해 첫 번째 부활)을 '과학적'으로 어떻게 설명할 것인지요?" 과학이 성경과 다른 사실을 말하면 과학은 무지한 사람들이 성경을 경멸하는 것과 똑같은 경멸을 받게 될 것임을 경고해 둔다(딤전 6:20).

이곳에 나와 있는 사람들의 나이는(10-15절, 16-26절) 야곱 벤 하임(Jacob Ben Chayim)의 히브리어 본문에서 나온 것이다. 그런데 이 부분이 A.D. 350년에 쓰인(B.C. 250년이 아니다.) 히스키안 사본에는 변개되어 있다[아르박삿(438세가 535세로), 살라(433세가 460세로), 에벨(464세가 404세로)]. 이 텍스트는 학자들이 "70인역"(LXX)이라고 부르는 것이다. 그러나 실제 〈칠십인역〉이라는 것은 없다. 이 〈칠십인역〉은 웨스트코트와 홀트의 이론처럼 헬라어 성서학자들이 주관적으로 조작해낸 것이다. 소위 "70인역"(LXX)은 바울이 처형당한 300년 이후에 쓰여진 사본들로 구성되어 있고 주로 히브리어 본문을 변개시킨 것으로 되어 있다. 사마리아 모세오경은 11,13,15,17,19절에 "그리고 그는 죽었다."라는 말을 첨가시켜서 창세기 5장의 족보와 비슷하게 만들려고 했지만 이것은 하나님께서 금지시킨 그 행위일 뿐이다(신 4:2, 잠 30:6, 계 22:18,19). 성경대로 믿는 그리스도인은 하나님께서 오류 없이 섭리로 보존하신 성경을 그대로 믿는다.

소위 "70인역"이라고 하는 것에는 12절에 "카이난"이란 이름이 삽입되어 있다. 그러나 히브리어 성경 역대기상 1:18에 보면 그 이름이 빠져 있음을 알 수 있다. 바로 이런 짓이야말로 알렉산드리아 학파의 "서기관"들이(B.C. 150-300) 저지른 본문 조작의 전형적인 형태이다. 대부분의 보수주의 학자들이(1800-1970) 이와 같은 본문 조작의 증거(이외에도 수십 개가 있음)에도 불구하고 여전히 〈칠십인역〉의 정체에 대해 오리무중인 것은 신비로운 일이 아닐 수 없다. "카이난"의 이름을 창세기 11:12에 삽입시킨 자는 누가복음 3:35,36의 본문을 앞에 놓고 고쳤던 것이다. 어째서 보수주의 학자들은 이것을 깨닫지 못하는지 알다가도 모를 일이다. "70인역"은 신약성경을 앞에 놓고 신약에 인용되어 있는 구약성경을 신약에 인용되어 있는 그대로 고쳤던 것이다. 이 사실은 구약성경의 일부가(창 11:12도 그 한 예이다.) 고쳐져 있는 사실로 입증된다. 이 사실을 학자들이 어떻게 왜곡시키는지 살펴보자.

1. 초기 그리스도인들은 〈칠십인역〉을 사용했다. 이는 신약성경에 인용된 구약성경의 내용과 〈칠십인역〉이 일치하고 있기 때문이다.

2. 누가복음 3장의 "카이난"은 〈칠십인역〉에서 족보를 보고 기록한 것이다.

3. 바티칸사본(B)과 시내사본(Aleph, A.D. 350)은 프톨레미 필라델피우스의 명령에 의해 B.C. 250년에 쓰여졌다.

이에 대한 성경대로 믿는 사람들의 답변은 이러하다.

1. 1세기 당시의 유대인 그리스도인들은 〈칠십인역〉이 있었다 할지라도 헬라어로 된 구약성경은 거들떠 보지도 않았을 것이다.

2. 창세기 11:12은 그리스도의 승천 후 320년쯤 지나 헬라어로 필사되었는데, 누가복음 3:35,36은 정확한 본문이며 누군가가 이 본문을 보고 "하나님을 도와드리기 위해"(창 46:25-27 주석 참조) "카이난"을 재삽입시켰다.

3. 일반주석서들에서 〈칠십인역〉(혹은 알렉산드리아사본)으로 인용된 바티칸사본과 시내사본은 사도행전 1-10장 사건이 있은 후 300년이 지난 뒤에 쓰여졌으며 "70인역"으로서가 아니라 신약성경 기록 이후에 기록된 외경으로 분류되어야 마땅하다. "70인역"을 인용하면서 그것은

B.C. 250년에 이집트에서 만들어진 것으로 알려진 그 〈칠십인역〉이 아님을 밝히지 않은 모든 주석은 독자들을 의도적으로 속이려 하는 엉터리 주석일 뿐이다. 시중에 나와 있는 주석 95%가 이에 해당된다.

오리겐, 심마쿠스, 테오도티안, 아퀼라와 그의 동료들은 (알렉산드리아의 필로가 조작한 편지의 도움을 받아) 최선을 다해서 "하나님을 도와드렸다." 이들은 구약성경과 신약성경 구절을 일치시키려고 할 때 "후대의 학자들에게" 위대한 봉사를 하고 있다고 착각했을 것이다. 그러나 그들이 저지른 짓은 살아계신 하나님의 말씀을 변개시킨 것 뿐이다(렘 23:36).

『**셈은... 아들들과 딸들을 낳았더라**』(11절). 여기에 열거된 이름들은 창세기 5:4의 아담의 계보가 모든 사람을 다 포함하고 있지 않듯이, 셈의 모든 후손은 아니다. 셈의 후손에는 인도, 중국, 일본 그리고 미얀마, 태국, 동파키스탄, 한국 및 시베리아로 건너가 정착한 사람들도 포함된다. 에벨에 관한 설명은 창세기 10:25 주석을 보라.

11:16 에벨은 삼십사 년을 살고 펠렉을 낳았고

17 에벨은 펠렉을 낳은 후 사백삼십 년을 살면서 아들들과 딸들을 낳았더라.

18 펠렉은 삼십 년을 살고 르우를 낳았고

19 펠렉은 르우를 낳은 후 이백구 년을 살면서 아들들과 딸들을 낳았더라.

20 르우는 삼십이 년을 살고 스룩을 낳았고

21 르우는 스룩을 낳은 후 이백칠 년을 살면서 아들들과 딸들을 낳았더라.

22 스룩은 삼십 년을 살고 나홀을 낳았고

계속해서 수명이 줄어들고 있다. 에벨은 464세, 펠렉은 239세, 르우는 239세, 스룩은 230세, 나홀은 148세까지 살았다. 창세기 5:1-20에서는 100세에 아이를 가졌으나 살라는 30세에, 에벨은 34세, 펠렉은 30세에, 르우는 32세에, 스룩은 30세에 그리고 나홀은 아브라함의 아버지 테라를 29세에 낳았다.

11:23 스룩은 나홀을 낳은 후에 이백 년을 살면서 아들들과 딸들을 낳았더라.

24 나홀은 이십구 년을 살고 테라를 낳았고

25 나홀은 테라를 낳은 후에 일백십구 년을 살면서 아들들과 딸들을 낳았더라.

26 테라는 칠십 년을 살고 아브람과 나홀과 하란을 낳았더라.

『**스룩**』(23절)은 히브리어로 "확고함, 힘"이란 뜻이고 나홀은 "찌르는 자" 혹은 "헐떡거림"이란 뜻이며 테라는 "돌아감 혹은 지체함"이란 뜻이다("이주"라는 말과 같은 어근이다).

『**테라**』(26절)의 나이에 관해서는 문제가 있다. 아브람은 테라가 70세 때 태어났고 테라는 이후 135세를 더 살아 총 205세까지 산 셈이다. 그런데 아브람은 하란을 출발할 때 75세였고 이때 테라의 나이는 145세였다. 그렇다면 테라는 60년을 더 살게 된다. 그러나 창세기 11:32에 따르면 아브람이 하란을 떠나기 전 테라는 죽은 것으로 되어 있다. 이 모순을 제거하기 위해 사마리아오경은 테라의 나이를 205세 대신 145세로 낮추었고 "하나님을 돕기 위해" "70인역도" 테라의 나이를 135세로 만들었다(이 모든 시도는 사도행전 7:4을 본문과 일치시키려는 시도였다. 그러니까 "70인역"을 만든 사람은 앞서 말한 대로 사도행전 본문을 앞에 놓고 사도행전 7:4에 입각해서 구약성경을 뜯어 고친 것이다). 물론 하나님의 말씀이 모순되는 것 같아 보여서 "선한 의도"(창 3:6의 이브의 의도를 참조하라.)로 "성경을 더 명확히" 하기 위해 그리했다고 변명하겠지만 모든 선한 의도들 역시 지옥에 이르는 길인 줄 몰랐단 말인가?(잠 14:12)

겉보기에 해결할 수 없는 것 같은 이 문제 역시 성경대로 믿는 사람들은 성경을 신뢰하고 성경에서 답을 찾는다. 테라는 B.C. 2126년에 태어났고 205년을 살고 B.C. 1921년에 죽는다. 그의 나이 70세 때(B.C. 2056) 그는 아브람이 아니고 나홀을 낳았다(성경은 아브람의 형제들의 나이 순서도, 셈, 함, 야펫의 생일 순서도 명확히 나와 있지 않다는 사실을 기억하는가? 창 5:32; 6:10 참조). 아브람은 테라가 130세 때인 B.C. 1996년에 태어나 테라가 205세가 되어 죽은 B.C. 1921년에 75세였다. 〈킹제임스성경, 1611〉은 정확하고 오류가 없는 반면 사마리아오경과 "70인역"(LXX)을 비롯한 다른 성경들은 전혀 믿을 바가 못된다.

학자들이 성경에 모순이 있다고 절절매는 동안 성경을 신뢰하는 사람들은 쉽게 해답을 찾아내는 것이다.

『**아브람과... 낳았더라**』(26절). 이때부터 성경은 다시 개인의 역사로 되돌아 간다. 창세기 11:26까지 등장하는 위대한 인물들은 아담, 아벨, 에녹, 노아였다. 드디어 이스라엘 민족의 족장들의 조상뻘인 아브라함이 성경에서 처음으로 등장하고 있다(B.C. 1996). B.C. 1996년은 2000년과 불과 4년 차이로 예수 그리스도의 재림으로 이루어질 천년왕국의 시작 전인 A.D. 1996년과 관련되어 뭔가 시사하는 바가 있을 것 같다.

아브람은 노아로부터 시작해 10대손이며 그는 "히브리인"(창 14:13)이라고 불렸다. 그는 할례받지 않은 셈족으로서(롬 4장) 이교도로부터 뇌물 혹은 보상을 거부했으며(창 14:22,23), 십일조를 바쳤고(창 14:20), 믿음으로 불가능한 것을 믿었고(창 15:6), 참 하나님께 희생제를 드렸고(창 15:9,10) 하나님으로부터의 명령을 반문 없이 순종했고(창 17:26), 형제를 위해 중재했고(창 18:23-33), 실제적인 부활을 믿었으며(창 22:5), 그것도 진리에 자기 자신의 아들의 생명을 걸면서까지 믿음을 실행했던 것이다(창 22:10). 20세기 사람들로서는 실로 입이 딱 벌어지는 놀라운 사람이다. 실로 그는 "하나님의 친구"였던 것이다(약 2:23을 보라).

11:27 **○ 이것이 테라의 후대라. 테라는 아브람과 나홀과 하란을 낳았고 하란은 롯을 낳았으며,**

28 **하란은 그의 아비 테라보다 먼저 그의 출생지인 칼데아 우르에서 죽었더라.**

29 **아브람과 나홀이 각자 아내를 얻었으니, 아브람의 아내의 이름**

은 사래요, 나홀의 아내의 이름은 밀카니 하란의 딸이요, 하란
은 밀카의 아비이고 이스카의 아비더라.
30 사래는 임신하지 못하므로 자식이 없었더라.

성경에서 처음으로 롯이 등장한다(창 4:1-4에 나오는 대조되는 쌍에 관한 주석 참조). 롯이란 히브리어 단어는 "낮은" 혹은 "어두운 것" 혹은 "어두운 색깔의 것"과 연관되어 있다(창 13:10을 보면 롯이 함족에 대해 마음이 끌리고 있음을 알 수 있다. "롯의 아내를 기억하라"). 주 예수 그리스도께서는 신약 시대의 성도들에게 "노아의 날들"과 "롯의 날들"(창 4:20-24에 나와 있는 "노아의 날들"에 관한 주석 참조)에 관해 경고하셨으므로 우리는 롯이라는 이름에 대해 주목해야 한다. "롯의 날들"은 재림 직전의 세상의 상황을 예표하고 있으므로 특별히 관심을 갖고 있어야 한다.

롯이 살던 시대의 특징은 다음과 같다.

1. 완전한 통합
2. 하나의 세계어
3. 바빌론 종교(숭배)
4. 외계로 진출하려는 시도
5. 하나님께서 만드신 재료 대신 인간이 만든 인위적인 재료를 사용함
6. "도시들"과 "탑들"에 대한 강조
7. 히브리인들을 팔레스타인 땅으로 불러냄
8. 함족 통치자(님롯)를 높임

이상 여덟 가지가 창세기 11장에서 발견되는 내용이다. 그런데 바로 롯이 창세기 11장에서 처음으로 언급되고 있는 것이다. 1990년 현재 미국의 뉴욕에 있는 UN빌딩에서 나온 사람이라면 이 여덟 가지 사항을 금방 알아차릴 수 있다. 하나님께서는 이 사실들을 3,000년이나 앞서 기록하셨으며 전 세계의 공통어인 영어로 보존해 놓으신 것이다.

『**하란은 그의 아비 테라보다 먼저... 칼데아 우르에서 죽었더라**』(28절). C.L. 울리(1922-1934)가 발굴해서 밝혀낸 자료들을 성경대로 믿는 그리스도인들은 1700년도 되기 전에 알고 있었다. "우르 왕가"와 "바빌론 왕가"는 바빌론의 악캇 왕가의 뒤를 이었고 함무라비(함무라비 법전의 창시자)는 아브라함과 동시대 사람이었다. 이 당시 "칼데아 사람들은" 여전히 혼혈 인종이었다(호머의 오디세이 1,23,24와 헤로도터스 V.54, 스트라보 xv.3 No.2 그리고 코렌의 모세가 쓴 〈아르메니아의 역사, *History of Armenia*〉에 나오는 함족의 혼혈에 관한 부분을 참조). 바벨탑에서 퍼져 나간 모든 민족들 중에서 유독 함족만이 자신들의 땅(시 105:23)으로 돌아가기를 싫어했던 것 같다. 그들은 쿠스의 아들 님롯의 영광이 있었던 그 자리를 배회하였던 것 같다. 그들 중 일부는 서쪽으로 이주했으나 함의 땅으로 내려가는 대신에(창 13:7과 그 주석 참조) 카나안 땅에 머물렀다.

우르(오늘날의 무게이르 혹은 무가야르)는 유프라테스강 어귀에 자리 잡은 페르시아만의 항구로서 전통적으로 "에덴의 동산"으로 알려져 있는 지역에서 12마일 정도 떨어져 있다. 오늘날로 치면 이라크의 "바스라"(Basra) 항구 50마일 이내 지역에 위치해 있다.

『아브람의 아내의 이름은 사래요』(29절). 창세기 16:2,6에 나오는 "다투는 자"란 뜻이며 후일 "사라"(즉 공주)라는 이름을 하나님께 받았다(창 17:15). 사라는 신약의 그리스도인의 아내들이 따라야 할 본으로 제시되고 있으며(벧전 3:2-6), 신약성경은 그녀를 오직 "공주"라는 이름 즉 사라로만 인정하고 "다투는 자"로서는 언급하고 있지 않다(신약성경에서 요셉, 이삭, 노아, 에녹, 모세, 아브라함, 다윗 등의 죄들은 열거하지 않고 있음을 기억하라. 히 11장). 사라는 아브라함의 이복누이로(창 20:12), 75세 때에도 여전히 미모를 유지하고 있었다(창 12:14; 17:17에서 사라는 90세였다). 그녀는 자주 남편을 곤경에 빠뜨리곤 했다(창 16:5; 20:3). 그녀는 분명 이스라엘의 예표이며, 교회의 예표인 리브카는 사라가 동굴에 묻힌 후에야 비로소(창 23장) 사라의 장막 안으로 인도되었다(창 24:67). 사라는 아버지 하나님의 예표인 아브라함의 아내였으며, 구약성경에 자주 언급되는 "여호와의 아내"를 예표하고 있다(사 54:6, 렘 3장; 2:2, 호 2:19).

『사래는 임신하지 못하므로』(30절). 사래는 이스라엘(여호와의 아내) 혹은 교회(예수 그리스도의 신부)의 예표로 등장하는 일곱 명의 불임 여성들 중 성경에 등장하는 첫 번째 여인이다. 따라서 이들 일곱 여인들은 모두 기적적인 방법으로만이 자식을 낳을 수 있음을 암시하고 있다. 일곱 여인 모두 예수 그리스도의 예표가 된 아들을 낳았다. 기적적인 출산이 그리스도의 동정녀 탄생(눅 1:35)이든, 대환란 기간 중의 이스라엘 민족의 탄생이든(사 66:7,8), 교회 시대의 믿는 자들의 중생이든 간에 일곱 여인들은 다음과 같이 제시될 수 있다.

1. 사라 : 그녀의 아이는 성경에서 가장 위대한 그리스도의 예표 중의 하나이다 - 이삭.

2. 리브카 : 불임이었으나 20년간의 기도 후에 야곱(이스라엘!)을 낳았다.

3. 라헬 : 불임이었다가 결국 요셉을 낳았으며 그는 성경에서 가장 위대한 그리스도의 예표(유형)이다.

4. 한나 : 불임이었다가 사무엘을 낳았다. 사무엘은 예수 그리스도의 제사장-선지자로서의 유형이다.

5. 마노아의 아내 : 불임이었다가 이스라엘의 해방자인 삼손을 낳았다.

6. 수넴 여인 : 불임이었다가 아이를 낳았으나 죽었다. 그러나 이 아이는 부활하였다.

7. 엘리사벳 : 불임이었다가 나실인인 침례인 요한을 낳았다.

이 일곱 여인은 모두 마리아의 예표이기도 하다.

11:31 테라가 그의 아들 아브람과 하란의 아들인 그의 손자 롯과 그의 며느리인 아브람의 아내 사래를 데리고 칼데아 우르로부터 나와서 카나안 땅으로 가려고 하더니, 그들이 하란에 와서 거기에서 거하니라.

32 테라의 날들이 이백오 년이었으니, 테라가 하란에서 죽었더라.

이 족보에 보면 롯은 아직 아내가 없었다(29절에는 아브람과 나홀의 결혼에 대해 언급하고 있다). 이는 "롯의 아내를 기억하라"(눅 17:32)는 주님의 경고에 비추어 볼 때 매우 의미심장하다고 하겠다. "인간의 전통"(골 2:8)을 따르는 신학자들에게는 이 사실이 별로 중요하지 않을지 모르지만 다음 사항을 간과하는 것은 성경 독자로서 좀 너무하다는 생각이 든다.

1. 롯의 날들은 A.D. 2000년 직전의 상황과 같다.

2. 롯은 칼데아 우르를 떠날 때 아내가 없었다.

3. 그는 소돔을 떠날 때(창 19:15) 아내가 있었다.

4. 롯의 아내는 머리부터 발끝까지 하얗게 변해 버렸다(창 19:26).

5. 롯은 자신의 아내를 이집트에서(창 13:1) 혹은 소돔에서(창 13:13) 얻었을 것이다.

그 외의 가능성은 없다. 둘 중 어디가 그녀의 고향이건 그녀는 흑인이다(창 10:13,19 주석을 보라). 명백한 사실과 증거들에도 불구하고 성경주석가들은 이러한 것들을 다룰 생각을 않는다. 그 이유는 20세기의 과학자들은 지적 능력, 범죄율, 자살률, 성병 감염률, 업무 수행 능력 등등이 "인종"에 따라 어떻게 다른가에 대해 언급을 회피하는 이유와 똑같다. 인간이 동물로부터 왔느니, "벌거벗은 유인원"에서부터 왔느니 아무리 떠들어 봐도, 과학자들은 인종들에 관한 과학적 사실들에 대해서는 감히 출판할 생각을 못하는 것이다. 그러고 보면 과학자들이 사실들(facts)은 놔두고 공상(진화론)만을 다루고 있다는 느낌이 든다.

『**칼데아 우르로부터**』(31절). 본문에는 이 사람 저 사람 다 아브라함을 따라 나섰는데 실은 칼데아 우르에서(행 7:2,3) 아브라함에게 주어진 명령은(창 12:1) 아브라함만 떠나라는 것이었다. 아브라함의 아버지 테라가 하란에서 죽고 후일 롯은 목동들 간의 다툼으로(창 13:6,7) 인해 섭리적인 방법으로 아브라함과 분리되었으므로 결국은 아브라함의 가족만이 남게 되었다.

그러나 아브라함의 첫 번째 순종은(히 11:8) "부분적 순종이었다." 『**아브라함은... 어디로 가야 하는지도 모르면서 떠났으며**』(히 11:8)라는 이 말은 사실이지만 그는 어머니, 아버지, 조카 그리고 그의 형제와 그의 아내 및 이스카와 밀카까지(창 24:15) 데리고 갔다. 그러니까 선교로 부르심 받은 것이 가족 바캉스로 둔갑해 버린 셈이다.

『**칼데아 우르로부터 나와서**』(31절, 창 11:28에서 우르 지방의 위치에 관해 일반적인 설명을 한 바 있다). 이 장소에 대해 더 많은 지면을 할애할 필요는 없다. 이는 고고학자들을 열광시키는 사실들은 진정한 성경대로 믿는 그리스도인들에게는 무미건조한 경우가 대부분이기 때문이다. 성경에서는 이미 다 밝혀져 있는데 이를 확인해 보겠다고 애를 쓰는 고고학자들은 여전히 미궁을 헤매고 있다. 〈국제 표준 성경 백과사전, *International Standard Bible Encyclopedia*〉(제5권 30398)에 "우르"에 관한 글이 있는데 다음과 같다. "우르에 있는 지구라트와 유카탄반도에 있는 마야 문명의 치첸이트사라고 하는 층계 피라미드 사이의 분명한 유사점은 실로 우리의 관심을 끌 만하며 '당혹'스러운 일이 아닐 수 없다"[전 세계 민족은 셈, 함, 야펫에 의해 퍼져 나갔으며 아메리카 인디언들은 셈족(알모직족)으로 베링해협을 건너 중남미대륙으로 건너갔다고 하는 진리를 거부하는 사람들에게는 "당혹"스러울 것이나 성경대로 믿는 그리스도인들에게는 "당연"하다고 하겠다]. 현대 고고학은 다른 과학적 연구들과 마찬가지로 다음과 같은 일을 하고 있다.

1. 성경에 분명히 기록된 분명한 사실을 과학적이 아니라는 이유로 거부한다.

2. 그런 후 성경 이외의 곳에서 해답을 얻으려고 시도한다.

3. 그러다가 성경과 일치하는 답이 나오면 "당혹"스럽다고 결론을 내린다.

우르는 수메르인, 바빌로니아인, 칼데아인, 쿠스인(함족 출신) 그리고 약간의 아라비아인들이 거주하던 이교도 지방의 전형적인 이교도 성읍이었다. 다른 이교도 성읍이나 지방과 마찬가지로 이곳에는 거짓 신들과 그들의 성전이 있었고 거짓 신들의 제사장들이 활개치고 있었다. 외형적 규모의 차이만 있을 뿐 우르와 오늘날의 마드리드, 로마, 바로셀로나, 살레르노, 그라나다, 멕시코시티와 다를 게 없다.

우르 지방의 종교적 유산은 바알 숭배, 천문학, 섹스교 이단, 별 숭배, 탐무스 숭배, "하늘의 여왕"(아스타르테, 이슈타르, 이스터, 마리아, 베누스(비너스), 아프로디테, 디아나(다이아나) 등)의 숭배이다.

우리는 이곳에서 벨(로마 카톨릭 성서의 외경 속에 들어있는 "벨과 용"을 보라.) 혹은 "바알"(페니키아 우상)로 신원이 확인된 니푸르(엔릴 혹은 엘릴)를 발견할 수 있으며 아누(아나-"하늘")와 그의 아내 "아나투"(혹은 안투) 그리고 "지혜의 집의 신"인 에아(혹은 "깊음의 집의 신"이라고 함, 창 1:1-3 주석 참조)를 보게 된다(에아는 "담키나"라고 하는 매우 매혹적인 여자와 결혼한 것으로 알려져 있다). 이 지역에는 또한 마르두크와 이슈타르도 있었는데 마르두크는 "벨루"(벨, 바알, 벨리알,

비엘세붑, 바빌론과 연관됨)라고 불리었고 사람들은 그에게 찬송을 불렀다. 이슈타르는 사랑과 "다산"의 여왕으로 출발했으나 심판과 전쟁의 여신으로 변모했다(히슬롭의 〈두 개의 바빌론, *Two Babylons*〉를 보라). "신"(Sin, 영어로 무슨 뜻인지 확인하라.)은 달의 신이었고 아브라함의 고향인 우르의 수호성자였다. 그는 다른 모든 이교도들의 신들처럼 자기 아내였던 위대한 여인(The Great Lady)로 알려진 닝갈과 행복한 생활을 보냈다고 한다. 이 외에도 샤마쉬, 나부, 네르갈, 네보, 니닙, 라만, 탐무스, 아수르 등 수많은 잡신들(gods)이 가득했다. 그리고 만신전(萬神殿)에는 13명의 신들을 모셨다고 한다.

『**테라가 하란에서 죽었더라**』(32절). 강해설교에서는 테라의 죽음은 순례를 시작했던 성도가 그 여행을 다 마치지 못한 것으로 볼 수 있다. 그러나 아브라함에게만 주어졌던 원래의 명령에 비추어 볼 때 하나님께서 테라에게 순례의 여행을 떠나기를 원하셨는지는 매우 의심스럽다. 어쨌든 그는 하란에서 죽고 그가 죽자 아브람과 롯은(사래와 함께) 하란을 떠나 다마스커스 무역로를 따라 내려와서 남서쪽에 있는 카나안 땅으로 들어온다. 하란은 터키에 있는 오늘날의 에데사(우르파) 근처에 있었다. 이곳은 시리아와의 국경 바로 북쪽이다. 테라의 죽음은 B.C. 1921년으로 이 연대를 A.D. 1921년과 관련시켜 보면 밸푸어 선언(A.D. 1918)과 3년의 차이밖에 나지 않는다. 밸푸어 선언은 페르시아 왕 코레스의 칙령(스 1:1,2)과 연결되고 영국은 (예언에서 볼 때) 페르시아와 관련이 있음을 시사할 수도 있다(단 8장과 그 주석 참조).

창세기 12장

12:1 주께서 아브람에게 말씀하셨는데 "너는 네 고향과 네 친족과 네 아비의 집을 떠나 내가 네게 보여 줄 땅으로 가라.
2 내가 너로 큰 민족을 이루게 할 것이며 네게 복을 주고 네 이름을 위대하게 하리니, 너는 복이 되리라.
3 너를 축복하는 자들에게 내가 복을 주고 너를 저주하는 자를 저주하리라. 네 안에서 땅의 모든 족속들이 복을 받을 것이라." 하셨더라.

이 본문은 깜짝 놀랄 만한 내용을 담고 있다. 다른 여러 가지 사실들 중에서 가장 먼저 짚고 넘어갈 것은 하나님께서는 인종을 분리하시고, 인종들 간에 차별을 두시는 분리주의자시라는 것이다. 현대인들은 이 사실 앞에 깜짝 놀라고 말 것이다. 뿐만 아니라 본문은 하나님께서 인간사에 관심이 있으시고 때로는 사람들에게 직접 말씀하시기도 하며 도덕문제에 있어서는 절대적인 입장을 취하신다는 사실을 보여 준다. 문제는 본문에 계시된 이러한 진리들 중 그 어느 것도 "관용적임"을 내세우는 현대인들에게는 받아들여질 수 없고 용납될 수 없다는 것이다. 『**너는... 떠나...로 가라.**』 이 명령은 분명 분리(segregation)를 명령하신 것이지 통합(integration)을 명령하신 것이 아니다. 이 명령은 몇몇 개인들에게 다른 사람들은 내버려 두고 그들로부터 분리되라는 말씀이다. 『**내가 너로 큰 민족을 이루게 할 것이며...**』 이 말씀 역시 인종차별을 보여 주고 있다. 『**너를 축복하는 자들에게 내가 복을 주고 너를 저주하는 자를 저주하리라.**』 이 말씀 역시 중립노선은 없다. 검든지 희든지, 위든지 아래든지, 뜨겁든지 차든지, 구원을 받았든지 버림을 받았든지, 하늘나라든지 지옥이든지, 저주든지 축복이든지 둘 중의 하나를 택하라는 것이 하나님의 뜻이다.

현대인들이 이러한 종류의 "증오 문학"에 접할 때 취하는 태도는 이 말씀들을 저 마음 깊숙한 곳에 숨겨놓고서 이 말씀들은 "한 민족의 민속으로서 신화적 이야기이며 환상적인 내용으로 미화된 것뿐이다."라고 지나쳐 버리는 것이다. 그러나 만약 본문의 내용이 사실이라면, "현대인"들은 자존심을 크게 손상당한 셈이다. 이들의 상한 마음을 달래기라도 하듯이 RSV는 기가 막힌 번역을 들고 나온다. 너를 인하여, 땅의 모든 족속들이 자신들을 축복할 것이다(By you, all the families of the earth will bless themselves!). 그러나 이 번역은 누가 보아도 분명히 알 수 있듯이 아무런 의미도 없다. "땅의 모든 족속들은" "아브라함을 인해" 자신들을 축복하지 않기 때문이다. 만약 그들이 그렇게 한다면 그들은 하나님께 죄를 범하는 셈이 된다(빌 2:7-11). [우리는 때로 Marduk(바빌론의 주신), Bel(바빌론과 아시리아의 대지의 신), Nebo (느보 산에서 섬기던 신) 그리고 Nippur(바빌론의 고대도시에서 섬기던 신) 등이 현대 번역본을 만들어 내는 자들의 "신들"보다 그리 향상된 것이 없다는 사실에 놀랄 뿐이다]. 도대체 어떻게 해서 이런 식으로 위 구절을 번역하였는지 이해할 수가 없다. 이 번역은 "해석"의 차원도 훨씬 넘어서 있는 것 같다. 왜냐하면 "너를 인하여, 땅의 모든 족속들이 자신들을 축복할 것이다."라는 문장을 읽는 사람이라면 이 문장이 어떻게 해석이 되든 간에 그 어느 곳에서도 적용될 수 없다는 사실을 알 수 있기 때문이다. 이와 같은 번역과 이와 유사한 류의 번역들을 염두에 둔다면 RSV와 〈킹제임스성경, 1611〉을 동일한 책장 위에 놓고 판매한다는 것은 세발자전거와 포르쉐를 같은 전시장에 내놓고 판매하는 것처럼 보인다.

RSV의 이와 같은 희한한 번역은 100여 년 전에 나온 자르치(Jarchi)와 클레리쿠스(Clericus)의 옛 저작들로부터 나온 것이다. 창세기 12:3에 쓰인 히브리어 "니브레쿠"(נִבְרְכוּ)는 니팔 완료형 3인칭 복수이며, "바라크"(בָּרַךְ , 축복하다)의 수동형으로서 "와우"(ו) 계속법으로 사용된 것이다. RSV에 나와 있는 재귀적 번역(자신들을 축복할 것이다)은 "히트파엘"을 필요로 한다(동사의 "푸알"마저도 수동태가 될 것이므로). 따라서 창세기 12:3이 RSV에 나와 있는 희한한 번역이 되기 위해서는 "히트바라쿠"라는 단어를 사용해야만 한다. 그런데 이러한 단어는 이제껏 출판되었든 되지 않았든 그 어떤 필사본에도 나타나지 않고 있다. 이것이 소위 "더 나은 번역"의 정체인 것이다.

『**주께서 아브람에게 말씀하셨는데**』(1절), 하나님께서 말씀하실 때는 사람의 모습으로 나타나셔서 말씀하셨다. 하나님께서는 아메리카 인디언과 "이방인"들에게도 종종 사람의 모습으로 나타나신다(이뿐만 아니라 하나님의 계시를 받아들일 신실한 사람들에게도 그렇게 나타나신다. 행 7:2; 10:3, 민 12:6 참조).

『**네 고향과 네 친족과 네 아비의 집**』(1절), 고향은 바빌론 지역의 메소포타미아를 말하고 친족은 롯을 포함한 것이고 아비의 집이란 테라와 나홀을 언급하고 있다. 그렇다면 아브라함은 온전히 순종한 것이 못 된다. 그런데도 신약성경 히브리서 11장에서는 그에게 훌륭한 평가를 내리고 있다. 바로 이것이 전가된 의(롬 4:5)인 것이다.

『**내가 네게 보여 줄 땅으로**』(1절, 하나님께서 모세에게 하신 약속들을 참조해 보라 – 출애굽기, 신명기). 주님께서 아브람에게 처음으로 말씀하셨을 때 주님께서는 그 땅의 이름이나 위치를 말씀하시지 않았다. 따라서 아브람은 "어디로 가야하는지 모르면서" 떠났다. 이때 아브람의 마음은 "하늘에 있는" 하나님의 "본향"을 찾고 있었을지 모른다. 하나님께서는 이러한 아브람에게 한 도성을 예비하셨다. 아브람은 카나안 땅에 도착하여 100년 동안이나 "그 도성"을 찾았지만 찾지 못했다. 카나안 땅에서 아브람은 타국인이요 순례자였으며(히 11:9,13; 창 4:14 주석 참조), 그가 장막을 치고 걷을 때마다 그는 마지막 안식처가 될 어떤 "도성"을 찾고 있었다. 그러나 그는 그것을 찾지 못했다. 이삭도, 야곱도, 모세도, 다윗도(히 11:39) 그 도성을 찾지 못했다. 이 구약 성도들은 언젠가 그들의 도성을 얻게 될 것이다. 그러나 그것은 다윗과 아브라함의 아들이신 분께서(마 1:1,2) 예루살렘에서 다윗의 보좌에 앉아 다스리게 될 때 이루어질 것이다(슥 14:21, 마 25:30,31, 겔 48:35, 사 65:18,19).

『**내가 너로 큰 민족을 이루게 할 것이며**』(2절), 이 말씀을 하신 의도에 대해 의심할 아무런 이유가 없다. 아브라함은 실로 "큰 민족"을 이루었다. 다윗의 시대에는 이스라엘에 80만 명의 용사들이 있었다(이와 더불어 유다에 50만 명도 있었다. 삼하 24:9). 그의 아들 솔로몬의 시대에는 이스라엘 민족은 바닷가에 있는 모래처럼 많았다(왕상 4:20).

『**네게 복을 주고**』(2절), 이 말씀은 창세기 24:1,31,35에서 문자 그대로 이루어졌다.

『**네 이름을 위대하게 하리니**』(2절, 창 11:26 주석 참조).

『**너는 복이 되리라**』(2절). 아브라함은 그가 접하게 되는 사람들을 축복하게 된다. 이 말씀은 다음과 같은 찬송가의 핵심 내용이라고 할 수 있다. "인생의 여정길, 많은 사람은 피곤하고 슬프다네. 어둠으로 가득 찬 그 곳에 햇빛을 비추시어 슬픔을 기쁨으로 바꾸소서. 나로 복이 되게 하소서. 나로 복이 되게 하소서." 이 말씀의 의미는 유대인들의 기도문에 하나님의 이름 대신 아브라함의 이름이 쓰일 것이라는 것이 아니라 아브라함은 다른 사람에게 복을 가져올 것이라는 뜻이다. 그것은 하나님께서 그렇게 하시겠다고 하셨기 때문이다. 아브라함이 롯을 구출해 냈을 때 그는 롯에게 복이 되었다(창 14장). 롯이 소돔을 떠나도록 기도했을 때에도 아브라함은 롯에게 복이 되었고, 아들 이삭이 창세기 22:10의 사건을 기억하면서 하나님의 사자로서 강한 믿음을 지닌 아버지를 모시고 자라날 때 아브라함은 아들에게도 복이 된 것이다. 아브라함은 전 유대민족에게도 복이 되었다. 왜냐하면 그가 잠들었을 때(창 15:12–21) 하나님께서 그에게 주신 무조건적인 약속들이 없었다면 유대민족은 약속의 땅으로 돌아가서 그것을 결코 차지할 수 없기 때문이다. 모세와의 언약하에 주어진 약속들은 행위에 근거한 조건부 약속들이었다(레 26장). 『**너는 복이 되리라.**』라는 말씀은 사실 그대로 이루어졌다.

『**너를 축복하는 자들에게 내가 복을 주고 너를 저주하는 자를 저주하리라**』(3절). 이 말씀은 어려운 말씀이다. 그래서 다른 어려운 말씀들처럼 이 구절은 개정되고, 왜곡되고, 변개되고, 고쳐지고, 부인되고 영적으로 해석되고, 이 말씀이 의미하는 바를(계 14:8 주석 참조) 싫어하는 그리스도인들(혹은 비그리스도인들)에 의해 잘못 적용되어야만 했다.

이 말씀은 이삭의 아들인 야곱에게도 반복되었고(창 27:29) 발라암에 의해서도 반복되었다(민 24:9, 이때는 이 말씀이 이스라엘 열두 지파에 적용되었다). 따라서 우리에게는 오직 하나의 결론만이 있을 뿐이다. 그런데 이 결론은 "현대의 주석가"에게는 아주 못마땅하게 여겨진다. 그러나 말씀이 말하고 있는 그것이 의미하는 바가 사실 그대로라면 다음과 같은 결론이 나올 수밖에 없다.

1. 하나님께서는 이스라엘의 열두 지파의 후손을 저주하는 그 어떤 개인이나 민족도 저주하실 것이다.

2. 하나님께서는 이스라엘의 열두 지파의 후손을 축복하는 그 어떤 개인이나 민족도 축복하실 것이다. 이와 같은 결론을 싫어하는 성경 거부자들은 다음과 같다.

a. 영국 이스라엘인(British Israelites) : 이들은 영어를 사용하는 사람들이 위의 약속들을 차지하기를 원한다("The Word Tomorrow" 등도 포함됨. Garner Ted Amstrong).

b. 로마 카톨릭 : 이들은 1546년 트렌트 공회에서 제정된 교의(Dogma)에 복종하지 않는 사람은 누구든지 "저주"에 처한다고 규정했다(여기에는 신약성경을 거부하는 유대인들도 포함된다).

c. "교양을 갖춘" 개혁교회 및 장로교회 크리스천들 : 이들은 갈라디아서 3:29이 하나님께서 아브라함에게 약속하신 모든 것은 다 교회를 위한 것임을 의미한다고 왜곡 해석한다.

d. 팔레스타인에 거주하는 아랍인들 : 이들은 유대인은 팔레스타인 땅에 살 권리가 있는 여러 민족들 중 하나일 뿐이라고 생각한다.

e. 반유대주의 작가들 : 이들은 "시온의정서"(Protocols)가 이방인의 "세계은행"을 차지하고 음모를 꾸미는 러시아에 있는 "하자르족"(khazars)의 작품이라고 생각한다.

f. 현대의 교육자 및 과학자들 : 이들은 이미 "저주"라고 하는 단어를 "그리스도의 피", "동정녀 탄생", "몸의 부활" 그리고 "성경" 등과 함께 서류함 저 밑바닥에 내팽개쳐 버린 지 오래이다.

따라서 이 구절은 창세기 1:1과 3:1 만큼은 아닐지라도 이들 두 구절과 거의 맞먹을 정도로 많은 반대를 받아 왔다. 이 경우 모든 반대 의견들을 잠재우는 방법은 "마음이 유약한 자들은" "위로"해 주는 것이요 "무지한 자들은 무지하도록 내버려두는 것이다"(고전 14:38). "a"항에 속하는 반대자들의 주장은 저주와 축복이 동일한 사람들에게(신 28장) 주어졌으며 "모든 이스라엘은 구원을 받을 것이므로"(롬 11:26) 잘못되었다. 하나님께서 언제 영국과 미국 사람 모두가 그리스도께로 회심할 것이라고 약속하셨는가? "b"항에 속하는 반대자들의 협박은 잠언 26:2 말씀에 따라 처리해 버리면 된다. 이것 이외에도 카톨릭 교황들이 트렌트 공회에서 "저주한" 사항들에는 구원의 영원한 보장, 믿음을 통해 은혜로 받는 구원, 표준 원문 성경, 예수 그리스도께서 정경에 관해 하신 말씀들이 포함되어 있다(만약 이러한 카톨릭의 주장대로 당신이 "저주"받는 반열에 들어 있다면 당신은 훌륭한 그리스도인임에 틀림없다). "c"항은 한마디로 웃기는 일이다. 왜냐하면 그 어떤 개혁주의 혹은 장로회 신학자들도 세 명의 아내를 가져야 한다던가(창 16:1; 25:1), "여자아이들"에게 할례를 주어야 한다고는 주장하지 않기 때문이다(고전 7:14, 창 17:10). 개혁교회 및 장로교회 신학자들이 "언약 신학"을 내세워 "아브라함의 상속자들"이란 "언약에 의해 구원받은 자들"이라고 주장한다면 그리스도인들은 하나님께서 아브라함에게 하신 언약의 표적은 오직 남자아이들에게만 주어졌다는 사실(창 17장)을 결코 잊어서는 안 될 것이다. "d"항의 반대자들은 성경 몇 구절로 다스리면 된다(갈 4:22-29, 창 21:9-12). "e"항의 반대자들은 구원은 유대인으로부터 나온다(요 4:22)는 예수님의 말씀은 러시아, 독일, 미국, 영국의 유대인들을 제외한 유다와 베냐민 지파에서 나온다는 것을 의미한다고 주장한다. "f"항의 반대자들은 "점진적 창조론" "유신론적 진화론" "교황 레오" 그리고 RSV와 같은 계열에 분류하면 해결된다.

하나님의 이 말씀에 대한 거역과 반대들을 잠재우기 위해서는 역사적 사실들을 살펴보면 간단히 해결된다. 이는 역사적 사실들은 하나님께서 말씀하신 창세기 12:3이 말씀하신 바 그대로를 의미하고 있음을 확증해 주고 있기 때문이다(계 12:13 주석).

본 주석의 분량으로 미루어보아 반유대주의와 이를 실행한 나라들의 몰락에 대한 자세한 역사를 다 살필 수는 없다. 역사상 이에 대한 가장 두드러진 예는 물론 히틀러와 괴벨(독일)이지만 잘 알려지지 않은 사실들도 우리에게 시사하는 바가 매우 크므로 몇 가지만 살펴보도록 하겠다.

1. 영국은 벨푸어 선언(1918)을 지키지 않음으로써 괴링으로부터 "연애편지"를 받을 수밖에 없었다(1939-1941). 이 연애편지는 영국인들에게는 "피와 땀과 눈물" 뿐이었으며 전쟁이 끝난 후에는 파산과 문화적 자살이었다. 결국 대영제국의 태양은 지고만 것이다.

2. 스페인은 1400-1588년 사이 종교재판을 통해 유대인들의 재산을 압수하는 "실수"로 결국 영국에 의해 무적함대가 무너져 버렸고(1588), 그 후 신대륙(북미, 남미)을 잃어버리고 A.D. 1800년이 채 되기도 전에 강대국 대열에서 밀려나고 말았다.

3. 이탈리아의 역사는 유대인들을 하층 계급으로 전락시킨 역사이다(노란 별을 비롯한 수많은 조치들). 그 결과 위대한 인물을 다룬 "who's who"라는 책 시리즈에 보면 이탈리아편이 가장 적은 분량으로 되어 있다. 바티칸 당국에 의한 잔인무도한 행위들은 별도로 하더라도 이탈리아

는 르네상스 시대 이래 포도주와 피자 외에는 이렇다 할 만한 것이 전혀 없는 나라가 되고 말았다. 이러한 역사적 사실들에 대해 현대인들은 단순한 우연으로 돌려 버린다. 유대인들을 괴롭힌 나라들이 모조리 형편없이 되었는데도 이들은 하나님께서 창세기 12:3에서 말씀하신 그 선언이 진실이었다는 사실을 간과해 버리는 것이다. [지적인 죄인들은 원인과 결과를 분리시켜 버림으로써 자신들의 죄를 감추려 한다. 1967년 힐스(E. Hills)의 〈Believing Bible Study〉, p.91-95에 나와 있는 명쾌한 분석을 읽어 보라.] 원인과 결과를 어떻게 해서든 무관한 것으로 만드는 데는 정신과 의사들과 의학 박사들을 당할 수가 없다. 이들은 이미 오랫동안 이 일을 전문적으로 해 온 사람들로 "원인들"은 복잡하고, 다양하며, 애매하고, 복합적이며 많은 경우 찾아내기가 불가능하다고 둘러대곤 한다. 이들은 이러한 사실에 입각해서 사람들과 민족들에게 발생하는 도덕적 어려움들은 쉽게 설명하기 어렵다는 결론을 도출해 낸다. 성경을 믿는 사람들이 "당신의 문제는 죄이다.", "불신이 문제이다.", "반유대주의가 당신의 문제이다."라고 판결을 내릴 때면 이들 현대의 지성인들은 그것은 500년 간의 과학의 업적을 무시하는 지나친 단순화일 뿐 아니라 개인과 국가의 복지에도 커다란 해를 끼치는 악한 결론이라고 "반박"하고 나설 것이다.

자기 자신의 죄와 불신 (그리고 말씀의 거부) 등을 옹호하기 위해 현대의 "과학자"들이 취하는 태도란 간단하다. 그들은 형벌과 심판에 관련되는 도덕적인 문제는 아무도 분석할 수 없다고 발뺌을 한다. 왜냐하면 간단한 분석을 통해 현대 과학자들의 죄악이 무엇인지가 금방 드러날 수 있기 때문이다. 성경은 여러 곳에서 반유대주의 문제에 대해 엄격하고, 분명하며, 변함없고 정확한 선언을 내리고 있다(렘 2:3; 50:7; 30:11; 46:28, 시 122:6).

자유주의 학자들에게는 이러한 약속들과 경고들은 "부족 신"(tribal deity)을 섬기는 유목민족의 종교적 "전통"의 일부이며 그들의 부족 "신"이 자기 부족을 돕기 위해 그러한 저주와 축복을 선언한 것뿐이라고 해석한다. 다시 말해 자유주의자들은 창세기 12:3 및 기타 그와 유사한 모든 선언들은 유대 서기관들이 자신들의 종교를 형성하기 위해 조작한 것이라고 믿고 있다.

〈강단주석, *The Pulpit Commentary*〉(제1권, p.179)에서는 우르 지방의 지리적 위치에 대해 무려 700단어를 할애하며 설명을 한 후 이처럼 중요한 메시지를 담고 있는 창세기 12:3은 단 65단어만을 사용해서 가볍게 다루고 있다. 이것이야말로 모든 주석과 주석가들의 전형적인 태도인 것이다. 즉 이들은 자연과학의 발견을 다루는 구절들은 상세히 주석을 하는 반면에 하나님께서 말씀하신 신성한 차별 및 편애에 관한 구절이 나오면 뜨거운 감자라도 만난 듯이 재빨리 피해 버린다. 창세기 12:3에서 하나님께서는 아브라함의 자손들에게 복이 되는 민족들은 복을 주실 것이라고 하셨으며 이 말씀은 창세기 27:29과 민수기 24:9에서 다시 확인되었다. 하나님께서는 아브라함의 후손을 저주하는 자들은 저주하실 것이다. 이것은 분명한 사실이다. 너무도 메시지가 분명하기 때문에 이 선명성에 거부감을 일으키는 사람은 본문을 어떻게 하지 않고는 이 메시지를 피할 수가 없을 것이다.

이 모든 것에 비추어 볼 때 그리스도인들의 의무는 본문이 말하는 것처럼 분명해진다. 그리스도인들은 창세기 12:3에 대한 그 어떤 사적인 해석들에 신경 쓸 필요 없이 로마서 11:28-30을 실행하면 된다.

『**네 안에서 땅의 모든 족속들이 복을 받을 것이라**』(3절, 우리는 이미 RSV가 이 구절을 얼마나 "웃기게" 번역했는가에 대해 언급했다). 여기서 모든 족속이라는 말은 아브라함, 이삭, 야곱의 후손들 이상의 의미를 가지고 있다. "모든" 족속이라는 말 속에는 이스마엘로부터 생겨난 아랍 민족도 포함된다(창 21:13). 그런데 이 아랍 민족은 페르시아, 터키, 아라비아, 북아프리카 및 스페인에 걸쳐서 구약성경을 전파했고 결과적으로 이것을 읽고 믿은 수백만의 사람들에게 복을 가져다주었다. 이 모든 족속 중에는 창세기 41:56,57에 나와 있는 굶주린 족속들도 포함되어 있다. 『**모든 나라에서...이집트로 들어와**』라고 되어 있는데 이 모든 나라에서 온 사람들은 야곱과, 이삭과, 아브라함의 자손이었던 요셉에 의해 굶주림을 벗어나게 되었다. "모든 족속"은 그러나 굶는 사람들의 육체적 필요만을 공급하는 것 이상의 의미를 갖고 있다. 왜냐하면 아브라함의 약속된 씨(갈 3:16)인 그리스도를 통해 아프리카, 남미, 남태평양, 유럽, 아시아, 중동 및 미주대륙 전역에 걸쳐 거주하는 모든 족속에게 영적인 "축복"이 임하였기 때문이다(롬 11:1-25). 하나님께서는 창세기 12:3의 말씀을 성취하시기 위해 케리(Carey), 고포스(Goforth), 패트릭(Patrick), 리빙스턴(Livingstone), 커스버트(Cuthbert), 브레이너드(Brainerd), 엘리어트(Elliot), 콜럼바(Columba), 테일러(Taylor), 스터드(Studd), 저드슨(Judson) 등과 같은 수많은 사람들을 보내 복음을 전하게 하셔서 아브라함의 영적 후손들을 일으키신 것이다. 독일인들, 스웨덴인들, 아르메니아인들, 터키인들, 중국인들, 일본인들, 아메리카인들, 영국인들, 호텐토트들, 우방기인들, 아우쿠아스(Aucuas), 미안마인들, 오스트레일리아인들, 필리핀인들, 에스파냐인들, 이탈리아인들, 인도인들, 니그리토들, 하와이인들, 멕시코인들 등과 같은 모든 족속이 아브라함을 통해 "축복"을 받았다. 『**네 안에서 땅의 모든 족속들이 복을 받을 것이라.**』라는 말씀은 실로 위대한 말씀인 것이다.

12:4 그러므로 아브람이 주께서 자기에게 말씀하셨던 대로 떠났으며 또 롯이 그와 함께 갔으니 아브람이 하란을 떠날 때 칠십오 세였더라.

5 아브람이 그의 아내 사래와 그의 형제의 아들 롯과 하란에서 그들이 모은 모든 소유와 그들이 얻은 사람들을 데리고 카나안 땅으로 가려고 떠나서 카나안 땅으로 들어왔더라.

『**그러므로 아브람이... 떠났으며**』(4절). 이 말씀은 지연된 복종에 관한 언급이다. 즉 그가 하란을 떠났을 때는 몇 년 전에 순종했어야 할 명령에 뒤늦게 순종한 셈이다.

『**또 롯이 그와 함께 갔으니**』(4절, 창 4:1,2의 주석에서 짝에 관한 부분 참조). 롯은 그가 떠나갈 때까지 항상 말썽의 근원이었다. 롯은 아브람을 떠난 후에도 여전히 문제를 일으켰다(창 14:1-15). 이러한 문제들은 아브라함이 그에게 주신 원래의 사명을 그대로 감당했다면 일어날 필요가 없었던 것이었다. 왜냐하면 롯은 원래의 명령에는 포함되어 있지 않았기 때문이다(창 11:31 주석 참조). 사라는 아브라함보다 10년이 아래였으므로(창 17:17) 아브라함이 하란으로부터 탈출할 때는 한창 때인 65세였을 것이다.

『**하란에서 그들이... 얻은 사람들**』(5절)은 남녀 종들을 지칭한다(창 14:14; 24:35). 여기서는 "혼"(soul)이란 단어가 완전한 인간을 대신해서 쓰였다. 이 혼(soul)은 구약성경에서 동물들에 대해서도 사용되고 있다(민 31:28, 이 구절은 여호와의 증인들이 즐겨 인용하는 구절이다). 다가오는 대환란 시대에는(계 16:3) 구약 시대의 경륜이 펼쳐질 것이다(계 12:17 주석 참조). 따라서 구약시대에는 혼과 육체가 달라붙어 있는 고로 요한계시록 16:3에서 살아 있는 혼들이라고 했을 때는 사람은 물론 동물도 언급하고 있는 것이다.

12:6 ○ 아브람이 그 땅을 통과하여 세켐 땅 모레의 평지에 이르니, 그 때에 카나안인들이 그 땅에 있더라.

7 주께서 아브람에게 나타나시어 말씀하시기를 "내가 이 땅을 네 씨에게 주리라." 하시니, 그가 그곳에다 자기에게 나타나신 주께 제단을 쌓았더라.

8 그가 거기서부터 벧엘 동쪽 산으로 옮겨 그의 장막을 치니, 서쪽은 벧엘이요 동쪽은 아이라. 그가 그곳에서 주를 위하여 제단을 쌓고 주의 이름을 불렀더라.

9 아브람이 이동하여 남쪽으로 향하여 계속 가더라.

『**세켐 땅**』(6절). 하란에서 카나안 땅까지는 약 300마일 정도이며 세켐 땅은 분명히 후에 언급되는 세켐일 것이다(창 33:19; 35:4, 수 20:7; 21:21, 판 9:23 등). 세켐은 벧엘과 실로의 북쪽이며 요단강 서안쪽 팔레스타인의 정확히 한가운데에 위치해 있다. 갈릴리와 사해 정중앙에서 남쪽으로 약 5마일 정도에 위치해 있는 셈이다. 세켐이란 단어는 "어깨"란 뜻을 갖고 있다. 이 도시는 에프라임 산지에 있으며 열왕기상 12장에서는 여로보암의 배교와 연관되어 있고, 시편 60편과 시편 108:7에서는 주님께서 그 장소를 심판하실 것이라고 예언되어 있다.

『**모레의 평지에 이르니**』(6절). 모레는 "선생"을 뜻한다. 이 평지는 그리심 산 아랫쪽에 가까이 접해 있다. 1611년 공인역본을 변개시키는 학자들의 전통을 따라 모든 변개된 현대 역본들에서는 이 문장이 "Oak of the teacher"(선생의 상수리나무) 혹은 "the oak of Moreh"(모레의 상수리나무)으로 바뀌어 있다. 이러한 혼란은 히브리어 "엘론"이란 단어가 "oak"(상수리나무)를 뜻한다는 착각에서 비롯된 것이다. 그러나 "oak"에 해당하는 히브리어는 "엘론"이 아니라 "울"(혹은 일)이다. 여러 단락에 걸쳐서 이 문제에 관해 논쟁을 하고 난 후 주석가들은 비록 똑같은 단어(엘론)가 창세기 14:13과 창세기 13:18에는 "평지"라고 쓰였지만 이곳에서는 "모레의 상수리나무"가 적합할 것이라고 엉터리 결론을 내려 버린다. 창세기 14:13과 13:18에서 보면 아브라함이 "마므레 평지"에 거하였지 마므레 상수리나무에 거하지는 않았다. 따라서 공인역본을 믿는 성경대로 믿는 사람들은 견고하지 못한 자들로 "성경을 왜곡"하여 스스로 멸망에 이르도록 내버려두고 하나님 말씀을 계속해서 상고하는 편이 나을 것 같다.

『**그때에 카나안인들이 그 땅에 있더라**』(6절). "카나안인"들은 "종들의 종"이었던 민족을 칭한다(창 9:25). 그는 (늘 하는 대로) "살도록 정해진 경계에서 벗어나 있었다"(창 10:8-10 주석 참조). 더군다나 카나안은 팔레스타인에 거해야할 목적이 있었다. 그와 연합한 족속들은 아낙인, 르파인, 수스인, 네필림 및 엠인들이었는데(신 2:10-20과 창 6:4) 이들은 모두 "거인들"의 남은 자들이었다. 사탄은 "약속의 땅"을 약속받은 사람이 그 곳에 도착하기도 전에 이미 이 땅을 장악하고 있었던 것이다. 어쩌면 사탄이 하나님의 의도를 미리 "예측"했는지도 모른다. 바로 이 때문에 하나님께서 아브람과 맺은 처음 두 언약은 무조건적 언약이 된 것이다. 하나님께서는 사람이 계명에 순종하려고 노력해 보기도 전에 이미 "적병"이 쫙 깔려있다는 사실을 인지하고 계셨다. 조건부 언약 하에서는(신 8-9장) 그 땅에 들어올 셈족들(이스라엘 민족)은 파괴하고, 죽이고, 차지하라는 명령을 받는다. 그러나 무조건적 언약하에서는(창 15:18-20) 이 셈족들은 평화롭게 거주한다. 이 사실은 하나님의 경륜(세대적 진리)에 있어 위대한 진리를 암시해 준다. 은혜의 시대가 시작되자 (이때는 영적 축복과 영원한 구원보장 등이 제공됨) 믿는 자들은 표적들, 기적들, 이적들을 상실하게 된다. 이는 이것들이 율법하의 행위와 믿음의 경륜에서 나타났던 것들이기 때문이다. 원수들에게 복수해 달라고 하는 기도에 대한 응답이나 선행을 하였으니 물질적 축복을 내려달라고 하는 기도의 응답(시 94:2; 109:20, 삼하 22:21 참조)이 이루어지는 경륜에서는 구원을 끝까지 "붙들어야만" 되는 것이다.

『**주께서 아브람에게 나타나시어**』(7절). 이것은 주님께서 아브라함에게 두 번째 나타나신 것이다. 첫 번째는 칼데아 우르지방에서였다(행 7:1-3). "네 씨에게" 이것은 아브람의 씨에 대한 첫 번째 언급이다. 성령님께서 창세기 12:1-3에서 아브라함을 축복하시겠다고 하셨을 때는 씨에 대한 언급이 없었다는 사실을 주목하라. 따라서 그 어떤 "개혁주의 신학자"도 창세기 12:1-3이 그리스도의 영적 씨에 대한 언급이라고는 생각할 수 없게 되었다. 그렇지 않았더라면 그리스도인들이 아브라함, 이삭, 야곱의 후손들로부터 창세기 12:3의 축복을 빼앗을 수도 있었을 것이다. 로마 카톨릭 교회와 개혁주의자들은 바로 그런 짓을 지금도 하고 있다. 이 구절에서 한 가지 주목할 것은 이곳에서 언급된 "네 씨"는 창세기 21:2에서처럼 이삭을 언급하는 것으로 구체화되어 있지 않다는 사실이다. 따라서 이 구절(창 12:7)을 교리적으로 해석하자면 물질적 축복을 다루고 있는 약속들인 것이다.

『**그가 그곳에다... 주께 제단을 쌓았더라**』(7절). 이제까지 우리는 두 가지 언약을 보았는데 그 어떤 것도 "언약"이라고 명명되지는 않았다. "언약"이란 용어는 창세기 15:18의 무조건적 약속들과 창세기 17:7의 조건부 약속들에 한해 사용되었다. 이것은 우리가 진리를 올바로 나누어야 한다는 것을 뜻하며 우리의 적용이 왜곡되어서는 안 된다는 사실을 잊어서는 안 된다.

정확히 말하자면 창세기 12:3과 15:5은 "언약"이 아니다. 이것들은 무조건적 약속들로 하나가 아닌 여러 개의 약속들 즉 복수임을 주목해야 한다. 왜냐하면 바울이 갈라디아서에서 "약속에 따른 상속자들"(갈 3:29, 단수)에서 "이제 그 약속들은 아브라함과 그의 씨에게 하신 것인데"(갈 3:16, 복수)로 나아가고 있기 때문이다. 〈킹제임스성경, 1611〉에서는 's'(복수어미) 하나가 예수 그리스도의 재림에 관한 그의 교리에 있어 정확한지 아닌지를 결정짓는 것이다. 왜냐하면 만약 그 약속(즉 예수 그리스도를 통해 믿음으로 얻게 될 성령의 약속 – 갈 3:2,16)이 약속들(즉 이스라엘 열두 지파에게 주어질 팔레스타인 땅과 이스라엘의 원수와 친구들에게 주어질 저주와 축복)과 혼돈된다면 우리는 후천년주의자가 되어버릴 것이다. "후천년주의자"란 구약의 약속들이 예수 그리스도의 승천 시 성취되었으며 하나님께서는 이스라엘과는 관계를 끊으셨다고 믿는 사람이다. 이와 같은 거짓 교리를 전파하고 있는 것들 중 으뜸가는 것은 테오도르 엡(Theodore Epps) 박사와 빌리 그레이엄이 추천한 〈확대역본, *Amplified Version*〉 신약이다(살전 2:16의 "형편없는" 번역을 보라).

『**씨**』(7절)는 전 세계를 소유하시게 될 예수 그리스도를 언급하는 것이 아니고 열왕기상 4:20에 언급된 "바닷가의 모래"(창 22:17)를 언급하는 것이다.

『**그가 거기서부터 벧엘 동쪽 산으로 옮겨... 제단을 쌓고**』(8절). 이 여행은 히브리서 기자가 "믿음으로 기거하였다"(히 11장)고 묘사한 일련의 여행들의 첫 번째였다. 벧엘은 세켐으로부터 정남쪽으로 18마일 정도 떨어져 있는 요단강 서안지대이다. 벧엘은 "하나님의 집"이란 뜻이다. "아이"는 여호수아 7,8장 에스라 2:28, 예레미야 49:3에 나오는 '아이'이며 그 뜻은 "무더기" 혹은 "폐허 무더기"란 뜻이다. 아이는 벧엘로부터 동쪽으로 4마일 정도 떨어져 있다. 이 두 지역의 히브리어 뜻은 창세기 3:24과 4:16의 주석으로 미루어 볼 때 매우 의미 있다고 하겠다. 『**그가... 제단을 쌓고**』 제단을 쌓은 것이 언급된 것은 노아 이래(창 8:20) 처음이며 아브라함도 노아가 하나님께 "달콤한 향기나는 냄새"로 제물을 드렸을 때처럼 높은 장소(벧엘 동쪽 산)에 있었다는 사실은 주목할 만하다. 물론 이 사실은 앞으로 이스라엘 역사에 여러 번 등장하게 될 "산당"의 전례가 된다(왕상 3:2; 13:32; 14:23; 15:14; 22:43, 왕하 17:10 등). "이 세상의 모든 나쁜 것은 좋은 것이 왜곡된 것"이라는 사실을 잊지 말라(창 3:5 주석 참조).

『**아브람이 이동하여 남쪽으로 향하여 계속 가더라**』(9절). 이 방향은 잘못된 것이었다. 만약 아브람이 시글락, 브엘세바, 혹은 가자까지만 갔었더라면 그는 주님과의 교제권에 머물러 있을 것이다. 그러나 "주"는 9절부터 17절까지 더 이상 언급되고 있지 않다. 그 전까지는 매 세 절마다 주님이 언급되었다.

『**남쪽으로**』라는 말은 "이집트를 향하여"란 뜻이다. 이집트(철용광로)는 세상 제도의 예표(모형)이다. 하나님께서는 이집트로부터 이스라엘, 자기 아들이신 예수 그리스도 그리고 신약 성도들을 불러내셨다(마 2:15, 미 6:4, 히 3:16, 학 2:5). 〈강단주석, *The Pulpit Commentary*〉는 이 사실을 전혀 감지하지 못하고 있으며 그리 중요하지도 않고 거의 논란도 없는 역사적 자료만 몇 개 열거하고 나서는(아이히혼의 주해) 아브람이 하란이나 우르로 돌아가지 않았으니 이집트로의 여행도 "믿음"의 행로로 간주될 수 있을 것이라고 암시하고 있다(제1권 p.187). 이것은 인간 내면의 동기들을 "긍정적으로 적극적인 관점"에서 보여 주려는 형편없는 성경 주석의 전형적인 모습이 아닐 수 없다(창 5:29 주석 참조).

12:10 ○ 그 땅에 기근이 있으므로 아브람이 이집트로 내려가 거기에 기거하려 하니, 이는 기근이 그 땅에 심하였음이라.

11 그가 이집트에 가까이 와 들어가게 되었을 때 그가 그의 아내 사래에게 말하기를 "이제 보라, 당신은 보기에 아름다운 여인임을 내가 아나니,

12 그러므로 이집트인들이 당신을 보고 말하기를 '이 여자가 그의 아내라.'하고 그들이 나는 죽이고 당신은 살려 둘 것이라.

13 내가 부탁하노니, 당신은 나의 누이라고 말하라. 그리하면 내가 당신으로 인하여 안전할 것이며, 내 혼이 당신으로 인하여 살리라." 하더라.

아브라함이 이집트에 간 것은 "기거"하러 간 것이지 거주하러 간 것이 아님은 사실이다. 또한 하나님께서(사람의 진노가 주를 찬양토록 하심으로써 - 시 76:10) 아브라함을 사용하셔서 구원의 세 가지 예표를 완성하신 것도 사실이다(이스라엘은 이집트로 내려갔다가 구출되었고, 그리스도께서도 이집트로 피신하셨다가 불러내심을 받았고, 믿는 자들은 원래 이집트에 있었다가 구원받았다. 엡 2:12, 골 2:20). 그러나 우리가 잊지 말아야 할 것은 아브라함과 비슷한 상황(룻 1:1)에 있었던 엘리멜렉은 구출되지 못하고 계속해서 잘못된 장소에 머물다가(룻 1:2) 결국 테라처럼 죽음을 맞이하게 되었다는 사실이다. 엘리멜렉의 잘못된 "기거"로 말미암은 열매는 죽음, 두 아들의 잘못된 결혼(이국 여인과의), 두 아들의 죽음, 며느리와 귀향하는 과부(그것도 자식이나 손자 없이), 이것이 전부였다. 아브라함의 "기거"에서 얻어진 열매는 자기 자신의 아내가 될 유색인 여인(!)(창 13:1; 16:1,4 참조)과 조카 롯의 아내가 될 유색 여인(창 11:27,31 주석 참조)이었으며 자기 아내의 목숨을 거의 잃을 뻔했고(창 12:15), 함족 사람에게 거짓말을 할 수밖에 없었으며(창 12:19), 이 거짓말로 인해 파라오와 그 집에 큰 역병을 가져다 준 것뿐이었다(창 12:17). 그렇다면 우리는 "그 열매로 판단컨대", 아브라함의 이집트 기행은 전혀 "믿음의 행로"가 아니었다고 판정 내릴 수밖에 없지 않은가?

『**이는 기근이 그 땅에 심하였음이라**』(10절). 이 기근은 창세기 41:56과 43:1에 나와 있는 기근과 똑같은 기근이었다. (성경에는 13번에 걸친 기근이 나온다 : 창 12장; 26장; 41:54, 룻 1:1, 삼하 21:1, 왕상 18:2, 왕하 8:1; 25:3, 행 11:28, 암 8:11. 창 43:1; 47:13; 47:18은 창세기 41장의 기근을 언급하는 구절들이다. 우리가 여기서 주목할 것은 신약성경에는 기록되어 있지 않은 기근이 아모스 8:11에 예언되어 있다는 사실이다. 아모스가 예언한 기근은 하나님의 말씀을 듣지 못하는 기근이다.) 사람이 배가 고프면 무슨 짓을 못할 것인가? 배고픔이 신앙생활에 있어 가장 강력한 시련 중의 하나란 사실은 아무도 부인할 수 없다.

그럼에도 불구하고 아브람이 무언가 자기 입에 넣을 것(창 3:4-6, 이브를 기억하라.)에 대한 유혹에 굴복하게 되어 먹게 된 그 "열매"는 그의 조상이었던 아담이 삼켰던 것과 똑같은 것이었다.

『**당신은 보기에 아름다운 여인임을 내가 아나니**』(11절). 남자들은 그들이 보는 것으로 사랑에 빠져들고, 여자들은 듣는 것으로 사랑에 빠져버린다(창 3:15, 그래서 화장품 회사와 "미장원" 사업이 T.V. 오락 산업과 자동차 산업에 이어 제3위의 시장을 확보하고 있는 것이다). 『**이집트인들이 당신을 보고 말하기를**』(12절). 아브람은 함족과 그리 가까이 지내지 않았는데도 함족의 특성에 대해 이미 뭔가 알고 있었다. 그러나 우리는 칼데아 우르 지역이 바벨탑 사건(창 11:31 주석 참조) 이후에도 여전히 여러 민족이 혼합되어 있는 지역임을 잊어서는 안 될 것이다. 헹스텐베르크(Hengstenberg)가 쓴 〈이집트와 모세의 책들〉(p.200)에는 파라오의 시대에는 살결이 하얀 것이 매우 좋게 여겨졌는데 이는 이집트인들과 누비아인들이 아라비아인들이나 시리아인들보다 살결이 더 짙은 밤색을 띠고 있었기 때문이라고 되어 있다. 헹스텐베르크와 여타 학자들은 우리에게 뭔가 말을 해 주고 싶은 모양이지만 입에 무엇을 가득 담고 있는지 우물우물거리다 말았다. 성경은 진리이므로 학자들이 쓴 책들이 "과학적"인지 아닌지는 성경으로 판단하는 것이지 학자들의 책을 토대로 성경이 옳고 그른지를 판단하는 것이 아니다. 이집트인이 살결이 하얀 여자를 얻고 싶어 하는 것은 이미 호색가로 유명했던 이집트인들이고 보면 지극히 당연한 것이었다(스미스의 "세계사" 제1권 제6장 p.71). 이처럼 다 알고 있는 사실을 뭐 그리 우물쭈물하면서 슬쩍 넘어가려 하는가?

함족 출신의 필리스티아인이었던(창 10:14) 아비멜렉(호색으로 유명했던 이집트인이 아니었는데도)은 파라오를 괴롭혔던 동일한 "인종적 열등감"을 가지고 있었던 것 같다(창 20:13). 오늘날에도 함의 후손들과 백인 여자를 찾는 그들의 욕망에 관해 다룰 때면 미국인들은 객관성도, 균형도, 상식도, 분명한 사실도 전부 내던져 버리는 것 같다.

문제의 핵심은 함족은 성에 대해 문제를 갖고 있다는 사실이다(창 9:22). 함의 후손이 흰색 스타킹 신기를 좋아하고, 곱슬머리를 펴기를 원하며, 혼혈족 지도자를 뽑기 원하며, "하얀" 화장실 사용하기를 좋아하는 것은 단지 평등한 "권리"를 찾기 위해서가 아니다. "권리"를 되찾는다는 것은 겉에 내세운 핑계일 뿐 실제로는 뭔가 훨씬 깊은 무엇이 담겨 있다. 물론 미모는 피부 한 꺼풀이다. 그러나 "살색 스타킹"을 달라고 주문했던 흑인 여자에게 검은색 스타킹을 주자 그녀는 말하기를 "피부 색깔 말고요, 살색으로 주세요."라고 했다고 한다. 물론 자기 피부색에 만족하면서 연방법원과 흑인향상협회의 도움으로 살아가기를 원하는 흑인들도 수천 명쯤은 될 것이다. 그러나 수백만의 흑인 남성들(함족)은 백인 여성을 한번 "가져" 보는 것이 평생소원이다. 이것은 이미 누구나 다 알고 있는 상식에 지나지 않는다. 군대, 야구장, 수영장, 디스코텍, 체육관, 해변 그리고 술집을 관찰해 보면 이 사실이 입증되고도 남는다. 그런데 이러한 명백한 사실이 작가들과 몽상가들에게는 "편견"이라고 생각되는 모양이다. 이들은 사회주의를 가르치는 대학에서 잘못 호도된 교과과정으로 공부를 하신 분들로 인간에 대한 잘못된 시각을 갖고 있는 분들이다.

이 세상에서 가장 당연한 일들 중의 하나는 함족 출신의 구원받지 못한 파라오가 살결이 하얀 유대 여인을 손아귀에 넣고 싶어하는 그 욕망인 것이다. [그러니 헹스텐베르크(Hengstenberg), 스미스(Smith), 아이히호른(Eichhorn), 드위트(DeWitte), 머피(Murphy), 하퍼니크(Havernick), 볼렌(Bohlen), 게제니우스(Gesenius) 그리고 칼리시(Kalisch) 등은 본문을 강해하느라고 괜한 시간 낭비를 할 필요가 없다]. 본문은 정상적인 사람에게는 너무도 자명하다. 이 사실은 아브라함에게도 너무도 자명하였으므로 그는 이집트 땅으로 들어가기 전에 사전조치를 취했던 것이다. 『**내가 부탁하노니, 당신은 나의 누이라고 말하라**』(13절). 이 말은 절반만 사실이다(창 20:12). 그러나 이 방법은 매우 치사한 작전이었다. 이집트인들은 남자는 죽이고 여자는 살려 두는 풍습을 갖고 있었던 것 같다(출 1장). 아브라함의 작전이란 이집트인들이 사래를 보고 그의 누이라고 생각하면 와서 그녀를 데리고 갈 때 자기를 죽이지는 않을 것이라는 것이었다. 상당히 불명예스러운 "작전"인 것이다. "하나님의 친구"요 "믿는 자들의 조상"인 아브라함도 우리 모두와 마찬가지로(시 39:5) "육체요 풀"에 불과하다는 엄연한 진리가 우리 앞에 놓여있지 않은가! 자기 목숨을 구하기 위해 자기 부인의 순결을 희생시키는 일은 베를린, 마닐라, 파리(1944-1945)에서 근무해 본 미군이라면 어떤 상황인지 짐작하고도 남을 것이다. (히브리어 및 헬라어 학자들에게 불투명한 성경 구절도 인생살이에서 실제적인 경험을 해 본 사람에게는 너무도 자명한 것이다.)

『**내 혼이 당신으로 인하여 살리라**』(13절). 독자는 구약성경에서 "혼"(soul)이라는 단어는 개인의 내적 "정서"(emotional life)뿐만 아니라 육체적 생명과 동의어로 쓰인다는 사실을 잊어서는 안 될 것이다(레

7:18,20; 17:12,15, 창 19:20; 46:26, 신 14:26, 바로 이 사실로 인해 러더포드와 러셀은 지옥이 없다고 생각하게 된다. 이는 혼도 무덤으로 간다고 착각했기 때문이다). 이와 같은 오류는 하나님께서는 말라키 4:1-5에 따라 죄인들로 죗값을 영원히 치르게 하시지 않고 최후의 심판에서 자비를 베풀어 완전히 멸절(존재 자체를 없애버림)시켜 버릴 것이라는 희한한 "복음"을 가져왔고 이 "복음"은 지난 100여 년 동안 퍼져나갔다(이 복음은 여호와의 증인이라는 희한한 열매를 거두었다). 그러나 말라키 4:1-5은 최후의 심판에 관한 구절과는 아무 상관이 없다. 지옥이 없다고 주장하는 사람들은 혼은 사람이 죽으면 몸을 떠나게 되며(창 35:18), 장사지내기 며칠 전에 이미 육체는 혼이 빠져나간 상태라는 것을 모르고 있다(창 49:33; 50:3). 구약성경에서는 어떤 사람이 죽기 전에는 몸과 혼이 같은 용어로 쓰이기는 하지만 일단 사람이 죽으면 몸과 혼은 완전히 분리된다(자세한 내용은 계 14:10, 11의 주석 참조).

12:14 ○ 아브람이 이집트로 들어왔을 때, 이집트인들이 그 여인을 보았더니 그녀가 심히 아름다운지라.
15 파라오의 고관들도 그녀를 보고 파라오 앞에서 그녀를 칭찬하며, 그녀를 파라오의 집으로 데려왔더라.
16 파라오가 그녀 때문에 아브람을 잘 대접하니, 아브람이 양과 소와 수나귀와 남종들과 여종들과 암나귀와 낙타들을 얻었더라.
17 주께서 아브람의 아내 사래로 인하여 파라오와 그의 집에 큰 역병들로 재앙을 내리시니,

18 파라오가 아브람을 불러 말하기를 "네가 내게 행한 이 일이 어찌된 것이냐? 어찌하여 그녀가 네 아내라고 내게 말하지 아니하였느냐?

19 어찌하여 너는 '그녀는 나의 누이라.'고 말하였느냐? 그러므로 내가 그녀를 내 아내로 삼을 뻔하였도다. 그러므로 이제 네 아내를 보라. 그녀를 데리고 네 길을 가라." 하고,

20 파라오가 사람들에게 그에 관한 일을 명령하니 그들이 그와 그의 아내와 그가 소유한 모든 것도 보냈더라.

이때는 아브람이 84세쯤 되었을 시점으로 B.C. 1912년쯤이었을 것이다(아브라함이 4-6년 안에 이집트를 떠나 약속의 땅으로 돌아가는 사실에 주목하라. 1918년의 밸푸어 선언에 따라 유대인들이 세상에서 고국으로 돌아가는 것과 유사하지 않은가?). 이집트에서는 이때 제11왕조와 12왕조가 다스리고 있었는데 이집트 전문가들에 따르면 이때를 "중기왕국시대"라고 한다. 〈강단주석〉은 『**내 혼이 당신으로 인하여 살리라.**』라는 표현에 대해서는 단 한 줄도 주석을 달지 않은 채 이 당시 다스렸던 파라오가 누구였던가를 찾아내는 데 350단어를 소비해 버렸다. 이런 부류를 신약성경에서는 "하루살이는 걸러내고 낙타는 삼키는 자"라고 부른다.

『**파라오의 고관들도**』(15절), 파라오는 로마의 "시저"나 러시아의 "짜르"처럼 왕의 칭호이다. 창세기부터 신명기까지에는 파라오의 개인적인 이름은 언급되어 있지 않다. 그러나 열왕기상 3:1에서부터는 그 이름이 나와 있다. 이 사실은 창세기 12장의 기록자가 1700-1800년대에 살았던 그 어느 성경학자들보다 이집트에 관해 더 잘 알고 있었음을 가장 강력히 입증해 준다. 왜냐하면 이들 "학자 양반"들은 모세오경에서 파라오의 이름이 빠져 있는 것은 B.C. 1200년경 모세오경을 기록하던 기자가 그들의 이름에 대한 정보를 얻지 못했기 때문이라고 믿고 있기 때문이다. 그러나 이 이론은 늘 그러하듯이 불발탄이다. 모든 고고학 자료들이 수립되어 확인된 결과 B.C. 1200년까지는 이집트인들은 자기들의 왕을 파라오라고만 불렀지 개인적 이름은 사용하지 않았다는 것이다. 그래서 개인적 이름이 없는 "파라오"라는 칭호만이 〈두 형제의 이야기, *Records of the Past,* 제2권 p.138〉에서 발견되고 있는 것이다. 이 두 형제의 이야기는 요셉이 이집트에 있던 시절(창 44-50장) 즉 람세스 2세 시대에 쓰인 글이다. 웨슬리(1703-1791)와 휫필드(1714-1770)는 이집트 학자들이나 고고학적 자료의 도움이 없이도 이러한 사실들을 알고 있었기 때문에, 우리에게도 〈킹제임스성경, 1611〉을 믿는 것이 "본문에 조명"을 얻기 위해 죽은 정통주의자들을 찾아가는 것보다 훨씬 낫다는 사실은 두말할 나위도 없다. 웨슬리와 휫필드는 (루터와 무디처럼) 그들이 읽은 그 사실을 그대로 믿었던 것이다.

『**그녀를 파라오의 집으로 데려왔더라**』(15절). 물론 이것은 사래를 파라오의 아내들의 대열에 참여시키기 위해서다. 사래는 후궁으로 들여졌고 아마 에스더 2:8,9,12-14에 나와 있는 것과 유사한 준비를 하고 있었을 것이다. 그녀는 함의 후손과 "한 몸"이 되지는 않았다. 그러나 한 몸이 되기 위해 "준비"는 하고 있었다. 그러한 준비 과정 중 『**주께서 아브람의 아내 사래로 인하여 파라오와 그의 집에 큰 역병들로 재앙을 내리시니**』(17절).

왜 주님께서 개입하셨는가는 창세기 3:15을 염두에 둔다면 자못 분명해진다. 그러나 인종 혼합, 도덕적 타락 그리고 혼혈의 결과에 대해서 건전한 태도를 취하지 않으면 본문은 이해할 수가 없다. 왜 하나님께서는 실수로 한 남편의 아내를 취하는 것에 대해 역병으로 심판하시려 하는가? 하나님께서는 고의로 그런 짓을 한 헤롯은(막 6:18) 역병으로 치지 않으셨다. 다윗도 동일한 경우였는데 역시 내버려 두셨다(삼하 3:14-16). 아비멜렉은 간음에 대한 형벌이 죽음이라고 생각했는데(창 20:4), 이것은 율법에 정해진 형벌이었다(레 20:10). 그러나 파라오도 아비멜렉처럼 무죄한데 어째서 하나님께서는 역병을 보내셨는가?(창 20:2-16) 이를 규명하기 위해서는 우리는 잠시 앞으로 돌아가서 세 가지 사실을 점검해 보아야 한다.

1. 이브는 그녀의 씨를 혼잡케 해서 결국 살인자를 낳고 말았다(요일 3:12).

2. 하나님의 아들들이 인간의 딸들과 관계를 맺어 인간의 씨를 혼잡케 했다(창 6:1-6 주석 참조).

3. 함은 호모섹스라는 죄를 범함으로써 그의 씨를 혼잡케 했다(창 9:20-25 주석 참조).

그 누군가가 "성"문제에 간여하고 있는 것이다[성경은 첫 12장에서 인간과 관련된 핵심적 문제들을 철저히 다루고 있다. 진화, 창조론, 성, 먹는 문제, 외계인, 최면술(혹은 마술), 인종 혼합, 차별, 세계 통합, 유대인, 카톨릭, 흑인, 절대 진리 등과 같은 핵심 사항들이 들어 있는(그것도 책 첫 부분부터) 그 책이 교회협의회, 바티칸, 게스트(Edgar A. Guest) 등과 같은 자들에게는 어떻게 선한 생활을 할 것인가, 아니면 어떻게 "하나님의 뜻"을 행할 것인가를 보여 주는 정도의 책일 뿐이다].

창세기 3:15에 처음으로 언급된 "씨"는 인류 역사에 있어 어마어마한 반향을 일으키게 된다. 아브라함은 하갈과 더불어 그의 씨를 혼잡케 했고 이삭은 하나님의 약속들에도 불구하고 자식 없이 거의 죽을 뻔하였으며(창 22장), 자식 중 하나는 잘못된 결혼을 했고(창 26:34,35), 또 다른 아들은 자식을 낳기도 전에 거의 죽을 뻔했다(창 27:41). 그 후 야곱의 자식들은 몸을 망쳐 버렸다. 르우벤은 자기 아비의 아내에게로 들어갔고, 유다는 카나안 여인과 합하였고, 요셉은 자식도 낳기 전에 죽을 뻔하였으며(창 37:18), 겨우 살아난 후에 몸을 망칠 뻔했다(창 39:7-17). 39:17에 따르면 이집트 여인들은 살결이 하얀 남자들에 의해 꼭 거부된 것만은 아닌 것 같다. 이제까지의 예만 보더라도 성경은 프로이트, 킨제이, 스필레인이 두 손 들 정도로 뜨거운 이슈들을 다루고 있음을 알 수 있을 것이다. 그 누가 됐든지 간에 성경을 기록한 사람은 인간의 가장 중요한 문제가 무엇인지 알고 있었음에 틀림없다.

사래가 함족의 후궁에 기거했었다는 사건은 하나님의 말씀에서는 단순한 우연이 결코 아니다. 흑인향상협의회, 러시아, 미국보다도 훨씬 더 똑똑한 그 누군가가 창세기 3:15의 약속을 무너뜨리려고 아브람과 사래를 추적하고 있었던 것이다.

『**파라오가... 아브람을 잘 대접하니**』(16절), 파라오는 당연히 그랬을 것이다. 사래는 127세까지 살았으니까 당시 74세였다면 오늘날로 치면 37세의 나이였을 것이다(오늘날의 평균 수명을 70이라고 가정한다면) 그녀는 당시까지 아이가 없었던 고로 날씬한 몸매를 유지했을 것이고 그 후에도 아름다움을 잘 유지했던 것 같다. 왜냐하면 사라가 86-90세 쯤 되었을 당시에도(창 20:1-6) 아비멜렉은 사래의 미모에 관심을 보였기 때문이다. 오늘날에도 50세가 되도록 미모를 유지하는 할리우드 스타들이 많이 있는 것을 염두에 두라. 신부를 데려오기 위해 치르는 비용은 룻기 4:10, 사무엘상 18:25, 호세아 3:2, 출애굽기 22:16,17에 나와 있다. 이제껏 치러진 비용 가운데 가장 값비쌌던 것은 에베소서에 나와 있는 경우이다(엡 5:23,25).

아브람은 하란을 출발할 당시 가지고 있던 재산에다가(창 12:5), 파라오가 "사랑의 예물"의 대가로 준 선물(창 12:16)을 합쳐 『**가축과 은과 금으로 매우 부유**』했다(창 13:2). 아브라함이 이집트 여행에서 얻은 총수입은 후일 야곱이 라반을 섬긴 후 얻게 된 수입과(창 30:43; 31:16) 같은 항목으로 잡아야 할 것 같다(반유대주의자들은 이 구절들을 가지고 시비를 거는 모양이지만 민수기 23:8,21이 유대주의와 관련되어 있다는 사실은 생각지 못하는 모양이다).

17-20절은 덧붙일 것 없이 있는 그대로이다. 하나님께서 내리신 역병은 파라오의 아내들로 잉태하지 못하게 하는 결과를 가져왔을 것이다(창 20:18 참조). 하나님의 보호가 없었더라면 아브라함은 놈팽이 노릇이나 하다가 쫓겨났겠지만 하나님의 개입으로 인해 그는 이스라엘 자손이 출애굽기 12:33에서 신속히 탈출한 것처럼 세상에서 신속히 빠져나올 수 있었다. 우리는 다시 한번 성령님께서 엮어내는 역사의 패턴을 주목하지 않을 수 없다. 아브라함, 이스라엘 민족, 야곱은 모두 외국에 기거했다가 그 나라들의 부를 얻어 가지고 팔레스타인 땅으로 돌아왔다

(출 3:22, 렘 50:10; 30:16). "이미 있었던 것이 앞으로도 있을 것이기" 때문에(전 1:9) 1970–2000년 사이의 이방 민족들은 이스라엘이 축복의 땅으로 귀환함에 따라 재정적 위기를 맞이하게 될 것이다.

창세기 13장

13:1 아브람이 이집트에서 나왔는데, 그와 그의 아내와 그의 모든 소
유와 롯도 그와 함께하여 남쪽으로 가니,
2 아브람은 가축과 은과 금으로 매우 부유하였더라.
3 그가 남쪽에서 벧엘에 이르기까지 이동을 계속하여 벧엘과 아이
사이 처음에 그의 장막을 쳤던 곳에 이르니라.
4 아브람이 처음에 제단을 쌓았던 자리인 그곳에서 주의 이름을 부
르니라.

『**롯도 그와 함께하여**』(1절), 이 구절에서는 "롯의 아내"에 대해서는 아무 언급이 없다. 하갈 역시 언급은 안 되었어도 16:1-3에 의해 아브람과 함께 이집트에서 나왔음을 알 수 있다. 따라서 롯 역시 이때 아내를 얻었을 가능성이 높고 만약 그렇지 않았다면 창세기 13:13 이후였을 것이다. 창세기 13:10의 의미심장한 기록으로 미루어(이집트 땅과 같아) 롯의 아내는 이집트 여자였을 가능성이 있다. 그렇지 않고서는 롯의 아내가 소돔에서 도망 중 이집트 같은 곳을 돌아다본 사건(창 19:26)을 설명할 수 없기 때문이다. 롯의 딸들은 소돔에서 자랐으며 자기 어머니의 "고향"에 대해 심히 마음이 기울었을 것이다. 그 "고향"은 다름 아닌 주의 동산 같고 이집트 땅과 같았다고 한다(창 13:10). 롯의 아내는 아마도 하갈과 동향인이었을 것이다.

『**아브람은 가축과 은과 금으로 매우 부유하였더라**』(2절). 은과 금이 함께 등장하는 것은 성경에서 이곳이 처음이다. 금은 창세기 2:11에 나온 바 있다. "은과 금"은 세속적 관점에서 보자면(딤전 6:10) 악을 연상하게 한다. 은과 금은 ("질병"과 마찬가지로) 성경에서는 이집트와 관련하여 처음으로 언급된다(출 15:26). 여러 시대에 걸쳐 현자들이 디모데전서 6:10 본문을 강론해 왔다. 어떤 이들은 "돈이 없는 것이 모든 악의 뿌리"라고 하는 주석을 하였고 "돈이 전부는 아니다."라는 해석을 한 사람도 있었다. 그러나 그 어떤 해석도 성경 말씀과는 거리가 멀다고 하겠다. 아칸, 게하시, 유다, 빌라도, 바리새인들, 사도행전 19장의 세공장이들, 바울을 감옥에 오래 붙잡아 둔 펠릭스, 파라오에 의한 이스라엘 백성의 강제노역(출 1장), 데마의 배교(딤후 4:10), ASV와 RSV의 번역, 담배와 술 광고, 할리우드 영화산업, 히틀러에 의한 러시아와 발칸반도 침략, 나폴레옹의 정복, 알렉산더, 샤를마뉴, 정복자 윌리엄, 롯의 선택(창 13장), 삼손을 배반한 데릴라, 루스벨트 이후에 펼쳐진 미국의 대외정책, 이집트와 솔로몬이 맺은 동맹, 여로보암의 두 마리 금송아지, 아합에 의한 나봇의 살해... 이 모든 것들 뒤에는 "돈을 사랑함"이 놓여 있었다.

하나님의 자녀는 "은과 금"으로 구속된 것이 아니며(벧전 1:18) 그리스도인들의 신은 금이나 은으로 만들어진 것이 아니다(행 17:29). 물론 성경에서 은은 구속의 예표로 나와있기도 하다(마 27:5, 레 27장). 하나님의 말씀은 너무도 귀한 것이어서 "은이나 금"을 얻기 위해(민 24:13) 더하거나 뺄 수 없다. 이스라엘의 왕은 "은과 금"을 늘려서는 안 되며(신 17:17) "은과 금"은 요한계시록 18:12의 큰 음녀 로마 카톨릭 교회가 가장 사모하는 것들 중 제일 첫 번째에 랭크되어 있다. "금과 은"은 그리스도의 심판석(고전 3장)에서 불을 견디어 낼 수 있는 행위들로 상징된다. 그러나 위대한 사도였던 바울은 자기는 사람들의 "금이나 은"을 탐내지 않았다고 분명히 밝히고 있다(행 20:33).

"금과 은은 내 혼의 구속을 위한 값을 지불할 수 없다네. 친절한 말들과 고귀한 행위들, 나는 언급하지 않겠네. 보배로운 피만이 하나님의 은혜와 능력 그리고 가장 <u>어두운</u> 시점에서 나를 위해 돌아가신 그분의 아들에 대해 말해 줄 수 있다네. 그분의 아들께서 가장 <u>어두운</u> 그 시간에 나를 위해 어떻게 죽으셨는가를.

금과 은은 한 민족의 마음의 상처를 치유할 수 없네. 학교들과 교회들도 구원을 필요로 하는 사람들을 도울 수 없다네. 오직 그리스도께서만 능력으로 다시 오실 때 상처들을 싸매실 수 있다네. 그분은 <u>영광스러운 그때</u> 이 땅을 다스리러 다시 오신다네. 그분은 <u>영광스러운 그때</u> 왕 중의 왕으로 다시 온다네."

『**그가 남쪽에서... 이동을 계속하여**』(3절). 이 지역은 카나안 땅의 남부지역으로 후일 유다와 시므온의 유업이 되었던 지역이다. 이 지역은 시클락, 헤브론, 베들레헴을 포함하는 지역이다. 아브람은 시클락에서 멈추지 않고 벧엘과 아이 근처에 있는 (창 12:8) 두 번째 제단을 쌓을 곳으로 갔다. 아브람은 남쪽에서 북쪽으로 올라오면서 왼쪽으로는 "하나님의 집"(벧엘)을 그리고 오른쪽으로는 "폐허들"(아이)을 보게 된다. 남쪽으로 내려갔을 때에는 그 반대였을 것이다.

13:5 ○ 아브람과 함께 갔던 롯도 양떼와 소떼와 장막들을 소유했더라.
6 그 땅은 그들이 함께 거하는 것을 수용할 수 없었으니, 이는 그들의 소유가 많으므로 함께할 수 없었음이라.
7 아브람의 가축의 목자들과 롯의 가축의 목자들 사이에 다툼이 있고 또 그 당시 그 땅에는 카나안인과 프리스인도 거하더라.
8 그러자 아브람이 롯에게 말하기를 "내가 부탁하건대, 우리가 형제 간이니, 나와 너 사이에와 나의 목자들과 네 목자들 사이에 다투지 않게 하자.
9 네 앞에 온 땅이 있지 아니하냐? 내가 부탁하노니, 나에게서 갈라져 나가라. 네가 왼쪽으로 가면 나는 오른쪽으로 갈 것이요, 또 네가 오른쪽으로 가면 나는 왼쪽으로 가리라." 하니,

『**그 땅은... 수용할 수 없었으니**』(6절)라는 말로 미루어 그 곳에는 풀이 충분하지 못했던 것 같다(창 13:10). 결국 목동들은 누가 자기 가축을 먹일 초장을 차지할 것인가를 놓고 다투기 시작했다. 가축 떼가 지나가는 곳마다 초지는 아이스링크 모양으로 완전히 드러났을 것이다. 각자 울타리를 쳤겠지만 초장의 경계는 날마다 바뀌었을 것이다. 서부 영화에서 나오는 목동들 간의 다툼을 연상해 본다면 이 장면을 쉽게 이해할 수 있을 것이다. 『**아브람의 가축의 목자들과 롯의 가축의 목자들 사이에 다툼이 있고 또 그 당시 그 땅에는 카나안인과 프리스인도 거하더라**』(7절). 여기서 주목할 것은 카나안인이 두 번째로 언급되고 있다는 사실이다. 이들은 두 번에 걸쳐 그 당시(then) 그 땅에 거주하고 있었다고(창 12:6) 묘사되고 있는 것으로 보아 그 전에는 그 땅에 없었던가, 후일 그 곳을 떠났던가 아니면 그 땅과 아무런 관련도 없는 사람들이었음이 암시되어 있는 것 같다. 첫 번째와 세 번째 추정이 그 후 성경의 묘사들에 비추어 볼 때 합당한 해석인 것 같다. 프리스인은 창세기 10:16-18에 나와 있지 않다. 하지만 이 족속은 이스라엘의 원수들인 함족 명단에 여러 번에 걸쳐 들어 있음을 성경은 보여 준다(창 15:20; 34:30, 출 3:8; 23:23; 33:2; 34:11 등). 카나안인들은 저지대 사람들이고 프리스인들은 고지대 사람들이라고 알려져 있다. 그러나 프리스인이란 히브리어는 "골짜기에 속한"이란 뜻이며 "지도자 혹은 장교"라는 단어와 매우 연관이 있다(우리는 "카나안"의 의미를 이미 살펴본 바 있다). 사람들이 프리스인을 고지대 사람들이라고 부르는 이유는 여호수아 11:3; 17:15에 근거한 것이다. 그런데 이 두 구절에서는 저지대 사람들인 카나안인들도 고지대에 거주하고 있었다고 한다. 따라서 주석가들이 저지대, 고지대 등의 명칭을 사용하는 것은 실제적으로나 교리적으로나 아무런 의미가 없다.

이 단락의 핵심 부분은 8절이다. 왜냐하면 이 절은 카나안인과 프리스인들이 연관되어 있기 때문이다. 〈강단주석〉은 이 사실은 간과하고 그저 아브람은 다툼이 목동들에게 본이 되지 않을 것을 염려했을 것이라는 추측만을 제공할 뿐이다. 반대로 8절의 "형제 간"이란 영적인 관계를 말하는 것으로(창 14:14) 아브라함이 걱정한 것은 교회의 "제직회의"에서 생기는 다툼이 이웃 프로테스탄트, 카톨릭, 그리고 유대인들에게 끼칠 영향들이었다(20세기 방식으로 적용해 보면 그렇다는 말이다). 프로테스탄트, 카톨릭 그리고 유대인들은 성경대로 믿는 사람들보다 서로 친하게 잘 지낼 때가 많다(롬 13:13, 고전 3:3, 빌 1:15; 2:3, 약 3:14, 눅 22:24). 아브라함은 카나안인들과 프리스인들에 대해 걱정하고 있었던 것이다.

『**내가 부탁하노니, 나에게서 갈라져 나가라**』(9절). 이것은 분리를 실행에 옮기는 장면이다. 롯은 아브람을 떠나 아브람이 장차 기거할 헤브론(소돔에서 40마일 정도에 위치해 있음)의 가장 가까운 지점에서부터 최소한 20마일 정도 떨어져 있는 다른 곳으로 가서 정착했다. 여기서 주목할 것은 관대한 아브람은 롯에게 첫 번째로 선택할 권리를 주었다는 것이다. 그런데 롯은 이브가 선악과를 택할 때와 똑같은 방식으로 선택을 하게 된다(창 13:10). "형제애로 서로 다정하게 사랑하며, 서로 존경하기를 먼저하라"(롬 12:10). 아브람은 이 말씀을 실행에 옮겼고 그렇게 함으로써 그는 롯이 차지한 영토보다 4배가 더 많은 땅을 차지하였으며 결국 롯의 유업까지 물려받았다(창 13:14, 동쪽이란 말을 유의하라. 롯은 방금 전에 동쪽으로 떠났는데 아브람은 주님께 동쪽도 차지할 것임을 약속받는다).

13:10 이에 롯이 눈을 들어 요단의 온 평지를 바라보니, 소알에 이르기
까지 어느 곳이나 물이 넉넉하더라. 그곳은 주께서 소돔과 고모라
를 멸망시키기 전이었으니, 주의 동산 같고 이집트 땅과 같더라.
11 그리하여 롯이 요단의 온 평지를 택하고 롯이 동쪽으로 옮겨가
니, 그들이 서로에게서 갈라서더라.
12 아브람은 카나안 땅에 거하였고 롯은 평지의 성읍들에 거하여
자기 장막을 소돔을 향해서 쳤더라.
13 그러나 소돔인들은 사악하였고 주 앞에 극심한 죄인들이었더라.

『**이에 롯이 눈을 들어...**』(10절, 이브에 관한 창 3:6 주석 참조).

『**요단의 온 평지를**』(11절), 이 당시 아브람과 롯은 팔레스타인 남부 지역, 벧엘과 아이 남쪽지역에 거처하고 있었다. 11절로 미루어 우리는 소돔과 고모라가 요단 평지에 있었을 것이라고 추정할지 모르지만 창세기 14:3에 따르면 두 도시는 요단강보다는 더 남쪽에 있었다는 사실을 짐작할 수 있다. 따라서 요르단 평지는 단지 갈릴리로부터 길갈까지의 강둑지역만을 포함하기보다는 창세기 14:3대로 사해지역까지 포함하고 있는 것으로 보는 것이 합당하다고 하겠다(이렇게 되면 소돔의 위치가 사해 남쪽 끝부분이라고 하는 전통적인 견해와 상치되지 않는다).

『**주의 동산 같고**』(10절, 창 2:10,15 주석 참조).

『**이집트 땅과 같더라.**』(10절, 창 19:26 주석 참조).

『**소알**』(10절, 히브리어 "작은") 이 도시는 불 심판이 임했을 당시 다섯 도시 가운데 살아남은 도시였다(창 10:19의 주석과 신 29:23 참조). 소돔은 "불꽃 혹은 타오르는"의 뜻을 가지고 있으며 "석회의 곳"이란 뜻도 있다. 고모라는 "두려움의 백성" 혹은 "균열", "가라앉음"이란 뜻이다.

『**그리하여 롯이 요단의 온 평지를 택하고 롯이 동쪽으로 옮겨가니**』(11절). 롯의 선택은 잘못된 선택이었고 롯의 방향도 잘못된 방향이었다(창 3:24; 4:16 주석 참조). 10절에 따르면 롯은 재빨리 계산을 한 후 이렇게 생각했을 것이다. "오, 저곳은 기가 막힌 초장이군. 저곳에서는 일 년 내내 가축을 칠 수 있겠는데... 그러니까 소고기가 파운드 당 1불, 소가 200마리에다가 한 마리당 평균 무게가... 음 이 정도면 굉장한데. O.K. 저곳으로 가는 게 좋겠군!" 롯은 바라보고(10절), 선택했고(11절), 그곳을 향해 장막을 쳤으며(12절), 소돔에 거하였다(14:12). 그리고 결국에 가서는 "성문"에 앉게 되었다(창 19:1). 소돔 지방 법원 제32호 판사가 된 셈이다. 당신도 마귀를 향해 "장막"을 치면 마귀가 곧장 당신에게 달려올 것이다.

『**그러나 소돔인들은 사악하였고 주 앞에 극심한 죄인들이었더라**』(13절). 이 말씀은 상공회의소 사람들이 절대로 출판하지 않을 그러한 말씀이다. 그들에게는 소돔은 "아름다운 도시" "번영하는 대도시" "다섯 개의 깃발이 펄럭이는 도시" "남부의 여왕 도시"로서 대단히 중요한 곳이다. 그러나 거룩하신 하나님께는 이 도시는 메워 버리든가 파헤쳐 버려야만 할 또 다른 지옥 구덩이에 불과하다.

소돔에서 토요일 밤에 벌어지는 일은 거룩하신 하나님의 눈에는 몹시 거슬리는 것들이다(창 13:13).

1. 르파인(거인)들이 그곳에 있었다(창 14:5; 15:20).

2. 르파인들은 창세기 6장에서처럼 처음 처소를 떠나 다시 여자들을 농락했다(유 1:7).

3. 소돔의 거주자들은 "자신들을 음행"에 내어주었다(유 1:7). 다시 말하면 도시 전체가 음행에 탐닉해 있다는 말이다. 음행은 누구나 즐기는 여흥이었고, 용납되고, 선전되고 도심에서 가장 유행을 선도하는 곳에서는 적극 추천되고 있었다(창 6:6 주석 참조).

4. 그뿐 아니라 소돔에 살던 대부분의 사람들은 일주일에 20시간만 일하면서도 소득은 보장되었고, 자신들의 높은 생활 수준을 늘 자랑하곤 했을 것이다. 이것은 사실이다(겔 16:49 참조).

롯은 당시 "전형적인 도시"였던 소돔 방향으로 움직였다(서쪽에서 동쪽으로). 그곳의 분위기가 얼마나 사악했던지 20세기의 히피나 마약중독자쯤 되어야 무슨 일이 벌어지고 있는지를 이해할 수 있을 정도였다(창 19:8). 롯이 도달한 곳은 바로 이런 도시였다. 그러나 그는 그곳을 떠나야만 했다. 하나님께서는 롯이 그 곳에 머물러 있다가는 씨를 혼잡케 할 것임을 알고 계셨다. 사실 롯은 이집트에서 유색인 여인을 아내로 데리고 왔으며 그녀는 이집트의 "사치스럽고 방종한 생활"을 함께 지니고 왔던 것이다(창 12:15-20 주석 참조).

13:14 ○ 롯이 아브람에게서 갈라진 후에, 주께서 아브람에게 말씀하시

기를 "이제 네 눈을 들어 네가 있는 곳에서부터 북쪽과 남쪽과 동쪽과 서쪽을 바라보라.

15 이는 네가 보는 모든 땅을 내가 네게 줄 것이며, 네 씨에게 영원히 주고

16 내가 네 씨를 땅의 티끌 같게 할 것임이니, 사람이 땅의 티끌을 셀 수 있다면 네 씨도 셀 수 있으리라.

17 일어나서 그 땅을 가로와 세로로 걸으라. 내가 그것을 네게 주겠음이라." 하시더라.

18 그때 아브람이 장막을 옮겨 헤브론에 있는 마므레 평지에 와서 거하며, 그곳에서 주를 위하여 제단을 쌓았더라.

아브람은 제단을 즐겨 쌓는 사람이었다. 그는 벌써 네 번째 제단을 쌓은 것이다. 아브람의 삶은 별이 빛나는 곳에서 제단을 쌓고 양을 잡아 제사를 드리는 매우 지루한 삶으로 소돔에서 벌어지는 "높은 수준의 삶"과는 거리가 멀었다.

롯은 아브람보다 먼저 "눈을 들어 바라보는" 선택을 하였었다(창 13:10). 이번에는 주님께서 아브람에게 『**눈을 들어... 바라보라.**』라는 말씀을 하신다. 하나님께서는 "네" 눈을 들라고 말씀하신다. 어떤 사람이 영적인 것을 선택할 때면 하늘은 늘 그의 등을 두드려 주는 것 같다. 왜냐하면 주 하나님께서는 갑자기 아브람의 무릎 위에 "요단의 평지"를 포함하여 전 팔레스타인 땅을 넘겨주시기 때문이다. 우리는 이때 아브람이 어디에 거하고 있었는지 잘 모르지만 마온 혹은 칼멜 근처 사해 서쪽 고지대였을 것으로 짐작해 볼 수 있다. 대부분의 주석가들은 벧엘 혹은 아이였다고 주장한다(그들은 그곳이 아브람이 처음으로 제단을 쌓았던 곳이기 때문이라고 근거를 댄다. 창 13:3,4). 그렇게 되면 롯은 요단강 쪽으로 갔다는 말이 되는데(즉 길갈로부터 요단을 거쳐 느보산 쪽으로) 그렇다면 창세기 13:12의 "평지의 성읍들이" 사해 북쪽에 위치한다는 말이 되는 셈이다. 그러나 이러한 해석은 창세기 13:4과 13:5,6 사이에는 일정기간의 시간이 흘렀음을 간과하는 것이다. 〈킹제임스성경, 1611〉은 이 두 구절 사이를 단락 표시를 사용하여 용의주도하게 구분지어 놓았다. (〈한글킹제임스성경〉에도 ○표로 단락이 구분되어 있다.) 어떤 이들은 이들 단락 표시는 후에 첨가된 것이라고 주장하는데, 이는 하나님께서 섭리로 첨가하신 것이다. 사려 깊은 독자라면 그 누구도 창세기 13:5-7 사건이 하루아침에 일어난 것으로 생각하지는 않을 것이다. 하루 이틀 가축을 먹여 보고서 그곳이 목축에 적합한지 어떻게 결정할 수 있는가? 당시 목동들은 집으로부터 45마일 정도 떨어진 곳까지 양떼를 몰고 다녔다. 요셉은 헤브론에서 세켐까지 자기 형들을 찾아갔었다(창 37:14). 이 거리는 팔레스타인 지도에서 볼 때 사해 중간에서 요단강 중간까지에 이르는 거리이다. 따라서 아브람은 하나님께서 눈을 들어보라고 말씀하실 당시 벧엘이 아닌 헤브론이나 베들레헴 혹은 더 남쪽에 위치한 칼멜과 마온에 있었을 것이다.

이것이 사실이라면 아브람은 유다와 베냐민 지파의 유업이 될 그곳에 있었다. 그곳은 베들레헴, 예루살렘, 헤브론, 시클락을 포함하는 지역이다. 그러니까 아브람은 후일 다윗과 예수 그리스도의 탄생지와 죽음의 장소가 될 그 땅을 두루 살펴본 셈이다.

아브람은 노아처럼 모든 것을 포기했더니 모든 것을 되돌려 받게 된 것이다(마 16:25).

『**이는 네가 보는 모든 땅을 내가 네게 줄 것이며, 네 씨에게 영원히 주고**』(15절). 여기서 "영원히"라는 단어가 등장하여 무천년주의자들과 후천년주의자들을 혼란에 빠뜨리게 된다. 이들은 두 가지 전략을 세워서 본문을 빠져나간다.

1. "영원"이란 항상 "영원히"를 뜻하는 것은 아니라고 말함으로써.

2. "씨"는 그리스도이며 따라서 "약속의 땅"은 영적으로 해석해야 된다고 말함으로써.

첫 번째 주장은 사실이다. 하지만 본문에서 "영원히"라는 의미가 아니라는 근거는 없다. 두 번째 주장은 사실이 아니다. 따라서 본문과는 전혀 관계가 없다.

1. 성경적 사실들은 창세기 15:18에 제시되어 있다. 『**내가 이 땅을... 네 씨에게 주었으니**』. 하나님께서는 이 약속을 하시면서 어떤 지역을 주실 것인지 구체적인 땅을 언급하고 계신다.

2. 이사야 66:22, 『**내가 만들 새 하늘들과 새 땅이... 너희 씨와 너희 이름도 항상 있으리라.**』 이 본문의 문맥 역시 이방인들이 아닌 이스라엘 중 레위 지파에 해당된다.

3. 예레미야 33:20,21, 『**만일 너희가 나의 낮의 언약과 나의 밤의 언약을 깰 수 있다면... 그때에는 또한 나의 종 다윗과 맺은 나의 언약도 깨어질 수 있어서... 나의 사역자들인 레위인 제사장들과 세운 언약도 깨어질 수 있으리라.**』 이 본문의 문맥은 "아브람과 이삭과 야곱의 씨를

다스릴 치리자"(렘 33:26)에 해당한다.

4. 아모스 9:15, 『**그들이 다시는 내가 그들에게 주었던 그들의 땅에서 뽑히지 아니하리라.**』 이 본문의 문맥은 이스라엘 사람들이 팔레스타인에서 먹고, 마시고, 밭 갈고, 심는 것이다(암 9:13,14).

5. 사무엘하 7:10, 『**또 내가 내 백성 이스라엘을 위하여 한 장소를 정하여 그들을 심으리니, 그들이 자기들의 장소에 거하여 다시는 옮기지 아니할 것이요**』. 이 본문의 문맥은 하나님께서 유대인들의 **왕**에게 구약에 나와 있는 이스라엘 민족을 일으키시리라는 약속을 하시는 것이다(삼하 7:2,6,12).

6. 예레미야 31:35-36, 『**주가 이같이 말하노라... 만일 그러한 법칙들**(35절에 나와 있는 태양, 달, 낮, 밤 등의 법칙)**이 내 앞을 떠난다면 그 때는 이스라엘의 씨도 내 앞에서 민족이 되는 것에서 영원히 끊어지리라.**』 본문의 문맥은 예루살렘을 문자 그대로 재건하셔서 영원토록 보존하시겠다는 말이다(렘 31:38,39,40).

7. 창세기 17:8, 『**영원한 소유가 되게 하며**』 이 문맥은 육체적인 씨에게 "땅"을 주시겠다는 것이다.

만약 이들 중 그 어떤 것에도 의문이 난다면 기도하는 마음으로 이사야 34:17, 예레미야 7:7, 역대기하 9:8, 시편 105:8-11을 읽어 보고 특히 마지막 것을 잘 읽어 보라.

영원에서는 아브람, 이삭, 야곱의 자손들은 "그 땅"에 거할 것이다. 『**내가 네 씨를 땅의 티끌 같게 할 것임이니**』. 이 말씀은 이스마엘에서 성취되었다. 반면 "하늘의 별들처럼"(창 15:5)은 교회에서 성취되었고 "바닷가의 모래처럼"은 야곱에서 나온 열두 지파에서 성취되었다(왕상 4:20). 팔레스타인 땅은 유대인에게 영원히 주어진 것이다. 원 소유주께서 이 땅을 이들에게 주신 것이 너무도 분명한 고로(시 105:8-11) "중동문제"(아랍문제)의 해결책은 이미 분석, 토론, 해결, 완결된 사건으로 더 이상 거론할 필요가 없다. 이 땅은 야곱의 후손들에게 주어진 것이다(창 21:10). 유엔이 이 땅을 가지고 무슨 짓을 하든 그것은 중요하지 않다(단 11:39). 이방인들이 연합체를 만들어 그 땅에서 이스라엘을 대적하는 것(슥 12:2; 14:2) 역시 별 의미가 없다. 1970-2000년 사이의 이스라엘 역사는 모세가 B.C. 1400년에 기록한 그대로 될 것이다. 1차 세계대전 후 유대인들이 팔레스타인 땅으로 돌아가기 300여 년 전인 1611년에 출판된 그 성경에 나와 있는 그대로 이스라엘 역사는 전개될 것이다. 바로 이것이 사도 바울 이래로 모든 전천년 설교자들이 전파해 온 것이며, 신명기 18:18-22은 전천년 체계만이 정확한 예언 해석을 할 수 있음을 입증해 준다. 왜냐하면 이 체계만이 이 인류 역사가 진행될 바를 정확히 보여 주며 이 사실은 십수 차례에 걸쳐 이미 입증된 것이다. 모든 성경대로 믿는 사람들은 A.D. 70년의 흩어짐 이후 유대인들이 "그 땅"으로 돌아올 것이라고 전파했고 1918년 유대인들은 실제로 돌아왔다. 모든 성경대로 믿는 사람들이 예언에 관해 가르칠 때면 유대인들은 팔레스타인에서 국가를 재건할 것이며 이 두 번째 귀환 시에 세워질 이스라엘은 영원할 것이라고 전파했다(사 11:11). 물론 유대인들에게는 이때 "죄의 사람"(계 13:18 주석 참조)에 의해 저질러질 3년 반의 박해가 있겠지만 그 후부터는 다윗의 보좌에서 다스리실(눅 1:30-34) 예수 그리스도의 영원하신 통치하에 있게 될 것이다. 역사는 이처럼 전천년 해석 체계대로 진행되었고, 진행되고 있으며, 진행될 것이다. 교육도 과학도 역사의 방향을 조금도 바꿀 수 없다. 〈강단주석〉(제1권 p.200)에서는 1,500년 동안의 성경학자들의 "지식창고"가 제공하는 "엉터리" 주석이 나와 있다. 이 주석서에 따르면 창세기 13:14은 "현존하는 유대인들이 지상 낙원으로 돌아가도록 보장하는 것이 아니다."라고 한다[이들은 히브리어 학자인 카일(Keil)을 인용하였다]. 그러나 이것은 후천년 신학으로 귀납적인 과학적 방법론을 적용하여 본 결과 다윈의 진화론보다 훨씬 거짓된 것임이 입증되었다. 그런데도 이 이론이 교회협의회(NCCC)와 RCC의 주요 신학 체계인 것이다.

『**일어나서 그 땅을 가로와 세로로 걸으라**』(17절). 이렇게 해서 아브람은 약속의 땅에 거하게 된다. 『**내가 그것을 네게 주겠음이라.**』 이 말씀은 사도행전 7:5과 충돌한다. 그러나 아무리 단순한 독자일지라도 스테판이 말하고 있는 것이 아브람이 그 땅에 기거할 당시의 영구적 소유권에 관해 언급한 것이지 미래에 있을 그 약속의 성취에 대해 언급하는 것이 아니라는 사실을 간파할 수 있을 것이다. 히브리서 11:8의 『**장차 유업으로 받을 땅**』이라는 말로 미루어 이는 분명하다고 하겠다.

『**헤브론에 있는 마므레 평지**』(18절). 본문을 파괴해 버리는 전통적인 수법은 마므레가 창세기 14:13,24에 나오는 아모리인이라는 것이다. 이들은 이미 창세기 12:6에서 "평지"에 해당되는 말을 변개시킨 바 있다. 그 결과 이 구절은 "the Terebinth(or oaks) of the Amorite Mamre"로 변개되어 버렸다(개역성경에는 마므레 상수리 수풀로 변개되었다).

물론 성경 두 곳에서(창 14:13,24) 마므레가 사람이긴 하지만 창세기 여러 곳에서는 지명임이 분명하다(창 23:17,19; 25:9; 35:27; 49:30; 50:13). 따라서 독자 여러분은 〈킹제임스성경〉을 그대로 고수하시는 것이 성경 변개자들(고후 2:17)을 따르는 것보다 훨씬 정확하고 올바른 태도임을 알 수 있을 것이다. "마므레"는 "확고함" 혹은 "활력"이란 뜻이고 "헤브론"은 "교제" 혹은 "풍성함"을 의미한다. 헤브론은 성경에서 여러 가지 신성한 것들과 연관을 갖고 있다. 이 성읍은 키럇아르바라고도 불렸으며(수 14:15) 거인들이 거주하던 곳이었다(민 13:21,22,32,33). 믿음의 용사인 칼렙이 그곳을 정복하였고 그에게 유업으로 주어졌다(판 1:20). 다윗은 그의 40년 통치를 헤브론에서 시작하였고(삼하 2장) 이 헤브론은 아브라함, 이삭, 야곱(창 25-27장) 세 족장의 기거생활과 연관되어있다. "아르바", "마므레", "헤브론", "키럇아르바"는 성경에서 같은 성읍이다. "chi" "Chicago" "바람 부는 도시"가 모두 한 도시를 가리키며 "비잔틴", "콘스탄티노플", "이스탄불"이 모두 같은 도시임은 자명하다. "아모리인의 상수리나무들"을 끄집어내서 한 도시가 갖고 있는 다양한 이름들을 설명하려는 이유가 무엇인지 모르겠다. Frisco와 San Francisco가 같은 도시인 줄 당신은 어떻게 아는가? 두 번째 단어의 번역은 "The Saint of Francis"가 되어서는 안 된다고 확신하는가? 당신은 그것을 어떻게 아는가? 테레빈 나무라고 번역하는 사람들이 정확하다고 당신은 어떻게 확신하는가?

창세기 14장

14:1 시날 왕 아므라펠의 때에 엘라살 왕 아리옥과 엘람 왕 크돌라오멜과 민족들의 왕 티달이

2 소돔 왕 베라와 고모라 왕 비르사와, 아드마 왕 시납과 스보임 왕 세메벨과 벨라, 곧 소알 왕과 싸우니라.

3 이들 모두가 싯딤 골짜기에 함께 모였으니, 이는 곧 염해라.

아므라펠 : "강력한 백성" 혹은 "어둠의 격언"이란 뜻으로 앗시리아에서 발견된 서판에 나와 있는 "함무라비"이다(암무라비는 "아므라펠"을 음역한 것이다). 이 사람은 다름 아닌 "함무라비 법전"(I.S.B.E. 제2권 p.1,326)으로 유명한 함무라비 대왕일 것이다. 이 인물은 얼마 동안 창세기 14장에 나오는 아므라펠이라고 받아들여졌다. 그러다가 R.D. 윌슨(R.D. Wilson)의 〈구약의 과학적 연구, *A Scientific Investigation of the Old Testament*〉라는 책을 재발행하면서 편집자들은 윌슨 박사의 이론을 대체해 버렸다. 새로 발행된 책의 난외주에 보면 1940년까지의 모든 근본주의 주석가들은 마치 "최근의 고고학적 발견의 이점들"을 갖추지 못하고 있었던 것 같다. 아므라펠은 시날 왕이었는데 B.C. 1900년경 시날 왕은 함무라비였다. 그는 43년 동안 통치했었다.

아리옥 : "사자 같은"이란 뜻으로 서판에는 "에리-아쿠"(Eri-aku)로 나와 있고 그의 어머니는 크돌라오멜의 누이였다.

크돌라오멜 : "도르래를 묶음"이란 뜻으로 서판에는 "Kudur-Lahgumal"이라고 나와 있다.

티달 : "찬란 혹은 명성"이란 뜻으로 서판에는 "Tudghula"로 나와 있다.

베라 : 소돔 왕으로 "악에 처한"이란 뜻이다.

비르사 : "사악함으로"란 뜻이다.

시납 : "아버지를 바꿈"이란 뜻이다.

세메벨 : "건너간 자의 이름", "영웅적 업적의 찬란함"이란 뜻이다.

함무라비 대왕이 분명 아므라펠이라는 관점에서 보자면 대부분의 주석가들이 아므라펠을 그저 시의회 의원 정도로 취급하는 것은 도저히 이해가 안 간다. (이것은 주석가들이 마치 히브리 역사를 실제 역사의 주요한 사건과 인물들로부터 고립시키려고 음모를 꾸민 것처럼 보일 정도이다.) 창세기 14:1에 나오는 『**시날 왕**』은 바빌론 제국을 건설한 왕과 인척관계로 오늘날로 치면 UN의 총수 격이었다. 노아의 홍수는 B.C. 2347년에 있었고 쿠스가 님롯을 낳았을 때는 B.C. 2247년 혹은

B.C. 2200년경이었을 것이다(이것은 창세기 11:10-25에 나와 있는 사람들의 수명을 기준으로 계산한 것이다). 만약 님롯이 바벨탑을 건축한 장본인이었다면, B.C. 2200년도 아직 너무 이른 시기인 것 같다. 아브라함의 아버지 테라는 B.C. 2126년에 태어났으므로 님롯과는 불과 74년 차이이다. 따라서 시날 왕(창 14:1)은 "언어의 혼란" 사건과 약 100년간의 시차를 두고 있다. 또한 바벨탑을 건축했던 사람들도 B.C. 2000년까지는 아직 흩어지지 않았을 터인데 바로 그 시점에서 하나님께서는 아브람을 칼데아 우르지역에서 불러내신 것이다. 함무라비가 아므라펠이라는 세 가지 논리적 증거는 다음과 같다.

1. 암무라비는 아므라펠을 칼데아어로 음역한 것이다.

2. 이 왕은 크돌라오멜(창 14:5)과 연맹을 맺었는데 이들 연합군은 거인들을 물리칠 정도로 강력하였다(창 14:5 주석 참조).

3. 시날은 이 당시 엘람을 섬기고 있었다(〈국제 표준 성경 백과사전〉, 제1권 p.366).

앗시리아 서판에 보면 엘람은 바빌론을 정복하여 통치하고 있었으므로 아므라펠은 시날 북쪽을 그리고 아리옥은 시날 남쪽을 다스리고 있었다. 서판에 따르면 "티달"은 카스피해와 흑해 사이에 있는 아르메니아 지역에 살던 야만적인 쿠르드족으로 알려진 "움만만다"(Ummanmanda)를 구성하고 있었다[아드마와 스보임 역시 소돔과 고모라와 같이 멸망당한 "평지의 성읍"들 속에 포함되어 있음을 주목하라(신 29:23)].

상황은 다음과 같다. 북동쪽(시리아, 엘람, 시날)의 네 왕이 팔레스타인에 있는 남서쪽의 "요단 평지"(창 13:10)를 공격하여 다섯 왕들과 전쟁을 벌였는데, 다섯 왕들은 수가 적고 무장이 덜 되었지만 창세기 6:1-6의 결과 이 땅에 거하게 된 르파인, 수스인, 엠인들이 그들에게 동참하고 있었다.

『**싯딤 골짜기... 이는 곧 염해라**』(3절). 염해는 오늘날의 사해로 해발보다 400미터가 낮은 지역이다. 길이는 46마일 정도이고 넓이는 10마일이며 대서양보다 8배가 짜다. 이 속에는 680억 달러어치의 탄산칼륨 13억 톤과 2,520억 달러어치의 브롬화물 8억 3천5백만 톤 1,166억 4천만 달러어치의 석고 8천백만 톤 그리고 7,970억 달러어치의 마그네슘 염화물 2,200만 톤이 들어 있다.

이 구절은 창세기 13:14에서 아브람이 팔레스타인 땅을 두루 바라보았던 장소의 정확한 위치를 암시해 주고 있다. 왜냐하면 창세기 19장 이전에는 "요단 평지"가 사해 주변 전 지역이었을지도 모르기 때문이다. 만약 그렇다면 롯이 동쪽으로 갔으므로 그는 벧엘과 아이로부터 오늘날 사해의 해저에 해당하는 곳에(벧후 2:6) 세워져 있던 다섯 성읍들의 제일 도시(소돔)로 향했을 것이다. 창세기 14:3에서 싯딤 골짜기는 "염해"이다. 하지만 모세는 이 사건이 일어난 500년 후에 창세기를 기록하였음을 기억하라.

14:4 그들이 십이 년간 크돌라오멜을 섬기다가, 십삼 년째에 반역하였더라.

"13"이라고 하는 불길한 숫자가 성경에서 처음으로 이곳에서 언급되고 있으며 이 숫자는 반역과 연관되어 있다. 이 문제는 여기서 다루기는 너무도 긴 주제이다. 하지만 "13"공포증은 다른 어떤 것에 대한 "공포증"이나 "혐오증"과 마찬가지로 매우 성경적이다(이 문제에 대해서는 〈The Bible Babel〉 제4장 참조). 수많은 예증 가운데 몇 개 들어보자면 "백악관"의 건축은 금요일 13일에 시작되었고 윌슨 대통령은 12월 13일에 브레스트시(프랑스 서단의 항구 도시로 제2차 세계대전 중 독일의 잠수함 기지였음. 1944년 9월 연합군에게 항복)에 상륙하여 동맹자 13사람과 함께 13개 항으로 된 국제연맹헌장 초안을 제출했다(국제연맹, League of Nations는 히브리어로 B-A-B-E-L이다). 미국에서 처음 실시된 선거는 금요일 13일이었다. "왕국을 가져오자."는 캠페인을 주도하는 적극적 사고방식을 갖고 있는 낙관주의자들은 13명의 하원의원이 "시민권"(미국 헌법 13,14 수정조항) 법안을 기초했으며 이 법으로 인해 미국의 교육은 끝장이 나고 말았다(창 10:8,9 주석 참조)는 사실을 어떻게 설명할지 모르겠다.

14:5 십사 년째에 크돌라오멜과 그와 함께한 왕들이 나와서, 아스트롯 카르나임에서 르파인을, 함에서 수스인을, 사웨 키랴다임에서 엠인을 치고

6 호리인을 그들의 산 세일에서 쳐서, 광야 옆에 있는 엘파란까지 이르렀으며,

7 그들이 돌이켜 엔미스팟, 곧 카데스에 이르러, 아말렉 족속의 온 땅과 하세손타말에 사는 아모리인을 치니라.

8 소돔 왕과 고모라 왕과 아드마 왕과 스보임 왕과 벨라(벨라는 소
알이라.) 왕이 나와서 싯딤 골짜기에서 그들과 접전하였으니,
9 다섯 왕이 엘람 왕 크돌라오멜과 민족들의 왕 티달과 시날 왕 아
므라펠과 엘라살 왕 아리옥, 네 왕과 싸웠더라.

『**르파인... 수스인... 엠인... 호리인**』(5,6절, 신 2:10,12,20,22 참조). 이 살육은 갈릴리 근처 요단 동편에서부터 시작하여 바산을 지나(신 3:11) 아르논과 얍복(요단 동쪽)을 건너 에돔의 세일 산(창 14:6)까지 내려왔다. 이 공격은 사해 동쪽 들 지역까지였을 것이고(만약 둑이 있었다면), 그곳이 초장이나 역청 구덩이들이었다면(창 14:10) 사해 전 지역을 다 포함했을 것이다.

『**엘파란**』(6절)은 새로운 역본들과 주석에서는 "파란의 상수리나무 혹은 테레빈나무"라고 변개되었다. 뭐든지 전부 "상수리"나 "테레빈"으로 만들어 버릴 권리를 언제 학자들이 부여받았는가? 엘파란은 "파란의 상수리나무"가 아니고 "파란의 하나님"이란 뜻이다. 그리고 이것은 창세기 14장에 예표되어 있는 재림에 대한 간접적인 언급인 것이다(합 3:3).

『**엘람 왕 크돌라오멜과 민족들의 왕 티달과 시날 왕 아므라펠과 엘라살 왕 아리옥, 네 왕과...**』(9절). 네 왕들의 공격은 단순히 남쪽으로만 진행된 것이 아니라(사해 남쪽) 서쪽 방향으로 진행되어 아말렉인들의 영토에까지 미쳤다(창 14:17 사해 남서부 지역). 이 지역의 공격은 "귀환 시에"(창 14:7) 이루어졌는데 이들 북서쪽에서 온 군대들은 사해지역을 휩쓸고 나서 귀국하였던 것 같다. 만약 "평지의 성읍들"이 오늘날의 사해지역에 걸쳐 있었다면 그들은 곧장 아브람이 거주하는 헤브론 쪽으로 쳐 올라왔을 것이다. 이로써 우리는 다섯 성읍들이 그 지역의 남쪽 끝부분에 위치하고 있었다는 우리의 결론(창 13:14)이 정확했을 것이라는 확신을 갖게 되는 것이다.

14:10 싯딤 골짜기에는 역청 구덩이가 많았는데 소돔 왕과 고모라 왕이 도망칠 때에 거기에 빠졌으며, 그 나머지는 산으로 도망하였더라.

11 그들이 소돔과 고모라의 모든 재물과 그들의 모든 식량을 탈취해 가고

12 소돔에 거하는 아브람의 형제의 아들인 롯과 그의 재물도 빼앗아 갔더라.

학자들은 이 구절에 와서 아므라벨이 함무라비가 될 수 없다는 근거를 찾았다고들 한다. 그러나 이들이 근거라고 하는 것은 오히려 이들의 불신앙만 보여 줄 뿐이다. 성경 기록에 의하면 아브람은 318명의 종을 데리고 네 왕을 추격하였고 소돔과 고모라의 약탈물들을 되찾아왔다. 또한 아브람은 함무라비의 상왕격인 엘람 왕을 쳐 이겼다. 이들 학자들에 따르면 318명의 군대로 대군대와 당시 최고 실력자인 엘람 왕을 어떻게 이길 수 있겠느냐, 따라서 아므라벨은 함무라비가 될 수 없다는 것이다. 그런데 우리의 주목을 끄는 것은 히브리어, 헬라어 혹은 〈칠십인역〉이나 타르굼 및 사마리아오경, 고고학적 근거, 기타 그 어떤 타당한 근거가 하나도 없다는 것이다. 그들이 내세우는 근거래야 그들의 불신뿐이다. 한마디로 믿을 수 없다는 것이다. 훌륭하다고 "정평"이 나신 학자들께서 창세기 14:1에 정확한 주석을 제시할 수 없는 근거는 그들은 318명의 군대가 다섯 왕들의 군대를 추격해서 이길 수 있다는 사실을 믿을 수 없다는 것이다. 그들은 기드온의 용사 300명이 135,000명을 쳐부순 것도 안 믿는다(판 7:7; 8:10). 기브온은 오렙과 스엡 두 왕을 죽이기도 했다. 아브람은 기드온보다 700년 전 사람이고 따라서 당시 왕들의 군대 규모는 기드온 시대보다 훨씬 작았을 것이며 아브람이 추격한 군대는 30일 이상이나 거인들과 싸운 후에 귀국하는 지쳐있는 군대였다.

『**그들이... 모든 재물과 그들의 모든 식량을 탈취해 가고... 롯과 그의 재물도 빼앗아 갔더라**』(11,12절). 침략군은 요단 강쪽을 향해 북쪽 방향으로 귀환하고 있었다. 그들은 엘람, 시리아 및 메소포타미아로 돌아가기 위해 다마스커스 무역로를 따라 귀환 중이었다. 10절에 나와 있는 역청은 아직도 팔레스타인 땅에 남아 있다(Inglis). 이 역청은 어떤 곳에서는 약 5미터 깊이 정도까지 된다. 모세가 기록할 때 "도망칠 때에 빠졌으며"라고 한 것은 전쟁에서 패배한 것을 언급한 것이다. 이때 모든 사람이 죽은 것은 아니었다. 왜냐하면 소돔의 왕들은 아브람이 돌아올 때 그를 맞으러 나갔기 때문이다(창 14:17). 그 전쟁은 하나의 재앙이었다. 우리는 셈족은 자극을 받으면 피가 뜨거워지지만 함족은 전쟁 시 그리 효능을 발휘하지 못하는 것 같은 분명한 인상을 이 전쟁을 통해 받게 된다. 그러나 이런 사실도 현대 학자들에게는 "편견"으로밖에 보이지 않는다(회의론자들은 1970년대 아랍-이스라엘의 관계를 살펴보라). 바빌론(시날) 땅에는 얼마간 쿠스인들이 여전히 남아 있었고(이들은 거주 범위를 벗어나 있었음), 엘람 지역에도 한두 명이 떠돌아 다녔는지는 몰라도 민족들의 왕 티달이 이끄는 부대 속에는 쿠스인은 하나도 없었다. 이들은 전부 스키티아인들과 터키의 쿠르드족이었다. 이 연합군들은 수스인, 아낙인, 엠인 및 그들의 친족들을 거침없이 쳐 내려갔다. 이스라엘 백성이 민수기 13,14장에서 이들처럼 행동하였었더라면 얼마나 좋았겠는가? 이스라엘 백성들 사이에 거주했던 "혼혈의 무리"(출 12:38)들은 그 어떤 인류학자나 인종학자들보다 민수기 13,14장에 관해 잘 설명해 줄 것이다.

우리는 이 대전쟁에서 얼마나 많은 사상자가 발생했는지 알지 못한다. 한 가지 분명한 것은 이들 네 왕들이(창 14:1) 패션쇼하는 것처럼 부드럽게 지나가진 않았을 것이라는 것이다. 민수기 14:42-45에 의하면 아브람 당시의 다섯 왕들의 동맹군은 그렇게 호락호락하지는 않았을 것이다. 당시 약 30% 정도가 살상되었다고 보면 합당할 것 같다(오늘날은 사람 한 명 죽이는 데 옛날보다 더 많은 비용이 들어간다). 제2차 세계대전 중 전사자는 (미국의 경우) 참전자 중 약 10%가 못되었다. 그렇다면 한 사람을 살상하는 데 10만 달러가 들어간 셈이다. 다윈에 의하면 인간은 "더 나아지고" 있기 때문에 월남전에서는 보도된 전사자는 약 2%(실제로는 10%정도임)로 한 명당 90만 달러의 비용이 들어간 것이다.

북방에서 내려온 대군 중 남은 자들은 귀환했고(겔 38장) 그 중 5/6가량을 약속의 땅에 남겨 두어(겔 39:2) 새들로 먹도록 하였다(겔 39:17-22). 아브람이 자기 형제의 아들을 되찾기 위해 그들을 추격하였을 때에는 약 40,000명이 채 못 되었을 것이고 그 중 10,000여 명은 다치거나 아픈 자들이었을 것이다. 아브람은 충분히 싸울 준비가 되어 있었고 그 지역을 잘 알고 있었으며 하나님께서 그와 함께하셨다. 그리고 그가 공격했을 때에는 주력 부대를 치지는 않았을 것이다. 그는 포로와 전리품을 끌고 가는 후방 부대를 쳤을 것이다. (1812년 나폴레옹의 러시아 침략을 생각해 보라.)

14:13 도망쳤던 자가 와서, 히브리인 아브람에게 말하였으니, 아브람은 아모리인 마므레의 평지에 거하였더라. 마므레는 에스콜의 형제요, 또 아넬의 형제라, 이들은 아브람과 동맹한 자들이더라.

14 아브람이 자기 형제가 사로잡혀갔음을 듣고 자기 집에서 태어난 훈련받은 종 삼백십팔 명을 무장시켜, 그들을 추격하여 단까지 가서,

15 그들을 대항해서 그와 그의 종들을 나누어 밤에 그들을 치고 다마스커스 왼편에 있는 호바까지 추격하여,

16 모든 재물을 다시 찾아오고 자기 형제 롯과 그의 재물과, 여자들과, 백성들도 다시 찾아왔더라.

우리는 이미 "마므레"(여기서는 사람)에 대하여 언급한 바 있고 "Hebrew"(히브리인)라는 단어에 대해서도 설명한 바 있다(창 10:24 참조). 우리는 아브람이 이끈 부대가 318명보다 더 많았다는 사실을 주목할 필요가 있다. 마므레, 에스콜, 아넬 등 아브람의 동맹자들의 가족과 종들을 합치면 총 인원수는 400-700명가량 되었을 것이다. (함무라비가 성경의 인물인 아브람에게 추격당했다는 불명예를 벗겨내고 싶어 하는 학자들은 기드온이 300명으로 135,000명을 쳐부수었다는 사실을 기억한다면 700명이 40,000명 정도를 쳐부순 것은 불명예가 아니라는 사실을 깨달아야 할 것이다.) 에스콜은 "포도송이들"이란 뜻이고 "아넬"은 "새싹" 혹은 "폭포"라는 뜻이다.

『**밤에 그들을 치고**』(15절). 기드온이 했던 것과 똑같은 야습이었다(판 7:9,19). 『**단까지 가서**』 아스트럭(Astruc), 벨하우젠(Wellhausen) 및 성경을 거부하는 "그리스도인"들은 이 구절을 사용하여 모세가 창세기를 기록하지 않았다고 주장한다. 왜냐하면 그 당시에는 단이 아직 태어나지도 않았기 때문이다("단"이란 지명은 이스라엘 백성이 이집트에서 나와서, 팔레스타인에 정착하여 그 지파를 따라 이름 지었음을 염두에 두라).

"단"은 재판관기 18:29까지는 "라이스"(Laish)라고 불리었다. 그런데 이때는 창세기 14장 사건이 발생한 후 700여 년이 지난 때였다. 그렇다면 피스가산에서 죽은 모세(신 34장)가 어떻게 해서 『**단까지 가서**』라는 말을 기록할 수 있었느냐는 것이다. 당시에는 단이란 성읍이 세워지지도 않았고 단 지파의 이름을 따서 불리지도 않았을 것이기 때문이다 ["단"은 "단에서 브엘세바까지"라는 상투적 표현에 나와 있는 성읍임에 틀림없다. 왜냐하면 아브람은 단을 넘어 다마스커스까지 추격하였기 때문이다(창 14:15)].

이 문제에 관해서는 두 가지의 답변이 가능하다. 첫 번째는 하나님께서 모세에게 아담과 이브, 노아 등의 역사를 계시하여 주신 것과 똑같이 "단"이라는 이름을 계시하여 주셨다는 것이다. 유럽인들이 미국의 인디언들의 장막을 차지할 것이라는 것을 누가 모세에게 알려 주었겠는가?(창 9:26-29) 모세는 유럽인들을 만난 적도 없고 인디언들을 만난 적도 없다.

신명기 34:1에 다시 "단"이라는 단어가 나오는데 이때는 기록자가 모세보다 더 나중까지 살아남아야만 하므로(신 34:5-7) 가장 합당한 해석은 하나님께서 여호수아에게 그 단어를 기록에 맞추어 쓰도록 말씀하셨다는 것이다. 아브람은 이스라엘과 그 열두 지파의 아버지이다. 이들은 "라이스"(Laish)를 "단"이라고 불렀다("키랏아르바"를 "헤브론"으로 바꾸어 이스라엘적 명칭으로 만든 사실을 염두에 두라). 여호수아는 하나님께서 모세에게 주신 권위를 갖고 있었다(신 34:9; 31:23, 수 1:5,9). 여호수아는 여호수아 1:8에서 모세오경의 사본을 갖고 있었으며 모세는 이 책들을 여호수아에게 되풀이해서 들려주었다(출 17:14). 만약 창세기나 신명기를 기록한 그 어떤 "J"기자가 있었다면(Graf-Wellhausen의 책들을 참조할 것. I.S.B.E. 제2권 p.749-760) 그는 다름 아닌 "여호수아"(Joshua)였을 것이다!

『**그들을 치고...추격하여**』(15절). 위대한 "법전수여자"로서 거듭나지 않은 고고학자들과 어원학자들의 두려움의 대상이었던 함무라비 대왕께서 비참하게 깨지고 계신다! 족장 아브람에게 이리저리 쫓기는 꼴이 비참하기 그지없다. 함무라비의 체면을 살려 주기 위해 I.S.B.E는 그의 치리 시대를 B.C. 2100년까지 뒤로 잡는다. 그래서 훈련받은 아브람의 종 앞에서 비참하게 사로잡히는 장면은 사라져 버리는 것이다. 그러나 창세기 14:17을 제외하고는 함무라비가 죽었다는 기록은 하나도 없다는 사실을 기억하라.

본문에 이와 같이 많은 시간을 낭비하는 것은 어쩌면 지나친 감이 없지 않으나 그것은 학자들의 "주관적 편견"을 철저히 폭로하기 위함이다. 바로 이러한 편견을 가지고 현대의 학자들이 〈킹제임스성경, 1611〉을 손대고 있는 것이다. 벨사살, 아카야 총독, 갈리오 영주, 랍사케 및 이집트의 파라오 등을 신분을 확인하지 않고 슬쩍 넘어가려는 그러한 태도를 가진 학자들이 〈킹제임스성경〉을 대하고 있는 것이다. 이들 학자들이 〈킹제임스성경〉 본문을 변개시키기 위해 사용해서 발견한 사실들을 없애도 좋을 정도라고 한다면, 학자들이 찾아낸 나머지 사실들은 성경 그 어느 한 절을 해석하는 데 있어서도 "조명"을 주지 못할 것이다. 고고학이나 히브리어, 헬라어 어휘 연구를 통해 "본문에 대한 조명"을 얻었다고 설치는 학자들이 뜻하는 바는 이기적인 학자들이 하나님의 말씀을 없애고 대신 자기들의 권위를 내세우기 위해 동료학자들이 발견했다는 몇 가지 사실을 이용하고 있다는 것뿐이다.

느헤미야서와 에스더서에 나오는 "아탁세르세스"왕이 누구인지를 밝혀내는 데 있어서도 이들 구약학자들은 동일한 수법을 동원한다. 역사상 선포된 칙령 중에서 가장 위대한 칙령을 코앞에 놓고서도(단 9:25, 느 2장) 자유주의자들은 말할 것도 없고 보수주의자라고 하는 사람들이 그 칙령을 반포한 왕이 누구였는지를 찾아내는 데 절절 기고 있는 것이다. 이들 학자들이 설형 문자로 기록된 비문, 오벨리스크, 비석들, 로제타스톤, 베히스툰 바위 등을 해석하면서 얼마나 많은 조카, 아주머니, 아저씨, 사촌, 사돈 등의 인척 관계를 철저히 찾아냈는가를 바라보는 우리로서는 성경에 나와 있는 사람은 그 누구의 신원도 확인하지 못하고 마는 학자들의 무능력 앞에 심히 당혹하지 않을 수 없다. 역사책에서 이집트 왕조들과 앗시리아 왕들의 족보를 읽고 있노라면 이들 학자들이 실로 대단한 사람이라는 생각이 들 수밖에 없을 것이다(태풍 속에서 속삭임을 찾아낼 수 있는 자들 같은 인상을 주니 말이다). 그런데 어째서 성경의 인물에 관해서는 벨사살이 메네(M), 메네(M), 테켈(T), 우프라신(U) 앞에서 있는 꼴이 되고 마는 것인지 알 수 없는 일이다. (아마 MMTU이란 약자가 Machiavellian Mentality Totally Unfruitful : 전혀 열매를 맺지 못하는 마키아벨리적 사고방식을 지닌 사람을 뜻하는 것 같다.)

추신(p.s.) - 아탁세르세스왕이 누구인가에 관심이 있는 사람은 런던의 사무엘 백스터(Samuel Bagster)사가 1964년 재판으로 펴낸 벌링거(Bullinger)의 〈컴패니언 바이블〉의 부록 57(p.80,81)을 살펴보면 그리스도인들이 그 주제에 관해 생각하고 있는 바를 자세히 알 수 있을 것이다.

함무라비를 찾아내고 싶으신 분은 다마스커스 가까이에 있는 풀밭에 엎어져 있거나(창 14:17), 바벨탑을 쌓기 위해 사용하던 벽돌을 굽는 가마 근처에서(창 11:3; 14:14) 자기가 만든 돌에 새긴 법전(화성암 비석) 뒤에 숨어 있는 그를 찾아낼 수 있을 것이다.

『**그들을 치고 다마스커스 왼편에 있는 호바까지 추격하여**』(15절). 아브람의 추격은 갈릴리 호수를 넘어 북동쪽으로 이어져 다마스커스 근방에까지 펼쳐졌다. 아마 다마스커스 서쪽 5-10마일 정도에서 멈추어 섰을 것이다. (카일에 따르면 다마스커스 북쪽 1/4마일 정도까지라고 한다.)

추격 거리는 약 150마일로서(까마귀가 나는 식으로 계산하면 약 125마일쯤 된다.) 약 3주 정도의 추격전이 이어졌을 것이다. (하루에 7마일 정도면 전차를 모는 속도와 비슷하다.)

『**모든 재물을 다시 찾아오고...**』(16절). 아브람은 분리되어 있었기 때문에 롯을 도울 수 있는 능력이 있었다. 롯은 오바댜처럼(왕상 18:13) "영향력"은 있었는지 모르나 엘리야 같은 능력은 없었다(왕상 18:15).

14:17 아브람이 크돌라오멜과 그와 함께한 왕들을 쳐부수고 돌아온 후, 소돔 왕이 왕의 골짜기인 사웨 골짜기에서 그를 맞이하러 나왔으며,

18 살렘 왕 멜키세덱이 빵과 포도주를 가지고 나왔으니, 그는 지극히 높으신 하나님**의 제사장이었더라.**

19 그가 아브람을 축복하며 말하기를 "하늘과 땅의 소유주이신 지극히 높으신 하나님**의 아브람을 복 주시옵소서.**

20 너의 원수들을 네 손에 넘겨주신 지극히 높으신 하나님**을 송축하라." 하니, 아브람이 모든 것의 십일조를 그에게 드리더라.**

이 구절과 짝이 될 수 있는 곳은 히브리서 5:6; 6:20; 7:1-21이다.

『**멜키세덱**』(18절)은 오늘날까지도 신비에 둘러싸여 있는 존재인 고로 오늘날 많은 이단들이 그를 자기들의 종교의 창시자나 신자로 들고 나온다. 몰몬교도에게는 멜키세덱은 "멜키세덱의 계열"을 따르는 일단의 "장로들" 중 선구자에 해당한다. 비밀결사인 프리메이슨들에게는 그는 '위대한 자', '전지전능자', '최고의 주권자', '폐하', '스승' 등으로 불린다. 카톨릭에게는 주님을 기념하기보다는 빵과 포도주를 들고 나와 제물을 바치는 자로 여겨진다. 이밖에도 마태복음, 사도행전 및 히브리서에 그들의 믿음의 근거를 두고 있는 여러 종교단체들에게도 멜기세덱은 특별한 인물이다.

그렇다면 멜기세덱은 과연 누구인가?

1. 그는 예수 그리스도가 아니다. 왜냐하면 그는 예수 그리스도 같은 인물이라고 성경이 말하고 있기 때문이다(히 7:3).

2. 그는 이중적으로 왕이었다. 첫째 그는 의의 왕이고 두 번째로 화평의 왕이다(히 7:2).

3. 그는 인간 어머니나 아버지가 없고 계보도 없다(히 7:3).

4. 그는 아브라함, 이삭, 야곱의 자손이 아니었다(히 7:4).

5. 그는 셈족이거나 혹은 함족이다(히 7:1).

6. 그는 셈족처럼 말하고 행동했다(히 7:1,2,5-12).

7. 그는 주의 만찬을 예시하였다(창 14:18).

8. 그는 "축복"할 수 있는 능력이 있었다(창 14:19).

9. 그가 하나님에 대해 사용한 용어는 "지극히 높으신(Elyon) 하나님"으로, 다니엘서에서는 이 표현("지극히 높으신")이 13번이나 나오며, 신약에서는 마가복음 5:7에서 처음으로 나온다.

『**왕의 작은 골짜기**』(삼하 18:18)란 표현은 멜기세덱이 왕이었음을 암시하고 있다(히 7:1,2 참조). 그는 아주 잘 알려진 왕이었을 것이다. 자기 주위에서 벌어진 전쟁에 그가 언급되고 있지 않은 사실은 이미 앞서 언급했듯이 "요단 평지"가 사해의 남쪽 끝부분이 아니라면 설명하기 어렵다.

멜기세덱은 아브람보다 더 위대한 자였다(히 7:4,6,7). 그런데 아브람은 그 누구와도 비교할 수 없는 축복을 이미 받은 사람이었다(창 12:1-3). 그러나 아브람은 선지자와 제사장이었을 뿐(창 12:8; 20:7), 왕은 아니었다. 멜기세덱은 선지자, 제사장 그리고 왕이었다(다윗과 예수 그리스도처럼). 더군다나 그의 이름을 해석해 보면 전천년 체계만이 성경 해석에 있어 유일하게 올바른 방법임을 알 수 있다.

1. 예수 그리스도는 초림 때에 "의의 왕"이셨다(롬 10:1-6).

2. 예수 그리스도는 재림 때에 "화평의 왕"으로 오실 것이다(계 20:1-7).

먼저 의가 없고서는 화평은 없다(야고보서 3:17을 보라. 먼저 순수함이 있어야 한다). 예수 그리스도가 다시 오실 때까지 화평은 없다(마 24:6,7). 하나님께서 "높은 곳에서 영광을" 얻으시기까지는 이 땅에 화평도 "사람들에게 호의도" 있을 수 없다(눅 2:14). 주님께서 이 땅에 오실 때까지의 지상의 기상예보는 다음과 같다. "더 크고 잔인한 전쟁"이 있을 것이며, 살인과 죽음은 증대될 것이요, 더 크고 무서운 무기들이 등장할 것이며, 더 많은 혼란과 오해가 증식될 것이다. 만약 비가 온다면 전쟁은 체육관에서 열리게 될 것이다(창 5:29 주석 참조).

구약 시대의 유대인들은 초림을 거부함으로써 주의 오심을 혼돈시켰고, 신약 시대의 이방인들은 재림을 거부함으로써 주의 오심을 혼돈시켰다. 유대인은 그리스도의 초림 없이 의를 얻으려고 애쓰고 이방인들은 재림 없이(롬 11:25-33) 평화를 이 땅에 가져오려고 한다. 멜기세덱은 "화평"("샬롬")의 왕이기 이전에 "의"("체덱")의 왕이다. 의가 먼저 나오고 화평이 뒤에 나오는 이 순서가 〈킹제임스성경〉에는 잘 보존되어 있다. 이것은 후천년주의자들은 결코 배울 수 없는 가르침을 제시하기 위한 것이다. 멜키세덱의 히브리어 이름은 멜렉(왕), 체덱(의), 살렘(화평)이다. 의가 없이는 화평이 없음을 잊지 말라(슥 8:16, 롬 14:17의 순서를 보라). 진리가 먼저고 화평이 나중이다. 의가 먼저고 화평이 나중이다. 이제 확실한가?

성령님께서 제시하신 이 신성한 진리는 "현대인들"에게는 결정타인 셈이다. 왜냐하면 "현대인들"은 해 뜰 때부터 해 질 때까지, 청소부에서 대통령에 이르기까지, 파출부에서 교황에 이르기까지, 봄부터 가을까지, 대사에서 기술자까지, 로마에서 워싱톤까지, 장군에서 중고생까지 한결같이 "화평"(평화)만을 말하기 때문이다(살전 5:1-5). 이 세상의 관점은 너무도 분명히 진리와는 반대되는 것으로 그 열매가 무엇이 될 것인지는 불을 보듯이 뻔하다고 하겠다.

하나님의 말씀은 :

1. 진리가 평화보다 앞선다(슥 8:16).

2. 순수함이 평화보다 앞선다(약 3:17).

3. 의가 평화보다 앞선다(살전 5:1-6).

이 지구상에서 이 세 가지 원칙을 우선으로 하는 나라는 하나도 없는 고로(앞으로도 없을 것이다.) 가장 크고 잔인한 전쟁들이 앞으로 전개될 것은 "죽음과 세금"처럼 분명하다고 하겠다(계 6:3-6; 20:7-10). 하나님의 말씀이 진리라고 한다면 (그런데 예수님께서는 그렇다고 말씀하셨다. 요 17:17) 그 어느 나라도 "평화"를 외칠 수 없고 그 어느 나라도 "평화"를 쟁취할 수 없을 것이다. 왜냐하면 그 어떤 나라도 감히 공개적으로 성경을 추천, 발간, 전파, 실행, 보급하려고 하지 않기 때문이다. 모든 시대의 거짓 선지자들이 "여기에 화평이 온다."라는 거짓 예언으로 특징지어지는 반면(왕하 9:22, 대하 18:27, 사 48:22, 렘 4:10; 6:14; 14:19; 28:9) 역사의 엄연한 현실은 "평화"는 화평의 통치자께서 다시 돌아오실 때까지는 결코 지상에 오지 않을 것임을 여실히 보여 주고 있다. 평화를 추진하는 것은 항상 인기 있는 일이었고 앞으로도 그러할 것이다. 이 일은 유다 이스카리옷에서부터(눅 10:5에서 그가 열두 사도 중 한 사람이었음을 기억하라.) 적그리스도(단 8:25)에 이르기까지 누구든 할 수 있는 일이다. "나로 평화의 도구가 되게 하소서."라는 말은 실로 세속적인 정서를 대표하는 "명언"이다. 큰 인기를 얻을 것이 틀림없다(눅 16:15). 그러나 불행하게도 하나님께서 진리를 다루는 사람(요 17:17)이라고 해서 아무나 사용하실 것이라고 생각하는 것은 커다란 착각이다.

멜키세덱은 실로 대단한 인물이다. 그는 육체로 오신 그리스도가 될 수는 없으며 여전히 살아 있는 인물일 수도 없다(히 7:3). 그는 과연 누구인가? 만약 그가 "주의 천사"라면 그는 십일조를 받았으므로 특별한 천사임에 틀림없다. 왜냐하면 하나님의 천사는 십일조는커녕 음식도 받지 않는다(판 13:16). 그렇다면 멜키세덱은 누구인가?

본문이 요구하는 모든 사항을 90%정도 충족시킬 수 있는 유일한 해결책은 노아의 아들인 셈이라는 인물 안에서 발견된다[10% 정도는 어쩔 수가 없으니 이는 성경대로 믿는 사람들에게는 축복이 될 수 있다. 다 알 수는 없기 때문이다. 랑게(Lange), 더멜로우(Dummelow), 제이미슨(Jamieson), 포싯(Fausset), 브라운(Brown), 필립스(Phillips), 클라크(Clarke) 혹은 헨리(Henry) 등 역시 모르는 곳에서는 "상습적"으로 그냥 넘어간 대표적인 학자들임을 염두에 두라]. 창세기 14장의 사건이 발생했을 당시 셈은 여전히 살아 있었고 약 540세 정도였다(셈은 B.C. 1846년 이삭이 태어난 지 훨씬 후에 죽는다. 그는 이삭, 이스마엘 그리고 아브라함과 동시대 사람이다).

1. "지극히 높으신 하나님의 제사장"(이 사실은 창 9:26의 송축에 분명히 암시되어 있다.)

2. "지극히 높으신 하나님의 제사장"[이 호칭은 창조주로서 민족들을 다루시는 하나님과 관련된 보편적 호칭이다. 엘욘(Elyon 혹은 Elion)은 성경에 36번 나오는데 제사장-왕과 관련되어 있다(슥 6:13; 14:9).]

3. 아브람보다 "위대한" 자(히 7:4) : 팔레스타인 땅을 약속받고, 후손들의 축복을 약속받았으며 모든 적으로부터 섭리적으로 보호받았고, 땅의 모든 족속들의 복이 되며, 땅을 영원히 소유할 것임을 보장받은 그 사람보다 더 위대한 인간이 과연 누구이겠는가? 그는 셈이다. "셈의 주 하나님을 송축하리로다."라고 말씀하고 계시기 때문이다.

4. "아버지도 없고 어머니도 없으며, 계보도 없고" : 자, 이 대목에서 우리는 어려움에 직면하게 된다. 만약 멜키세덱이 인간이라면 그는 아버지도, 어머니도, 계보도 있어야 한다. 셈의 아버지는 노아였고, 그의 후손은 창세기 5:1-29에 열거되어 있다. 그러나 앞서 말한 대로 뭔가 "시사하는 점"이 있으니 그것은 그가 "항상 제사장으로 있다."는 사실이다. 즉 히브리서 7:3의 선언은 어쩌면 제사장 직분에는 계보가 없다는 말일 수도 있다는 것이다. "그들(레위)의 계보에 들지 않은 그는"(히 7:5,6)이란 표현으로 보아 우리의 추측이 전혀 근거가 없는 것은 아니다.

5. 만약 멜키세덱이 인간이었다면 위에 언급한 네 가지 해석이야말로

영어 본문의 요구를 충족시켜 주는 유일한 것이라고 할 수 있다.

『**빵과 포도주**』(18절, 마 26:26-29 주석 참조)

『**지극히 높으신** 하나님**의 아브람을 복 주시옵소서.**』(19절)와 『**지극히 높으신** 하나님**을 송축하라.**』는 표현은 『**셈의 주** 하나님**을 송축하리로다.**』(창 9:26)라는 표현과 잘 어울린다(이 두 표현에는 너무도 강한 유사성이 있는 고로 그 시사하는 바를 물리치기 어려운 것 같다).

『**모든 것의 십일조를 그에게 드리더라**』(20절). 즉 아브람이 멜기세덱에게 모든 재물과 물품(창 14:16,21)의 십분의 일을 바친 것이다. 이곳은 십일조가 언급된 최초의 구절로 십일조 풍습은 아브람이 태어나기 300여 년 전부터 유행하고 있었으며[키토(Kitto)의 백과사전에서 긴스버그(Ginsburg)가 십일조에 관해 설명한 것을 보라.] 이후 계속해서 이어져 왔다.

성경에 보면 10명의 문둥병자 중 한 사람이 감사를 드리러 되돌아 왔으며(눅 17:17), 10처녀는 환란 성도들을 대표하고 있다(마 25:1-6 주석 참조). 우리는 10이란 숫자가 이방인의 수임을 확신하며(창 10:10 주석 참조), 십계명 중 십일조에 해당되는 한 계명은 도덕법이 아닌 의식법이라는 사실을 알고 있다(창 2:1,2 주석 중 안식교에 관한 부분을 보라). 10개 중 하나는 하나님의 것이라는 사실에 관한 한 우리는 아직까지는 성경에 나와 있지 않은 그러한 풍습을 다루고 있는 셈이다. 유대인들 중 10분의 1이 팔레스타인에 돌아올 것이며(사 6:13), 제단에서

잡혀 먹힐 것이다(안타깝지만 이 문제에 관해서는 이곳에서 더 이상 다룰 수 없을 것 같다. 계 6:9 주석 참조).

1. 구약 시대 율법하에서는 십일조의 장소는 창고였다(말 3:10).

2. 신약 시대 은혜하에서는 저축하여 두라고 했다(고전 16:2).

3. 구약에서는 동물과 채소로 십일조를 했다(레 27:30,32, 마 23:23).

4. 신약에서는 돈으로 하였다(행 11:29, 롬 15:26, 고전 16:1-3).

5. 구약에서는 십일조로 레위인들과 제사장들의 생활을 부양했다(느 10:37,38, 민 18:24).

6. 신약에서는 사역자들과 가난한 성도들을 부양한다(롬 15:25, 고전 9:9-14).

7. 구약에서는 매 3년마다 십일조를 했다(신 26:12).

8. 신약에서는 매주 첫날에 한다(고전 16:1,2).

9. 구약에서는 제물 외에 십일조를 드렸다(말 3:8).

10. 신약에서는 "미리 마음속에 정한 대로, 인색함이나 억지로 하지 않으면" 된다(고후 9:6-9).

구약의 율법하에서는 세 가지 종류의 십일조가 있다.

1. 역대기하 31:5과 민수기 18:21-24에 나와 있는 것과 같은 레위기 27:29-31에 나와 있는 십일조.

2. 신명기 14:22에 나와 있는 일 년에 세 번 드리게 되어 있는 십일조.

3. 레위기 25:20과 느헤미야 10:37에 나와 있는 것과 같이 신명기 14:28에 나와 있는 십일조.

14:21 소돔 왕이 아브람에게 말하기를 "사람들은 내게 돌려주고 물품은 네가 취하라." 하니,

22 아브람이 소돔 왕에게 말하기를 "내가 하늘과 땅의 소유주이신 지극히 높으신 하나님, **곧 주께 내 손을 드니**

23 '내가 아브람을 부자로 만들어 주었다.'고 네가 말하지 않게 하기 위하여, 내가 실오라기 하나나 신발끈이라도 취하지 않을 것이며, 네게 속한 어떤 것도 내가 취하지 아니하리라.

24 청년들이 먹었던 것과 나와 함께 갔던 아넬과 에스콜과 마므레의 분깃만을 제외하여, 그들로 자기들의 분깃을 가지게 하라." 하니라.

소돔 왕 베라는 다시 되찾게 된 재물을 대신 싸워준 대가로 아브람에게 바치고자 했으나 아브람은 (다윗처럼. 삼상 30:22-25) 이를 거절했다. (왕하 5:20-25에 나와 있는 게하시와 비교해 보라.) 그러나 아브람은 자기 부하들을 위해서는 그들의 노력의 대가를 받도록 요구했다. (다윗도 마찬가지였다. 삼하 24:17.)

『**주께 내 손을 드니**』(22절), 손을 든다는 표현이 성경에서 처음으로 언급된 곳이다. 성경에서 처음으로 언급된 것은 주의 깊게 살펴야 한다. 요한계시록 10:5, 욥기 31:21, 신명기 32:40 모두 손을 든다는 것이 하나님 앞에서의 엄숙한 맹세를 상징하고 있음을 보여 준다. 결과적으로 볼 때 군대식 경례는 원래 하나님 앞에서 하는 서원을 의미했었다. 이는 또한 퀘이커교도들과 여호와의 증인들이 국기에 경례하는 것을 꺼려하는 이유를 보여 준다. 에스겔 20:28,42과 시편 10:12은 이 행동은 원래 하나님께서 무슨 행동을 취하신다는 뜻을 갖고 있음을 보여 준다. 그 후 이 제스처는 기도(인간이 하나님께 뭔가 해주시도록 요청함)와 관련되었고 성경 전체에 걸쳐 그 예가 분명하다(딤전 2:8, 눅 24:50, 애 3:41). 이 제스처는 손가락을 모아 손바닥을 아래로 향하게 하고 60도 각도로 들어 올리는 나치식 인사법과 80도 각도로 올리는 파시스트 경례, 손바닥을 위로 향하게 하고 팔을 굽혀 이마에 대는 프랑스군의 경례, 어깨와 수평으로 팔을 굽히고 손바닥을 앞쪽으로 내미는 법정에서의 선서, 가슴에 손을 대는 미국식 인사법, 아니면 두 손가락을 들어 올리는 것 등 다양한 모습으로 나타난다(이 마지막 사인은 적그리스도의 표적으로 현재에는 스위스 군대가 바티칸 국기에 경례할 때 사용하고 있다).

『**하늘과 땅의 소유주**』(22절), 이 말에는 문맥에서 볼때 "나의 아버지께서는 수천 개의 산들에 가축을 갖고 계시고 이 세상에 있는 모든 것이 자기 것이므로(고전 10:26) 네가(소돔 왕) 도와주지 않아도 나를 도와주실 것이다."라는 아브람의 믿음에 찬 모습이 들어있다. 이 증거는 아브람이 지난번에 똑같은 함족이었던 파라오에게 했던 것보다는 강력한 것이었다. 지난번에는 파라오가 선물을 주자 아브람은 뒤돌아보지 않고 그것을 받아 나왔었다(창 12:16,20). 이 두 사건에서 그리스도인들이 얻을 수 있는 영적 교훈은 분명하다. 속도위반을 하여 경찰에게 잡혔을 때는 하나님에 대해 증거하기가 어렵지만 당신이 옳은 상황이라면 담대히 증거할 수 있다. 왜냐하면 "양심은 우리 모두를 겁쟁이로 만들지만 의인은 사자처럼 담대하기" 때문이다(잠 28:1).

『네게 속한 것은 실오라기 하나나 신발끈이라도 내가 취하지 아니하리라』(23절). 이 표현은 너무도 생동감이 넘친다. 도와 준 대가로 아무런 보상을 받지 않겠다는 말이다.

『네가 말하지 않게 하기 위하여』(23절). 오늘날 많은 신학교 창설자들이나 교회를 짓는 사람들이 불신자 혹은 육신적 그리스도인 혹은 형식뿐인 정통주의자들에게 재정적 지원을 받음으로써 결국 스스로 올가미를 씌우는 일이 비일비재하다. 이들은 채권자의 명령에 따를 수밖에 없기 때문이다. 거역하자니 지원을 잃을 것 같고 따르자니 성경적이지 않고... 교단, 육신적 회계, 이사진, 구원받지 못한 재정위원(베라는 매우 다양한 적용이 가능하다!)들은 결국 "그 사람은 우리의 도움으로 목회를 해냈다."라고 떠들어대는 것이다. 그렇게 되면 하나님께서는 아무런 영광을 받으실 수 없게 된다. (기드온의 용사 300명을 생각해 보라. 판 7:2.)

창세기 15장

15:1 이런 일들 후에 주의 말씀이 환상 중에 아브람에게 임하여 말씀
하시기를 "아브람아, 두려워 말라. 나는 너의 방패요, 너의 지극히
큰 상이니라." 하시니라.
2 아브람이 말씀드리기를 "나는 자식이 없사오며, 내 집의 청지기가
다마스커스의 엘리에셀이오니, 주 하나님이여, 나에게 무엇을 주
시려나이까?" 하고,
3 아브람이 말씀드리기를 "보소서, 주께서 내게 씨를 주시지 않았
으니, 보소서, 내 집에서 태어난 자가 내 상속자가 될 것이니이
다." 하니,
4 보라, 주의 말씀이 그에게 임하여 말씀하시기를 "이 사람은 너의
상속자가 되지 않을 것이니, 네 자신의 몸에서 나올 자가 네 상
속자가 되리라." 하시고

5 그를 밖으로 데리고 나가 말씀하시기를 "이제 하늘을 쳐다보고 별들을 셀 수 있다면 그 별들을 세어 보아라." 또 그에게 말씀하시기를 "너의 씨가 이와 같으리라." 하시더라.
6 아브람이 주를 믿으니 주께서 그것을 그에게 의로 여기셨더라.

이 구절들은 창세기 3:1-6과 12:1-3에 버금가는 구절이다. 왜냐하면 하나님과 시리아 출신 한 목동과의 마므레 평지에서의 대화 내용은 신약 성도들의 구원의 예표로 드러났기 때문이다. 즉 "행함이 없이 은혜로"(롬 4:5) 얻는 구원의 모형이 여기에 나와 있다. 사실 바울은 로마서에서 거의 한 장 전체를 창세기 15:1-6을 염두에 두고 전개시킨다.

1. 이 구절은 주님께서 믿는 자에게 주신 말씀이다(창 15:4).

2. 자연의 법칙과 과학에 모순되는 불가능한 약속이 주어졌다(롬 4:19).

3. 죄인의 눈은 하늘을 향하고 있다(창 15:5).

4. 죄인은 행함 없이 믿음으로 의롭게 된다(창 15:6). 그리스도인은 야고보서 2장은 아브람이 신약적인 의미에서 구원받은 상황인 창세기 15:6을 다루고 있지 않다는 사실을 잊지 말아야 한다. 야고보서 2:21은 창세기 15:6 이후 오랜 기간이 지난 창세기 22장을 다루고 있다. 분별력이 없는 카톨릭 신자나 캠벨파(그리스도의 교회)들은 자기들의 사제나 장로들에게 속아 야고보서 2:24-26에 걸려 넘어지고 만다. 왜냐하면 이 두 그룹의 사람들은 야보고서를 바울적 조명으로 해석하지 않으려고 하기 때문이다(모든 이단들은 의문이 생길 만한 애매한 구절들에 집착하면서부터 생겨나기 마련이다. 창 3:1 주석 참조). 이 시대에 구원과 저주의 차이는 마태복음 16장, 사도행전 2장, 히브리서 10장 등의 애매

한 구절들을 추측 해석하기 이전에 로마서 3장과 10장을 받아들이는 마음 자세와 마태복음, 사도행전, 히브리서를 붙잡으려는 마음 자세와의 차이라고 할 수 있다(고전 3:19,20; 1:23 참조). 아브람은 율법이 주어지기 이전인 은혜의 상황에 있었다. 그가 구원받았을 때는 그에게 아무런 일도 일어나지 않았지만[영적 할례, 그리스도의 내주하심, 신생(거듭남), 육체로부터 혼의 분리 등], 그는 행함 없이(롬 10:9,10) 믿음으로써 구원받았다. 하나님의 선물(엡 2:8,9)에 값을 치르려고 마태복음, 사도행전, 야고보서, 히브리서 등을 붙잡거나, 믿음 대신 행위를 들고 나오는 모든 시도는 시몬 베드로가 말했듯이 "성경을 억지로 푸는" 짓이다. 이 땅에서 베드로의 경고에(벧후 3:16) 가장 귀를 기울여야 할 사람들은 다름 아닌 바울의 권위보다 베드로의 권위를 더 인정한다고 고백하는 사람들이다(카톨릭을 말함). 그러나 이들은 베드로나 바울보다는 이탈리아 로마에 있는 미혹된 자의 권위를 최고로 인정한다. 이탈리아에 있는 교황님들은 야고보서 2:21,24,26이 신약 그리스도인들의 구원을 언급하고 있다고 믿어 왔다.

문제는 아브람은 내적으로 아무런 변화 없이 하나님의 의를 전가받았다는 것이다. 그리스도인은 예수 그리스도의 전가된 의를 받아들이는 순간 네 가지의 영적 작용이 발생한다.

1. 그의 혼이 몸에서 분리되어 떨어진다(롬 7:1-4, 골 3:10-13).

2. 그의 죽은 영은 거듭난다(요 3:5-7, 엡 2:1-7).

3. 그의 혼은 영원히 구원받는다(롬 5:9, 막 8:36).

4. 성령님께서 그를 그리스도의 몸 안으로 침례받게 하심으로써 그를 그리스도에게 연합시킨다(고전 12:13; 6:17).

그런데 이 네 가지 중 그 어느 것도 아브람에게는 일어나지 않았다. 따라서 그의 구원(창 15장)과 의롭게 됨(창 22장) 사이에는 갭이 있는 것이며 의롭게 됨은 “그의 믿음을 온전케 했다.” 우리의 믿음은 성령께서 우리 몸으로 들어오는 순간 “온전케 된다.” 만약 우리가 구원받은 직후 죽어서 아무런 선행을 할 기회가 없었다 할지라도 10살 때 예수 그리스도를 영접하여 70년 이상 신실히 주님을 섬긴 사람과 하늘나라냐 지옥이냐 하는 관점에서는 동일한 대접을 받는다.

교황, 추기경들, 헬라어 히브리어 학자들이 풀지 못한 문제가 〈킹제임스 성경, 1611〉을 갖고 30분 만에 풀린다. 위대한 그리스도인이었던 마틴 루터 조차도 야고보서를 올바로 해석하지 못했다. 아브람은 “전가”(imputation)로 인해 “의로운 사람으로” 여겨진 것이다(창 15장). 그러나 이것은 그가 후일 참으로 의롭게 될 것을 미리 내다보고 이루어진 것이다(창 22:1-10). 그리스도인은 그리스도의 전가된 의로 인해(롬 4:1-6) 의로운 사람으로 여겨진다. 그러나 그리스도인에게는 이미 보혈이 흘려졌고, 따라서 그의 의롭게 됨은 갈보리에, 즉 “과거에” 위치해 있는 것이다.

『환상 중에... 말씀하시기를... 두려워 말라. 나는 너의 방패요, 너의 지극히 큰 상이니라』(1절). 이 환상은 창세기 20:3의 환상과 비슷하다. 이때는 잠자는 사람과 하나님 사이에 대화가 이루어진다(창 15:12에서는 잠자는 사람에게 환상이 나타났을 때 아브람은 대화에 참가하지 않았다). “두려워 말라.”는 말은 예수 그리스도께서 여러 차례에 걸쳐 그의 제자들에게 하신 말씀을 기억하게 한다(행 27:24, 요 12:15, 눅 12:7 등).

『너의 방패요, 너의 지극히 큰 상이니라』(1절)는 말씀은 창세기

13:14에서와 같은 격려의 말씀이다. 하나님께서는 보지 않고 믿음으로 행한 영적인 선택을 결코 간과하시지 않고 꼭 보상하시는 것 같다. 아브람은 창세기 14:22-24에서 영적인 선택을 했고 하늘 아버지께서는 우리의 체질이 "진토"(시 103:14)임을 기억하시고 아브람을 격려하셔서 그와 같은 올바른 선택을 계속해서 할 수 있도록 인도해 주신다(시 37:23; 44:18, 욥 31:4). 『**지극히 큰 상**』이라는 말은 우리가 받을 영광을 생각나게 해 준다. 비록 우리가 "질그릇에 담긴 보물"(고후 4:7)을 갖고 있고 하늘에서 받게 될 선물들을 미리 맛보긴 했어도(창 24:53) 이것들은 앞으로 받게 될 영광과 족히 비교될 수 없는 것이다(고전 2:9, 고후 4:17).

『주 **하나님이여, 나에게 무엇을 주시려나이까?**』(2절) 실로 정직한 질문이다. 베드로 역시 아브람처럼 "그러므로 우리가 무엇을 갖게 되겠나이까?"(마 19:27)라고 물었다. 주님께서 베드로에게 하신 답변은 "지극히 큰 상"의 완전한 모습을 보여 준다(마 19:29에서 "일백 배"라는 말을 주의하라).

아브람도 우리 모두처럼 때론 자기 자신에 대한 연민을 가졌었다. 그는 하나님께서는 보상하시는 분이심을 이미 알고 있었다. 그는 전쟁에서 모든 재물과 물품을 되찾아 왔었던 것이다(창 14:16). 그는 또한 하나님께서 자기의 방패가 되어 주실 수 있는 분임을 체험했다. 그가 시리아인들을 공격했을 때 한 사람의 사상자도 있었다는 기록이 없다(민 3:49을 참조하라). 그럼에도 불구하고 우리는 하나님께서 우리에게 복 주실 때 그 복이 얼마나 큰 것이든 그것에는 상관없이 응답받지 못한 기도 제목을 떠올리는 것이다. 이것이 인간이다.

『**나는 자식이 없사오며**』(2절). 아브람은 이렇게 생각했던 것 같다. "오 주여, 집과 재산과, 땅과 주의 보호하심과, 주의 축복과 주님 자신이 제게 있긴 하오나 자식이 없으니 후사 없이 죽게 되면 무슨 소용이 있습니까?" 당신도 틀림없이 이런 식으로 기도해 본 적이 있을 것이다.

『**다마스커스의 엘리에셀**』(2절). 이 사람은 창세기 24:1-6에 나오는 종으로 이삭이 태어날 때까지는(갈 4:1-7) 아브람의 재산을 관리하고 있었다. 엘리에셀은 "나의 하나님은 도우시는 분"이라는 뜻으로 위대한 위로자이시며 도우시는 분이신 성령님을 미리 보여 주고 있다. (이 점에 관해서는 창세기 24:1-30의 예표를 참고하라.) 『**내 집의 청지기**』는 히브리어로 "달리는 종"("벤 메섹크", בֶן - מֶשֶׁק, "달리는 아들")이란 뜻이며 "먼지 속을 달리는 자"라는 뜻을 갖고 있는 신약의 집사라는 단어와 잘 조화를 이루고 있다. (딤전 3:10과 행 6:1-4에 해당되는 헬라어를 찾아보라.)

『**내게 씨를 주시지 않았으니**』(3절). 이 말씀은 사실이다. 그러나 창세기 12:7과 13:15에서 씨를 주시겠다는 약속을 받은 아브람으로서 이 정도의 "믿음"밖에 보여 주지 못하다니 이게 웬 말인가?

『**별들을 세어 보아라**』(5절). "말하라"(tell)는 단어는 분명히 "계산하라"(count)는 뜻이다. 1970년대 "컴퓨터"는 로마서 4:1-6의 "전가한다"(impute)는 말처럼 누군가의 "장부"에 뭔가를 계산해서 기입한다(count)는 뜻을 갖고 있다[롬 4:3의 의로 여겨지다(counted)를 참조하라]. 성경에 나오는 이러한 단어들을 "고어"라고는 하지만 실은 매우 현대적인 의미를 갖고 있다. 〈킹제임스성경, 1611〉은 현대적인 의미가 없는 고어가 쓰일 경우 성경 안에서 그 의미를 해석해 주고 있다(고어 때문에 새롭고 분명한 번역본들이 필요하다는 핑계는 성립이 안 된다. 현대인들에게 낯설 정도의 어휘는 약 100개 정도인데 총 810,677단어 중 100개면 8,000개의 어휘 중 하나가 "어려운" 정도에 해당된다. 그런데 이러한 구실하에 ASV와 RSV 개정자들은 예수 그리스도의 신성을 마음대로 공격하는 그런 성경을 만들어 낸 것이다. 몇 구절만 살펴보더라도 그 의도가 드러난다(유 1:5, 계 1:11; 5:14; 20:9, 막 10:21; 11:10, 마 8:29, 히 1:3, 눅 24:51, 요 1:14; 3:16; 6:69; 16:16, 롬 5:2, 고전 10:28, 갈 6:15 등 이외에도 무수히 많다).

『**너의 씨가 이와 같으리라**』(5절). 이 "택함 받은 씨", "약속의 씨"는 역사적으로는 이삭이요, 예언의 성취에서는 예수 그리스도이시다. 로마서 9:7,8에서 이삭은 또한 이스라엘의 남은 자들을 대표하고 있다. 따라서 창세기 15:1-4은 어마어마한 구절들이다. 이 구절은 성경의 다른 100여 구절들과 직접 연관이 있으며 400 혹은 500여 구절과 간접적으로 관련되어 있다(그런데 〈강단주석〉은 이 여섯 구절에 대해 겨우 한 페이지를 할애하고 있다).

이 선택받은 씨의 궁극적 산물에는 그리스도의 몸의 지체들도 포함된다(갈 3:24-28). 그리스도의 몸의 지체들은 "하늘의 별"들처럼 될 것이다.

그리스도인들은 하나님께서 아브람과 맺은 여러 개의 언약들의 차이들을 잘 분별해야 한다. 창세기 15:5에(갈 3장) 나오는 씨는 "팔레스타인 땅을 유업으로 받는 것"과는 아무런 관계가 없으며 육체적 할례와도 관련이 없다. 이삭이 이 약속들을 받은 것은 사실이다. 성령님께서는 매우 세심하게 예표들을 구분하고 계신다. 예를 들면 창세기 17장(언약신학 - 집안 구원 등)은 갈라디아서 3장에 나와 있는 것과는 달리 예수 그리스도와는 아무런 관련이 없다. 바울은 로마서 4장이나 갈라디아서 3장에서 창세기 15:1-6에 제시된 "씨"를 염두에 두고 교리를 전개하고 있다. 그는 이때 창세기 12:1-4이나 15:13-21 혹은 17:8-15에 나오는 "씨"를 생각하고 있지 않았다는 사실을 주목하라. 이처럼 〈킹제임스성경, 1611〉은 성경을 교리적으로 해석해 줄 수 있는 열쇠들을 오류 없이 그대로 보존하고 있는 것이다.

『**아브람이 주를 믿으니**』(6절). 바울은 갈라디아서 3:6에서 (이 문맥은 그리스도인들이 "아브람의 씨"라는 내용이다.) 이 구절을 인용하고 있으며, 로마서 4:3에서도 (이 문맥은 믿음에 의한 칭의이다.) 바로 이 구절을 인용하고 있다. 앞에서 지적한 구분이 분명해지는 것을 감지할 수 있겠는가? 문맥을 벗어나는 본문 인용은 변명일 뿐이다. 바울은 창세기 15:6을 인용함으로써 칼빈의 '언약 신학'과 로마 카톨릭의 "행위와 믿음"이라는 잘못된 교리는 인정하지 않고 있다. 따라서 이 두 가지 신학체계는 사적인 해석일 뿐 이 구절이 계시해 주는 진리와는 아무런 관계가 없다고 하겠다.

아브람의 "씨"는 노아와 아담의 씨들에 부합된다.

1. 이스마엘, 함 및 카인(땅의 티끌)
2. 이삭, 셈 및 아벨(하늘의 별)
3. 12지파, 야펫 및 셋(바닷가의 모래)

15:7 주께서 그에게 말씀하시기를 "나는 이 땅을 네게 주어 유업을 삼게 하려고 칼데아 우르에서 너를 불러온 주라." 하시니,
8 그가 말씀드리기를 "주 하나님이여, 내가 이 땅을 유업으로 삼을 줄을 무엇으로 알리이까?"하더라.
9 주께서 그에게 말씀하시기를 "나를 위하여 삼 년 된 암소와 삼 년 된 암염소와 삼 년 된 숫양과 산비둘기와 집비둘기 새끼를 취하라." 하시니,
10 그가 이 모든 것을 주께로 가지고 와서, 그것들을 가운데로 쪼개 그 쪼갠 것을 서로 마주 대하여 놓았으나, 새들은 쪼개지 아니하였으니,
11 새들이 그 시체 위에 내리자 아브람이 그것들을 좇았더라.
12 해가 질 때 아브람이 깊은 잠에 빠졌는데, 보라, 큰 흑암의 공포가 그에게 내리더라.

『**나는... 유업을 삼게 하려고 칼데아 우르에서 너를 불러온 주라**』(7절). 아브람은 창세기 12:7 같은 상황에 처하게 되었을 때 아비멜렉에게 하나님께서 자신을 부르셔서 왔다고 말하는 대신 하나님께서 자기를 유랑하도록 하셨다고 말하고 있다(창 20:13, 이 말은 창세기 3:12의 아담의 모습을 상기시켜 준다!).

이 유업은 항상 늘 아브람의 자손의 차지가 된 적이 없다(바로 이 사실이 히브리서 11장에 잘 설명되어 있다). 이 사실은 후천년주의자들로 아브람의 육체적인 씨들이 팔레스타인 땅을 결코 차지하지 못하게 될 것을 의미하는 것으로 오해되었다. 이 신학적 난센스에 대해서는 창세기 17:5에서 더 자세히 다루도록 하겠다.

『**무엇으로 알리이까?**』(8절, 아브람은 요한복음 4:48에 나오는 아버지처럼 증거를 원했다) 하나님께서는 이 질문에 답하심으로써 실질적인 의미에서 최초의 언약을 맺으셨다. 이제까지의 언약들은 무조건적인 약속들이었다(창 12:1-4,7; 13:14; 15:1-6). 그러나 이 약속들은(갈 3:16에 복수로 표기된 것을 주의하라.) 그 위에 언약의 표적이 주어지지 않았다(아담의 언약은 표적으로 가죽옷이 주어졌고, 노아의 언약은 무지개가 표적으로 주어졌다). 희생제 역시 아담과 노아의 언약과 연관되어 있었다. 바로 이 시점에서 아브람에게도 생애 처음으로 표적(창 15:17)과 희생제(창 15:10)가 약속과 관련지어 나타난다. 이때 그리스도인들은 8절부터 21절에 이어지는 약속은 지도상에서 찾을 수 있는 실제적인 땅을 아브라함, 이삭, 야곱의 실제적인 자손들에게 주시겠다는 약속임을 명심하라(창 15:18).

『**암소... 암염소... 숫양과 산비둘기와 집비둘기**』(9절). 삼 년 된 짐승이 세 가지 등장하는데 이것은 레위기 1:14, 출애굽기 29:15, 민수기 15:27, 신명기 21:3 등에 주어진 희생제물과 일치한다. 여기서는 어린양

(출 12장, 창 3장)이 빠져 있지만 숫양이 창세기 22:13에 분명히 나와 있듯이 예수 그리스도의 모형이다. 새들은 쪼개지 않고 목을 비틀었다(레 1:15-17). "언약을 체결한다"는 말에 해당되는 히브리어는 "자르다, 쪼개다"라는 뜻을 담고 있음을 잊지 말라(창 9:9 주석과 렘 34:18-20 참조). 아브람은 새들을 쫓았는데 이 새들은 마귀들의 모형이다(창 8:7 참조). 이로써 희생제물을 보호한 아브람은 자기 자신을 보호한 셈이다(창 15:17).

『**깊은 잠에 빠졌는데**』(12절). 이 구절에 따르면 언약은 무조건적이었다. 이는 앞으로 있게 될 조건적 언약인 모세의 언약에 앞서 주어진 것이다. 이것은 이스라엘이 미래에 무슨 짓을 하든, 과거에 무슨 짓을 했든 상관없이 그 땅을 회복할 것임을 보여 준다. 심지어는 메시아를 거부하는 죄를 범했어도 이번 언약은 유효하다는 말이다. 이 언약은 교회 협의회, 유엔 그리고 그 밖의 그 어떤 단체가 무슨 음모를 꾸며도 그대로 이루어질 것이다.

15:13 주께서 아브람에게 말씀하시기를 "너는 분명히 알지니 네 씨가 자기 땅이 아닌 곳에서 타국인이 되어 그들을 섬길 것이요, 그들이 사백 년 동안 네 자손을 괴롭게 하겠고

14 그들이 섬길 그 민족을 내가 또한 심판하리니, 그 후에 그들이 큰 재물을 가지고 나오리라.

15 너는 평안히 네 조상들에게로 갈 것이며, 너는 충분히 늙은 나이에 장사될 것이라.

16 그러나 사 대 만에 그들이 이곳으로 다시 돌아오리니, 이는 아
모리인들의 죄악이 아직 다 차지 않았음이라." 하시니라.
17 해가 져서 어두웠는데 연기 나는 가마가 보이며, 불타는 등이
쪼갠 고기 사이로 지나더라.
18 그 날에 주께서 아브람에게 언약을 세워 말씀하시기를 "내가 이
땅을 이집트 강에서부터 큰 강 유프라테스까지 네 씨에게 주었
으니,
19 켄인들과 크니스인들과 캇몬인들과
20 힛인들과 프리스인들과 르파인들과
21 아모리인들과 카나안인들과 기르가스인들과 여부스인들*의 땅이니라.*"
하시니라.

『**네 씨가... 타국인이 되어 그들을 섬길 것이요, 그들이 사백 년 동안 네 자손을 괴롭게 하겠고**』(13절). 본문은 실로 오랫동안 까다로운 말씀이었다. 이에 관해 쓰였거나 언급된 모든 말들을 책 한 권으로 출판한다면 한 페이지에 500단어씩 1,500페이지에 이를 정도이다.

논쟁의 핵심은 "400년"이란 기간이다. 왜냐하면 모세는 출애굽기 12:40에서 이스라엘 민족의 기거 기간이 430년이라고 말하고 있고 바울은 출애굽기 20장의 율법이 하나님께서 아브람과 창세기 15:13에서 언약을 맺으신 후 430년 이후에 주어졌다고 말하고 있기 때문이다. 출애굽 사건의 시기가 B.C. 1491년(벌링거), B.C. 1606년(라킨), B.C. 1520년(I.S.B.E에서 Conder), B.C. 1220년(자유주의자들) 중에서 어떤 것이 맞는지는 논쟁이 분분하다. 만약 B.C. 1491년이 맞다면 이스라엘 사람들은

B.C. 1921년 이집트로 내려간 셈인데, 이때는 요셉은 커녕 이삭과 야곱도 태어나기 전으로 아브람이 하란을 떠날 때였다. B.C. 1606년이 맞다면 유대인들은 B.C. 2036년에 이집트로 내려간 셈인데 이때는 아브람이 태어나기 30년 전이다. B.C. 1520년이 맞다면 이스라엘 사람들은 B.C. 1950년에 이집트로 내려간 셈인데 이때는 하나님께서 칼데아 우르에서 아브람에게 나타나시기 4년 전이다. 만약 B.C. 1220년이 맞다면 우리는 출애굽 사건과 솔로몬 사이에 300년을 맞춰 넣어야만 한다. 이렇게 되면 열왕기상 6:1의 성전 봉헌이 B.C. 880년이 된다. 그런데 열왕기상 6:1에 따르면 출애굽과 성전 봉헌 사이의 기간은 480년이기 때문에 성전 봉헌은 B.C. 740년이 된다. (이런 식으로 계산해 나가면 침례인 요한이 A.D. 325년의 니케아 공회에서 주요 연사로 참여할 수 있게 된다.)

라킨은 아브람의 출생을 B.C. 2111년으로 만들고 505년이 지난 B.C. 1606년을 출애굽으로 잡았으며 이 505년 기간 중 430년의 기간의 시작을 창세기 12:4(갈 3:17의 약속)부터 잡아 출애굽까지 계산했다. 그렇다면 이스라엘 백성이 이집트에 기거한 기간이 215년이 되는 셈이다. 이러한 해석은 출애굽기 12:40이 "이스라엘 자손은 이집트에서 430년 동안 기거했다."고 말하는 대신 "이스라엘 백성은 이집트에 기거했는데 이들의 기거한 기간은 430년이었다."라고 되어 있는 사실을 주목한 결과 나온 것이다(라킨에 따르면 이스라엘의 기거는 창세기 12:1에서 시작되어 창세기 48:49까지 215년간 이어졌고 그 후 출애굽기 12:40까지 215년 간 계속되었다고 한다). 이 체계에 따르면 재판관기 11:26과 열왕기상 6:1이 조화를 이루게 되며 출애굽부터(B.C. 1606) 성전 봉헌까지(B.C. 1005) 591년간의 간격이 생긴다. 열왕기상 6:1의 480년간이라는 기간은 재판관기에 기록된 111년간의 노예 기간은 포함되지 않는다고 생각하면 아무런 문제가 없게 된다.

벌링거는 출애굽기 12:40의 430년 기간의 출발을 창세기 15장의 약속으로 보며 그렇게 되면 창세기 15:13-21의 사건은 B.C. 1921년이 된다. 그러나 이렇게 되면 자기가 세운 연대 계산법에 모순되게 되는 바, 이는 그가 아브람이 하란을 떠난 시기를 B.C. 1921년이라고 정해 놓았기 때문이다. 그가 세운 체계에 따르면 창세기 15장 사건은 B.C. 1911년에 발생했고 여기에 430년을 덧붙이면 출애굽 사건은 B.C. 1437년이 된다. 그러나 이것은 벌링거가 만든 부록과는 50년 이상의 간격이 생긴다. 벌링거는 창세기 15:13의 400년을 이삭의 출생으로부터(행 7:6) 계산하고 있으며 이스마엘에 의한 이삭의 박해는 이스마엘이 이삭을 조롱할 때(갈 4:29) 시작되었을 것으로 추정된다. 그러나 벌링거는 이삭의 출생을 B.C. 1896년으로 잡으므로 이에 400년이 더해지면 출애굽은 1496년이 된다. 그러나 벌링거는 출애굽을 1496년이 아닌 1491년으로 잡았다. 이 오류를 바로잡기 위해 벌링거 형제는 그의 부록 50에 나와 있는 각주를 수정하고서 출애굽기 12:40의 430년은 창세기 15:13이 아닌 창세기 12:1에서부터 시작된다고 했다. 그렇게 되면 창세기 12:1은 B.C. 1921년이 되는데 벌링거는 자기가 만든 연대 체계에서 아브람이 칼데아 우르에서 부르심받은 것은 B.C. 1946년이라고 했던 것이다(『**보라, 형제들이 하나 되어 함께 거하는 것이 얼마나 좋고 얼마나 기쁜가! 그것은 마치 머리 위의 값진 향유가 수염, 곧 아론의 수염으로 흘러서 그의 옷깃까지 내려가는 것과 같고**』, 시 133:1,2).

아무리 살펴보아도 라킨의 주장이 제일 타당한 것 같다. 티엘(Thiele),

스미스(Smith), 리머(Rimmer), 및 다른 사람들은 이 말을 안 받아들일지 모르지만 라킨의 주장 중 논리의 비약이 있다면 재판관기에서 제한 111년뿐이다. 나머지는 전부 논리에 타당하다(〈세대적 진리, *Dispensational Truth*〉, p 71-73).

어쨌든 간에 갈라디아서 3:17, 창세기 15:13에 언급된 400년은 출애굽기 1장이나 창세기 48, 49장부터 시작되는 것이 아니고 이삭의 출생 혹은 창세기 12:1-3에서부터 계산해야 한다.

우리가 만약 창세기 15장까지의 벌링거의 연대체계를 수용한다면 창세기 12:1,2은 B.C. 1946년이며 여기에다 라킨의 505년을 더하면 출애굽은 1441년이 된다. 그렇게 되면 솔로몬의 성전 봉헌은 B.C. 961년이 되는 셈이다(벌링거는 이 이론에 아무런 반박도 할 수 없을 것이다. 왜냐하면 그는 B.C. 910년까지는 성전이 봉헌되지 않았다고 보고 있기 때문이다). 이 모든 것들을 조화시켜 보면 창세기 12장은 B.C. 1946년, 이때부터 출애굽기 12장까지(B.C. 1516) 430년, 성전 봉헌까지 480년이 더해져서 결국 성전은 B.C. 1035년 봉헌되는 셈이다(왕상 6:1). 이렇게 되면 〈킹제임스성경, 1611〉 본문은 아무런 변개 없이 그대로 두고도 아무런 무리가 없게 된다.

14절과 15절은 출애굽기 12장에서 문자적으로 성취되었다.

『그 민족을 내가 또한 심판하리니』(14절). 이 민족은 함의 후손들을 언급하고 있다(창 10:6 주석 참조). 본문 말씀은 흑인 영가들을 상당히 독특한 시각에서 조명해 준다. "Let my people go"라는 흑인 영가는 사실은 하나님께서 셈족을 지배하려고 드는 흑인들을 심판하시면서 하신 말씀이었다. 그런데 미국의 흑인 노예들이 이 말씀을 자기들을 노예로 데리고 있던 백인들에게 적용시켜 사용했다. 하나님의 신적인 분리작업은 "종들의 종"인 함족의 후손은 셈족에게 명령을 할 수 없다는 사실을 분명히 하시기 위해, 피 흘림의 방법으로 강제적으로 집행되었다(출 12장, 구스로부터 시작된 함족의 세계 지배는 다리우스와 시루스의 치세 때 무너진 바빌론으로 끝났다. 함족의 부흥이 일시적으로 일어났을 때 하나님께서는 로마의 장군 스키피오를 시켜서 함족의 한니발을 B.C. 202년 자마(Zama)에서 패배시켰다. 이것이 하나님께서 함족에게 가하신 마지막 타격이었다. 그 후 함족은 아틸라를(그는 60%는 야벳 혈통이고 30%는 셈의 혈통이었다) 통해서 세계를 지배하려 했으나 회복할 수 없었다(375-455). 그 후 프랑스와 독일이 당시 유럽을 지배했으며(A.D. 500-1000) 그 후에는 몽고족이 쳐들어왔고(A.D. 1200-1300) 그 후에는 터키족이 왔다가 갔다(A.D. 1200-1500). 그 이후 프랑스와 영국이 세력을 다투었고(A.D. 1490-1800) 독일도 가담하긴 했으나 함족은 한 번도 세계의 지배 세력으로 등장하지 못하고 가라앉고 말았다]. "우리는 승리하리라."(We shall overcome)라는 노래는 구원받지 못하고 잃어버린 바 된 자들을 위한 것이다. 왜냐하면 그리스도인들은 이미 승리하였기 때문이다(요일 4:4; 5:4). "Let my people go" 역시 남북전쟁 공화군의 군가였던 "The truth is marching on"과 마찬가지로 성경의 진리를 왜곡 적용시킨 것에 불과하다.

『그러나 사 대 만에 그들이 이곳으로 다시 돌아오리니, 이는 아모리인들의 죄악이 아직 다 차지 않았음이라』(16절). 여기서 말하는 사 대는

215년이다. 사실 야곱은 이집트로 내려갔고, 레위도 같이 내려갔다. 그런데 암람은 레위의 아들인 코핫에서 났고, 그는 모세의 아버지이다. 따라서 레위-코핫-암람-모세 이렇게 해서 사 대가 되는 것이다. 그렇다면 모세의 시대에는 한 시대가 53.7년이 되는 것이다(마 1:1-7에 주어진 아브라함과 그리스도까지의 기간에 따르면 한 세대는 약 47년이 된다).

"아모리인들의 죄악"이란 "이방인들의 충만함"(롬 11:25)과 같이 어느 민족에게든 권세 잡는 기간이 주어졌다가 때가 되면(롬 13:11) 멸망당하게끔 되어 있다는 사실을 암시해 주는 것 같다(겔 21:27, 렘 20:16). 이스라엘이 주 예수 그리스도를 거부할 때도 동일한 표현을 쓸 수 있다[살전 2:16, 〈확대역본, Amplified Version〉의 데살로니가전서 2:16은 많이 변개되어 있기 때문에 신중히 고려할 가치가 전혀 없다].

아브람과 맺은 언약의 표적은 불타는 등과 연기 나는 가마였다. 이 가마(furnace)는 예표상 이집트를 뜻하며(신 4:20) "불타는 등"(창 15:17, 왕상 11:36)은 아마 이사야 62:1과 관련이 있을 것이다. 가마는 빛이 없는 열이고 등은 열이 없는 빛이다(요 5:35).

『**내가 이 땅을... 네 씨에게 주었으니**』(18절). 이 땅의 크기는 약 30만 평방마일로 영국의 2.5배 정도이다(창 2:8의 주석 참조). "이집트 강"은 나일강일 것이다. 독자 여러분은 20절에 르파인(거인족의 일종)이 다시 등장하는 것을 잊지 마시기 바란다. 이 족속은 창세기 10:15-18에는 열거되지 않았으나 함의 친족이었을 것이다. 창세기 13:15에서는 줄 것이라고는 했으나 여기서 "주었으니"라고 현재 완료(영어) 시제로 된 것은 이 언약이 공식적인 언약이었음을 보여 준다.

창세기 16장

16:1 아브람의 아내 사래는 그에게 자식을 낳지 못하였더라. 그녀에게
이집트인 여종이 있었는데, 이름이 하갈이라.
2 사래가 아브람에게 말하기를 "보소서, 주께서 나를 수태하지 못
하게 하셨으므로, 내가 청하오니, 내 여종에게 들어가소서. 내가
혹시 그녀로 인하여 자식들을 얻을까 하나이다." 하니, 아브람이
사래의 음성에 경청하더라.
3 아브람의 아내 사래가 그녀의 여종 이집트인 하갈을 데려다 자기
남편 아브람에게 그의 아내가 되도록 주었더니, 이는 아브람이
카나안 땅에 십 년을 거한 후였더라.

이곳에서 다시 한번 인종 문제가 고개를 든다. 사래가 창세기 12:15 에서 몸종으로(에 2:9) 데리고 온 함족의 후손이 다시 등장하고 있다

(“하갈”은 “도피”라는 뜻이다). 이미 75세가 된 사래는 더 이상 자식을 둘 수 없다는 결론을 내리고 마지막 수단으로 함무라비 법전 146조에 호소해 보는 것이다. 아브람이 이 시점에서 그녀의 제안에 “귀를 기울인” 것은 잘못이다. 그러나 우리는 아브람의 이 실수 앞에서 고소를 머금을 수밖에 없다. 왜냐하면 이 사건은 아브람의 조상이 누구였던가를 여실히 보여 주고 있기 때문이다. 창세기 3:17을 보라. 『**네가 네 아내의 음성에 경청한 까닭에…**』

“대리로 자식을 얻어 보려는” 이 시도가 분명한 잘못이었음을 입증해 주는 것은 주님께서는 이제껏 아브람에게 규칙적으로 말씀하셨고 여러 번에 걸쳐 자신을 계시하였으나 이 사건 이후 갑자기 “주”(The Lord)라는 단어가 본문에서 사라져 버렸고 주의 천사가 하갈에게는 말씀하셨음에도 불구하고(창 16:7), 아브람에게는 이스마엘 출생 이후 13년이 지날 때까지 다시는 말씀하시지 않았다는 사실이다(창 16:6; 17:1).

사실 사래를 비난할 수는 없을 것 같다. 75세의 여인이 “하늘의 별들” 같이 퍼져 나갈 자식들을 키울 것이라는 꿈을 갖기는 어렵다. 게다가 사래는 이때까지만 해도 아브람의 “씨”의 어미가 될 것이라는 계시를 받은 적이 없다. 따라서 그녀가 창세기 15:5의 약속의 성취를 기대한다면(아마 아브람은 이 사실을 사래에게 말했을 것이다.) 당연히 하갈을 통해서 그 약속이 이루어질 것으로 생각했을 것이다.

『**그의 아내가 되도록**』(3절). 하갈이 아브람에게 아내가 되도록 주어졌다는 사실에 주목하라. 두 사람은 결혼예식 같은 것을 올리지도 않았고 호적에 등록한 것도 없고 반지나 서약을 주고받은 것도 없고, 치안

판사의 입회도 없었고 들러리도 없었고 신부를 양도하는 장인도 없었지만 하갈은 아브람의 아내가 된 것이다(마 19:3-9 주석 참조).

16:4 그가 하갈에게로 들어가니 그녀가 임신하였더라. 그녀가 자기가 임신한 것을 알고 나서 그녀의 여주인을 멸시하였으니,

5 사래가 아브람에게 말하기를 "나의 모독은 당신이 받아야 하리이다. 내가 내 여종을 당신의 품에 주었거늘, 그녀가 자기가 임신한 줄 알고서는 나를 멸시하니, 주께서 나와 당신 사이를 판단하시리이다." 하니,

6 아브람이 사래에게 말하기를 "보라, 당신의 여종은 당신의 손 안에 있으니, 당신에게 좋을 대로 그녀에게 행하라." 하기에 사래가 그녀에게 심하게 대했더니, 그녀가 사래의 면전에서 도망하였더라.

『**그녀가 자기가 임신한 것을 알고 나서**』(4절). 하갈이 임신한 것으로 보아 아브람과 사래 부부 사이에 아이가 없었던 것은 사래 쪽에 문제가 있었음이 분명해졌다(이 순간까지는 아브람은 욥처럼 오직 한 아내만 두었으므로 그가 불임인지 아닌지를 알 수 있는 방법이 없었다). 결과적으로 함족 여인은 자기는 아이를 낳을 수 있다는 사실에 흐뭇해 하며 자기 주인 사래를 바라보며 자부심을 가졌을 것이다. 사래의 일을 거들면서도 속으로는 "나는 아이를 가질 수 있지만 당신은 그렇지 못해!"라고 말했을 것이다(4절이 담고 있는 내용은 정확히 이와 같은 것으로 사무엘상 1:2,4-6,8에 명확히 예시되어 있다).

『나의 모독은 당신이 받아야 하리이다... 주께서 나와 당신 사이를 판단하시리이다』(5절). 이 구절은 다음과 같다. "내 몸종이 내게 잘못하고 있는데 이는 당신 잘못이다. 그녀는 당신이 그녀를 사랑해 준다고 생각해서 나를 비웃고 있다." **『주께서 나와 당신 사이를 판단하시리이다.』**라는 말은 매우 그럴듯하게 들리지만 실상은 라헬이 창세기 30:6에서 한 거룩한 서원과 같은 뉘앙스를 갖고 있다. 그 이상의 의미는 없다.

『사래가 그녀에게 심하게 대했더니, 그녀가 사래의 면전에서 도망하였더라』(6절). 신약에서 노예가 도망친 경우는 후일 개종한 빌레몬의 노예 오네시모이다. 오네시모는 역사상 가장 위대한 그리스도인이었던 바울로부터 그의 주인에게 돌아가라는 충고를 받았다. 그리고 디모데전서 6:1-6과 골로새서 3:22-25에 나와 있는 대로 신약 규례에 따라 주인을 섬기라는 지시를 받았다. (아마 이 두 구절은 NAACP 당사자들에게는 가장 싫어하는 구절일 것이다. 그러나 이 두 구절은 은혜 아래 있는 신약의 그리스도인에게 기록된 것임을 잊지 말라.) 그런데 이 두 구절은 그 어떤 근본주의자, 보수주의자, 자유주의자들에 의해서도 지난 60여 년간 한 번도 강론된 적이 없다. 하나님의 은혜의 경륜을 맡은 사도가 은혜의 시대에 사는 성도들에게 보낸 이 말씀을 철저히 배재해 버리는 태도는 성경이야말로 실로 혁명적 내용을 담고 있는 유일한 책임을 입증해 준다. 성경은 너무도 강력한 책이어서 성경을 믿는다고 고백하는 자들도 감히 그것을 전파할 수 없을 정도이다! 사래는 마음이 넓고 사랑스러운 그런 "주인"이 아니었다. "심하게 대했다"는 내용이 무엇을 말하는지 우리는 알 수 없지만 적어도 음식이나 의복을 줄였거나 생활

환경을 아주 열악하게 만들었거나 모욕을 했거나 따귀를 몇 대 때렸을 것이다. 어쨌거나 하갈은 아브람으로부터 아무런 도움을 받을 수 없었다. 결국 하갈은 집을 떠나 도망을 치고 말았다.

16:7 주의 천사가 광야의 샘물 곁, 곧 술로 가는 길에 있는 샘 곁에서 그녀를 만나
8 말하기를 "사래의 여종 하갈아, 네가 어디서 왔으며, 어디로 가느냐?" 하니 그녀가 말하기를 "나는 내 여주인 사래의 면전에서 도망하나이다." 하더라.
9 주의 천사가 그녀에게 말하기를 "네 여주인에게 돌아가서 그녀의 손 아래서 복종하라." 하고
10 주의 천사가 그녀에게 말하기를 "내가 네 씨를 심히 번성케 하리니, 그 수가 많아 셀 수 없게 되리라." 하더라.

『**주의 천사**』(7절, angel of the LORD)가 성경에서 처음으로 등장한다. 주의 천사는 불타는 가시덤불에서는 "여호와"로서 등장한다(출 3장, 행 7:30,32). 주의 천사는 야곱과 맞붙어 싸웠고(창 32장), 이집트에서 이스라엘 자손을 데리고 나오셨으며(출 13장), 배교한 민족을 꾸짖으셨고(판 6장), 마노아와 그의 아내에게 나타나셨고(판 13장), 엘리야를 도우셨으며(왕상 19장), 예수님과 바울을 도왔다(눅 22:43, 행 27장). 그는 성경에서 200번 이상 언급되고 있으며 때론 "An Angel of the Lord"로 어떤 때는 "The Angel of the Lord"로 나타난다. 〈뉴스코필드 관주성경〉은 "THE"를 모조리 "A" 혹은 "An"으로 고쳐 버렸다. (이 수법은 오리겐이 〈칠십인역〉에서 신약에 인용된 구약성경과 똑같이 되도록 하기 위해 히브리 구약성경을 뜯어고친 것과 똑같다.) 불행히도 사도행전 27:23의 헬라어 원문에는 정관사가 빠져 있다. 그런데도 바울은 이 구절에서 자기가 이 천사에게 속해 있으며 그 천사를 섬기고 있다고 한다. 따라서 이 천사가 THE Angel of the Lord(즉 예수 그리스도)가 아니라면 바울은 "천사들을 숭배하는"(골 2:18) 배교한 우상 숭배자가 되는 것이다. 갈라디아서 4:14의 천사(문맥상 분명히 예수 그리스도임) 역시 정관사가 없다. 따라서 관사 여부로 논쟁을 일삼는 것은 전혀 의미가 없다. 이것을 따지는 사람들 역시 관사를 일관성 있게 번역한 적이 한 번도 없다.

하갈에게 나타난 『**주의 천사**』는 신적 칭호(출 3장)와, 신적 권위(행 27장)와, 신적 능력(판 13장)과, 신적 위임(판 2,6장)을 갖고 있으며 바울이 그에게 "속해 있는"(행 27:23) 바울의 주인이라고 성경은 말씀하고 있다. 따라서 주의 천사는 "육체 이외의 방법으로" 나타나신 주 예수 그리스도이시며 이를 두고 신학자들은 "신의 현현"(Theophany)이라고 부른다. 따라서 관사가 있든 없든(계 14:6; 10:1-3) 주의 천사는 주 예수 그리스도이시다(계 1:20 주석 참조).

『**샘물 곁**』(7절). 여기에 나타나는 예표는 실로 아름답다. 주의 천사가 최초로 등장하는 것은 다름 아닌 함족 출신의 비참한 죄인에게인 것이다(행 8:30-38). 이 여인은 박해받는 여인으로(롬 7:1-3), 이집트로 가는 나그네로서 "영원한 생명으로 이끄는 생명의 샘" 가까이에 있었던 것이다(요 1:14). 이와 같은 핵심 메시지는 놓친 채 수많은 주석가들이 관사 논쟁만 벌이고 있다. 나라면 그분(주의 천사)에 대해 논쟁을 일삼기보다는 그분을 알기 원할 것이다.

하갈은 잘못된 방향으로 가고 있었다. 그녀는 이집트를 향해 가고 있는 것이다. "술"(Shur) 지방은 이집트 앞에 있다(창 25:18). 하나님께서는 그녀가 그곳에 이르기 전에 이를 막으셨다. 하나님께서는 함이 약속의 땅에서 셈을 섬기는 것(창 9:26,27)이 파라오의 땅에서 셈을 지배하는 것(출 1-12장)보다 낫다고 생각하신 것 같다.

『**돌아가서... 복종하라**』(9절, 고전 7:20-24, 엡 6:5-9을 보라). 하나님의 뜻은 종은 돌아가 주인에게 복종하는 것이다.

『**내가 네 씨를 심히 번성케 하리니, 그 수가 많아 셀 수 없게 되리라**』(10절). 이 예언은 다음 구절들에서 전개된다.

16:11 또 주의 천사가 그녀에게 말하기를 "보라, 네가 아이를 가졌으
니, 아들을 낳을 것이요, 그의 이름을 이스마엘이라 하라. 이는
주께서 네 고통을 들으셨음이라.
12 그가 거친 사람이 되리니, 그의 손이 모든 사람을 대적할 것이
요, 모든 사람의 손이 그를 대적할 것이라. 그가 그의 모든 형제
들 면전에서 거할 것이라." 하니라.
13 그녀가 자기에게 말씀하신 주의 이름을 부르기를 "주 하나님이

나를 보고 계시나이다." 하였으니, 이는 그녀가 말하기를 "나도 여기서 나를 보고 계신 그분을 뵈었는가?" 함이라.

14 그러므로 그 샘을 브엘라해로이라 불렀으니, 보라, 그것은 카데스와 베렛 사이에 있더라.

이 구절은 그라프-벨하우젠(Graf-Wellhausen) 이론을 비판할 수 있는 좋은 구절이다. 평범한 설교자들은 그라프-벨하우젠 이론의 자세한 내용을 알 필요가 없다. 다만 여기서 이것을 언급하는 것은 그들이 주석들을 읽을 때면 "이 구절들은 'J'에 속한다." "엘로이스트들은 이 구절들은 이렇게 쓰여졌을 것이라고 생각한다." 혹은 "J기자는 이렇게 삽입했다." 등등과 같은 표현들과 마주치게 될 것이기 때문이다(G & W 이론의 진정한 옹호자들은 "R", "D", "P", "L" 등도 포함시킨다). 이와 같은 이론은 신학교에서 "학문"이란 이름으로 옹호되고 있는데, B.C. 800년부터 B.C. 200년 사이에 2-5명의 사람이 창세기를 결합시켜 만들었을 것이라는 것이 그 기본 내용이다. 이 이론은 1890년에 유행되었고 오늘날도 여러 배교한 신학교에서 가르치고 있다. 이 비평학파의 옹호자들은 근본주의 그리스도인들에 의해 사용되는 "원문증명 방법"을 거부한다. 그럼에도 불구하고 이들은 출애굽기 6:2,3의 진실성으로 자신들의 입장을 주장한다. 왜냐하면 이 구절은 그들의 비평이론을 세우는 데 필요하기 때문이다. 출애굽기 6장을 기록했다고 하는 "E"에 따르면 "여호와"라는 이름은 모세에게만 처음으로 계시되었다고 한다. "J"는 이 사실을 몰랐으므로 (왜냐하면 그는 "E"보다 먼저 창세기를 기록하였기 때문이다.) 그는 모세 이전에 "여호와"라는 단어가 무엇을 뜻하는지 알지 못한 채 사용하였다. 후일 “E”는 “J”를 수정했고 창세기에 “Elohim”을 삽입했다. 물론 이 이론은 완전히 엉터리다. “Elohim”은 “J”문서(창 3:1-5)에서 마귀에 의해 사용되었고 역시 “J”문서에서(창 32:28,29) 야곱에 의해 사용되었다. 그러나 여호와는 창세기 22:11,14과 같은 “E”문서에서 나타나며 또다른 여호와가 “E”문서 창세기 28:17-22에 등장한다. 따라서 이 이론을 더 이상 설명한다는 것은 무의미하다. 본문에 따르면 (창 16:7-13) 하늘에서 도움을 주신 분은 “주”(LORD Jehovah)이며 13절에서는 “하나님”(Elohim에 해당되는 El)이다. 그렇다면 제일 먼저 기록한 “J”기자가 13절에 이르러 한 절을 건너뛰어 14절로 넘어갔다는 말인데 14절의 브엘라해로이라는 이름이 나오게 된 근거가 13절에 나와 있다는 사실은 어떻게 설명할 것인가? “E”기자가 13절로 되돌아가 그 구절을 삽입이라도 했단 말인가? 그렇다면 “E”기자는 왜 7절과 9절과 10절은 고치지 않았는가? 이 세 구절에도 “여호와”라는 단어가 포함되어 있지 않은가? “E”는 이 단어가 창세기에는 적합하지 않다고 생각했을 텐데 어째서 고치지 않았는가? 13절은 “주의 이름”(the name of the Lord)에 여호와라는 단어가 있고 “주 하나님이 나를 보고”에서는 El이 들어가 있다. 그렇다면 “J”가 문장을 시작했다가 El 앞의 쉼표에서 기록을 멈추었다가 100-400년 후 “E”가 등장해서 하갈의 나머지 말들을 첨가했단 말인가?

이쯤에서 여러분들은 “고등학문” “고등비평” “과학적 해석” 등이 성경을 변개시키려는 핑계에 불과하다는 것을 눈치채고도 남을 것이다.

『**그의 이름은 이스마엘이라 하라**』(11절). 히브리어로 이스마엘은 “하나님이 들으시는 자", "하나님이 들으실 것이다."라는 뜻이다. 이것은 아이가 태어나기 전에 이름이 주어진 첫 번째 경우이다. (이삭은 그 다음이다.) 이스마엘은 분명 베드윈족 혹은 아라비아족이다(갈 4장, 창 37:28, 판 8:22,24, 창 25:18).

『그가 거친 사람이 되리니... 그가 그의 모든 형제들 면전에서 거할 것이라』(12절, 창 25:18 참조). 이 말씀은 아랍 사람들이 유대인과 나란히 살 것을 말하고 있으며(A.D. 1970-1990을 보라.), 이 구절에서 3,000년 이상을 끌고 있는 성전(holywar)이 시작된다. 인종에 관한 예언은 (그 누구의 의견과 관계없이 - 창 9:25) 항상 진실하다. 거친 사람(히브리어로 "들나귀"라는 뜻, 욥 39:5-8)은 "육신을 따라" 태어나는 거듭나지 않은 죄인의 예표가 되었다(욥 11:12, 출 13:13, 마 21:2,5 주석 참조).

마호메트(A.D. 612)는 이스마엘의 70대손이라고 추정되고 있으며 비밀 결사 그룹의 의상, 문장, 상징 등은 모두 이 민족에게서 나왔다(맬컴 엑스, 무하마드 알리, 블랙모슬렘 등 참조). 칼라쉬는 이렇게 평했다. "베드인족은 무법자들이다. 이들에게는 약탈물은 합법적 소득으로 여겨지며 무모한 강도짓은 용감한 행동으로 칭송된다." 이스마엘은 셈족 출신의 진정한 함족으로서 양 족속의 특징을 물려받았다(창 10:20,31 주석 참조). 아무리 "민족 간의 평등"이 이러쿵저러쿵해 봐도 3,000년이 넘는 과거사를 없앨 수는 없다. 베두인족은 사막에서 낙타나 말을 타고 달리며, 손에는 창을 쥐고, 도시 생활을 거부하면서, 끊임없이 싸우고, 훔치며, 열악한데다 흔히 더럽기까지 한 여건 가운데서 무한히 "자유"롭게 살아가는 민족이다. 이들은 전쟁을 좋아하는 사나운 민족이다

(1171-1193년 사이의 사라센족의 전쟁을 기억하라. 만약 사자왕 리처드가 하늘에 있다면 후일 그곳에 가서 그에게 물어보라. 아랍족이 어떤 사람들인가). 염소젖, 야자수, 대추야자, 무화과, 불고기가 이스마엘족의 주식이며 이스마엘은 아브라함을 조상으로 주장하는 12지파를 낳았고 이들은 유대인과 마찬가지로 팔레스타인 땅을 자기 땅으로 간주한다(창 13:15 주석 참조). 요르단과 사우디아라비아가 오늘날 이스마엘족의 경계이다.

『**그녀가... 주의 이름을 부르기를 "주** 하나님**이 나를 보고 계시나이다.**"』(13절). 하갈은 천사를 "엘"("엘로힘" : 하나님)로 불렀으며 기록자는 그 천사가 여호와(주)라고 말한다. 이는 스테판이 주의 천사를 출애굽기 3:14의 전능하신 창조주(I am)라고 말하고 있는 것과 같다(행 7:30,32을 보라). "내가 여기서 나를 보고 계신 그분을 뵈었는가?"라는 말은 현대적으로 묘사하자면 "나를 계속해서 바라보고 계셨던 그분을 내가 볼 수 있게 되었단 말인가?" 혹은 "지금까지 누군가가 나를 지켜보고 있었다는 것을 언제부터 내가 알게 되었는가?"가 될 것이다. 하갈은 그때까지 한 번도 신적인 보호에 대해 알지 못하고 있었음을 인정하고 있다(창 28:12, 16,17에서 야곱도 마찬가지이다). 그래서 그녀는 하나님께서 살아 계시며 그녀를 "보고 계신다"(잠 5:21)는 사실을 기억하기 위해 샘의 이름을 지었다. 우리는 히브리어 의미("본 후에 살아 있는 자의 샘")만으로는 재판관기 13:22,23과 같은 해석을 할 수 없다. 창세기 16장 그 어디에서도 하갈이 그 무엇을 보았다고 말하고 있지 않다. 따라서 천사를 본 후에도 죽지 않고 살아남았기 때문에 하갈이 기뻐했다는 해석은 전혀 성경적 근거가 없는 것이다. 천사는 하갈에게 말을 했다(8,9,11절). 그러나 천사가 그녀에게 나타난 것은 아니다. 따라서 히브리어 의미만을 근거해서 내린 해석은 성경적 해석이 못 되는 것이다. 이처럼 〈킹제임스성경, 1611〉은 히브리어 성경보다 더 정확하게 하나님의 말씀을 보존하고 있다. 하갈의 고백은 자기가 천사를 본 후에도 목숨을 부지했다는 것이 아니고 오히려 자기를 지켜보셨던 살아 계신 분께서 아비 없는 자식과 이집트에서 죽을 자기를 살려 주셨다는 말이다. 하나님께서는 그녀에게 물과, 아이와, 씨와, 12지파나 되는 많은 자손들을 주셨다.

16:15 하갈이 아브람에게 아들을 낳으니, 아브람이 하갈이 낳은 자기 아들의 이름을 이스마엘이라 불렀더라.
16 하갈이 아브람에게 이스마엘을 낳았을 때 아브람은 팔십육 세였더라.

아브람이 86세 때 이스마엘은 태어났고 이때 사래는 76세였다(이 시기는 약 B.C. 1910년경이었다).

창세기 17장

17:1 아브람이 구십구 세였을 때, 주께서 아브람에게 나타나셔서 그에
게 말씀하시기를 "나는 전능한 하나님이라. 내 앞에서 행하라. 그
리고 너는 완전하라.
2 내가 나와 너 사이에 내 언약을 세우며, 너를 심히 번성케 하리
라." 하시니,
3 아브람이 주의 면전에 엎드리더라. 하나님께서 그와 더불어 이야
기하셨으니 말씀하시기를
4 "보라, 내가 너와 더불어 내 언약을 세우노니, 너는 많은 민족들
의 아비가 되리라.
5 네 이름을 더 이상 아브람이라 부르지 않고, 네 이름을 아브라함
이라 하리니, 이는 내가 너를 많은 민족들의 아비가 되게 하였음
이라.

『주께서... 나타나셔서』(1절). 주님께서는 누군가에게 나타나시고자 하실 때에는 나타나신다(창 12:1). 이 말씀은 브엘라헤로이라는 샘의 히브리어 이름의 정확한 해석을 확인해 준다. 16장 사건에서 하갈은 아무것도 보지 않았다. 그러나 이번에는 하나님께서 13년간의 교제의 단절 끝에 다시 나타나신 것이다. 하나님께서 하신 첫 번째 말씀은 그의 자녀들을 다루시는 아버지의 유머 감각을 보여 준다. **『내 앞에서 행하라. 그리고 너는 완전하라』**(창 6:9 주석 참조). 이 말씀은 함족을 통해 자식을 얻는 행위는 "완전한 행위"(갈 5:16)가 못 된다는 사실을 은연중에 시사하고 있다.

이 구절에서는 그라프-벨하우젠(Graf-Wellhausen) 이론은 완전히 녹아웃되고 만다(창 16:7 주석 참조). 아브람의 하나님에 대해 세 가지 단어가 쓰이고 있음을 주목하라.

1. 주(The LORD, 1절) : 이것은 출애굽기 3장과 6장에 나오는 여호와이다.

2. 전능하신 하나님(Almighty God, 1절) : 이것은 "엘 샤다이"이다(창세기에서 6번, 욥기에서 31번 나온다).

3. 하나님(God, 3절) : 이것은 창세기의 "엘로힘"이다(이 단어는 히브리 구약 성경에 2,700번이나 등장한다).

만약 우리가 현대 학자들의 추종자들이라면 우리는 이 세 구절에서 가장 먼저 기록했다는 J가 제1절 중간쯤에서 멈추었다가 그 다음 누군가 하나님의 새 이름인 "엘 샤다이"(전능하신 하나님)를 그 문장 뒤에 집어넣을 때까지 기다릴 수밖에 없을 것이다. 이 새로운 필사자가 등장하지 않았더라면 우리는 "주께서 아브람에게 나타나셔서 그에게 말씀하시기를 "○○○○○○○○○○○ 내 앞에서 행하라. 그리고 너는 완전하라." 라고 되어 있는 성경을 갖고 있을 수밖에 없는 것이다. 학자들에 따르면 삼백 년 후 누군가가 이 문장에 "나는 전능하신 하나님이라."는 말을 삽입했을 것이고 그 후에야 "E"가 등장하여 하나님이라는 단어를 3절에다 첨가시킴으로 완전한 문장이 완성되었을 것이다. 세 명의 사람이 동일한 문장을 구성했는데 각자 자기가 알고 있는 하나님의 이름을 기록했을 것이라는 희한한 이론이 학자들의 "걸작품"인 것이다. 완전한 축자영감보다 더 기가 막힌 이 이론을 받아들이는 이들 학자들의 "믿음"은 실로 대단하다고 하겠다.

『전능한 하나님』(1절), 이 단어는 하나님을 생명을 보존하시고 양육하시는 분으로 묘사한다. 이 단어는 젖가슴을 지칭하는 히브리어 어원에서 나온 것이다. 이 단어가 처음 등장하는 상황(창 17:1)은, 이미 99세나 된 사람에게 아이를 낳을 수 있게 하시는 능력을 보이시는 장면이다.

『내 언약... 내 언약』(2,4절). 이 언약은 뒤에서 나오는 할례의 언약이다(창 17:8-14). 이 언약의 표적은 할례 그 자체이다. 이 언약은 이삭은 물론 이스마엘도 포함하며 따라서 신약 성도들과는 아무런 관계가 없다(창 17:26 참조). 이 언약은 모든 문자적 민족들과 문자적 땅을 포함하는 것으로(창 17:4,8) 신약의 중생과는 아무런 관계가 없다(그런데도 칼빈과 카이퍼는 이 구절을 신약 성도들과 연관시킨다).

『네 이름을 아브라함이라 하리니』(5절, 히브리어로 많은 사람의 아버지란 뜻). 아브람의 이름에 히브리어 알파벳의 다섯 번째 철자인 "헤"

(ㅎ)가 삽입되었다. (히브리어 철자는 〈킹제임스성경〉의 시편 119편의 단락 구분으로 쓰였다.) 이는 죽음이 없이는 열매가 없으며(요 12:24) 죽은 몸에서만이 열매가 나온다는 사실을 의미하고 있다(롬 4:19). 벌링거는 다섯째 철자를 "은혜"와 연관시키고 있으나 이는 정확하지 못한 것이다. 다섯이 은혜와 연관된 것은 인류 역사 6,000년 동안에 단 한 번뿐으로 예수 그리스도의 죽음과 연관되어 있을 때이다. 그러나 지구상에서 죽어 간 나머지 모든 사람들(약 140,000,000,000명)에게 있어서는 다섯은 죽음을 뜻한다(창 5:5 주석 참조).

17:6 내가 너를 심히 다산하게 하리니, 내가 네게서 민족들을 이루며, 네게서 왕들이 나오게 하리라.

7 내가 나와 너와 네 뒤에 올 네 씨 사이에 대대로 내 언약을 세우리니, 영원한 언약을 삼고 너와 네 씨의 하나님**이 되리라.**

8 내가 너와 네 뒤에 올 네 씨에게 네가 타국인으로 있는 땅, 즉 카나안의 모든 땅을 주어 영원한 소유가 되게 하며, 나는 그들의 하나님**이 되리라." 하시니라.**

이것은 창세기의 다섯 장에서 다섯 번째로 하나님께서 팔레스타인 땅을 아브라함, 이삭, 야곱의 후손들에게 주시겠다고 약속하시는 장면이다. 물론 이스마엘도 아직까지는 "이 약속에 포함"될 수도 있었다. 왜냐하면 그는 창세기 17:25까지는 아브람의 '씨'에 포함되었기 때문이다. 그러나 이스마엘이 열두 지파가 되기 전에 기록된 후일의 선언(창 21:10-12)과 갈라디아서 4장에 따르면(열두 지파가 어디 있는지 알 수 없는 상황에서 기록되었음) 아브라함, 이삭, 야곱의 이름으로 이 땅이 등록되어 있음을 알 수 있다(이 땅은 창세기 15장에서 아브람에게 약속된 그것이다).

『내가 나와 너와 네 뒤에 올 네 씨 사이에... 너와 네 씨의 하나님**이 되리라**』(7절). 〈강단주석, *The Pulpit Commentary*〉은 이곳에서 오리겐, 제롬, 시프리안, 유세비우스, 칼빈, 어거스틴, 및 교황의 편을 들고 나선다. 이 언약이 구원에 관한 영적인 약속이며 아브라함의 영적인 씨는 "영적 카나안 땅"을 영원한 소유로 받게 될 것이라고 주장한다. 그야말로 '멋진' 사적인 해석으로 앞뒤, 좌우, 문맥을 전혀 무시한 전형적인 해석이다. 성경을 억지로 풀다가 막혀 버린 이들은 "만약 이스라엘 백성이 이 언약의 조건들을 갖추게 된다면 그때 체결된 그 언약은 지속되고" 이스라엘은 그 땅을 차지할 수도 있을 것이라고 발뺌을 한다. 그러나 이러한 모순된 어리석은 짓은 창세기 12:7; 13:15; 15:18 등을 거부하는 데서 생긴 것이다. 이들 약속들은 전부 무조건적이라는 사실을 일부러 잊어 버렸기 때문이다. 창세기 17장에 나오는 "조건들" 역시 후천년주의 주석가들에 의해 주어진 억지 해석을 용납하지 않는다. 왜냐하면 창세기 17장에서의 조건은 할례였고(창 17:14), 모든 서기관들과 바리새인들은 할례를 받은 자들이었는데도 불구하고(요 7:22), 내던짐을 당했다는 것이 자명하기 때문이다(마 21:43,45). 더 나아가 언약대로 할례받은 자들 중에서는 여러 경우에 있어서 마귀의 자식들이 있었다는 것 또한 분명한 사실이다(삼상 2:12; 8:3, 삼하 18:18, 요 8:40-46).

따라서 후천년주의 주석가들은 다음 두 가지 중 하나 혹은 둘을 다

문제점으로 갖고 있는 것 같다.

1. 그들은 성사에 의한 구원 제도를 수립하여 외적 종교 "의식"을 수행함으로써 영적인 구원을 보장받고 싶어 하거나(아프리카 식인제사, 흑마술 등)

2. 그들은 아브라함의 육체적인 씨에게 하신 약속들을 고의로 훔쳐다가 교회에 적용시킴으로써 성령 하나님이 보시기에 스스로 "현명"하다고 자만하거나 "무지"한 채 남아 있게 되는 것이다(롬 11:24-28).

이들은 아마 이 두 가지 잘못을 다 범하고 있는 것 같다.

그런데 이런 종류의 사적인 해석이 수백 년 간에 걸쳐 카톨릭과 개혁주의자들에 의해 수용되어 왔고 수용되고 있다. 이것은 전혀 같지 않은 것들을 통합시켜 "하나의 세계"(One World)를 주장하는 종교통합주의자들의 환심을 사기 위한 전략에서 나왔다고 볼 수 있다.

1. 갈라디아서 3:29은 그리스도인에게 해당되는 것이다.

2. 로마서 2:29은 그리스도인에게 해당되는 것이다.

3. 데살로니가전서 2:15은 문자적인(실질적인) 이스라엘에게 해당되는 것이다. [그런데 〈확대역본, *Amplified Version*〉은 "to the uttermost"(극도로)라는 단어를 "완전히 그리고 영원히"(completely and forever)로 변개시켰다.]

4. 히브리서 8:8은 환란과 천년왕국 대신 교회 시대에 적용된다.

5. 따라서 교회는 참된 이스라엘이며, 이스라엘을 대신하게 되었고 결국 크리스천들이 아브라함의 육체적인 후손들을 대신해서 아브라함의 씨가 되었다.

이와 같은 해석 체계를 신학교에서는 "신학"이라고 부르는 모양이지만 하늘나라에서는 이것을 "도둑질"이라고 부른다(렘 50:18-20; 31:35,36, 히 8:8,10,12). 참된 기독교 신학을 공부하는 사려 깊은 학생이라면 히브리서 8:11은 그 어떤 식으로 왜곡하더라도 교회시대에는 맞지 않는다는 것을 알 수 있다. 더 나아가 카톨릭과 개혁교회가 아브라함과 이삭으로부터 아무리 많은 약속을 도둑질할지라도 그들은 그들의 이방인 성사제도를 이스라엘과 유다의 집 위에 세우려는 것에 대해 심판을 받게 될 것이다. 왜냐하면 이것들은 정치적인 나라를 구분 짓는(히 8:8-10) 정치적인 차이점들이기 때문이다. 카톨릭과 개혁주의 신학자들은 "영적 언약"으로 집어넣는 "물 뿌림"(springkling, 세례)으로 아브라함, 이삭, 야곱, 유다와 이스라엘을 이방인들로 간단히 대체시켜 버리는 것이다. 이로써 이들은 성경 전체의 3/4에 해당되는 이스라엘에 관한 구절들을 파괴시켜 버렸다. 성경의 3/4은 이스라엘을 다루고 있음을 잊지 말라. (〈하나님의 나라와 천국〉을 보라.)

17:9 또 하나님**께서 아브라함에게 말씀하시기를 "그러므로 너는 내 언**
약을 지키고, 너와 네 뒤에 올 네 씨도 대대로 지키라.
10 이것이 나와 너희와 네 뒤에 올 네 씨 사이에 맺은 너희가 지켜
야 할 나의 언약이니 '너희 가운데 모든 사내 아이는 다 할례를
받을지니라.'
11 너희는 너희의 포피의 살을 베어 내라. 이것이 나와 너희 사이의
언약의 표가 되리라.

12 대대로 모든 사내 아이는 집에서 태어났거나 네 씨가 아니고 타국인에게서 돈으로 샀어도, 난 지 팔 일이 되면 너희 가운데서 할례를 받아야 하느니라.

13 네 집에서 태어난 자든지 네 돈으로 산 자든지 할례를 받아야만 하리니, 내 언약이 영원한 언약이 되어 너희 살에 있을 것이라.

14 할례를 받지 아니한 사내 아이, 곧 그의 포피의 살을 베어 내지 아니한 자는 그의 백성 중에서 끊어지리니, 그가 내 언약을 위반하였음이라." 하시더라.

이 할례 의식은 기독교의 "침례 의식의 그림자"로서 주어진 것이라는 것이 카톨릭과 개혁주의자들의 주장이다(〈강단주석〉, 제1권 233쪽). 이러한 논리는 창세기 17:6-8 주석에서 다룬 그것과 같다.

1. 만약 할례가 어떤 사람을 주와의 관계에 있어 언약 관계를 맺을 수 있게 한다면(창 17:9,10),

2. 그리고 이 할례가 영적 구원을 보장해 준다면(창 17:8의 사적인 해석을 보라.),

3. 그렇다면 신약 성경에서도 인간의 씨의 구원을 보장해 주는 무엇인가가 있어야 한다(고전 7:14).

4. 따라서 "유아 세례"는 신약의 "침례"이며 어린아이의 구원을 보장해 준다(행 16:31). 이와 같은 "광적"인 해석이 독일과 네덜란드의 개혁교회들, 장로교회 및 카톨릭에 의해 (이 경우 카톨릭은 이에 더해 몇 가지 "혁신적" 사항을 덧붙였다.) "성도들에게 단번에 전수된 믿음"이라고 받아들여지고 있다.

이러한 이교적 해석에서 드러난 오류들은 성경을 주의 깊게 읽는 독자들에게는 너무도 분명하다.

1. 집안 구원이란 것은 성경 여러 곳에서 실패했다(다윗, 사무엘, 엘리). 이 경우 언약의 조건들이 충족되었어도 마찬가지였다.

2. 로마서 4장은 할례는 아브라함이 그 표적을 얻기 전에 믿음으로 얻은 의의 "표적"일 뿐이라고 말하고 있다(롬 4:9-12). 따라서 이 표적은 개인에게 아무런 일도 해주지 못한다(고전 7:18).

3. 할례받고 침례받은 사람도 여전히 마귀에 사로잡힌 죄인이며 멸망당할 수도 있다(사울과 시몬, 행 8:19-23).

4. 만약 할례가 침례에 해당되는 것이라면 어떠한 여자도 언약에 들어 갈 수 없다.

5. 신약에서 보면 구원받기 전에 침례받은 사람은 없다. 아브라함 역시 구원받기 전(창 15장)에 할례받지 않았다(창 17장).

6. 만약 언약의 법들이 신약에서도 구약의 경우와 정확히 똑같다면(할례와 침례가 동일한 종교 의식이라는 가정하에) 네덜란드와 독일의 그 어떤 개혁 교회 회중들이나 카톨릭 회중들은 구원을 받았거나 "거듭나지" 못했다. 왜냐하면 침례가 구원이라고 한다면(콜럼버스 기사단에서 출판하는 모든 팜플렛은 이에 대해 "아멘"이라고 답할 것이다.), 할례 의식처럼 정확해야 한다. 할례는 태어난 지 8일 된 남자아이에게만 하도록 되어 있으며 신체의 20분의 1도 채 안 되는 부분에만 행하게 되어 있다. 마찬가지로 신약 성경에서는 침례란 이미 믿은 죄인에게(막 16:16, 행 16:30-34) 장사 지내는 예식으로서 물속에 잠김으로써 행해져야 한다. 좀 엄격하게 말하자면 (그러나 매우 성경적임은 물론이다.) 터틀리안

(A.D. 160-220)과 파이크 교주 사이에 태어난 유아 세례자는 물속에 잠긴 것이 아니고 잠시 물에 적신 것뿐이었으므로 침례받은 것이 아니다.

침례 대신 세례(물 뿌림)를 주장하는 것은 할례 대신 베이비파우더를 바르는 것과 같다. 우리는 하나님의 말씀을 올바로 해석했다 할지라도 하나님의 명령에 불순종할 수는 없으며 더군다나 진리를 왜곡 해석시켰을 경우는 더 말할 것도 없다.

7. 침례가 아닌 유아 세례는 그것이 침례로 간주된다 하더라도 할례를 대체할 수 없으며 만약 유아 세례가 침례이며 할례를 대체했다고 할지라도 어린아이에게는 아무런 영향을 줄 수가 없다. 왜냐하면 신약에서의 침례는 자발적인 믿음과 복음에 대한 시인이 있은 후에 주어져야 하기 때문이다. (행 2,10,16장 등을 보라.)

『**너희는 너희가 전수한 너희의 전통으로** 하나님**의 말씀을 폐기하느니라. 또 이와 같은 많은 일을 자행하고 있도다**』(막 7:7,9,11,13).

문제는 그렇다면 개혁주의자들과 카톨릭은 모두 틀렸다는 말인가?(물론 그들 전부가 물에 적시는 사람들은 아니다.) 우리는 성경을 읽지 않는 사람들은 모두 지옥에 간다고 말하는 것이 아니다. 예수 그리스도의 피의 속죄를 믿는 개혁자들과 카톨릭교도가 지옥에 있다고 말하는 것이 아니다. 우리가 주장하는 것은 성경이 말씀하시는 대로 만약 당신이 당신의 영적인 구원을 보장하는 수단으로써 물 침례에 의존한다면 당신은 마귀에게 속하는 것이며, 이 속임수에 당신의 목사와 신부가 동조한 것이라는 사실이다. 유다 이스카리옷은 침례도 받았고 할례도 받았다. 그는 두 가지 언약을 소유한 자였다. 따라서 카톨릭과 개혁주의 신학이 "침례"에 관해 가르치는 바는 전혀 진리와는 거리가 멀다는 것이다.

사람들이 혼란을 갖는 것은 주로 세 가지 사실에서이다.

첫째, 진리를 전하고 보급하는 가시적인 수단을 확보하고자 하는 마음이다. 카톨릭과 개혁 신앙을 따르는 부모들은 그들의 회원 확보와 정치적 안정을 자기 아이들을 자기들과 같은 종교에 붙들어 "예정"시킴으로써 달성하려고 한다. 둘째, 유대인의 부를 시기하여 그들을 제거해 버리려는 이기주의와 교만이다. 셋째는 하나님께서 말씀하신 것을 거부해 버리려는 마음이다. 창세기 17장은 성경을 성경으로, 영적인 것은 영적인 것으로 바라보는 성경대로 믿는 사람들에게 할례에 대한 명확한 교리를 제시해 주고 있다.

1. 포피는 덮개(foreskin) 혹은 "휘장"(veil)이란 뜻으로 생식 기관을 덮고 있는 부분이다. 따라서 솔로몬의 노래 5:7에서는 여인의 얼굴이 너울로(veil) 가려져 있었다(창 24:65; 20:16). 그녀는 남편에게 드러나게 되는 것이다(revealed).

2. 하나님께서는 예수 그리스도의 출생 시 씨를 생식시키셔서 자신을 계시하셨다(요일 5:1-20, 요 1:1-3). 이를 위해 그분은 지성소로부터 휘장을 찢으셔야만 했다(히 10:20, 마 27:50-54). 그러나 "덮개"는 가죽(skin)으로 만들어져 있었다.

3. 창조주께서는 히브리서 1:10-12에서 "우주라는 옷"을 겉옷처럼 말아 버리셔서 자신을 계시할 때까지는 자신을 완전히 계시하시지 않을 것이다.

따라서 "할례"는 하나님께서 "창조주"로서 혹은 "생식"시키는 분으로서 자신을 계시하시는 것을 보여 주고 있다. 이것은 다음의 10가지 이유로 분명히 드러난다.

1. "죽었던" 아브라함은(롬 4장) 이제 생식을 할 것이다.

2. 죽어 있는 사래는 생식을 하게 될 것이다.

3. 여자로서는 피 없이는 아이를 낳을 수 없으므로 남자와 몸을 합해야 한다.

4. 새로운 출생(중생)도 피 흘림이 있어야 한다.

5. 중생을 위한 피는 여인의 피여서는 안 되고(창 3:15) 남자의 피이어야 한다.

6. 남자의 씨가 "썩어질 수 있는" 종류의 것이므로 새롭게 태어남이 요구된다. 따라서 "할례"는 바울이 "베어지는 것"으로 묘사한 것과 같은(갈 5:12) 그러한 위험성을 갖고 있다.

7. 따라서 그것은 거듭남의 모형이다(골 2:8-14).

8. 거듭남은 실로 영적인 베어짐이며 이는 아브라함의 시대에는 하나님께서 하실 수 없었다(창 15:6).

9. 따라서 씨, 피, 출생, 계시는 불가분의 관계가 있다.

10. 그리스도는 씨이셨고, 피는 그분의 피였으며, 그는 새로운 출생을 주며(요 1:12,13) 그는 유일하고 참되신 하나님과 영원한 생명의 계시이시다(요일 5:1,2).

따라서 이 의식(할례)을 물 침례와 혼동하거나 물 침례를 거듭남(새로운 출생)과 혼동하는 것은(카톨릭 사람들은 혼동하고 있다.) 인간이 믿는다고 고백하는 그것에 대해 하나님께서 전혀 관심을 갖고 계시지 않는 바로 그곳으로 하나님의 말씀을 몰아가고 변질시키는 것이다. 만약 그 어떤 사적인 해석이 이 구절에 주어진다면 다음과 같이 될 것이다.

"자, 아브람아, 칼을 들고 네 자신을 베어라."

"주여, 어디를 말입니까?"

"네가 알고 있지 않느냐? 아담은 그의 씨를 혼잡케 했고, 함도 그의 씨를 혼잡케 했으며, 롯도 그의 씨를 혼잡케 할 것이고, 파라오도 방금 전에 그럴 뻔했느니라!(창 12:17) 그러니 너는 어디를 베어야 할지 아느니라."

"그렇지만 아플 텐데요."

"태어나는 것이 통증 없이 된 적이 있느냐? 아브람아, 이브가 불순종했을 때 그녀의 생식 능력을 혼잡케 해 버리지 않았느냐?"

"그러나 주님, 저는 '남자'입니다. 그래서 아이를 낳을 수 없다고요!"

"그렇지만 아브람아! 너는 나의 예표이고, 나는 아이를 낳을 것이다. 너는 시편 22:30,31을 읽어 보지 못하였느냐?"

"못 읽었습니다. 주님!"

"너와 니코데모 둘 다 그 구절을 놓쳐 버림이 어찌 된 것이냐?"

"글쎄요, 아직 기록되지 않았기 때문이겠지요."

"맞아. 그래서 너는 그것에 관해 책임을 면할 수 있지만, 니코데모는 책임을 면할 수 없었다. 그는 이스라엘의 선생인데도 이런 것들을 모르고 있더구나. 자 이제 칼을 잡아라."

(우리는 이런 종류의 강론은 "해석의 거두"이신 "학자님"들의 책에서는 찾아볼 수 없다는 것을 알고 있다. 그러나 그들은 어렸을 때에 누군가가 그들의 얼굴에 물을 뿌림으로써 잘못된 출발을 하였기 때문에 우리는 그들을 용서하고 이 문제는 넘어가기로 하겠다.)

『**손으로 하지 아니한 할례**』(골 2:11), 즉 하나님께서 하신 영적 수술은 아브라함이 한 육체적 할례(갈 6:15)에 대한 반유형(Anti-type)이다. 새로운 출발(거듭남)이 없으면 참된 침례도 없고 "새로운 피조물"이 없으면 영적인 할례도 없는 것이다. 따라서 저주만이 있을 뿐이다(엡 2:2,3,11,12, 요 3:36, 갈 5:4).

『**모든 사내 아이**』(12절, 〈피터 럭크만의 주석서 요한계시록〉 12:5과 레 12:2 참조)

『**집에서 태어났거나... 돈으로 샀어도, 난 지 팔 일이 되면...**』(12절). 이 말씀은 할례가 유대적인 동시에 이방인에게도 해당되는 것을 보여준다. 아브라함은 할례를 받을 당시 이방인이었다(롬 4장, 창 10:5 주석 참조). 할례는 오늘날 아랍인들과 회교도들도 시행한다(이 언약에 이스마엘도 포함되었음을 기억하라). "언약 신학자"는 자기 자신의 혼의 구원을 위해 언약의 표적과 인침으로 할례받은 "언약의 자녀"임에도 불구하고 여전히 한 번밖에 태어날 수 없다는 사실을 주목해야 한다. 다시 말해 언약의 자녀일지라도 거듭나지 못하고 지옥으로 갈 수도 있다. 바로 이것이 신약 성경이 정확히 지적하고 있는 바이다(갈 4:29). 바로 "육신을 따라서 난 자들"인 것이다. 다시 말하자면 언약관계의 표적을 받은 언약의 자녀가 버림받아 정죄받게 되는 그 모습이 침례가 "그 아이를 언약으로" 집어넣는다고 입증하기 위해 언약 신학자들이 사용하는(갈 3:26-29) 그 책 곧 갈라디아서에서 발견되고 있는 것이다. 갈라디아서 6:15은 새로운 피조물은 언약관계를 맺는 의식을 치른 이스마엘과 같은 사람이 아니라고 말하고 있다. 이스마엘은 "죄와 허물로 죽어" 구원받지 못한 사람의 예표이다. 그는 한 번밖에 태어나지 않았고 하나님의 나라 바깥에 있으며 거듭난 성도를 박해하고 자기(잃어버린 바 된 죄인)는 자기를 "언약 안으로 집어넣어" 준(갈 6:12) 그 의식을 치루었다고 뽐내는 사람인 것이다.

『**팔 일**』(12절). 성경에서 8이라는 숫자(계 17:11, 벧후 2:5, 행 9:33)는 뭔가 다른 새로운 것의 신선한 재출발을 뜻한다(창 1:20의 "날"의 체계에 관한 주석 참조).

『**그의 백성 중에서 끊어지리니**』(14절). 이 말씀은 육체적 죽음이나(출 4:24, 민 15:30) 혹은 단순한 출교(민 12:15; 19:13, 레 7:20,21)를 언급하는 것이다. 이 구절은 존 칼빈, 버코프 등에 의해 적용되기를 "침례받지 않은 어린아이"는 이단이며 "기독교 공동체에서 끊어진 자들"이라고 했다(버코프의 "조직신학"에서 침례에 관한 부분을 보라). 따라서 우리는 미시간주의 네덜란드 개혁주의자들이 구원받은 침례교인들을 "이단"으로 간주하는 것을 목격하게 되었는데 이는 이들이 "그들의 아이들에게 물을 뿌리지 않아", "언약" 안으로 집어넣지 않았기 때문이라는 것이다. 그러나 로마서 2:26은 무할례가 어떤 경우에는 할례로 여겨진다고 말하고 있다는 사실을 어찌 간과하는지 모르겠다.

은혜 아래에서 예외적 경우들을 보라. 여호수아 5:2-7에서 주님께서는 이스라엘로 언약을 지키도록 하지 않으셨다. 이에 대한 합당한 설명은 할례의 언약은 은혜 아래 주어진 것이지 율법하에 주어진 것이 아니라는 사실이다(갈 3:10–24). 여호수아에서는 이 무할례 상태가 "이집트의 책망"이라고 불리우는데 이는 이집트인들이 할례를 행하지 않았다는 사실을 지적해 주고 있다(렘 9:25,26).

예수님께서는 언약의 요구들에 순응했다. 예수님께서는 8일 만에 성전에서 할례를 받으셨다(눅 2:21).

17:15 또 하나님**께서 아브라함에게 말씀하시기를 "네 아내 사래의 이**
름을 사래라 부르지 말지니, 사라가 그녀의 이름이 되리라.
16 내가 그녀에게 복을 주어 그녀로부터도 네게 한 아들을 주며, 정
녕 내가 그녀에게 복을 주어 그녀로 민족들의 어미가 되게 하리
니, 백성의 왕들이 그녀에게서 나오리라." 하시더라.
17 그때 아브라함이 주의 면전에 엎드린 채 웃으며 그의 마음속으
로 말하기를 '백 세가 된 사람에게 아들이 태어날 수 있으리요?
구십 세가 된 사라가 애를 낳을 수 있으리요?' 하고
18 아브라함이 하나님**께 말씀드리기를 "이스마엘이나 주 앞에서 살**
게 해주소서!" 하더라.
19 하나님**께서 말씀하시기를 "네 아내 사라가 참으로 네게 한 아들**
을 낳을 것이라. 너는 그의 이름을 이삭이라 하라. 내가 그와 그
의 뒤에 올 그의 씨에게 내 언약을 세우리니, 영원한 언약이 되
리라.
20 이스마엘에 대해서도 내가 너를 들었나니, 보라, 내가 그에게 복
을 주었으니, 내가 그를 다산케 하며 심히 번성케 하리라. 그가

열두 통치자를 낳으리니, 내가 그로 큰 민족을 이루게 하리라.
21 **그러나 나는 나의 언약을 사라가 내년 이맘 때 네게 낳아 줄 이**
삭과 더불어 세우리라." 하시더라.
22 하나님**께서 아브라함과 이야기를 마치시고, 그를 떠나 올라가셨**
더라.

사래(다툼쟁이)의 이름을 사라(공주)로 바꾼 것은 히브리 철자 "요드"(י)을 "헤"(ה, 다섯 번째 글자)로 바꾼 것이다. 벌링거는 다섯이라는 숫자가 갖는 예표적 의미를 잘못 이해해서 하나님께서 다섯 번째 철자인 "헤"를 사용하신 것이 곧 "은혜"를 언급하는 것이라고 주장한다. 하지만 다섯이 은혜를 의미하는 경우는 140,000,000,000 경우 중 오직 한 번뿐이다. 나머지 139,999,999,999번은 죽음을 의미한다(창 5:5 참조).

『**그녀로 민족들의 어미가 되게 하리니**』(16절). 이 말씀은 아무리 "하나님의 친구"로 불릴 만큼 대단한 믿음의 소유자라도 실로 받아들이기 어려운 말씀이었다. 로마서 4:20,21에서 "그(아브라함)는 믿음에 견고하여져서 하나님께 영광을 돌리며"라고 했지만 이것은 창세기 15:4,5에 해당되는 것이고 창세기 17:17에 와서는 그의 믿음은 산산조각나고 만다. 결국 구체적인 사항이 제시되지 않았던 별이 빛나는 밤에 받은 약속을 믿는 것과 90세가 된 당신의 부인이 아직도 아이 하나 없는데도 민족들의 어미가 될 것이라는 사실을 믿는 것은 별개의 것이다. 로마서 4장과 창세기 17:18을 어떻게든 조화시켜 "하나님을 도와 드리려는" 학자님들께서는(창 11:23-26에 나오는 하나님을 "도우려는 사람들"을 보

라. 크리소스톰, 칼빈, 제롬, 어거스틴, 마틴, 카일, 칼리시, 델리치, 온켈로스 등은 하나님의 말씀 대신 자기들의 본문을 만들어 낸다.) 아브라함의 웃음은 하나님의 터무니없는 제안에 어처구니없어서 웃은 것이 아니라 너무도 "기쁘고", "놀라워서" 웃는 웃음이었다고 주장한다. [이것은 저명한 주석가이신 아담 클라크 씨께서 라합은 "창녀"가 아니고 "여관 주인"이었다고 주장하는 것과 같다. 물론 그는 그녀가 마태복음 1장에서 메시아의 혈통에 등장하는 것을 보고 "선한 의도"로 그리했을 것이다. 그러나 불행하게도 창녀에 해당되는 신약 성경 어휘(헬라어로 "포르네" - 야고보서 2장)는 두 가지 해석이 불가능한 것처럼 여호수아 2:1(히브리어 "자나") 역시 창녀 이외의 해석이 불가능하다.]

아브라함이 속으로 한 물음들을 생각해 볼 때(창 17:17) 이것이 "기뻐하는 모습"이라는 해석이 가능할까 의심스럽다. 아브라함은 분명히 회의적인 관점을 지니고 있었다. **『백 세가 된 사람에게 아들이 태어날 수 있으리요?』** 이에 대해 칼빈, 어거스틴, 제롬 등은 "그가 의심했을 리 없다. 그렇다면 창세기 15:1-4은 어떻게 되겠는가?"라고 말한다. 인간의 본성이란 늘 그 모양인데도 이것을 무조건적인 "믿음"의 눈으로만 보려는 태도는 칼빈과 제롬과 어거스틴이란 사람들이 성경을 강론하는 사람인 것을 생각하면 실로 이해하기가 어렵다. 이런 태도(성경이 인간 본성을 철저히 부정적 시각에서 보는 것과 정반대임)는 인간의 죄성을 간과하고 언제든지 장미빛 "긍정적 사고 방식"을 갖고 성경을 대하는 데서 비롯된다. 오직 하나님께서만이 인간의 죄를 "간과"하실 수 있음(롬 4:1-6)을 염두에 둔다면 이들 세 분 영적 거성들의 실력은 실로 대단한 셈이다. 성령님께서는 히브리서 11:11,12을 기록하시면서 아브라함뿐 아니라 분명히 "불신"의 고소를 머금은 사라마저도 믿음의 사람으로 간주하셨다. 창세기 18:13-15을 읽어 본다면 "전가된 의"가 아니고서는 사라의 믿음을 설명할 수 없다. 모든 주석가들은 히브리서 11:11,12을 앞에 두고 사라는 믿음 없이 행동했다고 서로 주장한다. 그렇다면 아브라함에게는 왜 정반대의 평가를 내리는가? 하나님께서 아브라함의 "실패들"을 간과해 주신 사실을 뒤엎어 버리고 마치 그가 "성공적" 믿음을 가진 것으로 해석하는 것은 남성 우월주의에서 나온 것인가 아니면 하나님과 같아지려는 것인가?

『**이스마엘이나 주 앞에서 살게 해 주소서**』(18절). 이 말은 사라가 아이를 갖게 될 것을 기뻐해서 외치는 외침이 전혀 아니다. 하갈은 이스마엘의 어머니였다(창 16:1-5). 만약 우리가 아브라함이 하나님의 약속을 의심하고 있다고 믿지 않는다면(17절) 계속되는 대화는(18-21절) 전혀 이해가 안 된다. 바로 이 사실은 이제껏 우리가 계속해서 주장해 온 것(앞으로도 계속 주장할 것이다.) 즉 "원어"에 대한 정확하고 온전한 지식은 그 지식을 갖춘 사람의 마음이 〈킹제임스성경, 1611〉의 본문을 신뢰하지 않고 있다면 오히려 하나님의 말씀을 올바르게 해석하는 데 가장 커다란 장애물이라는 사실을 더욱 분명히 해준다. 카일, 델리치, 칼리시, 게제니우스 등과 같은 학자들은 50년간의 어휘 연구에도 불구하고 창세기 17:17-21의 건전한 해석을 못하고 마는 것이다.

『**이스마엘이나 주 앞에서 살게 해 주소서.**』 이 말은 갈라디아서 4:29의 언어로 다시 표현해 보면 "오 저도 뭔가 인정받게 해주소서. 저로 그 일을 하게 하셔서 신임을 얻게 해 주소서.", "제 자신을 개발해서" 제 자아를 "찾게 해 주시고" "자아실현을 할 수 있도록 해 주소서..." 이 모든 육신적인 표현들을 보라. 동시에 모든 육체는 흙과 같음을 잊지 말라.

『**너는 그의 이름을 이삭이라 하라**』(19절). 하나님께서 믿지도 않는 사람에게 "이름"까지 가르쳐 주시는 것은 "너무한 감"이 있다. 아브라함은 속으로만 중얼거렸고(17절) 겉으로는 태연한 척했을 것이다. 그러나 마음을 살피시는 분께서(렘 17:10) 아브라함의 마음을 모르실 리 없다. 늙은 아브라함은 우스워서 거의 죽을 지경이었다. 그래서 그는 얼마 후 그의 이웃들처럼(창 21:6) 웃고 있었다. 동시에 그는 바로 그 순간 자기 친구 되시는 하나님께서 "그렇다. 내 말대로 될 것이다."라고 말씀하시는 음성을 듣고 있었을 것이다. 하나님의 말씀은 이러하다. "사라는 3.5kg의 건강한 사내아이의 엄마가 될 것이다. 아이의 이름은 무엇이냐고? OK. 여기 좋은 이름이 있다. 자, 아브라함아. 그 녀석을 '웃음'(이삭)이라고 하면 어떻겠느냐? 그 이름이 아주 좋은 것 같은데 어떠냐?" 아마 이 말을 들은 아브라함은 자기 생애에 가장 엄숙한 순간을 맞이했을 것이다. 하나님께서 자기 속을 들여다보고 계심을 알게 되었을 테니까 말이다. "이삭"은 "웃음"이란 뜻이다.

『**그가 열두 통치자들을 낳으리니**』(20절, 이 말씀은 창 25:16에서 성취되었다).

『**그러나 나는 나의 언약을... 이삭과 더불어 세우리라**』(21절). 이 말씀은 너무나도 분명해서 더 이상 분명할 수가 없다(창 21:10-12을 보라). 하나님께서 창세기 12:7; 13:15; 15:18 및 이곳(창 17:8)에서 『**네 씨**』라는 어휘를 사용하시는 것은 그 구절들이 팔레스타인의 땅을 소유하게 될 그 소유주에 관한 문맥이라는 의미이다. 이 가르침은 반명예훼손연맹(Anti-Defamation league)이나, 시온의 70장로들 혹은 시온주의자들, 시온의정서, 국제 은행가들 혹은 하자르족 등과 같은 친유대 단체들의 말이 아니고 하나님의 말씀의 문맥에서 분명히 찾아 볼 수 있는 하나님의 무오하신 살아 있는 말씀인 것이다.

17:23 이에 아브라함은 하나님**께서 자기에게 말씀하셨던 대로, 그 날에 그의 아들 이스마엘과 자기 집에서 태어난 모든 자와 돈으로 산 모든 자, 곧 아브라함의 집 사람들 중에서 모든 남자를 데려다가 그들의 포피의 살을 베어 내었더라.**

24 아브라함이 자기 포피의 살을 베어 낸 때는 그가 구십구 세였고

25 그의 아들 이스마엘이 그의 포피의 살을 베어 낸 때는 그가 십삼 세였더라.

26 그 날에 아브라함과 그의 아들 이스마엘이 할례를 받았으며,

27 그 집의 모든 남자들, 즉 그 집에서 태어난 자와 타국인들에게서 돈으로 산 자들도 다 그와 함께 할례를 받았더라.

이 구절들은 이미 앞선 구절들을 주석할 때 자세히 설명한 바이다. 이스마엘은 13세에 할례를 받았다. 그리고 오늘날까지도 유대인들은 사내아이들이 이 나이에 이르면 전통에 따른 종교 할례의식과 할례를 거행한다. 이러한 전통들은 바빌론 포로 시절 물려받은 랍비들의 전통들과 마찬가지로 마가복음 7:13에 나와 있는 잘못된 전통들이다. 이때 사라는 90살이었다. “다섯 번째” 철자인 “헤”(ה)가 그녀의 이름에 더해진 것은 그들이 “죽어 있었고”(자연의 흐름에 따라 이미 생식이 불가능했다는 뜻), 하나님의 말씀에 죽은 자가 죄로부터 자유롭게 되기 때문에(롬 6:5-9) 뒤이어 나오게 될 그 “씨”는 죄 없으신 구세주, 곧 주 예수 그리스도를 예표하게 된다.

창세기 18장

18:1 주께서 마므레 평지에서 그에게 나타나셨더라. 그가 그 날 더울
때에 장막 문에 앉았다가,
2 눈을 들어 보았더니, 보라, 세 사람이 자기 곁에 서 있더라. 그가
그들을 보자, 장막 문에서 뛰어나가 그들을 맞으며 몸을 땅에 굽
혀 절하고
3 말하기를 "내 주여, 내가 이제 주가 보시기에 은총을 입었사오면,
간구하오니 주의 종에게서 지나쳐 가지 마소서.
4 내가 간구하오니, 물을 조금 가져오게 하여 당신들의 발을 씻으
시고 나무 아래서 쉬소서.
5 내가 빵을 조금 가져오리니, 당신들의 마음을 위로하신 후에 길
을 계속 가소서. 이는 당신들께서 당신들의 종에게 오셨음이니이
다." 하니, 그들이 말하기를 "네가 말한 대로 그리하라." 하더라.

6 아브라함이 급히 장막으로 들어가 사라에게 가서 말하기를 "고운 가루 세 되를 속히 가져다가 반죽을 하여 화덕 위에다 과자를 구우라." 하고
7 아브라함은 소떼에게로 달려가서 부드럽고 좋은 송아지 한 마리를 가져와 청년에게 주니, 그가 그것을 급히 요리하더라.
8 아브라함이 버터와 우유와 그 사람이 요리한 송아지를 가져다가 그들 앞에 차려 놓고 나무 아래서 그들 곁에 서니 그들이 먹으니라.

우리는 아브라함의 목가적 삶과 롯이 살고 있는 대도시의 자극적인 생활과의 뚜렷한 대조를 이 장면에서 목격하게 된다(롯이 아브라함만큼 잘 먹었다면, 그 역시 건강을 유지했을 것이다). 롯이 시골 생활을 하고 있는 불쌍하고 늙은 아저씨를 유감스럽게 생각하고 있었던 반면에 아브라함은 집에서 만든 빵, 신선한 우유 및 최상품 소고기 바비큐를 먹고 살았다(민수기 21:5에 보면 이 음식들은 백성들에 의해 보잘것없는 음식으로 여겨졌었다).

이곳에 등장하는 세 남자는 주의 천사들임이 분명하다(창 18:22; 19:1,5,8,10,12,15 참조). 이 중 한 분은 주의 천사(the Angel of the Lord, 창 16:7의 주석 참조)이며 바로 이분이 창세기 18:1,13,17,22에서 아브라함에게 말씀하시는 분이시다.

솔로몬의 노래 1:7은 "더울 때"가 정오의 식사와 휴식을 위한 때이며 라틴 아메리카나 미국의 남부 지방에서처럼 "손님을 대접"하는 때이기도 하다는 사실을 알려 준다. "더울 때"인 것을 감안한다면 아브라함이 손님을 맞기 위해서 "뛰어나간" 것이나 송아지를 잡으려고 "뛰어나간"

것이나 사라에게 "속히" 행하라고 한 것들은 아브라함이 손님 접대에 얼마나 신경을 썼는가를 보여 준다. [만약 이런 상황하에서도 사라가 아브라함을 "주"라고 불렀다면(벧전 3:6) 그녀는 실로 경건한 여인이 아닐 수 없다. 오늘날의 주부들은 아브라함이 사라를 부르면서 "여보", "당신" 혹은 적어도 "이것 좀 해 주시겠소?", "괜찮다면 이것 좀 해 주시오." 같은 표현을 생략한 사실을 지적할지 모르겠다.] 아브라함이 아내에게 한 말이라고는 "속히...구우라."는 것뿐이었다. 군인의 아내가 되어 보면 여성적 태도가 무엇인지 금방 배울 수 있다. 한 보안 부대 장교는 3주째 독감으로 침대에 누워 있는 그의 아내에게 단 한 마디의 위로의 말도 없이 "사과 줄까? 오렌지 줄까?"라고 했다고 한다.

『**네가 말한 대로 그리하라.**』(5절)라는 말은 아브라함이 식사 준비를 하기 전에 천사들의 발을 씻겼다는 것을 암시하고 있다(창 18:4). 성경을 읽는 독자는 롯도 손님들에게 아브라함이 한 것과 똑같은 태도를 취했다는 사실을 알고 있을 것이다(창 19:1,2). 따라서 우리는 이곳에 언급되지는 않았지만 "구운 과자"는 누룩 없는 빵임을 알 수 있다(롯이 대접한 것이 바로 그것이었다. 창 19:3).

『**세 사람이 자기 곁에 서 있더라**』(2절)에서 세 사람은 남자이다("men"으로 되어 있음). 천사들은 성이 없다(sexless)고 생각하는 것은 잘못이다. 그리고 천사들은 또한 날개가 없다(창 6:1-6 주석 참조). 『**이는 당신들께서 당신들의 종에게 오셨음이니이다.**』라는 말은 하나님께서 천사들을 보내셨고 아브라함은 "이 일이 하나님께로부터 나온 것임"을 알아차렸다(대하 11:4)는 것을 암시하고 있다. 인생에 있어 가장 중요하지 않은 것 같은 일도 주님께로부터 올 수가 있음을 잊지 말라 (히 13:1-5).

『**빵을 조금**』(5절) 가져온다고 했지만 실제로는 대단한 식사가 되었다. (송아지 바비큐를 대접받았다.)

『**버터와 우유**』(8절). 모든 주석가들이 이것은 "버터와 우유"가 아니고 "우유와 우유"인데 앞의 우유는 "응고된 우유"라고 주장한다. (어떻게든 하나님의 말씀을 안 믿어 보려고 하는 모습을 보라.) 만일 우리가 성경에서 이미 "버터"라는 어휘를 버터밀크에 적용하심으로써(판 4:19; 5:25) 그 의미를 정의해 놓으셨다는 사실을 제쳐놓고 다른 누군가가 하는 말을 믿는다면, 즉 잠언 30:33의 "버터"는 우유를 저어 나온 버터를 의미하는 것이 아니라, 다만 버터를 만드는 교유기에서 우유를 휘젓다가 "버터가 되기 전에 멈춰 버리고," 거기서 요구르트 같은 것이 나온 것이라는 말을 믿는다면 우리는 매우 어리석은 자들이 될 것이다. 우유를 저으면 "쉬어서 굳는" 것이 아니라, 버터가 되어 나오는 것이다.

『**그들 곁에 서니**』(8절). 이것은 아브라함이 "먼지 속을 달리는 자", 즉 "집사"로서 웨이터 노릇을 하고 있음을 보여 준다(행 6:1-4, 창 14:14). 로마서의 저자 역시 "섬김이면 섬기는 일로" 하라고 말한다. 이 장면은 누가복음 24장의 다락방에서 반복된 그 장면으로 천년왕국에서도 반복될 것이다(눅 12:36,37). 두 경우 모두 초자연적인 존재들이 자연적인 존재들과 함께 먹고 있는 모습이다. 대환란 기간 중에도 동일한 현상들이 생길 터이나 이는 하늘에서 열릴 잔치의 모조품이 될 것이다. 진화론자들은 "유인원이 인간과 함께" 먹었다고 하는 모양인데 성경은 천사와 인간이 함께 먹었다고 한다.

18:9 그들이 아브라함에게 말하기를 "네 아내 사라는 어디 있느냐?"
하니, 그가 말하기를 "보소서, 장막 안에 있나이다." 하더라.
10 그가 말씀하시기를 "내가 생명의 때를 따라 분명히 네게로 돌아
오리니, 보라, 네 아내 사라가 아들을 가질 것이니라." 하시니,
사라가 그의 뒤에 있는 장막 문에서 그 말을 들었더라.
11 아브라함과 사라가 나이를 많이 먹어 늙었고 사라에게는 여인들
의 관례도 끝났으므로,
12 사라가 속으로 웃으며 말하기를 '내가 노쇠하였고 나의 주도 늙었
으니 내게 어찌 즐거움이 있으리요?'하더라.
13 주께서 아브라함에게 말씀하시기를 "어찌하여 사라가 웃으며 말
하기를 '늙은 내가 확실히 아이를 낳을 수 있겠는가?'하느냐?
14 주께 너무 어려워서 못 할 일이 있겠느냐? 생명의 때를 따라 내
가 정해진 기간에 네게 돌아오리니 사라가 아들을 가지리라." 하
시니,
15 그때에 사라가 두려워서 부인하며 말하기를 "내가 웃지 않았나이
다." 하니 주께서 말씀하시기를 "아니라, 네가 웃었느니라." 하시
더라.

9절에서는 3인칭 복수인 그들이 말하고 있는데 10절에서는 단수로 화자가 바뀌었음을 주목하라. 이때부터는 주님께서(3인칭 단수)만 아브라함에게 말씀하신다(13,17,26절).

『**생명의 때를 따라**』(10절). 이 말은 여자의 임신 기간인 9개월을 가리키는 말일 것이다. 주님의 약속은 생명의 때를 따라 "임신하는 것"이 아니고 "아이를 낳는 것"이다.

『**장막 문**』(10절)은 장막의 덧문일 것이다(민 16:19을 보라). 사라는 과자를 구우면서 남편처럼(창 17:17) 소리 없는 웃음을 웃었고 그 웃음을 그 누군가가 알아차리리라고는 꿈에도 생각하지 못했다.

『**사라가 속으로 웃으며 말하기를... 나의 주도 늙었으니...**』(12절). 바로 이 구절이 베드로가 베드로전서 3:6에서 사라가 아브라함을 "주"(주인, lord)로 불렀다고 인용한 구절이다. 비록 신약 성경에서는 창세기 18:15의 사라처럼 그 어떤 놀라운 일에도 두려워하지 말라(벧전 3:6)고 했지만 사라는 두려워 입술이 새파래진 것 같다. 우리는 주님께서 사람들을 다루실 때 어떤 통찰력을 갖고 계신가를 이 장면에서 다시 한번 엿볼 수 있다. 주님은 창세기 17:19의 아브라함의 경우처럼 점잖게 대해 주시기도 하지만 (이삭이라는 이름을 붙여 주심으로써 아브라함이 웃었음을 알고 계심을 암시하고 계신다.) 이번처럼 직접적으로 꾸짖으시기도 한다. 『**내가 웃지 않았나이다.**』에 대해 즉각적인 반박이 뒤따랐다. 『**아니라, 네가 웃었느니라.**』

『주께 너무 어려워서 못 할 일이 있겠느냐?』(14절) 결코 없다(렘 33:3). 그러나 그리스도인들의 문제는 하나님의 능력을 의심하는 데 있지 않다. 참된 그리스도인이라면 그 누구도 하나님의 능력을 의심하지는 않는다. 문제는 "하나님께서 그 일을 하실 수는 있지만 하실 의향이 있으신지에 있다." 성도가 기도할 때 하나님의 능력을 의심하지는 않는다. 그러나 성도일지라도 하나님의 계획에 대해서는 의심할 때가 종종 있는 것이다. 특히 매우 어려운 상황에 처해 있다든가 심한 박해가 있다든가 혹은 생활이 궁핍하다든가 할 때는 주님의 계획이(어떻게 행하실지) 의심스러울 때가 있는 것이다. 일이 잘 풀릴 때는 로마서 8:28은 너무도 또렷또렷하게 보이는데 반해 고통의 상황하에서는 이 구절이 흐릿해지면서 잘 보이지 않는 것이다. "하나님께서는 자신도 움직일 수 없을 만큼 커다란 바위를 만드실 수 있는가?" 따위의 궤변은 별로 중요하지 않다. 하나님께서는 자신의 성품이나 말씀에 어긋나는 그 어떤 것도 하실 수 없기 때문이다. 하나님께서는 그리스도의 몸 된 교회의 지체를 지옥에 보내시는 일이 "너무 어렵고" 죄인을 그의 의지에 반해 억지로 구원하시는 것도 "너무 어렵다." (칼빈이여, 안심하라! 그분은 이를 위해 결코 절대 주권을 사용하시지 않으신다.) **『주께 너무 어려워서 못할 일이 있겠느냐?』**라는 질문에 대한 답변은 "아니라. 그가 하시고자 하는 일은 못 하실 것이 없도다."이다.

사라의 웃음은 매우 익숙한 감이 없지 않다. 나는 주립대학이나, 성경개정위원회 사무실이나, 언론매체 등에서 이런 류의 웃음을 많이 들어본 것 같다. 또한 근본주의 신학교에서도 자주 들어본 것 같다. 당신이 그 웃음이 어떤 것인지 모르겠다면 내가 보여 주겠다. "어떤 사람들 보니까 〈킹제임스성경〉이 하늘에서 낙하산으로 내려왔다고 그러던데." (하하, 호호.) "바울에게 충분하다면 내게도 충분한 거지 뭐. 안 그래?" (하하, 호호.) "저런! 〈킹제임스성경〉이 이 단어를 그런 뜻으로 번역하다니 불행한 일이야." (하하.) 이와 같은 웃음이 바로 내가 말하는 그 웃음이다. 이 훌륭하신 분들이 그리스도의 심판석 앞에서 "그들이 자기 몸으로 행한 일들을 자백할 때"(고후 5:8-11), 아마 이렇게 변명할 것이다. "아닙니다. 저는 주님의 말씀을 비웃지 않았어요." 그러나 주님의 답변은 명백하다. "아니라. 네가 웃었느니라."

그리고 백보좌 심판에서는 홍해를 "갈대 늪지대"로, 놋을 "구리"로, 만나를 "꿀"로, 연기 기둥을 "먼지 구름"으로, 불타는 가시덤불을 "열풍에 의한 신기루"로, 예수 그리스도를 공산주의자로 변개시키고는 킬킬거렸던 사람들이 그 앞에서 책들이 열리고(계 20장) 심판이 열릴 때 "우리는 안 웃었어요."라고 변명할 것이다.

그러나 아무도 접근할 수 없는 빛(딤전 6:16)으로부터 많은 물소리 같은 목소리가 이렇게 말할 것이다. "아니라. 네가 웃었느니라. 이 거짓말쟁이야!"

"마지막에 웃는 사람이 가장 잘 웃는 법"인 줄 모르는가? 마지막 때 웃으시는 분은 하늘에 앉으신 주님이시다(시 2:4).

18:16 그 사람들이 거기서 일어나더니 소돔 쪽을 바라보더라. 아브라
함이 그들을 전송하려고 그들과 함께 나가니라.
17 주께서 말씀하시기를 "내가 하는 그 일을 내가 아브라함에게 숨

기겠느냐?

18 아브라함은 분명히 위대하고 막강한 민족이 될 것이며, 땅의 모
든 민족들이 그의 안에서 복을 받을 것이 아니냐?

19 내가 그를 아나니, 그가 자기 자식들과 자기 뒤에 올 자기 집안
식구들에게 명하겠고 그들은 주의 도를 지켜 정의와 공의를 행
하리니, 이는 주가 아브라함에 대해 말했던 바를 그에게 가져오
려 함이라." 하시니라.

20 또 주께서 말씀하시기를 "소돔과 고모라의 부르짖음이 크고 그
들의 죄가 매우 중하므로,

21 내가 이제 내려가서, 그들이 행한 모든 것이 과연 내게 이른 그
부르짖음대로인지 아닌지를 내가 알아보리라." 하시더라.

22 그 사람들이 거기서 돌아서서 소돔으로 향하여 가고, 아브라함
은 주 앞에 그대로 서 있더라.

『**내가 아브라함에게 숨기겠느냐?**』(17절) 주님은 다른 두 천사들과 이야기를 나누시고 계시는 것 같다. 물론 19절에는 두 사람의 답변이 나와 있지는 않다. 하지만 주님께서 『**내가 이제 내려가서**』(21절)라고 말씀하셨음에도 그가 내려가신 것이 아니고 두 사람이 돌아서서 소돔으로 향하여 갔다(22절). 이것은 하나님께서는 "가 보시지 않고도" 모든 것을 알고 계심을 의미한다(창 11:4-6). 『**그들이 행한 모든 것이 과연 내게 이른 그 부르짖음대로인지 아닌지를 내가 알아보리라.**』 이 말씀은 (현현하신) 주님께서 사람의 모습으로 소돔에 직접 가셔서 유다서 1:6의 상황이 어느 정도인지를 체험해 보시고자 하셨다는 말이다. (우리는 소돔의 시민들의 인종 구성과 그들의 죄에 대해 창세기 10:19; 13:13에서 설명한 바 있다.)

신화에 불과한 〈칠십인역〉은 (그리스도의 부활 후 약 300년 이후에 기록되었는데) 다시 히브리어 본문으로 되돌아가 "토우 파이도스 모우"(my child)라는 표현을 『**내가 아브라함에게 숨기겠느냐?**』는 말 다음에 삽입시켰다. 이것은 전통적으로 알려진 아리스테아스(B.C. 250)가 아닌 A.D. 185년 오리겐의 알렉산드리아 학파에 의한 전형적인 성경 변개 방법 중 하나이다.

18절에 대해서는 창세기 12:1–3의 주석을 보라.

『**내가 그를 아나니**』(19절). 이 말씀은 예정 이전에 예지가 선행된다는 것을 명백히 보여 주고 있다. 신약에서도 똑같은 순서로 되어 있다(롬 8:29). 칼빈과 아브라함 코이퍼 같은 예정론자들이 이 진리를 무너뜨리려고 아무리 엄청난 양의 책을 썼어도 이 진리는 변하지 않는다. 파라오의 마음은 그 누군가가 그의 마음을 완악하게 하기 이전에 "이미 주께 알려져 있었다"(출 3:19). 유다 이스카리옷 역시 그가 어떤 행동을 취하기 전에 그 마음이 주님께 알려졌다(요 6:64).

예지(미리 아심, foreknowledge)란 말을 "예정"(predestination) 혹은 "미리 확정함"이란 뜻으로 해석하려는 칼빈주의자들의 끊임없는 시도는 미리 아심(예지)이란 단어가 그들을 찌르는 "가시"인 것을 입증해 준다. 모든 칼빈주의적 책들은 끊임없이 이 실수를 반복하고 있다. 성경에 나오는 선택이란 항상 예지에 의해 조건 지워지는데도 불구하고(벧전 1:1-3), 칼빈주의자들은 선택이 무조건적이요 자의적으로(arbitrary) 이루어진다고 믿고 있다. 성경에 나오는 예정은 예지에 기초하고 있는데도 불구하고(롬 8:29) 칼빈주의적 예정은 그 어느 것에도 기초하고 있지 않다.

이와 같은 성경과의 불일치를 어떻게든 메꿔 보려고 했는지 칼빈주의자들은 한결같이 "예지"(foreknowledge)에 해당하는 헬라어 단어 "프로그노시스"를 예정(predestination)에 해당하는 헬라어인 "프로오리조"와 같은 것으로 간주해 버린다. 그러나 이 두 단어는 전혀 다른 것이다. 이와 유사한 일을 하는 (이런 것을 "과학적 해석"이라고 부르는 모양이다.) 그룹은 여호와의 증인들로 이들은 지옥(hell - 헬라어 "하데스")을 음부(grave - 헬라어 "므네메이온")라고 주장한다.

하나님께서는 내가 그를 "아나니"(know)라고 말씀하셨고 이 단어는 히브리어로 "야다"로 구약 성경에서 무려 550번 이상 쓰였다. 그런데도 칼빈주의자들은 이 단어를 "택하였다"(choose)로 만들어 버린다. 그러나 당신은 어떤 것을 "선택"하지 않고도 "알 수"는 있다. 또한 어떤 것을 "알지" 못하고 "선택"할 수도 있다. 만약 알다와 선택하다가 같은 것이라면 그리스도인과 카톨릭 교도가 같은 것이 될 것이다. 서로 다른 것은 결코 같지 않은 것임을 잊지 말라.

『**아브라함은 주 앞에 그대로 서 있더라**』(22절). 본문에 따르면 두 천사는 아브라함을 떠나 소돔을 향했고 주님은 머물러 계셨으며 아브라함 역시 주님과 함께 머물러 있었다. 이제부터 살펴볼 내용은 위대한 중보기도와 약속을 얻기 위해 어떻게 믿음을 행사하는가이다.

18:23 아브라함이 가까이 다가가서 말씀드리기를 "주께서 악인들과 함
께 의인들도 멸하려 하시나이까?
24 혹시 그 성읍 안에 오십 명의 의인이 있다면, 주께서는 그곳을
멸하시고 거기에 있는 오십 명의 의인들을 위하여 남겨 두지 않
으려 하시나이까?
25 이런 방식을 따라 의인을 악인과 함께 죽이는 것을 주께서 멀리
하시며, 의인을 악인과 같이 여기는 것도 주께서 멀리하옵소서.
온 땅의 심판자**께서 의를 행치 않으시려나이까?" 하니,**
26 주께서 말씀하시기를 "만일 내가 소돔 성읍 안에서 오십 명의
의인을 찾는다면, 그들을 위하여 모든 곳을 남겨 두리라." 하시
더라.

이곳에서 아브라함은 일종의 게임을 하고 있다. 그가 원하는 바는 주님께 다음과 같은 간구를 드리는 것이었다. "주여, 롯에게 자비를 베푸시어 그를 멸하지 않으시면 안 되겠습니까?" 그러나 우리는 이 직접적인 질문 대신에 상당히 긴 대화를 접하게 된다. 아브라함이 시작한 이 대화는 어떻게 보면 전능하신 하나님의 온전하신 성품에 대한 일종의 비판을 담고 있다(23절 참고). 어째서 하나님의 온전하신 성품에 의문을 제기하는 것인가?(고전 3:8, 갈 6:7, 애 3:33,35). 하나님께서 의로운 노아를 악인들과 함께 멸하셨는가?(욥 22:16) 욥은 그의 고통과 슬픔 속에서 말하기를 "그분은 온전한 자와 악한 자를 멸망시키신다."라고 했다(욥 9:22). 오늘날 현실주의자, 회의론자 및 염세주의자들은 하나님께서는 나쁜 사람들이 어떻게 행동하는가를 주목하지 않으신다는 주장(전

8:14; 9:2)을 받아들이는 것 같다. 인류의 역사 역시 이 주장을 거의 입증하고 있는 것처럼 보인다. 왜냐하면 바울과 예수 그리스도 역시 이 세상에서 헤롯이나 빌라도보다 더 나은 대우는커녕(히 11장을 보라), 비슷한 대우조차도 받지 못했기 때문이다(딤후 3:12). 요한 후스는 화형에 처해졌고, 바울은 목이 잘렸으며, 예수께서는 십자가에 달리셨고, 요한 노블은 시베리아에서 노예 생활을 했고, 리처드 움브란트는 감옥에서 고문을 당했고, 네이트 세인트는 인디언들의 창에 찔렸다는 사실들은 하나님께서는 나쁜 사람들뿐 아니라 좋은 사람도 멸망시키심을 보여 주는 것 같다. 따라서 아브라함은 이 순간 걱정이 생긴 것이다. 롯은 "의로운 사람"(벧후 2장)이었다. 하지만 아브라함은 소돔에 대한 심판이 사람의 외모와 행위에 관계없이 이루어지는 완전한 심판이 될 것 같아 애가 탔던 것이다.

그러나 아브라함의 기도는 정직한 기도는 못 되었다. "마음을 살피시고 성령의 생각이 무엇인지 아시는"(롬 8:27) 분께서 아브라함의 요구를 간접적으로 들어 주시기는 했지만 아브라함의 요구를 그대로 들어 주시지는 않았다. 소돔(26절)은 보존되지 않았던 것이다(벧후 2:5,6).

아브라함의 질문(23,24절)은 영원한 질문인 "복음을 들어 보지 못한 이교도는 어떻게 되나?" "하나님께서는 그들을 지옥으로 보내실 것인가?"와 유사한 질문이다. 로마서 1,2장은 하나님께서는 지옥에 갈 만한 짓을 하지 않고, 지옥에 가려고 애를 쓰지 않는 사람은 지옥에 보내시지 않음을 분명히 보여 주고 있다. 그러나 의기양양하여 마음속으로 "좋아! 나는 지옥에 갈 만한 짓을 하지 않았고 지옥에 가려고 애쓴 적도 없어. 따라서 나는 안전할 거야."라고 말하는 문명화된 이교도들에게는 이 사실은 너무도 희미한 소망인 것 같다. 로마서 3장은 바로 그러한 심리 상태를 잘 보여 주고 있다(창 4:3-6 주석, "과일 제사"에 관한 부분 참조).

아브라함은 50명에서 시작해서 10명으로 내려갔다(32절). 만약 그가 예레미야서 5:1을 읽었더라면, 그는 10명에서 멈추지 않았을 것이며 심지어는 두 명에서 멈추지도 않았을 것이다.

『**온 땅의** 심판자**께서 의를 행치 않으시려나이까?**』(25절) 그렇다. 그분께서는 의를 행하실 것이며 또 행하셨다. 그분은 "의로운 롯은 구하셨고" "아무것도 모르는 무지한 이교도들"은 "영원한 불"로 심판하셨다(유 1:7).

18:27 아브라함이 대답하여 말씀드리기를 "보소서, 이제 티끌과 재 같은 내가 주께 감히 말씀드리나이다.

28 혹시 오십 명의 의인 중에서 다섯 명이 부족하다면, 그 부족한 다섯 명으로 인하여 모든 성읍을 멸하시리이까?" 하니, 주께서 말씀하시기를 "만일 내가 거기서 사십오 명을 찾으면, 그곳을 멸하지 아니하리라." 하시니라.

29 그가 다시 주께 고하여 말씀드리기를 "혹시 거기서 사십 명을 찾으시면 어찌하시려나이까?" 하니, 주께서 말씀하시기를 "사십 명을 위하여 내가 멸하지 아니하리라." 하시니라.

30 아브라함이 말씀드리기를 "오, 주께서는 노하지 마소서. 내가 말씀드리리이다. 혹시 삼십 명을 찾으시면 어찌하시려나이까?"

하니, 주께서 말씀하시기를 "내가 만일 거기서 삼십 명을 찾으면 멸하지 아니하리라." 하시니라.

31 그가 말씀드리기를 "보소서, 이제 내가 감히 주께 말씀드리나이다. 혹시 거기서 이십 명을 찾으시면 어찌하시려나이까?" 하니, 주께서 말씀하시기를 "이십 명을 위하여 내가 멸하지 아니하리라." 하시더라.

32 그가 말씀드리기를 "오, 주께서는 노하지 마소서. 내가 한 번만 더 말씀드리리이다. 혹시 거기서 열 명을 찾으시면 어찌하시려나이까?" 하니, 주께서 말씀하시기를 "내가 열 명을 위하여 멸하지 아니하리라." 하시더라.

33 주께서 아브라함과 말씀을 마치시자 곧 자기 길을 가시고, 아브라함도 자기 처소로 돌아갔더라.

27절에서는 아브라함이 하나님을 3인칭(주께)으로 언급하고 있으며, 14절에서는 하나님께서 자신을 3인칭(주께)으로 언급하고 있음을 유의하라. 이런 현상은 성경에서 흔히 있는 일로 요한복음 3:16-21에서 예수께서 말씀하고 계시면서도 자신을 3인칭으로 묘사하고 있음도 바로 여기에 해당된다. 아브라함은 자신을 낮추고 있다. 『**티끌과 재 같은 내가... 혹시... 주께서는 노하지 마소서... 내가 한 번만 더 말씀드리리이다.**』 아브라함은 몹시 애를 쓰고 있다. 그는 자신이 혹시 "주를 시험"하는 것이 아닌가(출 17:2,7) 하는 생각도 했다. 너무 과한 간구를 드리는 것이 아닌가도 생각했다. 그러나 아브라함이 "주여, 주님께서 소돔을 심판하셔야만 한다면 롯을 살려주시지 않겠습니까?"라고 간구드렸더라면 많은 시간을 절약할 수 있었을 것이다. 그러나 아브라함은 롯이 “의로운 사람”인지에 대해 확신이 서지 않았고 그래서 그는 50-45-40-30-20-10까지 내려갔다. 10명에 이르자 아브라함은 20년 이상 소돔에 살고 있었던 롯이 10명 정도는 회심자를 얻었을 것이라고 생각했던 것 같다. 아브라함이 염두에 둔 사람은 다음과 같다. ① 롯, ② 그의 아내, ③ 롯의 처녀 딸, ④ 또 다른 처녀 딸, ⑤ 결혼한 딸, ⑥ 그녀의 남편, ⑦ 롯의 또 다른 결혼한 딸, ⑧ 그녀의 남편(창 19:8,12,14) 8명의 구원받은 사람(노아처럼, 벧전 3:20) 외에 최소한 2명 정도는 접촉했었을 것으로 아브라함은 생각했던 것 같다. 그러나 20년 동안 롯은(미국에 사는 90%의 그리스도인들처럼) 한 명의 혼도 구원하지 못했다. 아브라함은 10명 가지고도 불안했다. 사실 롯의 가족 8명 중 5명이 하나님의 말씀을 거부하였다(창 19:12,13,14,26). 롯은 영향력은 있었지만 능력은 없었다. 그는 개인적인 접촉은 가졌지만 하늘나라를 증거하지는 못했다. 그는 영적인 삶은 없이 재산만 모았고 성별 없이 사회적 지위를 누렸고, 24시간 만에 재가 되어 버릴 땅을 자기의 보금자리인 양 갖고 있었다. 롯은 실로 고린도전서 3:15에 해당되는 사람이었던 것이다.

〈강단주석, *The Pulpit Commentary*〉(제1권, p.250-251)은 기도에 대해 “긍정적인 시각”을 보이면서 이 구절의 의미를 85% 이상이나 놓쳐버렸다. 두 페이지에 걸쳐 기가 막힌 기도라고 장황설을 늘어놓고서는 롯, 소돔, 그리고 아브라함과 이들과의 관계에 대해서는 아무런 언급 없이 주석을 끝내고 말았다.

『**티끌과 재 같은 내가**』(27절). 이 표현은 인간이 무엇인지 잘 정의 내려 주고 있다. 인간은 티끌에서 나왔고(창 2장), 재로 돌아간다(욥 2:8, 렘 31:40).

아브라함은 하나님께서 주시기 전에(창 18:33) 간구를 끝마쳤다. 나는 우리의 기도 역시 이런 식으로 하지 않나 걱정이 된다. 주님께서는 이렇게 추상적인 기도에도 응답은 해 주셨지만 아브라함이 생각한 것과는 전혀 다른 방식으로 응답해 주셨다. 주님은 소돔을 치신 대신에 롯과 소알을 구하신 것이다(창 19:21).

피터 럭크만의 주석서

창세기 I

1995년 9월 30일 초판1쇄
2025년 7월 10일 개정판2쇄

지은이 피터 S. 럭크만
옮긴이 편 집 부
펴낸이 박 승 용
펴낸곳 말씀보존학회

서울특별시 강서우체국 사서함 제90호
전화 (02) 2665-3743 / 팩스 (02) 2665-3302
인터넷 / www.biblemaster.co.kr
출판등록 1988. 12. 12. 제16-223호

값 25,000원